哈尔滨工程大学
政府采购与招标投标制度汇编

主　编　于立君　汪生泉
副主编　杨　帆　战　宇　冯金辉
　　　　吕宏明　刘　晨　关卓轶

哈尔滨工程大学出版社
Harbin Engineering University Press

内容简介

本书共分两部分，收录了哈尔滨工程大学政府采购与招标投标规章制度和国家招标与采购法律体系规范性文件共123个制度文件。从基本概念、体制机制、预算计划、审批流程、执行程序、质量管理等方面全方位总结高等院校政府采购法律体系和招投标法律管理体系，希望学校相关部门和师生可以从本书中获取方法和经验，从而规范开展政府采购和招投标工作。

本书可供高等院校和采购代理机构相关管理人员、从业人员及经办人员学习参考，也可作为招标采购相关专业辅导工具书使用。

图书在版编目(CIP)数据

哈尔滨工程大学政府采购与招标投标制度汇编/于立君，汪生泉主编. —哈尔滨：哈尔滨工程大学出版社，2023.4

ISBN 978-7-5661-3904-7

Ⅰ. ①哈… Ⅱ. ①于… ②汪… Ⅲ. ①哈尔滨工程大学-政府采购制度-汇编 Ⅳ. ①G647.5

中国国家版本馆CIP数据核字(2023)第065793号

哈尔滨工程大学政府采购与招标投标制度汇编
HA'ERBIN GONGCHENG DAXUE ZHENGFU CAIGOU YU ZHAOBIAO TOUBIAO ZHIDU HUIBIAN

选题策划 包国印
责任编辑 李 暖
封面设计 李海波

出版发行 哈尔滨工程大学出版社
社 址 哈尔滨市南岗区南通大街145号
邮政编码 150001
发行电话 0451-82519328
传 真 0451-82519699
经 销 新华书店
印 刷 哈尔滨市石桥印务有限公司
开 本 787 mm×1 092 mm 1/16
印 张 36.5
字 数 968千字
版 次 2023年4月第1版
印 次 2023年4月第1次印刷
定 价 150.00元
http://www.hrbeupress.com
E-mail:heupress@hrbeu.edu.cn

编委会成员

主　　编　于立君　汪生泉

副 主 编　杨　帆　战　宇　冯金辉

　　　　　　吕宏明　刘　晨　关卓铁

参编人员　付跃军　吴　苏　才　欣

　　　　　　李中英　吴树政　刘海才

　　　　　　龚洵安　张晓红

前　　言

党的二十大报告提出了“加快构建新发展格局,着力推动高质量发展”,对新时期的高校招标采购管理工作提出了新的要求,要准确把握新发展格局中高校招标采购工作的新定位、新要求、新使命,坚决贯彻落实党中央关于深化政府采购制度改革的决策部署,更好发挥政府采购在推动高质量发展、促进经济社会发展中的重要作用。哈尔滨工程大学历来重视招标采购管理工作,把制度建设作为招标采购管理规范化的重要保障措施,一直常抓不懈。

近年来,国家陆续出台和修订了多项招标采购政策法规,从 2022 年 6 月起,哈尔滨工程大学国有资产管理处结合工作实际,梳理目前学校招标采购管理制度和国内最新的招标与采购方面的法律、法规等规范性文件,编写了《哈尔滨工程大学政府采购与招标投标制度汇编》。本书共分两部分,具体包括学校规章制度、国家招标与采购法律体系规范性文件(政府采购法律体系和招投标法律体系)共 123 个制度文件,满足高等院校和采购代理机构相关管理人员、从业人员及经办人员的阅读参考需求。

尽管哈尔滨工程大学国有资产管理处投入了大量的时间和人力编写本书,但由于汇编制度是一项细致入微的工作,参编人员水平有限,加之时间仓促,本书难免存在诸多不妥之处,敬请读者批评指正,以求不断完善与提高。

哈尔滨工程大学国有资产管理处

2023 年 2 月

前 言

目　　录

第一部分　学校规章制度

第二部分　国家招标与采购法律体系规范性文件

第一部分　学校规章制度

哈尔滨工程大学采购管理办法

（哈工程党发〔2018〕47号）

第一章　总　则

第一条　为进一步规范学校采购管理工作,维护国家和学校利益,提高资金使用效益,根据《中华人民共和国政府采购法》《中华人民共和国招标投标法》,以及工业和信息化部、国家国防科技工业局等部门的有关法规制度,结合学校实际,制定本办法。

第二条　学校及各院系、机关和直属单位使用学校预算资金采购货物、工程和服务适用本办法。

第三条　学校采购是指以合同方式有偿取得货物、工程和服务的行为。

第四条　学校采购活动遵循公开、公平、公正和诚实信用原则。

第二章　采购机构和管理职责

第五条　学校设立采购工作小组和采购工作监督小组。

第六条　学校采购工作小组是学校采购工作的决策机构。由分管采购工作的副校长担任组长,由发展计划处、财务处、国有资产管理处、后勤基建处、科学技术研究院等相关职能部门为成员单位。采购工作小组的主要职责是:

(一)负责全面领导学校采购工作。

(二)审议学校采购相关规章制度。

(三)研究解决学校采购工作中的重大问题或特殊事项。

(四)审定重大、紧急和特殊采购项目的实施方案及采购结果。

重大采购项目是指新建工程设计、监理、施工招标和公开招标数额标准以上(已批复采购方式的项目除外)的采购项目;紧急项目是指采购时间紧急,采取政府采购方式和程序难以满足工作需要,纳入国务院颁布政府集中采购目录及标准以上的采购项目;特殊项目采购是指采购工作管理办公室或采购监督工作办公室认定为特殊的采购项目。

(五)协调处理采购工作中的争议和问题。

(六)其他由采购工作小组决策的事宜。

第七条　采购工作小组下设采购工作管理办公室,挂靠国有资产管理处。其主要职责是:

(一)宣传贯彻国家和学校采购的有关法规、政策和制度;

(二)组织拟定学校采购管理办法等规章制度;

(三)监督学校采购计划实施情况;

(四)负责审批重大、紧急和特殊以外集中采购项目的实施方案；

(五)组织开展采购管理研究和业务培训等工作；

(六)负责采购管理平台等采购信息系统建设维护；

(七)完成采购工作小组交办的其他工作。

第八条　学校采购工作监督小组是学校采购工作的监督机构，由学校纪委书记担任组长，监察处、审计处等相关监督部门为成员单位。采购工作监督小组的主要职责是：

(一)负责全面领导学校的采购监督工作；

(二)检查内部制度建设和监督制约机制落实情况；

(三)根据工作需要，组织施工现场勘查，对校内工程预算资金实施审计；

(四)按照国家及学校相关规定，对项目工程量清单、招标控制价、工程进度结算、设计变更、工程结算等进行审计；

(五)法律、法规和制度规定的其他监督事宜。

第九条　采购工作监督小组下设采购工作监督办公室，挂靠监察处。其主要职责是：

(一)对采购过程进行监督检查；

(二)组织协调采购工作中信访处理、违规违纪问题查处；

(三)对采购相关人员进行经常性法规、纪律教育；

(四)完成采购工作监督小组交办的其他工作。

第十条　学校根据职能部门业务范围和职责分工，对采购工作实行归口管理。

(一)发展计划处：负责学校固定资产投资项目库建设工作，组织下达固定资产投资项目投资计划和协调、监管项目执行。

(二)财务处：负责审核、编制和划拨各类采购项目经费的预算，负责支付采购项目价款等工作，汇总上报政府采购信息。

(三)国有资产管理处：负责货物类和服务类采购项目归口管理工作，包括业务管理范围内的采购计划管理、分散采购监管、采购合同管理和采购信息填报。

(四)后勤基建处：负责工程类及相关货物、服务采购项目归口管理工作，包括业务管理范围内的采购计划管理、有形市场内采购、分散采购实施、采购合同管理和采购信息填报。

(五)科学技术研究院：负责科研采购项目归口管理工作，包括业务管理范围内的采购计划管理、分散采购监管、科研合同管理和采购信息填报。

(六)后勤集团：负责组织学校食堂用食材、餐厨具(含维修)，绿化主材、农资，零小修工程用工具、材料，后勤服务保洁用品等物资采购工作；负责业务范围内的采购合同管理。

(七)校医院：负责组织学校医院医用物资、药品药材等采购工作；负责业务范围内的采购合同管理。

第十一条　招标与采购管理中心(以下简称招采中心)是学校集中采购的实施部门，挂靠国有资产管理处。招采中心的主要职责是：

(一)负责贯彻落实国家和学校采购的有关法规、政策和制度；

(二)负责建立完善学校采购实施细则和采购内控制度；

(三)组织实施政府集中采购目录内和学校限额标准以上的采购工作(地方行政主管部门另有规定的集中采购项目、归口管理部门负责组织实施的采购工作，由相关职能部门组织实施)；

（四）负责填报学校集中采购项目的采购信息；

（五）组织协调处理学校集中采购活动中的质疑等工作；

（六）完成采购工作管理办公室交办的其他工作。

第十二条　用户单位是采购项目的承办或需求部门，其主要职责是：

（一）负责采购项目立项申请、预算申报和市场调研；

（二）指定专人参加学校集中采购活动；

（三）负责采购文件相关技术条款的质疑、异议和投诉等解答；

（四）组织实施货物类和服务类分散采购；

（五）组织采购合同履行、验收工作及履约情况反馈。

第三章　采购预算和计划管理

第十三条　用户单位根据实际需求按时编制采购项目及资金预算，按程序报财务处或发展计划处等部门。

第十四条　用户单位依据上级部门、学校批复的预算或固定资产投资计划，按时编制本单位采购计划，报归口管理部门审核、汇总。

第十五条　采购活动应严格执行批准的采购预算和采购计划，不得组织无资金来源的采购。

第四章　采购组织形式

第十六条　学校采购实行集中采购和分散采购相结合，以集中采购为主的采购组织形式。

集中采购，是指采购政府集中采购目录内和达到学校集中采购限额标准的货物、工程和服务的行为。

分散采购，是指采购政府集中采购目录外且未达学校集中采购限额标准的货物、工程和服务的行为。

第十七条　学校集中采购限额标准：

单项或批量金额达到30万元及以上的货物、工程及服务类采购项目；其中使用科研经费采购的，单项或批量金额达到50万元及以上的货物类采购项目。

第十八条　除国家及学校另有规定外，用户单位将应集中采购的项目变更为分散采购的，必须经学校采购工作小组审批。

对于特殊项目，经学校采购工作小组授权，可将应集中采购的项目委托相关部门组织实施。

第五章　采购审批与备案管理

第十九条　下列事项须经采购工作小组审核后，按有关程序报上级主管部门审批。

（一）因特殊情况对达到依法公开招标数额标准的采购项目需要采用公开招标以外方

式采购的；

（二）因特殊情况需要采购非本国货物、工程或服务的；

（三）法律、行政法规规定其他需要审批的事项。

第二十条　下列事项须经采购工作小组审核后，按有关程序报上级主管部门备案。

（一）已批复政府采购预算补报或调整的；

（二）政府采购实施计划变更的；

（三）法律、行政法规规定其他需要备案的事项。

第六章　集中采购方式和采购程序

第二十一条　学校集中采购的方式包括：

（一）公开招标；

（二）邀请招标；

（三）竞争性谈判；

（四）竞争性磋商；

（五）单一来源采购；

（六）询价；

（七）学校认定的其他采购方式。

第二十二条　学校集中采购的方式具体适用条件依据国家相关法律法规执行。

第二十三条　达到依法公开招标数额标准的项目，采用公开招标方式采购。公开招标的数额标准按照国务院有关规定执行。

不得将应以公开招标或邀请招标方式采购的项目化整为零或者以其他任何方式规避公开招标采购。

用户单位采用公开招标以外的方式重复采购同一批计划或预算的货物和服务项目，资金总额超过公开招标数额标准的，视为化整为零规避招标采购。

第二十四条　国家和上级部门批复建设项目中已明确采购方式的，按照批复的采购方式采购。

第二十五条　学校采购达到公开招标数额标准的货物、工程或者服务项目，有下列情形之一的，经上报工业和信息化部或原项目资金批复部门批准后，可以采用非公开招标采购方式：

（一）公开招标未能成立，且招标文件没有不合理条款、招标程序符合规定，重新公开招标将影响采购项目实施的；

（二）采购项目具有特殊性，符合资格条件供应商不足三家的；

（三）采购时间紧急，采取公开招标采购方式难以满足工作需要的。

第二十六条　学校集中采购工作程序：

（一）编制计划。用户单位根据学校批复的预算或投资计划，按时编制具体的集中采购计划，经归口管理部门审核后，报招采中心。

（二）制定方案。用户单位根据批复的集中采购计划（预算）编制采购申请报招采中心。招采中心组织编制实施方案。

（三）实施采购。招采中心根据批复的实施方案组织采购活动，确定中标（成交）供应商，发出中标（成交）通知。

（四）签订合同。归口管理部门组织与中标（成交）供应商商务谈判、签订采购合同。

（五）履约验收。归口管理部门或用户单位组织采购合同履行及验收工作。

（六）资金支付。归口管理部门或用户单位按照合同约定办理合同款支付工作。

第二十七条　根据国家和黑龙江省的有关规定，采购活动中可以收取相关费用，具体收取标准按照学校有关规定执行。

第二十八条　采购结束后，采购文件应妥善保管，按照项目档案相关要求及时将采购文件送交档案馆存档，不得伪造、变造、隐匿或者销毁。采购文件等相关资料的保存期限为从采购结束之日起不少于十五年。

第七章　分散采购方式和采购程序

第二十九条　学校分散采购应参照学校集中采购方式和程序开展采购活动。

用户单位可以根据项目特点自行选定分散采购方式。

第三十条　学校分散采购的方式包括：

（一）竞争性谈判；

（二）竞争性磋商；

（三）单一来源采购；

（四）询价；

（五）学校认定的其他采购方式。

第三十一条　学校分散采购工作程序：

（一）用户单位提出采购申请，由经费负责人批准后实施采购；

（二）采购实施部门按政府有关规范文件或学校采购文件范本编制采购文件。除单一来源采购方式外，对供应商的资格要求原则上应确保 3 家以上符合条件；

（三）采购实施部门向供应商提供采购文件，供应商提交响应文件；

（四）采购实施部门应组建 3 人及以上单数成员的采购小组；

（五）采购实施部门应在供应商质量和服务均能满足采购文件实质性要求的基础上，根据报价最低或综合评分最高的原则确定成交供应商，并填写评审记录；

（六）采购实施部门与供应商签订书面采购合同；

（七）用户单位按照采购合同约定，实施履约验收工作和资金支付工作。

第三十二条　分散采购结束后，用户单位应将采购文件等相关资料妥善保管，并作为今后接受相关监督检查的重要依据，不得伪造、变造、隐匿或者销毁。

第八章　采购争议协调

第三十三条　供应商对学校采购活动事项提出疑问、询问的，采购实施部门应及时作出答复，但答复的内容不得涉及商业秘密。

第三十四条　供应商对学校采购活动事项提出质疑的，可以依法以书面形式向采购实施部门提出质疑。

采购实施部门应自收到供应商的质疑起7个工作日内组织有关部门作出答复,但答复的内容不得涉及商业秘密。

第三十五条　由招标代理公司组织的采购活动被质疑的,按学校与其签订协议的约定执行。

第九章　采购合同管理

第三十六条　归口管理部门或用户单位应在中标(成交)通知书发出之日起30日内,按照采购文件的要求与中标(成交)供应商签订书面采购合同,不得违背其实质性条款。

第三十七条　重大采购项目和特殊采购项目合同签订前,归口管理部门可以组织有关部门根据采购招标文件、中标(成交)通知书等文件对拟定的合同内容进行经济、政策、法律等方面的审核。

第三十八条　归口管理部门或用户单位应自合同签订之日起5个工作日内,将合同报采购工作管理办公室及相关部门备案。

第三十九条　采购合同订立后,不得擅自变更、中止或者终止。

第四十条　采购合同履行中,归口管理部门或用户单位需追加与合同标的相同的货物、工程或者服务的,需要向计划(预算)批准部门提出追加申请,获批后,在不改变合同其他条款的前提下,与中标(成交)供应商签订补充合同,但所有补充合同的采购金额不得超过原合同采购金额的百分之十。

第十章　采购质量管理

第四十一条　用户单位申请采购立项时,必须遵循科学、严谨、节俭的原则进行市场调研,所在处级单位对立项情况进行监督审核,必要时相关职能部门可以组织专家对采购立项进行科学论证。

第四十二条　学校及各院系、机关和直属单位应明确各岗位职责,建立健全采购过程的质量管理内控机制,完善相关内控管理制度和流程。包括但不限于:

(一)对采购供应商进行资格审核与信用管理;

(二)制定科学和可操作的采购实施方案;

(三)贯彻落实专家库管理规定;

(四)规范采购程序;

(五)建立健全内部制约管理制度;

(六)规范执行采购合同各项规定;

(七)及时处理采购过程中的质量管理问题;

(八)设立校内采购供应商黑名单库。

第四十三条　健全完善采购验收机制,明确采购经办人员、合同审核人员、验收人员的职责权限,明确相关采购管理部门、使用单位和监督部门的职责权限,并相互分离。

第四十四条　各归口管理部门和招采中心依据上级和本办法的有关规定,制定采购实施细则，报学校采购工作小组审定后执行。

第四十五条　凡是采购文件约定需供应商交纳履约保证金的，在合同签订前必须收取履约保证金。凡是合同约定留有质量保证金的，付款前必须留足质量保证金。

第四十六条　归口管理部门或用户单位根据合同约定的时间、地点和方式，组织对供应商履约情况进行验收，验收合格后方可按合同约定退还或支付履约保证金、质量保证金。

大型或者复杂的采购项目，可以邀请国家认可的质量检测机构参加验收工作。

第四十七条　对于验收过程中发现的异常情况，归口管理部门或用户单位应查明原因并及时处理，并依据验收结论办理后续相关事宜。

第十一章　采购纪律和监督

第四十八条　所有参与采购活动的工作人员均应遵守国家相关法律法规，按职责权限、程序开展工作，坚持原则、廉洁自律，主动接受监督。

第四十九条　采购活动中，实行回避制度。所有参与采购活动的人员与供应商有利害关系的必须回避。

第五十条　采购活动中，采购工作人员对不宜公开的资料、信息、商业秘密等负有保密责任。

第五十一条　加强对采购过程特别是重大采购项目过程的审计、监察等监督检查，发现问题及时处理和整改。

第五十二条　校采购工作小组和采购工作监督小组对采购活动负有检查、指导和督促的责任。

学校采购监督人员应按职责对采购工作予以监督，对发现的问题应予以制止并责令其限期整改。

第五十三条　采购项目相关当事人均有权对学校采购活动中的违纪违规行为进行投诉和检举，相关部门应依照各自职责及时处理。任何人员不得以任何方式非法干涉采购活动。

第十二章　附　　则

第五十四条　涉及安全保密的采购项目需按国家颁布的相关管理办法执行。

第五十五条　本办法自 2018 年 7 月 10 日起施行。原《哈尔滨工程大学采购管理办法》（校字〔2010〕54 号）废止。学校原有的相关规定、要求与本办法不一致的，以本办法为准。

第五十六条　本办法由学校采购工作管理办公室和采购工作监督办公室负责解释。

哈尔滨工程大学集中采购实施细则

（哈工程校发〔2019〕8号）

第一章　总　　则

第一条　为进一步规范学校采购管理，提高资金使用效益，保证采购工作廉洁高效运行，根据《中华人民共和国政府采购法》《中华人民共和国招标投标法》等有关法规制度和《哈尔滨工程大学采购管理办法》（哈工程党发〔2018〕47号），制定本实施细则。

第二条　本细则适用于学校及各院系、机关和直属单位使用学校预算资金，以合同方式有偿取得的，政府集中采购目录以内或学校集中采购限额标准以上的货物、工程和服务采购。

第三条　本细则所称货物，是指仪器设备、家具和图书文献等。所称工程，是指建设工程，包括建筑物和构筑物的新建、改建、扩建及其相关的装修、拆除、修缮等；与工程建设有关的货物，是指构成工程不可分割的组成部分，且为实现工程基本功能所必需的设备、材料等。

所称服务，是指物业管理，软件设计开发，与工程建设有关的勘察、设计、监理等服务。

第四条　集中采购遵循公开、公平、公正和诚实信用原则。

第五条　学校集中采购项目需落实节能环保、中小微型企业扶持等相关政府采购政策。

第六条　学校对集中采购工作实行归口管理，各职能部门按照《哈尔滨工程大学采购管理办法》中职责分工执行。招标与采购管理中心（以下简称“招采中心”）是学校集中采购的实施部门。

第二章　采购方式与适用范围

第七条　学校将纳入政府集中采购目录的采购项目进行政府集中采购。由招采中心委托上级主管部门认定的政府集中采购机构组织实施采购。

第八条　政府集中采购的采购方式包括批量集中采购、协议供货、网上竞价、网上商城等。

（一）批量集中采购

批量集中采购，是指将通用性强、技术规格统一的政府采购品目，按规定的标准配置归集采购需求后提交政府集中采购机构统一采购的组织形式。

适用于行政办公用台式计算机、便携式计算机、打印机和复印机等，无论额度大小或数量多少，必须履行批量集中采购程序。未经过批量集中采购的行政办公设备，不予办理固定资产转固和资金支付。

批量集中采购不能满足紧急需要的，采购项目的承办或需求部门（以下简称“用户单位”）须向招采中心提交书面申请，报工业和信息化部审批后方可通过协议供货等方式采购。

（二）协议供货

协议供货，是指通过政府集中采购机构以公开招标方式确定中标商及所供协议产品，并以中标合同的形式固定下来，在协议有效期内，自主选择协议供货平台上公告的供应商及其中标产品的组织形式。

适用于规格及标准相对统一、品牌较多的通用类产品采购。

按照入围产品和协议供货商名单进行协议供货采购，采购价格不能高于协议供货入围价。

采购教学科研用设备，协议供货目录中型号满足使用需求的，原则上采用协议供货方式采购。

协议供货入围产品无法满足需求的，用户单位须向招采中心提交书面申请，采用网上竞价等方式采购。

（三）网上竞价

网上竞价，是指通过在政府集中采购机构搭建的竞价平台上公开发布采购信息，在规定时间内，供应商在线报价，按照满足需求且报价最低的原则确定成交供应商的电子化政府采购形式。

网上竞价实质是询价采购，适用于政府集中采购目录分散采购限额标准以下，规格、标准统一、现货货源充足且价格变化幅度小的通用类产品采购。

（四）网上商城

网上商城，是指通过在政府集中采购机构搭建的网上商城直接购买的组织形式。

适用于小额零星通用类产品采购。

第九条　政府集中采购目录及限额标准以国务院办公厅发布内容为准，招采中心实时调整执行。

第十条　学校集中采购限额标准以上的采购项目由招采中心进行学校集中采购。

第十一条　学校集中采购方式包括公开招标、邀请招标、竞争性谈判、竞争性磋商、单一来源采购和询价及学校认定的其他采购方式。

（一）公开招标，是指依法以招标公告的方式邀请不特定的法人或者其他组织投标的采购方式。

（二）邀请招标，是指依法从符合相应资格条件的供应商中随机邀请不少于 3 家的供应商，并以投标邀请书的方式邀请其参加投标的采购方式。

（三）竞争性谈判，是指通过组建谈判小组与符合资格条件的供应商就采购事宜进行谈判，要求供应商提交响应文件和最后报价，并从谈判小组提出的成交候选人中确定成交供应商的采购方式。

（四）竞争性磋商，是指通过组建竞争性磋商小组与符合条件的供应商就采购事宜进行磋商，要求供应商提交响应文件和报价，并从磋商小组提出的候选供应商名单中确定成交供应商的采购方式。

（五）单一来源采购，是指只能从某一特定供应商处采购的采购方式。

（六）询价，是指通过组建询价小组向符合资格条件的供应商就采购事宜发出询价通知书，要求供应商一次报出不得更改的价格，并从询价小组提出的成交候选人中确定成交供应商的采购方式。

（七）学校认定的其他采购方式包括比选、直接采购等。

比选，是指通过组建比选小组与符合资格条件的供应商就采购事宜进行商谈，要求供应商按照比选文件提交响应文件和报价，比较资信、业绩、报价和合同执行力等，进行综合评分，并从比选小组提出的候选供应商名单中确定成交供应商的采购方式。

直接采购，是指根据项目特点直接把项目委托给符合相关资质要求的供应商的方式。

第十二条　公开招标、邀请招标、竞争性谈判、竞争性磋商、单一来源采购和询价采购方式适用条件依照相关法律法规执行。

第十三条　单项或批量金额未达到政府集中采购目录分散采购限额标准的采购项目，采购时间紧急且符合下列情形之一的，可采用比选方式：

（一）技术复杂或性质特殊，不能确定详细规格或具体要求的；

（二）因艺术品采购、专利、专有技术或者服务的时间、数量事先不能确定等原因不能事先计算出价格总额的；

（三）市场竞争不充分的科研项目，以及需要扶持的科技成果转化项目。

第十四条　单项或批量金额未达到政府集中采购目录分散采购限额标准的项目，因施工安全责任、地方管理权限和项目特殊等原因，可直接采购。

第三章　政府集中采购程序

第十五条　批量集中采购程序：

（一）用户单位依据采购计划按季度向招采中心提交采购申请；

（二）招采中心向工业和信息化部按月提交采购需求；

（三）政府集中采购机构组织实施采购，确定成交供应商；

（四）用户单位与成交供应商签订采购合同；

（五）用户单位按照合同约定实施履约验收；

（六）用户单位按照合同约定办理资金支付。

第十六条　协议供货采购程序：

（一）用户单位依据采购计划通过协议供货平台选择符合需求的货物；

（二）单项或批量金额达到 20 万元以上的采购项目，原则上由招采中心向不少于 3 家的协议供货商发出询价单，并组织供应商进行二次报价，按照符合采购需求且报价最低的原则确定成交供应商；

（三）单项或批量金额未达到 20 万元的采购项目，原则上由用户单位与招采中心通过平台选择本地协议供应商直接采购；

（四）用户单位与成交供应商签订采购合同；

（五）用户单位按照合同约定实施履约验收；

（六）用户单位按照合同约定办理资金支付。

第十七条　网上竞价采购程序：

(一)用户单位依据采购计划提交采购申请,提供3个参考品牌,并承诺提供参考品牌性能指标均能满足采购需求。

(二)招采中心向政府集中采购机构提交竞价需求。

(三)政府集中采购机构审批竞价需求并发布。

(四)用户单位确定成交供应商。

如用户单位选择中标单位报价不是最低价的,须予以说明;所提说明如未被政府集中采购实施部门认可,该项目将在规定时间内默认最低价中标;如不执行中标结果,用户单位承担相应法律责任。

(五)用户单位与成交供应商签订采购合同。

(六)用户单位按照合同约定实施履约验收。

(七)用户单位按照合同约定办理资金支付。

第十八条　网上商城采购程序：

(一)用户单位依据采购计划提交采购申请;

(二)招采中心根据采购需求在网上商城下单订购;

(三)用户单位与成交供应商签订采购合同;

(四)用户单位按照合同约定实施履约验收;

(五)用户单位按照合同约定办理资金支付。

第四章　学校集中采购程序

第十九条　学校集中采购工作流程。

(一)报送采购计划

用户单位依据批复的预算或固定资产投资计划,在每季度末编制下一季度采购计划,经归口管理部门审核后报招采中心。未报送采购计划的项目,原则上该季度不予受理。

(二)提交采购申请

用户单位或归口管理部门提交采购申请,内容应包括拟采购项目概况、资质条件和技术要求等。采购需求不能限定或者指定特定的专利、商标、品牌及供应商等。

(三)确定采购组织形式

招采中心组织采购预备会,确定采购组织形式。

国家和上级部门批复建设项目中已明确采购方式的,按照批复执行;未明确采购方式的,按照适用条件选择采购方式。

1. 单项或批量金额达到50万元以上的采购项目,用户单位或归口管理部门提出采购方式建议,招采中心制定采购实施方案,报采购工作管理办公室审核,经采购工作小组组长审批后组织实施;

2. 单项或批量金额未达到50万元的采购项目,用户单位或归口管理部门提出采购方式建议,招采中心制定采购实施方案,报采购工作管理办公室主任审批后组织实施;

3. 申请单一来源方式采购的,用户单位或归口管理部门提出采购方式建议,招采中心制定采购实施方案,报采购工作管理办公室审核,经采购工作小组组长审批后组织实施。

（四）组织采购活动

招采中心或招标代理机构编制采购公告、采购文件，经用户单位或归口管理部门确认后发布，组织评审活动，确定中标（成交）供应商，并发放中标（成交）通知书。

用户单位或归口管理部门应派出代表参加采购会议，原则上每个项目不得超过1人，且须为学校正式职工。

（五）归口管理部门组织与中标（成交）供应商商务谈判。

（六）用户单位或归口管理部门与中标（成交）供应商签订采购合同。

（七）用户单位或归口管理部门按照合同约定实施履约验收。

（八）用户单位或归口管理部门按照合同约定办理资金支付。

第二十条　依法采用公开招标、邀请招标、竞争性谈判、竞争性磋商、单一来源采购和询价方式的，按照相关法律法规执行采购程序。

第二十一条　比选采购程序。

（一）成立比选小组

比选小组由用户单位或归口管理部门、评审专家3人及以上的单数组成，其中评审专家的人数不得少于成员总数的2/3。

（二）确定参加比选的供应商名单

招采中心可通过发布公告、从供应商库中随机抽取、用户单位或归口管理部门和评审专家分别书面推荐的方式邀请不少于3家符合相应资格条件的供应商参与比选采购活动。

（三）编制发出比选文件

招采中心应根据采购项目特点和需求编制比选文件，内容应明确比选方法、价格构成等。从比选文件发出之日起至供应商提交响应文件截止之日不得少于3个工作日。

（四）组织评审活动

比选小组采用综合评分法对提交最后报价的供应商的响应文件和最后报价进行综合评分，根据评审得分由高到低的原则推荐候选供应商，并编写评审报告。用户单位或归口管理部门依据评审报告确定成交供应商。

（五）发出成交通知书

招采中心向成交供应商发出成交通知书。

第二十二条　单项或批量金额未达到公开招标数额标准的货物和服务类采购项目，申请单一来源方式采购的，须履行以下程序。

（一）用户单位提交采购申请等相关资料，包括采购申请表、单一来源申请报告、供应商营业执照、3个及以上校外专家手写论证意见、采购廉洁自律承诺书等。

（二）招采中心在哈尔滨工程大学校园网上进行征求意见公示，公示期为3个工作日。

（三）潜在供应商或利害关系人有异议的，可在公示期内将书面意见反馈给招采中心。招采中心在公示期满5个工作日内，通知用户单位补充论证。论证认为异议成立的，采取其他采购方式；论证认为异议不成立的，将补充论证的结论告知提出异议的供应商或利害关系人后组织实施采购。

（四）单项或批量金额达到政府集中采购目录分散采购限额标准以上的采购项目在中国政府采购网和哈尔滨工程大学校园网上发布邀请公告和成交公告；未达到政府集中采购目录分散采购限额标准的采购项目在哈尔滨工程大学校园网上发布邀请公告和成交公告。

（五）招采中心组织与供应商进行谈判，商定价格、供货期、付款方式和售后服务等。

（六）招采中心发出成交通知书。

第二十三条　申请直接采购方式的，归口管理部门根据项目特点提出采购实施方案，报采购工作小组审批后组织实施采购。

第五章　学校集中采购方式变更

第二十四条　依法必须进行招标的采购项目，符合有下列情形之一的，报工业和信息化部或原项目资金批复部门批准后，可采用非公开招标采购方式：

（一）需要采用不可替代的专利或者专有技术的；

（二）需要向原中标人采购货物、工程或者服务，否则将影响施工或者功能配套要求的；

（三）公开招标未能成立，且招标文件没有不合理条款、招标程序符合规定，重新公开招标将影响采购项目实施的；

（四）采购项目具有特殊性，符合资格条件供应商不足 3 家的；

（五）采购时间紧急，采取法定采购方式难以满足工作需要的；

（六）国家规定的其他特殊情形。

第二十五条　单项或批量金额达到政府集中采购目录分散采购限额标准以上的采购项目，投标人少于 3 个的，不得开标，应当重新组织。重新组织后，投标人仍少于 3 个的，报原项目资金批复部门批准后，可选用竞争性谈判或单一来源等方式实施采购。

第二十六条　单项或批量金额未达到政府集中采购目录分散采购限额标准以下的采购项目，投标人少于 3 个的，不得开标，应当重新组织。重新组织后，投标人仍少于 3 个的，报采购工作小组审批后，可选用竞争性谈判或单一来源等方式实施采购。

第六章　进口货物采购

第二十七条　政府采购项目优先选择本国货物，原则上不允许采购进口货物，如需采购进口货物，须原项目资金批复部门批准后实施。

第二十八条　单项或批量金额达到政府集中采购目录分散采购限额标准以上的进口货物采购，应按照要求同时提交政府采购进口产品申请。

第二十九条　用户单位使用科研经费采购进口仪器设备，需办理科教免税的，须经相关部门审批后采购。

第七章　涉密项目采购

第三十条　涉及国家安全、国家秘密及军工固定资产投资建设且不宜进行公开招标的项目，须学校相关职能部门书面请示原项目资金批复部门，待批复后进行采购。

涉密项目采购前，用户单位须履行审批手续。

第三十一条　涉密项目勘察、设计、施工、监理等业务的承建单位及招标代理机构的资格条件必须符合法律、行政法规和国家保密行政管理部门相关规定。

用户单位应与涉密项目承建单位及招标代理机构签订保密协议，各自承担职责范围内的保密管理责任。

第三十二条　涉密项目承建单位及招标代理机构应加强信息公开保密审查，依法依规做好涉密载体的保密管理工作，杜绝公开宣传报道涉密采购项目、以涉密采购项目名义参加公开评选活动。

第三十三条　用户单位提交采购申请时须明确涉密申请理由和涉密依据，由定密责任人履行定密事项审批手续后委托具有有效保密资质的招标代理机构组织实施采购活动。

第八章　采购合同管理

第三十四条　自中标(成交)通知书发出之日起30日内，按照采购文件、响应文件等内容，用户单位或归口管理部门与中标(成交)供应商签订书面采购合同。

第三十五条　用户单位或归口管理部门应优先使用学校规范的合同模板，由归口管理部门逐级审核后加盖学校合同专用章。审核要点包括合同价款、合同内容、供货期、付款方式、履约保证金、违约责任等内容。

合同签署人员必须为学校正式职工。

第三十六条　用户单位应自合同签订之日起5个工作日内，将合同报采购工作管理办公室及相关部门备案。

第三十七条　采购合同订立后，不得擅自变更、中止或者终止。

第九章　采购档案管理

第三十八条　自中标(成交)通知书发出之日起10个工作日内，招采中心负责将自行组织采购项目的采购资料整理成册；招标代理机构须将委托采购项目的采购资料移交招采中心。

第三十九条　招采中心按照学校档案管理办法的相关要求，对采购档案进行立卷归档。

第四十条　采购档案须妥善保存，不得伪造、变造、隐匿或者销毁。

第十章　供应商管理

第四十一条　凡参与学校采购活动的供应商均应遵守学校的相关规章制度。

第四十二条　供应商的权利：

(一)参与学校采购活动；

(二)对采购程序有异议的，可向招采中心或招标代理机构咨询、质疑；

(三)对其他供应商或相关人员在学校采购活动中的欺诈行为或营私舞弊行为可提出投诉；

(四)法律、法规规定的其他权利。

第四十三条　供应商的义务：

(一)编制响应文件，交纳保证金和文件资料费；

(二)交纳中标服务费,并及时签订采购合同;

(三)诚实守信履行采购合同;

(四)接受学校相关部门的监督;

(五)法律、法规规定的其他义务。

第四十四条　采购项目履约过程中,用户单位或归口管理部门对供应商履约情况进行考核,并记入供应商信用管理档案。

第四十五条　有下列情形之一的,学校将供应商列入不良行为记录名单,禁止其在 1 至 3 年内参加学校自行组织的采购活动:

(一)提供虚假材料骗取入库供应商资格或谋取成交的;

(二)采用不正当手段诋毁、排挤其他供应商的;

(三)与用户单位、其他供应商或招标代理机构恶意串通的;

(四)向用户单位、招标代理机构行贿或者提供其他不正当利益的;

(五)不遵守评审现场纪律,故意扰乱评审现场的;

(六)成交后无正当理由不签订采购合同的;

(七)未经学校同意将项目转包或分包给他人的;

(八)未能按照约定履行合同且限期未整改的;

(九)捏造事实、伪造材料或者以非法手段取得证明材料进行质疑或投诉,扰乱正常采购秩序的;

(十)其他违反法律、法规的行为。

第十一章　纪 律 责 任

第四十六条　参与采购工作的所有人员均应遵守国家相关法律、法规和学校的有关规定,坚持原则,廉洁自律,保守秘密。

第四十七条　用户单位纪律要求:

(一)不得将必须招标的项目化整为零或者以其他任何方式规避招标;

(二)不得将应集中采购的项目自行组织实施;

(三)不得与供应商恶意串通、泄露采购秘密,影响公平竞争;

(四)不得收受贿赂或获取其他不正当利益;

(五)其他违反法律、法规的行为。

第四十八条　校内评审专家(用户代表)纪律要求:

(一)按时参加评审工作,不得透露参加评审工作的有关信息;

(二)遵守评审工作纪律,不得私下接触供应商,不得收受他人财物或参加其他可能影响评审公正性的活动;

(三)不得透露专家评审意见以及与评审有关的其他情况;

(四)与供应商有利害关系的,应主动提出回避;

(五)其他违反法律、法规的行为。

第四十九条　工作人员纪律要求:

(一)按照规定程序开展采购工作,自觉接受上级主管部门和有关部门的监督;

（二）不得限制或排斥任何合法法人或其他组织参加采购活动，不得对潜在供应商实行差别待遇或歧视待遇；

（三）不得泄露与工作有关的秘密，不得与供应商串通，损害国家、学校或者他人的合法权益；

（四）不得收受礼品、礼金、消费卡等；

（五）其他违反法律、法规的行为。

第五十条　违反上述情形之一的，学校依据有关规定视情节严重给予相应处理或处分。

第十二章　附　　则

第五十一条　原《哈尔滨工程大学仪器设备（家具）采购实施细则（试行）》《哈尔滨工程大学基建工程采购实施细则（试行）》（校字〔2006〕23 号）同时废止。学校原有的相关规定、要求与本细则不一致的，以本细则为准。

第五十二条　条件保障建设等不适宜公开发布信息的采购项目，履行审批程序后可不进行信息公开。

第五十三条　政府集中采购目录分散采购限额标准以下且原项目资金批复部门批复为招标的采购项目，适用于本实施细则。

第五十四条　学校自行组织集中采购项目评审活动中，评审专家参照《哈尔滨工程大学采购评审专家管理办法》管理。

第五十五条　用户单位或归口管理部门应建立和完善内部监督制约机制，制定配套采购内控制度。

第五十六条　本细则所称的“以上”“达到”“内”，包括本数。

第五十七条　本实施细则由学校采购工作管理办公室负责解释。

第五十八条　本实施细则自 2019 年 2 月 1 日起施行。

哈尔滨工程大学分散采购实施细则

（哈工程校发〔2019〕9号）

第一章　总　　则

第一条　为规范学校分散采购行为，加强对采购活动的监督和管理，提高资金使用效益，保障采购质量，根据《哈尔滨工程大学采购管理办法》（哈工程党发〔2018〕47号）等学校规定，制定本实施细则。

第二条　本细则适用于学校及各院系、机关和直属单位使用学校预算资金，以合同方式有偿取得的，政府集中采购目录以外且学校集中采购限额标准以下的货物、工程和服务项目。

第三条　本细则所称货物，是指仪器设备、家具和图书文献等。

所称工程，是指建设工程，包括建筑物和构筑物的新建、改建、扩建及其相关的装修、拆除、修缮等；与工程建设有关的货物，是指构成工程不可分割的组成部分，且为实现工程基本功能所必需的设备、材料等。

所称服务，是指物业管理，软件设计开发，与工程建设有关的勘察、设计、监理等服务。

第四条　分散采购遵循公开、公平、公正和诚实信用原则。

第五条　学校对分散采购工作实行归口管理，各职能部门按照《哈尔滨工程大学采购管理办法》中职责分工执行。

第二章　采购方式与适用范围

第六条　学校分散采购方式包括竞争性谈判、竞争性磋商、单一来源采购、询价、比选和直接采购等学校认定的采购方式。

竞争性谈判，是指用户单位或归口管理部门通过组建谈判小组与符合资格条件的供应商就采购事宜进行谈判，要求供应商提交响应文件和最后报价，并从谈判小组提出的成交候选人中确定成交供应商的采购方式。

竞争性磋商，是指用户单位或归口管理部门通过组建竞争性磋商小组与符合条件的供应商就采购事宜进行磋商，要求供应商提交响应文件和报价，并从磋商小组评审后提出的候选供应商名单中确定成交供应商的采购方式。

单一来源，是指用户单位或归口管理部门只能从某一特定供应商处采购的采购方式。

询价，是指用户单位或归口管理部门通过组建询价小组向符合资格条件的供应商就采购事宜发出询价通知书，要求供应商一次报出不得更改的价格，并从询价小组提出的成交候选人中确定成交供应商的采购方式。

比选，是指用户单位或归口管理部门通过组建比选小组与符合资格条件的供应商就采购事宜进行商谈，要求供应商提交响应文件和最后报价，综合比较资信、业绩、报价和合同执行力等，从中选择最优供应商的采购方式。

直接采购，是指用户单位或归口管理部门依据“质优价廉”的原则直接进行采购。

第七条　用户单位或归口管理部门可根据分散采购项目特点，自行选择合适的采购方式，行使采购权利和承担相应责任。

（一）符合下列情形之一的，可采用竞争性谈判方式采购：

1. 技术复杂或性质特殊，不能确定详细规格或具体要求的；

2. 不能事先计算出价格总额的。

（二）符合下列情形之一的，可采用竞争性磋商方式采购：

1. 技术复杂或性质特殊，不能确定详细规格或具体要求的；

2. 因艺术品采购、专利、专有技术或者服务的时间、数量事先不能确定等原因不能事先计算出价格总额的；

3. 市场竞争不充分的科研项目，以及需要扶持的科技成果转化项目。

（三）符合下列情形之一的，可采用单一来源方式采购：

1. 只能从唯一供应商采购的；

2. 发生了不可预见的紧急情况不能从其他供应商采购的；

3. 必须保证原有采购项目一致性或者服务配套的要求，需要继续从原供应商处添购，且添购资金总额不超过原合同采购金额百分之十的。

（四）采购规格、标准统一，现货货源充足且价格变化幅度小的项目，可采用询价方式采购。

（五）采购时间紧急且符合下列情形之一的，可采用比选方式采购：

1. 技术复杂或性质特殊，不能确定详细规格或具体要求的；

2. 因艺术品采购、专利、专有技术或者服务的时间、数量事先不能确定等原因不能事先计算出价格总额的；

3. 市场竞争不充分的科研项目，以及需要扶持的科技成果转化项目。

（六）单项或批量金额未达到 5 万元的项目，可直接采购。

第三章　采购程序

第八条　用户单位或归口管理部门成立的采购小组（谈判、磋商、询价、比选等小组）应由 3 人及以上单数成员组成，负责对分散采购项目进行评审。

第九条　分散采购工作流程：

（一）编制采购需求，落实资金来源；

（二）确定采购方式，组建采购小组；

（三）根据不同采购方式编制采购文件，组织评审活动，确定成交供应商，编写分散采购记录表（商务谈判会议纪要）；

（四）采购小组将分散采购成交结果提交所在处级单位审核，经批准后，与成交供应商签订书面采购合同；

(五)用户单位或归口管理部门按照采购合同约定实施履约验收和资金支付。

第十条　竞争性谈判采购程序：

(一)编制竞争性谈判文件；

(二)对不少于3家的供应商发出邀请；

(三)组织评审活动,谈判小组根据报价最低原则确定成交供应商；

(四)编写分散采购记录表。

第十一条　竞争性磋商采购程序：

(一)编制竞争性磋商文件；

(二)对不少于3家的供应商发出邀请；

(三)组织评审活动,磋商小组采用综合评分法对提交最后报价的供应商的响应文件和最后报价进行综合评分,根据评审得分由高到低的原则推荐候选供应商；

(四)编写分散采购记录表。

第十二条　单一来源采购程序：

(一)组织市场调研；

(二)组织专家论证；

(三)谈判小组组织谈判,商定合同条款等；

(四)编写商务谈判会议纪要。

第十三条　询价采购程序：

(一)编制询价文件；

(二)对不少于3家的供应商发出询价通知书；

(三)组织评审活动,询价小组根据报价最低原则推荐成交候选人；

(四)编写分散采购记录表。

第十四条　比选采购程序：

(一)编制比选文件；

(二)对不少于3家的供应商发出邀请；

(三)组织评审活动,比选小组采用综合评分法对提交最后报价的供应商的响应文件和最后报价进行综合评分,根据评审得分由高到低的原则推荐候选供应商；

(四)编写分散采购记录表。

第十五条　直接采购程序：

(一)组织市场调研；

(二)采购小组组织谈判,商定合同条款等；

(三)编写商务谈判会议纪要。

第四章　合同签订与档案管理

第十六条　分散采购活动结束后,用户单位或归口管理部门持采购存档材料履行合同用印手续,职责分工按照《哈尔滨工程大学合同管理办法》执行。

第十七条　学校对分散采购资料实行分级分类备案管理。固定资产投资项目的采购资料留存在归口管理部门;其他项目的采购资料留存在用户单位或归口管理部门,采购资料留存期不少于10年。进口货物需办理外贸代理手续的采购合同须在招标与采购管理中心备案。

第十八条　用户单位或归口管理部门应结合本单位实际情况,建立分散采购档案管理制度,明确专门科室(部门)统一保存采购资料。

采购资料应妥善保管,作为接受相关监督检查的重要依据,不得伪造、变造、隐匿或者销毁。

第十九条　用户单位或归口管理部门存档资料包括:

(一)采购申请表;

(二)采购方式等决策过程相关资料;

(三)采购文件;

(四)响应文件;

(五)分散采购记录表(商务谈判会议纪要);

(六)采购廉洁自律承诺书;

(七)采购合同;

(八)采购用印申请表;

(九)其他须存档的资料。

第五章　纪律责任

第二十条　对达到学校集中采购限额标准以上的项目,严禁化整为零拆分项目,规避集中采购。

第二十一条　在采购过程中,用户单位或归口管理部门及采购人员均应遵守国家相关法律、法规和学校有关规定,坚持原则,廉洁自律,保守秘密。有下列情形之一的,由学校依据有关规定视情节轻重给予相应处理或处分:

(一)对应集中采购的项目实施分散采购的;

(二)未按照分散采购程序组织采购的;

(三)未按照存档要求保存采购资料或保存不完整的;

(四)采购过程收受贿赂或获取其他不正当利益的;

(五)参与采购活动的人员失职渎职,给学校造成重大损失的;

(六)其他违反本实施细则规定的。

第六章　附　　则

第二十二条　招标与采购管理中心负责分散采购业务指导。

第二十三条　用户单位或归口管理部门应加强对本单位分散采购工作的管理,建立和完善内部监督制约机制,明确具体管理人员和工作职责。

第二十四条　本实施细则由学校采购工作管理办公室负责解释。

第二十五条　本实施细则自2019年2月1日起施行。

哈尔滨工程大学
药品、药材和医用物资采购实施细则

(哈工程校发〔2019〕56号)

第一章　总　　则

第一条　为进一步加强学校药品等采购管理工作,完善药品等采购管理监督机制,提高医疗资金的使用效益,保证采购管理工作规范、高效、廉洁运行,根据黑龙江省、哈尔滨市卫生部门有关规定和《哈尔滨工程大学采购管理办法》(哈工程党发〔2018〕47号),结合学校药品、药材和医用物资采购实际情况,制定本实施细则。

第二条　本细则适用于学校医疗所需的药品、药材、医用物资等项目。

第三条　本细则所称药品、药材和医用物资采购,是指以合同方式有偿取得药品、药材和医用物资的行为。

所称药品、药材,是指在医疗卫生保健工作中用于预防、缓解、治疗人的疾病,有目的地调节人的生理机能的药品、药材。

所称医用物资,是指在医疗卫生保健工作中,使用的医用耗材和检验试剂等相关物资及其定制、维修保养、委托服务等。

第四条　采购活动遵循公开、公平、公正和诚实信用原则。

第五条　学校医院(以下简称医院)是学校药品、药材和医用物资的采购实施部门。

第二章　组织机构和管理职责

第六条　学校成立药品、药材和医用物资采购工作专项小组(以下简称专项小组)。组长由医院院长担任,副组长由副院长担任,成员由经管办、财务科、医务科、护理部、综合办、药剂科负责人组成。其主要职责是:

(一)研究制定药品、药材和医用物资相关采购管理制度;

(二)审定药品、药材和医用物资采购预算和采购计划等重大事项;

(三)负责药品、药材和医用物资的采购需求论证;

(四)研究采购方式及采购实施方案;

(五)负责组织实施采购、签订合同、验收等工作;

(六)负责向学校采购工作小组报告有关采购执行情况,报送统计信息及备案材料;

(七)处理与采购活动相关的询问、质疑等事宜;

(八)接受学校采购工作小组和采购工作监督小组的监督、检查;

(九)其他专项小组决策的事宜。

第三章　限额标准及采购方式

第七条　根据黑龙江省、哈尔滨市卫生部门有关规定，应执行网上集中采购的药品和医用物资，医院均应在“黑龙江省药品集中采购平台”和“黑龙江省耗材集中采购系统”（以下简称“采购平台”）执行网上集中采购。

药品和医用物资的规格、价格、生产厂家（供应商）范围、合同模板及采购程序等按采购平台的规定执行。

第八条　对未纳入采购平台集中采购的药材（中药饮片）和医用物资，专项小组根据项目特点，选择适当的采购方式。

单项或批量采购金额在100万元及以上的采购项目，依法采用公开招标、邀请招标、竞争性谈判、竞争性磋商、单一来源采购和询价等采购方式，采购程序按照相关法律法规执行。单项采购金额达到200万元以上的，必须采用公开招标方式。

单项或批量采购金额在30万元及以上，100万元以下的采购项目，采用竞争性谈判、竞争性磋商、单一来源采购和询价等学校认定的采购方式，按照《哈尔滨工程大学集中采购实施细则》（哈工程校发〔2019〕8号）采购程序执行。

单项或批量采购金额在30万元以下的采购项目，采用竞争性谈判、竞争性磋商、单一来源采购和询价等学校认定的采购方式，按照《哈尔滨工程大学分散采购实施细则》（哈工程校发〔2019〕9号）采购程序执行。

第九条　对于标准明确、市场竞争充分、需求频繁且一次性采购金额2万元以下的医用物资，可以采用定点采购。定点采购可确定多家供应商，定点采购期限一般不超过3年。

第十条　临床急救用药、耗材，可直接向供应商进行采购。采购情况报专项小组备案。

第四章　采购程序

第十一条　学校药品、药材和医用物资采购工作程序。

（一）编制预算和计划。医院依据上一年度采购执行情况和采购需求，编制预算和计划。

（二）确定采购方案。医院根据年度采购计划，拟制采购实施方案，并将采购方案上报学校采购工作小组备案。

（三）组织实施采购。医院按照确定的采购方式和实施方案组织实施项目采购。

（四）进行质量验收。医院负责采购项目验收和技术质量检验。

（五）支付资金。医院依据结算票据、合同、验收报告等资料凭证，办理资金支付。

第十二条　医院应定期根据医疗服务特点，结合预算编制、需求调研情况等科学合理确定采购需求。

第十三条　实行定点采购的，医院应综合考虑产品质量、价格和售后服务等因素，择优确定多家定点供应商并签署定点采购协议；定点供应商根据协议在定点采购期限内，按照日常供货和服务需求，提供有关产品，定期结算。

第五章　合同管理

第十四条　自中标(成交)通知书发出之日起30日内,按照采购文件、响应文件等内容,医院与中标(成交)供应商签订书面采购合同。

第十五条　采购合同应明确价格、付款方式、配送验收、违约责任等内容。

第十六条　采购活动结束后,医院按照《哈尔滨工程大学合同管理办法》(哈工程党发〔2017〕50号)相关规定,持采购相关材料到国有资产管理处履行合同用印手续。

第六章　质量管理

第十七条　医院按照《关于印发黑龙江省公立医疗机构药品采购“两票制”实施方案(试行)的通知》(黑卫规发〔2017〕13号)和有关制度组织验收。

第十八条　医院应建立验收操作规程、验收责任制度、验收登记制度和登记备案制度。

第七章　档案管理

第十九条　按照学校档案管理相关规定,医院对采购文件资料(含合同)整理归档,采购文件资料留存期不少于15年。

第二十条　医院应明确专门科室(部门)统一保存采购资料。

第二十一条　采购资料应妥善保管,作为接受相关监督检查的重要依据,不得伪造、变造、隐匿或者销毁。

第八章　纪律与监督

第二十二条　采购工作人员均应遵守国家相关法律法规和学校的有关规定,坚持原则,廉洁自律,保守秘密。

第二十三条　医院应加强采购日常管理,建立风险防控机制,建立供应商动态评价机制,对供应商进行定期评价,评价结果作为学校取舍供应商供货资格的依据。

第二十四条　学校采购工作小组对采购活动负有监督、指导的责任,对监督检查中发现的问题责令限期整改。

第九章　附　则

第二十五条　本细则由国有资产管理处(招标与采购管理中心)负责解释。

第二十六条　本细则自2019年5月1日起施行。

哈尔滨工程大学
委托采购代理工作实施细则

（哈工程校发〔2019〕57号）

第一章　总　　则

第一条　为规范学校委托采购工作，加强委托采购代理项目的管理监督，维护学校合法权益，依据国家相关法律法规和《哈尔滨工程大学采购管理办法》（哈工程党发〔2018〕47号），结合学校实际，制定本实施细则。

第二条　本细则所称“采购”，包括工程招标、政府采购和学校认定的其他采购方式。

第三条　本细则所称委托采购代理，是指采购代理机构在委托代理合同约定的代理权限范围内，组织学校委托采购项目所提供的服务。

第四条　本细则所称采购代理机构，是指受学校委托从事采购代理业务并提供相关咨询服务的社会中介机构。

第五条　本细则适用于学校集中采购委托采购代理项目。

第六条　委托采购代理项目应“一项目一委托”。

采购项目的实施部门（后勤基建处、招标与采购管理中心、后勤集团、校医院等，以下简称采购实施部门）负责确定采购项目是否委托采购。

新建工程施工总承包委托采购代理项目，采购代理服务费预算（估算）超过学校集中采购限额标准的委托采购代理项目，应按有关法律法规和学校规定组织采购。

第二章　采购代理机构库的建立和库内选取

第七条　学校采购代理机构库由国有资产管理处负责建立。

第八条　学校按照“公开遴选、全程监督、定期考评、动态调整”的原则，对采购代理机构库进行管理。

第九条　学校采购代理机构库的准入条件。

（一）满足《中华人民共和国政府采购法》第二十二条和《中华人民共和国政府采购法实施条例》第十七条的规定。

（二）满足有关部门批准的采购代理资质。

（三）遵守国家法律法规及执业规范，具备健全的内控监督等管理制度，具有良好的商业信誉。

（四）符合法律、行政法规规定的其他条件。

（五）通过公开竞争方式遴选，包括：

1. 新建工程施工总承包项目通过公开竞争方式遴选的采购代理机构；

2. 采购代理机构库遴选项目的入围采购代理机构。

第十条　采购实施部门负责组织采购代理机构库中选取采购代理机构，选取方式包括随机抽取、推荐选取和延用选取。

第十一条　随机抽取，是指采购需求不存在复杂技术或者特殊性质的委托采购项目，用户单位可在采购代理机构库符合拟委托采购项目的业务范围内随机抽取。

第十二条　延用选取，是指学校新建工程建设项目中的甲供材或暂估价委托采购项目，采购实施部门可延用施工总承包遴选的采购代理机构。

第十三条　推荐选取，是指采购需求存在复杂技术或者特殊性质的委托采购项目，采购实施部门可综合考虑采购代理机构业务能力、服务水平等因素，从采购代理机构库中推荐采购代理机构，由用户单位自行选定。

第三章　委托采购代理项目的管理

第十四条　采购实施部门应与采购代理机构签订委托代理合同。

第十五条　委托代理合同内容应明确委托事项、代理权限和范围、双方责权利、服务承诺和存档资料清单等。

第十六条　采购实施部门组织对委托采购项目进行管理，包括：

（一）组织用户单位、归口管理部门等讨论采购文件（公告）；

（二）组织检查采购文件（公告）编制的完整性和合法性；

（三）督促采购文件（公告）发布的及时性；

（四）监督采购程序及相关记录的完整性和合法性；

（五）组织检查委托项目资料（含影像资料）的完整性和规范性；

（六）其他必要的采购管理事宜。

第四章　采购代理机构的责任与义务

第十七条　采购代理机构应依据委托采购代理项目特点，配备项目组，实行项目负责人制。项目组应由政治素质好、业务水平高、协调能力强的专业人员组成，负责项目的全过程实施。

第十八条　采购代理机构应按照委托代理合同的约定编制并向学校提交采购方案，经学校确认后实施。在不违反有关法律法规的前提下，充分考虑并采纳学校的意见。

第十九条　采购代理机构应落实委托采购代理责任，在规定时间内依法依规编制、认真细致审核、及时准确发布采购信息，包括：

（一）排除采购文件中具有歧视性、倾向性的不合理条款，保证采购文件的合法合理性；

（二）依法在指定媒体上公告采购信息，保证采购信息的准确性和及时性；

（三）出现必须对其内容进行澄清和修改的情形，做出澄清和修改，依法通知有关供应商；

（四）履行法律法规规定的其他程序。

第二十条　采购代理机构依法组织采购活动，并形成完整、规范的工作底稿，真实、准确记录工作情况，妥善保管，不得丢失。

第二十一条　采购代理机构负责委托采购项目采购资料的保管及移交工作。成交通知书发出 10 个工作日内，采购代理机构须将采购资料移交采购实施部门。

第二十二条　采购代理机构接受委托项目实行回避制度。凡与所代理采购项目的供应商有合作经营关系以及其他利益关系的情形，应当主动申请回避。

第二十三条　采购代理机构应当制定严格的保密和档案管理制度，维护采购活动当事人的合法权益，承担有关保密义务。除有关监督管理部门依法进行核查外，采购代理机构应当禁止任何单位或个人查阅采购档案资料。

第二十四条　采购代理机构出售采购文件等资料，不得以营利为目的，采购文件收取的费用应当限于补偿印刷、邮寄等的成本支出。

采购代理服务费不得超过国家有关规定标准。

采购代理机构不得向供应商附加任何不合理的条件或收取任何额外费用。

第二十五条　采购代理机构应配合学校积极推进以及使用采购管理平台和有关部门要求的电子招投标系统。

第五章　采购代理机构的监督和考核

第二十六条　学校对采购代理机构进行监督，采购代理机构有下列情形之一，并产生不良影响的，将视情节轻重暂停其半年至一年的采购代理工作。包括：

（一）采购公告及文件编制不完善，存在前后矛盾，造成严重后果的；

（二）未按采购文件要求的截止时间接收响应文件的；

（三）未按照采购文件要求组织采购活动，干扰评审委员会客观评审的；

（四）归档拖延，档案材料缺失或整理不规范，对采购项目验收或检查造成不良或重大影响的；

（五）法律法规等禁止的其他行为。

第二十七条　采购代理机构有下列情形之一，取消其代理学校采购资格，清除出采购代理机构库。包括：

（一）经营活动有重大违法记录或严重的信用不良记录的。

（二）与供应商串通，损害国家利益、社会公共利益和他人合法权益、学校权益的。

（三）擅自向他人透露已获取采购文件的潜在供应商的名称、数量等信息；擅自拆开响应文件，泄露供应商信息；擅自透露专家评审意见、成交候选人推荐名单以及与评审有关其他情况等影响公平竞争的。

（四）收受供应商的财物、宴请，以及其他妨碍评审公正的。

（五）项目组成员利用工作之便从采购项目中获取不正当利益的。

（六）对有关行政监督部门依法责令改正的决定拒不执行的。

（七）违反保密纪律或者回避规定，给学校造成重大损失的。

（八）将委托项目外包给其他采购代理机构的。

（九）法律法规等禁止的其他行为。

第二十八条　用户单位或归口管理部门和采购实施部门按照自身业务关注点和项目参与程度，对采购代理机构履约情况进行两层次评价考核，评价考核结果记入采购代理机构库评价档案。

(一)用户单位或归口管理部门按项目评价，评价内容包括文件编制质量、过程沟通能力、评审质量、技术咨询服务水平等。

(二)采购实施部门按季度考核，考核内容包括人员配备及沟通、文件编制质量、评审专家抽取、处理质疑及投诉、采购材料归档、培训和技术咨询服务等。

第二十九条　评价考核结果年度累计出现三次不合格或连续出现两次不合格的采购代理机构应进行整改。整改结果(措施)提交采购工作小组，对于整改不力的采购代理机构，视情节轻重暂停其半年至一年的采购代理工作或清除出采购代理机构库。

第六章　附　　则

第三十条　涉密项目的委托采购代理工作，按照《哈尔滨工程大学集中采购实施细则》(哈工程校发〔2019〕8号)中的涉密项目采购要求执行。

第三十一条　本细则由国有资产管理处(招标与采购管理中心)负责解释。

第三十二条　本细则自2019年5月1日起开始实施。

哈尔滨工程大学
后勤保障物资及服务采购实施细则

(哈工程校发〔2019〕62号)

第一章　总　　则

第一条　为进一步加强学校后勤保障物资及服务采购管理工作,维护师生利益,建立健全采购运行监督管理机制,提高资金使用效益,根据《中华人民共和国食品安全法》等法律法规,《哈尔滨工程大学采购管理办法》(哈工程党发〔2018〕47号)等相关要求,结合学校实际情况,制定本实施细则。

第二条　本细则适用于学校后勤保障所需食材、农资、保洁用品等物资及后勤保障相关服务采购。

第三条　本细则所称的后勤保障物资及服务(以下简称保障物资)采购,是指以合同方式有偿取得食材、农资、保洁用品等物资及后勤保障相关服务的行为。

所称保障物资,是指学校后勤集团管理运维的教职工及学生食堂所需的粮油等食材,以及餐厨具、绿化主材、农资,零小修工程用工具、材料,后勤服务保洁用品等物资和厨具维修等后勤保障服务。

第四条　采购活动遵循公开、公平、公正和诚实信用原则。

第五条　后勤集团是学校后勤保障物资及服务的采购实施部门。

第二章　组织机构和管理职责

第六条　学校成立保障物资采购工作专项小组(以下简称专项小组)。组长由后勤集团总经理担任,副组长由后勤集团党委书记担任,成员由集团副总经理、总经理助理组成。其主要职责是:

(一)研究制定保障物资及服务相关采购管理制度;

(二)审定年度采购预算;

(三)审定大额和特殊采购项目;

(四)指导采购工作具体实施;

(五)接受学校采购工作小组和采购工作监督小组的监督、检查;

(六)负责向学校采购工作小组报告有关采购执行情况,报送统计信息及备案材料;

(七)其他专项小组决策的事宜。

下设保障物资采购管理办公室(综合办),其主要职责是:

(一)贯彻落实国家学校采购的有关法规、政策和制度;

（二）拟定物资采购相关管理制度文件；

（三）制定采购计划，并组织实施采购工作；

（四）依据采购文件组织与供应商签订合同；

（五）处理与采购活动相关的询问、质疑等事宜；

（六）完成专项小组交办的其他工作。

第三章 限额标准及采购方式

第七条 根据项目特点，选择适当的采购方式。

单项或批量采购金额在100万元及以上的采购项目，依法采用公开招标、邀请招标、竞争性谈判、竞争性磋商、单一来源采购和询价等采购方式，采购程序按照相关法律法规执行。单项采购金额达到200万元以上的，必须采用公开招标方式。

单项或批量采购金额在30万元及以上，100万元以下的采购项目，采用竞争性谈判、竞争性磋商、单一来源采购和询价等学校认定的采购方式，按照《哈尔滨工程大学集中采购实施细则》（哈工程校发〔2019〕8号）采购程序执行。

单项或批量采购金额在30万元以下的采购项目，采用竞争性谈判、竞争性磋商、单一来源采购和询价等学校认定的采购方式，按照《哈尔滨工程大学分散采购实施细则》（哈工程校发〔2019〕9号）采购程序执行。

第八条 对于规格标准明确、市场竞争充分、需求频繁且价格变化幅度小的物资，可以采用定点采购。定点采购可确定多家供应商，定点采购期限一般不超过3年。

第四章 采购程序

第九条 学校保障物资采购工作程序。

（一）编制预算和计划。后勤集团各部门依据上一年度采购执行情况和采购需求，编制预算和计划。

（二）确定采购方案。保障物资采购管理办公室依据各部门上报的采购计划，拟制采购实施方案。

单项或批量金额达到30万元及以上的采购项目和申请单一来源方式采购的项目，报专项小组组长审定；单项或批量金额未达到30万元的采购项目，由保障物资采购管理办公室主任审定。

（三）组织实施采购。后勤集团按照确定的采购方式和实施方案组织实施项目采购。

（四）进行质量验收。后勤集团负责组织采购项目验收和技术质量检验。

（五）支付资金。后勤集团依据结算票据、合同、验收报告等资料凭证，办理资金支付。

第十条 实行定点方式采购的，后勤集团应综合考虑产品质量、价格和售后服务等因素，择优确定多家定点供应商并签署定点采购协议；定点供应商根据协议在定点采购期限内，按照日常供货和服务需求，提供有关产品，定期结算。

第五章　合 同 管 理

第十一条　采购金额1万元(含1万元)以上的项目,须签订采购合同,明确双方权利和义务。涉及质保的应留存不超过5%的质量保证金。

第十二条　自中标(成交)通知书发出之日起30日内,按照采购文件、响应文件等内容,后勤集团与中标(成交)供应商签订书面采购合同。

第十三条　采购合同应明确价格、付款方式、配送验收、违约责任等内容。

第十四条　采购合同签订后,不得擅自变更或者终止,需要追加与合同标的相同的货物或者服务的,按学校及后勤集团相关规定执行。

第六章　质 量 管 理

第十五条　按"采验分离"原则组织验收工作,建立索证管理制度,包括企业生产许可证、卫生检疫证、产品质检证等,并存档备查。

第十六条　验收时,应根据验收情况据实填写验收单,经办人、验收人或使用人及部门负责人须签字确认。对验收过程中出现的质量问题,包括退换事宜,应及时处理,并做好相关事项记录留存备查。

第十七条　供应商所供产品质量造成学校食品安全事故的,应按《中华人民共和国食品安全法》等法律法规及采购合同约定追究其法律责任。

第七章　档 案 管 理

第十八条　按照学校档案管理相关规定,后勤集团对采购文件资料(含合同)整理归档,采购文件资料留存期不少于15年。

第十九条　后勤集团应明确专门科室(部门)统一保存采购资料。

第二十条　采购资料应妥善保管,作为接受相关监督检查的重要依据,不得伪造、变造、隐匿或者销毁。

第八章　纪律与监督

第二十一条　采购工作人员均应遵守国家相关法律法规和学校的有关规定,坚持原则,廉洁自律保守秘密。

第二十二条　采购工作人员与供应商存在亲属关系或其他利害关系的,应实行回避制度。

第二十三条　后勤集团应加强采购日常管理,建立风险防控机制,建立供应商动态评价机制,对供应商进行定期评价,评价结果作为学校取舍供应商供货资格的依据。

第二十四条　学校采购工作小组对采购活动负有监督、指导的责任,对监督检查中发现的问题责令限期整改。

第九章　附　　则

第二十五条　本细则由国有资产管理处(招标与采购管理中心)负责解释。

第二十六条　本细则自 2019 年 5 月 1 日起施行。

哈尔滨工程大学科研采购实施细则

（哈工程校发〔2022〕32号）

第一章 总 则

第一条 为进一步规范科研采购活动，扩大科研采购相关自主权，提高科研经费使用效益，根据《关于扩大高校和科研院所科研相关自主权的若干意见》（国科发政〔2019〕260号）、《中共教育部党组关于抓好赋予科研管理更大自主权有关文件贯彻落实工作的通知》（教党函〔2019〕37号）、《国务院办公厅关于改革完善中央财政科研经费管理的若干意见》（国办发〔2021〕32号）、《质量管理体系要求》（GJB 9001C—2017）、《关于加强"十四五"期间装备采购招标工作的措施要求》《关于完善中央单位政府采购预算管理和中央高校、科研院所科研仪器设备采购管理有关事项的通知》（财库〔2016〕194号）和《哈尔滨工程大学采购管理办法》（哈工程党发〔2018〕47号）等规定，结合学校实际，制定本实施细则。

第二条 科研采购是指学校各部门使用科研经费有偿取得用于科研活动的货物，以及与科研活动相关的工程、服务采购。原则上不包括学校教学、行政办公、后勤保障所需的采购。

本细则所称的货物是指各种形态和种类的物品，包括元器件、原辅材料、燃料、设备、产品等。

本细则所称的工程是指在合同或协议中约定科研经费可以用于改造、改善科研活动环境等活动，包括试验设施（包括房屋、场地）搭建等。对于科研项目在执行过程可能涉及的工程采购，按《哈尔滨工程大学基本建设管理办法》组织实施。

本细则所称的服务是指除了货物和工程以外的其他采购对象，包括培训、测试化验、软件设计开发、技术支持等。

本细则所称的分承研采购是指与学校共同承担同一科研项目的合作单位签订采购（或合作）合同的情况。

本细则所称的指定外协采购是指与合同/任务书/技术要求/开题论证报告等合同甲方认定或上级批复的文件中，明确的外包外协采购项的供应商签订的采购合同；或与已鉴定/定型的项目，在鉴定/定型文件中明确的供应商签订采购合同；或与任务主管机关或合同甲方指定的承担会议、审计等活动供应商签订采购合同的情况。

第三条 科研采购遵循公开、公平、公正和诚实信用原则，并严格遵守国家和学校的相关保密、质量管理等规定。

第四条 任何单位和个人不得阻挠和限制供应商参加采购活动；在科研采购活动中，实施采购的人员及相关人员与代理机构或供应商有利害关系的，必须回避。

第二章　科研采购组织及管理职责

第五条　学校根据职能部门业务范围和职责分工，对科研采购工作实行归口管理，各相关职能部门和机构履行《哈尔滨工程大学采购管理办法》规定的职责。在科研采购过程中，相关部门或机构还需履行以下职责。

（一）财务处：负责根据各归口管理部门初审后的各类科研项目的采购预算，按照部门预算管理要求审核、汇总和编报年度政府采购预算，负责按照合同约定支付科研项目采购价款等工作。

（二）国有资产管理处：负责货物类和服务类采购项目归口管理工作，包括业务管理范围内的采购计划管理，组织实施科研集中采购、分散采购监管，业务管理范围内采购合同管理和采购信息填报等工作。

（三）后勤基建处：负责工程类及其相关货物、服务采购项目归口管理工作，包括业务管理范围内基建的采购计划管理、有形市场内采购、分散采购实施、采购合同管理和采购信息填报。

（四）科学技术研究院：负责科研采购项目归口管理工作，包括复核科研采购合同的拟采购方式与合同的符合性，业务管理范围内的科研采购计划汇总、科研分散采购监管、审批范围内采购合同管理和科研采购信息汇总，牵头组织制定学校科研质量管理体系范围内合格供方名录，完善学校科研采购实施细则。

（五）保密处：负责组织对密级确定有争议的涉密项目进行审核，对涉密科研采购过程执行保密相关规定情况进行监督检查。

（六）审计处：对单项资金额度在200万元以上（含200万元）工程项目的招标文件、工程量清单、招标控制价进行审计；对科研采购内部控制风险进行不定期风险评估等。

（七）监察处：负责组织开展学校科研采购环节的违规违纪违法行为的处置。

（八）学院：负责采用“双签制”（即分管学院科研工作负责人和学院主要负责人双重把关）审定本学院科研采购项目的拟采购方式与合同的符合性，负责编报本学院科研采购项目的采购计划与科研采购信息，负责配合财务处汇总本学院科研采购预算，负责配合科学技术研究院制定科研质量管理体系范围内合格供方名录，负责复核本学院采购合同履行、验收工作及履约情况反馈。对科研急需、特殊情况采购等情况，采用“双签制”或以“学院院长办公会”的形式进行认定。

第六条　招标与采购管理中心（以下简称招采中心）是学校集中采购的实施部门，挂靠国有资产管理处。招采中心主要职责是：

（一）负责贯彻落实国家和学校采购的有关法规、政策和制度；

（二）负责建立完善学校采购实施细则和采购内控制度；

（三）组织实施政府集中采购目录内和学校集中采购限额标准以上的采购工作（地方行政主管部门另有规定的集中采购项目、归口管理部门负责组织实施的采购工作，由相关职能部门组织实施）；

（四）负责填报学校集中采购项目的采购信息；

（五）组织协调处理学校集中采购活动中的质疑等工作；

（六）完成采购工作管理办公室交办的其他工作。

第七条　项目负责人是科研采购的第一直接责任人，对科研采购的技术、质量、进度、资金、安全、保密、档案、资产、成果产出等全过程自主管理承担第一直接责任。直接参与科研采购的其他人员，按职责分工承担相应的直接责任。项目负责人所在项目组（以下简称项目组）在科研采购过程中主要职责如下：

（一）负责科研采购项目的立项申请、预算填报和市场调研，拟提出实施科研采购的方式；

（二）负责每季度按照要求填报科研采购计划；

（三）负责确认科研采购文件相关技术条款的质疑、异议和投诉等解答，保证采购相关文件的完整、准确、系统、真实、有效；

（四）指定专人参加学校科研集中采购活动；

（五）组织实施科研分散采购；

（六）配合制定科研质量管理体系范围内合格供方名录；

（七）组织采购合同履行、验收工作及履约情况反馈。

第三章　适用范围与采购方式

第八条　学校科研采购主要实行集中采购、分散采购相结合的形式。

（一）科研集中采购是指使用科研经费单项或批量金额达到 50 万元（含）以上的采购活动，由招采中心组织实施。

（二）科研分散采购是指使用科研经费单项或批量金额未达到 50 万元的采购活动，由项目组组织实施。

第九条　学校科研采购方式包括公开招标、邀请招标、竞争性谈判、竞争性磋商、单一来源采购、询价、比选、直接采购和学校认定的其他方式。

（一）公开招标，是指依法以招标公告的方式邀请不特定的法人或者其他组织投标的采购方式。

（二）邀请招标，是指依法从符合相应资格条件的供应商中随机邀请不少于 3 家的供应商，并以投标邀请书的方式邀请其参加投标的采购方式。

（三）竞争性谈判，是指通过组建谈判小组与符合资格条件的供应商就采购事宜进行谈判，要求供应商提交响应文件和最后报价，并从谈判小组提出的成交候选人中确定成交供应商的采购方式。

（四）竞争性磋商，是指通过组建竞争性磋商小组与符合条件的供应商就采购事宜进行磋商，要求供应商提交响应文件和报价，并从磋商小组提出的候选供应商名单中确定成交供应商的采购方式。

（五）单一来源采购，是指只能从某一特定供应商处采购的采购方式。

（六）询价，是指通过组建询价小组向符合资格条件的供应商就采购事宜发出询价通知书，要求供应商一次报出不得更改的价格，并从询价小组提出的成交候选人中确定成交供应商的采购方式。

（七）比选，是指通过组建比选小组与符合资格条件的供应商就采购事宜进行商谈，要求供应商提交响应文件和最后报价，综合比较资信、业绩、报价和合同执行力等，从中选择最优供应商的采购方式。

（八）直接采购，是指按“质优价廉”的原则直接进行采购。

（九）学校认定的其他采购方式。

第十条　科研集中采购方式包括公开招标、邀请招标、竞争性谈判、竞争性磋商、单一来源采购和询价及学校认定的其他采购方式。具体适用条件依据《哈尔滨工程大学集中采购实施细则》（哈工程校发〔2019〕8 号）相关规定执行。

第十一条　科研分散采购方式包括竞争性谈判、竞争性磋商、单一来源采购、询价、比选和直接采购等学校认定的采购方式。具体适用条件依据《哈尔滨工程大学分散采购实施细则》（哈工程校发〔2019〕9 号）相关规定执行。

第十二条　科研急需、特殊情况及分承研/指定外协单位的采购。

在开展科研工作过程中，急需、要加快采购速度或由于科研任务特殊性所必需的货物、科研服务或工程类项目，可采取科研急需、特殊情况的采购流程处理。

（一）学校认定以下情况为科研急需办理采购的情况：

1. 科研项目周期紧张，已有设备发生故障、损坏等情况，短期内维修不能完成或维修后达不到原有使用效能的设备采购；

2. 科研过程中根据科研需要调整研究路线和方式并经相关部门批准后，需要设备、耗材、科研房屋修缮及科研服务项目的采购；

3. 因科研经费到账时间较晚影响经费使用进度和科研工作进展而急需购置的设备、耗材、科研房屋修缮及科研服务项目；

4. 其他科研急需情况。

（二）当单项或批量未达到政府分散采购限额标准，学校认定以下情况为科研特殊采购的情况，可按照直接采购流程处理：

1. 科研执行过程中需实时开展的外场试验；

2. 科研执行过程中需签订的图书出版合同；

3. 其他科研特殊的情况。

（三）对科研项目中已明确的分承研或指定外协单位，应严格按照批复的内容及主管部门要求组织实施。

第四章　科研采购程序及要求

第十三条　符合集中采购条件的科研采购，程序流程遵循《哈尔滨工程大学集中采购实施细则》（哈工程校发〔2019〕8 号）相关规定。符合分散采购条件的科研采购，程序流程遵循《哈尔滨工程大学分散采购实施细则》（哈工程校发〔2019〕9 号）相关规定。

第十四条　科研急需、特殊情况及分承研/指定外协单位的采购流程。

（一）科研急需项目采购流程。

科研急需项目建立“特事特办、随到随办”的科研急需采购机制，依法合规采购。

1. 当使用科研经费的采购项目预算金额在学校集中采购限额至公开招标数额标准的，由项目组提交申请，所在学院审核同意，经科学技术研究院确认、国有资产管理处备案后，按照分散采购程序实施。

2. 当使用科研经费采购项目预算金额在公开招标数额标准以上的，原则上由招采中心按照紧急项目向工业和信息化部报批获准后实施招标采购。

（二）科研特殊情况采购流程。

当科研特殊采购项目的单项或批量未达到政府分散采购限额标准时，可由项目组提交申请，所在学院审核同意，经科学技术研究院备案后，按照直接采购程序实施。

（三）对合同或协议中约定的分承研或指定外协单位采购，由项目组提交分承研或指定外协单位的相关证明材料，经科学技术研究院审核备案后，由项目组组织实施。

第十五条　专业技术强、技术含量高的科研仪器设备招标采购，项目组可自行推荐技术评审专家，项目组推荐评审专家行使权力同时须承担采购人主体责任。

第十六条　对于军用装备科研采购，一般同一货物或服务的中标（成交）供应商为1家。当具备以下条件之一时，并在采购文件中明确任务份额分配比例和中标（成交）价格确定办法，可以确定2家或3家中标（成交）供应商。

（一）当确定1家供应商不便于跨地域装备试验、维修保障的。

（二）当确定1家供应商面临较大技术、质量、进度、费用风险的。

（三）当确定1家供应，难以完成持续大批量采购任务的。

（四）当承担任务需要多个技术途径推进实施的。

第十七条　涉密科研采购应在《武器装备科研生产单位保密资格名录》《军工涉密业务咨询服务单位备案名录》《涉密信息系统集成资质单位名录》或《国家秘密载体印制资质单位名录》的单位中选择具有相应资格的单位。

项目组除按照相应采购程序要求准备相关响应文件外，还须提供所有供应商的保密资质、涉密协作配套单位保密协议，经所在学院审批，科学技术研究院、保密处复核后，由指定采购执行部门实施采购；成交供应商须另外提交“涉密协作配套单位保密能力调查与评价表”和“涉密协作配套单位保密监督检查表”。

第十八条　纳入学校科研质量管理体系的军工项目实施科研采购时，须在学校合格供方名录中选定供应商，经所在学院审批，科学技术研究院复核，国有资产管理处形式审查后备案，由项目组组织实施。

第十九条　涉及关联单位采购的情况，需由项目负责人在申请采购时主动说明情况，经学院确认，科学技术研究院备案后实施采购。如隐瞒不报，产生不良后果的，相关项目责任人应承担相应责任。

第二十条　任何单位和个人不得将纳入本规定的采购范围和限额标准的项目化整为零，或者以其他任何方式规避公开招标。

在同一财政年度内同一个科研项目预算下的同一品目或者同一类别的采购，原则上不得拆分签订合同，保证科研采购按规定实施；特殊情况，经学院申请，采购工作小组批准后实施采购。

第五章　合同签订与档案管理

第二十一条　签订科研采购合同时，合同中应明确合同金额、技术指标、付款方式、进度安排、质量要求、验收标准、违约责任、保密要求等款项。涉及合作事项的，合同中应另行对经费专款专用、单独核算及预算执行率做出相应要求。

第二十二条　科研采购实施过程中如发生变更，由指定实施采购部门组织签订补充协议。若科研采购实施过程中与合作方友好协商终止采购，由指定实施采购部门组织签订终止协议。

第二十三条　科研分散采购由项目组组织实施验收，所在学院复核无误后填写“科研采购合同验收单”。合同经费支出时，需提供“科研采购合同验收单”作为附件。已填写“哈尔滨工程大学设备验收单”的设备或其他软件等，则无须再次填写“科研采购合同验收单”。

第二十四条　科研采购组织实施部门应结合实际情况，建立完善采购档案管理相关资料并负责完成归档。

第六章　纪律责任

第二十五条　财务处、国有资产管理处、后勤基建处、科学技术研究院、保密处、审计处、监察处、学院依据《哈尔滨工程大学采购管理办法》及本细则规定的各自职责，负责对科研采购活动进行相应审查。

第二十六条　涉及重大仪器设备、重要文本文献等资产购置的，项目组和各相关部门要综合考虑学校现有相关资产存量及使用、资源配置及共享等情况，避免重复购置和闲置浪费。

第二十七条　采购项目相关当事人均有权对学校采购活动中的违纪违规行为进行投诉和检举，相关部门应依照各自职责及时处理。任何人员不得以任何方式非法干涉采购活动。

第二十八条　参与科研采购活动的工作人员及相关人员，不履行法律法规的规定，玩忽职守、滥用职权、徇私舞弊、索贿受贿的，依照法律法规的相关规定处理。

第二十九条　采购资料作为接受相关监督检查的重要依据，应妥善保管，不得伪造、变造、隐匿或者销毁，违规者纳入学校科研诚信档案，视情节严重程度，追究其法律责任。

第三十条　对于在科研采购过程中失信的供应商或代理商，将其剔除学校质量管理体系合格供方名录，3 年内不得再次列入。

第七章　附　　则

第三十一条　本细则凡与国家法律法规、部门规章和规范性文件相冲突的，以国家和上级部门法律法规、部门规章和规范性文件为准。

第三十二条　烟台研究院、青岛创新发展基地、南海研究院以哈尔滨工程大学名义承担的科研项目时，应履行本细则第五条第(八)款职责，遵照本细则执行。

第三十三条　本细则自2022年4月26日起施行，由科学技术研究院、国有资产管理处在各自权限范围内负责解释。原《哈尔滨工程大学科研采购管理暂行办法》（校字〔2014〕3号）同时废止。

哈尔滨工程大学科研经费管理办法

（哈工程校发〔2019〕149号）

第一章　总　　则

第一条　为贯彻落实中央关于深化改革创新、形成充满活力的科技管理和运行机制的要求，进一步加强和规范科研经费管理，提升科研经费管理服务水平，充分调动教师参与科研的积极性，促进学校科技工作协调、健康、可持续发展，根据《关于进一步完善中央财政科研项目资金管理等政策的若干意见》（中办发〔2016〕50号）、《国务院关于优化科研管理提升科研绩效若干措施的通知》（国发〔2018〕25号）、《关于抓好赋予科研机构和人员更大自主权有关文件贯彻落实工作的通知》（国办发〔2018〕127号）、《关于扩大高校和科研院所科研相关自主权的若干意见》（国科发政〔2019〕260号）、《国防科技工业科研经费管理办法》（财防〔2019〕12号）、《国防科研试制费管理办法》（财防〔2019〕18号）等有关规定，结合学校实际，制定本办法。

第二条　凡以哈尔滨工程大学名义申请并获取的科研经费，必须纳入学校财务统一管理，单独核算，专款专用，任何单位和个人无权截留、挪用。

第三条　科研经费依据项目来源性质不同，总体划分为"纵向科研项目经费"和"横向科研项目经费"。

（一）"纵向科研项目经费"是指以哈尔滨工程大学名义取得的由学校独立或联合承担的财政科技计划项目（专项、基金等），由国家和地方各级政府部门列入财政预算直接下达的经费，或明确批复哈尔滨工程大学为承研单位、通过项目负责单位转拨的经费，该类经费须按预算管理、报送决算、接受项目专项审计，且无须开具税务发票。按照"纵向Ⅰ类""纵向Ⅱ类"和"纵向Ⅲ类"进行分类管理。

"纵向Ⅰ类"是指开支范围分为直接费用和间接费用，由国家自然科学基金委、科技部、军委科技委等国家部委立项、归口管理的纵向科研经费。一般包括国家自然科学基金、国家科技重大专项、国家重点研发计划、国防科技创新特区、战略先导科技专项、基础加强计划、技术创新引导专项（基金）以及基地和人才专项、国家社科基金等。

"纵向Ⅱ类"是指在项目成本中计提管理费，由工业和信息化部、国家国防科技工业局、装备发展部、各军兵种等主管部门立项、归口管理的纵向科研经费。一般包括高技术船舶计划、智能制造专项、航空发动机及燃气轮机重大专项、基础科研计划、技术基础计划、核能开发计划、武器装备预先研究、军品科研等。

"纵向Ⅲ类"是指除"纵向Ⅰ类"和"纵向Ⅱ类"之外的其他财政纵向科研经费。一般包括地方政府基金项目等。

（二）"横向科研项目经费"是指除"纵向科研项目经费"之外，以哈尔滨工程大学名义取得的其他非财政科技计划项目科研经费。

第二章　管理职责与权限

第四条　学校实行“统一领导、密切配合、分级管理、责任到人”的科研经费管理体制。学校是科研经费管理的责任主体，校长对科研经费管理承担领导责任；分管科研和财务的副校长在各自权责范围内对科研经费管理负直接领导责任；各学院对本学院科研经费管理负学院领导责任，院长是本院科研经费管理第一责任人，分管科研副院长是本院科研经费管理直接责任人。

第五条　项目负责人、学院（系、部、中心，以下统称学院）和相关职能部门在科研经费使用与管理中的职责分工如下。

（一）项目负责人是科研经费使用的第一直接责任人，对经费使用的合规性、合理性、真实性和相关性承担经济、法律责任。项目负责人应依法、据实编制科研项目预算和决算，按照批复预算或合同书使用经费，接受上级和学校相关部门的监督检查；负责自筹配套资金的落实；负责科学、合理安排同级财政科研项目的预算执行；负责项目组人员的项目绩效奖励考核和发放；负责根据需要聘用科研财务助理等项目相关人员，科研财务助理聘用按照学校有关规定执行。直接参与项目经费使用的其他人员，按职责分工负相应的直接责任。

（二）学院是科研经费的基层管理单位，对本学院科研经费管理负领导责任，是本学院科研经费管理的责任主体。负责根据本学院特点和项目实际需要，合理配置资源，协调项目配套资金的落实；监督预算执行，审核预算调剂；审批本学院科研项目在执行过程中所发生的合作、外协、外购等合同；负责本学院科研经费使用的其他管理工作。

（三）科学技术研究院（以下简称科研院）负责项目和合同管理；负责预算调剂事项审核（批）及报批；负责下达拨款通知；审批纵向科研项目采购计划；负责下达结算通知；负责税费减免报批工作；监督科研经费预算执行工作；牵头组织接受各类科研项目财务审计；组织科研经费统计工作；配合财务处指导科研项目经费预算编制。

（四）财务处负责科研经费的财务管理和会计核算；负责科研项目经费预算编制指导及审核，并及时发布预算编写计算依据；负责指导、监督项目负责人依照预算或合同约定以及有关财经法规使用经费；负责科研经费年度决算及结题决算的财务报表审核；负责办理科研经费财务结算手续；配合完成各类科研项目财务审计；配合科研院办理税费减免报批报备手续等。

（五）国有资产管理处负责按照学校有关采购管理规定实施采购；负责对科研经费形成的固定资产和软件进行账目管理。

（六）人力资源处负责核定科研人员薪酬待遇；负责配合提供工资及劳务费预算编写依据。

（七）研究生院负责监管研究生在科研工作中的助研补贴。

（八）审计处负责根据国家和学校的要求，对科研经费使用管理情况进行审计、审签，对重大、重点科研项目开展过程跟踪审计；对涉及关联交易的科研项目进行重点审计，对发现的问题线索移交相关部门处理。

（九）监察处负责监督检查职能部门履职情况，对涉嫌违纪及违法犯罪的科研经费问题进行核查处理。

（十）后勤部门负责计量、收取科研项目执行中单独计量和计算分摊的水、电、暖、房等公共资源费用。

第三章 项目预算管理

第六条 科研项目经费预算是经费收支的基本依据。项目负责人应当根据科研项目研究开发任务的特点和实际需要，按照目标相关性、政策相符性和经济合理性原则，科学、合理、真实地编制科研项目经费预算。

第七条 科研项目经费预算包括经费来源预算和支出预算。

（一）经费来源预算主要包括申请项目的财政资助经费和自筹配套经费。对有自筹配套经费要求的，由项目负责人提供符合经费管理要求的资金来源说明，交财务处审核并备案，严禁提供虚假经费配套承诺。自筹配套经费无明确来源渠道的，原则上不得申请。自筹配套经费来源包括学院和项目组累积的科研项目间接费（管理费）、学院和项目组科研项目结存经费、学院通过收入结算取得的无指定用途且与本项目相关经费、学校预算安排的其他可用于项目配套经费、本项目合作单位筹措的配套经费等，配套经费来源具体以各类经费管理相关规定为准。

（二）经费支出预算按照各类科研经费开支范围编报。支出预算中各项支出需按经费管理有关要求，说明主要用途和测算依据，合理分配财政资助经费和自筹配套经费，不得简单按比例编列。

第八条 项目经费支出预算由项目负责人根据项目管理相关规定和科研活动实际需要编制。

学校作为项目承担（牵头）单位的，项目负责人应加强统筹协调，合理分配间接费或管理费预算。学校作为项目合作（参研）单位的（任务书中明确的），原则上应按子项目经费占总项目经费的比例乘以总项目间接费或管理费额度来编制间接费或管理费预算，项目负责人应加强沟通，争取合理间接费或管理费预算。

在项目管理规定允许范围内，原则上应足额申报项目科研人员的工资及劳务费预算，鼓励项目负责人按照国家及学校相关政策逐步建立专职科研队伍。

第九条 学校科研院、财务处按照经费管理要求，从项目管理和经费使用的角度为科研项目经费支出预算编制提供建议指导，科研项目经费预算须经学校科研院和财务处分别审核通过后，方可上报。项目负责人原则上应在项目申请书、合同书或项目预算书等材料申报截止日期前至少5个工作日将相关材料提交至科研院和财务处。科研院和财务处应于3个工作日内反馈审核意见。

第十条 根据各类科研经费管理规定，属于学校预算调剂权限范围的，项目负责人按实际情况报科研院、财务处审批备案；调整预算单项经费达100万元以上并占总经费10%以上，另需项目负责人组织出具不少于3名相关专家的论证意见。不属于学校预算调剂权限范围的，须按照各类科研经费管理规定程序进行相应报批。

第十一条 有特殊预算管理要求的横向科研项目，项目负责人应结合实际编制预算，学校对该类横向科研项目进行预算管理。

第四章　收入管理

第十二条　以学校名义取得的科研经费统一拨入学校指定的银行账户。项目负责人经查询确认经费到账后,应按学校相关规定及时办理经费落款,同时签订“哈尔滨工程大学科研诚信承诺书”。纵向科研经费,出具到款证明或开具财政票据;横向科研经费,开具税务票据。

第十三条　依据合同或任务书,符合预开票据条件的科研项目,涉及预借税金、押金的,应于预借之日起3个月之内到款;逾期未到款,同一科研项目不得再预开票据。预开票据后,项目负责人应及时追款,12个月内仍未到款的,学校按未回款金额的两倍冻结项目负责人横向科研项目经费,回款后解冻。确认无法追回经费的,项目负责人应负责追回票据,无法追回票据的,学校不再退还预开票据抵押金,由此产生的票据问题按照国家有关规定执行。

第十四条　在开具发票时,财务处按国家规定税率扣缴各项税费。

对于技术开发、技术转让、军品采购等合同(合同文本格式应符合国家相关规定),可按国家相关规定申请减免税。科研院负责审核项目负责人提交的相关书面材料,到国家和地方相关部门办理登记审批手续,财务处根据登记审批结果到税务机关办理免税备案手续。

第十五条　为鼓励开展跨学院科研合作,学校通过设立子项目的方式对不同学院的项目合作人提供单独核算。

第十六条　为准确归集项目成本,科研项目设立后,未到款但有预先研制需求的项目(含后补助性质),可办理科研项目预开账业务,原则上应同时冻结等额的其他横向科研经费、项目间接费(管理费)、发展基金或奖励基金等项目经费。

第五章　支出管理

第十七条　项目负责人应严格按照批复预算或合同书(任务书)的支出范围和标准使用经费,不得擅自调整外拨资金,不得利用虚假票据套取资金,不得通过编造虚假合同、虚构人员名单等方式虚报冒领劳务费和专家咨询费,不得通过虚构测试化验内容、提高测试化验支出标准等方式违规开支测试化验加工费,不得随意调账变动支出、随意修改记账凭证、以表代账应付财务审计和检查。

第十八条　纵向科研经费依据批复预算(或任务书、合同书)所列科目及额度开支;横向科研经费根据项目合同约定或在确保完成合同任务的前提下根据业务实际需要开支。各项开支不得违反国家有关政策规定。

第十九条　自筹配套科研经费应按承诺及时到位,单独核算,开支范围按批复预算或合同书执行。

第二十条　依据国家相关科研经费管理规定,学校从科研经费中可提取间接费或者管理费。

纵向科研经费的间接费或管理费原则上依据项目批复经费数提取,纳入学校财务统一管理,在学校、学院和项目组间进行统筹分配。学院和项目组不得在核定的间接费或管理费以外再以任何名义从科研项目经费中列支相关费用。

（一）“纵向Ⅰ类”计提间接费的方案详见表1。

表1 纵向Ⅰ类间接费用分配

项目类别	项目组间接费	学校间接费	学院间接费
国家重点研发计划、国家重大科技专项、国防科技创新特区、战略先导科技专项、基础加强计划等	间接费总额-（学校间接费+学院间接费）	总经费×6%	不高于总经费×2%
国家自然科学基金、国家社科基金	间接费总额-（学校间接费+学院间接费）	总经费×4%	不高于总经费×1%

国家自然科学基金中管理科学学部项目根据实际批复提取间接费按照上述比例进行分配，学校暂时将学校管理费返还学院，该部分管理费由学院自行确定比例与项目组进行分配。

（二）“纵向Ⅱ类”计提管理费的方案详见表2。

表2 纵向Ⅱ类管理费分配

项目组管理费	学校管理费	学院管理费
总管理费-（学校管理费+学院管理费）	总经费×8%	不高于总经费×2%

（三）“纵向Ⅲ类”计提管理费的方案详见表3。

表3 纵向Ⅲ类管理费分配

项目组管理费	学校管理费	学院管理费
总管理费-（学校管理费+学院管理费）	总经费×4%	不高于总经费×1%

人文社科类、软科学等管理类的纵向科研经费的管理费按照上述比例进行分配，学校暂时将学校管理费返还学院，该部分管理费由学院自行确定比例与项目组进行分配。

（四）横向科研经费的间接费按项目总经费额度提取，纳入学校财务统一管理，在学校和学院间进行分配，计提间接费的方案详见表4。

表4 横向科研经费间接费提取与分配

计提基数	学校间接费	学院间接费
总经费	8.5%	不高于总经费×2%

第二十一条　学院及项目组安排使用的间接费(管理费)用于开展科研管理事务、支付无法在直接费用中安排的其他支出和科研项目绩效奖励。项目绩效奖励由项目组制定具体奖励办法,并根据绩效考核结果公开发放。凡年度执行情况不良或中止、验收不合格的项目,不得发放项目绩效奖励。

第二十二条　可单独计量或计算分摊的水、电、暖、房及固定资产使用费(折旧费),可在纵向科研项目中的燃料动力费、固定资产使用费(折旧费)等预算项中按批复据实列支。

第二十三条　质量体系认证范围内及参照质量体系管理的科研项目,学校从科研成本中计提项目总经费的0.3%作为质量成本费。对于通过技术市场认定的技术开发、技术转让和通过相关部门认定的军品采购等项目,学校按减免税款的20%收取合同认证及其他相关费用,相关人员应积极申请减免税,学校对做出突出贡献的人员予以奖励。涉及跨院系的综合性科研项目,可在科研项目经费中设置一定比例的总体协调费。

第二十四条　除拨付分承研单位科研项目经费可以申请减免管理费(间接费)外,学校管理费(间接费)原则上不予减免。特殊情况确需减免的,项目负责人应提出书面申请,经学院分管科研工作领导审核、科研院复核后,报分管科研工作校领导审批。

第二十五条　科研经费直接费支出报销均须经项目负责人或其正式授权的审批人审批,科研经费支出应符合国家和学校相关规定。

第二十六条　科研经费采购按照学校采购相关管理规定执行,涉及关联交易情况的需由项目负责人在申请采购时主动说明情况,如隐瞒不报依法承担全部责任。

第二十七条　科研经费中有合作、对外协作的事项,须订立合作(外协)合同。在合同中明确科研任务与技术指标、完成进度以及成果形式、风险责任承担、验收指标、经费额度及明细预算、拨付方式、开户银行和账号、固定资产、无形资产归属等。涉及合作事项的,合同中应另行对经费专款专用、单独核算及预算执行率做出相应要求。

国家及有关部门对外协费、采购等事项签订合同有另行规定的,按有关规定执行。

第二十八条　使用科研经费购置或形成的固定资产和无形资产均属于国有资产,必须全部纳入学校管理。办理固定资产可以采取零星转固和集中转固两种方式。

凡属于交付甲方(委托方)不作学校固定资产的设备,项目组依据项目合同提出书面申请,项目负责人签字,报国有资产管理处备案。固定资产交付甲方时,原则上应由甲方出具固定资产接收函等确认证明,国有资产管理处依据接收函办理注销登记,未注销登记的不得办理结算。对甲方无法出具接收函的,由项目组向国有资产管理处提交书面说明;因甲方暂时不能接收等原因,甲方委托学校代为保管的,由项目组向国有资产管理处提交甲方委托代管证明材料,国有资产管理处登记备案后,可以办理结算。

学校鼓励利用横向科研项目经费购置能够兼顾教学使用的仪器设备。

第二十九条　科研经费支出中的修缮工程需执行《哈尔滨工程大学基建、修缮工程审计实施办法》相关规定。

第三十条　按照项目有关规定,纵向科研经费按批复预算据实列支工资及劳务费,用于在职人员工资性支出、研究生助研补贴、博士后工作补贴、专职科研人员、财务助理劳务费及临时聘用人员劳务费。

横向科研经费据实列支劳务费,用于在职人员劳务费、研究生助研补贴、博士后工作补贴、专职科研人员、财务助理劳务费及临时聘用人员劳务费。

工资及劳务费应按预算据实列支，打卡发放，学校按规定代扣代缴个人所得税。研究生劳务费每人每次发放超5 000元的，另需提供发放依据说明。

按照项目有关规定，鼓励按照项目预算在成本中单独计列全时全职承担军工关键领域核心技术攻关任务的团队负责人以及引进的高端人才年薪，具体按国家及项目有关规定执行。

第三十一条　研制周期两年以上（含两年）的“纵向Ⅱ类”科研项目依据相关规定，完成年度科研任务的，项目组可预提不超过当年预算的3%的项目收益，用于项目组项目绩效奖励；未完成年度任务的，不得预提项目收益。

第三十二条　按照国家税务有关规定，可进行增值税抵扣的科研项目，因采购材料、设备、服务等取得的增值税专用发票可在有效期内进行抵扣。

第六章　财务决算及结题结算

第三十三条　项目负责人根据项目批复预算（或任务书、合同书）及项目收支明细账目，严格按照科研项目上级主管部门具体要求，如实编报科研项目经费财务决算，提交学校财务处审核后上报。

项目负责人原则上在决算报送截止日期前至少5个工作日将项目决算材料提交至财务处。财务处在3个工作日内反馈审核意见。需要审计处审签的项目决算，须将相关材料提交到审计处，审计处在3个工作日内反馈审核意见。

第三十四条　项目结算经费分为发展基金和奖励基金，发展基金占50%，用于项目组的后续科研等支出；奖励基金占50%，用于项目组奖励等支出。纵向科研经费结算后经费留作原项目深化研究，且18个月内（从项目验收后的次年的1月1日起计算）使用完毕，逾期经费由学校统筹用于研发活动支出，24个月后仍有剩余的按国家有关规定原渠道退回。

第三十五条　科研项目完成且已经通过验收或结题，结余经费应进行结算。除国家相关制度有规定或合同有约定之外，项目负责人应在项目验收通过日或结题日后6个月内办理项目结算手续。逾期不办者，财务处将依据科研院提供的项目清单进行项目自动结算，结算比例为项目组75%、学校25%。

第七章　监督及奖惩

第三十六条　学校将逐步建立科研人员的科研诚信档案，将科研经费使用诚信情况作为科研人员专业技术职务评聘、申报科研项目资格审核的重要依据。

由于项目负责人或相关人员失信行为，对学校信用评价产生不良影响的，造成学校整体间接费和绩效奖励等受损的，由项目负责人和相关人员承担损失。

第三十七条　纵向科研经费涉及预算执行的监督及奖惩，执行《哈尔滨工程大学预算执行工作管理办法》（校字〔2012〕13号）中相关规定。

第三十八条　学校对于科研经费管理不到位、预算执行率不达标、检查或审计中出现严重问题以及预开票据出现重大问题的学院和项目负责人给予处罚，处罚措施包括冻结科研经费、通报批评、限期整改、暂停部分科研经费报销、取消年度评优、扣发间接费及项目绩效奖励、扣发业绩津贴、暂停相关人员项目负责人资格等。学院有权对组织不力或行为不当的相关人员给予处罚。涉嫌违纪违规的，将依照有关规定追究有关单位和人员相应责任。

第八章　附　　则

第三十九条　中央高校基本科研业务费项目、学校自筹立项的科研项目，不适用本办法。

第四十条　如学校机构设置发生调整，相关职能及职责做相应调整。

第四十一条　本办法由科研院、财务处在各自权责范围内负责解释。

第四十二条　本办法自发布之日起执行，原《哈尔滨工程大学科研经费管理办法》（哈工程校发〔2016〕181 号）同时废止。若本办法在执行过程中与国家和上级部门出台新的规章制度相冲突，以国家和上级部门规定为准。

附件：哈尔滨工程大学科研诚信承诺书

附件

哈尔滨工程大学科研诚信承诺书

本人按照国家有关规定和学校要求，在从事科研学术活动和科研经费使用过程中，做出以下承诺：

一、本人作为科研项目负责人，是科研项目、经费使用的第一直接责任人，对科研项目立项及执行的质量、进度、资金、安全、保密、档案、产出等全过程自主管理，承担第一直接责任。对经费使用的合规性、合理性、真实性和相关性承担法律责任。

二、本人在科研学术活动中，将严格执行国家及学校有关制度，自觉规范以下行为。

（一）以实事求是、认真负责的态度对待各种科学研究工作，杜绝数据造假、论文剽窃、抄袭、侵占等学术不端行为。保证申报项目材料的真实可信，严格按照项目合同（任务书）约定，按期、优质、高效地完成规定科研任务。

（二）尊重合作者和他人的劳动和权益。合作成果按照所做贡献大小的顺序署名（另有学科署名惯例或作者另有约定的除外）。任何合作成果或项目在发表或申报前，保证所有署名人知晓并对其完成部分负责。

（三）尊重、保护知识产权，在著作中直接或间接引用他人的成果，严格注明出处，列出必要的参考文献。保守国家秘密，在对内、对外的科技合作与交流及其他各种社会、经济活动中，切实保守国家秘密和单位的技术秘密。

（四）在参与各种推荐、评审、鉴定、答辩、验收和评奖活动中，本着对科学负责的态度，坚持公平、公正的原则，维护学术评价的客观公正性，不用不正当手段影响评审结果。

（五）弘扬团结协作和集体主义精神，互相尊重，积极营造团结、民主、和谐的良好学术环境。传播科学思想和方法、普及科技知识，不利用科研活动谋取不正当利益，不因个人或团体的私利而损害国家、学校或他人利益。

（六）坚持实事求是的科学精神和严谨认真的治学态度。不从事危害国家安全、损害社会公共利益、危害人体健康、违反伦理道德等方面的研究。

（七）严格按照项目合同（任务书）的预期目标和要求，认真完成各项研究任务。不随意变更项目承担单位、项目负责人、研究目标、研究内容、研究进度和执行期、主要研究人员。不违反规定将科研任务外包、转包他人。

三、本人在科研经费使用中，将严格执行国家及学校有关制度，自觉规范以下行为。

（一）严格遵守相关法律法规，据实编制科研项目预算和决算，按照预算批复及调整的支出范围和标准使用科研经费，提高科研经费使用效益，配合上级和学校相关部门的监督检查。

（二）不通过科研合作、外协、外购等形式套取科研经费。不虚构项目支出、使用虚假票据套取科研经费。不违反规定转拨、转移科研经费，不购买与科研活动无关的设备、材料。不通过虚假出差事项套取科研经费，不通过编造虚假合同、虚构人员名单、学生劳务费、助研津贴等方式虚报冒领劳务费和专家咨询费，不用科研经费报销个人家庭消费支出。不通过虚构测试化验内容、提高测试化验支出标准等方式违规开支测试化验加工费。不用科研经费从事投资、办企业等违规经营活动。不隐匿、私自转让、非法占有学校用科研经费形成的固定资产和无形资产。

四、坚持立德树人，全员、全过程、全方位育人，杜绝利用学生以任何形式套取科研经费行为。

本人严格遵守上述承诺，如果在科研学术活动和科研经费使用中出现违规行为，愿意承担相应责任并接受党纪政纪处理。

承诺人：

年　　月　　日

哈尔滨工程大学合同管理办法

（哈工程党发〔2017〕50号）

第一章　总　　则

第一条　为规范学校合同管理，规避风险，维护学校合法权益，根据《中华人民共和国合同法》等法律法规，遵循《哈尔滨工程大学章程》，制定本办法。

第二条　本办法所称的合同，是指以学校及学校授权单位的名义与自然人、法人和其他组织等平等主体之间设立、变更、终止民事权利义务关系的合同、协议等。

第三条　学校及学校授权单位可以作为一方当事人与对方订立合同。校长或其书面授权委托的代理人，可以代表学校签订、变更和解除合同。

第四条　本办法所称合同管理是指学校及学校授权单位制定和修改有关合同管理制度以及对合同的订立、审批、履行、变更、解除、纠纷处理进行监督、检查、考核等管理活动。

第五条　学校对合同实行统一监督、归口管理、承办单位负责的制度。

第二章　合同管理部门及职责

第六条　合同管理部门包括承办单位（承办人）（下称承办单位）和归口管理部门。

第七条　合同应明确承办单位。承办单位是指代表学校具体负责合同起草、谈判、签署及具体落实所签合同权利义务的单位，包括机关各职能部门、直属单位和学院等，是合同的直接责任单位。

第八条　根据业务范围和工作职责，学校授权下列职能部门作为归口管理部门对其职能范围内的业务性合同实行归口管理。归口管理工作包括审查、审批合同，建立合同管理台账，监督合同履行，监控履行异常等内容。

（一）党政办公室：学校合同管理职责的总体协调部门，负责学校层面综合性合同的管理。各归口管理部门每年向党政办公室报送合同管理台账，供学校统计、分析和备案。

（二）党委宣传部：负责以学校名义发布广告、新闻出版、宣传合作等类别合同的管理。

（三）校团委：负责与校外单位建立学生社会实践基地类合同的管理。

（四）本科生院：负责本科生层次的招生、合作办学、培训项目、实习实践基地、以教学为主的联合实验室建设等类别合同的管理。

（五）研究生院：负责研究生层次的招生、合作办学、培训项目、实习实践基地等类别合同的管理。

（六）科学技术研究院：负责学校科研合同的管理，包括中央各部委及各级政府下达的专项科技项目，受企事业单位及个人委托开展的科技项目，学校各类科研基金及专项科技项目,专利合作申请,涉及科研项目结题财务审计等类别合同的管理;负责以科研为主的专项合作类合同的管理。

(七)人力资源处:负责涉及人力资源与人事管理等类别合同的管理。

(八)国际合作与交流处:负责学校与国(境)外及港澳台有关部门、院校签署校际合作交流等类别合同的管理。

(九)财务处:负责业务范围内的财务审计合同的管理,负责学校与银行签订的合同协议,委托贷款银行借款合同、开立国内保函协议、保证金质押合同、银行合作协议,以及各种银行服务协议等类别合同的管理。

(十)审计处:负责业务范围内的基建、财务审计等类别合同的管理。

(十一)发展计划处:负责学校发展规划、校园规划以及固定资产投资项目(土建类项目除外)可研、初设、劳动安全等方面技术服务类别合同的管理。

(十二)后勤基建处:负责基本建设工程设计、工程招标、工程咨询、工程勘察、工程施工、工程监理、建筑材料及工程配套设备采购等类别合同的管理;负责物业服务等类别合同的管理。

(十三)国有资产管理处:负责土地、房屋固定资产使用和处置等类别合同的管理;负责货物类资产(含设备家具)的采购和处置、软件采购、图书采购等类别合同的管理。

(十四)信息化处:负责IT基础设施、应用系统、信息化资源与服务平台等信息化建设相关类别合同的管理。

(十五)图书馆:负责文献资源采购、学科服务、图书捐赠等类别合同的管理。

(十六)后勤集团:自行负责后勤集团业务范围内的合同管理工作,包括饮食原材料供货合同,维修材料供货合同,物业保洁用品供货合同,设备及设施维修维保类合同,家具采购合同,办公设备采购合同,专用设备采购合同,房屋出租合同,场地使用合同,引进服务合同,联合经营类合同,集团与银行签订的各类协议合同,工程设计、工程材料、工程配套设备、工程分包等工程类合同的管理。

(十七)其他特定事项需要签订合同的,由党政办公室根据事项性质提出承办单位和归口管理部门建议,报校长审定后,授权相关单位办理。

第九条　合同内容涉及两个或两个以上管理部门工作职能的,根据合同性质或主要条款确定归口管理部门;不能确定的,原则上由合同经费管理部门负责归口管理。

第十条　归口管理部门根据工作内容、管理职责,依据国家相关规定,设置合同管理岗及审核岗,完善内部控制,并结合本办法制定合同管理工作流程、合同示范文本,并经学校法律事务室审核,由分管领导签发后实施。

第三章　合同的签订

第十一条　签订合同应遵守法律法规和学校的规章制度,坚持平等互利、协商一致、诚实守信的原则,维护学校的权益。国家和学校对合同签订有其他特别规定的,承办单位应严格执行相关规定。

第十二条　签订合同前,承办单位应对合同对方的主体资格、委托代理权限、经营范围、履约能力、经济实力、社会信誉等情况进行详细调查。

第十三条　承办单位应优先使用合同示范文本,没有示范文本的,应积极争取由我方草拟文本，主导合同的谈判和订立，确保最大限度地保障学校权益。确有必要由对方草拟的，应就合同条款积极进行协商，严格审查合同内容。

第十四条 合同各方对重要条款存在重大分歧或需要法律专业知识支撑的，承办单位可以邀请相关职能部门和法律事务室参与合同的谈判与拟定。

第十五条 合同的审批和签订程序如下：

(一)承办单位拟定合同文本。

(二)承办单位提交学校法律顾问进行法律风险评估。

(三)提交归口管理部门审批。合同涉及多项业务的，由归口管理部门提交相关业务主管部门会签。

(四)分管校领导综合考虑相关意见，审定是否签署。对于年签订数量较大且签订流程已相对成熟的合同，分管校领导可书面授权，指定归口管理部门的责任人直接签署，书面授权书须含合同签署责任人、合同额度授权范围或合同类别等要素。书面授权书须报党政办公室和财务处备案。

(五)加盖印章，承办单位与归口管理部门分别存档，签订程序终结。

第十六条 学校为科学技术研究院、后勤基建处、国有资产管理处和后勤集团刻制合同专用章。以上四部门须制定本部门合同专用章管理办法和使用流程报党政办公室备案。以上四部门管理范围之外的其他类别合同使用校章签订。未经校长授权，其他任何单位或个人不得擅自使用其他公章签订合同。

第十七条 涉及学校“三重一大”事项的重大合同，应当遵循相关决策程序。

第十八条 符合政府采购和招投标条件的各类合同，应当遵守相关法律法规和学校相关管理规定，履行相关手续。

第十九条 承办单位应根据相关部门审查意见修改完善合同文本。承办单位不同意修改合同文本的，应当明确说明理由，由分管校领导决定是否签署。

第二十条 合同文本内容涉及国家秘密、学校秘密的，承办单位应与对方签订保密协议，明确界定合同文本和项目的密级、保密要求和保密责任。

第四章 合同的履行、变更和解除

第二十一条 承办单位应实时监控合同履行过程。出现下列情形之一的，属于合同履行异常，应及时采取相关措施：

(一)合同签订的基础条件已经发生变化的；

(二)对方当事人要求变更合同主体或合同条款的；

(三)发生不可抗力的；

(四)对方当事人已违反合同约定，或有足够的证据表明其可能存在违约行为的；

(五)合同履行发生争议的。

前款第一项中“基础条件”，是指合同立项依据、法律依据、政策基础或预算构成等足以影响合同签订与否的重要因素。

第二十二条 合同生效后，如对方不履行主要义务或者履行不符合约定，承办单位应及时与合同归口管理部门协商，向对方发出要求履行或者采取补救措施的书面函件，督促其履约。

第二十三条　合同签约时的条件发生变化,继续履行将给学校造成损害的,承办单位应当及时上报学校归口管理部门。承办单位在收到对方要求变更或解除合同的书面文件后,应当及时上报学校归口管理部门。归口管理部门组织合同承办单位和相关部门研究,并采取相关措施。

第二十四条　合同变更或解除的,应当符合法定或约定条件。变更或解除合同的通知或答复应当在法定或约定的期限内做出。变更或解除合同应当采用书面形式。

第五章　合同纠纷的处理

第二十五条　合同履行过程中出现争议时,由合同各方协商解决。协商不成的,可以通过仲裁或法律诉讼程序解决。

第二十六条　因合同履行出现法律纠纷、学校收到诉讼或仲裁的法律文书后,由所涉事项的归口管理部门和承办单位及时向分管校领导或校长汇报,必要时,学校成立由校领导、相关部门组成的合同纠纷处理小组,负责对合同纠纷进行研究和处理。

第二十七条　合同纠纷涉及诉讼或仲裁的,校长可以签署授权委托书委托学校相关工作人员或律师参加诉讼和仲裁。

第二十八条　合同纠纷涉及的相关单位应该根据合同纠纷处理小组、委托代理人或律师的要求及时提供相关资料和信息,为学校处理法律纠纷提供必要的支持。

第六章　资料的归档

第二十九条　合同谈判、签订、履行至终结的全周期内各方互致的信件、传真、电子数据和电子邮件等资料,是确认各方权利义务的重要凭证,承办单位应负责收集、整理和保存。承办单位应将履行完毕的合同原件及相关资料每年集中送学校档案馆存档。

第七章　责任追究

第三十条　有下列情形之一,造成严重后果的,由负有责任的承办人承担相应的赔偿责任,并根据情节轻重追究其他责任:

(一)违反程序和规定擅自对外签订合同的;

(二)超越校长授权签订合同的;

(三)应签订书面合同但未签订的;

(四)玩忽职守、疏忽大意,没有按本办法履行职责的;

(五)丢失或者擅自销毁、隐匿合同或合同附件,以及合同履行过程中形成的各种函件、单据等相关材料的;

(六)在处理合同争议的过程中不配合的。

第八章　附　　则

第三十一条　本办法自 2017 年 9 月 1 日起施行,由党政办公室负责解释。

哈尔滨工程大学预算管理办法

（哈工程党发〔2017〕66号）

第一章 总 则

第一条 为进一步规范和健全学校的预算管理体制，强化预算的分配、调控和监督职能，维护预算的严肃性，保障学校事业健康有序发展，根据《中华人民共和国预算法》《高等学校财务制度》（财教〔2012〕488号）等有关法律法规，结合学校实际情况，制定本办法。

第二条 学校预算是指学校根据事业发展目标和计划编制的年度财务收支计划。

第三条 学校实行“统一领导、分级管理、集中核算”的财务管理体制，预算由校级收支预算和二级预算单位收支预算构成。二级预算单位（以下简称预算单位）是指财务收支纳入学校预算统一核算管理的非独立核算单位和独立核算非法人单位。

第四条 各预算单位应建立健全内部预算管理规章制度，确保经费安排客观合理，编报程序合法合规，预算执行严肃有效。

第五条 预算编制坚持“量入为出、收支平衡”的总原则。收入预算编制应当积极稳妥，支出预算编制应当统筹兼顾、保证重点、勤俭节约。

第六条 预算年度自公历1月1日起，至12月31日止。

第二章 预算管理职责和权限

第七条 党委常委会是学校预算管理的决策机构，研究决定预算管理制度、决定和修订年度预（决）算，审定预算执行中发生的追加事项，审定预算执行中300万元以上的调整事项，研究决定预算管理的其他重大事项。

第八条 校长办公会是学校预算管理的执行机构，实施党委常委会决定的年度预算，向党委常委会报告预算执行中发生的重大事项，提出预算执行中发生的追加和重大预算调整事项，审定预算执行中100万~300万元的调整事项。

第九条 学校财经工作领导小组是学校预算管理的协调机构，审议预算管理制度、年度预（决）算草案，落实党委常委会、校长办公会关于预算管理的重大决策，解决预算管理中存在的问题，协调预算执行中遇到的困难，推动预算执行工作的落实。

第十条 预算执行中50万~100万元的调整事项由校长审批，50万元（含）以下的调整事项由主管财务的管理校领导审批。

第十一条 财务处负责起草学校预算管理规章制度、指导各预算单位编制预决算、下达和落实学校预算指标、监督和分析预算执行等预算管理工作。

第十二条 审计处负责预（决）算的审计监督工作和绩效评价工作。

第十三条　学校各预算单位负责编制本单位经费预算，其中归口管理单位负责编制归口管理的校级项目预算，审核论证入库项目，监督归口管理的校级项目预算执行，组织完成归口管理的校级项目绩效评价。

（一）归口管理单位及职责分工如下：

1. 发展计划处、学科专业建设办公室负责建设世界一流大学（学科）和特色发展引导专项项目评审及预算编报工作，负责基本建设项目、改善基本办学条件项目（设备资料购置）预算编报工作；

2. 科学技术研究院负责科研经费预算编报，负责基本科研业务费项目申报评审及所分管的资金分配工作；

3. 本科生院负责提供在校本科生人数，负责教学经费预算编报，负责教育教学改革项目申报评审及资金分配工作；

4. 研究生院负责提供在校研究生人数，负责教学经费、研究生奖助学金预算编报工作；

5. 学生工作处负责本科生奖助学金预算编报工作；

6. 人力资源处负责提供各单位人员数，以此作为定额预算编制的基数，负责人员经费预算编报工作；

7. 后勤基建处负责改善基本办学条件项目（建设项目配套工程、基础设施改造、房屋修缮）项目评审及预算编报工作，负责后勤保障经费、后勤集团服务合同经费及上缴款预算编报；

8. 国际交流与合作处负责国际交流与合作经费预算编报工作；

9. 国有资产管理处负责除上述经费外的纳入政府集中采购目录内或限额标准以上的政府采购预算及资产配置方案编报工作，负责校办产业投资收益预算编报工作；

10. 其他相关单位负责本单位分管业务中各项专项预算编报工作。

（二）教学单位负责培训、办班等学校结算拨款收支预算编报工作。

（三）机关及直属单位负责本单位业务费及学校结算拨款收支预算编报工作。

第十四条　后勤集团、校医院根据自身发展目标和年度工作计划编报本单位收支预算，定期编报单位财务决算，报财务处备案。

第十五条　各单位主要负责人对本单位预算编制、执行和监督等预算管理工作负责，并对预算经费使用的真实性、合法性、有效性承担经济与法律责任。

第三章　预算收支范围

第十六条　学校预算包括收入预算和支出预算，反映学校年度内预计取得的全部收入和拟定的全部支出。

第十七条　收入预算是学校年度内通过多种渠道所能组织到的用于开展教学、科研及其他活动的非偿还性资金收入计划，包括财政补助收入、事业收入、上级补助收入、经营收入、附属单位上缴收入和其他收入。

第十八条　财政补助收入是学校从同级财政部门取得的各类财政拨款，包括四部分：

（一）财政教育拨款是指学校从同级财政部门取得的教育教学类经费拨款，分为基本支出拨款和项目支出拨款；

（二）财政科研拨款是指学校从同级财政部门取得的各类科学研究经费拨款；

（三）财政基本建设经费拨款是指学校从同级财政部门取得的基本建设项目拨款；

（四）财政其他经费拨款是指学校从同级财政部门取得的其他拨款等。

第十九条　事业收入是学校开展教学科研及其附属活动取得的收入。分为两个部分：

（一）教育事业收入是指学校开展教学及其辅助活动取得的收入；

（二）科研事业收入是指学校开展科研及其辅助活动取得的收入。

第二十条　上级补助收入，即学校从主管部门和上级单位取得的非财政补助收入。

第二十一条　经营收入是指学校在教学、科研及其辅助活动之外，开展非独立核算经营活动取得的收入。

第二十二条　附属单位上缴收入是指学校附属独立核算单位按照有关规定上缴的收入。

第二十三条　其他收入是指上述规定范围以外的各项收入，包括投资收益、利息收入、捐赠收入等。

第二十四条　支出预算是学校开展教学科研及其他活动发生的资金耗费和损失计划，包括事业支出、经营支出、对附属单位补助支出、上缴上级支出及其他支出预算。

第二十五条　事业支出预算按照双重维度进行划分与管理。

（一）按照高校业务的维度划分为教育事业支出预算、科研事业支出预算、行政管理支出预算、后勤保障支出预算、离退休支出预算。

1. 教育事业支出预算是指学校开展各类教学活动和教学辅助活动发生的基本支出预算和项目支出预算。

2. 科研事业支出预算是指学校开展科研及其辅助活动发生的基本支出预算和项目支出预算。

3. 行政管理支出预算是指学校校级行政管理部门（不含各类学生思政教育部门）开展行政管理活动发生的基本支出预算和项目支出预算。

4. 后勤保障支出预算是指学校为教学、科研、行政管理等活动提供后勤保障发生的基本支出预算和项目支出预算。

5. 离退休支出预算是指学校负担的离退休人员的工资、津补贴等基本支出预算。

（二）按照资金来源的维度划分为基本支出预算和项目支出预算。

1. 基本支出预算是指学校为了保障其正常运转、完成日常工作任务而发生的人员经费支出预算和公用经费支出预算。

（1）人员经费支出包括工资福利支出和对个人及家庭补助支出。

（2）公用经费支出包括公共运行经费支出和其他公用经费支出。

2. 项目支出预算是指学校为了完成特定工作任务和事业目标，在基本支出之外发生的支出，具体可划分为教育事业项目支出预算（包括“双一流”建设专项和基础条件建设专项）、科研项目支出预算及基本建设项目支出预算。

第二十六条　经营支出预算是指高等学校在教学、科研及其辅助活动之外开展非独立核算活动发生的支出计划。

第二十七条　对附属单位补助支出预算是指高等学校用财政补助收入之外的收入对附属单位的补助经费支出计划。

第二十八条　上缴上级支出是指高等学校按照财政部门和主管部门的规定上缴上级单位的支出计划。

第二十九条　其他支出预算是指上述规定范围以外的各项支出计划。

第三十条　学校安排收支预算时,统筹考虑事业基金和专用基金的结余情况。

第四章　预算编制

第三十一条　学校预算编制按照“二上二下、分级编制、逐级汇总”的程序进行。

第三十二条　收入预算编制坚持积极稳妥的原则,合理测算,将所有收入全部列入预算,不得隐瞒少列。

第三十三条　支出预算编制应当在保证人员经费和基本运行合理需要的前提下,优先安排教学经费,并逐年增加。

(一)基本支出预算编制:各预算单位根据其具体分工职责编制基本支出预算,编制方法以零基预算为主,滚动预算为辅。其中:教学单位、机关部门及直属单位日常教学及办公运行经费按人均定额标准核定,其他经费结合定额及基数变动因素核定。

(二)项目支出预算编制:各归口单位应当建立其归口管理的项目库,经评审排序后建立学校统一的项目库,编制滚动项目预算,将入库项目作为预算安排的主要依据。

第三十四条　学校在每个预算年度,按基本支出预算的一定比例(一般不超过2%)预留学校机动费,用于未列入当年预算及预算执行中不可预计的支出事项。

第三十五条　预算编制程序。

(一)预算启动

每年10月上旬财务处根据国家预算管理要求和学校发展规划及年度工作计划,制定下一年度预算编制原则和要求,下达下年度的预算编制通知。

(二)“一上”阶段

各预算单位按照财务处制定的收支科目、预算支出标准和要求,根据其下一年度的工作任务,编制本单位收支预算及归口业务预算的具体方案,10月31日前上报财务处。

(三)“一下”阶段

财务处对各单位上报的预算方案(含绩效目标)进行初审、汇总,报财经工作领导小组办公室审查。结合学校年度工作重点以及各单位的工作经费需求,统筹兼顾、合理安排,提出综合平衡建议。在审查、平衡过程中,与各预算单位进行反馈和沟通,拟定草案后报财经工作领导小组。

财经工作领导小组确定预算控制数,并于12月1日前下达各预算单位。

(四)“二上”阶段

各预算单位根据预算控制数调整本单位预算,于12月15日前上报财务处。

(五)“二下”阶段

财务处在预算单位修正调整的基础上,汇总编制学校预算草案,提交财经工作领导小组审议,审议通过后报党委常委会批准。党委常委会审核批准后,形成正式预算方案。学校预算应在当年3月底之前审批完毕。

预算经批准后,财务处根据各项业务工作的预算额度、支出方向和支出标准,将预算指标细化分解,按照科目、项目分解下达至各预算单位。

第五章　预 算 执 行

第三十六条　各预算单位应认真组织实施学校预算,及时、足额收取应收的预算收入,不得擅自减收、免收或缓收;承担上缴任务的单位应及时、足额上缴预算收入,不得截留、占用或挪用。各预算单位应加强预算执行管理,认真履行预算主体责任,提高资金运行的效率和效益,保障全年预算任务完成。

第三十七条　经批复或下达的年度预算具有权威性和严肃性,各部门必须严格遵照执行,未按规定程序批准,不得擅自调整。

第三十八条　预算年度开始后,在预算未经批准之前,为保证学校各项工作的顺利开展,对于基本和一般性专项支出,财务处按照上一年度预算指标的一定比例(一般不超过50%)预拨各单位预算额度。学校预算正式批复后按批准的标准下拨。

第三十九条　各预算单位须严格按照批准的预算安排支出,资金的使用应当符合国家和学校有关的财务规定。除特殊事项,当年预算安排的支出,原则上必须当年完成,不得跨年度执行。

第四十条　财务处负责全校预算执行统计分析,定期通报各预算单位预算执行情况。对于预算执行过程中的特殊情况和重大事项,及时向财经工作领导小组报告。

第四十一条　各归口管理单位组织、协调分管项目的预算执行工作,指导和帮助预算单位推进预算执行进度;各预算单位和主要负责人具体负责预算执行工作,采取措施积极推进预算执行进度。

第四十二条　各单位结余资金按以下规定处理:

(一)财政资金结余按照国家规定执行;

(二)学校基本支出预算安排的经费原则上应在预算年度内执行完毕;项目任务未完成形成的年度资金结余,结转下年继续使用;

(三)科研项目结余资金按照科研经费管理相关规定执行。

第四十三条　学校安排下一年度预算时,将考虑各单位业务开展情况、预算执行和绩效评价等因素。

第六章　预 算 调 整

第四十四条　学校预算原则上不予调整,存在下列情况之一可以对当年预算进行调整:

(一)国家、学校或各单位政策调整影响当年收支预算增加或减少;

(二)遇突发事件、法律诉讼等不可抗力导致预算收支增加或减少;

(三)新增项目、项目变更或终止等引起的支出增加或减少;

(四)其他因素产生的预算收支增加或减少。

第四十五条　预算项目内容调整的,有专项经费管理办法的项目,按照经费管理办法执行,其他项目由经费使用单位提出书面申请,有归口管理单位的项目,由归口管理单位审核，无归口管理单位的项目，由财务处审核。通过后，按照预算管理权限审批。

第七章 决　　算

第四十六条　财务决算是指学校根据预算执行结果编制的年度财务报告，要求全面完整、内容真实、数字准确、报送及时。

第四十七条　年末学校应当按规定进行财务清理，各单位进行资产盘点，清理各项债权债务，属于本年的各项收入，应及时入账，属于本年的各项支出，要按规定列支，确保账账、账实相符，并在此基础上进行年终财务决算。

第四十八条　后勤集团、校医院按规定进行年终财务决算，并于 1 月 20 日前将决算报告上报财务处。

第四十九条　财务处组织人事、资产、后勤基建等相关职能部门开展决算编制工作，于 1 月 31 日前完成年度决算草案编制，提交审计处进行审计，审计处自收到决算报告之日起 20 日内(法定节假日顺延)完成决算审计，出具审计报告。财务处按照规定的时间报送上级主管部门。

第五十条　学校应深入开展决算数据分析利用，及时发现预算编制和预算执行过程中存在的问题及财务管理中的薄弱环节，建立健全预算与决算相互反映和相互促进的工作机制，提高财务管理水平。

第五十一条　财务处应在向党委常委会汇报当年预算的同时报告上一年度财务决算情况。

第八章　绩 效 评 价

第五十二条　各预算单位应当在“一上”阶段对拟用学校拨款安排的项目设定绩效目标，随同本单位预算提交归口管理单位审核，并根据审核意见进行修改完善。

归口管理单位将经审核的分管项目预算方案和绩效目标汇总后上报财务处。

第五十三条　各预算单位在“二上”阶段将按照预算控制数调整后的绩效目标上报归口管理单位审核，并根据审核意见进行修改。归口管理单位审核通过后上报财务处。

第五十四条　各预算单位应该严格执行批复的预算，加强支出管理，根据设定的绩效目标开展绩效监控，建立全过程绩效运行机制，跟踪监控绩效运行，确保绩效目标如期实现。

第五十五条　年度预算执行结束后，各预算单位按照年初拟定的绩效评价计划，组织实施绩效自评工作，将绩效自评结果提交至归口管理单位审核。

归口管理单位审核通过后于 1 月 20 日前汇总提交审计处，审计处对各单位绩效自评结果进行审核，必要时组织专家评审或引入第三方评价机构，形成学校年度绩效自评报告，并按照规定的时间报送上级主管部门；审计处将审核过程中发现的问题及时反馈各相关部门，责令其进行整改。

第九章　预 算 监 督

第五十六条　对预算编报弄虚作假,虚报支出、瞒报收入或者擅自变更预算内容,一经查实,责令纠正,情节严重者报财经工作领导小组处理。

第五十七条　按照国家规定,学校年度预决算应当在一定范围内进行公开,各预算单位预算应当在单位内部一定范围内进行公开。

第五十八条　教职工代表大会对预算实施民主监督,提出意见和建议,审议学校预决算工作报告。

第十章　附　　则

第五十九条　本办法未尽事宜按国家及学校有关规定办理。

第六十条　本办法由财务处负责解释。

第六十一条　本办法自 2017 年 12 月 1 日起施行,原《哈尔滨工程大学校内预算管理办法》(校财字〔2002〕9 号)同时废止。

第二部分　国家招标与采购法律体系规范性文件

一、政府采购法律体系

（一）法律

中华人民共和国政府采购法

（2002年6月29日第九届全国人民代表大会常务委员会第二十八次会议通过　根据2014年8月31日第十二届全国人民代表大会常务委员会第十次会议《关于修改〈中华人民共和国保险法〉等五部法律的决定》修正）

第一章　总　则

第一条　为了规范政府采购行为，提高政府采购资金的使用效益，维护国家利益和社会公共利益，保护政府采购当事人的合法权益，促进廉政建设，制定本法。

第二条　在中华人民共和国境内进行的政府采购适用本法。

本法所称政府采购，是指各级国家机关、事业单位和团体组织，使用财政性资金采购依法制定的集中采购目录以内的或者采购限额标准以上的货物、工程和服务的行为。

政府集中采购目录和采购限额标准依照本法规定的权限制定。

本法所称采购，是指以合同方式有偿取得货物、工程和服务的行为，包括购买、租赁、委托、雇用等。

本法所称货物，是指各种形态和种类的物品，包括原材料、燃料、设备、产品等。

本法所称工程，是指建设工程，包括建筑物和构筑物的新建、改建、扩建、装修、拆除、修缮等。

本法所称服务，是指除货物和工程以外的其他政府采购对象。

第三条　政府采购应当遵循公开透明原则、公平竞争原则、公正原则和诚实信用原则。

第四条　政府采购工程进行招标投标的，适用招标投标法。

第五条　任何单位和个人不得采用任何方式，阻挠和限制供应商自由进入本地区和本行业的政府采购市场。

第六条　政府采购应当严格按照批准的预算执行。

第七条　政府采购实行集中采购和分散采购相结合。集中采购的范围由省级以上人民政府公布的集中采购目录确定。

属于中央预算的政府采购项目，其集中采购目录由国务院确定并公布；属于地方预算的政府采购项目，其集中采购目录由省、自治区、直辖市人民政府或者其授权的机构确定并公布。

纳入集中采购目录的政府采购项目，应当实行集中采购。

第八条　政府采购限额标准，属于中央预算的政府采购项目，由国务院确定并公布；属于地方预算的政府采购项目，由省、自治区、直辖市人民政府或者其授权的机构确定并公布。

第九条　政府采购应当有助于实现国家的经济和社会发展政策目标，包括保护环境，扶持不发达地区和少数民族地区，促进中小企业发展等。

第十条　政府采购应当采购本国货物、工程和服务。但有下列情形之一的除外：

（一）需要采购的货物、工程或者服务在中国境内无法获取或者无法以合理的商业条件获取的；

（二）为在中国境外使用而进行采购的；

（三）其他法律、行政法规另有规定的。

前款所称本国货物、工程和服务的界定，依照国务院有关规定执行。

第十一条　政府采购的信息应当在政府采购监督管理部门指定的媒体上及时向社会公开发布，但涉及商业秘密的除外。

第十二条　在政府采购活动中，采购人员及相关人员与供应商有利害关系的，必须回避。供应商认为采购人员及相关人员与其他供应商有利害关系的，可以申请其回避。

前款所称相关人员，包括招标采购中评标委员会的组成人员，竞争性谈判采购中谈判小组的组成人员，询价采购中询价小组的组成人员等。

第十三条　各级人民政府财政部门是负责政府采购监督管理的部门，依法履行对政府采购活动的监督管理职责。

各级人民政府其他有关部门依法履行与政府采购活动有关的监督管理职责。

第二章　政府采购当事人

第十四条　政府采购当事人是指在政府采购活动中享有权利和承担义务的各类主体，包括采购人、供应商和采购代理机构等。

第十五条　采购人是指依法进行政府采购的国家机关、事业单位、团体组织。

第十六条　集中采购机构为采购代理机构。设区的市、自治州以上人民政府根据本级政府采购项目组织集中采购的需要设立集中采购机构。

集中采购机构是非营利事业法人，根据采购人的委托办理采购事宜。

第十七条　集中采购机构进行政府采购活动，应当符合采购价格低于市场平均价格、采购效率更高、采购质量优良和服务良好的要求。

第十八条　采购人采购纳入集中采购目录的政府采购项目，必须委托集中采购机构代理采购；采购未纳入集中采购目录的政府采购项目，可以自行采购，也可以委托集中采购机构在委托的范围内代理采购。

纳入集中采购目录属于通用的政府采购项目的，应当委托集中采购机构代理采购；属于本部门、本系统有特殊要求的项目，应当实行部门集中采购；属于本单位有特殊要求的项目，经省级以上人民政府批准，可以自行采购。

第十九条　采购人可以委托集中采购机构以外的采购代理机构，在委托的范围内办理政府采购事宜。

采购人有权自行选择采购代理机构，任何单位和个人不得以任何方式为采购人指定采购代理机构。

第二十条　采购人依法委托采购代理机构办理采购事宜的,应当由采购人与采购代理机构签订委托代理协议,依法确定委托代理的事项,约定双方的权利义务。

第二十一条　供应商是指向采购人提供货物、工程或者服务的法人、其他组织或者自然人。

第二十二条　供应商参加政府采购活动应当具备下列条件:

(一)具有独立承担民事责任的能力;

(二)具有良好的商业信誉和健全的财务会计制度;

(三)具有履行合同所必需的设备和专业技术能力;

(四)有依法缴纳税收和社会保障资金的良好记录;

(五)参加政府采购活动前三年内,在经营活动中没有重大违法记录;

(六)法律、行政法规规定的其他条件。

采购人可以根据采购项目的特殊要求,规定供应商的特定条件,但不得以不合理的条件对供应商实行差别待遇或者歧视待遇。

第二十三条　采购人可以要求参加政府采购的供应商提供有关资质证明文件和业绩情况,并根据本法规定的供应商条件和采购项目对供应商的特定要求,对供应商的资格进行审查。

第二十四条　两个以上的自然人、法人或者其他组织可以组成一个联合体,以一个供应商的身份共同参加政府采购。

以联合体形式进行政府采购的,参加联合体的供应商均应当具备本法第二十二条规定的条件,并应当向采购人提交联合协议,载明联合体各方承担的工作和义务。联合体各方应当共同与采购人签订采购合同,就采购合同约定的事项对采购人承担连带责任。

第二十五条　政府采购当事人不得相互串通损害国家利益、社会公共利益和其他当事人的合法权益;不得以任何手段排斥其他供应商参与竞争。

供应商不得以向采购人、采购代理机构、评标委员会的组成人员、竞争性谈判小组的组成人员、询价小组的组成人员行贿或者采取其他不正当手段谋取中标或者成交。

采购代理机构不得以向采购人行贿或者采取其他不正当手段谋取非法利益。

第三章　政府采购方式

第二十六条　政府采购采用以下方式:

(一)公开招标;

(二)邀请招标;

(三)竞争性谈判;

(四)单一来源采购;

(五)询价;

(六)国务院政府采购监督管理部门认定的其他采购方式。

公开招标应作为政府采购的主要采购方式。

第二十七条　采购人采购货物或者服务应当采用公开招标方式的,其具体数额标准,属于中央预算的政府采购项目，由国务院规定；属于地方预算的政府采购项目，由省、自治区、直辖市人民政府规定；因特殊情况需要采用公开招标以外的采购方式的，应当在采购活动开始前获得设区的市、自治州以上人民政府采购监督管理部门的批准。

第二十八条　采购人不得将应当以公开招标方式采购的货物或者服务化整为零或者以其他任何方式规避公开招标采购。

第二十九条　符合下列情形之一的货物或者服务，可以依照本法采用邀请招标方式采购：

（一）具有特殊性，只能从有限范围的供应商处采购的；

（二）采用公开招标方式的费用占政府采购项目总价值的比例过大的。

第三十条　符合下列情形之一的货物或者服务，可以依照本法采用竞争性谈判方式采购：

（一）招标后没有供应商投标或者没有合格标的或者重新招标未能成立的；

（二）技术复杂或者性质特殊，不能确定详细规格或者具体要求的；

（三）采用招标所需时间不能满足用户紧急需要的；

（四）不能事先计算出价格总额的。

第三十一条　符合下列情形之一的货物或者服务，可以依照本法采用单一来源方式采购：

（一）只能从唯一供应商处采购的；

（二）发生了不可预见的紧急情况不能从其他供应商处采购的；

（三）必须保证原有采购项目一致性或者服务配套的要求，需要继续从原供应商处添购，且添购资金总额不超过原合同采购金额百分之十的。

第三十二条　采购的货物规格、标准统一、现货货源充足且价格变化幅度小的政府采购项目，可以依照本法采用询价方式采购。

第四章　政府采购程序

第三十三条　负有编制部门预算职责的部门在编制下一财政年度部门预算时，应当将该财政年度政府采购的项目及资金预算列出，报本级财政部门汇总。部门预算的审批，按预算管理权限和程序进行。

第三十四条　货物或者服务项目采取邀请招标方式采购的，采购人应当从符合相应资格条件的供应商中，通过随机方式选择三家以上的供应商，并向其发出投标邀请书。

第三十五条　货物和服务项目实行招标方式采购的，自招标文件开始发出之日起至投标人提交投标文件截止之日止，不得少于二十日。

第三十六条　在招标采购中，出现下列情形之一的，应予废标：

（一）符合专业条件的供应商或者对招标文件作实质响应的供应商不足三家的；

（二）出现影响采购公正的违法、违规行为的；

（三）投标人的报价均超过了采购预算，采购人不能支付的；

（四）因重大变故，采购任务取消的。

废标后，采购人应当将废标理由通知所有投标人。

第三十七条　废标后，除采购任务取消情形外，应当重新组织招标；需要采取其他方式采购的，应当在采购活动开始前获得设区的市、自治州以上人民政府采购监督管理部门或者政府有关部门批准。

第三十八条　采用竞争性谈判方式采购的，应当遵循下列程序：

（一）成立谈判小组。谈判小组由采购人的代表和有关专家共三人以上的单数组成，其中专家的人数不得少于成员总数的三分之二。

（二）制定谈判文件。谈判文件应当明确谈判程序、谈判内容、合同草案的条款以及评定成交的标准等事项。

（三）确定邀请参加谈判的供应商名单。谈判小组从符合相应资格条件的供应商名单中确定不少于三家的供应商参加谈判，并向其提供谈判文件。

（四）谈判。谈判小组所有成员集中与单一供应商分别进行谈判。在谈判中，谈判的任何一方不得透露与谈判有关的其他供应商的技术资料、价格和其他信息。谈判文件有实质性变动的，谈判小组应当以书面形式通知所有参加谈判的供应商。

（五）确定成交供应商。谈判结束后，谈判小组应当要求所有参加谈判的供应商在规定时间内进行最后报价，采购人从谈判小组提出的成交候选人中根据符合采购需求、质量和服务相等且报价最低的原则确定成交供应商，并将结果通知所有参加谈判的未成交的供应商。

第三十九条　采取单一来源方式采购的，采购人与供应商应当遵循本法规定的原则，在保证采购项目质量和双方商定合理价格的基础上进行采购。

第四十条　采取询价方式采购的，应当遵循下列程序：

（一）成立询价小组。询价小组由采购人的代表和有关专家共三人以上的单数组成，其中专家的人数不得少于成员总数的三分之二。询价小组应当对采购项目的价格构成和评定成交的标准等事项作出规定。

（二）确定被询价的供应商名单。询价小组根据采购需求，从符合相应资格条件的供应商名单中确定不少于三家的供应商，并向其发出询价通知书让其报价。

（三）询价。询价小组要求被询价的供应商一次报出不得更改的价格。

（四）确定成交供应商。采购人根据符合采购需求、质量和服务相等且报价最低的原则确定成交供应商，并将结果通知所有被询价的未成交的供应商。

第四十一条　采购人或者其委托的采购代理机构应当组织对供应商履约的验收。大型或者复杂的政府采购项目，应当邀请国家认可的质量检测机构参加验收工作。验收方成员应当在验收书上签字，并承担相应的法律责任。

第四十二条　采购人、采购代理机构对政府采购项目每项采购活动的采购文件应当妥善保存，不得伪造、变造、隐匿或者销毁。采购文件的保存期限为从采购结束之日起至少保存十五年。

采购文件包括采购活动记录、采购预算、招标文件、投标文件、评标标准、评估报告、定标文件、合同文本、验收证明、质疑答复、投诉处理决定及其他有关文件、资料。

采购活动记录至少应当包括下列内容：

（一）采购项目类别、名称；

（二）采购项目预算、资金构成和合同价格；

（三）采购方式，采用公开招标以外的采购方式的，应当载明原因；
（四）邀请和选择供应商的条件及原因；
（五）评标标准及确定中标人的原因；
（六）废标的原因；
（七）采用招标以外采购方式的相应记载。

第五章　政府采购合同

第四十三条　政府采购合同适用合同法。采购人和供应商之间的权利和义务，应当按照平等、自愿的原则以合同方式约定。

采购人可以委托采购代理机构代表其与供应商签订政府采购合同。由采购代理机构以采购人名义签订合同的，应当提交采购人的授权委托书，作为合同附件。

第四十四条　政府采购合同应当采用书面形式。

第四十五条　国务院政府采购监督管理部门应当会同国务院有关部门，规定政府采购合同必须具备的条款。

第四十六条　采购人与中标、成交供应商应当在中标、成交通知书发出之日起三十日内，按照采购文件确定的事项签订政府采购合同。

中标、成交通知书对采购人和中标、成交供应商均具有法律效力。中标、成交通知书发出后，采购人改变中标、成交结果的，或者中标、成交供应商放弃中标、成交项目的，应当依法承担法律责任。

第四十七条　政府采购项目的采购合同自签订之日起七个工作日内，采购人应当将合同副本报同级政府采购监督管理部门和有关部门备案。

第四十八条　经采购人同意，中标、成交供应商可以依法采取分包方式履行合同。

政府采购合同分包履行的，中标、成交供应商就采购项目和分包项目向采购人负责，分包供应商就分包项目承担责任。

第四十九条　政府采购合同履行中，采购人需追加与合同标的相同的货物、工程或者服务的，在不改变合同其他条款的前提下，可以与供应商协商签订补充合同，但所有补充合同的采购金额不得超过原合同采购金额的百分之十。

第五十条　政府采购合同的双方当事人不得擅自变更、中止或者终止合同。

政府采购合同继续履行将损害国家利益和社会公共利益的，双方当事人应当变更、中止或者终止合同。有过错的一方应当承担赔偿责任，双方都有过错的，各自承担相应的责任。

第六章　质疑与投诉

第五十一条　供应商对政府采购活动事项有疑问的，可以向采购人提出询问，采购人应当及时作出答复，但答复的内容不得涉及商业秘密。

第五十二条　供应商认为采购文件、采购过程和中标、成交结果使自己的权益受到损害的，可以在知道或者应知其权益受到损害之日起七个工作日内，以书面形式向采购人提出质疑。

第五十三条　采购人应当在收到供应商的书面质疑后七个工作日内作出答复，并以书面形式通知质疑供应商和其他有关供应商，但答复的内容不得涉及商业秘密。

第五十四条　采购人委托采购代理机构采购的，供应商可以向采购代理机构提出询问或者质疑，采购代理机构应当依照本法第五十一条、第五十三条的规定就采购人委托授权范围内的事项作出答复。

第五十五条　质疑供应商对采购人、采购代理机构的答复不满意或者采购人、采购代理机构未在规定的时间内作出答复的，可以在答复期满后十五个工作日内向同级政府采购监督管理部门投诉。

第五十六条　政府采购监督管理部门应当在收到投诉后三十个工作日内，对投诉事项作出处理决定，并以书面形式通知投诉人和与投诉事项有关的当事人。

第五十七条　政府采购监督管理部门在处理投诉事项期间，可以视具体情况书面通知采购人暂停采购活动，但暂停时间最长不得超过三十日。

第五十八条　投诉人对政府采购监督管理部门的投诉处理决定不服或者政府采购监督管理部门逾期未作处理的，可以依法申请行政复议或者向人民法院提起行政诉讼。

第七章　监督检查

第五十九条　政府采购监督管理部门应当加强对政府采购活动及集中采购机构的监督检查。

监督检查的主要内容是：

（一）有关政府采购的法律、行政法规和规章的执行情况；

（二）采购范围、采购方式和采购程序的执行情况；

（三）政府采购人员的职业素质和专业技能。

第六十条　政府采购监督管理部门不得设置集中采购机构，不得参与政府采购项目的采购活动。

采购代理机构与行政机关不得存在隶属关系或者其他利益关系。

第六十一条　集中采购机构应当建立健全内部监督管理制度。采购活动的决策和执行程序应当明确，并相互监督、相互制约。经办采购的人员与负责采购合同审核、验收人员的职责权限应当明确，并相互分离。

第六十二条　集中采购机构的采购人员应当具有相关职业素质和专业技能，符合政府采购监督管理部门规定的专业岗位任职要求。

集中采购机构对其工作人员应当加强教育和培训；对采购人员的专业水平、工作实绩和职业道德状况定期进行考核。采购人员经考核不合格的，不得继续任职。

第六十三条　政府采购项目的采购标准应当公开。

采用本法规定的采购方式的，采购人在采购活动完成后，应当将采购结果予以公布。

第六十四条　采购人必须按照本法规定的采购方式和采购程序进行采购。

任何单位和个人不得违反本法规定，要求采购人或者采购工作人员向其指定的供应商进行采购。

第六十五条　政府采购监督管理部门应当对政府采购项目的采购活动进行检查，政府采购当事人应当如实反映情况，提供有关材料。

第六十六条　政府采购监督管理部门应当对集中采购机构的采购价格、节约资金效果、服务质量、信誉状况、有无违法行为等事项进行考核，并定期如实公布考核结果。

第六十七条　依照法律、行政法规的规定对政府采购负有行政监督职责的政府有关部门，应当按照其职责分工，加强对政府采购活动的监督。

第六十八条　审计机关应当对政府采购进行审计监督。政府采购监督管理部门、政府采购各当事人有关政府采购活动，应当接受审计机关的审计监督。

第六十九条　监察机关应当加强对参与政府采购活动的国家机关、国家公务员和国家行政机关任命的其他人员实施监察。

第七十条　任何单位和个人对政府采购活动中的违法行为，有权控告和检举，有关部门、机关应当依照各自职责及时处理。

第八章　法律责任

第七十一条　采购人、采购代理机构有下列情形之一的，责令限期改正，给予警告，可以并处罚款，对直接负责的主管人员和其他直接责任人员，由其行政主管部门或者有关机关给予处分，并予通报：

（一）应当采用公开招标方式而擅自采用其他方式采购的；

（二）擅自提高采购标准的；

（三）以不合理的条件对供应商实行差别待遇或者歧视待遇的；

（四）在招标采购过程中与投标人进行协商谈判的；

（五）中标、成交通知书发出后不与中标、成交供应商签订采购合同的；

（六）拒绝有关部门依法实施监督检查的。

第七十二条　采购人、采购代理机构及其工作人员有下列情形之一，构成犯罪的，依法追究刑事责任；尚不构成犯罪的，处以罚款，有违法所得的，并处没收违法所得，属于国家机关工作人员的，依法给予行政处分：

（一）与供应商或者采购代理机构恶意串通的；

（二）在采购过程中接受贿赂或者获取其他不正当利益的；

（三）在有关部门依法实施的监督检查中提供虚假情况的；

（四）开标前泄露标底的。

第七十三条　有前两条违法行为之一影响中标、成交结果或者可能影响中标、成交结果的，按下列情况分别处理：

（一）未确定中标、成交供应商的，终止采购活动；

（二）中标、成交供应商已经确定但采购合同尚未履行的，撤销合同，从合格的中标、成交候选人中另行确定中标、成交供应商；

（三）采购合同已经履行的，给采购人、供应商造成损失的，由责任人承担赔偿责任。

第七十四条　采购人对应当实行集中采购的政府采购项目，不委托集中采购机构实行集中采购的，由政府采购监督管理部门责令改正；拒不改正的，停止按预算向其支付资金，由其上级行政主管部门或者有关机关依法给予其直接负责的主管人员和其他直接责任人员处分。

第七十五条　采购人未依法公布政府采购项目的采购标准和采购结果的，责令改正，对直接负责的主管人员依法给予处分。

第七十六条　采购人、采购代理机构违反本法规定隐匿、销毁应当保存的采购文件或者伪造、变造采购文件的，由政府采购监督管理部门处以二万元以上十万元以下的罚款，对其直接负责的主管人员和其他直接责任人员依法给予处分；构成犯罪的，依法追究刑事责任。

第七十七条　供应商有下列情形之一的，处以采购金额千分之五以上千分之十以下的罚款，列入不良行为记录名单，在一至三年内禁止参加政府采购活动，有违法所得的，并处没收违法所得，情节严重的，由工商行政管理机关吊销营业执照；构成犯罪的，依法追究刑事责任：

（一）提供虚假材料谋取中标、成交的；

（二）采取不正当手段诋毁、排挤其他供应商的；

（三）与采购人、其他供应商或者采购代理机构恶意串通的；

（四）向采购人、采购代理机构行贿或者提供其他不正当利益的；

（五）在招标采购过程中与采购人进行协商谈判的；

（六）拒绝有关部门监督检查或者提供虚假情况的。

供应商有前款第（一）至（五）项情形之一的，中标、成交无效。

第七十八条　采购代理机构在代理政府采购业务中有违法行为的，按照有关法律规定处以罚款，在一至三年内禁止其代理政府采购业务，构成犯罪的，依法追究刑事责任。

第七十九条　政府采购当事人有本法第七十一条、第七十二条、第七十七条违法行为之一，给他人造成损失的，并应依照有关民事法律规定承担民事责任。

第八十条　政府采购监督管理部门的工作人员在实施监督检查中违反本法规定滥用职权，玩忽职守，徇私舞弊的，依法给予行政处分；构成犯罪的，依法追究刑事责任。

第八十一条　政府采购监督管理部门对供应商的投诉逾期未作处理的，给予直接负责的主管人员和其他直接责任人员行政处分。

第八十二条　政府采购监督管理部门对集中采购机构业绩的考核，有虚假陈述，隐瞒真实情况的，或者不作定期考核和公布考核结果的，应当及时纠正，由其上级机关或者监察机关对其负责人进行通报，并对直接负责的人员依法给予行政处分。

集中采购机构在政府采购监督管理部门考核中，虚报业绩，隐瞒真实情况的，处以二万元以上二十万元以下的罚款，并予以通报；情节严重的，取消其代理采购的资格。

第八十三条　任何单位或者个人阻挠和限制供应商进入本地区或者本行业政府采购市场的，责令限期改正；拒不改正的，由该单位、个人的上级行政主管部门或者有关机关给予单位责任人或者个人处分。

第九章　附　　则

第八十四条　使用国际组织和外国政府贷款进行的政府采购，贷款方、资金提供方与中方达成的协议对采购的具体条件另有规定的，可以适用其规定，但不得损害国家利益和社会公共利益。

第八十五条　对因严重自然灾害和其他不可抗力事件所实施的紧急采购和涉及国家安全和秘密的采购,不适用本法。

第八十六条　军事采购法规由中央军事委员会另行制定。

第八十七条　本法实施的具体步骤和办法由国务院规定。

第八十八条　本法自2003年1月1日起施行。

（二）行政法规

中华人民共和国政府采购法实施条例

（2014年12月31日国务院第75次常务会议通过 2015年1月30日中华人民共和国国务院令第658号公布 自2015年3月1日起实施）

第一章 总 则

第一条 根据《中华人民共和国政府采购法》（以下简称政府采购法），制定本条例。

第二条 政府采购法第二条所称财政性资金是指纳入预算管理的资金。

以财政性资金作为还款来源的借贷资金，视同财政性资金。

国家机关、事业单位和团体组织的采购项目既使用财政性资金又使用非财政性资金的，使用财政性资金采购的部分，适用政府采购法及本条例；财政性资金与非财政性资金无法分割采购的，统一适用政府采购法及本条例。

政府采购法第二条所称服务，包括政府自身需要的服务和政府向社会公众提供的公共服务。

第三条 集中采购目录包括集中采购机构采购项目和部门集中采购项目。

技术、服务等标准统一，采购人普遍使用的项目，列为集中采购机构采购项目；采购人本部门、本系统基于业务需要有特殊要求，可以统一采购的项目，列为部门集中采购项目。

第四条 政府采购法所称集中采购，是指采购人将列入集中采购目录的项目委托集中采购机构代理采购或者进行部门集中采购的行为；所称分散采购，是指采购人将采购限额标准以上的未列入集中采购目录的项目自行采购或者委托采购代理机构代理采购的行为。

第五条 省、自治区、直辖市人民政府或者其授权的机构根据实际情况，可以确定分别适用于本行政区域省级、设区的市级、县级的集中采购目录和采购限额标准。

第六条 国务院财政部门应当根据国家的经济和社会发展政策，会同国务院有关部门制定政府采购政策，通过制定采购需求标准、预留采购份额、价格评审优惠、优先采购等措施，实现节约能源、保护环境、扶持不发达地区和少数民族地区、促进中小企业发展等目标。

第七条 政府采购工程以及与工程建设有关的货物、服务，采用招标方式采购的，适用《中华人民共和国招标投标法》及其实施条例；采用其他方式采购的，适用政府采购法及本条例。

前款所称工程，是指建设工程，包括建筑物和构筑物的新建、改建、扩建及其相关的装修、拆除、修缮等；所称与工程建设有关的货物，是指构成工程不可分割的组成部分，且为实现工程基本功能所必需的设备、材料等；所称与工程建设有关的服务，是指为完成工程所需的勘察、设计、监理等服务。

政府采购工程以及与工程建设有关的货物、服务,应当执行政府采购政策。

第八条　政府采购项目信息应当在省级以上人民政府财政部门指定的媒体上发布。采购项目预算金额达到国务院财政部门规定标准的,政府采购项目信息应当在国务院财政部门指定的媒体上发布。

第九条　在政府采购活动中,采购人员及相关人员与供应商有下列利害关系之一的,应当回避:

(一)参加采购活动前3年内与供应商存在劳动关系;

(二)参加采购活动前3年内担任供应商的董事、监事;

(三)参加采购活动前3年内是供应商的控股股东或者实际控制人;

(四)与供应商的法定代表人或者负责人有夫妻、直系血亲、三代以内旁系血亲或者近姻亲关系;

(五)与供应商有其他可能影响政府采购活动公平、公正进行的关系。

供应商认为采购人员及相关人员与其他供应商有利害关系的,可以向采购人或者采购代理机构书面提出回避申请,并说明理由。采购人或者采购代理机构应当及时询问被申请回避人员,有利害关系的被申请回避人员应当回避。

第十条　国家实行统一的政府采购电子交易平台建设标准,推动利用信息网络进行电子化政府采购活动。

第二章　政府采购当事人

第十一条　采购人在政府采购活动中应当维护国家利益和社会公共利益,公正廉洁,诚实守信,执行政府采购政策,建立政府采购内部管理制度,厉行节约,科学合理确定采购需求。

采购人不得向供应商索要或者接受其给予的赠品、回扣或者与采购无关的其他商品、服务。

第十二条　政府采购法所称采购代理机构,是指集中采购机构和集中采购机构以外的采购代理机构。

集中采购机构是设区的市级以上人民政府依法设立的非营利事业法人,是代理集中采购项目的执行机构。集中采购机构应当根据采购人委托制定集中采购项目的实施方案,明确采购规程,组织政府采购活动,不得将集中采购项目转委托。集中采购机构以外的采购代理机构,是从事采购代理业务的社会中介机构。

第十三条　采购代理机构应当建立完善的政府采购内部监督管理制度,具备开展政府采购业务所需的评审条件和设施。

采购代理机构应当提高确定采购需求,编制招标文件、谈判文件、询价通知书,拟订合同文本和优化采购程序的专业化服务水平,根据采购人委托在规定的时间内及时组织采购人与中标或者成交供应商签订政府采购合同,及时协助采购人对采购项目进行验收。

第十四条　采购代理机构不得以不正当手段获取政府采购代理业务,不得与采购人、供应商恶意串通操纵政府采购活动。

采购代理机构工作人员不得接受采购人或者供应商组织的宴请、旅游、娱乐,不得收受礼品、现金、有价证券等，不得向采购人或者供应商报销应当由个人承担的费用。

第十五条　采购人、采购代理机构应当根据政府采购政策、采购预算、采购需求编制采购文件。

采购需求应当符合法律法规以及政府采购政策规定的技术、服务、安全等要求。政府向社会公众提供的公共服务项目，应当就确定采购需求征求社会公众的意见。除因技术复杂或者性质特殊，不能确定详细规格或者具体要求外，采购需求应当完整、明确。必要时，应当就确定采购需求征求相关供应商、专家的意见。

第十六条　政府采购法第二十条规定的委托代理协议，应当明确代理采购的范围、权限和期限等具体事项。

采购人和采购代理机构应当按照委托代理协议履行各自义务，采购代理机构不得超越代理权限。

第十七条　参加政府采购活动的供应商应当具备政府采购法第二十二条第一款规定的条件，提供下列材料：

（一）法人或者其他组织的营业执照等证明文件，自然人的身份证明；

（二）财务状况报告，依法缴纳税收和社会保障资金的相关材料；

（三）具备履行合同所必需的设备和专业技术能力的证明材料；

（四）参加政府采购活动前 3 年内在经营活动中没有重大违法记录的书面声明；

（五）具备法律、行政法规规定的其他条件的证明材料。

采购项目有特殊要求的，供应商还应当提供其符合特殊要求的证明材料或者情况说明。

第十八条　单位负责人为同一人或者存在直接控股、管理关系的不同供应商，不得参加同一合同项下的政府采购活动。

除单一来源采购项目外，为采购项目提供整体设计、规范编制或者项目管理、监理、检测等服务的供应商，不得再参加该采购项目的其他采购活动。

第十九条　政府采购法第二十二条第一款第五项所称重大违法记录，是指供应商因违法经营受到刑事处罚或者责令停产停业、吊销许可证或者执照、较大数额罚款等行政处罚。

供应商在参加政府采购活动前 3 年内因违法经营被禁止在一定期限内参加政府采购活动，期限届满的，可以参加政府采购活动。

第二十条　采购人或者采购代理机构有下列情形之一的，属于以不合理的条件对供应商实行差别待遇或者歧视待遇：

（一）就同一采购项目向供应商提供有差别的项目信息；

（二）设定的资格、技术、商务条件与采购项目的具体特点和实际需要不相适应或者与合同履行无关；

（三）采购需求中的技术、服务等要求指向特定供应商、特定产品；

（四）以特定行政区域或者特定行业的业绩、奖项作为加分条件或者中标、成交条件；

（五）对供应商采取不同的资格审查或者评审标准；

（六）限定或者指定特定的专利、商标、品牌或者供应商；

（七）非法限定供应商的所有制形式、组织形式或者所在地；

（八）以其他不合理条件限制或者排斥潜在供应商。

第二十一条　采购人或者采购代理机构对供应商进行资格预审的，资格预审公告应当在省级以上人民政府财政部门指定的媒体上发布。已进行资格预审的，评审阶段可以不再对供应商资格进行审查。资格预审合格的供应商在评审阶段资格发生变化的，应当通知采购人和采购代理机构。

资格预审公告应当包括采购人和采购项目名称、采购需求、对供应商的资格要求以及供应商提交资格预审申请文件的时间和地点。提交资格预审申请文件的时间自公告发布之日起不得少于5个工作日。

第二十二条　联合体中有同类资质的供应商按照联合体分工承担相同工作的，应当按照资质等级较低的供应商确定资质等级。

以联合体形式参加政府采购活动的，联合体各方不得再单独参加或者与其他供应商另外组成联合体参加同一合同项下的政府采购活动。

第三章　政府采购方式

第二十三条　采购人采购公开招标数额标准以上的货物或者服务，符合政府采购法第二十九条、第三十条、第三十一条、第三十二条规定情形或者有需要执行政府采购政策等特殊情况的，经设区的市级以上人民政府财政部门批准，可以依法采用公开招标以外的采购方式。

第二十四条　列入集中采购目录的项目，适合实行批量集中采购的，应当实行批量集中采购，但紧急的小额零星货物项目和有特殊要求的服务、工程项目除外。

第二十五条　政府采购工程依法不进行招标的，应当依照政府采购法和本条例规定的竞争性谈判或者单一来源采购方式采购。

第二十六条　政府采购法第三十条第三项规定的情形，应当是采购人不可预见的或者非因采购人拖延导致的；第四项规定的情形，是指因采购艺术品或者因专利、专有技术或者因服务的时间、数量事先不能确定等导致不能事先计算出价格总额。

第二十七条　政府采购法第三十一条第一项规定的情形，是指因货物或者服务使用不可替代的专利、专有技术，或者公共服务项目具有特殊要求，导致只能从某一特定供应商处采购。

第二十八条　在一个财政年度内，采购人将一个预算项目下的同一品目或者类别的货物、服务采用公开招标以外的方式多次采购，累计资金数额超过公开招标数额标准的，属于以化整为零方式规避公开招标，但项目预算调整或者经批准采用公开招标以外方式采购除外。

第四章　政府采购程序

第二十九条　采购人应当根据集中采购目录、采购限额标准和已批复的部门预算编制政府采购实施计划，报本级人民政府财政部门备案。

第三十条　采购人或者采购代理机构应当在招标文件、谈判文件、询价通知书中公开采购项目预算金额。

第三十一条　招标文件的提供期限自招标文件开始发出之日起不得少于5个工作日。

采购人或者采购代理机构可以对已发出的招标文件进行必要的澄清或者修改。澄清或者修改的内容可能影响投标文件编制的,采购人或者采购代理机构应当在投标截止时间至少15日前,以书面形式通知所有获取招标文件的潜在投标人;不足15日的,采购人或者采购代理机构应当顺延提交投标文件的截止时间。

第三十二条　采购人或者采购代理机构应当按照国务院财政部门制定的招标文件标准文本编制招标文件。

招标文件应当包括采购项目的商务条件、采购需求、投标人的资格条件、投标报价要求、评标方法、评标标准以及拟签订的合同文本等。

第三十三条　招标文件要求投标人提交投标保证金的,投标保证金不得超过采购项目预算金额的2%。投标保证金应当以支票、汇票、本票或者金融机构、担保机构出具的保函等非现金形式提交。投标人未按照招标文件要求提交投标保证金的,投标无效。

采购人或者采购代理机构应当自中标通知书发出之日起5个工作日内退还未中标供应商的投标保证金,自政府采购合同签订之日起5个工作日内退还中标供应商的投标保证金。

竞争性谈判或者询价采购中要求参加谈判或者询价的供应商提交保证金的,参照前两款的规定执行。

第三十四条　政府采购招标评标方法分为最低评标价法和综合评分法。

最低评标价法,是指投标文件满足招标文件全部实质性要求且投标报价最低的供应商为中标候选人的评标方法。综合评分法,是指投标文件满足招标文件全部实质性要求且按照评审因素的量化指标评审得分最高的供应商为中标候选人的评标方法。

技术、服务等标准统一的货物和服务项目,应当采用最低评标价法。

采用综合评分法的,评审标准中的分值设置应当与评审因素的量化指标相对应。

招标文件中没有规定的评标标准不得作为评审的依据。

第三十五条　谈判文件不能完整、明确列明采购需求,需要由供应商提供最终设计方案或者解决方案的,在谈判结束后,谈判小组应当按照少数服从多数的原则投票推荐3家以上供应商的设计方案或者解决方案,并要求其在规定时间内提交最后报价。

第三十六条　询价通知书应当根据采购需求确定政府采购合同条款。在询价过程中,询价小组不得改变询价通知书所确定的政府采购合同条款。

第三十七条　政府采购法第三十八条第五项、第四十条第四项所称质量和服务相等,是指供应商提供的产品质量和服务均能满足采购文件规定的实质性要求。

第三十八条　达到公开招标数额标准,符合政府采购法第三十一条第一项规定情形,只能从唯一供应商处采购的,采购人应当将采购项目信息和唯一供应商名称在省级以上人民政府财政部门指定的媒体上公示,公示期不得少于5个工作日。

第三十九条　除国务院财政部门规定的情形外,采购人或者采购代理机构应当从政府采购评审专家库中随机抽取评审专家。

第四十条　政府采购评审专家应当遵守评审工作纪律,不得泄露评审文件、评审情况和评审中获悉的商业秘密。

评标委员会、竞争性谈判小组或者询价小组在评审过程中发现供应商有行贿、提供虚假材料或者串通等违法行为的,应当及时向财政部门报告。

政府采购评审专家在评审过程中受到非法干预的,应当及时向财政、监察等部门举报。

第四十一条　评标委员会、竞争性谈判小组或者询价小组成员应当按照客观、公正、审慎的原则，根据采购文件规定的评审程序、评审方法和评审标准进行独立评审。采购文件内容违反国家有关强制性规定的，评标委员会、竞争性谈判小组或者询价小组应当停止评审并向采购人或者采购代理机构说明情况。

评标委员会、竞争性谈判小组或者询价小组成员应当在评审报告上签字，对自己的评审意见承担法律责任。对评审报告有异议的，应当在评审报告上签署不同意见，并说明理由，否则视为同意评审报告。

第四十二条　采购人、采购代理机构不得向评标委员会、竞争性谈判小组或者询价小组的评审专家作倾向性、误导性的解释或者说明。

第四十三条　采购代理机构应当自评审结束之日起2个工作日内将评审报告送交采购人。采购人应当自收到评审报告之日起5个工作日内在评审报告推荐的中标或者成交候选人中按顺序确定中标或者成交供应商。

采购人或者采购代理机构应当自中标、成交供应商确定之日起2个工作日内，发出中标、成交通知书，并在省级以上人民政府财政部门指定的媒体上公告中标、成交结果，招标文件、竞争性谈判文件、询价通知书随中标、成交结果同时公告。

中标、成交结果公告内容应当包括采购人和采购代理机构的名称、地址、联系方式，项目名称和项目编号，中标或者成交供应商名称、地址和中标或者成交金额，主要中标或者成交标的的名称、规格型号、数量、单价、服务要求以及评审专家名单。

第四十四条　除国务院财政部门规定的情形外，采购人、采购代理机构不得以任何理由组织重新评审。采购人、采购代理机构按照国务院财政部门的规定组织重新评审的，应当书面报告本级人民政府财政部门。

采购人或者采购代理机构不得通过对样品进行检测、对供应商进行考察等方式改变评审结果。

第四十五条　采购人或者采购代理机构应当按照政府采购合同规定的技术、服务、安全标准组织对供应商履约情况进行验收，并出具验收书。验收书应当包括每一项技术、服务、安全标准的履约情况。

政府向社会公众提供的公共服务项目，验收时应当邀请服务对象参与并出具意见，验收结果应当向社会公告。

第四十六条　政府采购法第四十二条规定的采购文件，可以用电子档案方式保存。

第五章　政府采购合同

第四十七条　国务院财政部门应当会同国务院有关部门制定政府采购合同标准文本。

第四十八条　采购文件要求中标或者成交供应商提交履约保证金的，供应商应当以支票、汇票、本票或者金融机构、担保机构出具的保函等非现金形式提交。履约保证金的数额不得超过政府采购合同金额的10%。

第四十九条　中标或者成交供应商拒绝与采购人签订合同的，采购人可以按照评审报告推荐的中标或者成交候选人名单排序，确定下一候选人为中标或者成交供应商，也可以重新开展政府采购活动。

第五十条　采购人应当自政府采购合同签订之日起2个工作日内，将政府采购合同在省级以上人民政府财政部门指定的媒体上公告，但政府采购合同中涉及国家秘密、商业秘密的内容除外。

第五十一条　采购人应当按照政府采购合同规定，及时向中标或者成交供应商支付采购资金。

政府采购项目资金支付程序，按照国家有关财政资金支付管理的规定执行。

第六章　质疑与投诉

第五十二条　采购人或者采购代理机构应当在3个工作日内对供应商依法提出的询问作出答复。

供应商提出的询问或者质疑超出采购人对采购代理机构委托授权范围的，采购代理机构应当告知供应商向采购人提出。

政府采购评审专家应当配合采购人或者采购代理机构答复供应商的询问和质疑。

第五十三条　政府采购法第五十二条规定的供应商应知其权益受到损害之日，是指：

（一）对可以质疑的采购文件提出质疑的，为收到采购文件之日或者采购文件公告期限届满之日；

（二）对采购过程提出质疑的，为各采购程序环节结束之日；

（三）对中标或者成交结果提出质疑的，为中标或者成交结果公告期限届满之日。

第五十四条　询问或者质疑事项可能影响中标、成交结果的，采购人应当暂停签订合同，已经签订合同的，应当中止履行合同。

第五十五条　供应商质疑、投诉应当有明确的请求和必要的证明材料。供应商投诉的事项不得超出已质疑事项的范围。

第五十六条　财政部门处理投诉事项采用书面审查的方式，必要时可以进行调查取证或者组织质证。

对财政部门依法进行的调查取证，投诉人和与投诉事项有关的当事人应当如实反映情况，并提供相关材料。

第五十七条　投诉人捏造事实、提供虚假材料或者以非法手段取得证明材料进行投诉的，财政部门应当予以驳回。

财政部门受理投诉后，投诉人书面申请撤回投诉的，财政部门应当终止投诉处理程序。

第五十八条　财政部门处理投诉事项，需要检验、检测、鉴定、专家评审以及需要投诉人补正材料的，所需时间不计算在投诉处理期限内。

财政部门对投诉事项作出的处理决定，应当在省级以上人民政府财政部门指定的媒体上公告。

第七章　监督检查

第五十九条　政府采购法第六十三条所称政府采购项目的采购标准，是指项目采购所依据的经费预算标准、资产配置标准和技术、服务标准等。

第六十条　除政府采购法第六十六条规定的考核事项外,财政部门对集中采购机构的考核事项还包括:

(一)政府采购政策的执行情况;

(二)采购文件编制水平;

(三)采购方式和采购程序的执行情况;

(四)询问、质疑答复情况;

(五)内部监督管理制度建设及执行情况;

(六)省级以上人民政府财政部门规定的其他事项。

财政部门应当制定考核计划,定期对集中采购机构进行考核,考核结果有重要情况的,应当向本级人民政府报告。

第六十一条　采购人发现采购代理机构有违法行为的,应当要求其改正。采购代理机构拒不改正的,采购人应当向本级人民政府财政部门报告,财政部门应当依法处理。

采购代理机构发现采购人的采购需求存在以不合理条件对供应商实行差别待遇、歧视待遇或者其他不符合法律、法规和政府采购政策规定内容,或者发现采购人有其他违法行为的,应当建议其改正。采购人拒不改正的,采购代理机构应当向采购人的本级人民政府财政部门报告,财政部门应当依法处理。

第六十二条　省级以上人民政府财政部门应当对政府采购评审专家库实行动态管理,具体管理办法由国务院财政部门制定。

采购人或者采购代理机构应当对评审专家在政府采购活动中的职责履行情况予以记录,并及时向财政部门报告。

第六十三条　各级人民政府财政部门和其他有关部门应当加强对参加政府采购活动的供应商、采购代理机构、评审专家的监督管理,对其不良行为予以记录,并纳入统一的信用信息平台。

第六十四条　各级人民政府财政部门对政府采购活动进行监督检查,有权查阅、复制有关文件、资料,相关单位和人员应当予以配合。

第六十五条　审计机关、监察机关以及其他有关部门依法对政府采购活动实施监督,发现采购当事人有违法行为的,应当及时通报财政部门。

第八章　法律责任

第六十六条　政府采购法第七十一条规定的罚款,数额为10万元以下。

政府采购法第七十二条规定的罚款,数额为5万元以上25万元以下。

第六十七条　采购人有下列情形之一的,由财政部门责令限期改正,给予警告,对直接负责的主管人员和其他直接责任人员依法给予处分,并予以通报:

(一)未按照规定编制政府采购实施计划或者未按照规定将政府采购实施计划报本级人民政府财政部门备案;

(二)将应当进行公开招标的项目化整为零或者以其他任何方式规避公开招标;

(三)未按照规定在评标委员会、竞争性谈判小组或者询价小组推荐的中标或者成交候选人中确定中标或者成交供应商;

（四）未按照采购文件确定的事项签订政府采购合同；

（五）政府采购合同履行中追加与合同标的相同的货物、工程或者服务的采购金额超过原合同采购金额10%；

（六）擅自变更、中止或者终止政府采购合同；

（七）未按照规定公告政府采购合同；

（八）未按照规定时间将政府采购合同副本报本级人民政府财政部门和有关部门备案。

第六十八条　采购人、采购代理机构有下列情形之一的，依照政府采购法第七十一条、第七十八条的规定追究法律责任：

（一）未依照政府采购法和本条例规定的方式实施采购；

（二）未依法在指定的媒体上发布政府采购项目信息；

（三）未按照规定执行政府采购政策；

（四）违反本条例第十五条的规定导致无法组织对供应商履约情况进行验收或者国家财产遭受损失；

（五）未依法从政府采购评审专家库中抽取评审专家；

（六）非法干预采购评审活动；

（七）采用综合评分法时评审标准中的分值设置未与评审因素的量化指标相对应；

（八）对供应商的询问、质疑逾期未作处理；

（九）通过对样品进行检测、对供应商进行考察等方式改变评审结果；

（十）未按照规定组织对供应商履约情况进行验收。

第六十九条　集中采购机构有下列情形之一的，由财政部门责令限期改正，给予警告，有违法所得的，并处没收违法所得，对直接负责的主管人员和其他直接责任人员依法给予处分，并予以通报：

（一）内部监督管理制度不健全，对依法应当分设、分离的岗位、人员未分设、分离；

（二）将集中采购项目委托其他采购代理机构采购；

（三）从事营利活动。

第七十条　采购人员与供应商有利害关系而不依法回避的，由财政部门给予警告，并处2 000元以上2万元以下的罚款。

第七十一条　有政府采购法第七十一条、第七十二条规定的违法行为之一，影响或者可能影响中标、成交结果的，依照下列规定处理：

（一）未确定中标或者成交供应商的，终止本次政府采购活动，重新开展政府采购活动。

（二）已确定中标或者成交供应商但尚未签订政府采购合同的，中标或者成交结果无效，从合格的中标或者成交候选人中另行确定中标或者成交供应商；没有合格的中标或者成交候选人的，重新开展政府采购活动。

（三）政府采购合同已签订但尚未履行的，撤销合同，从合格的中标或者成交候选人中另行确定中标或者成交供应商；没有合格的中标或者成交候选人的，重新开展政府采购活动。

（四）政府采购合同已经履行，给采购人、供应商造成损失的，由责任人承担赔偿责任。

政府采购当事人有其他违反政府采购法或者本条例规定的行为，经改正后仍然影响或者可能影响中标、成交结果或者依法被认定为中标、成交无效的，依照前款规定处理。

第七十二条　供应商有下列情形之一的，依照政府采购法第七十七条第一款的规定追究法律责任：

（一）向评标委员会、竞争性谈判小组或者询价小组成员行贿或者提供其他不正当利益；

（二）中标或者成交后无正当理由拒不与采购人签订政府采购合同；

（三）未按照采购文件确定的事项签订政府采购合同；

（四）将政府采购合同转包；

（五）提供假冒伪劣产品；

（六）擅自变更、中止或者终止政府采购合同。

供应商有前款第一项规定情形的，中标、成交无效。评审阶段资格发生变化，供应商未依照本条例第二十一条的规定通知采购人和采购代理机构的，处以采购金额5‰的罚款，列入不良行为记录名单，中标、成交无效。

第七十三条　供应商捏造事实、提供虚假材料或者以非法手段取得证明材料进行投诉的，由财政部门列入不良行为记录名单，禁止其1至3年内参加政府采购活动。

第七十四条　有下列情形之一的，属于恶意串通，对供应商依照政府采购法第七十七条第一款的规定追究法律责任，对采购人、采购代理机构及其工作人员依照政府采购法第七十二条的规定追究法律责任：

（一）供应商直接或者间接从采购人或者采购代理机构处获得其他供应商的相关情况并修改其投标文件或者响应文件；

（二）供应商按照采购人或者采购代理机构的授意撤换、修改投标文件或者响应文件；

（三）供应商之间协商报价、技术方案等投标文件或者响应文件的实质性内容；

（四）属于同一集团、协会、商会等组织成员的供应商按照该组织要求协同参加政府采购活动；

（五）供应商之间事先约定由某一特定供应商中标、成交；

（六）供应商之间商定部分供应商放弃参加政府采购活动或者放弃中标、成交；

（七）供应商与采购人或者采购代理机构之间、供应商相互之间，为谋求特定供应商中标、成交或者排斥其他供应商的其他串通行为。

第七十五条　政府采购评审专家未按照采购文件规定的评审程序、评审方法和评审标准进行独立评审或者泄露评审文件、评审情况的，由财政部门给予警告，并处2 000元以上2万元以下的罚款；影响中标、成交结果的，处2万元以上5万元以下的罚款，禁止其参加政府采购评审活动。

政府采购评审专家与供应商存在利害关系未回避的，处2万元以上5万元以下的罚款，禁止其参加政府采购评审活动。

政府采购评审专家收受采购人、采购代理机构、供应商贿赂或者获取其他不正当利益，构成犯罪的，依法追究刑事责任；尚不构成犯罪的，处2万元以上5万元以下的罚款，禁止其参加政府采购评审活动。

政府采购评审专家有上述违法行为的，其评审意见无效，不得获取评审费；有违法所得的，没收违法所得；给他人造成损失的，依法承担民事责任。

第七十六条　政府采购当事人违反政府采购法和本条例规定，给他人造成损失的，依法承担民事责任。

第七十七条　财政部门在履行政府采购监督管理职责中违反政府采购法和本条例规定，滥用职权、玩忽职守、徇私舞弊的，对直接负责的主管人员和其他直接责任人员依法给予处分；直接负责的主管人员和其他直接责任人员构成犯罪的，依法追究刑事责任。

第九章　附　　则

第七十八条　财政管理实行省直接管理的县级人民政府可以根据需要并报经省级人民政府批准，行使政府采购法和本条例规定的设区的市级人民政府批准变更采购方式的职权。

第七十九条　本条例自2015年3月1日起施行。

（三）中共中央、国务院文件

保障中小企业款项支付条例

（中华人民共和国国务院令第 728 号）

第一条 为了促进机关、事业单位和大型企业及时支付中小企业款项，维护中小企业合法权益，优化营商环境，根据《中华人民共和国中小企业促进法》等法律，制定本条例。

第二条 机关、事业单位和大型企业采购货物、工程、服务支付中小企业款项，应当遵守本条例。

第三条 本条例所称中小企业，是指在中华人民共和国境内依法设立，依据国务院批准的中小企业划分标准确定的中型企业、小型企业和微型企业；所称大型企业，是指中小企业以外的企业。

中小企业、大型企业依合同订立时的企业规模类型确定。中小企业与机关、事业单位、大型企业订立合同时，应当主动告知其属于中小企业。

第四条 国务院负责中小企业促进工作综合管理的部门对机关、事业单位和大型企业及时支付中小企业款项工作进行宏观指导、综合协调、监督检查；国务院有关部门在各自职责范围内，负责相关管理工作。

县级以上地方人民政府负责本行政区域内机关、事业单位和大型企业及时支付中小企业款项的管理工作。

第五条 有关行业协会商会应当按照法律法规和组织章程，完善行业自律，禁止本行业大型企业利用优势地位拒绝或者迟延支付中小企业款项，规范引导其履行及时支付中小企业款项义务，保护中小企业合法权益。

第六条 机关、事业单位和大型企业不得要求中小企业接受不合理的付款期限、方式、条件和违约责任等交易条件，不得违约拖欠中小企业的货物、工程、服务款项。

中小企业应当依法经营，诚实守信，按照合同约定提供合格的货物、工程和服务。

第七条 机关、事业单位使用财政资金从中小企业采购货物、工程、服务，应当严格按照批准的预算执行，不得无预算、超预算开展采购。

政府投资项目所需资金应当按照国家有关规定确保落实到位，不得由施工单位垫资建设。

第八条 机关、事业单位从中小企业采购货物、工程、服务，应当自货物、工程、服务交付之日起 30 日内支付款项；合同另有约定的，付款期限最长不得超过 60 日。

大型企业从中小企业采购货物、工程、服务，应当按照行业规范、交易习惯合理约定付款期限并及时支付款项。

合同约定采取履行进度结算、定期结算等结算方式的，付款期限应当自双方确认结算金额之日起算。

第九条 机关、事业单位和大型企业与中小企业约定以货物、工程、服务交付后经检验或者验收合格作为支付中小企业款项条件的，付款期限应当自检验或者验收合格之日起算。

合同双方应当在合同中约定明确、合理的检验或者验收期限，并在该期限内完成检验或者验收。机关、事业单位和大型企业拖延检验或者验收的，付款期限自约定的检验或者验收期限届满之日起算。

第十条　机关、事业单位和大型企业使用商业汇票等非现金支付方式支付中小企业款项的，应当在合同中作出明确、合理约定，不得强制中小企业接受商业汇票等非现金支付方式，不得利用商业汇票等非现金支付方式变相延长付款期限。

第十一条　机关、事业单位和国有大型企业不得强制要求以审计机关的审计结果作为结算依据，但合同另有约定或者法律、行政法规另有规定的除外。

第十二条　除依法设立的投标保证金、履约保证金、工程质量保证金、农民工工资保证金外，工程建设中不得收取其他保证金。保证金的收取比例应当符合国家有关规定。

机关、事业单位和大型企业不得将保证金限定为现金。中小企业以金融机构保函提供保证的，机关、事业单位和大型企业应当接受。

机关、事业单位和大型企业应当按照合同约定，在保证期限届满后及时与中小企业对收取的保证金进行核实和结算。

第十三条　机关、事业单位和大型企业不得以法定代表人或者主要负责人变更，履行内部付款流程，或者在合同未作约定的情况下以等待竣工验收批复、决算审计等为由，拒绝或者迟延支付中小企业款项。

第十四条　中小企业以应收账款担保融资的，机关、事业单位和大型企业应当自中小企业提出确权请求之日起30日内确认债权债务关系，支持中小企业融资。

第十五条　机关、事业单位和大型企业迟延支付中小企业款项的，应当支付逾期利息。双方对逾期利息的利率有约定的，约定利率不得低于合同订立时1年期贷款市场报价利率；未作约定的，按照每日利率万分之五支付逾期利息。

第十六条　机关、事业单位应当于每年3月31日前将上一年度逾期尚未支付中小企业款项的合同数量、金额等信息通过网站、报刊等便于公众知晓的方式公开。

大型企业应当将逾期尚未支付中小企业款项的合同数量、金额等信息纳入企业年度报告，通过企业信用信息公示系统向社会公示。

第十七条　省级以上人民政府负责中小企业促进工作综合管理的部门应当建立便利畅通的渠道，受理对机关、事业单位和大型企业拒绝或者迟延支付中小企业款项的投诉。

受理投诉部门应当按照“属地管理、分级负责，谁主管谁负责”的原则，及时将投诉转交有关部门、地方人民政府处理，有关部门、地方人民政府应当依法及时处理，并将处理结果告知投诉人，同时反馈受理投诉部门。

机关、事业单位和大型企业不履行及时支付中小企业款项义务，情节严重的，受理投诉部门可以依法依规将其失信信息纳入全国信用信息共享平台，并将相关涉企信息通过企业信用信息公示系统向社会公示，依法实施失信惩戒。

第十八条　被投诉的机关、事业单位和大型企业及其工作人员不得以任何形式对投诉人进行恐吓、打击报复。

第十九条　对拒绝或者迟延支付中小企业款项的机关、事业单位，应当在公务消费、办公用房、经费安排等方面采取必要的限制措施。

第二十条　审计机关依法对机关、事业单位和国有大型企业支付中小企业款项情况实施审计监督。

第二十一条　省级以上人民政府建立督查制度，对及时支付中小企业款项工作进行监督检查。

第二十二条　国家依法开展中小企业发展环境评估和营商环境评价时，应当将及时支付中小企业款项工作情况纳入评估和评价内容。

第二十三条　国务院负责中小企业促进工作综合管理的部门依据国务院批准的中小企业划分标准，建立企业规模类型测试平台，提供中小企业规模类型自测服务。

对中小企业规模类型有争议的，可以向主张为中小企业一方所在地的县级以上地方人民政府负责中小企业促进工作综合管理的部门申请认定。

第二十四条　国家鼓励法律服务机构为与机关、事业单位和大型企业存在支付纠纷的中小企业提供法律服务。

新闻媒体应当开展对及时支付中小企业款项相关法律法规政策的公益宣传，依法加强对机关、事业单位和大型企业拒绝或者迟延支付中小企业款项行为的舆论监督。

第二十五条　机关、事业单位违反本条例，有下列情形之一的，由其上级机关、主管部门责令改正；拒不改正的，对直接负责的主管人员和其他直接责任人员依法给予处分：

（一）未在规定的期限内支付中小企业货物、工程、服务款项；

（二）拖延检验、验收；

（三）强制中小企业接受商业汇票等非现金支付方式，或者利用商业汇票等非现金支付方式变相延长付款期限；

（四）没有法律、行政法规依据或者合同约定，要求以审计机关的审计结果作为结算依据；

（五）违法收取保证金，拒绝接受中小企业提供的金融机构保函，或者不及时与中小企业对保证金进行核实、结算；

（六）以法定代表人或者主要负责人变更，履行内部付款流程，或者在合同未作约定的情况下以等待竣工验收批复、决算审计等为由，拒绝或者迟延支付中小企业款项；

（七）未按照规定公开逾期尚未支付中小企业款项信息；

（八）对投诉人进行恐吓、打击报复。

第二十六条　机关、事业单位有下列情形之一的，依照法律、行政法规和国家有关规定追究责任：

（一）使用财政资金从中小企业采购货物、工程、服务，未按照批准的预算执行；

（二）要求施工单位对政府投资项目垫资建设。

第二十七条　大型企业违反本条例，未按照规定在企业年度报告中公示逾期尚未支付中小企业款项信息或者隐瞒真实情况、弄虚作假的，由市场监督管理部门依法处理。

国有大型企业没有合同约定或者法律、行政法规依据，要求以审计机关的审计结果作为结算依据的，由其主管部门责令改正；拒不改正的，对直接负责的主管人员和其他直接责任人员依法给予处分。

第二十八条　部分或者全部使用财政资金的团体组织采购货物、工程、服务支付中小企业款项，参照本条例对机关、事业单位的有关规定执行。

军队采购货物、工程、服务支付中小企业款项，按照军队的有关规定执行。

第二十九条　本条例自 2020 年 9 月 1 日起施行。

国务院办公厅关于进一步优化营商环境降低市场主体制度性交易成本的意见

（国办发〔2022〕30号）

各省、自治区、直辖市人民政府，国务院各部委、各直属机构：

优化营商环境、降低制度性交易成本是减轻市场主体负担、激发市场活力的重要举措。当前，经济运行面临一些突出矛盾和问题，市场主体特别是中小微企业、个体工商户生产经营困难依然较多，要积极运用改革创新办法，帮助市场主体解难题、渡难关、复元气、增活力，加力巩固经济恢复发展基础。为深入贯彻党中央、国务院决策部署，打造市场化法治化国际化营商环境，降低制度性交易成本，提振市场主体信心，助力市场主体发展，为稳定宏观经济大盘提供有力支撑，经国务院同意，现提出以下意见。

一、进一步破除隐性门槛，推动降低市场主体准入成本

（一）全面实施市场准入负面清单管理。健全市场准入负面清单管理及动态调整机制，抓紧完善与之相适应的审批机制、监管机制，推动清单事项全部实现网上办理。稳步扩大市场准入效能评估范围，2022年10月底前，各地区各部门对带有市场准入限制的显性和隐性壁垒开展清理，并建立长效排查机制。深入实施外商投资准入前国民待遇加负面清单管理制度，推动出台全国版跨境服务贸易负面清单。（国家发展改革委、商务部牵头，国务院相关部门及各地区按职责分工负责）

（二）着力优化工业产品管理制度。规范工业产品生产、流通、使用等环节涉及的行政许可、强制性认证管理。推行工业产品系族管理，结合开发设计新产品的具体情形，取消或优化不必要的行政许可、检验检测和认证。2022年10月底前，选择部分领域探索开展企业自检自证试点。推动各地区完善工业生产许可证审批管理系统，建设一批标准、计量、检验检测、认证、产品鉴定等质量基础设施一站式服务平台，实现相关审批系统与质量监督管理平台互联互通、相关质量技术服务结果通用互认，推动工业产品快速投产上市。开展工业产品质量安全信用分类监管，2022年底前，研究制定生产企业质量信用评价规范。（市场监管总局牵头，工业和信息化部等国务院相关部门及各地区按职责分工负责）

（三）规范实施行政许可和行政备案。2022年底前，国务院有关部门逐项制定中央层面设定的行政许可事项实施规范，省、市、县级编制完成本级行政许可事项清单及办事指南。深入推进告知承诺等改革，积极探索“一业一证”改革，推动行政许可减环节、减材料、减时限、减费用。在部分地区探索开展审管联动试点，强化事前事中事后全链条监管。深入开展行政备案规范管理改革试点，研究制定关于行政备案规范管理的政策措施。（国务院办公厅牵头，国务院相关部门及各地区按职责分工负责）

（四）切实规范政府采购和招投标。持续规范招投标主体行为，加强招投标全链条监管。2022年10月底前，推动工程建设领域招标、投标、开标等业务全流程在线办理和招投

标领域数字证书跨地区、跨平台互认。支持地方探索电子营业执照在招投标平台登录、签名、在线签订合同等业务中的应用。取消各地区违规设置的供应商预选库、资格库、名录库等,不得将在本地注册企业或建设生产线、采购本地供应商产品、进入本地扶持名录等与中标结果挂钩,着力破除所有制歧视、地方保护等不合理限制。政府采购和招投标不得限制保证金形式,不得指定出具保函的金融机构或担保机构。督促相关招标人、招标代理机构、公共资源交易中心等及时清退应退未退的沉淀保证金。(国家发展改革委、财政部、市场监管总局等国务院相关部门及各地区按职责分工负责)

(五)持续便利市场主体登记。2022 年 10 月底前,编制全国统一的企业设立、变更登记规范和审查标准,逐步实现内外资一体化服务,有序推动外资企业设立、变更登记网上办理。全面清理各地区非法设置的企业跨区域经营和迁移限制。简化企业跨区域迁移涉税涉费等事项办理程序,2022 年底前,研究制定企业异地迁移档案移交规则。健全市场主体歇业制度,研究制定税务、社保等配套政策。进一步提升企业注销“一网服务”水平,优化简易注销和普通注销办理程序。(人力资源社会保障部、税务总局、市场监管总局、国家档案局等国务院相关部门及各地区按职责分工负责)

二、进一步规范涉企收费,推动减轻市场主体经营负担

(六)严格规范政府收费和罚款。严格落实行政事业性收费和政府性基金目录清单,依法依规从严控制新设涉企收费项目,严厉查处强制摊派、征收过头税费、截留减税降费红利、违规设置罚款项目、擅自提高罚款标准等行为。严格规范行政处罚行为,进一步清理调整违反法定权限设定、过罚不当等不合理罚款事项,抓紧制定规范罚款设定和实施的政策文件,坚决防止以罚增收、以罚代管、逐利执法等行为。2022 年底前,完成涉企违规收费专项整治,重点查处落实降费减负政策不到位、不按要求执行惠企收费政策等行为。(国家发展改革委、工业和信息化部、司法部、财政部、税务总局、市场监管总局等国务院相关部门及各地区按职责分工负责)

(七)推动规范市政公用服务价外收费。加强水、电、气、热、通信、有线电视等市政公用服务价格监管,坚决制止强制捆绑搭售等行为,对实行政府定价、政府指导价的服务和收费项目一律实行清单管理。2022 年底前,在全国范围内全面推行居民用户和用电报装容量 160 千瓦及以下的小微企业用电报装“零投资”。全面公示非电网直供电价格,严厉整治在电费中违规加收其他费用的行为,对符合条件的终端用户尽快实现直供到户和“一户一表”。督促商务楼宇管理人等及时公示宽带接入市场领域收费项目,严肃查处限制进场、未经公示收费等违法违规行为。(国家发展改革委、工业和信息化部、住房城乡建设部、市场监管总局、国家能源局、国家电网有限公司等相关部门和单位及各地区按职责分工负责)

(八)着力规范金融服务收费。加快健全银行收费监管长效机制,规范银行服务市场调节价管理,加强服务外包与服务合作管理,设定服务价格行为监管红线,加快修订《商业银行服务价格管理办法》。鼓励银行等金融机构对小微企业等予以合理优惠,适当减免账户管理服务等收费。坚决查处银行未按照规定进行服务价格信息披露以及在融资服务中不落实小微企业收费优惠政策、转嫁成本、强制捆绑搭售保险或理财产品等行为。鼓励证券、基金、担保等机构进一步降低服务收费,推动金融基础设施合理降低交易、托管、登记、清算等费用。(国家发展改革委、人民银行、市场监管总局、银保监会、证监会等国务院相关部门

及各地区按职责分工负责)

(九)清理规范行业协会商会收费。加大对行业协会商会收费行为的监督检查力度,进一步推动各级各类行业协会商会公示收费信息,严禁行业协会商会强制企业到特定机构检测、认证、培训等并获取利益分成,或以评比、表彰等名义违规向企业收费。研究制定关于促进行业协会商会健康规范发展的政策措施,加强行业协会商会收费等规范管理,发挥好行业协会商会在政策制定、行业自治、企业权益维护中的积极作用。2022年10月底前,完成对行业协会商会违规收费清理整治情况“回头看”。(国家发展改革委、民政部、市场监管总局等国务院相关部门及各地区按职责分工负责)

(十)推动降低物流服务收费。强化口岸、货场、专用线等货运领域收费监管,依法规范船公司、船代公司、货代公司等收费行为。明确铁路、公路、水路、航空等运输环节的口岸物流作业时限及流程,加快推动大宗货物和集装箱中长距离运输“公转铁”、“公转水”等多式联运改革,推进运输运载工具和相关单证标准化,在确保安全规范的前提下,推动建立集装箱、托盘等标准化装载器具循环共用体系。2022年11月底前,开展不少于100个多式联运示范工程建设,减少企业重复投入,持续降低综合运价水平。(国家发展改革委、交通运输部、商务部、市场监管总局、国家铁路局、中国民航局、中国国家铁路集团有限公司等相关部门和单位及各地区按职责分工负责)

三、进一步优化涉企服务,推动降低市场主体办事成本

(十一)全面提升线上线下服务能力。加快建立高效便捷、优质普惠的市场主体全生命周期服务体系,全面提高线下“一窗综办”和线上“一网通办”水平。聚焦企业和群众“办好一件事”,积极推行企业开办注销、不动产登记、招工用工等高频事项集成化办理,进一步减少办事环节。依托全国一体化政务服务平台,加快构建统一的电子证照库,明确各类电子证照信息标准,推广和扩大电子营业执照、电子合同、电子签章等应用,推动实现更多高频事项异地办理、“跨省通办”。(国务院办公厅牵头,国务院相关部门及各地区按职责分工负责)

(十二)持续优化投资和建设项目审批服务。优化压覆矿产、气候可行性、水资源论证、防洪、考古等评估流程,支持有条件的地方开展区域综合评估。探索利用市场机制推动城镇低效用地再开发,更好盘活存量土地资源。分阶段整合各类测量测绘事项,推动统一测绘标准和成果形式,实现同一阶段“一次委托、成果共享”。探索建立部门集中联合办公、手续并联办理机制,依法优化重大投资项目审批流程,对用地、环评等投资审批有关事项,推动地方政府根据职责权限试行承诺制,提高审批效能。2022年10月底前,建立投资主管部门与金融机构投融资信息对接机制,为重点项目快速落地投产提供综合金融服务。2022年11月底前,制定工程建设项目审批标准化规范化管理措施。2022年底前,实现各地区工程建设项目审批管理系统与市政公用服务企业系统互联、信息共享,提升水、电、气、热接入服务质量。(国家发展改革委、自然资源部、生态环境部、住房城乡建设部、水利部、人民银行、银保监会、国家能源局、国家文物局、国家电网有限公司等相关部门和单位及各地区按职责分工负责)

(十三)着力优化跨境贸易服务。进一步完善自贸协定综合服务平台功能,助力企业用好区域全面经济伙伴关系协定等规则。拓展“单一窗口”的“通关+物流”、“外贸+金融”功

能，为企业提供通关物流信息查询、出口信用保险办理、跨境结算融资等服务。支持有关地区搭建跨境电商一站式服务平台，为企业提供优惠政策申报、物流信息跟踪、争端解决等服务。探索解决跨境电商退换货难问题，优化跨境电商零售进口工作流程，推动便捷快速通关。2022年底前，在国内主要口岸实现进出口通关业务网上办理。（交通运输部、商务部、人民银行、海关总署、国家外汇局等国务院相关部门及各地区按职责分工负责）

（十四）切实提升办税缴费服务水平。全面推行电子非税收入一般缴款书，推动非税收入全领域电子收缴、“跨省通缴”，便利市场主体缴费办事。实行汇算清缴结算多缴退税和已发现的误收多缴退税业务自动推送提醒、在线办理。推动出口退税全流程无纸化。进一步优化留抵退税办理流程，简化退税审核程序，强化退税风险防控，确保留抵退税安全快捷直达纳税人。拓展“非接触式”办税缴费范围，推行跨省异地电子缴税、行邮税电子缴库服务，2022年11月底前，实现95%税费服务事项“网上办”。2022年底前，实现电子发票无纸化报销、入账、归档、存储等。（财政部、人民银行、税务总局、国家档案局等国务院相关部门及各地区按职责分工负责）

（十五）持续规范中介服务。清理规范没有法律、法规、国务院决定依据的行政许可中介服务事项，建立中央和省级行政许可中介服务事项清单。鼓励各地区依托现有政务服务系统提供由省级统筹的网上中介超市服务，吸引更多中介机构入驻，坚决整治行政机关指定中介机构垄断服务、干预市场主体选取中介机构等行为，依法查处中介机构强制服务收费等行为。全面实施行政许可中介服务收费项目清单管理，清理规范环境检测、招标代理、政府采购代理、产权交易、融资担保评估等涉及的中介服务违规收费和不合理收费。（国务院办公厅、国家发展改革委、市场监管总局等国务院相关部门及各地区按职责分工负责）

（十六）健全惠企政策精准直达机制。2022年底前，县级以上政府及其有关部门要在门户网站、政务服务平台等醒目位置设置惠企政策专区，汇集本地区本领域市场主体适用的惠企政策。加强涉企信息归集共享，对企业进行分类“画像”，推动惠企政策智能匹配、快速兑现。鼓励各级政务服务大厅设立惠企政策集中办理窗口，积极推动地方和部门构建惠企政策移动端服务体系，提供在线申请、在线反馈、应享未享提醒等服务，确保财政补贴、税费减免、稳岗扩岗等惠企政策落实到位。（各地区、各部门负责）

四、进一步加强公正监管，切实保护市场主体合法权益

（十七）创新实施精准有效监管。进一步完善监管方式，全面实施跨部门联合“双随机、一公开”监管，推动监管信息共享互认，避免多头执法、重复检查。加快在市场监管、税收管理、进出口等领域建立健全信用分级分类监管制度，依据风险高低实施差异化监管。积极探索在安全生产、食品安全、交通运输、生态环境等领域运用现代信息技术实施非现场监管，避免对市场主体正常生产经营活动的不必要干扰。（国务院办公厅牵头，国务院相关部门及各地区按职责分工负责）

（十八）严格规范监管执法行为。全面提升监管透明度，2022年底前，编制省、市两级监管事项目录清单。严格落实行政执法三项制度，建立违反公平执法行为典型案例通报机制。建立健全行政裁量权基准制度，防止任性执法、类案不同罚、过度处罚等问题。坚决杜绝“一刀切”、“运动式”执法，严禁未经法定程序要求市场主体普遍停产停业。在市场监管、城市管理、应急管理、消防安全、交通运输、生态环境等领域，制定完善执法工作指引和标准

化检查表单，规范日常监管行为。（国务院办公厅牵头，国务院相关部门及各地区按职责分工负责）

（十九）切实保障市场主体公平竞争。全面落实公平竞争审查制度，2022 年 10 月底前，组织开展制止滥用行政权力排除、限制竞争执法专项行动。细化垄断行为和不正当竞争行为认定标准，加强和改进反垄断与反不正当竞争执法，依法查处恶意补贴、低价倾销、设置不合理交易条件等行为，严厉打击"搭便车"、"蹭流量"等仿冒混淆行为，严格规范滞压占用经营者保证金、交易款等行为。（国家发展改革委、司法部、人民银行、国务院国资委、市场监管总局等国务院相关部门及各地区按职责分工负责）

（二十）持续加强知识产权保护。严格知识产权管理，依法规范非正常专利申请行为，及时查处违法使用商标和恶意注册申请商标等行为。完善集体商标、证明商标管理制度，规范地理标志集体商标注册及使用，坚决遏制恶意诉讼或变相收取"会员费"、"加盟费"等行为，切实保护小微商户合法权益。健全大数据、人工智能、基因技术等新领域、新业态知识产权保护制度。加强对企业海外知识产权纠纷应对的指导，2022 年底前，发布海外重点国家商标维权指南。（最高人民法院、民政部、市场监管总局、国家知识产权局等相关部门和单位及各地区按职责分工负责）

五、进一步规范行政权力，切实稳定市场主体政策预期

（二十一）不断完善政策制定实施机制。建立政府部门与市场主体、行业协会商会常态化沟通平台，及时了解、回应企业诉求。制定涉企政策要严格落实评估论证、公开征求意见、合法性审核等要求，重大涉企政策出台前要充分听取相关企业意见。2022 年 11 月底前，开展行政规范性文件合法性审核机制落实情况专项监督工作。切实发挥中国政府网网上调研平台及各级政府门户网站意见征集平台作用，把握好政策出台和调整的时度效，科学设置过渡期等缓冲措施，避免"急转弯"和政策"打架"。各地区在制定和执行城市管理、环境保护、节能减排、安全生产等方面政策时，不得层层加码、加重市场主体负担。建立健全重大政策评估评价制度，政策出台前科学研判预期效果，出台后密切监测实施情况，2022 年底前，在重大项目投资、科技、生态环境等领域开展评估试点。（各地区、各部门负责）

（二十二）着力加强政务诚信建设。健全政务守信践诺机制，各级行政机关要抓紧对依法依规作出但未履行到位的承诺列明清单，明确整改措施和完成期限，坚决纠正"新官不理旧账"、"击鼓传花"等政务失信行为。2022 年底前，落实逾期未支付中小企业账款强制披露制度，将拖欠信息列入政府信息主动公开范围。开展拖欠中小企业账款行为集中治理，严肃问责虚报还款金额或将无分歧欠款做成有争议欠款的行为，清理整治通过要求中小企业接受指定机构债务凭证或到指定机构贴现进行不当牟利的行为，严厉打击虚假还款或以不签合同、不开发票、不验收等方式变相拖欠的行为。鼓励各地区探索建立政务诚信诉讼执行协调机制，推动政务诚信履约。（最高人民法院、国务院办公厅、国家发展改革委、工业和信息化部、司法部、市场监管总局等相关部门和单位及各地区按职责分工负责）

（二十三）坚决整治不作为乱作为。各地区各部门要坚决纠正各种懒政怠政等不履职和重形式不重实绩等不正确履职行为。严格划定行政权力边界，没有法律法规依据，行政机关出台政策不得减损市场主体合法权益。各地区要建立健全营商环境投诉举报和问题线索核查处理机制，充分发挥 12345 政务服务便民热线、政务服务平台等渠道作用，及时查

处市场主体和群众反映的不作为乱作为问题,切实加强社会监督。国务院办公厅要会同有关方面适时通报损害营商环境典型案例。(各地区、各部门负责)

各地区各部门要认真贯彻落实党中央、国务院决策部署,加强组织实施、强化协同配合,结合工作实际加快制定具体配套措施,确保各项举措落地见效,为各类市场主体健康发展营造良好环境。国务院办公厅要加大协调督促力度,及时总结推广各地区各部门经验做法,不断扩大改革成效。

国务院办公厅

2022年9月7日

国务院办公厅关于改革完善中央财政科研经费管理的若干意见

（国办发〔2021〕32号）

各省、自治区、直辖市人民政府，国务院各部委、各直属机构：

党的十八大以来，党中央、国务院出台了《关于进一步完善中央财政科研项目资金管理等政策的若干意见》、《关于优化科研管理提升科研绩效若干措施的通知》等一系列优化科研经费管理的政策文件和改革措施，有力地激发了科研人员的创造性和创新活力，促进了科技事业发展。但在科研经费管理方面仍然存在政策落实不到位、项目经费管理刚性偏大、经费拨付机制不完善、间接费用比例偏低、经费报销难等问题。为有效解决这些问题，更好贯彻落实党中央、国务院决策部署，进一步激励科研人员多出高质量科技成果、为实现高水平科技自立自强作出更大贡献，经国务院同意，现就改革完善中央财政科研经费管理提出如下意见：

一、扩大科研项目经费管理自主权

（一）简化预算编制。进一步精简合并预算编制科目，按设备费、业务费、劳务费三大类编制直接费用预算。直接费用中除50万元以上的设备费外，其他费用只提供基本测算说明，不需要提供明细。计算类仪器设备和软件工具可在设备费科目列支。合并项目评审和预算评审，项目管理部门在项目评审时同步开展预算评审。预算评审工作重点是项目预算的目标相关性、政策相符性、经济合理性，不得将预算编制细致程度作为评审预算的因素。（项目管理部门负责落实）

（二）下放预算调剂权。设备费预算调剂权全部下放给项目承担单位，不再由项目管理部门审批其预算调增。项目承担单位要统筹考虑现有设备配置情况、科研项目实际需求等，及时办理调剂手续。除设备费外的其他费用调剂权全部由项目承担单位下放给项目负责人，由项目负责人根据科研活动实际需要自主安排。（项目管理部门、项目承担单位负责落实）

（三）扩大经费包干制实施范围。在人才类和基础研究类科研项目中推行经费包干制，不再编制项目预算。项目负责人在承诺遵守科研伦理道德和作风学风诚信要求、经费全部用于与本项目研究工作相关支出的基础上，自主决定项目经费使用。鼓励有关部门和地方在从事基础性、前沿性、公益性研究的独立法人科研机构开展经费包干制试点。（项目管理部门、项目承担单位、财政部、单位主管部门负责落实）

二、完善科研项目经费拨付机制

（四）合理确定经费拨付计划。项目管理部门要根据不同类型科研项目特点、研究进度、资金需求等，合理制定经费拨付计划并及时拨付资金。首笔资金拨付比例要充分尊重

项目负责人意见，切实保障科研活动需要。（项目管理部门负责落实）

（五）加快经费拨付进度。财政部、项目管理部门可在部门预算批复前预拨科研经费。项目管理部门要加强经费拨付与项目立项的衔接，在项目任务书签订后30日内，将经费拨付至项目承担单位。项目牵头单位要根据项目负责人意见，及时将经费拨付至项目参与单位。（财政部、项目管理部门、项目承担单位负责落实）

（六）改进结余资金管理。项目完成任务目标并通过综合绩效评价后，结余资金留归项目承担单位使用。项目承担单位要将结余资金统筹安排用于科研活动直接支出，优先考虑原项目团队科研需求，并加强结余资金管理，健全结余资金盘活机制，加快资金使用进度。（项目管理部门、项目承担单位负责落实）

三、加大科研人员激励力度

（七）提高间接费用比例。间接费用按照直接费用扣除设备购置费后的一定比例核定，由项目承担单位统筹安排使用。其中，500万元以下的部分，间接费用比例为不超过30%，500万元至1 000万元的部分为不超过25%，1 000万元以上的部分为不超过20%；对数学等纯理论基础研究项目，间接费用比例进一步提高到不超过60%。项目承担单位可将间接费用全部用于绩效支出，并向创新绩效突出的团队和个人倾斜。（项目管理部门、项目承担单位负责落实）

（八）扩大稳定支持科研经费提取奖励经费试点范围。将稳定支持科研经费提取奖励经费试点范围扩大到所有中央级科研院所。允许中央级科研院所从基本科研业务费、中科院战略性先导科技专项经费、有关科研院所创新工程等稳定支持科研经费中提取不超过20%作为奖励经费，由单位探索完善科研项目资金激励引导机制，激发科研人员创新活力。奖励经费的使用范围和标准由试点单位自主决定，在单位内部公示。（中央级科研院所负责落实）

（九）扩大劳务费开支范围。项目聘用人员的劳务费开支标准，参照当地科学研究和技术服务业从业人员平均工资水平，根据其在项目研究中承担的工作任务确定，其由单位缴纳的社会保险补助、住房公积金等纳入劳务费科目列支。（项目承担单位、项目管理部门负责落实）

（十）合理核定绩效工资总量。中央高校、科研院所、企业结合本单位发展阶段、类型定位、承担任务、人才结构、所在地区、现有绩效工资实际发放水平（主要依据上年度事业单位工资统计年报数据确定）、财务状况特别是财政科研项目可用于支出人员绩效的间接费用等实际情况，向主管部门申报动态调整绩效工资水平，主管部门综合考虑激发科技创新活力、保障基础研究人员稳定工资收入、调控不同单位（岗位、学科）收入差距等因素审批后报人力资源社会保障、财政部门备案。分配绩效工资时，要向承担国家科研任务较多、成效突出的科研人员倾斜。借鉴承担国家关键领域核心技术攻关任务科研人员年薪制的经验，探索对急需紧缺、业内认可、业绩突出的极少数高层次人才实行年薪制。（人力资源社会保障部、科技部、财政部、国务院国资委、单位主管部门负责落实）

（十一）加大科技成果转化激励力度。各单位要落实《中华人民共和国促进科技成果转化法》等相关规定，对持有的科技成果，通过协议定价、在技术交易市场挂牌交易、拍卖等市场化方式进行转化。科技成果转化所获收益可按照法律规定，对职务科技成果完成人和为科技成果转化作出重要贡献的人员给予奖励和报酬,剩余部分留归项目承担单位用于科技研发与成果转化等相关工作,科技成果转化收益具体分配方式和比例在充分听取本单位科研人员意见基础上进行约定。科技成果转化现金奖励计入所在单位绩效工资总量,但不受核定的绩效工资总量限制,不作为核定下一年度绩效工资总量的基数。(科技部、人力资源社会保障部、财政部等有关部门负责落实)

四、减轻科研人员事务性负担

(十二)全面落实科研财务助理制度。项目承担单位要确保每个项目配有相对固定的科研财务助理,为科研人员在预算编制、经费报销等方面提供专业化服务。科研财务助理所需人力成本费用(含社会保险补助、住房公积金),可由项目承担单位根据情况通过科研项目经费等渠道统筹解决。(项目承担单位负责落实)

(十三)改进财务报销管理方式。项目承担单位因科研活动实际需要,邀请国内外专家、学者和有关人员参加由其主办的会议等,对确需负担的城市间交通费、国际旅费,可在会议费等费用中报销。允许项目承担单位对国内差旅费中的伙食补助费、市内交通费和难以取得发票的住宿费实行包干制。(项目承担单位负责落实)

(十四)推进科研经费无纸化报销试点。选择部分电子票据接收、入账、归档处理工作量比较大的中央高校、科研院所、企业,纳入电子入账凭证会计数据标准推广范围,推动科研经费报销数字化、无纸化。(财政部、税务总局、单位主管部门等负责落实)

(十五)简化科研项目验收结题财务管理。合并财务验收和技术验收,在项目实施期末实行一次性综合绩效评价。完善项目验收结题评价操作指南,细化明确预算调剂、设备管理、人员费用等财务、会计、审计方面具体要求,避免有关机构和人员在项目验收和检查中理解执行政策出现偏差。选择部分创新能力和潜力突出、创新绩效显著、科研诚信状况良好的中央高校、科研院所、企业作为试点单位,由其出具科研项目经费决算报表作为结题依据,取消科研项目结题财务审计。试点单位对经费决算报表内容的真实性、完整性、准确性负责,项目管理部门适时组织抽查。(科技部、财政部、项目管理部门负责落实)

(十六)优化科研仪器设备采购。中央高校、科研院所、企业要优化和完善内部管理规定,简化科研仪器设备采购流程,对科研急需的设备和耗材采用特事特办、随到随办的采购机制,可不进行招标投标程序。项目承担单位依法向财政部申请变更政府采购方式的,财政部实行限时办结制度,对符合要求的申请项目,原则上自收到变更申请之日起5个工作日内办结。有关部门要研究推动政府采购、招标投标等有关法律法规修订工作,进一步明确除外条款。(单位主管部门、项目承担单位、司法部、财政部负责落实)

(十七)改进科研人员因公出国(境)管理方式。对科研人员因公出国(境)开展国际合作与交流的管理应与行政人员有所区别,对为完成科研项目任务目标、从科研经费中列支费用的国际合作与交流按业务类别单独管理,根据需要开展工作。从科研经费中列支的国际合作与交流费用不纳入“三公”经费统计范围,不受零增长要求限制。(单位主管部门、财政部负责落实)

五、创新财政科研经费投入与支持方式

(十八)拓展财政科研经费投入渠道。发挥财政经费的杠杆效应和导向作用,引导企业

参与，发挥金融资金作用，吸引民间资本支持科技创新创业。优化科技创新类引导基金使用，推动更多具有重大价值的科技成果转化应用。拓宽基础研究经费投入渠道，促进基础研究与需求导向良性互动。（财政部、科技部、人民银行、银保监会、证监会等负责落实）

（十九）开展顶尖领衔科学家支持方式试点。围绕国家重大战略需求和前沿科技领域，遴选全球顶尖的领衔科学家，给予持续稳定的科研经费支持，在确定的重点方向、重点领域、重点任务范围内，由领衔科学家自主确定研究课题，自主选聘科研团队，自主安排科研经费使用；3至5年后采取第三方评估、国际同行评议等方式，对领衔科学家及其团队的研究质量、原创价值、实际贡献，以及聘用领衔科学家及其团队的单位服务保障措施落实情况等进行绩效评价，形成可复制可推广的改革经验。（项目管理部门、项目承担单位负责落实）

（二十）支持新型研发机构实行“预算+负面清单”管理模式。鼓励地方对新型研发机构采用与国际接轨的治理结构和市场化运行机制，实行理事会领导下的院（所）长负责制。创新财政科研经费支持方式，给予稳定资金支持，探索实行负面清单管理，赋予更大经费使用自主权。组织开展绩效评价，围绕科研投入、创新产出质量、成果转化、原创价值、实际贡献、人才集聚和培养等方面进行评估。除特殊规定外，财政资金支持产生的科技成果及知识产权由新型研发机构依法取得、自主决定转化及推广应用。（科技部、财政部负责指导）

六、改进科研绩效管理和监督检查

（二十一）健全科研绩效管理机制。项目管理部门要进一步强化绩效导向，从重过程向重结果转变，加强分类绩效评价，对自由探索型、任务导向型等不同类型科研项目，健全差异化的绩效评价指标体系；强化绩效评价结果运用，将绩效评价结果作为项目调整、后续支持的重要依据。项目承担单位要切实加强绩效管理，引导科研资源向优秀人才和团队倾斜，提高科研经费使用效益。（项目管理部门、项目承担单位负责落实）

（二十二）强化科研项目经费监督检查。加强审计监督、财会监督与日常监督的贯通协调，增强监督合力，严肃查处违纪违规问题。加强事中事后监管，创新监督检查方式，实行随机抽查、检查，推进监督检查数据汇交共享和结果互认。减少过程检查，充分利用大数据等信息技术手段，提高监督检查效率。强化项目承担单位法人责任，项目承担单位要动态监管经费使用并实时预警提醒，确保经费合理规范使用；对项目承担单位和科研人员在科研经费管理使用过程中出现的失信情况，纳入信用记录管理，对严重失信行为实行追责和惩戒。探索制定相关负面清单，明确科研项目经费使用禁止性行为，有关部门要根据法律法规和负面清单进行检查、评审、验收、审计，对尽职无过错科研人员免予问责。（审计署、财政部、项目管理部门、单位主管部门负责落实）

七、组织实施

（二十三）及时清理修改相关规定。有关部门要聚焦科研经费管理相关政策和改革举措落地“最后一公里”，加快清理修改与党中央、国务院有关文件精神不符的部门规定和办法，科技主管部门要牵头做好督促落实工作。项目承担单位要落实好科研项目实施和科研经费管理使用的主体责任，严格按照国家有关政策规定和权责一致的要求，强化自我约束和自我规范，及时完善内部管理制度，确保科研自主权接得住、管得好。（有关部门、项目承

担单位负责落实)

(二十四)加大政策宣传培训力度。有关部门和单位要通过门户网站、新媒体等多种渠道以及开设专栏等多种方式,加强中央财政科研经费管理相关政策宣传解读,提高社会知晓度。同时,加大对科研人员、财务人员、科研财务助理、审计人员等的专题培训力度,不断提高经办服务能力水平。(科技部、财政部会同有关部门负责落实)

(二十五)强化政策落实督促指导。有关部门要加快职能转变,提高服务意识,加强跟踪指导,适时组织开展对项目承担单位科研经费管理政策落实情况的检查,及时发现并协调解决有关问题,推动改革落地见效,国务院办公厅要加强督查。要适时对有关试点政策举措进行总结评估,及时总结推广行之有效的经验和做法。(财政部、科技部会同有关部门负责落实)

财政部、中央级社科类科研项目主管部门要结合社会科学研究的规律和特点,参照本意见尽快修订中央级社科类科研项目资金管理办法。

各地区要参照本意见精神,结合实际,改革完善本地区财政科研经费管理。

国务院办公厅

2021 年 8 月 5 日

国务院办公厅关于印发中央预算单位政府集中采购目录及标准(2020年版)的通知

(国办发〔2019〕55号)

国务院各部委、各直属机构:

《中央预算单位政府集中采购目录及标准(2020年版)》已经国务院同意,现印发给你们,请遵照执行。

《中央预算单位政府集中采购目录及标准(2020年版)》自2020年1月1日起实施,2016年12月21日印发的《中央预算单位2017—2018年政府集中采购目录及标准》同时废止。

国务院办公厅

2019年12月26日

中央预算单位政府集中采购目录及标准(2020年版)

一、集中采购机构采购项目

以下项目必须按规定委托集中采购机构代理采购:

目录项目	适用范围	备注
一、货物类	—	
台式计算机	—	不包括图形工作站
便携式计算机	—	不包括移动工作站
计算机软件	—	指非定制的通用商业软件,不包括行业专用软件
服务器	—	10万元以下的系统集成项目除外
计算机网络设备	—	指单项或批量金额在1万元以上的网络交换机、网络路由器、网络存储设备、网络安全产品,10万元以下的系统集成项目除外
复印机	—	不包括印刷机

表(续)

目录项目	适用范围	备注
视频会议系统及会议室音频系统	—	指单项或批量金额在20万元以上的视频会议多点控制器(MCU)、视频会议终端、视频会议系统管理平台、录播服务器、中控系统、会议室音频设备、信号处理设备、会议室视频显示设备、图像采集系统
多功能一体机	—	指单项或批量金额在5万元以上的多功能一体机
打印设备	—	指喷墨打印机、激光打印机、热式打印机,不包括针式打印机和条码专用打印机
扫描仪	—	指平板式扫描仪、高速文档扫描仪、书刊扫描仪和胶片扫描仪,不包括档案、工程专用的大幅面扫描仪
投影仪	—	指单项或批量金额在5万元以上的投影仪
复印纸	京内单位	不包括彩色复印纸
打印用通用耗材	京内单位	指非原厂生产的兼容耗材
乘用车	—	指轿车、越野车、商务车、皮卡,包含新能源汽车
客车	—	指小型客车、大中型客车,包含新能源汽车
电梯	京内单位	指单项或批量金额在100万元以上的电梯
空调机	京内单位	指除中央空调(包括冷水机组、溴化锂吸收式冷水机组、水源热泵机组等)、多联式空调(指由一台或多台室外机与多台室内机组成的空调机组)以外的空调
办公家具	京内单位	指单项或批量金额在20万元以上的木制或木制为主、钢制或钢制为主、铝制或铝制为主的家具
二、工程类	—	
限额内工程	京内单位	指投资预算在120万元以上的建设工程,适用招标投标法的建设工程项目除外
装修工程	京内单位	指投资预算在120万元以上,与建筑物、构筑物新建、改建、扩建无关的装修工程
拆除工程	京内单位	指投资预算在120万元以上,与建筑物、构筑物新建、改建、扩建无关的拆除工程
修缮工程	京内单位	指投资预算在120万元以上,与建筑物、构筑物新建、改建、扩建无关的修缮工程
三、服务类	—	
车辆维修保养及加油服务	京内单位	指在京内执行的车辆维修保养及加油服务
机动车保险服务	京内单位	—

表(续)

目录项目	适用范围	备注
印刷服务	京内单位	指单项或批量金额在20万元以上的本单位文印部门(含本单位下设的出版部门)不能承担的票据、证书、期刊、文件、公文用纸、资料汇编、信封等印刷业务(不包括出版服务)
工程造价咨询服务	京内单位	指单项或批量金额在20万元以上的在京内执行的工程造价咨询服务
工程监理服务	京内单位	指单项或批量金额在20万元以上的在京内执行的建设工程(包括建筑物和构筑物的新建、改建、扩建、装修、拆除、修缮)项目的监理服务,适用招标投标法的工程监理服务项目除外
物业管理服务	京内单位	指单项或批量金额在100万元以上的本单位物业管理服务部门不能承担的在京内执行的机关办公场所水电供应、设备运行、建筑物门窗保养维护、保洁、保安、绿化养护等项目,多单位共用物业的物业管理服务除外
云计算服务	—	指单项或批量金额在100万元以上的基础设施服务(Infrastructure as a Service,IaaS),包括云主机、块存储、对象存储等,系统集成项目除外
互联网接入服务	京内单位	指单项或批量金额在20万元以上的互联网接入服务

注:①表中“适用范围”栏中未注明的,均适用于所有中央预算单位。

②表中所列项目不包括部门集中采购项目和中央高校、科研院所采购的科研仪器设备。

二、部门集中采购项目

部门集中采购项目是指部门或系统有特殊要求,需要由部门或系统统一配置的货物、工程和服务类专用项目。各中央预算单位可按实际工作需要确定,报财政部备案后组织实施采购。

三、分散采购限额标准

除集中采购机构采购项目和部门集中采购项目外,各部门自行采购单项或批量金额达到100万元以上的货物和服务的项目、120万元以上的工程项目应按《中华人民共和国政府采购法》和《中华人民共和国招标投标法》有关规定执行。

四、公开招标数额标准

政府采购货物或服务项目,单项采购金额达到200万元以上的,必须采用公开招标方式。政府采购工程以及与工程建设有关的货物、服务公开招标数额标准按照国务院有关规定执行。

国务院办公厅关于印发进一步深化“互联网+政务服务”推进政务服务“一网、一门、一次”改革实施方案的通知

（国办发〔2018〕45号）

各省、自治区、直辖市人民政府，国务院各部委、各直属机构：

《进一步深化“互联网+政务服务”推进政务服务“一网、一门、一次”改革实施方案》已经国务院同意，现印发给你们，请认真贯彻执行。

国务院办公厅

2018年6月10日

进一步深化“互联网+政务服务”，充分运用信息化手段解决企业和群众反映强烈的办事难、办事慢、办事繁的问题，是党中央、国务院作出的重大决策部署。为加快推进政务服务“一网通办”和企业群众办事“只进一扇门”、“最多跑一次”，根据党中央、国务院关于推进审批服务便民化、“互联网+政务服务”、政务信息系统整合共享等重要工作部署，制定本实施方案。

一、发展现状和总体要求

党的十八大以来，以习近平同志为核心的党中央高度重视以信息化推进国家治理体系和治理能力现代化，强调要加快推动电子政务，打通信息壁垒，构建全流程一体化在线服务平台，助力建设人民满意的服务型政府。国务院将“互联网+政务服务”作为深化“放管服”改革的关键环节，专门印发文件，作出全面部署。一些部门和地方积极探索，深入推进“互联网+政务服务”，加强信息共享，优化政务流程，一批堵点难点问题得到初步解决，服务创新典型不断涌现，引领政务服务创新改革不断取得新成效。同时也应看到，目前政务服务“一网通办”、“只进一扇门”、“最多跑一次”等改革仍是局部区域和部分领域的探索实践，不少地区、部门、领域仍大量存在困扰企业群众的“办证多、办事难”等现象，与构建方便快捷、公平普惠、优质高效的网上政务服务体系目标相比仍有较大差距。

民之所望，改革所向。党的十九大对决胜全面建成小康社会、开启全面建设社会主义现代化国家新征程作出了全面部署。要深入贯彻党的十九大和十九届二中、三中全会精神，以习近平新时代中国特色社会主义思想为指导，牢固树立和贯彻落实新发展理念，深化“放管服”改革，进一步推进“互联网+政务服务”，加快构建全国一体化网上政务服务体系，推进跨层级、跨地域、跨系统、跨部门、跨业务的协同管理和服务，推动企业和群众办事线上

"一网通办"(一网),线下"只进一扇门"(一门),现场办理"最多跑一次"(一次),让企业和群众到政府办事像"网购"一样方便。

二、基本原则和工作目标

(一)基本原则。

需求导向、聚焦问题、分类施策。坚持以人民为中心的发展思想,聚焦企业和群众办事的难点、政务服务的堵点和痛点,因事制宜,对各类办事事项分别提出有针对性的推进方案,不断满足人民群众的需求。

重点先行、总结经验、加快推广。选择与企业和群众生产生活关系最密切的重点领域和办理量大的高频事项,分阶段、分步骤推进,总结各地政务服务工作成功经验和创新做法,加强成果复制和宣传推广,形成高效有序推进局面。

整合共享、优化流程、创新服务。坚持联网通办是原则、孤网是例外,政务服务上网是原则、不上网是例外,加强政务信息资源跨层级、跨地域、跨系统、跨部门、跨业务互联互通和协同共享。运用互联网、大数据、人工智能等信息技术,通过技术创新和流程再造,增强综合服务能力,进一步提升政务服务效能。

统筹推进、条块结合、上下联动。注重政府管理和服务的系统性、整体性,加强行业主管部门业务指导和政策支持,充分调动地方政府的积极性和主动性,加强制度衔接,有效整合各方资源,促进纵横协同、上下联动,构建一体化联合推进机制,提升协同服务能力和综合管理水平。

(二)工作目标。

到2018年底,"一网、一门、一次"改革初见成效,先进地区成功经验在全国范围内得到有效推广。在"一网通办"方面,省级政务服务事项网上可办率不低于80%,市县级政务服务事项网上可办率不低于50%;在"只进一扇门"方面,市县级政务服务事项进驻综合性实体政务大厅比例不低于70%,50%以上政务服务事项实现"一窗"分类受理;在"最多跑一次"方面,企业和群众到政府办事提供的材料减少30%以上,省市县各级30个高频事项实现"最多跑一次"。

到2019年底,重点领域和高频事项基本实现"一网、一门、一次"。在"一网通办"方面,省级政务服务事项网上可办率不低于90%,市县级政务服务事项网上可办率不低于70%;在"只进一扇门"方面,除对场地有特殊要求的事项外,政务服务事项进驻综合性实体政务大厅基本实现"应进必进",70%以上政务服务事项实现"一窗"分类受理;在"最多跑一次"方面,企业和群众到政府办事提供的材料减少60%以上,省市县各级100个高频事项实现"最多跑一次"。

三、以整合促便捷,推进线上"一网通办"

按照政务服务"一网通办"的要求,加快建设国家、省、市三级互联的网上政务服务平台体系,推动政务服务"一次登录、全网通办",大幅提高政务服务便捷性。

（一）整合构建全国一体化网上政务服务平台。

按照党中央、国务院关于推进审批服务便民化有关要求，加强顶层设计，加快构建以国家政务服务平台为枢纽、以各地区各部门网上政务服务平台为基础的全流程一体化在线服务平台。加强各省（自治区、直辖市）平台一体化、规范化建设。整合各级政府部门分散的政务服务资源和网上服务入口，加快推动各级政府部门业务信息系统接入本级或上级政务服务平台。依托国家政务服务平台为全国各地区各部门网上政务服务提供公共入口、公共通道和公共支撑，实现全国网上政务服务统一实名身份认证，让企业和群众网上办事"一次认证、全国漫游"。发挥好中国政府网总门户作用。

（二）推动更多政务服务事项网上办理。

切实提高政务服务事项网上办理比例，除法律法规另有规定或涉密等外，原则上各级政务服务事项均应纳入网上政务服务平台办理，并按照国家政务服务平台相关标准规范组织实施。根据推进审批服务标准化有关要求，推动各地区各部门网上政务服务平台标准化建设和互联互通，实现政务服务同一事项、同一标准、同一编码。拓展网上办事广度和深度，延长网上办事链条，实现从网上咨询、网上申报到网上预审、网上办理、网上反馈"应上尽上、全程在线"。

（三）拓展政务服务移动应用。

推动政务服务向"两微一端"等延伸拓展，为群众提供多样性、多渠道、便利化服务。结合国家政务服务平台建设，加强和规范政务服务移动应用建设管理，推动更多政务服务事项提供移动端服务。调动社会资源力量，鼓励开展第三方便民服务应用。加强政务新媒体监管，提升服务水平。

四、以集成提效能，推进线下"只进一扇门"

以企业和群众办事"只进一扇门"为目标，大力推行政务服务集中办理，实现"多门"变"一门"，促进政务服务线上线下集成融合，不断提升政府服务效能。

（一）推动实体大厅"多门"变"一门"。

优化提升政务服务大厅"一站式"功能，完善省、市、县、乡镇综合性政务大厅集中服务模式，推动将垂直管理部门在本行政区域办理的政务服务事项纳入综合性政务大厅集中办理，加快实现"前台综合受理、后台分类审批、综合窗口出件"，实现企业和群众必须到现场办理的事项"只进一扇门"。除因安全等特殊原因外，原则上不再保留各地政府部门单独设立的服务大厅。

（二）推动线上线下集成融合。

依托网上政务服务平台，实时汇入网上申报、排队预约、现场排队叫号、服务评价、事项受理、审批（审查）结果和审批证照等信息，实现线上线下功能互补、无缝衔接、全过程留痕，为企业和群众办事线下"只进一扇门"提供有力支撑。

五、以创新促精简，让企业和群众“最多跑一次”

以企业和群众办事“少跑腿”为目标，梳理必须到现场办理事项的“最多跑一次”目录，精简办事环节和材料，推动政务服务入口全面向基层延伸，力争实现企业和群众办事“最多跑一次”。

（一）大力推进减材料、减环节。

整合涉及多部门事项的共性材料，推广多业务申请表信息复用，通过“一表申请”将企业和个人基本信息材料一次收齐、后续反复使用，减少重复填写和重复提交。充分依托网上政务服务平台，以与企业生产经营、群众生产生活密切相关的重点领域和办理量大的高频事项为重点，通过优化办事系统、简化办事材料、精简办事环节，让更多政务服务事项“最多跑一次”。

（二）推进“最多跑一次”向基层延伸。

按照推进审批服务便民化“马上办、网上办、就近办、一次办”的要求，加强乡镇（街道）便民服务中心、村庄（社区）服务站点建设，推动基于互联网、自助终端、移动终端的政务服务入口全面向基层延伸，打造基层“一站式”综合便民服务平台，进一步提高基层响应群众诉求和为民服务的能力，推动实现“最多跑一次”省市县乡村全覆盖。

六、以共享筑根基，让“数据多跑路”

（一）建立完善全国数据共享交换体系。

构建全国统一、多级互联的数据共享交换平台体系，强化平台功能、完善管理规范，使其具备跨层级、跨地域、跨系统、跨部门、跨业务的数据调度能力。按照“统一受理、平台授权”的原则，建立数据共享授权机制。对于无条件共享且服务接口不需要管控参数的数据，由平台直接提供；对于有条件共享，或者无条件共享但服务接口需要管控参数的数据，由平台推送给部门受理。建立限期反馈机制，对于数据需求申请，平台管理部门应于3个工作日内完成申请规范性审查，并通过平台回复受理意见，不予受理的应回复原因；由平台直接提供的数据，应于受理后3个工作日内提供；由部门受理的数据，数据提供部门应在受理后10个工作日内完成审批。

（二）加快完善政务数据资源体系。

遵循“一数一源、多源校核、动态更新”原则，各级政府要构建并完善政务数据资源体系，持续完善数据资源目录，动态更新政务数据资源，不断提升数据质量，扩大共享覆盖面，提高服务可用性。完善数据共享责任清单机制，进一步明确各部门共享责任，在落实国务院部门第一批数据共享责任清单的基础上，制定发布第二批数据共享责任清单，新增拓展1 000项数据共享服务，加强数据共享服务运行监测，全面清理并制止仅向特定企业、社会组织开放公共数据的行为。

（三）做好政务信息系统改造对接。

按照谁建设系统、谁负责对接的原则，各级政务部门要加快改造自有的跨层级垂直业务信息系统，并与各级政务服务平台对接，实现跨层级、跨地域、跨系统、跨部门、跨业务数据互联互通，避免数据和业务"两张皮"，减少在不同系统中重复录入，提高基层窗口工作效率。各级政务信息化建设项目审批部门和运维经费审批部门要联合建立政务信息系统清单制度，加强清单式管理，对于未按要求进行改造对接的，不审批新项目，不拨付运维经费。原则上不再批准单个部门建设孤立信息系统。

（四）推进事中事后监管信息"一网通享"。

积极推进跨部门"双随机、一公开"监管信息共享，依托"信用中国"网站和国家企业信用信息公示系统，提供登记备案、行政许可、行政处罚、经营异常名录、严重违法失信企业名单、监督检查、质量抽检等信用信息查询和共享服务。推进事中事后监管信息与政务服务深度融合，整合市场监管相关数据资源，加强对市场环境的大数据监测分析和预测预警，推进线上线下一体化监管。

（五）加强数据共享安全保障。

依法加强隐私等信息保护。研究政务信息资源分类分级制度，制定数据安全管理办法，明确数据采集、传输、存储、使用、共享、开放等环节安全保障的措施、责任主体和具体要求。提高国家电子政务外网、国家数据共享交换平台和国家政务服务平台的安全防护能力。推进政务信息资源共享风险评估和安全审查，强化应急预案管理，切实做好数据安全事件的应急处置。

七、保障措施

（一）建立健全"一网通办"的标准规范。

研究制定人口、法人、电子证照等基础数据共享的国家标准。加快完成电子证照库、人口综合库、法人综合库、公共信用库等规范编制工作，加快电子证照应用推广和跨部门、跨区域互认共享。建立健全政务信息资源数据采集、数据质量、目录分类管理、共享交换接口、共享交换服务、平台运行管理等方面的标准。

（二）加快完善相关法规制度。

各部门要抓紧梳理"互联网+政务服务"急需的以及与开展"一网通办"不相适应的法律法规和规章制度，加快推动立改废。推动制定完善信息保护的法律制度，切实保护政务信息资源使用过程中的个人隐私和商业秘密。研究制订政务服务事项电子文件归档规范，推动开展相关试点，逐步消除电子化归档的法规制度障碍。

（三）建立监督举报投诉机制。

依托中国政府网及各地政府网站、各级政务服务平台、政务服务热线等，畅通互动渠道，方便群众咨询办事和投诉举报，接受群众监督。建立政务服务举报投诉平台，统一受理企业和群众对未实现政务服务“一网通办”、办事不便利等突出问题的举报投诉，并及时开展核查处理。

（四）开展百项问题疏解和百佳案例推广行动。

开展百项问题疏解行动，聚焦企业和群众关注的身份和教育证明、商事服务、社保低保、就业创业、居住户籍等方面的堵点难点问题，形成分级覆盖、热点聚焦的百项问题清单，逐项研究解决。开展百佳案例推广行动，深入分析总结先进经验，统筹组织对口帮扶工作，推动百佳案例先进经验复制落地。

各地区、各部门要认真贯彻落实党中央、国务院决策部署和推进审批服务便民化的要求，层层压实责任，加强统筹协调，结合实际精心组织落实本实施方案，推动“互联网+政务服务”取得更大实效。

关于进一步完善中央财政科研项目资金管理等政策的若干意见

（中办发〔2016〕50号）

《中共中央、国务院关于深化体制机制改革加快实施创新驱动发展战略的若干意见》和《国务院关于改进加强中央财政科研项目和资金管理的若干意见》印发以来，有力激发了创新创造活力，促进了科技事业发展，但也存在一些改革措施落实不到位、科研项目资金管理不够完善等问题。为贯彻落实中央关于深化改革创新、形成充满活力的科技管理和运行机制的要求，进一步完善中央财政科研项目资金管理等政策，现提出以下意见。

一、总体要求

全面贯彻落实党的十八大和十八届三中、四中、五中全会及全国科技创新大会精神，以邓小平理论、"三个代表"重要思想、科学发展观为指导，深入学习贯彻习近平总书记系列重要讲话精神，按照党中央、国务院决策部署，牢固树立和贯彻落实创新、协调、绿色、开放、共享的发展理念，深入实施创新驱动发展战略，促进大众创业、万众创新，进一步推进简政放权、放管结合、优化服务，改革和创新科研经费使用和管理方式，促进形成充满活力的科技管理和运行机制，以深化改革更好激发广大科研人员积极性。

——坚持以人为本。以调动科研人员积极性和创造性为出发点和落脚点，强化激励机制，加大激励力度，激发创新创造活力。

——坚持遵循规律。按照科研活动规律和财政预算管理要求，完善管理政策，优化管理流程，改进管理方式，适应科研活动实际需要。

——坚持"放管服"结合。进一步简政放权、放管结合、优化服务，扩大高校、科研院所在科研项目资金、差旅会议、基本建设、科研仪器设备采购等方面的管理权限，为科研人员潜心研究营造良好环境。同时，加强事中事后监管，严肃查处违法违纪问题。

——坚持政策落实落地。细化实化政策规定，加强督查，狠抓落实，打通政策执行中的"堵点"，增强科研人员改革的成就感和获得感。

二、改进中央财政科研项目资金管理

（一）简化预算编制，下放预算调剂权限。根据科研活动规律和特点，改进预算编制方法，实行部门预算批复前项目资金预拨制度，保证科研人员及时使用项目资金。下放预算调剂权限，在项目总预算不变的情况下，将直接费用中的材料费、测试化验加工费、燃料动力费、出版/文献/信息传播/知识产权事务费及其他支出预算调剂权下放给项目承担单位。简化预算编制科目，合并会议费、差旅费、国际合作与交流费科目，由科研人员结合科研活动实际需要编制预算并按规定统筹安排使用，其中不超过直接费用10%的，不需要提供预算测算依据。

（二）提高间接费用比重，加大绩效激励力度。中央财政科技计划（专项、基金等）中实行公开竞争方式的研发类项目，均要设立间接费用，核定比例可以提高到不超过直接费用扣除设备购置费的一定比例：500 万元以下的部分为 20%，500 万元至 1 000 万元的部分为 15%，1 000 万元以上的部分为 13%。加大对科研人员的激励力度，取消绩效支出比例限制。项目承担单位在统筹安排间接费用时，要处理好合理分摊间接成本和对科研人员激励的关系，绩效支出安排与科研人员在项目工作中的实际贡献挂钩。

（三）明确劳务费开支范围，不设比例限制。参与项目研究的研究生、博士后、访问学者以及项目聘用的研究人员、科研辅助人员等，均可开支劳务费。项目聘用人员的劳务费开支标准，参照当地科学研究和技术服务业从业人员平均工资水平，根据其在项目研究中承担的工作任务确定，其社会保险补助纳入劳务费科目列支。劳务费预算不设比例限制，由项目承担单位和科研人员据实编制。

（四）改进结转结余资金留用处理方式。项目实施期间，年度剩余资金可结转下一年度继续使用。项目完成任务目标并通过验收后，结余资金按规定留归项目承担单位使用，在 2 年内由项目承担单位统筹安排用于科研活动的直接支出；2 年后未使用完的，按规定收回。

（五）自主规范管理横向经费。项目承担单位以市场委托方式取得的横向经费，纳入单位财务统一管理，由项目承担单位按照委托方要求或合同约定管理使用。

三、完善中央高校、科研院所差旅会议管理

（一）改进中央高校、科研院所教学科研人员差旅费管理。中央高校、科研院所可根据教学、科研、管理工作实际需要，按照精简高效、厉行节约的原则，研究制定差旅费管理办法，合理确定教学科研人员乘坐交通工具等级和住宿费标准。对于难以取得住宿费发票的，中央高校、科研院所在确保真实性的前提下，据实报销城市间交通费，并按规定标准发放伙食补助费和市内交通费。

（二）完善中央高校、科研院所会议管理。中央高校、科研院所因教学、科研需要举办的业务性会议（如学术会议、研讨会、评审会、座谈会、答辩会等），会议次数、天数、人数以及会议费开支范围、标准等，由中央高校、科研院所按照实事求是、精简高效、厉行节约的原则确定。会议代表参加会议所发生的城市间交通费，原则上按差旅费管理规定由所在单位报销；因工作需要，邀请国内外专家、学者和有关人员参加会议，对确需负担的城市间交通费、国际旅费，可由主办单位在会议费等费用中报销。

四、完善中央高校、科研院所科研仪器设备采购管理

（一）改进中央高校、科研院所政府采购管理。中央高校、科研院所可自行采购科研仪器设备，自行选择科研仪器设备评审专家。财政部要简化政府采购项目预算调剂和变更政府采购方式审批流程。中央高校、科研院所要切实做好设备采购的监督管理，做到全程公开、透明、可追溯。

（二）优化进口仪器设备采购服务。对中央高校、科研院所采购进口仪器设备实行备案制管理。继续落实进口科研教学用品免税政策。

五、完善中央高校、科研院所基本建设项目管理

（一）扩大中央高校、科研院所基本建设项目管理权限。对中央高校、科研院所利用自有资金、不申请政府投资建设的项目，由中央高校、科研院所自主决策，报主管部门备案，不再进行审批。国家发展改革委和中央高校、科研院所主管部门要加强对中央高校、科研院所基本建设项目的指导和监督检查。

（二）简化中央高校、科研院所基本建设项目审批程序。中央高校、科研院所主管部门要指导中央高校、科研院所编制五年建设规划，对列入规划的基本建设项目不再审批项目建议书。简化中央高校、科研院所基本建设项目城乡规划、用地以及环评、能评等审批手续，缩短审批周期。

六、规范管理，改进服务

（一）强化法人责任，规范资金管理。项目承担单位要认真落实国家有关政策规定，按照权责一致的要求，强化自我约束和自我规范，确保接得住、管得好。制定内部管理办法，落实项目预算调剂、间接费用统筹使用、劳务费分配管理、结余资金使用等管理权限；加强预算审核把关，规范财务支出行为，完善内部风险防控机制，强化资金使用绩效评价，保障资金使用安全规范有效；实行内部公开制度，主动公开项目预算、预算调剂、资金使用（重点是间接费用、外拨资金、结余资金使用）、研究成果等情况。

（二）加强统筹协调，精简检查评审。科技部、项目主管部门、财政部要加强对科研项目资金监督的制度规范、年度计划、结果运用等的统筹协调，建立职责明确、分工负责的协同工作机制。科技部、项目主管部门要加快清理规范委托中介机构对科研项目开展的各种检查评审，加强对前期已经开展相关检查结果的使用，推进检查结果共享，减少检查数量，改进检查方式，避免重复检查、多头检查、过度检查。

（三）创新服务方式，让科研人员潜心从事科学研究。项目承担单位要建立健全科研财务助理制度，为科研人员在项目预算编制和调剂、经费支出、财务决算和验收等方面提供专业化服务，科研财务助理所需费用可由项目承担单位根据情况通过科研项目资金等渠道解决。充分利用信息化手段，建立健全单位内部科研、财务部门和项目负责人共享的信息平台，提高科研管理效率和便利化程度。制定符合科研实际需要的内部报销规定，切实解决野外考察、心理测试等科研活动中无法取得发票或财政性票据，以及邀请外国专家来华参加学术交流发生费用等的报销问题。

七、加强制度建设和工作督查，确保政策措施落地见效

（一）尽快出台操作性强的实施细则。项目主管部门要完善预算编制指南，指导项目承担单位和科研人员科学合理编制项目预算；制定预算评估评审工作细则，优化评估程序和方法，规范评估行为，建立健全与项目申请者及时沟通反馈机制；制定财务验收工作细则，规范委托中介机构开展的财务检查。2016 年 9 月 1 日前，中央高校、科研院所要制定出台差旅费、会议费内部管理办法，其主管部门要加强工作指导和统筹；2016 年年底前，项目主管部门要制定出台相关实施细则，项目承担单位要制定或修订科研项目资金内部管理办法和报销规定。以后年度承担科研项目的单位要于当年制定出台相关管理办法和规定。

（二）加强对政策措施落实情况的督查指导。财政部、科技部要适时组织开展对项目承担单位科研项目资金等管理权限落实、内部管理办法制定、创新服务方式、内控机制建设、相关事项内部公开等情况的督查，对督查情况以适当方式进行通报，并将督查结果纳入信用管理，与间接费用核定、结余资金留用等挂钩。审计机关要依法开展对政策措施落实情况和财政资金的审计监督。项目主管部门要督促指导所属单位完善内部管理，确保国家政策规定落到实处。

财政部、中央级社科类科研项目主管部门要结合社会科学研究的规律和特点，参照本意见尽快修订中央级社科类科研项目资金管理办法。

各地区要参照本意见精神，结合实际，加快推进科研项目资金管理改革等各项工作。

（四）部门规章

政府采购非招标采购方式管理办法

（财政部令第74号）

第一章　总　　则

第一条　为了规范政府采购行为，加强对采用非招标采购方式采购活动的监督管理，维护国家利益、社会公共利益和政府采购当事人的合法权益，依据《中华人民共和国政府采购法》（以下简称政府采购法）和其他法律、行政法规的有关规定，制定本办法。

第二条　采购人、采购代理机构采用非招标采购方式采购货物、工程和服务的，适用本办法。

本办法所称非招标采购方式，是指竞争性谈判、单一来源采购和询价采购方式。

竞争性谈判是指谈判小组与符合资格条件的供应商就采购货物、工程和服务事宜进行谈判，供应商按照谈判文件的要求提交响应文件和最后报价，采购人从谈判小组提出的成交候选人中确定成交供应商的采购方式。

单一来源采购是指采购人从某一特定供应商处采购货物、工程和服务的采购方式。

询价是指询价小组向符合资格条件的供应商发出采购货物询价通知书，要求供应商一次报出不得更改的价格，采购人从询价小组提出的成交候选人中确定成交供应商的采购方式。

第三条　采购人、采购代理机构采购以下货物、工程和服务之一的，可以采用竞争性谈判、单一来源采购方式采购；采购货物的，还可以采用询价采购方式：

（一）依法制定的集中采购目录以内，且未达到公开招标数额标准的货物、服务；

（二）依法制定的集中采购目录以外、采购限额标准以上，且未达到公开招标数额标准的货物、服务；

（三）达到公开招标数额标准、经批准采用非公开招标方式的货物、服务；

（四）按照招标投标法及其实施条例必须进行招标的工程建设项目以外的政府采购工程。

第二章　一般规定

第四条　达到公开招标数额标准的货物、服务采购项目，拟采用非招标采购方式的，采购人应当在采购活动开始前，报经主管预算单位同意后，向设区的市、自治州以上人民政府财政部门申请批准。

第五条　根据本办法第四条申请采用非招标采购方式采购的，采购人应当向财政部门提交以下材料并对材料的真实性负责：

（一）采购人名称、采购项目名称、项目概况等项目基本情况说明；

（二）项目预算金额、预算批复文件或者资金来源证明；

（三）拟申请采用的采购方式和理由。

第六条　采购人、采购代理机构应当按照政府采购法和本办法的规定组织开展非招标采购活动，并采取必要措施，保证评审在严格保密的情况下进行。

任何单位和个人不得非法干预、影响评审过程和结果。

第七条　竞争性谈判小组或者询价小组由采购人代表和评审专家共 3 人以上单数组成，其中评审专家人数不得少于竞争性谈判小组或者询价小组成员总数的 2/3。采购人不得以评审专家身份参加本部门或本单位采购项目的评审。采购代理机构人员不得参加本机构代理的采购项目的评审。

达到公开招标数额标准的货物或者服务采购项目，或者达到招标规模标准的政府采购工程，竞争性谈判小组或者询价小组应当由 5 人以上单数组成。

采用竞争性谈判、询价方式采购的政府采购项目，评审专家应当从政府采购评审专家库内相关专业的专家名单中随机抽取。技术复杂、专业性强的竞争性谈判采购项目，通过随机方式难以确定合适的评审专家的，经主管预算单位同意，可以自行选定评审专家。技术复杂、专业性强的竞争性谈判采购项目，评审专家中应当包含 1 名法律专家。

第八条　竞争性谈判小组或者询价小组在采购活动过程中应当履行下列职责：

（一）确认或者制定谈判文件、询价通知书；

（二）从符合相应资格条件的供应商名单中确定不少于 3 家的供应商参加谈判或者询价；

（三）审查供应商的响应文件并作出评价；

（四）要求供应商解释或者澄清其响应文件；

（五）编写评审报告；

（六）告知采购人、采购代理机构在评审过程中发现的供应商的违法违规行为。

第九条　竞争性谈判小组或者询价小组成员应当履行下列义务：

（一）遵纪守法，客观、公正、廉洁地履行职责；

（二）根据采购文件的规定独立进行评审，对个人的评审意见承担法律责任；

（三）参与评审报告的起草；

（四）配合采购人、采购代理机构答复供应商提出的质疑；

（五）配合财政部门的投诉处理和监督检查工作。

第十条　谈判文件、询价通知书应当根据采购项目的特点和采购人的实际需求制定，并经采购人书面同意。采购人应当以满足实际需求为原则，不得擅自提高经费预算和资产配置等采购标准。

谈判文件、询价通知书不得要求或者标明供应商名称或者特定货物的品牌，不得含有指向特定供应商的技术、服务等条件。

第十一条　谈判文件、询价通知书应当包括供应商资格条件、采购邀请、采购方式、采购预算、采购需求、采购程序、价格构成或者报价要求、响应文件编制要求、提交响应文件截止时间及地点、保证金交纳数额和形式、评定成交的标准等。

谈判文件除本条第一款规定的内容外，还应当明确谈判小组根据与供应商谈判情况可能实质性变动的内容，包括采购需求中的技术、服务要求以及合同草案条款。

第十二条　采购人、采购代理机构应当通过发布公告、从省级以上财政部门建立的供应商库中随机抽取或者采购人和评审专家分别书面推荐的方式邀请不少于3家符合相应资格条件的供应商参与竞争性谈判或者询价采购活动。

符合政府采购法第二十二条第一款规定条件的供应商可以在采购活动开始前加入供应商库。财政部门不得对供应商申请入库收取任何费用，不得利用供应商库进行地区和行业封锁。

采取采购人和评审专家书面推荐方式选择供应商的，采购人和评审专家应当各自出具书面推荐意见。采购人推荐供应商的比例不得高于推荐供应商总数的50%。

第十三条　供应商应当按照谈判文件、询价通知书的要求编制响应文件，并对其提交的响应文件的真实性、合法性承担法律责任。

第十四条　采购人、采购代理机构可以要求供应商在提交响应文件截止时间之前交纳保证金。保证金应当采用支票、汇票、本票、网上银行支付或者金融机构、担保机构出具的保函等非现金形式交纳。保证金数额应当不超过采购项目预算的2%。

供应商为联合体的，可以由联合体中的一方或者多方共同交纳保证金，其交纳的保证金对联合体各方均具有约束力。

第十五条　供应商应当在谈判文件、询价通知书要求的截止时间前，将响应文件密封送达指定地点。在截止时间后送达的响应文件为无效文件，采购人、采购代理机构或者谈判小组、询价小组应当拒收。

供应商在提交询价响应文件截止时间前，可以对所提交的响应文件进行补充、修改或者撤回，并书面通知采购人、采购代理机构。补充、修改的内容作为响应文件的组成部分。补充、修改的内容与响应文件不一致的，以补充、修改的内容为准。

第十六条　谈判小组、询价小组在对响应文件的有效性、完整性和响应程度进行审查时，可以要求供应商对响应文件中含义不明确、同类问题表述不一致或者有明显文字和计算错误的内容等作出必要的澄清、说明或者更正。供应商的澄清、说明或者更正不得超出响应文件的范围或者改变响应文件的实质性内容。

谈判小组、询价小组要求供应商澄清、说明或者更正响应文件应当以书面形式作出。供应商的澄清、说明或者更正应当由法定代表人或其授权代表签字或者加盖公章。由授权代表签字的，应当附法定代表人授权书。供应商为自然人的，应当由本人签字并附身份证明。

第十七条　谈判小组、询价小组应当根据评审记录和评审结果编写评审报告，其主要内容包括：

（一）邀请供应商参加采购活动的具体方式和相关情况，以及参加采购活动的供应商名单；

（二）评审日期和地点，谈判小组、询价小组成员名单；

（三）评审情况记录和说明，包括对供应商的资格审查情况、供应商响应文件评审情况、谈判情况、报价情况等；

（四）提出的成交候选人的名单及理由。

评审报告应当由谈判小组、询价小组全体人员签字认可。谈判小组、询价小组成员对评审报告有异议的，谈判小组、询价小组按照少数服从多数的原则推荐成交候选人，采购程序继续进行。对评审报告有异议的谈判小组、询价小组成员，应当在报告上签署不同意见并说明理由，由谈判小组、询价小组书面记录相关情况。谈判小组、询价小组成员拒绝在报告上签字又不书面说明其不同意见和理由的，视为同意评审报告。

第十八条　采购人或者采购代理机构应当在成交供应商确定后2个工作日内，在省级以上财政部门指定的媒体上公告成交结果，同时向成交供应商发出成交通知书，并将竞争性谈判文件、询价通知书随成交结果同时公告。成交结果公告应当包括以下内容：

（一）采购人和采购代理机构的名称、地址和联系方式；

（二）项目名称和项目编号；

（三）成交供应商名称、地址和成交金额；

（四）主要成交标的的名称、规格型号、数量、单价、服务要求；

（五）谈判小组、询价小组成员名单及单一来源采购人员名单。

采用书面推荐供应商参加采购活动的，还应当公告采购人和评审专家的推荐意见。

第十九条　采购人与成交供应商应当在成交通知书发出之日起30日内，按照采购文件确定的合同文本以及采购标的、规格型号、采购金额、采购数量、技术和服务要求等事项签订政府采购合同。

采购人不得向成交供应商提出超出采购文件以外的任何要求作为签订合同的条件，不得与成交供应商订立背离采购文件确定的合同文本以及采购标的、规格型号、采购金额、采购数量、技术和服务要求等实质性内容的协议。

第二十条　采购人或者采购代理机构应当在采购活动结束后及时退还供应商的保证金，但因供应商自身原因导致无法及时退还的除外。未成交供应商的保证金应当在成交通知书发出后5个工作日内退还，成交供应商的保证金应当在采购合同签订后5个工作日内退还。

有下列情形之一的，保证金不予退还：

（一）供应商在提交响应文件截止时间后撤回响应文件的；

（二）供应商在响应文件中提供虚假材料的；

（三）除因不可抗力或谈判文件、询价通知书认可的情形以外，成交供应商不与采购人签订合同的；

（四）供应商与采购人、其他供应商或者采购代理机构恶意串通的；

（五）采购文件规定的其他情形。

第二十一条　除资格性审查认定错误和价格计算错误外，采购人或者采购代理机构不得以任何理由组织重新评审。采购人、采购代理机构发现谈判小组、询价小组未按照采购文件规定的评定成交的标准进行评审的，应当重新开展采购活动，并同时书面报告本级财政部门。

第二十二条　除不可抗力等因素外，成交通知书发出后，采购人改变成交结果，或者成交供应商拒绝签订政府采购合同的，应当承担相应的法律责任。

成交供应商拒绝签订政府采购合同的，采购人可以按照本办法第三十六条第二款、第四十九条第二款规定的原则确定其他供应商作为成交供应商并签订政府采购合同，也可以重新开展采购活动。拒绝签订政府采购合同的成交供应商不得参加对该项目重新开展的采购活动。

第二十三条　在采购活动中因重大变故,采购任务取消的,采购人或者采购代理机构应当终止采购活动,通知所有参加采购活动的供应商,并将项目实施情况和采购任务取消原因报送本级财政部门。

第二十四条　采购人或者采购代理机构应当按照采购合同规定的技术、服务等要求组织对供应商履约的验收,并出具验收书。验收书应当包括每一项技术、服务等要求的履约情况。大型或者复杂的项目,应当邀请国家认可的质量检测机构参加验收。验收方成员应当在验收书上签字,并承担相应的法律责任。

第二十五条　谈判小组、询价小组成员以及与评审工作有关的人员不得泄露评审情况以及评审过程中获悉的国家秘密、商业秘密。

第二十六条　采购人、采购代理机构应当妥善保管每项采购活动的采购文件。采购文件包括采购活动记录、采购预算、谈判文件、询价通知书、响应文件、推荐供应商的意见、评审报告、成交供应商确定文件、单一来源采购协商情况记录、合同文本、验收证明、质疑答复、投诉处理决定以及其他有关文件、资料。采购文件可以电子档案方式保存。

采购活动记录至少应当包括下列内容:

(一)采购项目类别、名称;

(二)采购项目预算、资金构成和合同价格;

(三)采购方式,采用该方式的原因及相关说明材料;

(四)选择参加采购活动的供应商的方式及原因;

(五)评定成交的标准及确定成交供应商的原因;

(六)终止采购活动的,终止的原因。

第三章　竞争性谈判

第二十七条　符合下列情形之一的采购项目,可以采用竞争性谈判方式采购:

(一)招标后没有供应商投标或者没有合格标的,或者重新招标未能成立的;

(二)技术复杂或者性质特殊,不能确定详细规格或者具体要求的;

(三)非采购人所能预见的原因或者非采购人拖延造成采用招标所需时间不能满足用户紧急需要的;

(四)因艺术品采购、专利、专有技术或者服务的时间、数量事先不能确定等原因不能事先计算出价格总额的。

公开招标的货物、服务采购项目,招标过程中提交投标文件或者经评审实质性响应招标文件要求的供应商只有两家时,采购人、采购代理机构按照本办法第四条经本级财政部门批准后可以与该两家供应商进行竞争性谈判采购,采购人、采购代理机构应当根据招标文件中的采购需求编制谈判文件,成立谈判小组,由谈判小组对谈判文件进行确认。符合本款情形的,本办法第三十三条、第三十五条中规定的供应商最低数量可以为两家。

第二十八条　符合本办法第二十七条第一款第一项情形和第二款情形,申请采用竞争性谈判采购方式时,除提交本办法第五条第一至三项规定的材料外,还应当提交下列申请材料:

（一）在省级以上财政部门指定的媒体上发布招标公告的证明材料；

（二）采购人、采购代理机构出具的对招标文件和招标过程是否有供应商质疑及质疑处理情况的说明；

（三）评标委员会或者3名以上评审专家出具的招标文件没有不合理条款的论证意见。

第二十九条　从谈判文件发出之日起至供应商提交首次响应文件截止之日止不得少于3个工作日。

提交首次响应文件截止之日前，采购人、采购代理机构或者谈判小组可以对已发出的谈判文件进行必要的澄清或者修改，澄清或者修改的内容作为谈判文件的组成部分。澄清或者修改的内容可能影响响应文件编制的，采购人、采购代理机构或者谈判小组应当在提交首次响应文件截止之日3个工作日前，以书面形式通知所有接收谈判文件的供应商，不足3个工作日的，应当顺延提交首次响应文件截止之日。

第三十条　谈判小组应当对响应文件进行评审，并根据谈判文件规定的程序、评定成交的标准等事项与实质性响应谈判文件要求的供应商进行谈判。未实质性响应谈判文件的响应文件按无效处理，谈判小组应当告知有关供应商。

第三十一条　谈判小组所有成员应当集中与单一供应商分别进行谈判，并给予所有参加谈判的供应商平等的谈判机会。

第三十二条　在谈判过程中，谈判小组可以根据谈判文件和谈判情况实质性变动采购需求中的技术、服务要求以及合同草案条款，但不得变动谈判文件中的其他内容。实质性变动的内容，须经采购人代表确认。

对谈判文件作出的实质性变动是谈判文件的有效组成部分，谈判小组应当及时以书面形式同时通知所有参加谈判的供应商。

供应商应当按照谈判文件的变动情况和谈判小组的要求重新提交响应文件，并由其法定代表人或授权代表签字或者加盖公章。由授权代表签字的，应当附法定代表人授权书。供应商为自然人的，应当由本人签字并附身份证明。

第三十三条　谈判文件能够详细列明采购标的的技术、服务要求的，谈判结束后，谈判小组应当要求所有继续参加谈判的供应商在规定时间内提交最后报价，提交最后报价的供应商不得少于3家。

谈判文件不能详细列明采购标的的技术、服务要求，需经谈判由供应商提供最终设计方案或解决方案的，谈判结束后，谈判小组应当按照少数服从多数的原则投票推荐3家以上供应商的设计方案或者解决方案，并要求其在规定时间内提交最后报价。

最后报价是供应商响应文件的有效组成部分。

第三十四条　已提交响应文件的供应商，在提交最后报价之前，可以根据谈判情况退出谈判。采购人、采购代理机构应当退还退出谈判的供应商的保证金。

第三十五条　谈判小组应当从质量和服务均能满足采购文件实质性响应要求的供应商中，按照最后报价由低到高的顺序提出3名以上成交候选人，并编写评审报告。

第三十六条　采购代理机构应当在评审结束后2个工作日内将评审报告送采购人确认。

采购人应当在收到评审报告后5个工作日内，从评审报告提出的成交候选人中，根据质量和服务均能满足采购文件实质性响应要求且最后报价最低的原则确定成交供应商，也可以书面授权谈判小组直接确定成交供应商。采购人逾期未确定成交供应商且不提出异议的,视为确定评审报告提出的最后报价最低的供应商为成交供应商。

第三十七条　出现下列情形之一的,采购人或者采购代理机构应当终止竞争性谈判采购活动,发布项目终止公告并说明原因,重新开展采购活动:

(一)因情况变化,不再符合规定的竞争性谈判采购方式适用情形的;

(二)出现影响采购公正的违法、违规行为的;

(三)在采购过程中符合竞争要求的供应商或者报价未超过采购预算的供应商不足3家的,但本办法第二十七条第二款规定的情形除外。

第四章　单一来源采购

第三十八条　属于政府采购法第三十一条第一项情形,且达到公开招标数额的货物、服务项目,拟采用单一来源采购方式的,采购人、采购代理机构在按照本办法第四条报财政部门批准之前,应当在省级以上财政部门指定媒体上公示,并将公示情况一并报财政部门。公示期不得少于5个工作日,公示内容应当包括:

(一)采购人、采购项目名称和内容;

(二)拟采购的货物或者服务的说明;

(三)采用单一来源采购方式的原因及相关说明;

(四)拟定的唯一供应商名称、地址;

(五)专业人员对相关供应商因专利、专有技术等原因具有唯一性的具体论证意见,以及专业人员的姓名、工作单位和职称;

(六)公示的期限;

(七)采购人、采购代理机构、财政部门的联系地址、联系人和联系电话。

第三十九条　任何供应商、单位或者个人对采用单一来源采购方式公示有异议的,可以在公示期内将书面意见反馈给采购人、采购代理机构,并同时抄送相关财政部门。

第四十条　采购人、采购代理机构收到对采用单一来源采购方式公示的异议后,应当在公示期满后5个工作日内,组织补充论证,论证后认为异议成立的,应当依法采取其他采购方式;论证后认为异议不成立的,应当将异议意见、论证意见与公示情况一并报相关财政部门。

采购人、采购代理机构应当将补充论证的结论告知提出异议的供应商、单位或者个人。

第四十一条　采用单一来源采购方式采购的,采购人、采购代理机构应当组织具有相关经验的专业人员与供应商商定合理的成交价格并保证采购项目质量。

第四十二条　单一来源采购人员应当编写协商情况记录,主要内容包括:

(一)依据本办法第三十八条进行公示的,公示情况说明;

(二)协商日期和地点,采购人员名单;

(三)供应商提供的采购标的成本、同类项目合同价格以及相关专利、专有技术等情况说明;

(四)合同主要条款及价格商定情况。

协商情况记录应当由采购全体人员签字认可。对记录有异议的采购人员,应当签署不同意见并说明理由。采购人员拒绝在记录上签字又不书面说明其不同意见和理由的，视为同意。

第四十三条　出现下列情形之一的，采购人或者采购代理机构应当终止采购活动，发布项目终止公告并说明原因，重新开展采购活动：

（一）因情况变化，不再符合规定的单一来源采购方式适用情形的；

（二）出现影响采购公正的违法、违规行为的；

（三）报价超过采购预算的。

第五章　询　　价

第四十四条　询价采购需求中的技术、服务等要求应当完整、明确，符合相关法律、行政法规和政府采购政策的规定。

第四十五条　从询价通知书发出之日起至供应商提交响应文件截止之日止不得少于3个工作日。

提交响应文件截止之日前，采购人、采购代理机构或者询价小组可以对已发出的询价通知书进行必要的澄清或者修改，澄清或者修改的内容作为询价通知书的组成部分。澄清或者修改的内容可能影响响应文件编制的，采购人、采购代理机构或者询价小组应当在提交响应文件截止之日3个工作日前，以书面形式通知所有接收询价通知书的供应商，不足3个工作日的，应当顺延提交响应文件截止之日。

第四十六条　询价小组在询价过程中，不得改变询价通知书所确定的技术和服务等要求、评审程序、评定成交的标准和合同文本等事项。

第四十七条　参加询价采购活动的供应商，应当按照询价通知书的规定一次报出不得更改的价格。

第四十八条　询价小组应当从质量和服务均能满足采购文件实质性响应要求的供应商中，按照报价由低到高的顺序提出3名以上成交候选人，并编写评审报告。

第四十九条　采购代理机构应当在评审结束后2个工作日内将评审报告送采购人确认。

采购人应当在收到评审报告后5个工作日内，从评审报告提出的成交候选人中，根据质量和服务均能满足采购文件实质性响应要求且报价最低的原则确定成交供应商，也可以书面授权询价小组直接确定成交供应商。采购人逾期未确定成交供应商且不提出异议的，视为确定评审报告提出的最后报价最低的供应商为成交供应商。

第五十条　出现下列情形之一的，采购人或者采购代理机构应当终止询价采购活动，发布项目终止公告并说明原因，重新开展采购活动：

（一）因情况变化，不再符合规定的询价采购方式适用情形的；

（二）出现影响采购公正的违法、违规行为的；

（三）在采购过程中符合竞争要求的供应商或者报价未超过采购预算的供应商不足3家的。

第六章　法律责任

第五十一条　采购人、采购代理机构有下列情形之一的，责令限期改正，给予警告；有关法律、行政法规规定处以罚款的，并处罚款；涉嫌犯罪的，依法移送司法机关处理：

（一）未按照本办法规定在指定媒体上发布政府采购信息的；

（二）未按照本办法规定组成谈判小组、询价小组的；

（三）在询价采购过程中与供应商进行协商谈判的；

（四）未按照政府采购法和本办法规定的程序和要求确定成交候选人的；

（五）泄露评审情况以及评审过程中获悉的国家秘密、商业秘密的。

采购代理机构有前款情形之一，情节严重的，暂停其政府采购代理机构资格3至6个月；情节特别严重或者逾期不改正的，取消其政府采购代理机构资格。

第五十二条　采购人有下列情形之一的，责令限期改正，给予警告；有关法律、行政法规规定处以罚款的，并处罚款：

（一）未按照政府采购法和本办法的规定采用非招标采购方式的；

（二）未按照政府采购法和本办法的规定确定成交供应商的；

（三）未按照采购文件确定的事项签订政府采购合同，或者与成交供应商另行订立背离合同实质性内容的协议的；

（四）未按规定将政府采购合同副本报本级财政部门备案的。

第五十三条　采购人、采购代理机构有本办法第五十一条、第五十二条规定情形之一，且情节严重或者拒不改正的，其直接负责的主管人员和其他直接责任人员属于国家机关工作人员的，由任免机关或者监察机关依法给予处分，并予通报。

第五十四条　成交供应商有下列情形之一的，责令限期改正，情节严重的，列入不良行为记录名单，在1至3年内禁止参加政府采购活动，并予以通报：

（一）未按照采购文件确定的事项签订政府采购合同，或者与采购人另行订立背离合同实质性内容的协议的；

（二）成交后无正当理由不与采购人签订合同的；

（三）拒绝履行合同义务的。

第五十五条　谈判小组、询价小组成员有下列行为之一的，责令改正，给予警告；有关法律、行政法规规定处以罚款的，并处罚款；涉嫌犯罪的，依法移送司法机关处理：

（一）收受采购人、采购代理机构、供应商、其他利害关系人的财物或者其他不正当利益的；

（二）泄露评审情况以及评审过程中获悉的国家秘密、商业秘密的；

（三）明知与供应商有利害关系而不依法回避的；

（四）在评审过程中擅离职守，影响评审程序正常进行的；

（五）在评审过程中有明显不合理或者不正当倾向性的；

（六）未按照采购文件规定的评定成交的标准进行评审的。

评审专家有前款情形之一，情节严重的，取消其政府采购评审专家资格，不得再参加任何政府采购项目的评审，并在财政部门指定的政府采购信息发布媒体上予以公告。

第五十六条　有本办法第五十一条、第五十二条、第五十五条违法行为之一，并且影响或者可能影响成交结果的，应当按照下列情形分别处理：

（一）未确定成交供应商的，终止本次采购活动，依法重新开展采购活动；

（二）已确定成交供应商但采购合同尚未履行的，撤销合同，从合格的成交候选人中另行确定成交供应商，没有合格的成交候选人的，重新开展采购活动；

（三）采购合同已经履行的，给采购人、供应商造成损失的，由责任人依法承担赔偿责任。

第五十七条　政府采购当事人违反政府采购法和本办法规定，给他人造成损失的，应当依照有关民事法律规定承担民事责任。

第五十八条　任何单位或者个人非法干预、影响评审过程或者结果的，责令改正；该单位责任人或者个人属于国家机关工作人员的，由任免机关或者监察机关依法给予处分。

第五十九条　财政部门工作人员在实施监督管理过程中违法干预采购活动或者滥用职权、玩忽职守、徇私舞弊的，依法给予处分；涉嫌犯罪的，依法移送司法机关处理。

第七章　附　　则

第六十条　本办法所称主管预算单位是指负有编制部门预算职责，向同级财政部门申报预算的国家机关、事业单位和团体组织。

第六十一条　各省、自治区、直辖市人民政府财政部门可以根据本办法制定具体实施办法。

第六十二条　本办法自 2014 年 2 月 1 日起施行。

政府采购货物和服务招标投标管理办法

（财政部令第87号）

第一章 总 则

第一条 为了规范政府采购当事人的采购行为，加强对政府采购货物和服务招标投标活动的监督管理，维护国家利益、社会公共利益和政府采购招标投标活动当事人的合法权益，依据《中华人民共和国政府采购法》（以下简称政府采购法）、《中华人民共和国政府采购法实施条例》（以下简称政府采购法实施条例）和其他有关法律法规规定，制定本办法。

第二条 本办法适用于在中华人民共和国境内开展政府采购货物和服务（以下简称货物服务）招标投标活动。

第三条 货物服务招标分为公开招标和邀请招标。

公开招标，是指采购人依法以招标公告的方式邀请非特定的供应商参加投标的采购方式。

邀请招标，是指采购人依法从符合相应资格条件的供应商中随机抽取3家以上供应商，并以投标邀请书的方式邀请其参加投标的采购方式。

第四条 属于地方预算的政府采购项目，省、自治区、直辖市人民政府根据实际情况，可以确定分别适用于本行政区域省级、设区的市级、县级公开招标数额标准。

第五条 采购人应当在货物服务招标投标活动中落实节约能源、保护环境、扶持不发达地区和少数民族地区、促进中小企业发展等政府采购政策。

第六条 采购人应当按照行政事业单位内部控制规范要求，建立健全本单位政府采购内部控制制度，在编制政府采购预算和实施计划、确定采购需求、组织采购活动、履约验收、答复询问质疑、配合投诉处理及监督检查等重点环节加强内部控制管理。

采购人不得向供应商索要或者接受其给予的赠品、回扣或者与采购无关的其他商品、服务。

第七条 采购人应当按照财政部制定的《政府采购品目分类目录》确定采购项目属性。按照《政府采购品目分类目录》无法确定的，按照有利于采购项目实施的原则确定。

第八条 采购人委托采购代理机构代理招标的，采购代理机构应当在采购人委托的范围内依法开展采购活动。

采购代理机构及其分支机构不得在所代理的采购项目中投标或者代理投标，不得为所代理的采购项目的投标人参加本项目提供投标咨询。

第二章　招　　标

第九条　未纳入集中采购目录的政府采购项目，采购人可以自行招标，也可以委托采购代理机构在委托的范围内代理招标。

采购人自行组织开展招标活动的，应当符合下列条件：

（一）有编制招标文件、组织招标的能力和条件；

（二）有与采购项目专业性相适应的专业人员。

第十条　采购人应当对采购标的的市场技术或者服务水平、供应、价格等情况进行市场调查，根据调查情况、资产配置标准等科学、合理地确定采购需求，进行价格测算。

第十一条　采购需求应当完整、明确，包括以下内容：

（一）采购标的需实现的功能或者目标，以及为落实政府采购政策需满足的要求；

（二）采购标的需执行的国家相关标准、行业标准、地方标准或者其他标准、规范；

（三）采购标的需满足的质量、安全、技术规格、物理特性等要求；

（四）采购标的的数量、采购项目交付或者实施的时间和地点；

（五）采购标的需满足的服务标准、期限、效率等要求；

（六）采购标的的验收标准；

（七）采购标的的其他技术、服务等要求。

第十二条　采购人根据价格测算情况，可以在采购预算额度内合理设定最高限价，但不得设定最低限价。

第十三条　公开招标公告应当包括以下主要内容：

（一）采购人及其委托的采购代理机构的名称、地址和联系方法；

（二）采购项目的名称、预算金额，设定最高限价的，还应当公开最高限价；

（三）采购人的采购需求；

（四）投标人的资格要求；

（五）获取招标文件的时间期限、地点、方式及招标文件售价；

（六）公告期限；

（七）投标截止时间、开标时间及地点；

（八）采购项目联系人姓名和电话。

第十四条　采用邀请招标方式的，采购人或者采购代理机构应当通过以下方式产生符合资格条件的供应商名单，并从中随机抽取3家以上供应商向其发出投标邀请书：

（一）发布资格预审公告征集；

（二）从省级以上人民政府财政部门（以下简称财政部门）建立的供应商库中选取；

（三）采购人书面推荐。

采用前款第一项方式产生符合资格条件供应商名单的，采购人或者采购代理机构应当按照资格预审文件载明的标准和方法，对潜在投标人进行资格预审。

采用第一款第二项或者第三项方式产生符合资格条件供应商名单的，备选的符合资格条件供应商总数不得少于拟随机抽取供应商总数的两倍。

随机抽取是指通过抽签等能够保证所有符合资格条件供应商机会均等的方式选定供

应商。随机抽取供应商时,应当有不少于两名采购人工作人员在场监督,并形成书面记录,随采购文件一并存档。

投标邀请书应当同时向所有受邀请的供应商发出。

第十五条　资格预审公告应当包括以下主要内容:

(一)本办法第十三条第一至四项、第六项和第八项内容;

(二)获取资格预审文件的时间期限、地点、方式;

(三)提交资格预审申请文件的截止时间、地点及资格预审日期。

第十六条　招标公告、资格预审公告的公告期限为5个工作日。公告内容应当以省级以上财政部门指定媒体发布的公告为准。公告期限自省级以上财政部门指定媒体最先发布公告之日起算。

第十七条　采购人、采购代理机构不得将投标人的注册资本、资产总额、营业收入、从业人员、利润、纳税额等规模条件作为资格要求或者评审因素,也不得通过将除进口货物以外的生产厂家授权、承诺、证明、背书等作为资格要求,对投标人实行差别待遇或者歧视待遇。

第十八条　采购人或者采购代理机构应当按照招标公告、资格预审公告或者投标邀请书规定的时间、地点提供招标文件或者资格预审文件,提供期限自招标公告、资格预审公告发布之日起计算不得少于5个工作日。提供期限届满后,获取招标文件或者资格预审文件的潜在投标人不足3家的,可以顺延提供期限,并予公告。

公开招标进行资格预审的,招标公告和资格预审公告可以合并发布,招标文件应当向所有通过资格预审的供应商提供。

第十九条　采购人或者采购代理机构应当根据采购项目的实施要求,在招标公告、资格预审公告或者投标邀请书中载明是否接受联合体投标。如未载明,不得拒绝联合体投标。

第二十条　采购人或者采购代理机构应当根据采购项目的特点和采购需求编制招标文件。招标文件应当包括以下主要内容:

(一)投标邀请;

(二)投标人须知(包括投标文件的密封、签署、盖章要求等);

(三)投标人应当提交的资格、资信证明文件;

(四)为落实政府采购政策,采购标的需满足的要求,以及投标人须提供的证明材料;

(五)投标文件编制要求、投标报价要求和投标保证金交纳、退还方式以及不予退还投标保证金的情形;

(六)采购项目预算金额,设定最高限价的,还应当公开最高限价;

(七)采购项目的技术规格、数量、服务标准、验收等要求,包括附件、图纸等;

(八)拟签订的合同文本;

(九)货物、服务提供的时间、地点、方式;

(十)采购资金的支付方式、时间、条件;

(十一)评标方法、评标标准和投标无效情形;

(十二)投标有效期;

(十三)投标截止时间、开标时间及地点;

(十四)采购代理机构代理费用的收取标准和方式；

(十五)投标人信用信息查询渠道及截止时点、信用信息查询记录和证据留存的具体方式、信用信息的使用规则等；

(十六)省级以上财政部门规定的其他事项。

对于不允许偏离的实质性要求和条件，采购人或者采购代理机构应当在招标文件中规定，并以醒目的方式标明。

第二十一条　采购人或者采购代理机构应当根据采购项目的特点和采购需求编制资格预审文件。资格预审文件应当包括以下主要内容：

(一)资格预审邀请；

(二)申请人须知；

(三)申请人的资格要求；

(四)资格审核标准和方法；

(五)申请人应当提供的资格预审申请文件的内容和格式；

(六)提交资格预审申请文件的方式、截止时间、地点及资格审核日期；

(七)申请人信用信息查询渠道及截止时点、信用信息查询记录和证据留存的具体方式、信用信息的使用规则等内容；

(八)省级以上财政部门规定的其他事项。

资格预审文件应当免费提供。

第二十二条　采购人、采购代理机构一般不得要求投标人提供样品，仅凭书面方式不能准确描述采购需求或者需要对样品进行主观判断以确认是否满足采购需求等特殊情况除外。

要求投标人提供样品的，应当在招标文件中明确规定样品制作的标准和要求、是否需要随样品提交相关检测报告、样品的评审方法以及评审标准。需要随样品提交检测报告的，还应当规定检测机构的要求、检测内容等。

采购活动结束后，对于未中标人提供的样品，应当及时退还或者经未中标人同意后自行处理；对于中标人提供的样品，应当按照招标文件的规定进行保管、封存，并作为履约验收的参考。

第二十三条　投标有效期从提交投标文件的截止之日起算。投标文件中承诺的投标有效期应当不少于招标文件中载明的投标有效期。投标有效期内投标人撤销投标文件的，采购人或者采购代理机构可以不退还投标保证金。

第二十四条　招标文件售价应当按照弥补制作、邮寄成本的原则确定，不得以营利为目的，不得以招标采购金额作为确定招标文件售价的依据。

第二十五条　招标文件、资格预审文件的内容不得违反法律、行政法规、强制性标准、政府采购政策，或者违反公开透明、公平竞争、公正和诚实信用原则。

有前款规定情形，影响潜在投标人投标或者资格预审结果的，采购人或者采购代理机构应当修改招标文件或者资格预审文件后重新招标。

第二十六条　采购人或者采购代理机构可以在招标文件提供期限截止后，组织已获取招标文件的潜在投标人现场考察或者召开开标前答疑会。

组织现场考察或者召开答疑会的，应当在招标文件中载明，或者在招标文件提供期限截止后以书面形式通知所有获取招标文件的潜在投标人。

第二十七条　采购人或者采购代理机构可以对已发出的招标文件、资格预审文件、投标邀请书进行必要的澄清或者修改，但不得改变采购标的和资格条件。澄清或者修改应当在原公告发布媒体上发布澄清公告。澄清或者修改的内容为招标文件、资格预审文件、投标邀请书的组成部分。

澄清或者修改的内容可能影响投标文件编制的，采购人或者采购代理机构应当在投标截止时间至少15日前，以书面形式通知所有获取招标文件的潜在投标人；不足15日的，采购人或者采购代理机构应当顺延提交投标文件的截止时间。

澄清或者修改的内容可能影响资格预审申请文件编制的，采购人或者采购代理机构应当在提交资格预审申请文件截止时间至少3日前，以书面形式通知所有获取资格预审文件的潜在投标人；不足3日的，采购人或者采购代理机构应当顺延提交资格预审申请文件的截止时间。

第二十八条　投标截止时间前，采购人、采购代理机构和有关人员不得向他人透露已获取招标文件的潜在投标人的名称、数量以及可能影响公平竞争的有关招标投标的其他情况。

第二十九条　采购人、采购代理机构在发布招标公告、资格预审公告或者发出投标邀请书后，除因重大变故采购任务取消情况外，不得擅自终止招标活动。

终止招标的，采购人或者采购代理机构应当及时在原公告发布媒体上发布终止公告，以书面形式通知已经获取招标文件、资格预审文件或者被邀请的潜在投标人，并将项目实施情况和采购任务取消原因报告本级财政部门。已经收取招标文件费用或者投标保证金的，采购人或者采购代理机构应当在终止采购活动后5个工作日内，退还所收取的招标文件费用和所收取的投标保证金及其在银行产生的孳息。

第三章　投　　标

第三十条　投标人，是指响应招标、参加投标竞争的法人、其他组织或者自然人。

第三十一条　采用最低评标价法的采购项目，提供相同品牌产品的不同投标人参加同一合同项下投标的，以其中通过资格审查、符合性审查且报价最低的参加评标；报价相同的，由采购人或者采购人委托评标委员会按照招标文件规定的方式确定一个参加评标的投标人，招标文件未规定的采取随机抽取方式确定，其他投标无效。

使用综合评分法的采购项目，提供相同品牌产品且通过资格审查、符合性审查的不同投标人参加同一合同项下投标的，按一家投标人计算，评审后得分最高的同品牌投标人获得中标人推荐资格；评审得分相同的，由采购人或者采购人委托评标委员会按照招标文件规定的方式确定一个投标人获得中标人推荐资格，招标文件未规定的采取随机抽取方式确定，其他同品牌投标人不作为中标候选人。

非单一产品采购项目，采购人应当根据采购项目技术构成、产品价格比重等合理确定核心产品，并在招标文件中载明。多家投标人提供的核心产品品牌相同的，按前两款规定处理。

第三十二条　投标人应当按照招标文件的要求编制投标文件。投标文件应当对招标文件提出的要求和条件作出明确响应。

第三十三条　投标人应当在招标文件要求提交投标文件的截止时间前,将投标文件密封送达投标地点。采购人或者采购代理机构收到投标文件后,应当如实记载投标文件的送达时间和密封情况,签收保存,并向投标人出具签收回执。任何单位和个人不得在开标前开启投标文件。

逾期送达或者未按照招标文件要求密封的投标文件,采购人、采购代理机构应当拒收。

第三十四条　投标人在投标截止时间前,可以对所递交的投标文件进行补充、修改或者撤回,并书面通知采购人或者采购代理机构。补充、修改的内容应当按照招标文件要求签署、盖章、密封后,作为投标文件的组成部分。

第三十五条　投标人根据招标文件的规定和采购项目的实际情况,拟在中标后将中标项目的非主体、非关键性工作分包的,应当在投标文件中载明分包承担主体,分包承担主体应当具备相应资质条件且不得再次分包。

第三十六条　投标人应当遵循公平竞争的原则,不得恶意串通,不得妨碍其他投标人的竞争行为,不得损害采购人或者其他投标人的合法权益。

在评标过程中发现投标人有上述情形的,评标委员会应当认定其投标无效,并书面报告本级财政部门。

第三十七条　有下列情形之一的,视为投标人串通投标,其投标无效:

(一)不同投标人的投标文件由同一单位或者个人编制;

(二)不同投标人委托同一单位或者个人办理投标事宜;

(三)不同投标人的投标文件载明的项目管理成员或者联系人员为同一人;

(四)不同投标人的投标文件异常一致或者投标报价呈规律性差异;

(五)不同投标人的投标文件相互混装;

(六)不同投标人的投标保证金从同一单位或者个人的账户转出。

第三十八条　投标人在投标截止时间前撤回已提交的投标文件的,采购人或者采购代理机构应当自收到投标人书面撤回通知之日起5个工作日内,退还已收取的投标保证金,但因投标人自身原因导致无法及时退还的除外。

采购人或者采购代理机构应当自中标通知书发出之日起5个工作日内退还未中标人的投标保证金,自采购合同签订之日起5个工作日内退还中标人的投标保证金或者转为中标人的履约保证金。

采购人或者采购代理机构逾期退还投标保证金的,除应当退还投标保证金本金外,还应当按中国人民银行同期贷款基准利率上浮20%后的利率支付超期资金占用费,但因投标人自身原因导致无法及时退还的除外。

第四章　开标、评标

第三十九条　开标应当在招标文件确定的提交投标文件截止时间的同一时间进行。开标地点应当为招标文件中预先确定的地点。

采购人或者采购代理机构应当对开标、评标现场活动进行全程录音录像。录音录像应当清晰可辨,音像资料作为采购文件一并存档。

第四十条　开标由采购人或者采购代理机构主持,邀请投标人参加。评标委员会成员不得参加开标活动。

第四十一条　开标时,应当由投标人或者其推选的代表检查投标文件的密封情况;经确认无误后,由采购人或者采购代理机构工作人员当众拆封,宣布投标人名称、投标价格和招标文件规定的需要宣布的其他内容。

投标人不足3家的,不得开标。

第四十二条　开标过程应当由采购人或者采购代理机构负责记录,由参加开标的各投标人代表和相关工作人员签字确认后随采购文件一并存档。

投标人代表对开标过程和开标记录有疑义,以及认为采购人、采购代理机构相关工作人员有需要回避的情形的,应当场提出询问或者回避申请。采购人、采购代理机构对投标人代表提出的询问或者回避申请应当及时处理。

投标人未参加开标的,视同认可开标结果。

第四十三条　公开招标数额标准以上的采购项目,投标截止后投标人不足3家或者通过资格审查或符合性审查的投标人不足3家的,除采购任务取消情形外,按照以下方式处理:

(一)招标文件存在不合理条款或者招标程序不符合规定的,采购人、采购代理机构改正后依法重新招标;

(二)招标文件没有不合理条款、招标程序符合规定,需要采用其他采购方式采购的,采购人应当依法报财政部门批准。

第四十四条　公开招标采购项目开标结束后,采购人或者采购代理机构应当依法对投标人的资格进行审查。

合格投标人不足3家的,不得评标。

第四十五条　采购人或者采购代理机构负责组织评标工作,并履行下列职责:

(一)核对评审专家身份和采购人代表授权函,对评审专家在政府采购活动中的职责履行情况予以记录,并及时将有关违法违规行为向财政部门报告;

(二)宣布评标纪律;

(三)公布投标人名单,告知评审专家应当回避的情形;

(四)组织评标委员会推选评标组长,采购人代表不得担任组长;

(五)在评标期间采取必要的通讯管理措施,保证评标活动不受外界干扰;

(六)根据评标委员会的要求介绍政府采购相关政策法规、招标文件;

(七)维护评标秩序,监督评标委员会依照招标文件规定的评标程序、方法和标准进行独立评审,及时制止和纠正采购人代表、评审专家的倾向性言论或者违法违规行为;

(八)核对评标结果,有本办法第六十四条规定情形的,要求评标委员会复核或者书面说明理由,评标委员会拒绝的,应予记录并向本级财政部门报告;

(九)评审工作完成后,按照规定向评审专家支付劳务报酬和异地评审差旅费,不得向评审专家以外的其他人员支付评审劳务报酬;

(十)处理与评标有关的其他事项。

采购人可以在评标前说明项目背景和采购需求,说明内容不得含有歧视性、倾向性意见,不得超出招标文件所述范围。说明应当提交书面材料,并随采购文件一并存档。

第四十六条　评标委员会负责具体评标事务，并独立履行下列职责：

（一）审查、评价投标文件是否符合招标文件的商务、技术等实质性要求；

（二）要求投标人对投标文件有关事项作出澄清或者说明；

（三）对投标文件进行比较和评价；

（四）确定中标候选人名单，以及根据采购人委托直接确定中标人；

（五）向采购人、采购代理机构或者有关部门报告评标中发现的违法行为。

第四十七条　评标委员会由采购人代表和评审专家组成，成员人数应当为 5 人以上单数，其中评审专家不得少于成员总数的 2/3。

采购项目符合下列情形之一的，评标委员会成员人数应当为 7 人以上单数：

（一）采购预算金额在 1 000 万元以上；

（二）技术复杂；

（三）社会影响较大。

评审专家对本单位的采购项目只能作为采购人代表参与评标，本办法第四十八条第二款规定情形除外。采购代理机构工作人员不得参加由本机构代理的政府采购项目的评标。

评标委员会成员名单在评标结果公告前应当保密。

第四十八条　采购人或者采购代理机构应当从省级以上财政部门设立的政府采购评审专家库中，通过随机方式抽取评审专家。

对技术复杂、专业性强的采购项目，通过随机方式难以确定合适评审专家的，经主管预算单位同意，采购人可以自行选定相应专业领域的评审专家。

第四十九条　评标中因评标委员会成员缺席、回避或者健康等特殊原因导致评标委员会组成不符合本办法规定的，采购人或者采购代理机构应当依法补足后继续评标。被更换的评标委员会成员所作出的评标意见无效。

无法及时补足评标委员会成员的，采购人或者采购代理机构应当停止评标活动，封存所有投标文件和开标、评标资料，依法重新组建评标委员会进行评标。原评标委员会所作出的评标意见无效。

采购人或者采购代理机构应当将变更、重新组建评标委员会的情况予以记录，并随采购文件一并存档。

第五十条　评标委员会应当对符合资格的投标人的投标文件进行符合性审查，以确定其是否满足招标文件的实质性要求。

第五十一条　对于投标文件中含义不明确、同类问题表述不一致或者有明显文字和计算错误的内容，评标委员会应当以书面形式要求投标人作出必要的澄清、说明或者补正。

投标人的澄清、说明或者补正应当采用书面形式，并加盖公章，或者由法定代表人或其授权的代表签字。投标人的澄清、说明或者补正不得超出投标文件的范围或者改变投标文件的实质性内容。

第五十二条　评标委员会应当按照招标文件中规定的评标方法和标准，对符合性审查合格的投标文件进行商务和技术评估，综合比较与评价。

第五十三条　评标方法分为最低评标价法和综合评分法。

第五十四条　最低评标价法，是指投标文件满足招标文件全部实质性要求，且投标报价最低的投标人为中标候选人的评标方法。

技术、服务等标准统一的货物服务项目,应当采用最低评标价法。

采用最低评标价法评标时,除了算术修正和落实政府采购政策需进行的价格扣除外,不能对投标人的投标价格进行任何调整。

第五十五条　综合评分法,是指投标文件满足招标文件全部实质性要求,且按照评审因素的量化指标评审得分最高的投标人为中标候选人的评标方法。

评审因素的设定应当与投标人所提供货物服务的质量相关,包括投标报价、技术或者服务水平、履约能力、售后服务等。资格条件不得作为评审因素。评审因素应当在招标文件中规定。

评审因素应当细化和量化,且与相应的商务条件和采购需求对应。商务条件和采购需求指标有区间规定的,评审因素应当量化到相应区间,并设置各区间对应的不同分值。

评标时,评标委员会各成员应当独立对每个投标人的投标文件进行评价,并汇总每个投标人的得分。

货物项目的价格分值占总分值的比重不得低于30%;服务项目的价格分值占总分值的比重不得低于10%。执行国家统一定价标准和采用固定价格采购的项目,其价格不列为评审因素。

价格分应当采用低价优先法计算,即满足招标文件要求且投标价格最低的投标报价为评标基准价,其价格分为满分。其他投标人的价格分统一按照下列公式计算:

$$投标报价得分=(评标基准价/投标报价)\times 100$$

$$评标总得分=F_1\times A_1+F_2\times A_2+\cdots+F_n\times A_n$$

$F_1,F_2,\cdots,F_n$ 分别为各项评审因素的得分;

$A_1,A_2,\cdots,A_n$分别为各项评审因素所占的权重($A_1+A_2+\cdots+A_n=1$)。

评标过程中,不得去掉报价中的最高报价和最低报价。

因落实政府采购政策进行价格调整的,以调整后的价格计算评标基准价和投标报价。

第五十六条　采用最低评标价法的,评标结果按投标报价由低到高顺序排列。投标报价相同的并列。投标文件满足招标文件全部实质性要求且投标报价最低的投标人为排名第一的中标候选人。

第五十七条　采用综合评分法的,评标结果按评审后得分由高到低顺序排列。得分相同的,按投标报价由低到高顺序排列。得分且投标报价相同的并列。投标文件满足招标文件全部实质性要求,且按照评审因素的量化指标评审得分最高的投标人为排名第一的中标候选人。

第五十八条　评标委员会根据全体评标成员签字的原始评标记录和评标结果编写评标报告。评标报告应当包括以下内容:

(一)招标公告刊登的媒体名称、开标日期和地点;

(二)投标人名单和评标委员会成员名单;

(三)评标方法和标准;

(四)开标记录和评标情况及说明,包括无效投标人名单及原因;

(五)评标结果,确定的中标候选人名单或者经采购人委托直接确定的中标人;

(六)其他需要说明的情况,包括评标过程中投标人根据评标委员会要求进行的澄清、说明或者补正,评标委员会成员的更换等。

第五十九条　投标文件报价出现前后不一致的，除招标文件另有规定外，按照下列规定修正：

（一）投标文件中开标一览表（报价表）内容与投标文件中相应内容不一致的，以开标一览表（报价表）为准；

（二）大写金额和小写金额不一致的，以大写金额为准；

（三）单价金额小数点或者百分比有明显错位的，以开标一览表的总价为准，并修改单价；

（四）总价金额与按单价汇总金额不一致的，以单价金额计算结果为准。

同时出现两种以上不一致的，按照前款规定的顺序修正。修正后的报价按照本办法第五十一条第二款的规定经投标人确认后产生约束力，投标人不确认的，其投标无效。

第六十条　评标委员会认为投标人的报价明显低于其他通过符合性审查投标人的报价，有可能影响产品质量或者不能诚信履约的，应当要求其在评标现场合理的时间内提供书面说明，必要时提交相关证明材料；投标人不能证明其报价合理性的，评标委员会应当将其作为无效投标处理。

第六十一条　评标委员会成员对需要共同认定的事项存在争议的，应当按照少数服从多数的原则作出结论。持不同意见的评标委员会成员应当在评标报告上签署不同意见及理由，否则视为同意评标报告。

第六十二条　评标委员会及其成员不得有下列行为：

（一）确定参与评标至评标结束前私自接触投标人；

（二）接受投标人提出的与投标文件不一致的澄清或者说明，本办法第五十一条规定的情形除外；

（三）违反评标纪律发表倾向性意见或者征询采购人的倾向性意见；

（四）对需要专业判断的主观评审因素协商评分；

（五）在评标过程中擅离职守，影响评标程序正常进行的；

（六）记录、复制或者带走任何评标资料；

（七）其他不遵守评标纪律的行为。

评标委员会成员有前款第一至五项行为之一的，其评审意见无效，并不得获取评审劳务报酬和报销异地评审差旅费。

第六十三条　投标人存在下列情况之一的，投标无效：

（一）未按照招标文件的规定提交投标保证金的；

（二）投标文件未按招标文件要求签署、盖章的；

（三）不具备招标文件中规定的资格要求的；

（四）报价超过招标文件中规定的预算金额或者最高限价的；

（五）投标文件含有采购人不能接受的附加条件的；

（六）法律、法规和招标文件规定的其他无效情形。

第六十四条　评标结果汇总完成后，除下列情形外，任何人不得修改评标结果：

（一）分值汇总计算错误的；

（二）分项评分超出评分标准范围的；

（三）评标委员会成员对客观评审因素评分不一致的；

（四）经评标委员会认定评分畸高、畸低的。

评标报告签署前，经复核发现存在以上情形之一的，评标委员会应当当场修改评标结果，并在评标报告中记载；评标报告签署后，采购人或者采购代理机构发现存在以上情形之一的，应当组织原评标委员会进行重新评审，重新评审改变评标结果的，书面报告本级财政部门。

投标人对本条第一款情形提出质疑的，采购人或者采购代理机构可以组织原评标委员会进行重新评审，重新评审改变评标结果的，应当书面报告本级财政部门。

第六十五条　评标委员会发现招标文件存在歧义、重大缺陷导致评标工作无法进行，或者招标文件内容违反国家有关强制性规定的，应当停止评标工作，与采购人或者采购代理机构沟通并作书面记录。采购人或者采购代理机构确认后，应当修改招标文件，重新组织采购活动。

第六十六条　采购人、采购代理机构应当采取必要措施，保证评标在严格保密的情况下进行。除采购人代表、评标现场组织人员外，采购人的其他工作人员以及与评标工作无关的人员不得进入评标现场。

有关人员对评标情况以及在评标过程中获悉的国家秘密、商业秘密负有保密责任。

第六十七条　评标委员会或者其成员存在下列情形导致评标结果无效的，采购人、采购代理机构可以重新组建评标委员会进行评标，并书面报告本级财政部门，但采购合同已经履行的除外：

（一）评标委员会组成不符合本办法规定的；

（二）有本办法第六十二条第一至五项情形的；

（三）评标委员会及其成员独立评标受到非法干预的；

（四）有政府采购法实施条例第七十五条规定的违法行为的。

有违法违规行为的原评标委员会成员不得参加重新组建的评标委员会。

第五章　中标和合同

第六十八条　采购代理机构应当在评标结束后2个工作日内将评标报告送采购人。

采购人应当自收到评标报告之日起5个工作日内，在评标报告确定的中标候选人名单中按顺序确定中标人。中标候选人并列的，由采购人或者采购人委托评标委员会按照招标文件规定的方式确定中标人；招标文件未规定的，采取随机抽取的方式确定。

采购人自行组织招标的，应当在评标结束后5个工作日内确定中标人。

采购人在收到评标报告5个工作日内未按评标报告推荐的中标候选人顺序确定中标人，又不能说明合法理由的，视同按评标报告推荐的顺序确定排名第一的中标候选人为中标人。

第六十九条　采购人或者采购代理机构应当自中标人确定之日起2个工作日内，在省级以上财政部门指定的媒体上公告中标结果，招标文件应当随中标结果同时公告。

中标结果公告内容应当包括采购人及其委托的采购代理机构的名称、地址、联系方式，项目名称和项目编号，中标人名称、地址和中标金额，主要中标标的的名称、规格型号、数量、单价、服务要求，中标公告期限以及评审专家名单。

中标公告期限为1个工作日。

邀请招标采购人采用书面推荐方式产生符合资格条件的潜在投标人的,还应当将所有被推荐供应商名单和推荐理由随中标结果同时公告。

在公告中标结果的同时,采购人或者采购代理机构应当向中标人发出中标通知书;对未通过资格审查的投标人,应当告知其未通过的原因;采用综合评分法评审的,还应当告知未中标人本人的评审得分与排序。

第七十条　中标通知书发出后,采购人不得违法改变中标结果,中标人无正当理由不得放弃中标。

第七十一条　采购人应当自中标通知书发出之日起30日内,按照招标文件和中标人投标文件的规定,与中标人签订书面合同。所签订的合同不得对招标文件确定的事项和中标人投标文件作实质性修改。

采购人不得向中标人提出任何不合理的要求作为签订合同的条件。

第七十二条　政府采购合同应当包括采购人与中标人的名称和住所、标的、数量、质量、价款或者报酬、履行期限及地点和方式、验收要求、违约责任、解决争议的方法等内容。

第七十三条　采购人与中标人应当根据合同的约定依法履行合同义务。

政府采购合同的履行、违约责任和解决争议的方法等适用《中华人民共和国合同法》。

第七十四条　采购人应当及时对采购项目进行验收。采购人可以邀请参加本项目的其他投标人或者第三方机构参与验收。参与验收的投标人或者第三方机构的意见作为验收书的参考资料一并存档。

第七十五条　采购人应当加强对中标人的履约管理,并按照采购合同约定,及时向中标人支付采购资金。对于中标人违反采购合同约定的行为,采购人应当及时处理,依法追究其违约责任。

第七十六条　采购人、采购代理机构应当建立真实完整的招标采购档案,妥善保存每项采购活动的采购文件。

第六章　法 律 责 任

第七十七条　采购人有下列情形之一的,由财政部门责令限期改正;情节严重的,给予警告,对直接负责的主管人员和其他直接责任人员由其行政主管部门或者有关机关依法给予处分,并予以通报;涉嫌犯罪的,移送司法机关处理:

(一)未按照本办法的规定编制采购需求的;

(二)违反本办法第六条第二款规定的;

(三)未在规定时间内确定中标人的;

(四)向中标人提出不合理要求作为签订合同条件的。

第七十八条　采购人、采购代理机构有下列情形之一的,由财政部门责令限期改正,情节严重的,给予警告,对直接负责的主管人员和其他直接责任人员,由其行政主管部门或者有关机关给予处分,并予通报;采购代理机构有违法所得的,没收违法所得,并可以处以不超过违法所得3倍、最高不超过3万元的罚款,没有违法所得的,可以处以1万元以下的罚款:

（一）违反本办法第八条第二款规定的；
（二）设定最低限价的；
（三）未按照规定进行资格预审或者资格审查的；
（四）违反本办法规定确定招标文件售价的；
（五）未按规定对开标、评标活动进行全程录音录像的；
（六）擅自终止招标活动的；
（七）未按照规定进行开标和组织评标的；
（八）未按照规定退还投标保证金的；
（九）违反本办法规定进行重新评审或者重新组建评标委员会进行评标的；
（十）开标前泄露已获取招标文件的潜在投标人的名称、数量或者其他可能影响公平竞争的有关招标投标情况的；
（十一）未妥善保存采购文件的；
（十二）其他违反本办法规定的情形。

第七十九条　有本办法第七十七条、第七十八条规定的违法行为之一，经改正后仍然影响或者可能影响中标结果的，依照政府采购法实施条例第七十一条规定处理。

第八十条　政府采购当事人违反本办法规定，给他人造成损失的，依法承担民事责任。

第八十一条　评标委员会成员有本办法第六十二条所列行为之一的，由财政部门责令限期改正；情节严重的，给予警告，并对其不良行为予以记录。

第八十二条　财政部门应当依法履行政府采购监督管理职责。财政部门及其工作人员在履行监督管理职责中存在懒政怠政、滥用职权、玩忽职守、徇私舞弊等违法违纪行为的，依照政府采购法、《中华人民共和国公务员法》、《中华人民共和国行政监察法》、政府采购法实施条例等国家有关规定追究相应责任；涉嫌犯罪的，移送司法机关处理。

第七章　附　　则

第八十三条　政府采购货物服务电子招标投标、政府采购货物中的进口机电产品招标投标有关特殊事宜，由财政部另行规定。

第八十四条　本办法所称主管预算单位是指负有编制部门预算职责，向本级财政部门申报预算的国家机关、事业单位和团体组织。

第八十五条　本办法规定按日计算期间的，开始当天不计入，从次日开始计算。期限的最后一日是国家法定节假日的，顺延到节假日后的次日为期限的最后一日。

第八十六条　本办法所称的“以上”、“以下”、“内”、“以内”，包括本数；所称的“不足”，不包括本数。

第八十七条　各省、自治区、直辖市财政部门可以根据本办法制定具体实施办法。

第八十八条　本办法自 2017 年 10 月 1 日起施行。财政部 2004 年 8 月 11 日发布的《政府采购货物和服务招标投标管理办法》（财政部令第 18 号）同时废止。

政府采购质疑和投诉办法

（财政部令第94号）

第一章　总　　则

第一条　为了规范政府采购质疑和投诉行为，保护参加政府采购活动当事人的合法权益，根据《中华人民共和国政府采购法》《中华人民共和国政府采购法实施条例》和其他有关法律法规规定，制定本办法。

第二条　本办法适用于政府采购质疑的提出和答复、投诉的提起和处理。

第三条　政府采购供应商（以下简称供应商）提出质疑和投诉应当坚持依法依规、诚实信用原则。

第四条　政府采购质疑答复和投诉处理应当坚持依法依规、权责对等、公平公正、简便高效原则。

第五条　采购人负责供应商质疑答复。采购人委托采购代理机构采购的，采购代理机构在委托授权范围内作出答复。

县级以上各级人民政府财政部门（以下简称财政部门）负责依法处理供应商投诉。

第六条　供应商投诉按照采购人所属预算级次，由本级财政部门处理。

跨区域联合采购项目的投诉，采购人所属预算级次相同的，由采购文件事先约定的财政部门负责处理，事先未约定的，由最先收到投诉的财政部门负责处理；采购人所属预算级次不同的，由预算级次最高的财政部门负责处理。

第七条　采购人、采购代理机构应当在采购文件中载明接收质疑函的方式、联系部门、联系电话和通讯地址等信息。

县级以上财政部门应当在省级以上财政部门指定的政府采购信息发布媒体公布受理投诉的方式、联系部门、联系电话和通讯地址等信息。

第八条　供应商可以委托代理人进行质疑和投诉。其授权委托书应当载明代理人的姓名或者名称、代理事项、具体权限、期限和相关事项。供应商为自然人的，应当由本人签字；供应商为法人或者其他组织的，应当由法定代表人、主要负责人签字或者盖章，并加盖公章。

代理人提出质疑和投诉，应当提交供应商签署的授权委托书。

第九条　以联合体形式参加政府采购活动的，其投诉应当由组成联合体的所有供应商共同提出。

第二章　质疑提出与答复

第十条　供应商认为采购文件、采购过程、中标或者成交结果使自己的权益受到损害的,可以在知道或者应知其权益受到损害之日起 7 个工作日内,以书面形式向采购人、采购代理机构提出质疑。

采购文件可以要求供应商在法定质疑期内一次性提出针对同一采购程序环节的质疑。

第十一条　提出质疑的供应商(以下简称质疑供应商)应当是参与所质疑项目采购活动的供应商。

潜在供应商已依法获取其可质疑的采购文件的,可以对该文件提出质疑。对采购文件提出质疑的,应当在获取采购文件或者采购文件公告期限届满之日起 7 个工作日内提出。

第十二条　供应商提出质疑应当提交质疑函和必要的证明材料。质疑函应当包括下列内容:

(一)供应商的姓名或者名称、地址、邮编、联系人及联系电话;

(二)质疑项目的名称、编号;

(三)具体、明确的质疑事项和与质疑事项相关的请求;

(四)事实依据;

(五)必要的法律依据;

(六)提出质疑的日期。

供应商为自然人的,应当由本人签字;供应商为法人或者其他组织的,应当由法定代表人、主要负责人,或者其授权代表签字或者盖章,并加盖公章。

第十三条　采购人、采购代理机构不得拒收质疑供应商在法定质疑期内发出的质疑函,应当在收到质疑函后 7 个工作日内作出答复,并以书面形式通知质疑供应商和其他有关供应商。

第十四条　供应商对评审过程、中标或者成交结果提出质疑的,采购人、采购代理机构可以组织原评标委员会、竞争性谈判小组、询价小组或者竞争性磋商小组协助答复质疑。

第十五条　质疑答复应当包括下列内容:

(一)质疑供应商的姓名或者名称;

(二)收到质疑函的日期、质疑项目名称及编号;

(三)质疑事项、质疑答复的具体内容、事实依据和法律依据;

(四)告知质疑供应商依法投诉的权利;

(五)质疑答复人名称;

(六)答复质疑的日期。

质疑答复的内容不得涉及商业秘密。

第十六条　采购人、采购代理机构认为供应商质疑不成立,或者成立但未对中标、成交结果构成影响的,继续开展采购活动;认为供应商质疑成立且影响或者可能影响中标、成交结果的,按照下列情况处理:

(一)对采购文件提出的质疑,依法通过澄清或者修改可以继续开展采购活动的,澄清或者修改采购文件后继续开展采购活动;否则应当修改采购文件后重新开展采购活动。

（二）对采购过程、中标或者成交结果提出的质疑，合格供应商符合法定数量时，可以从合格的中标或者成交候选人中另行确定中标、成交供应商的，应当依法另行确定中标、成交供应商；否则应当重新开展采购活动。

质疑答复导致中标、成交结果改变的，采购人或者采购代理机构应当将有关情况书面报告本级财政部门。

第三章　投诉提起

第十七条　质疑供应商对采购人、采购代理机构的答复不满意，或者采购人、采购代理机构未在规定时间内作出答复的，可以在答复期满后15个工作日内向本办法第六条规定的财政部门提起投诉。

第十八条　投诉人投诉时，应当提交投诉书和必要的证明材料，并按照被投诉采购人、采购代理机构（以下简称被投诉人）和与投诉事项有关的供应商数量提供投诉书的副本。投诉书应当包括下列内容：

（一）投诉人和被投诉人的姓名或者名称、通讯地址、邮编、联系人及联系电话；

（二）质疑和质疑答复情况说明及相关证明材料；

（三）具体、明确的投诉事项和与投诉事项相关的投诉请求；

（四）事实依据；

（五）法律依据；

（六）提起投诉的日期。

投诉人为自然人的，应当由本人签字；投诉人为法人或者其他组织的，应当由法定代表人、主要负责人，或者其授权代表签字或者盖章，并加盖公章。

第十九条　投诉人应当根据本办法第七条第二款规定的信息内容，并按照其规定的方式提起投诉。

投诉人提起投诉应当符合下列条件：

（一）提起投诉前已依法进行质疑；

（二）投诉书内容符合本办法的规定；

（三）在投诉有效期限内提起投诉；

（四）同一投诉事项未经财政部门投诉处理；

（五）财政部规定的其他条件。

第二十条　供应商投诉的事项不得超出已质疑事项的范围，但基于质疑答复内容提出的投诉事项除外。

第四章　投诉处理

第二十一条　财政部门收到投诉书后，应当在5个工作日内进行审查，审查后按照下列情况处理：

（一）投诉书内容不符合本办法第十八条规定的，应当在收到投诉书5个工作日内一次性书面通知投诉人补正。补正通知应当载明需要补正的事项和合理的补正期限。未按照补正期限进行补正或者补正后仍不符合规定的,不予受理。

(二)投诉不符合本办法第十九条规定条件的,应当在 3 个工作日内书面告知投诉人不予受理,并说明理由。

(三)投诉不属于本部门管辖的,应当在 3 个工作日内书面告知投诉人向有管辖权的部门提起投诉。

(四)投诉符合本办法第十八条、第十九条规定的,自收到投诉书之日起即为受理,并在收到投诉后 8 个工作日内向被投诉人和其他与投诉事项有关的当事人发出投诉答复通知书及投诉书副本。

第二十二条　被投诉人和其他与投诉事项有关的当事人应当在收到投诉答复通知书及投诉书副本之日起 5 个工作日内,以书面形式向财政部门作出说明,并提交相关证据、依据和其他有关材料。

第二十三条　财政部门处理投诉事项原则上采用书面审查的方式。财政部门认为有必要时,可以进行调查取证或者组织质证。

财政部门可以根据法律、法规规定或者职责权限,委托相关单位或者第三方开展调查取证、检验、检测、鉴定。

质证应当通知相关当事人到场,并制作质证笔录。质证笔录应当由当事人签字确认。

第二十四条　财政部门依法进行调查取证时,投诉人、被投诉人以及与投诉事项有关的单位及人员应当如实反映情况,并提供财政部门所需要的相关材料。

第二十五条　应当由投诉人承担举证责任的投诉事项,投诉人未提供相关证据、依据和其他有关材料的,视为该投诉事项不成立;被投诉人未按照投诉答复通知书要求提交相关证据、依据和其他有关材料的,视同其放弃说明权利,依法承担不利后果。

第二十六条　财政部门应当自收到投诉之日起 30 个工作日内,对投诉事项作出处理决定。

第二十七条　财政部门处理投诉事项,需要检验、检测、鉴定、专家评审以及需要投诉人补正材料的,所需时间不计算在投诉处理期限内。

前款所称所需时间,是指财政部门向相关单位、第三方、投诉人发出相关文书、补正通知之日至收到相关反馈文书或材料之日。

财政部门向相关单位、第三方开展检验、检测、鉴定、专家评审的,应当将所需时间告知投诉人。

第二十八条　财政部门在处理投诉事项期间,可以视具体情况书面通知采购人和采购代理机构暂停采购活动,暂停采购活动时间最长不得超过 30 日。

采购人和采购代理机构收到暂停采购活动通知后应当立即中止采购活动,在法定的暂停期限结束前或者财政部门发出恢复采购活动通知前,不得进行该项采购活动。

第二十九条　投诉处理过程中,有下列情形之一的,财政部门应当驳回投诉:

(一)受理后发现投诉不符合法定受理条件;

(二)投诉事项缺乏事实依据,投诉事项不成立;

(三)投诉人捏造事实或者提供虚假材料;

(四)投诉人以非法手段取得证明材料。证据来源的合法性存在明显疑问,投诉人无法证明其取得方式合法的,视为以非法手段取得证明材料。

第三十条　财政部门受理投诉后，投诉人书面申请撤回投诉的，财政部门应当终止投诉处理程序，并书面告知相关当事人。

第三十一条　投诉人对采购文件提起的投诉事项，财政部门经查证属实的，应当认定投诉事项成立。经认定成立的投诉事项不影响采购结果的，继续开展采购活动；影响或者可能影响采购结果的，财政部门按照下列情况处理：

（一）未确定中标或者成交供应商的，责令重新开展采购活动。

（二）已确定中标或者成交供应商但尚未签订政府采购合同的，认定中标或者成交结果无效，责令重新开展采购活动。

（三）政府采购合同已经签订但尚未履行的，撤销合同，责令重新开展采购活动。

（四）政府采购合同已经履行，给他人造成损失的，相关当事人可依法提起诉讼，由责任人承担赔偿责任。

第三十二条　投诉人对采购过程或者采购结果提起的投诉事项，财政部门经查证属实的，应当认定投诉事项成立。经认定成立的投诉事项不影响采购结果的，继续开展采购活动；影响或者可能影响采购结果的，财政部门按照下列情况处理：

（一）未确定中标或者成交供应商的，责令重新开展采购活动。

（二）已确定中标或者成交供应商但尚未签订政府采购合同的，认定中标或者成交结果无效。合格供应商符合法定数量时，可以从合格的中标或者成交候选人中另行确定中标或者成交供应商的，应当要求采购人依法另行确定中标、成交供应商；否则责令重新开展采购活动。

（三）政府采购合同已经签订但尚未履行的，撤销合同。合格供应商符合法定数量时，可以从合格的中标或者成交候选人中另行确定中标或者成交供应商的，应当要求采购人依法另行确定中标、成交供应商；否则责令重新开展采购活动。

（四）政府采购合同已经履行，给他人造成损失的，相关当事人可依法提起诉讼，由责任人承担赔偿责任。

投诉人对废标行为提起的投诉事项成立的，财政部门应当认定废标行为无效。

第三十三条　财政部门作出处理决定，应当制作投诉处理决定书，并加盖公章。投诉处理决定书应当包括下列内容：

（一）投诉人和被投诉人的姓名或者名称、通讯地址等；

（二）处理决定查明的事实和相关依据，具体处理决定和法律依据；

（三）告知相关当事人申请行政复议的权利、行政复议机关和行政复议申请期限，以及提起行政诉讼的权利和起诉期限；

（四）作出处理决定的日期。

第三十四条　财政部门应当将投诉处理决定书送达投诉人和与投诉事项有关的当事人，并及时将投诉处理结果在省级以上财政部门指定的政府采购信息发布媒体上公告。

投诉处理决定书的送达，参照《中华人民共和国民事诉讼法》关于送达的规定执行。

第三十五条　财政部门应当建立投诉处理档案管理制度，并配合有关部门依法进行的监督检查。

第五章　法律责任

第三十六条　采购人、采购代理机构有下列情形之一的，由财政部门责令限期改正；情节严重的，给予警告，对直接负责的主管人员和其他直接责任人员，由其行政主管部门或者有关机关给予处分，并予通报：

（一）拒收质疑供应商在法定质疑期内发出的质疑函；

（二）对质疑不予答复或者答复与事实明显不符，并不能作出合理说明；

（三）拒绝配合财政部门处理投诉事宜。

第三十七条　投诉人在全国范围12个月内三次以上投诉查无实据的，由财政部门列入不良行为记录名单。

投诉人有下列行为之一的，属于虚假、恶意投诉，由财政部门列入不良行为记录名单，禁止其1至3年内参加政府采购活动：

（一）捏造事实；

（二）提供虚假材料；

（三）以非法手段取得证明材料。证据来源的合法性存在明显疑问，投诉人无法证明其取得方式合法的，视为以非法手段取得证明材料。

第三十八条　财政部门及其工作人员在履行投诉处理职责中违反本办法规定及存在其他滥用职权、玩忽职守、徇私舞弊等违法违纪行为的，依照《中华人民共和国政府采购法》《中华人民共和国公务员法》《中华人民共和国行政监察法》《中华人民共和国政府采购法实施条例》等国家有关规定追究相应责任；涉嫌犯罪的，依法移送司法机关处理。

第六章　附　　则

第三十九条　质疑函和投诉书应当使用中文。质疑函和投诉书的范本，由财政部制定。

第四十条　相关当事人提供外文书证或者外国语视听资料的，应当附有中文译本，由翻译机构盖章或者翻译人员签名。

相关当事人向财政部门提供的在中华人民共和国领域外形成的证据，应当说明来源，经所在国公证机关证明，并经中华人民共和国驻该国使领馆认证，或者履行中华人民共和国与证据所在国订立的有关条约中规定的证明手续。

相关当事人提供的在香港特别行政区、澳门特别行政区和台湾地区内形成的证据，应当履行相关的证明手续。

第四十一条　财政部门处理投诉不得向投诉人和被投诉人收取任何费用。但因处理投诉发生的第三方检验、检测、鉴定等费用，由提出申请的供应商先行垫付。投诉处理决定明确双方责任后，按照“谁过错谁负担”的原则由承担责任的一方负担；双方都有责任的，由双方合理分担。

第四十二条　本办法规定的期间开始之日，不计算在期间内。期间届满的最后一日是节假日的，以节假日后的第一日为期间届满的日期。期间不包括在途时间，质疑和投诉文书在期满前交邮的,不算过期。

本办法规定的“以上”“以下”均含本数。

第四十三条　对在质疑答复和投诉处理过程中知悉的国家秘密、商业秘密、个人隐私和依法不予公开的信息,财政部门、采购人、采购代理机构等相关知情人应当保密。

第四十四条　省级财政部门可以根据本办法制定具体实施办法。

第四十五条　本办法自 2018 年 3 月 1 日起施行。财政部 2004 年 8 月 11 日发布的《政府采购供应商投诉处理办法》(财政部令第 20 号)同时废止。

政府采购信息发布管理办法

（财政部令第101号）

第一条　为了规范政府采购信息发布行为，提高政府采购透明度，根据《中华人民共和国政府采购法》《中华人民共和国政府采购法实施条例》等有关法律、行政法规，制定本办法。

第二条　政府采购信息发布，适用本办法。

第三条　本办法所称政府采购信息，是指依照政府采购有关法律制度规定应予公开的公开招标公告、资格预审公告、单一来源采购公示、中标（成交）结果公告、政府采购合同公告等政府采购项目信息，以及投诉处理结果、监督检查处理结果、集中采购机构考核结果等政府采购监管信息。

第四条　政府采购信息发布应当遵循格式规范统一、渠道相对集中、便于查找获得的原则。

第五条　财政部指导和协调全国政府采购信息发布工作，并依照政府采购法律、行政法规有关规定，对中央预算单位的政府采购信息发布活动进行监督管理。

地方各级人民政府财政部门（以下简称财政部门）对本级预算单位的政府采购信息发布活动进行监督管理。

第六条　财政部对中国政府采购网进行监督管理。省级（自治区、直辖市、计划单列市）财政部门对中国政府采购网省级分网进行监督管理。

第七条　政府采购信息应当按照财政部规定的格式编制。

第八条　中央预算单位政府采购信息应当在中国政府采购网发布，地方预算单位政府采购信息应当在所在行政区域的中国政府采购网省级分网发布。

除中国政府采购网及其省级分网以外，政府采购信息可以在省级以上财政部门指定的其他媒体同步发布。

第九条　财政部门、采购人和其委托的采购代理机构（以下统称发布主体）应当对其提供的政府采购信息的真实性、准确性、合法性负责。

中国政府采购网及其省级分网和省级以上财政部门指定的其他媒体（以下统称指定媒体）应当对其收到的政府采购信息发布的及时性、完整性负责。

第十条　发布主体发布政府采购信息不得有虚假和误导性陈述，不得遗漏依法必须公开的事项。

第十一条　发布主体应当确保其在不同媒体发布的同一政府采购信息内容一致。

在不同媒体发布的同一政府采购信息内容、时间不一致的，以在中国政府采购网或者其省级分网发布的信息为准。同时在中国政府采购网和省级分网发布的，以在中国政府采购网上发布的信息为准。

第十二条　指定媒体应当采取必要措施，对政府采购信息发布主体的身份进行核验。

第十三条　指定媒体应当及时发布收到的政府采购信息。

中国政府采购网或者其省级分网应当自收到政府采购信息起 1 个工作日内发布。

第十四条　指定媒体应当加强安全防护，确保发布的政府采购信息不被篡改、不遗漏，不得擅自删除或者修改信息内容。

第十五条　指定媒体应当向发布主体免费提供信息发布服务，不得向市场主体和社会公众收取信息查阅费用。

第十六条　采购人或者其委托的采购代理机构未依法在指定媒体上发布政府采购项目信息的，依照政府采购法实施条例 追究法律责任。

采购人或者其委托的采购代理机构存在其他违反本办法规定行为的，由县级以上财政部门依法责令限期改正，给予警告，对直接负责的主管人员和其他直接责任人员，建议其行政主管部门或者有关机关依法依规处理，并予通报。

第十七条　指定媒体违反本办法规定的，由实施指定行为的省级以上财政部门依法责令限期改正，对直接负责的主管人员和其他直接责任人员，建议其行政主管部门或者有关机关依法依规处理，并予通报。

第十八条　财政部门及其工作人员在政府采购信息发布活动中存在懒政怠政、滥用职权、玩忽职守、徇私舞弊等违法违纪行为的，依照《中华人民共和国政府采购法》《中华人民共和国公务员法》《中华人民共和国监察法》《中华人民共和国政府采购法实施条例》等国家有关规定追究相应责任；涉嫌犯罪的，依法移送有关国家机关处理。

第十九条　涉密政府采购项目信息发布，依照国家有关规定执行。

第二十条　省级财政部门可以根据本办法制定具体实施办法。

本办法自 2020 年 3 月 1 日起施行。财政部 2004 年 9 月 11 日颁布实施的《政府采购信息公告管理办法》（财政部令第 19 号）同时废止。

政府购买服务管理办法

（财政部令第102号）

第一章 总 则

第一条 为规范政府购买服务行为，促进转变政府职能，改善公共服务供给，根据《中华人民共和国预算法》《中华人民共和国政府采购法》《中华人民共和国合同法》等法律、行政法规的规定，制定本办法。

第二条 本办法所称政府购买服务，是指各级国家机关将属于自身职责范围且适合通过市场化方式提供的服务事项，按照政府采购方式和程序，交由符合条件的服务供应商承担，并根据服务数量和质量等因素向其支付费用的行为。

第三条 政府购买服务应当遵循预算约束、以事定费、公开择优、诚实信用、讲求绩效原则。

第四条 财政部负责制定全国性政府购买服务制度，指导和监督各地区、各部门政府购买服务工作。

县级以上地方人民政府财政部门负责本行政区域政府购买服务管理。

第二章 购买主体和承接主体

第五条 各级国家机关是政府购买服务的购买主体。

第六条 依法成立的企业、社会组织（不含由财政拨款保障的群团组织），公益二类和从事生产经营活动的事业单位，农村集体经济组织，基层群众性自治组织，以及具备条件的个人可以作为政府购买服务的承接主体。

第七条 政府购买服务的承接主体应当符合政府采购法律、行政法规规定的条件。

购买主体可以结合购买服务项目的特点规定承接主体的具体条件，但不得违反政府采购法律、行政法规，以不合理的条件对承接主体实行差别待遇或者歧视待遇。

第八条 公益一类事业单位、使用事业编制且由财政拨款保障的群团组织，不作为政府购买服务的购买主体和承接主体。

第三章 购买内容和目录

第九条 政府购买服务的内容包括政府向社会公众提供的公共服务，以及政府履职所需辅助性服务。

第十条 以下各项不得纳入政府购买服务范围：

(一)不属于政府职责范围的服务事项;

(二)应当由政府直接履职的事项;

(三)政府采购法律、行政法规规定的货物和工程,以及将工程和服务打包的项目;

(四)融资行为;

(五)购买主体的人员招、聘用,以劳务派遣方式用工,以及设置公益性岗位等事项;

(六)法律、行政法规以及国务院规定的其他不得作为政府购买服务内容的事项。

第十一条 政府购买服务的具体范围和内容实行指导性目录管理,指导性目录依法予以公开。

第十二条 政府购买服务指导性目录在中央和省两级实行分级管理,财政部和省级财政部门分别制定本级政府购买服务指导性目录,各部门在本级指导性目录范围内编制本部门政府购买服务指导性目录。

省级财政部门根据本地区情况确定省以下政府购买服务指导性目录的编制方式和程序。

第十三条 有关部门应当根据经济社会发展实际、政府职能转变和基本公共服务均等化、标准化的要求,编制、调整指导性目录。

编制、调整指导性目录应当充分征求相关部门意见,根据实际需要进行专家论证。

第十四条 纳入政府购买服务指导性目录的服务事项,已安排预算的,可以实施政府购买服务。

第四章 购买活动的实施

第十五条 政府购买服务应当突出公共性和公益性,重点考虑、优先安排与改善民生密切相关,有利于转变政府职能、提高财政资金绩效的项目。

政府购买的基本公共服务项目的服务内容、水平、流程等标准要素,应当符合国家基本公共服务标准相关要求。

第十六条 政府购买服务项目所需资金应当在相关部门预算中统筹安排,并与中期财政规划相衔接,未列入预算的项目不得实施。

购买主体在编报年度部门预算时,应当反映政府购买服务支出情况。政府购买服务支出应当符合预算管理有关规定。

第十七条 购买主体应当根据购买内容及市场状况、相关供应商服务能力和信用状况等因素,通过公平竞争择优确定承接主体。

第十八条 购买主体向个人购买服务,应当限于确实适宜实施政府购买服务并且由个人承接的情形,不得以政府购买服务名义变相用工。

第十九条 政府购买服务项目采购环节的执行和监督管理,包括集中采购目录及标准、采购政策、采购方式和程序、信息公开、质疑投诉、失信惩戒等,按照政府采购法律、行政法规和相关制度执行。

第二十条 购买主体实施政府购买服务项目绩效管理,应当开展事前绩效评估,定期对所购服务实施情况开展绩效评价,具备条件的项目可以运用第三方评价评估。

财政部门可以根据需要,对部门政府购买服务整体工作开展绩效评价,或者对部门实施的资金金额和社会影响大的政府购买服务项目开展重点绩效评价。

第二十一条　购买主体及财政部门应当将绩效评价结果作为承接主体选择、预算安排和政策调整的重要依据。

第五章　合同及履行

第二十二条　政府购买服务合同的签订、履行、变更，应当遵循《中华人民共和国合同法》的相关规定。

第二十三条　购买主体应当与确定的承接主体签订书面合同，合同约定的服务内容应当符合本办法第九条、第十条的规定。

政府购买服务合同应当明确服务的内容、期限、数量、质量、价格，资金结算方式，各方权利义务事项和违约责任等内容。

政府购买服务合同应当依法予以公告。

第二十四条　政府购买服务合同履行期限一般不超过 1 年；在预算保障的前提下，对于购买内容相对固定、连续性强、经费来源稳定、价格变化幅度小的政府购买服务项目，可以签订履行期限不超过 3 年的政府购买服务合同。

第二十五条　购买主体应当加强政府购买服务项目履约管理，开展绩效执行监控，及时掌握项目实施进度和绩效目标实现情况，督促承接主体严格履行合同，按照合同约定向承接主体支付款项。

第二十六条　承接主体应当按照合同约定提供服务，不得将服务项目转包给其他主体。

第二十七条　承接主体应当建立政府购买服务项目台账，依照有关规定或合同约定记录保存并向购买主体提供项目实施相关重要资料信息。

第二十八条　承接主体应当严格遵守相关财务规定，规范管理和使用政府购买服务项目资金。

承接主体应当配合相关部门对资金使用情况进行监督检查与绩效评价。

第二十九条　承接主体可以依法依规使用政府购买服务合同向金融机构融资。

购买主体不得以任何形式为承接主体的融资行为提供担保。

第六章　监督管理和法律责任

第三十条　有关部门应当建立健全政府购买服务监督管理机制。购买主体和承接主体应当自觉接受财政监督、审计监督、社会监督以及服务对象的监督。

第三十一条　购买主体、承接主体及其他政府购买服务参与方在政府购买服务活动中，存在违反政府采购法律法规行为的，依照政府采购法律法规予以处理处罚；存在截留、挪用和滞留资金等财政违法行为的，依照《中华人民共和国预算法》《财政违法行为处罚处分条例》等法律法规追究法律责任；涉嫌犯罪的，移送司法机关处理。

第三十二条　财政部门、购买主体及其工作人员，存在违反本办法规定的行为，以及滥用职权、玩忽职守、徇私舞弊等违法违纪行为的，按照《中华人民共和国预算法》《中华人民共和国公务员法》《中华人民共和国监察法》《财政违法行为处罚处分条例》等国家有关规定追究相应责任;涉嫌犯罪的,移送司法机关处理。

第七章　附　　则

第三十三条　党的机关、政协机关、民主党派机关、承担行政职能的事业单位和使用行政编制的群团组织机关使用财政性资金购买服务的,参照本办法执行。

第三十四条　涉密政府购买服务项目的实施,按照国家有关规定执行。

第三十五条　本办法自2020年3月1日起施行。财政部、民政部、工商总局2014年12月15日颁布的《政府购买服务管理办法(暂行)》(财综〔2014〕96号)同时废止。

政府采购框架协议采购方式管理暂行办法

（财政部令第110号）

第一章 总 则

第一条 为了规范多频次、小额度采购活动，提高政府采购项目绩效，根据《中华人民共和国政府采购法》、《中华人民共和国政府采购法实施条例》等法律法规规定，制定本办法。

第二条 本办法所称框架协议采购，是指集中采购机构或者主管预算单位对技术、服务等标准明确、统一，需要多次重复采购的货物和服务，通过公开征集程序，确定第一阶段入围供应商并订立框架协议，采购人或者服务对象按照框架协议约定规则，在入围供应商范围内确定第二阶段成交供应商并订立采购合同的采购方式。

前款所称主管预算单位是指负有编制部门预算职责，向本级财政部门申报预算的国家机关、事业单位和团体组织。

第三条 符合下列情形之一的，可以采用框架协议采购方式采购：

（一）集中采购目录以内品目，以及与之配套的必要耗材、配件等，属于小额零星采购的；

（二）集中采购目录以外，采购限额标准以上，本部门、本系统行政管理所需的法律、评估、会计、审计等鉴证咨询服务，属于小额零星采购的；

（三）集中采购目录以外，采购限额标准以上，为本部门、本系统以外的服务对象提供服务的政府购买服务项目，需要确定2家以上供应商由服务对象自主选择的；

（四）国务院财政部门规定的其他情形。

前款所称采购限额标准以上，是指同一品目或者同一类别的货物、服务年度采购预算达到采购限额标准以上。

属于本条第一款第二项情形，主管预算单位能够归集需求形成单一项目进行采购，通过签订时间、地点、数量不确定的采购合同满足需求的，不得采用框架协议采购方式。

第四条 框架协议采购包括封闭式框架协议采购和开放式框架协议采购。

封闭式框架协议采购是框架协议采购的主要形式。除法律、行政法规或者本办法另有规定外，框架协议采购应当采用封闭式框架协议采购。

第五条 集中采购目录以内品目以及与之配套的必要耗材、配件等，采用框架协议采购的，由集中采购机构负责征集程序和订立框架协议。

集中采购目录以外品目采用框架协议采购的，由主管预算单位负责征集程序和订立框架协议。其他预算单位确有需要的，经其主管预算单位批准，可以采用框架协议采购方式采购。其他预算单位采用框架协议采购方式采购的，应当遵守本办法关于主管预算单位的规定。

主管预算单位可以委托采购代理机构代理框架协议采购，采购代理机构应当在委托的范围内依法开展采购活动。

集中采购机构、主管预算单位及其委托的采购代理机构，本办法统称征集人。

第六条　框架协议采购遵循竞争择优、讲求绩效的原则，应当有明确的采购标的和定价机制，不得采用供应商符合资格条件即入围的方法。

第七条　框架协议采购应当实行电子化采购。

第八条　集中采购机构采用框架协议采购的，应当拟定采购方案，报本级财政部门审核后实施。主管预算单位采用框架协议采购的，应当在采购活动开始前将采购方案报本级财政部门备案。

第二章　一般规定

第九条　封闭式框架协议采购是指符合本办法第三条规定情形，通过公开竞争订立框架协议后，除经过框架协议约定的补充征集程序外，不得增加协议供应商的框架协议采购。

封闭式框架协议的公开征集程序，按照政府采购公开招标的规定执行，本办法另有规定的，从其规定。

第十条　开放式框架协议采购是指符合本条第二款规定情形，明确采购需求和付费标准等框架协议条件，愿意接受协议条件的供应商可以随时申请加入的框架协议采购。开放式框架协议的公开征集程序，按照本办法规定执行。

符合下列情形之一的，可以采用开放式框架协议采购：

（一）本办法第三条第一款第一项规定的情形，因执行政府采购政策不宜淘汰供应商的，或者受基础设施、行政许可、知识产权等限制，供应商数量在3家以下且不宜淘汰供应商的；

（二）本办法第三条第一款第三项规定的情形，能够确定统一付费标准，因地域等服务便利性要求，需要接纳所有愿意接受协议条件的供应商加入框架协议，以供服务对象自主选择的。

第十一条　集中采购机构或者主管预算单位应当确定框架协议采购需求。框架协议采购需求在框架协议有效期内不得变动。

确定框架协议采购需求应当开展需求调查，听取采购人、供应商和专家等意见。面向采购人和供应商开展需求调查时，应当选择具有代表性的调查对象，调查对象一般各不少于3个。

第十二条　框架协议采购需求应当符合以下规定：

（一）满足采购人和服务对象实际需要，符合市场供应状况和市场公允标准，在确保功能、性能和必要采购要求的情况下促进竞争；

（二）符合预算标准、资产配置标准等有关规定，厉行节约，不得超标准采购；

（三）按照《政府采购品目分类目录》，将采购标的细化到底级品目，并细分不同等次、规格或者标准的采购需求，合理设置采购包；

（四）货物项目应当明确货物的技术和商务要求，包括功能、性能、材料、结构、外观、安

全、包装、交货期限、交货的地域范围、售后服务等;

(五)服务项目应当明确服务内容、服务标准、技术保障、服务人员组成、服务交付或者实施的地域范围,以及所涉及的货物的质量标准、服务工作量的计量方式等。

第十三条 集中采购机构或者主管预算单位应当在征集公告和征集文件中确定框架协议采购的最高限制单价。征集文件中可以明确量价关系折扣,即达到一定采购数量,价格应当按照征集文件中明确的折扣降低。在开放式框架协议中,付费标准即为最高限制单价。

最高限制单价是供应商第一阶段响应报价的最高限价。入围供应商第一阶段响应报价(有量价关系折扣的,包括量价关系折扣,以下统称协议价格)是采购人或者服务对象确定第二阶段成交供应商的最高限价。

确定最高限制单价时,有政府定价的,执行政府定价;没有政府定价的,应当通过需求调查,并根据需求标准科学确定,属于本办法第十条第二款第一项规定情形的采购项目,需要订立开放式框架协议的,与供应商协商确定。

货物项目单价按照台(套)等计量单位确定,其中包含售后服务等相关服务费用。服务项目单价按照单位采购标的价格或者人工单价等确定。服务项目所涉及的货物的费用,能够折算入服务项目单价的应当折入,需要按实结算的应当明确结算规则。

第十四条 框架协议应当包括以下内容:

(一)集中采购机构或者主管预算单位以及入围供应商的名称、地址和联系方式;

(二)采购项目名称、编号;

(三)采购需求以及最高限制单价;

(四)封闭式框架协议第一阶段的入围产品详细技术规格或者服务内容、服务标准,协议价格;

(五)入围产品升级换代规则;

(六)确定第二阶段成交供应商的方式;

(七)适用框架协议的采购人或者服务对象范围,以及履行合同的地域范围;

(八)资金支付方式、时间和条件;

(九)采购合同文本,包括根据需要约定适用的简式合同或者具有合同性质的凭单、订单;

(十)框架协议期限;

(十一)入围供应商清退和补充规则;

(十二)协议方的权利和义务;

(十三)需要约定的其他事项。

第十五条 集中采购机构或者主管预算单位应当根据工作需要和采购标的市场供应及价格变化情况,科学合理确定框架协议期限。货物项目框架协议有效期一般不超过 1 年,服务项目框架协议有效期一般不超过 2 年。

第十六条 集中采购机构或者主管预算单位应当根据框架协议约定,组织落实框架协议的履行,并履行下列职责:

(一)为第二阶段合同授予提供工作便利;

(二)对第二阶段最高限价和需求标准执行情况进行管理;

（三）对第二阶段确定成交供应商情况进行管理；

（四）根据框架协议约定，在质量不降低、价格不提高的前提下，对入围供应商因产品升级换代、用新产品替代原入围产品的情形进行审核；

（五）建立用户反馈和评价机制，接受采购人和服务对象对入围供应商履行框架协议和采购合同情况的反馈与评价，并将用户反馈和评价情况向采购人和服务对象公开，作为第二阶段直接选定成交供应商的参考；

（六）公开封闭式框架协议的第二阶段成交结果；

（七）办理入围供应商清退和补充相关事宜。

第十七条 采购人或者服务对象采购框架协议约定的货物、服务，应当将第二阶段的采购合同授予入围供应商，但是本办法第三十七条另有规定的除外。

同一框架协议采购应当使用统一的采购合同文本，采购人、服务对象和供应商不得擅自改变框架协议约定的合同实质性条款。

第十八条 货物项目框架协议的入围供应商应当为入围产品生产厂家或者生产厂家唯一授权供应商。入围供应商可以委托一家或者多家代理商，按照框架协议约定接受采购人合同授予，并履行采购合同。入围供应商应当在框架协议中提供委托协议和委托的代理商名单。

第十九条 入围供应商有下列情形之一，尚未签订框架协议的，取消其入围资格；已经签订框架协议的，解除与其签订的框架协议：

（一）恶意串通谋取入围或者合同成交的；

（二）提供虚假材料谋取入围或者合同成交的；

（三）无正当理由拒不接受合同授予的；

（四）不履行合同义务或者履行合同义务不符合约定，经采购人请求履行后仍不履行或者仍未按约定履行的；

（五）框架协议有效期内，因违法行为被禁止或限制参加政府采购活动的；

（六）框架协议约定的其他情形。

被取消入围资格或者被解除框架协议的供应商不得参加同一封闭式框架协议补充征集，或者重新申请加入同一开放式框架协议。

第二十条 封闭式框架协议入围供应商无正当理由，不得主动放弃入围资格或者退出框架协议。

开放式框架协议入围供应商可以随时申请退出框架协议。集中采购机构或者主管预算单位应当在收到退出申请 2 个工作日内，发布入围供应商退出公告。

第二十一条 征集人应当建立真实完整的框架协议采购档案，妥善保存每项采购活动的采购文件资料。除征集人和采购人另有约定外，合同授予的采购文件资料由采购人负责保存。

采购档案可以采用电子形式保存，电子档案和纸质档案具有同等效力。

第三章　封闭式框架协议采购

第一节　封闭式框架协议的订立

第二十二条　征集人应当发布征集公告。征集公告应当包括以下主要内容：

（一）征集人的名称、地址、联系人和联系方式；

（二）采购项目名称、编号，采购需求以及最高限制单价，适用框架协议的采购人或者服务对象范围，能预估采购数量的，还应当明确预估采购数量；

（三）供应商的资格条件；

（四）框架协议的期限；

（五）获取征集文件的时间、地点和方式；

（六）响应文件的提交方式、提交截止时间和地点，开启方式、时间和地点；

（七）公告期限；

（八）省级以上财政部门规定的其他事项。

第二十三条　征集人应当编制征集文件。征集文件应当包括以下主要内容：

（一）参加征集活动的邀请；

（二）供应商应当提交的资格材料；

（三）资格审查方法和标准；

（四）采购需求以及最高限制单价；

（五）政府采购政策要求以及政策执行措施；

（六）框架协议的期限；

（七）报价要求；

（八）确定第一阶段入围供应商的评审方法、评审标准、确定入围供应商的淘汰率或者入围供应商数量上限和响应文件无效情形；

（九）响应文件的编制要求，提交方式、提交截止时间和地点，开启方式、时间和地点，以及响应文件有效期；

（十）拟签订的框架协议文本和采购合同文本；

（十一）确定第二阶段成交供应商的方式；

（十二）采购资金的支付方式、时间和条件；

（十三）入围产品升级换代规则；

（十四）用户反馈和评价机制；

（十五）入围供应商的清退和补充规则；

（十六）供应商信用信息查询渠道及截止时点、信用信息查询记录和证据留存的具体方式、信用信息的使用规则等；

（十七）采购代理机构代理费用的收取标准和方式；

（十八）省级以上财政部门规定的其他事项。

第二十四条　供应商应当按照征集文件要求编制响应文件，对响应文件的真实性和合法性承担法律责任。

供应商响应的货物和服务的技术、商务等条件不得低于采购需求,货物原则上应当是市场上已有销售的规格型号,不得是专供政府采购的产品。对货物项目每个采购包只能用一个产品进行响应,征集文件有要求的,应当同时对产品的选配件、耗材进行报价。服务项目包含货物的,响应文件中应当列明货物清单及质量标准。

第二十五条　确定第一阶段入围供应商的评审方法包括价格优先法和质量优先法。

价格优先法是指对满足采购需求且响应报价不超过最高限制单价的货物、服务,按照响应报价从低到高排序,根据征集文件规定的淘汰率或者入围供应商数量上限,确定入围供应商的评审方法。

质量优先法是指对满足采购需求且响应报价不超过最高限制单价的货物、服务进行质量综合评分,按照质量评分从高到低排序,根据征集文件规定的淘汰率或者入围供应商数量上限,确定入围供应商的评审方法。货物项目质量因素包括采购标的的技术水平、产品配置、售后服务等,服务项目质量因素包括服务内容、服务水平、供应商的履约能力、服务经验等。质量因素中的可量化指标应当划分等次,作为评分项;质量因素中的其他指标可以作为实质性要求,不得作为评分项。

有政府定价、政府指导价的项目,以及对质量有特别要求的检测、实验等仪器设备,可以采用质量优先法,其他项目应当采用价格优先法。

第二十六条　对耗材使用量大的复印、打印、实验、医疗等仪器设备进行框架协议采购的,应当要求供应商同时对 3 年以上约定期限内的专用耗材进行报价。评审时应当考虑约定期限的专用耗材使用成本,修正仪器设备的响应报价或者质量评分。

征集人应当在征集文件、框架协议和采购合同中规定,入围供应商在约定期限内,应当以不高于其报价的价格向适用框架协议的采购人供应专用耗材。

第二十七条　确定第一阶段入围供应商时,提交响应文件和符合资格条件、实质性要求的供应商应当均不少于 2 家,淘汰比例一般不得低于 20%,且至少淘汰一家供应商。

采用质量优先法的检测、实验等仪器设备采购,淘汰比例不得低于 40%,且至少淘汰一家供应商。

第二十八条　入围结果公告应当包括以下主要内容:

(一)采购项目名称、编号;

(二)征集人的名称、地址、联系人和联系方式;

(三)入围供应商名称、地址及排序;

(四)最高入围价格或者最低入围分值;

(五)入围产品名称、规格型号或者主要服务内容及服务标准,入围单价;

(六)评审小组成员名单;

(七)采购代理服务收费标准及金额;

(八)公告期限;

(九)省级以上财政部门规定的其他事项。

第二十九条　集中采购机构或者主管预算单位应当在入围通知书发出之日起 30 日内和入围供应商签订框架协议,并在框架协议签订后 7 个工作日内,将框架协议副本报本级财政部门备案。

框架协议不得对征集文件确定的事项以及入围供应商的响应文件作实质性修改。

第三十条　征集人应当在框架协议签订后 3 个工作日内通过电子化采购系统将入围信息告知适用框架协议的所有采购人或者服务对象。

入围信息应当包括所有入围供应商的名称、地址、联系方式、入围产品信息和协议价格等内容。入围产品信息应当详细列明技术规格或者服务内容、服务标准等能反映产品质量特点的内容。

征集人应当确保征集文件和入围信息在整个框架协议有效期内随时可供公众查阅。

第三十一条　除剩余入围供应商不足入围供应商总数 70%且影响框架协议执行的情形外，框架协议有效期内，征集人不得补充征集供应商。

征集人补充征集供应商的，补充征集规则应当在框架协议中约定，补充征集的条件、程序、评审方法和淘汰比例应当与初次征集相同。补充征集应当遵守原框架协议的有效期。补充征集期间，原框架协议继续履行。

第二节　采购合同的授予

第三十二条　确定第二阶段成交供应商的方式包括直接选定、二次竞价和顺序轮候。

直接选定方式是确定第二阶段成交供应商的主要方式。除征集人根据采购项目特点和提高绩效等要求，在征集文件中载明采用二次竞价或者顺序轮候方式外，确定第二阶段成交供应商应当由采购人或者服务对象依据入围产品价格、质量以及服务便利性、用户评价等因素，从第一阶段入围供应商中直接选定。

第三十三条　二次竞价方式是指以框架协议约定的入围产品、采购合同文本等为依据，以协议价格为最高限价，采购人明确第二阶段竞价需求，从入围供应商中选择所有符合竞价需求的供应商参与二次竞价，确定报价最低的为成交供应商的方式。

进行二次竞价应当给予供应商必要的响应时间。

二次竞价一般适用于采用价格优先法的采购项目。

第三十四条　顺序轮候方式是指根据征集文件中确定的轮候顺序规则，对所有入围供应商依次授予采购合同的方式。

每个入围供应商在一个顺序轮候期内，只有一次获得合同授予的机会。合同授予顺序确定后，应当书面告知所有入围供应商。除清退入围供应商和补充征集外，框架协议有效期内不得调整合同授予顺序。

顺序轮候一般适用于服务项目。

第三十五条　以二次竞价或者顺序轮候方式确定成交供应商的，征集人应当在确定成交供应商后 2 个工作日内逐笔发布成交结果公告。

成交结果单笔公告可以在省级以上财政部门指定的媒体上发布，也可以在开展框架协议采购的电子化采购系统发布，发布成交结果公告的渠道应当在征集文件或者框架协议中告知供应商。单笔公告应当包括以下主要内容：

（一）采购人的名称、地址和联系方式；

（二）框架协议采购项目名称、编号；

（三）成交供应商名称、地址和成交金额；

（四）成交标的名称、规格型号或者主要服务内容及服务标准、数量、单价；

（五）公告期限。

征集人应当在框架协议有效期满后 10 个工作日内发布成交结果汇总公告。汇总公告应当包括前款第一项、第二项内容和所有成交供应商的名称、地址及其成交合同总数和总金额。

第三十六条　框架协议采购应当订立固定价格合同。

根据实际采购数量和协议价格确定合同总价的,合同中应当列明实际采购数量或者计量方式,包括服务项目用于计算合同价的工日数、服务工作量等详细工作量清单。采购人应当要求供应商提供能证明其按照合同约定数量或者工作量清单履约的相关记录或者凭证,作为验收资料一并存档。

第三十七条　采购人证明能够以更低价格向非入围供应商采购相同货物,且入围供应商不同意将价格降至非入围供应商以下的,可以将合同授予非入围供应商。

采购项目适用前款规定的,征集人应当在征集文件中载明并在框架协议中约定。

采购人将合同授予非入围供应商的,应当在确定成交供应商后 1 个工作日内,将成交结果抄送征集人,由征集人按照单笔公告要求发布成交结果公告。采购人应当将相关证明材料和采购合同一并存档备查。

第四章　开放式框架协议采购

第三十八条　订立开放式框架协议的,征集人应当发布征集公告,邀请供应商加入框架协议。征集公告应当包括以下主要内容:

(一)本办法第二十二条第一项至四项和第二十三条第二项至三项、第十三项至十六项内容;

(二)订立开放式框架协议的邀请;

(三)供应商提交加入框架协议申请的方式、地点,以及对申请文件的要求;

(四)履行合同的地域范围、协议方的权利和义务、入围供应商的清退机制等框架协议内容;

(五)采购合同文本;

(六)付费标准,费用结算及支付方式;

(七)省级以上财政部门规定的其他事项。

第三十九条　征集公告发布后至框架协议期满前,供应商可以按照征集公告要求,随时提交加入框架协议的申请。征集人应当在收到供应商申请后 7 个工作日内完成审核,并将审核结果书面通知申请供应商。

第四十条　征集人应当在审核通过后 2 个工作日内,发布入围结果公告,公告入围供应商名称、地址、联系方式及付费标准,并动态更新入围供应商信息。

征集人应当确保征集公告和入围结果公告在整个框架协议有效期内随时可供公众查阅。

第四十一条　征集人可以根据采购项目特点,在征集公告中申明是否与供应商另行签订书面框架协议。申明不再签订书面框架协议的,发布入围结果公告,视为签订框架协议。

第四十二条　第二阶段成交供应商由采购人或者服务对象从第一阶段入围供应商中直接选定。

供应商履行合同后,依据框架协议约定的凭单、订单以及结算方式,与采购人进行费用结算。

第五章 法律责任

第四十三条　主管预算单位、采购人、采购代理机构违反本办法规定的,由财政部门责令限期改正;情节严重的,给予警告,对直接负责的主管人员和其他责任人员,由其行政主管部门或者有关机关依法给予处分,并予以通报。

第四十四条　违反本办法规定,经责令改正后仍然影响或者可能影响入围结果或者成交结果的,依照政府采购法等有关法律、行政法规处理。

第四十五条　供应商有本办法第十九条第一款第一项至三项情形之一,以及无正当理由放弃封闭式框架协议入围资格或者退出封闭式框架协议的,依照政府采购法等有关法律、行政法规追究法律责任。

第四十六条　政府采购当事人违反本办法规定,给他人造成损失的,依法承担民事责任。

第四十七条　财政部门及其工作人员在履行监督管理职责中存在滥用职权、玩忽职守、徇私舞弊等违法违纪行为的,依法追究相应责任。

第六章 附　则

第四十八条　除本办法第三十五条规定外,本办法规定的公告信息,应当在省级以上财政部门指定的媒体上发布。

第四十九条　本办法规定按日计算期间的,开始当天不计入,从次日开始计算。期限的最后一日是国家法定节假日的,顺延到节假日后的次日为期限的最后一日。

第五十条　本办法所称的"以上"、"以下"、"内"、"以内"、"不少于"、"不超过",包括本数;所称的"不足"、"低于",不包括本数。

第五十一条　各省、自治区、直辖市财政部门可以根据本办法制定具体实施办法。

第五十二条　本办法自 2022 年 3 月 1 日起施行。

（五）规范性文件

财政部关于《中华人民共和国政府采购法实施条例》第十九条第一款“较大数额罚款”具体适用问题的意见

（财库〔2022〕3号）

各省、自治区、直辖市、计划单列市财政厅（局），新疆生产建设兵团财政局：

《中华人民共和国政府采购法实施条例》施行以来，部分地方财政部门、市场主体反映《中华人民共和国政府采购法实施条例》第十九条第一款“较大数额罚款”在执行过程中标准不一、差异较大。为贯彻落实国务院关于进一步优化营商环境的要求，维护政府采购市场秩序，规范行政执法行为，经研究并会商有关部门，现提出以下意见：

《中华人民共和国政府采购法实施条例》第十九条第一款规定的“较大数额罚款”认定为200万元以上的罚款，法律、行政法规以及国务院有关部门明确规定相关领域“较大数额罚款”标准高于200万元的，从其规定。

本意见自2022年2月8日起施行，此前颁布的有关规定与本意见不一致的，按照本意见执行。

财政部

2022年1月5日

关于进一步加大政府采购支持中小企业力度的通知

（财库〔2022〕19号）

各中央预算单位，各省、自治区、直辖市、计划单列市财政厅（局），新疆生产建设兵团财政局：

为贯彻落实《国务院关于印发扎实稳住经济一揽子政策措施的通知》（国发〔2022〕12号）有关要求，做好财政政策支持中小企业纾困解难工作，助力经济平稳健康发展，现就加大政府采购支持中小企业力度有关事项通知如下：

一、严格落实支持中小企业政府采购政策。各地区、各部门要按照国务院的统一部署，认真落实《政府采购促进中小企业发展管理办法》（财库〔2020〕46号）的规定，规范资格条件设置，降低中小企业参与门槛，灵活采取项目整体预留、合理预留采购包、要求大企业与中小企业组成联合体、要求大企业向中小企业分包等形式，确保中小企业合同份额。要通过提高预付款比例、引入信用担保、支持中小企业开展合同融资、免费提供电子采购文件等方式，为中小企业参与采购活动提供便利。要严格按规定及时支付采购资金，不得收取没有法律法规依据的保证金，有效减轻中小企业资金压力。

二、调整对小微企业的价格评审优惠幅度。货物服务采购项目给予小微企业的价格扣除优惠，由财库〔2020〕46号文件规定的6%—10%提高至10%—20%。大中型企业与小微企业组成联合体或者大中型企业向小微企业分包的，评审优惠幅度由2%—3%提高至4%—6%。政府采购工程的价格评审优惠按照财库〔2020〕46号文件的规定执行。自本通知执行之日起发布采购公告或者发出采购邀请的货物服务采购项目，按照本通知规定的评审优惠幅度执行。

三、提高政府采购工程面向中小企业预留份额。400万元以下的工程采购项目适宜由中小企业提供的，采购人应当专门面向中小企业采购。超过400万元的工程采购项目中适宜由中小企业提供的，在坚持公开公正、公平竞争原则和统一质量标准的前提下，2022年下半年面向中小企业的预留份额由30%以上阶段性提高至40%以上。发展改革委会同相关工程招投标行政监督部门完善工程招投标领域落实政府采购支持中小企业政策相关措施。省级财政部门要积极协调发展改革、工业和信息化、住房和城乡建设、交通、水利、商务、铁路、民航等部门调整完善工程招投标领域有关标准文本、评标制度等规定和做法，并于2022年6月30日前将落实情况汇总报财政部。

四、认真做好组织实施。各地区、各部门应当加强组织领导，明确工作责任，细化执行要求，强化监督检查，确保国务院部署落实到位，对通知执行中出现的问题要及时向财政部报告。

本通知自2022年7月1日起执行。

财政部

2022年5月30日

关于印发《政府采购品目分类目录》的通知

（财库〔2022〕31号）

党中央有关部门，国务院各部委、各直属机构，全国人大常委会办公厅，全国政协办公厅，最高人民法院，最高人民检察院，各民主党派中央，有关人民团体，新疆生产建设兵团，各省、自治区、直辖市、计划单列市财政厅（局）：

为适应深化政府采购制度改革和预算管理一体化工作需要，财政部对《政府采购品目分类目录》（财库〔2013〕189号）进行了修订。现将修订后的目录印发给你们，自印发之日起执行。

执行中的有关意见和建议，请及时向财政部国库司反馈，联系电话：010-68552389。《政府采购品目分类目录》修订情况对照表，请登录中国政府采购网（www. ccgp. gov. cn）下载。

附件：《政府采购品目分类目录（2022年印发）》

财政部

2022年9月2日

财政部办公厅关于组织中央预算单位做好2022年政府采购脱贫地区农副产品工作的通知

（财办库〔2022〕49号）

各中央预算单位办公厅(室)：

为落实《财政部 农业农村部 国家乡村振兴局 中华全国供销合作总社关于印发〈关于深入开展政府采购脱贫地区农副产品工作推进乡村产业振兴的实施意见〉的通知》(财库〔2021〕20号)有关要求，做好2022年中央预算单位预留份额填报和脱贫地区农副产品采购工作，现将有关事项通知如下：

一、各部门要统筹指导本部门所属预算单位在3月25日前，按照不低于10%预留比例，通过“832平台”采购人管理系统(cg. fupin832. com)填报2022年政府采购脱贫地区农副产品预留份额，并进行确认汇总。对无食堂的预算单位，应要求其在系统中注明“无食堂”，对其预留份额不作要求；对食堂外包的预算单位，应要求其按规定预留份额，在“832平台”采购人管理系统为具体采购执行主体开通交易账号，并积极通过平台开展采购；对共用食堂的预算单位，应要求相关单位共同确定一个单位作为代表填报预留份额，其余单位在系统中注明相关情况；对所属预算单位存在合并、撤销、更名的，及时联系“832平台”更改信息。

二、各部门要指导本部门预算单位按照“质优价廉、竞争择优”的原则，通过“832平台”在全国832个脱贫县范围内采购农副产品。鼓励预算单位工会组织通过“832平台”采购工会福利、慰问品等，鼓励职工个人通过“832平台”微信小程序采购脱贫地区农副产品，有关采购金额计入本单位年度采购金额。

三、各部门要督促本部门所属预算单位收货后通过“832平台”开展履约评价工作，及时向供应商支付货款，不得拖欠。鼓励预算单位通过“832平台”线上支付结算。

四、各部门要组织本部门所属预算单位，积极通过“832平台”发布食堂食材采购和工会采购需求，加大脱贫地区农副产品采购力度，从需求侧助力乡村产业振兴。

各单位可通过“832平台”采购人管理系统首页或扫描下方二维码查看预留份额填报及确认汇总操作指南。如对填报流程存在疑问，请联系400-1188-832。

财政部办公厅

2022年2月18日

关于完善建设工程价款结算有关办法的通知

（财建〔2022〕183 号）

党中央有关部门，国务院各部委、各直属机构，全国人大常委会办公厅，全国政协办公厅，最高人民法院，最高人民检察院，各民主党派中央，有关人民团体，各中央管理企业，各省、自治区、直辖市、计划单列市财政厅（局）、住房和城乡建设厅（委、管委、局），新疆生产建设兵团财政局、住房和城乡建设局：

为进一步完善建设工程价款结算有关办法，维护建设市场秩序，减轻建筑企业负担，保障农民工权益，根据《基本建设财务规则》（财政部令第 81 号）、《建设工程价款结算暂行办法》（财建〔2004〕369 号）等有关规定，现就有关工作通知如下：

一、提高建设工程进度款支付比例。政府机关、事业单位、国有企业建设工程进度款支付应不低于已完成工程价款的 80%；同时，在确保不超出工程总概（预）算以及工程决（结）算工作顺利开展的前提下，除按合同约定保留不超过工程价款总额 3%的质量保证金外，进度款支付比例可由发承包双方根据项目实际情况自行确定。在结算过程中，若发生进度款支付超出实际已完成工程价款的情况，承包单位应按规定在结算后 30 日内向发包单位返还多收到的工程进度款。

二、当年开工、当年不能竣工的新开工项目可以推行过程结算。发承包双方通过合同约定，将施工过程按时间或进度节点划分施工周期，对周期内已完成且无争议的工程量（含变更、签证、索赔等）进行价款计算、确认和支付，支付金额不得超出已完工部分对应的批复概（预）算。经双方确认的过程结算文件作为竣工结算文件的组成部分，竣工后原则上不再重复审核。

三、本通知自 2022 年 8 月 1 日起施行。自此日期起签订的工程合同应按照本通知执行。除本通知所规范事项外，其它有关事项继续按照《建设工程价款结算暂行办法》（财建〔2004〕369 号）执行。

财政部 住房城乡建设部

2022 年 6 月 14 日

关于在中央预算单位开展政府采购评审专家和采购代理机构履职评价试点工作的通知

（财办库〔2022〕192号）

各省、自治区、直辖市、计划单列市财政厅（局），新疆生产建设兵团财政局，党中央有关部门办公厅（室），国务院各部委、各直属机构办公厅（室），全国人大常委会办公厅秘书局，全国政协办公厅秘书局，最高人民法院办公厅，最高人民检察院办公厅，各民主党派中央办公厅，有关人民团体办公厅（室），中共中央直属机关采购中心，中央国家机关政府采购中心、公安部警用装备采购中心、人民银行集中采购中心、海关总署物资装备采购中心、税务总局集中采购中心，全国人大机关采购中心，有关采购代理机构：

为落实《深化政府采购制度改革方案》关于推进政府采购领域信用体系建设要求，按照《政府采购评审专家管理办法》（财库〔2016〕198号）和《政府采购代理机构管理暂行办法》（财库〔2018〕2号）有关规定，财政部决定在中央预算单位开展政府采购评审专家和采购代理机构履职评价试点工作，现就有关事项通知如下：

一、政府采购评审专家履职评价

（一）评价主体和对象。采购人或其委托的采购代理机构应当依法从财政部设立的政府采购评审专家库中抽取评审专家，并对专家进行履职评价。

（二）评价方式。采购人或其委托的采购代理机构在评审活动结束后，通过中国政府采购网信用评价系统（以下简称评价系统），对评审专家的专业技术水平、遵守评审纪律、评审工作质量等情况逐项打分，作出评价。

（三）结果运用。财政部定期根据每位评审专家累计平均得分，对排名位于后1/3的评审专家，将其抽取概率降低50%。

二、采购代理机构履职评价

（一）评价主体和对象。对在财政部设立的评审专家库中抽取评审专家的采购代理机构，由被抽取的评审专家对其进行履职评价。

（二）评价方式。评审专家在评审活动结束后，通过评价系统对采购代理机构的采购文件编写质量、评审活动组织等情况逐项打分，作出评价。

（三）结果运用。财政部将采购代理机构年度平均得分计入“政府采购代理机构监督评价”得分，满分为5分。采购代理机构累计接受评价的次数和累计平均得分在中国政府采购网公开，供采购人在选取采购代理机构时参考。

三、工作要求

采购人、采购代理机构和政府采购评审专家应当遵循诚实信用的原则，按规定在政府采购评审活动结束后5个工作日内完成评价工作,不得虚假评价。评审专家应当根据履职评价的得分情况,努力提高专业水平和职业道德素质,提升评审工作质量。采购代理机构应当不断加强内控管理,增强采购文件编制、评审活动组织等服务能力,提升采购代理专业化水平。

各省级财政部门可以根据实际情况,参照本通知规定的评价指标,在本地区组织开展对政府采购评审专家、采购代理机构的履职评价。

本通知自2022年11月1日起施行。

附件:1. 对政府采购评审专家履职情况的评价指标

2. 对采购代理机构履职情况的评价指标

财政部办公厅

2022年8月10日

附件 1

对政府采购评审专家履职情况的评价指标

序号	评价指标	分值
1	熟悉政府采购法律法规和规章制度规定。	7
2	具备评审相关政府采购项目所需的专业知识。	7
3	确认参与评审后,无缺席现象。如有特殊情况不能参加,提前在系统中请假。	6
4	参加评审时,无迟到或早退现象。	5
5	迟到后未能参加评审的,不向采购代理机构或采购人索要报酬。	5
6	参与评审时,按要求出示有效身份证明,将手机等通信设备交由管理人员统一保管。	5
7	评审期间服从现场管理,恪尽职守,不擅自与外界联系,不在评审现场高声喧哗或随意走动,遵守现场纪律。	7
8	评审时仔细阅读采购文件,准确理解采购文件要求,打分认真、客观、公正。	5
9	评审专家发现采购文件内容违反国家强制性规定或者采购文件存在歧义、重大缺陷导致评审工作无法进行时,停止评审并向采购人或者采 购代理机构书面说明情况。	5
10	对供应商投标(响应)判定为不合格投标(响应)或者对供应商报价判定为无效报价时,详细说明理由。	5
11	按照规定不接受投标(响应)供应商提出的与投标(响应)文件不一致的澄清或者说明,不接受供应商口头澄清,不接受无法定代表人或 其授权代表签字、盖章的澄清或说明。	5
12	未出现客观分评审错误。	7
13	未出现评分畸高、畸低现象。	6
14	无故意拖延评审时间行为。	5
15	在评审报告上签字。对报告有异议的,在评审报告签署不同意见并说明理由。	5
16	离开评审现场时未记录、复制或带走任何评审资料。	5
17	不超标准索要劳务报酬、差旅费。	5
18	配合采购人或者采购代理机构答复供应商的询问和质疑。	5
合计		100

注:①如专家因迟到或其他原因未能参与评审工作,采购代理机构只对第 3 项或第 5 项指标进行评价,评价结果换算为百分制后计入得分。

②采购代理机构原则上应当在评审工作结束后 5 个工作日内对评审专家进行评价。对第 18 项指标可以追加做出评价。

附件 2

对采购代理机构履职情况的评价指标

序号	评价指标	分值	得分
1	采购代理机构工作人员熟练掌握政府采购各项法律法规和规章制度。	5	
2	采购代理机构向评审专家准确通知评审时间、地点。评审时间、地点改变后,及时通知评审专家。	5	
3	在评审工作开始前,采购代理机构统一保管手机等通信工具或相关电子设备。	5	
4	采购代理机构人员核对评审专家身份和采购人代表授权函。	5	
5	采购代理机构提供必要的评审条件及配套的评审环境。	5	
6	采购代理机构保障评审活动不受外界干扰。	5	
7	采购代理机构人员宣布评审纪律,告知评审专家应当回避的情形,介绍政府采购相关政策法规、采购文件。	5	
8	采购文件编制规范、完整。	9	
9	采购文件中评审方法和标准符合规定。	5	
10	采购代理机构督促评审委员会按规定独立评审,及时纠正和制止倾向性言论等违法行为。	5	
11	采购代理机构人员未发表任何存在歧视性、倾向性的意见,未非法干预采购评审活动。	9	
12	采购代理机构采取必要措施禁止与评审工作无关的人员进入评审现场。	5	
13	采购代理机构认真核对评审结果。	9	
14	采购代理机构按规定对评审活动进行全程录音、录像。	9	
15	采购代理机构人员服务过程细致耐心,严格规范。	5	
16	集中采购机构及时按照规定向评审专家支付劳务报酬或异地评审差旅费(对集中采购机构代理项目的评价指标); 社会代理机构接受采购人委托及时按照规定向评审专家支付劳务报酬,或向评审专家说明劳务报酬由采购人支付(对社会代理机构代理项目的评价指标)。	9	
合计		100	

注:评审专家原则上应当在评审工作结束后 5 个工作日内对采购代理机构进行评价,对第 16 项指标可以在评审活动结束后 30 个工作日内评价。

财政部关于印发《政府采购需求管理办法》的通知

（财库〔2021〕22号）

各中央预算单位，各省、自治区、直辖市、计划单列市财政厅（局），新疆生产建设兵团财政局：

为落实《深化政府采购制度改革方案》加强政府采购需求管理的有关要求，财政部制定了《政府采购需求管理办法》，现印发给你们，请遵照执行。

附件：政府采购需求管理办法

财政部

2021年4月30日

附件

政府采购需求管理办法

第一章　总　　则

第一条　为加强政府采购需求管理，实现政府采购项目绩效目标，根据《中华人民共和国政府采购法》和《中华人民共和国政府采购法实施条例》等有关法律法规，制定本办法。

第二条　政府采购货物、工程和服务项目的需求管理适用本办法。

第三条　本办法所称政府采购需求管理，是指采购人组织确定采购需求和编制采购实施计划，并实施相关风险控制管理的活动。

第四条　采购需求管理应当遵循科学合理、厉行节约、规范高效、权责清晰的原则。

第五条　采购人对采购需求管理负有主体责任，按照本办法的规定开展采购需求管理各项工作，对采购需求和采购实施计划的合法性、合规性、合理性负责。主管预算单位负责指导本部门采购需求管理工作。

第二章　采 购 需 求

第六条　本办法所称采购需求，是指采购人为实现项目目标，拟采购的标的及其需要满足的技术、商务要求。

技术要求是指对采购标的的功能和质量要求，包括性能、材料、结构、外观、安全，或者服务内容和标准等。

商务要求是指取得采购标的的时间、地点、财务和服务要求，包括交付（实施）的时间（期限）和地点（范围），付款条件（进度和方式），包装和运输，售后服务，保险等。

第七条　采购需求应当符合法律法规、政府采购政策和国家有关规定，符合国家强制性标准，遵循预算、资产和财务等相关管理制度规定，符合采购项目特点和实际需要。

采购需求应当依据部门预算（工程项目概预算）确定。

第八条　确定采购需求应当明确实现项目目标的所有技术、商务要求，功能和质量指标的设置要充分考虑可能影响供应商报价和项目实施风险的因素。

第九条　采购需求应当清楚明了、表述规范、含义准确。

技术要求和商务要求应当客观，量化指标应当明确相应等次，有连续区间的按照区间划分等次。需由供应商提供设计方案、解决方案或者组织方案的采购项目，应当说明采购标的的功能、应用场景、目标等基本要求，并尽可能明确其中的客观、量化指标。

采购需求可以直接引用相关国家标准、行业标准、地方标准等标准、规范，也可以根据项目目标提出更高的技术要求。

第十条　采购人可以在确定采购需求前，通过咨询、论证、问卷调查等方式开展需求调查，了解相关产业发展、市场供给、同类采购项目历史成交信息，可能涉及的运行维护、升级更新、备品备件、耗材等后续采购，以及其他相关情况。

面向市场主体开展需求调查时，选择的调查对象一般不少于3个，并应当具有代表性。

第十一条　对于下列采购项目，应当开展需求调查：

（一）1 000万元以上的货物、服务采购项目，3 000万元以上的工程采购项目；

（二）涉及公共利益、社会关注度较高的采购项目，包括政府向社会公众提供的公共服务项目等；

（三）技术复杂、专业性较强的项目，包括需定制开发的信息化建设项目、采购进口产品的项目等；

（四）主管预算单位或者采购人认为需要开展需求调查的其他采购项目。

编制采购需求前一年内，采购人已就相关采购标的开展过需求调查的可以不再重复开展。

按照法律法规的规定，对采购项目开展可行性研究等前期工作，已包含本办法规定的需求调查内容的，可以不再重复调查；对在可行性研究等前期工作中未涉及的部分，应当按照本办法的规定开展需求调查。

第三章　采购实施计划

第十二条　本办法所称采购实施计划，是指采购人围绕实现采购需求，对合同的订立和管理所做的安排。

采购实施计划根据法律法规、政府采购政策和国家有关规定，结合采购需求的特点确定。

第十三条　采购实施计划主要包括以下内容：

（一）合同订立安排，包括采购项目预（概）算、最高限价，开展采购活动的时间安排，采购组织形式和委托代理安排，采购包划分与合同分包，供应商资格条件，采购方式、竞争范围和评审规则等。

（二）合同管理安排，包括合同类型、定价方式、合同文本的主要条款、履约验收方案、风险管控措施等。

第十四条　采购人应当通过确定供应商资格条件、设定评审规则等措施，落实支持创新、绿色发展、中小企业发展等政府采购政策功能。

第十五条　采购人要根据采购项目实施的要求，充分考虑采购活动所需时间和可能影响采购活动进行的因素，合理安排采购活动实施时间。

第十六条　采购人采购纳入政府集中采购目录的项目，必须委托集中采购机构采购。政府集中采购目录以外的项目可以自行采购，也可以自主选择委托集中采购机构，或者集中采购机构以外的采购代理机构采购。

第十七条　采购人要按照有利于采购项目实施的原则，明确采购包或者合同分包要求。

采购项目划分采购包的，要分别确定每个采购包的采购方式、竞争范围、评审规则和合同类型、合同文本、定价方式等相关合同订立、管理安排。

第十八条　根据采购需求特点提出的供应商资格条件，要与采购标的的功能、质量和供应商履约能力直接相关，且属于履行合同必需的条件，包括特定的专业资格或者技术资格、设备设施、业绩情况、专业人才及其管理能力等。

业绩情况作为资格条件时，要求供应商提供的同类业务合同一般不超过2个，并明确同类业务的具体范围。涉及政府采购政策支持的创新产品采购的，不得提出同类业务合同、生产台数、使用时长等业绩要求。

第十九条　采购方式、评审方法和定价方式的选择应当符合法定适用情形和采购需求特点，其中，达到公开招标数额标准，因特殊情况需要采用公开招标以外的采购方式的，应当依法获得批准。

采购需求客观、明确且规格、标准统一的采购项目，如通用设备、物业管理等，一般采用招标或者询价方式采购，以价格作为授予合同的主要考虑因素，采用固定总价或者固定单价的定价方式。

采购需求客观、明确，且技术较复杂或者专业性较强的采购项目，如大型装备、咨询服务等，一般采用招标、谈判（磋商）方式采购，通过综合性评审选择性价比最优的产品，采用固定总价或者固定单价的定价方式。

不能完全确定客观指标，需由供应商提供设计方案、解决方案或者组织方案的采购项目，如首购订购、设计服务、政府和社会资本合作等，一般采用谈判（磋商）方式采购，综合考虑以单方案报价、多方案报价以及性价比要求等因素选择评审方法，并根据实现项目目标的要求，采取固定总价或者固定单价、成本补偿、绩效激励等单一或者组合定价方式。

第二十条　除法律法规规定可以在有限范围内竞争或者只能从唯一供应商处采购的情形外，一般采用公开方式邀请供应商参与政府采购活动。

第二十一条　采用综合性评审方法的，评审因素应当按照采购需求和与实现项目目标相关的其他因素确定。

采购需求客观、明确的采购项目，采购需求中客观但不可量化的指标应当作为实质性要求，不得作为评分项；参与评分的指标应当是采购需求中的量化指标，评分项应当按照量化指标的等次，设置对应的不同分值。不能完全确定客观指标，需由供应商提供设计方案、解决方案或者组织方案的采购项目，可以结合需求调查的情况，尽可能明确不同技术路线、组织形式及相关指标的重要性和优先级，设定客观、量化的评审因素、分值和权重。价格因素应当按照相关规定确定分值和权重。

采购项目涉及后续采购的，如大型装备等，要考虑兼容性要求。可以要求供应商报出后续供应的价格，以及后续采购的可替代性、相关产品和估价，作为评审时考虑的因素。

需由供应商提供设计方案、解决方案或者组织方案，且供应商经验和能力对履约有直接影响的，如订购、设计等采购项目，可以在评审因素中适当考虑供应商的履约能力要求，并合理设置分值和权重。需由供应商提供设计方案、解决方案或者组织方案，采购人认为有必要考虑全生命周期成本的，可以明确使用年限，要求供应商报出安装调试费用、使用期间能源管理、废弃处置等全生命周期成本，作为评审时考虑的因素。

第二十二条　合同类型按照民法典规定的典型合同类别，结合采购标的的实际情况确定。

第二十三条　合同文本应当包含法定必备条款和采购需求的所有内容，包括但不限于标的名称,采购标的质量、数量(规模),履行时间(期限)、地点和方式,包装方式,价款或者报酬、付款进度安排、资金支付方式,验收、交付标准和方法,质量保修范围和保修期,违约责任与解决争议的方法等。

采购项目涉及采购标的的知识产权归属、处理的,如订购、设计、定制开发的信息化建设项目等,应当约定知识产权的归属和处理方式。采购人可以根据项目特点划分合同履行阶段,明确分期考核要求和对应的付款进度安排。对于长期运行的项目,要充分考虑成本、收益以及可能出现的重大市场风险,在合同中约定成本补偿、风险分担等事项。

合同权利义务要围绕采购需求和合同履行设置。国务院有关部门依法制定了政府采购合同标准文本的,应当使用标准文本。属于本办法第十一条规定范围的采购项目,合同文本应当经过采购人聘请的法律顾问审定。

第二十四条　履约验收方案要明确履约验收的主体、时间、方式、程序、内容和验收标准等事项。采购人、采购代理机构可以邀请参加本项目的其他供应商或者第三方专业机构及专家参与验收,相关验收意见作为验收的参考资料。政府向社会公众提供的公共服务项目,验收时应当邀请服务对象参与并出具意见,验收结果应当向社会公告。

验收内容要包括每一项技术和商务要求的履约情况,验收标准要包括所有客观、量化指标。不能明确客观标准、涉及主观判断的,可以通过在采购人、使用人中开展问卷调查等方式,转化为客观、量化的验收标准。

分期实施的采购项目,应当结合分期考核的情况,明确分期验收要求。货物类项目可以根据需要设置出厂检验、到货检验、安装调试检验、配套服务检验等多重验收环节。工程类项目的验收方案应当符合行业管理部门规定的标准、方法和内容。

履约验收方案应当在合同中约定。

第二十五条　对于本办法第十一条规定的采购项目,要研究采购过程和合同履行过程中的风险,判断风险发生的环节、可能性、影响程度和管控责任,提出有针对性的处置措施和替代方案。

采购过程和合同履行过程中的风险包括国家政策变化、实施环境变化、重大技术变化、预算项目调整、因质疑投诉影响采购进度、采购失败、不按规定签订或者履行合同、出现损害国家利益和社会公共利益情形等。

第二十六条　各级财政部门应当按照简便、必要的原则,明确报财政部门备案的采购实施计划具体内容,包括采购项目的类别、名称、采购标的、采购预算、采购数量(规模)、组织形式、采购方式、落实政府采购政策有关内容等。

第四章　风险控制

第二十七条　采购人应当将采购需求管理作为政府采购内控管理的重要内容,建立健全采购需求管理制度,加强对采购需求的形成和实现过程的内部控制和风险管理。

第二十八条　采购人可以自行组织确定采购需求和编制采购实施计划,也可以委托采购代理机构或者其他第三方机构开展。

第二十九条　采购人应当建立审查工作机制,在采购活动开始前,针对采购需求管理中的重点风险事项,对采购需求和采购实施计划进行审查,审查分为一般性审查和重点审查。

对于审查不通过的,应当修改采购需求和采购实施计划的内容并重新进行审查。

第三十条　一般性审查主要审查是否按照本办法规定的程序和内容确定采购需求、编制采购实施计划。审查内容包括,采购需求是否符合预算、资产、财务等管理制度规定;对采购方式、评审规则、合同类型、定价方式的选择是否说明适用理由;属于按规定需要报相关监管部门批准、核准的事项,是否作出相关安排;采购实施计划是否完整。

第三十一条　重点审查是在一般性审查的基础上,进行以下审查:

(一)非歧视性审查。主要审查是否指向特定供应商或者特定产品,包括资格条件设置是否合理,要求供应商提供超过2个同类业务合同的,是否具有合理性;技术要求是否指向特定的专利、商标、品牌、技术路线等;评审因素设置是否具有倾向性,将有关履约能力作为评审因素是否适当。

(二)竞争性审查。主要审查是否确保充分竞争,包括应当以公开方式邀请供应商的,是否依法采用公开竞争方式;采用单一来源采购方式的,是否符合法定情形;采购需求的内容是否完整、明确,是否考虑后续采购竞争性;评审方法、评审因素、价格权重等评审规则是否适当。

(三)采购政策审查。主要审查进口产品的采购是否必要,是否落实支持创新、绿色发展、中小企业发展等政府采购政策要求。

(四)履约风险审查。主要审查合同文本是否按规定由法律顾问审定,合同文本运用是否适当,是否围绕采购需求和合同履行设置权利义务,是否明确知识产权等方面的要求,履约验收方案是否完整、标准是否明确,风险处置措施和替代方案是否可行。

(五)采购人或者主管预算单位认为应当审查的其他内容。

第三十二条　审查工作机制成员应当包括本部门、本单位的采购、财务、业务、监督等内部机构。采购人可以根据本单位实际情况,建立相关专家和第三方机构参与审查的工作机制。

参与确定采购需求和编制采购实施计划的专家和第三方机构不得参与审查。

第三十三条　一般性审查和重点审查的具体采购项目范围,由采购人根据实际情况确定。主管预算单位可以根据本部门实际情况,确定由主管预算单位统一组织重点审查的项目类别或者金额范围。

属于本办法第十一条规定范围的采购项目,应当开展重点审查。

第三十四条　采购需求和采购实施计划的调查、确定、编制、审查等工作应当形成书面记录并存档。

采购文件应当按照审核通过的采购需求和采购实施计划编制。

第五章　监督检查与法律责任

第三十五条　财政部门应当依法加强对政府采购需求管理的监督检查,将采购人需求管理作为政府采购活动监督检查的重要内容,不定期开展监督检查工作,采购人应当如实反映情况,提供有关材料。

第三十六条　在政府采购项目投诉、举报处理和监督检查过程中,发现采购人未按本办法规定建立采购需求管理内控制度、开展采购需求调查和审查工作的，由财政部门采取约谈、书面关注等方式责令采购人整改，并告知其主管预算单位。对情节严重或者拒不改正的，将有关线索移交纪检监察、审计部门处理。

第三十七条　在政府采购项目投诉、举报处理和监督检查过程中，发现采购方式、评审规则、供应商资格条件等存在歧视性、限制性、不符合政府采购政策等问题的，依照《中华人民共和国政府采购法》等国家有关规定处理。

第三十八条　在政府采购项目投诉、举报处理和监督检查过程中，发现采购人存在无预算或者超预算采购、超标准采购、铺张浪费、未按规定编制政府采购实施计划等问题的，依照《中华人民共和国政府采购法》、《中华人民共和国预算法》、《财政违法行为处罚处分条例》、《党政机关厉行节约反对浪费条例》等国家有关规定处理。

第六章　附　则

第三十九条　采购项目涉及国家秘密的，按照涉密政府采购有关规定执行。

第四十条　因采购人不可预见的紧急情况实施采购的，可以适当简化相关管理要求。

第四十一条　由集中采购机构组织的批量集中采购和框架协议采购的需求管理，按照有关制度规定执行。

第四十二条　各省、自治区、直辖市财政部门可以根据本办法制定具体实施办法。

第四十三条　本办法所称主管预算单位是指负有编制部门预算职责，向本级财政部门申报预算的国家机关、事业单位和团体组织。

第四十四条　本办法自2021年7月1日起施行。

关于开展政府采购备选库、名录库、资格库专项清理的通知

（财办库〔2021〕14 号）

各省、自治区、直辖市、计划单列市财政厅（局），新疆生产建设兵团财政局，各中央预算单位办公厅（室）：

优化政府采购营商环境是贯彻落实中央全面深化改革委员会审议通过的《深化政府采购制度改革方案》的重要内容，对于做好“六稳”工作落实“六保”任务具有重要意义。《财政部关于促进政府采购公平竞争优化营商环境的通知》（财库〔2019〕38 号）印发以来，各级财政部门认真贯彻落实《通知》要求，全面清理政府采购领域违反公平竞争的规定和做法，推动政府采购营商环境进一步优化。但部分地区仍然不同程度存在以入围方式设置政府采购备选库、名录库、资格库的问题。为维护政府采购市场秩序，财政部决定开展政府采购备选库、名录库、资格库专项清理工作，现将有关事项通知如下：

一、清理范围

除小额零星采购适用的协议供货、定点采购外，对于政府采购限额标准以上或集中采购目录以内的采购项目，通过入围等方式设置的、作为参加政府采购活动资格条件的各类备选库、名录库、资格库等供应商库。

二、清理工作安排

本次专项清理时间为 2021 年 2 月 1 日至 3 月 31 日，主要采取采购单位自查和财政部门重点核查相结合的方式，具体安排如下：

（一）采购单位自查。2021 年 2 月 1 日至 3 月 15 日期间，各地财政部门要组织采购人开展全面自查和清理，坚决取缔各类政府采购备选库、名录库、资格库。采购人应当于 2021 年 3 月 15 日前将本单位备选库、名录库、资格库自查和清理情况报送同级财政部门。中央单位也要同步开展自查清理，于 2021 年 3 月 15 日前将自查清理情况报送财政部。

（二）财政部门重点核查。2021 年 3 月 15 日到 3 月 31 日期间，各地财政部门要根据采购人自查和清理情况，重点选取财务审计以及资产评估服务等方面的采购项目开展核查。具体核查项目数量和比例由各地财政部门结合实际自行确定。财政部也将对中央单位清理结果进行核查。对核查发现的漏报瞒报、清理不到位等问题，要予以通报批评，并及时督促整改。

（三）建立长效机制。专项清理工作结束后，各地财政部门要将设库情况纳入政府采购日常监督检查范围，发现一起，查处一起。对于确需多家供应商承担的采购项目，要指导采购人在明确服务标准和定价原则等采购需求的前提下，根据业务性质、服务区域等要素，合理设置采购项目包，通过竞争择优，将相应采购业务明确到具体供应商。待《政府采购框架

协议管理办法》正式印发后，符合条件的项目可采用政府采购框架协议方式采购。

三、工作要求

（一）强化组织领导。各地财政部门要充分认识此次专项清理工作的重要意义，增强政治站位，提高思想认识，强化组织领导，周密抓好实施，切实把各项清理措施落到实处，确保清理工作取得实效。在清理工作中遇到的新问题、新情况，各省级财政部门要及时向财政部报告。

（二）接受社会监督。各地财政部门要广泛宣传政府采购禁止设立各类备选库、名录库、资格库的精神，通过开设举报邮箱、电话等方式，鼓励社会公众对违规设置各类备选库、名录库、资格库的情况进行监督，营造全社会关注、群众参与专项整治的良好氛围。财政部将于2月1日起开设举报邮箱 mofhkx@126.com，任何单位及个人均可通过邮箱反映违规设立备选库、名录库、资格库等情况。

（三）报送清理成果。各省级财政部门要汇总本地区政府采购备选库、名录库、资格库清理情况，于2021年4月10日前报送财政部。

财政部办公厅

2021年1月19日

关于开展政府采购意向公开工作的通知

（财库〔2020〕10号）

各中央预算单位，各省、自治区、直辖市、计划单列市财政厅（局），新疆生产建设兵团财政局：

为进一步提高政府采购透明度，优化政府采购营商环境，根据《深化政府采购制度改革方案》和《财政部关于促进政府采购公平竞争优化营商环境的通知》（财库〔2019〕38号）有关要求，现就政府采购意向公开有关工作安排通知如下：

一、高度重视采购意向公开工作

推进采购意向公开是优化政府采购营商环境的重要举措。做好采购意向公开工作有助于提高政府采购透明度，方便供应商提前了解政府采购信息，对于保障各类市场主体平等参与政府采购活动，提升采购绩效，防范抑制腐败具有重要作用。各地区、各部门要充分认识此项工作的重要意义，高度重视、精心组织，认真做好采购意向公开工作。

二、关于采购意向公开工作推进步骤

采购意向公开工作遵循"试点先行，分步实施"的原则。2020年在中央预算单位和北京市、上海市、深圳市市本级预算单位开展试点。对2020年7月1日起实施的采购项目，中央预算单位和北京市、上海市、深圳市市本级预算单位应当按规定公开采购意向。各试点地区应根据地方实际尽快推进其他各级预算单位采购意向公开。其他地区可根据地方实际确定采购意向公开时间，原则上省级预算单位2021年1月1日起实施的采购项目，省级以下各级预算单位2022年1月1日起实施的采购项目，应当按规定公开采购意向；具备条件的地区可适当提前开展采购意向公开工作。

三、关于采购意向公开的主体和渠道

采购意向由预算单位负责公开。中央预算单位的采购意向在中国政府采购网（www.ccgp.gov.cn）中央主网公开，地方预算单位的采购意向在中国政府采购网地方分网公开，采购意向也可在省级以上财政部门指定的其他媒体同步公开。主管预算单位可汇总本部门、本系统所属预算单位的采购意向集中公开，有条件的部门可在其部门门户网站同步公开本部门、本系统的采购意向。

四、关于采购意向公开的内容

采购意向按采购项目公开。除以协议供货、定点采购方式实施的小额零星采购和由集中采购机构统一组织的批量集中采购外，按项目实施的集中采购目录以内或者采购限额标准以上的货物、工程、服务采购均应当公开采购意向。

采购意向公开的内容应当包括采购项目名称、采购需求概况、预算金额、预计采购时间等，政府采购意向公开参考文本见附件。其中，采购需求概况应当包括采购标的名称，采购标的需实现的主要功能或者目标，采购标的数量，以及采购标的需满足的质量、服务、安全、时限等要求。采购意向应当尽可能清晰完整，便于供应商提前做好参与采购活动的准备。采购意向仅作为供应商了解各单位初步采购安排的参考，采购项目实际采购需求、预算金额和执行时间以预算单位最终发布的采购公告和采购文件为准。

五、关于采购意向公开的依据和时间

采购意向由预算单位定期或者不定期公开。部门预算批复前公开的采购意向，以部门预算"二上"内容为依据；部门预算批复后公开的采购意向，以部门预算为依据。预算执行中新增采购项目应当及时公开采购意向。采购意向公开时间应当尽量提前，原则上不得晚于采购活动开始前30日公开采购意向。因预算单位不可预见的原因急需开展的采购项目，可不公开采购意向。

六、工作要求

各中央预算单位要加强采购活动的计划性，按照本通知要求及时、全面公开采购意向。各中央主管预算单位应当做好统筹协调工作，及时安排部署，加强对本部门所属预算单位的督促和指导，确保所属预算单位严格按规定公开采购意向，做到不遗漏、不延误。

各省级财政部门要根据本通知要求抓紧制定具体工作方案，对本地区采购意向公开工作进行布置，着重加强对市县级预算单位政府采购意向公开工作的指导，并在中国政府采购网地方分网设置相关专栏，确保本地区各级预算单位按要求完成采购意向公开工作。

各地区、各部门要认真总结采购意向公开工作中好的做法和经验，对推进过程中遇到的新情况、新问题，要研究完善有关举措，并及时向财政部反映。财政部将结合政府采购透明度评估工作，对采购意向公开情况进行检查并对检查结果予以通报。

特此通知。

附件：政府采购意向公开参考文本

财政部

2020年3月2日

附件

政府采购意向公开参考文本

××(单位名称)____年____(至)____月

政府采购意向

为便于供应商及时了解政府采购信息,根据《财政部关于开展政府采购意向公开工作的通知》(财库〔2020〕10 号)等有关规定,现将(单位名称)________年________(至)________月采购意向公开如下:

序号	采购项目名称	采购需求概况	预算金额(万元)	预计采购时间(填写到月)	备注
	填写具体采购项目的名称	填写采购标的名称,采购标的需实现的主要功能或者目标,采购标的数量,以及采购标的需满足的质量、服务、安全、时限等要求	精确到万元	填写到月	其他需要说明的情况
	……				
	……				

本次公开的采购意向是本单位政府采购工作的初步安排,具体采购项目情况以相关采购公告和采购文件为准。

××(单位名称)

年　　月　　日

关于疫情防控采购便利化的通知

（财办库〔2020〕23号）

各中央预算单位办公厅（室），各省、自治区、直辖市、计划单列市财政厅（局），新疆生产建设兵团财政局：

为贯彻落实习近平总书记对新型冠状病毒感染肺炎疫情防控工作作出的重要指示批示精神，按照党中央、国务院决策部署，支持打赢疫情防控攻坚战，现就新型冠状病毒感染肺炎疫情防控采购相关事项通知如下：

一、各级国家机关、事业单位和团体组织（以下简称采购单位）使用财政性资金采购疫情防控相关货物、工程和服务的，应以满足疫情防控工作需要为首要目标，建立采购“绿色通道”，可不执行政府采购法规定的方式和程序，采购进口物资无需审批。

二、各采购单位应当建立健全紧急采购内控机制，在确保采购时效的同时，提高采购资金的使用效益，保证采购质量。

三、各采购单位应当加强疫情防控采购项目采购文件和凭据的管理，留存备查。

四、任何单位和个人发现采购单位及采购人员存在徇私舞弊等违法违纪行为的，应当及时向同级财政部门或有关部门举报。

特此通知。

财政部办公厅

2020年1月26日

关于疫情防控期间开展政府采购活动有关事项的通知

（财办库〔2020〕29 号）

各中央预算单位办公厅（室），各省、自治区、直辖市、计划单列市财政厅（局），新疆生产建设兵团财政局：

为做好新型冠状病毒感染的肺炎疫情防控，有效减少人员聚集，保障相关人员的生命安全和身体健康，现就疫情防控期间开展政府采购活动有关事项通知如下：

一、合理安排政府采购活动。各地区、各部门根据疫情防控和实际工作需要，积极履职尽责，科学合理开展政府采购活动。对于与疫情防控相关的采购项目，作为紧急采购项目，按照《财政部办公厅关于疫情防控采购便利化的通知》（财办库〔2020〕23 号）的规定执行。对于非紧急的采购活动，因疫情防控而无法开展或无法按规定时间继续进行的采购活动，可酌情暂停或延期，并按规定发布相关信息、通知有关当事人；对于确有必要在疫情防控期间开展的政府采购活动及相关工作，要尽量选择网络、电话、邮寄等非现场方式实施。疫情防控期间需要选取政府采购评审专家的，原则上不采取现场抽取方式，可由采购人通过网络随机抽取或根据实际情况自行选定。对确需开展、按规定应在公共资源交易中心实施的采购活动，因公共资源交易中心暂停业务无法开展的，可在其他平台或其他场所进行。

二、加强采购活动场所防护。对确需现场办理或开展的采购活动，采购人、采购代理机构应当严格执行疫情防控要求，做好采购活动场所的通风、消杀、体温监测、人员信息登记等工作，尽可能减少现场人数、加大座位间隔、缩短工作时间。参加政府采购活动的供应商代表、评审专家及采购人、采购代理机构工作人员应当做好个人防护，严格执行疫情报告、人员隔离等要求。

三、推进采购项目电子化实施。有条件的地方尽量在线提供采购文件、提交投标（响应）文件，实行电子开标、电子评审等流程。鼓励各地区电子卖场加强疫情防控相关物资的货源组织，设置专区发布疫情防控采购需求信息和供应商供应信息，促进供需对接。加强对电子卖场的价格监控和供应商管理，依法处理提供假冒伪劣产品、哄抬物价等违法违规行为。

四、关于投诉处理工作。疫情防控期间，各级财政部门可暂停现场受理、质证等工作，相关业务改为网上办理。现场业务恢复时间由各级财政部门根据本地疫情防控工作实际情况确定并公告。因疫情防控期间无法召开专家审查会议，可酌情暂缓作出相关案件的处理决定，并提前告知相关当事人。

五、关于工作日的计算。在政府采购活动及相关质疑、投诉工作中需计算工作日的，国务院及地方各级人民政府规定的延长假期作为公休日，不计入工作日。

六、自疫情防控终止之日起，即恢复正常采购活动。

特此通知。

财政部办公厅

2020 年 2 月 6 日

关于政府采购支持绿色建材促进建筑品质提升试点工作的通知

（财库〔2020〕31号）

各省、自治区、直辖市、计划单列市财政厅（局）、住房和城乡建设主管部门，新疆生产建设兵团财政局、住房和城乡建设局：

为发挥政府采购政策功能，加快推广绿色建筑和绿色建材应用，促进建筑品质提升和新型建筑工业化发展，根据《中华人民共和国政府采购法》和《中华人民共和国政府采购法实施条例》，现就政府采购支持绿色建材促进建筑品质提升试点工作通知如下：

一、总体要求

（一）指导思想。

以习近平新时代中国特色社会主义思想为指导，牢固树立新发展理念，发挥政府采购的示范引领作用，在政府采购工程中积极推广绿色建筑和绿色建材应用，推进建筑业供给侧结构性改革，促进绿色生产和绿色消费，推动经济社会绿色发展。

（二）基本原则。

坚持先行先试。选择一批绿色发展基础较好的城市，在政府采购工程中探索支持绿色建筑和绿色建材推广应用的有效模式，形成可复制、可推广的经验。

强化主体责任。压实采购人落实政策的主体责任，通过加强采购需求管理等措施，切实提高绿色建筑和绿色建材在政府采购工程中的比重。

加强统筹协调。加强部门间的沟通协调，明确相关部门职责，强化对政府工程采购、实施和履约验收中的监督管理，引导采购人、工程承包单位、建材企业、相关行业协会及第三方机构积极参与试点工作，形成推进试点的合力。

（三）工作目标。

在政府采购工程中推广可循环可利用建材、高强度高耐久建材、绿色部品部件、绿色装饰装修材料、节水节能建材等绿色建材产品，积极应用装配式、智能化等新型建筑工业化建造方式，鼓励建成二星级及以上绿色建筑。到2022年，基本形成绿色建筑和绿色建材政府采购需求标准，政策措施体系和工作机制逐步完善，政府采购工程建筑品质得到提升，绿色消费和绿色发展的理念进一步增强。

二、试点对象和时间

（一）试点城市。试点城市为南京市、杭州市、绍兴市、湖州市、青岛市、佛山市。鼓励其他地区按照本通知要求，积极推广绿色建筑和绿色建材应用。

（二）试点项目。医院、学校、办公楼、综合体、展览馆、会展中心、体育馆、保障性住房等新建政府采购工程。鼓励试点地区将使用财政性资金实施的其他新建工程项目纳入试点范围。

（三）试点期限。试点时间为2年，相关工程项目原则上应于2022年12月底前竣工。

对于较大规模的工程项目,可适当延长试点时间。

三、试点内容

(一)形成绿色建筑和绿色建材政府采购需求标准。财政部、住房和城乡建设部会同相关部门根据建材产品在政府采购工程中的应用情况、市场供给情况和相关产业升级发展方向等,结合有关国家标准、行业标准等绿色建材产品标准,制定发布绿色建筑和绿色建材政府采购基本要求(试行,以下简称《基本要求》)。财政部、住房和城乡建设部将根据试点推进情况,动态更新《基本要求》,并在中华人民共和国财政部网站(www.mof.gov.cn)、住房和城乡建设部网站(www.mohurd.gov.cn)和中国政府采购网(www.ccgp.gov.cn)发布。试点地区可根据地方实际情况,对《基本要求》中的相关设计要求、建材种类和具体指标进行微调。试点地区要通过试点,在《基本要求》的基础上,细化和完善绿色建筑政府采购相关设计规范、施工规范和产品标准,形成客观、量化、可验证,适应本地区实际和不同建筑类型的绿色建筑和绿色建材政府采购需求标准,报财政部、住房和城乡建设部。

(二)加强工程设计管理。采购人应当要求设计单位根据《基本要求》编制设计文件,严格审查或者委托第三方机构审查设计文件中执行《基本要求》的情况。试点地区住房和城乡建设部门要加强政府采购工程中落实《基本要求》情况的事中事后监管。同时,要积极推动工程造价改革,完善工程概预算编制办法,充分发挥市场定价作用,将政府采购绿色建筑和绿色建材增量成本纳入工程造价。

(三)落实绿色建材采购要求。采购人要在编制采购文件和拟定合同文本时将满足《基本要求》的有关规定作为实质性条件,直接采购或要求承包单位使用符合规定的绿色建材产品。绿色建材供应商在供货时应当提供包含相关指标的第三方检测或认证机构出具的检测报告、认证证书等证明性文件。对于尚未纳入《基本要求》的建材产品,鼓励采购人采购获得绿色建材评价标识、认证或者获得环境标志产品认证的绿色建材产品。

(四)探索开展绿色建材批量集中采购。试点地区财政部门可以选择部分通用类绿色建材探索实施批量集中采购。由政府集中采购机构或部门集中采购机构定期归集采购人绿色建材采购计划,开展集中带量采购。鼓励通过电子化政府采购平台采购绿色建材,强化采购全流程监管。

(五)严格工程施工和验收管理。试点地区要积极探索创新施工现场监管模式,督促施工单位使用符合要求的绿色建材产品,严格按照《基本要求》的规定和工程建设相关标准施工。工程竣工后,采购人要按照合同约定开展履约验收。

(六)加强对绿色采购政策执行的监督检查。试点地区财政部门要会同住房和城乡建设部门通过大数据、区块链等技术手段密切跟踪试点情况,加强有关政策执行情况的监督检查。对于采购人、采购代理机构和供应商在采购活动中的违法违规行为,依照政府采购法律制度有关规定处理。

四、保障措施

(一)加强组织领导。试点地区要高度重视政府采购支持绿色建筑和绿色建材推广试点工作,大胆创新,研究建立有利于推进试点的制度机制。试点地区财政部门、住房和城乡建设部门要共同牵头做好试点工作,及时制定出台本地区试点实施方案,报财政部、住房和城乡建设部备案。试点实施方案印发后,有关部门要按照职责分工加强协调配合,确保试点工作顺利推进。

(二)做好试点跟踪和评估。试点地区财政部门、住房和城乡建设部门要加强对试点工作的动态跟踪和工作督导，及时协调解决试点中的难点堵点，对试点过程中遇到的关于《基本要求》具体内容、操作执行等方面问题和相关意见建议，要及时向财政部、住房和城乡建设部报告。财政部、住房和城乡建设部将定期组织试点情况评估，试点结束后系统总结各地试点经验和成效，形成政府采购支持绿色建筑和绿色建材推广的全国实施方案。

（三）加强宣传引导。加强政府采购支持绿色建筑和绿色建材推广政策解读和舆论引导，统一各方思想认识，及时回应社会关切，稳定市场主体预期。通过新闻媒体宣传推广各地的好经验好做法，充分发挥试点示范效应。

附件：绿色建筑和绿色建材政府采购基本要求（试行）

财政部
住房和城乡建设部
2020 年 10 月 13 日

关于印发《政府采购促进中小企业发展管理办法》的通知

（财库〔2020〕46号）

各中央预算单位办公厅（室），各省、自治区、直辖市、计划单列市财政厅（局）、工业和信息化主管部门，新疆生产建设兵团财政局、工业和信息化主管部门：

为贯彻落实《关于促进中小企业健康发展的指导意见》，发挥政府采购政策功能，促进中小企业发展，根据《中华人民共和国政府采购法》、《中华人民共和国中小企业促进法》等法律法规，财政部、工业和信息化部制定了《政府采购促进中小企业发展管理办法》。现印发给你们，请遵照执行。

附件：政府采购促进中小企业发展管理办法

财政部 工业和信息化部

2020年12月18日

附件

政府采购促进中小企业发展管理办法

第一条　为了发挥政府采购的政策功能,促进中小企业健康发展,根据《中华人民共和国政府采购法》、《中华人民共和国中小企业促进法》等有关法律法规,制定本办法。

第二条　本办法所称中小企业,是指在中华人民共和国境内依法设立,依据国务院批准的中小企业划分标准确定的中型企业、小型企业和微型企业,但与大企业的负责人为同一人,或者与大企业存在直接控股、管理关系的除外。

符合中小企业划分标准的个体工商户,在政府采购活动中视同中小企业。

第三条　采购人在政府采购活动中应当通过加强采购需求管理,落实预留采购份额、价格评审优惠、优先采购等措施,提高中小企业在政府采购中的份额,支持中小企业发展。

第四条　在政府采购活动中,供应商提供的货物、工程或者服务符合下列情形的,享受本办法规定的中小企业扶持政策:

(一)在货物采购项目中,货物由中小企业制造,即货物由中小企业生产且使用该中小企业商号或者注册商标;

(二)在工程采购项目中,工程由中小企业承建,即工程施工单位为中小企业;

(三)在服务采购项目中,服务由中小企业承接,即提供服务的人员为中小企业依照《中华人民共和国劳动合同法》订立劳动合同的从业人员。

在货物采购项目中,供应商提供的货物既有中小企业制造货物,也有大型企业制造货物的,不享受本办法规定的中小企业扶持政策。

以联合体形式参加政府采购活动,联合体各方均为中小企业的,联合体视同中小企业。其中,联合体各方均为小微企业的,联合体视同小微企业。

第五条　采购人在政府采购活动中应当合理确定采购项目的采购需求,不得以企业注册资本、资产总额、营业收入、从业人员、利润、纳税额等规模条件和财务指标作为供应商的资格要求或者评审因素,不得在企业股权结构、经营年限等方面对中小企业实行差别待遇或者歧视待遇。

第六条　主管预算单位应当组织评估本部门及所属单位政府采购项目,统筹制定面向中小企业预留采购份额的具体方案,对适宜由中小企业提供的采购项目和采购包,预留采购份额专门面向中小企业采购,并在政府采购预算中单独列示。

符合下列情形之一的,可不专门面向中小企业预留采购份额:

(一)法律法规和国家有关政策明确规定优先或者应当面向事业单位、社会组织等非企业主体采购的;

(二)因确需使用不可替代的专利、专有技术,基础设施限制,或者提供特定公共服务等原因,只能从中小企业之外的供应商处采购的;

(三)按照本办法规定预留采购份额无法确保充分供应、充分竞争,或者存在可能影响政府采购目标实现的情形;

（四）框架协议采购项目；

（五）省级以上人民政府财政部门规定的其他情形。

除上述情形外，其他均为适宜由中小企业提供的情形。

第七条　采购限额标准以上，200 万元以下的货物和服务采购项目、400 万元以下的工程采购项目，适宜由中小企业提供的，采购人应当专门面向中小企业采购。

第八条　超过 200 万元的货物和服务采购项目、超过 400 万元的工程采购项目中适宜由中小企业提供的，预留该部分采购项目预算总额的 30%以上专门面向中小企业采购，其中预留给小微企业的比例不低于 60%。预留份额通过下列措施进行：

（一）将采购项目整体或者设置采购包专门面向中小企业采购；

（二）要求供应商以联合体形式参加采购活动，且联合体中中小企业承担的部分达到一定比例；

（三）要求获得采购合同的供应商将采购项目中的一定比例分包给一家或者多家中小企业。

组成联合体或者接受分包合同的中小企业与联合体内其他企业、分包企业之间不得存在直接控股、管理关系。

第九条　对于经主管预算单位统筹后未预留份额专门面向中小企业采购的采购项目，以及预留份额项目中的非预留部分采购包，采购人、采购代理机构应当对符合本办法规定的小微企业报价给予 6%—10%（工程项目为 3%—5%）的扣除，用扣除后的价格参加评审。适用招标投标法的政府采购工程建设项目，采用综合评估法但未采用低价优先法计算价格分的，评标时应当在采用原报价进行评分的基础上增加其价格得分的 3%—5%作为其价格分。

接受大中型企业与小微企业组成联合体或者允许大中型企业向一家或者多家小微企业分包的采购项目，对于联合协议或者分包意向协议约定小微企业的合同份额占到合同总金额 30%以上的，采购人、采购代理机构应当对联合体或者大中型企业的报价给予 2%—3%（工程项目为 1%—2%）的扣除，用扣除后的价格参加评审。适用招标投标法的政府采购工程建设项目，采用综合评估法但未采用低价优先法计算价格分的，评标时应当在采用原报价进行评分的基础上增加其价格得分的 1%—2%作为其价格分。组成联合体或者接受分包的小微企业与联合体内其他企业、分包企业之间存在直接控股、管理关系的，不享受价格扣除优惠政策。

价格扣除比例或者价格分加分比例对小型企业和微型企业同等对待，不作区分。具体采购项目的价格扣除比例或者价格分加分比例，由采购人根据采购标的相关行业平均利润率、市场竞争状况等，在本办法规定的幅度内确定。

第十条　采购人应当严格按照本办法规定和主管预算单位制定的预留采购份额具体方案开展采购活动。预留份额的采购项目或者采购包，通过发布公告方式邀请供应商后，符合资格条件的中小企业数量不足 3 家的，应当中止采购活动，视同未预留份额的采购项目或者采购包，按照本办法第九条有关规定重新组织采购活动。

第十一条　中小企业参加政府采购活动，应当出具本办法规定的《中小企业声明函》（附 1），否则不得享受相关中小企业扶持政策。任何单位和个人不得要求供应商提供《中小企业声明函》之外的中小企业身份证明文件。

第十二条　采购项目涉及中小企业采购的，采购文件应当明确以下内容：

（一）预留份额的采购项目或者采购包，明确该项目或相关采购包专门面向中小企业采购，以及相关标的及预算金额；

（二）要求以联合体形式参加或者合同分包的，明确联合协议或者分包意向协议中中小企业合同金额应当达到的比例，并作为供应商资格条件；

（三）非预留份额的采购项目或者采购包，明确有关价格扣除比例或者价格分加分比例；

（四）规定依据本办法规定享受扶持政策获得政府采购合同的，小微企业不得将合同分包给大中型企业，中型企业不得将合同分包给大型企业；

（五）采购人认为具备相关条件的，明确对中小企业在资金支付期限、预付款比例等方面的优惠措施；

（六）明确采购标的对应的中小企业划分标准所属行业；

（七）法律法规和省级以上人民政府财政部门规定的其他事项。

第十三条　中标、成交供应商享受本办法规定的中小企业扶持政策的，采购人、采购代理机构应当随中标、成交结果公开中标、成交供应商的《中小企业声明函》。

适用招标投标法的政府采购工程建设项目，应当在公示中标候选人时公开中标候选人的《中小企业声明函》。

第十四条　对于通过预留采购项目、预留专门采购包、要求以联合体形式参加或者合同分包等措施签订的采购合同，应当明确标注本合同为中小企业预留合同。其中，要求以联合体形式参加采购活动或者合同分包的，应当将联合协议或者分包意向协议作为采购合同的组成部分。

第十五条　鼓励各地区、各部门在采购活动中允许中小企业引入信用担保手段，为中小企业在投标（响应）保证、履约保证等方面提供专业化服务。鼓励中小企业依法合规通过政府采购合同融资。

第十六条　政府采购监督检查、投诉处理及政府采购行政处罚中对中小企业的认定，由货物制造商或者工程、服务供应商注册登记所在地的县级以上人民政府中小企业主管部门负责。

中小企业主管部门应当在收到财政部门或者有关招标投标行政监督部门关于协助开展中小企业认定函后 10 个工作日内做出书面答复。

第十七条　各地区、各部门应当对涉及中小企业采购的预算项目实施全过程绩效管理，合理设置绩效目标和指标，落实扶持中小企业有关政策要求，定期开展绩效监控和评价，强化绩效评价结果应用。

第十八条　主管预算单位应当自 2022 年起向同级财政部门报告本部门上一年度面向中小企业预留份额和采购的具体情况，并在中国政府采购网公开预留项目执行情况（附 2）。未达到本办法规定的预留份额比例的，应当作出说明。

第十九条　采购人未按本办法规定为中小企业预留采购份额，采购人、采购代理机构未按照本办法规定要求实施价格扣除或者价格分加分的，属于未按照规定执行政府采购政策，依照《中华人民共和国政府采购法》等国家有关规定追究法律责任。

第二十条　供应商按照本办法规定提供声明函内容不实的，属于提供虚假材料谋取中标、成交，依照《中华人民共和国政府采购法》等国家有关规定追究相应责任。

适用招标投标法的政府采购工程建设项目，投标人按照本办法规定提供声明函内容不实的，属于弄虚作假骗取中标，依照《中华人民共和国招标投标法》等国家有关规定追究相应责任。

第二十一条　财政部门、中小企业主管部门及其工作人员在履行职责中违反本办法规定及存在其他滥用职权、玩忽职守、徇私舞弊等违法违纪行为的，依照《中华人民共和国政府采购法》、《中华人民共和国公务员法》、《中华人民共和国监察法》、《中华人民共和国政府采购法实施条例》等国家有关规定追究相应责任；涉嫌犯罪的，依法移送有关国家机关处理。

第二十二条　对外援助项目、国家相关资格或者资质管理制度另有规定的项目，不适用本办法。

第二十三条　关于视同中小企业的其他主体的政府采购扶持政策，由财政部会同有关部门另行规定。

第二十四条　省级财政部门可以会同中小企业主管部门根据本办法的规定制定具体实施办法。

第二十五条　本办法自 2021 年 1 月 1 日起施行。《财政部 工业和信息化部关于印发〈政府采购促进中小企业发展暂行办法〉的通知》（财库〔2011〕181 号）同时废止。

1. 中小企业声明函

2. 面向中小企业预留项目执行情况公告

附件 1

中小企业声明函(货物)

本公司(联合体)郑重声明,根据《政府采购促进中小企业发展管理办法》(财库〔2020〕46 号)的规定,本公司(联合体)参加________(单位名称)的________(项目名称)采购活动,提供的货物全部由符合政策要求的中小企业制造。相关企业(含联合体中的中小企业、签订分包意向协议的中小企业)的具体情况如下:

1. ________(标的名称),属于________(采购文件中明确的所属行业)行业;制造商为________(企业名称),从业人员________人,营业收入为________万元,资产总额为________万元①,属于________(中型企业、小型企业、微型企业);

2. ________(标的名称),属于________(采购文件中明确的所属行业)行业;制造商为________(企业名称),从业人员________人,营业收入为________万元,资产总额为________万元①,属于________(中型企业、小型企业、微型企业);

……

以上企业,不属于大企业的分支机构,不存在控股股东为大企业的情形,也不存在与大企业的负责人为同一人的情形。

本企业对上述声明内容的真实性负责。如有虚假,将依法承担相应责任。

企业名称(盖章):

日期:

---

① 从业人员、营业收入、资产总额填报上一年度数据,无上一年度数据的新成立企业可不填报。

中小企业声明函(工程、服务)

本公司(联合体)郑重声明,根据《政府采购促进中小企业发展管理办法》(财库〔2020〕46 号)的规定,本公司(联合体)参加________(单位名称)的________(项目名称)采购活动,工程的施工单位全部为符合政策要求的中小企业(或者:服务全部由符合政策要求的中小企业承接)。相关企业(含联合体中的中小企业、签订分包意向协议的中小企业)的具体情况如下:

1. ________(标的名称),属于________(采购文件中明确的所属行业);承建(承接)企业为________(企业名称),从业人员________人,营业收入为________万元,资产总额为________万元,属于________(中型企业、小型企业、微型企业);

2. ________(标的名称),属于________(采购文件中明确的所属行业);承建(承接)企业为________(企业名称),从业人员________人,营业收入为________万元,资产总额为________万元[①],属于________(中型企业、小型企业、微型企业);

……

以上企业,不属于大企业的分支机构,不存在控股股东为大企业的情形,也不存在与大企业的负责人为同一人的情形。

本企业对上述声明内容的真实性负责。如有虚假,将依法承担相应责任。

企业名称(盖章):

日期:

① 从业人员、营业收入、资产总额填报上一年度数据,无上一年度数据的新成立企业可不填报。

附件 2

(单位名称)××年面向中小企业预留项目执行情况公告

根据《政府采购促进中小企业发展管理办法》(财库〔2020〕46 号)要求,现对本部门(单位)××年面向中小企业预留项目执行情况公告如下:

本部门(单位)××年预留项目面向中小企业采购共计××万元,其中,面向小微企业采购××万元,占××%。

面向中小企业预留项目明细

序号	项目名称	预留选项	面向中小企业采购金额	合同链接
	(填写集中采购目录以内或者采购限额标准以上的采购项目)	(填写"采购项目整体预留""设置专门采购包""要求以联合体形式参加"或者"要求合同分包",除"采购项目全部预留"外,还应当填写预留给中小企业的比例)	(精确到万元)	(填写合同在中国政府采购网公开的网址,合同中应当包含有关联合体协议或者分包意向协议)
……	……	……	……	……

部门(单位)名称:

日期:

关于印发《政府采购公告和公示信息格式规范(2020年版)》的通知

(财办库〔2020〕50号)

各中央预算单位办公厅(室),各省、自治区、直辖市、计划单列市财政厅(局),新疆生产建设兵团财政局:

为规范政府采购公告和公示信息发布行为,提高政府采购活动透明度,财政部研究制定了《政府采购公告和公示信息格式规范(2020年版)》,现印发给你们,请遵照执行。

各部门、各地区要高度重视政府采购信息公开工作,督促指导采购单位和采购代理机构自2020年7月1日起按照本格式规范编制发布政府采购信息。执行中如遇政策问题,请及时向财政部国库司反馈。

附件:政府采购公告和公示信息格式规范(2020年版)

财政部办公厅

2020年3月18日

附件

政府采购公告和公示信息格式规范(2020年版)

政府采购意向公告

________(单位名称)____年____(至)____月政府采购意向

为便于供应商及时了解政府采购信息,根据《财政部关于开展政府采购意向公开工作的通知》(财库〔2020〕10号)等有关规定,现将________(单位名称)________年________(至)________月采购意向公开如下:

序号	采购项目名称	采购需求概况	预算金额(万元)	预计采购时间(填写到月)	备注
	(填写具体采购项目的名称)	(填写采购标的名称,采购标的需实现的主要功能或者目标,采购标的数量,以及采购标的需满足的质量、服务、安全、时限等要求)	(精确到万元)	(填写到月)	(其他需要说明的情况)
	……				
	……				

本次公开的采购意向是本单位政府采购工作的初步安排,具体采购项目情况以相关采购公告和采购文件为准。

(单位名称)

年　月　日

资格预审公告

项目概况 ________(采购标的) 招标项目的潜在资格预审申请人应在(地址)领取资格预审文件,并于________年________月________日________点________分(北京时间)前提交申请文件。

一、项目基本情况

项目编号(或招标编号、政府采购计划编号、采购计划备案文号等,如有):
项目名称:
采购方式:□公开招标　□邀请招标
预算金额:
最高限价(如有):
采购需求:(包括但不限于标的的名称、数量、简要技术需求或服务要求等)
合同履行期限:
本项目(是/否)接受联合体投标。

二、申请人的资格要求

1. 满足《中华人民共和国政府采购法》第二十二条规定。

2. 落实政府采购政策需满足的资格要求。(如属于专门面向中小企业采购的项目,供应商应为中小微企业、监狱企业、残疾人福利性单位)

3. 本项目的特定资格要求。(如项目接受联合体投标,对联合体应提出相关资格要求;如属于特定行业项目,供应商应当具备特定行业法定准入要求)

三、领取资格预审文件

时间:________年________月________日至________年________月________日(提供期限自本公告发布之日起不得少于 5 个工作日),每天上午________至________,下午________至________(北京时间,法定节假日除外)

地点:
方式:

四、资格预审申请文件的组成及格式

(可详见附件)

五、资格预审的审查标准及方法

六、拟邀请参加投标的供应商数量

□采用随机抽取的方式邀请________家供应商参加投标。如通过资格预审供应商数量少于拟邀请供应商数量,采用下列方式(□1 或□2)。(适用于邀请招标)

1. 如通过资格预审供应商数量少于拟邀请供应商数量,但不少于三家则邀请全部通过资格预审供应商参加投标。

2. 如通过资格预审供应商数量少于拟邀请供应商数量,则重新组织招标活动。

□邀请全部通过资格预审供应商参加投标。(适用于公开招标)

七、申请文件提交

应在________年________月________日________点________分(北京时间)前,将申请文件提交至________。

八、资格预审日期

资格预审日期为申请文件提交截止时间至________年________月________日前

九、公告期限

自本公告发布之日起 5 个工作日。

十、其他补充事宜

十一、凡对本次资格预审提出询问,请按以下方式联系

1. 采购人信息

名称:______________________________

地址:______________________________

联系方式:__________________________

2. 采购代理机构信息(如有)

名称:______________________________

地址:______________________________

联系方式：________________________

3. 项目联系方式

项目联系人：_______（组织本项目采购活动的具体工作人员姓名）

电话：____________________________

（说明：1. 采用竞争性谈判、竞争性磋商、询价等非招标方式采购过程中，如需要使用资格预审的，可参照上述格式发布公告。2. 格式规范文本中标注斜体的部分是对文件相关内容提示或说明，下同。）

招标公告

项目概况 ________(采购标的)招标项目的潜在投标人应在(地址)获取招标文件,并于________年________月________日________点________分(北京时间)前递交投标文件。

一、项目基本情况

项目编号(或招标编号、政府采购计划编号、采购计划备案文号等,如有):
项目名称:
预算金额:
最高限价(如有):
采购需求:(包括但不限于标的的名称、数量、简要技术需求或服务要求等)
合同履行期限:
本项目(是/否)接受联合体投标。

二、申请人的资格要求:

1. 满足《中华人民共和国政府采购法》第二十二条规定;

2. 落实政府采购政策需满足的资格要求:________(如属于专门面向中小企业采购的项目,供应商应为中小微企业、监狱企业、残疾人福利性单位)

3. 本项目的特定资格要求:________(如项目接受联合体投标,对联合体应提出相关资格要求;如属于特定行业项目,供应商应当具备特定行业法定准入要求。)

三、获取招标文件

时间:________年________月________日至________年________月________日(提供期限自本公告发布之日起不得少于5个工作日),每天上午________至________,下午________至________(北京时间,法定节假日除外)

地点:
方式:
售价:

四、提交投标文件截止时间、开标时间和地点

________年________月________日________点________分(北京时间)(自招标文件开始发出之日起至投标人提交投标文件截止之日止,不得少于20日)

地点:

五、公告期限

自本公告发布之日起5个工作日。

六、其他补充事宜

七、对本次招标提出询问,请按以下方式联系。

1. 采购人信息

名称:______________________________

地址:______________________________

联系方式:__________________________

2. 采购代理机构信息(如有)

名称:______________________________

地址:______________________________

联系方式:__________________________

3. 项目联系方式

项目联系人:_______(组织本项目采购活动的具体工作人员姓名)

电话:______________________________

竞争性谈判(竞争性磋商、询价)公告

项目概况 ________(采购标的)采购项目的潜在供应商应在________(地址)获取采购文件,并于________年________月________日________点________分(北京时间)前提交响应文件。

一、项目基本情况

项目编号(或招标编号、政府采购计划编号、采购计划备案文号等,如有):
项目名称:
采购方式:☐竞争性谈判　☐竞争性磋商　☐询价
预算金额:
最高限价(如有):
采购需求:(包括但不限于标的的名称、数量、简要技术需求或服务要求等)
合同履行期限:
本项目(是/否)接受联合体。

二、申请人的资格要求:

1. 满足《中华人民共和国政府采购法》第二十二条规定;

2. 落实政府采购政策需满足的资格要求:________(如属于专门面向中小企业采购的项目,供应商应为中小微企业、监狱企业、残疾人福利性单位)

3. 本项目的特定资格要求:________(如项目接受联合体投标,对联合体应提出相关资格要求;如属于特定行业项目,供应商应当具备特定行业法定准入要求。)

三、获取采购文件

时间:________年________月________日至________年________月________日(磋商文件的发售期限自开始之日起不得少于5个工作日),每天上午________至________,下午________至________(北京时间,法定节假日除外)

地点:
方式:
售价:

四、响应文件提交

截止时间:________年________月________日________点________分(北京时间)(从磋商文件开始发出之日起至供应商提交首次响应文件截止之日止不得少于10日;从谈判文件开始发出之日起至供应商提交首次响应文件截止之日止不得少于3个工作日;从询价通

知书开始发出之日起至供应商提交响应文件截止之日止不得少于3个工作日)

地点:

五、开启(竞争性磋商方式必须填写)

时间:________年________月________日________点________分(北京时间)

地点:

六、公告期限

自本公告发布之日起3个工作日。

七、其他补充事宜

八、凡对本次采购提出询问,请按以下方式联系。

1. 采购人信息
名称:______________________________
地址:______________________________
联系方式:__________________________
2. 采购代理机构信息(如有)
名称:______________________________
地址:______________________________
联系方式:__________________________
3. 项目联系方式
项目联系人:(组织本项目采购活动的具体工作人员姓名)
电话:______________________________

中标(成交)结果公告

一、项目编号(或招标编号、政府采购计划编号、采购计划备案文号等,如有):

二、项目名称:

三、中标(成交)信息

供应商名称:

供应商地址:

中标(成交)金额:(可填写下浮率、折扣率或费率)

四、主要标的信息

货物类	服务类	工程类
名称: 品牌(如有): 规格型号: 数量: 单价:	名称: 服务范围: 服务要求: 服务时间: 服务标准:	名称: 施工范围: 施工工期: 项目经理: 执业证书信息:

五、评审专家(单一来源采购人员)名单:

六、代理服务收费标准及金额:

七、公告期限

自本公告发布之日起 1 个工作日。

八、其他补充事宜

九、凡对本次公告内容提出询问，请按以下方式联系。

1. 采购人信息

名称：______________________________

地址：______________________________

联系方式：__________________________

2. 采购代理机构信息(如有)

名称：______________________________

地址：______________________________

联系方式：__________________________

3. 项目联系方式

项目联系人：(组织本项目采购活动的具体工作人员姓名)

电话：______________________________

十、附件

1. 采购文件(已公告的可不重复公告)

2. 被推荐供应商名单和推荐理由(适用于邀请招标、竞争性谈判、询价、竞争性磋商采用书面推荐方式产生符合资格条件的潜在供应商的)

3. 中标、成交供应商为中小企业的，应公告其《中小企业声明函》

4. 中标、成交供应商为残疾人福利性单位的，应公告其《残疾人福利性单位声明函》

5. 中标、成交供应商为注册地在国家级贫困县域内物业公司的，应公告注册所在县扶贫部门出具的聘用建档立卡贫困人员具体数量的证明。

更正公告

一、项目基本情况

原公告的采购项目编号(或招标编号、政府采购计划编号、采购计划备案文号等,如有):______________________________

原公告的采购项目名称:______________________________

首次公告日期:______________________________

二、更正信息

更正事项:□采购公告　□采购文件　□采购结果

更正内容:________采购结果更正,还需同时在附件中公告变更后的中标(成交)供应商的相关信息

更正日期:______________________________

三、其他补充事宜

四、凡对本次公告内容提出询问,请按以下方式联系。

1. 采购人信息

名称:______________________________

地址:______________________________

联系方式:___________________________

2. 采购代理机构信息(如有)

名称:______________________________

地址:______________________________

联系方式:___________________________

3. 项目联系方式

项目联系人:(组织本项目采购活动的具体工作人员姓名)

电话:______________________________

五、附件(适用于更正中标、成交供应商)

1. 中标、成交供应商为中小企业的,应公告其《中小企业声明函》

2. 中标、成交供应商为残疾人福利性单位的,应公告其《残疾人福利性单位声明函》

3. 中标、成交供应商为注册地在国家级贫困县域内物业公司的,应公告注册所在县扶贫部门出具的聘用建档立卡贫困人员具体数量的证明。

终止公告

一、项目基本情况

采购项目编号（或招标编号、政府采购计划编号、采购计划备案文号等，如有）：______________________________

采购项目名称：______________________________

二、项目终止的原因

三、其他补充事宜

四、凡对本次公告内容提出询问，请按以下方式联系。

1. 采购人信息

名称：______________________________

地址：______________________________

联系方式：__________________________

2. 采购代理机构信息（如有）

名称：______________________________

地址：______________________________

联系方式：__________________________

3. 项目联系方式

项目联系人：（组织本项目采购活动的具体工作人员姓名）

电话：______________________________

合同公告

一、合同编号：________

二、合同名称：________

三、项目编号(或招标编号、政府采购计划编号、采购计划备案文号等,如有)：

____

四、项目名称：________

五、合同主体

采购人(甲方)：____________________________
地址：____________________________
联系方式：____________________________
供应商(乙方)：____________________________
地址：____________________________
联系方式：____________________________

六、合同主要信息

主要标的名称：____________________________
规格型号(或服务要求)：____________________________
主要标的数量：____________________________
主要标的单价：____________________________
合同金额：____________________________
履约期限、地点等简要信息：____________________________
采购方式：________(如公开招标、竞争性磋商、单一来源采购等)

七、合同签订日期：________

八、合同公告日期：________

九、其他补充事宜：________

附件：上传合同(采购人应当按照《政府采购法实施条例》有关要求,将政府采购合同中涉及国家秘密、商业秘密的内容删除后予以公开)

公共服务项目验收结果公告

一、合同编号：________

二、合同名称：________

三、项目编号(或招标编号、政府采购计划编号、采购计划备案文号等,如有)：

____

四、项目名称：________

五、合同主体

采购人(甲方)：______________________
地址：__________________________
联系方式：________________________
供应商(乙方)：______________________
地址：__________________________
联系方式：________________________

六、合同主要信息

服务内容：____________________________
服务要求：____________________________
服务期限：____________________________
服务地点：____________________________

七、验收日期：________

八、验收组成员(应当邀请服务对象参与)：________

九、验收意见：________

十、其他补充事宜：________

单一来源采购公示

一、项目信息

采购人：______________________________

项目名称：______________________________

拟采购的货物或服务的说明：______________________________

拟采购的货物或服务的预算金额：______________________________

采用单一来源采购方式的原因及说明：______________________________

二、拟定供应商信息

名称：______________________________

地址：______________________________

三、公示期限

________年________月________日至________年________月________日（公示期限不得少于5个工作日）

四、其他补充事宜：

五、联系方式

1. 采购人

联系人：______________________________

联系地址：______________________________

联系电话：______________________________

2. 财政部门

联系人：______________________________

联系地址：______________________________

联系电话：______________________________

3. 采购代理机构（如有）

联系人：______________________________

联系地址：______________________________

联系电话：______________________________

六、附件

专业人员论证意见(格式见附件)

附件

单一来源采购方式专业人员论证意见

专业人员信息	姓名:	
	职称:	
	工作单位:	
项目信息	项目名称:	
	供应商名称:	
专业人员论证意见	(专业人员论证意见应当完整、清晰和明确的表达从唯一供应商处采购的理由)	
专业人员签字		日期______年______月______日

注:本表格中专业人员论证意见由专业人员手工填写。

投诉处理结果公告

一、项目编号(或招标编号、政府采购计划编号、采购计划备案文号等,如有):

二、项目名称:

三、相关当事人

投诉人:______________________________

地址:______________________________

被投诉人:______________________________

地址:______________________________

相关供应商:______________________________

地址:______________________________

当事人:______________________________

地址:______________________________

四、基本情况

五、处理依据及结果

六、其他补充事宜

(执法机关名称)

____年____月____日

监督检查处理结果公告

一、项目编号(或招标编号、政府采购计划编号、采购计划备案文号等,如有):

二、项目名称:

三、相关当事人

当事人1:________________________________

地址:____________________________________

当事人2:________________________________

地址:____________________________________

……

四、基本情况

五、处理依据及结果

六、其他补充事宜

(执法机关名称)

____年____月____日

集中采购机构考核结果公告

一、考核单位名称：

二、被考核单位名称：

三、考核内容：

四、考核方法：

五、工作成效及存在问题：

六、考核结果：

七、其他补充事宜：

____年____月____日

财政部国库司关于政府采购项目实行电子招投标问题的复函

（财库便函〔2020〕188号）

湖南省财政厅：

你厅《关于政府采购项目实行电子招投标问题的请示》收悉。经研究，现就有关情况答复如下：

一、按照《关于深化公共资源交易平台整合共享的指导意见》（国办函〔2019〕41号，以下简称41号文）有关要求，公共资源交易平台应当坚持“公共服务”定位，主要围绕交易服务优化完善系统功能，提升服务水平，不得介入各行业主管部门法定监管职责。不得改变各行业法定交易规则，也不得强制进场交易。政府采购项目交易及监管规则应当按照《政府采购法》及其实施条例和财政部有关规章制度的规定执行，不适用《电子招投标办法》（发展和改革委20号令）。

二、政府采购法规定了多种采购方式，很多政府采购项目涉及多轮谈判磋商，采购程序非标准化，不宜“一刀切”地按某一种采购方式流程实行全电子化交易。强制要求所有政府采购项目执行电子招投标流程，不仅于法无据，也会影响采购效率，不符合41号文确定的“服务高效”基本原则，不符合非政府采购项目电子化的实际情况。

三、中央深改委审议通过的《深化政府采购制度改革方案》明确提出实施“互联网+政府采购”行动，《财政部关于贯彻落实〈深化政府采购制度改革方案〉的实施意见》已明确相关工作任务安排和实施步骤。请你厅按深改方案和实施意见统一部署，积极推动政府采购电子化交易有关工作。

特此复函。

国库司

2020年4月1日

关于政府采购工程项目有关法律适用问题的复函

（财库便函〔2020〕385 号）

四川省财政厅：

你单位《关于政府投资工程项目采购有关法律适用问题的请示》收悉。经研究，现函复如下：

根据《中华人民共和国政府采购法》及其实施条例有关规定，工程招标限额标准以上，与建筑物和构筑物新建、改建、扩建项目无关的单独的装修、拆除、修缮项目，以及政府集中采购目录以内或者政府采购工程限额标准以上、工程招标限额标准以下的政府采购工程项目，不属于依法必须进行指标的项目，政府采购此类项目时，应当按照政府采购法实施条例第二十五条的规定，采用竞争性谈判、竞争性磋商或者单一来源方式进行采购。

财政部国库司

2020 年 6 月 16 日

关于扩大高校和科研院所科研相关自主权的若干意见

（国科发政〔2019〕260号）

高校和科研院所从事探索性、创造性科学研究活动，具有知识和人才独特优势，是实施创新驱动发展战略、建设创新型国家的重要力量。党中央、国务院高度重视高校和科研院所科研领域简政放权工作，近年来出台了一系列改革举措，取得了良好效果。但随着科技创新向纵深推进，高校和科研院所科研相关自主权越来越难以适应实践发展需求。为进一步完善相关制度体系，推动扩大高校和科研院所科研领域自主权，全面增强创新活力，提升创新绩效，增加科技成果供给，支撑经济社会高质量发展，现提出如下意见。

一、总体要求

（一）指导思想。以习近平新时代中国特色社会主义思想为指导，全面贯彻党的十九大和十九届二中、三中全会精神，认真落实党中央、国务院决策部署，牢固树立新发展理念，遵循科研活动、人才成长、成果转化规律，深化科技体制改革，转变政府科技管理职能，抓战略、抓规划、抓政策、抓服务，支持高校和科研院所依法依规行使科研相关自主权，充分调动单位和人员积极性创造性，增强创新动力活力和服务经济社会发展能力，为建设创新型国家和世界科技强国提供有力支撑。

（二）基本原则。坚持单位发展与国家使命相一致。坚持和加强党对高校和科研院所的全面领导，牢记国家使命，坚持国家目标导向，充分利用国家赋予的职责权限组织开展工作，积极承担重大科研任务，将单位发展融入国家发展大局，在服务国家目标过程中实现自身可持续发展。

坚持统一要求与分类施策相协调。扩大高校和科研院所科研相关自主权应符合中央分类推进事业单位改革的总体要求，尊重科学规律，针对高校和科研院所不同特点精准施策，实行分类管理，提高政策的针对性和可操作性。

坚持简政放权与加强监管相结合。最大限度减少政府对高校和科研院所内部事务的微观管理和直接干预，加强对发展方向的总体把握，实施预算绩效管理，推动内控机制建设，确保充分放权与有效承接、完善内部治理与加强外部监督、激励担当作为与严肃问责追责等有机结合、权力与责任相一致。

二、完善机构运行管理机制

（三）完善章程管理。主管部门要按照中央改革精神和政事分开、管办分离的原则，组织所属高校完善章程，推动科研院所制定章程，科学确定不同类型单位的职能定位和权利责任边界。高校和科研院所要按照章程规定的职能和业务范围开展科研活动，完善内部治理结构，建立高效运行管理机制。主管部门对章程赋予高校和科研院所管理权限的事务不得干预。

（四）强化绩效管理。高校和科研院所要制定中长期发展目标和规划，明确绩效目标及指标。主管部门要按照权责利效相统一和分类评价原则，减少过程管理，突出创新导向、结果导向和实绩导向，对高校和科研院所实行中长期绩效管理和评价考核，评价结果以适当方式公开，并作为单位财政拨款、科技创新基地建设、领导人员考评奖励、绩效工资总量核定等的重要依据；机构编制部门按照程序办理科研事业单位编制调整事项时，参考评价结果。

（五）优化机构设置管理。科技部门要按照功能定位清晰、布局合理、精简高效的原则，拟订科研机构改革发展与布局的规划，推动科技资源优化配置。高校和科研院所在章程规定的职能范围内，根据国家战略需求、行业发展需要和科技发展趋势，按照精简、效能的原则，可自主设置、变更和取消单位的内设机构。

三、优化科研管理机制

（六）简化科研项目管理流程。完善中央财政科技计划重大项目组织实施机制，围绕国家需求改进项目形成机制，合理确定项目布局、数量及体量，优选研发团队，强化责任落实与结果考核，简化过程管理。科技部门要会同相关部门精简项目申报流程，减少不必要申报材料。项目实施期间实行"里程碑"式管理，减少各类过程性评估、检查、抽查、审计等。合并财务验收和技术验收，评估、规范和动态调整第三方审计机构。整合科技管理各项工作和计划的材料报送环节，实现一表多用。建立国家科技管理信息系统按权限开放制度，凡是信息系统已有材料或已要求提供过的材料，不得要求重复提供。科技、财政、教育部门和中科院等要开展减轻科研人员负担专项行动，积极营造有利于潜心研究的环境。

（七）完善科研经费管理机制。改革间接经费预算编制和支付方式，不再由项目负责人编制预算，由项目管理部门（单位）直接核定并办理资金支付手续，资金直接支付给承担单位。加快推进基于绩效、诚信和能力的科研管理改革试点，及时总结推广科研项目资金管理等试点经验和做法。落实横向经费使用自主权，单位依法依规制定的横向经费管理办法可作为审计检查依据。允许项目承担单位对国内差旅费中的伙食补助费、市内交通费和难以取得发票的住宿费实行包干制。科技、教育部门适时选择部分高校和科研院所探索开展国内差旅费报销改革试点。

（八）改进科研仪器设备耗材采购管理。简化采购流程，缩短采购周期，对独家代理或生产的仪器设备，高校和科研院所可按有关规定和程序采取更灵活便利的采购方式。对科研急需的设备和耗材，采用特事特办、随到随办的采购机制，可不再走招投标程序。各单位要建立完善的科研设备耗材采购管理制度，对确需采用特事特办、随到随办方式的采购作出明确规定，确保放而不乱。

（九）赋予创新领军人才更大科研自主权。国家科研项目负责人可根据国家有关规定自主调整研究方案和技术路线，自主组织科研团队。具有相应授权的高校和科研院所在研究生招生计划分配中，要向承担科技重大专项、重点研发计划等国家重大科研项目的优秀团队和导师倾斜。探索基于重大科技创新平台、重大科研项目和工程项目加强博士研究生培养，完善培养成本分摊机制。项目承担单位要切实落实公务卡管理自主权，允许项目临时聘用人员、研究生等不具备公务卡申请条件的人员因执行项目任务产生的差旅费不使用公务卡结算。

（十）改革科技成果管理制度。修订完善国有资产评估管理方面的法律法规，取消职务科技成果资产评估、备案管理程序。科技、财政等部门要开展赋予科研人员职务科技成果所有权或长期使用权试点，为进一步完善职务科技成果权属制度探索路子。

四、改革相关人事管理方式

（十一）自主聘用工作人员。高校和科研院所可根据国家有关规定和开展科研活动需要，制定招聘方案，设置岗位条件，发布招聘信息，自主组织公开招聘，规范聘后管理，畅通人员出口，实现聘用人员市场化退出。对本土培养人才与海外引进人才一视同仁、平等对待。支持和鼓励高校和科研院所专业技术人员以挂职、参与项目合作、兼职、在职创业等方式从事创新活动。允许科研院所完善内部用人制度，自主聘用内设机构负责人。高校和科研院所正职和领导班子中属中央管理的干部要严格执行中央有关规定，内设研发机构负责人可依法依规获得科技成果转化现金和股权奖励，执行教学科研人员因公临时出国、兼职等区别对待、分类管理政策。

（十二）自主设置岗位。高校和科研院所可根据国家有关规定，结合科技创新事业发展需要，在编制或人员总量内自主制订岗位设置方案和管理办法，确定岗位结构比例。已全面实行聘用合同、岗位管理和公开招聘制度，建立能上能下、能进能出灵活用人机制的单位，可在编制内适当增加高级专业技术岗位比例，调整情况按管理权限报相关部门备案。允许高校和科研院所通过设置创新型岗位和流动性岗位，引进优秀人才从事创新活动。对单位引进的急需紧缺高层次人才，通过调整岗位设置难以满足需求的，经相关部门审批同意，设置一定数量的特设岗位，不受岗位总量、最高等级和结构比例限制，涉及编制事宜报机构编制管理部门按程序专项审批。完成相关任务后，按照管理权限予以核销。

（十三）切实下放职称评审权限。高校和科研院所按照国家规定自主制定职称评审办法和操作方案，按照管理权限自主开展职称评审，评审结果事后按要求报主管部门备案。部分条件不具备、尚不能独立组织评审的高校和科研院所，可自主采取联合评审、委托评审等方式。对引进的急需紧缺高层次人才和有突出贡献的人才，允许高校和科研院所在明确标准、程序和公示公开的前提下，开辟评审绿色通道，评审标准不设资历、年限等门槛。

（十四）完善人员编制管理方式。教育部门要会同机构编制、财政、人力资源社会保障等相关部门加快制订高校人员总量核定指导标准和试点方案，积极开展试点。在总结评估科研院所编制备案制试点工作基础上，完善相关政策，逐步扩大试点范围。

五、完善绩效工资分配方式

（十五）加大绩效工资分配向科研人员倾斜力度。高校和科研院所可在绩效工资总量内，按国家有关规定自主确定绩效工资结构、考核办法、分配方式、工资项目名称、标准和发放范围，绩效工资分配要向关键创新岗位、作出突出贡献的科研人员、承担财政科研项目的人员、创新团队和优秀青年人才倾斜。在绩效工资总量核定中，要向高层次人才集中、创新绩效突出的高校和科研院所倾斜。人力资源社会保障、财政部门要会同相关主管部门在部分高校和科研院所探索建立符合行业特点的工资制度。

（十六）强化绩效工资对科技创新的激励作用。对全时承担国家关键领域核心技术攻关任务的团队负责人以及单位引进的急需紧缺高层次人才等可实行年薪制、协议工资、项目工资等灵活分配方式,其薪酬在所在单位绩效工资总量中单列,相应增加单位当年绩效工资总量。加大高校和科研院所人员科技成果转化股权期权激励力度,科研人员获得的职务科技成果转化现金奖励、兼职或离岗创业收入不受绩效工资总量限制,不纳入总量基数。

六、确保政策落实见效

(十七)加强统筹协调。科技、教育部门要会同组织、机构编制、发展改革、财政、人力资源社会保障等相关部门及时完善配套制度,建立政策落实沟通反馈和动态调整机制,适时组织开展改革效果评估。主管部门要根据本意见精神在半年内完成本部门相关管理制度的修订,在岗位设置、人员聘用、内部机构调整、绩效工资分配、评价考核、科研组织等方面充分放权,加强支持保障和绩效管理。相关改革试点工作要在半年内启动,有关部门要加强指导并及时总结评估、复制推广成功经验和做法。

(十八)落实主体责任。高校和科研院所党政主要领导是本单位抓落实的第一责任人,要提高思想认识,强化责任担当,抓好组织实施,把自主权政策落实到科研一线。抓落实的成效作为单位班子考核的重要内容。一年内要制定完善本单位科研、人事、财务、成果转化、科研诚信等具体管理办法,建立健全相关工作体系、配套制度,积极推进重大决策、重大事项、重要制度等公开,自觉接受各方监督。

(十九)实施有效监管。高校和科研院所要建立适合本单位实际情况的内部控制体系,强化内部流程控制,分析风险隐患,完善风险评估机制,实现内控体系全面、有效实施,确保自主权接得住、用得好、不出事,防止滋生腐败。

各相关部门要跟踪高校和科研院所履行职责、行使自主权情况,通过"双随机、一公开"抽查、督查、第三方绩效评估等方式督促推动改革政策落实,对落实不到位的以适当方式予以通报,对发现的违法违规问题予以严肃处理。实行科研项目责任人预算绩效负责制,重大项目责任人实行绩效终身责任追究制。构建公开公示和信用机制,将诚信状况作为单位获得科研相关自主权的重要依据,将单位行使相关自主权过程中出现的失信情况纳入信用记录管理,对严重失信行为实行终身追责、联合惩戒。

(二十)鼓励担当作为。按照"三个区分开来"的要求,鼓励高校和科研院所改革创新。监督检查工作中出现与工作对象理解相关政策不一致时,监督检查部门要与政策制定部门沟通,及时调查澄清。对在担当作为中发生无意过失的干部,要按照事业为上、实事求是、依法依纪、容纠并举等原则,结合动机态度、客观条件、程序方法、性质程度、后果影响以及挽回损失等情况,进行综合分析和妥善处理,该容的大胆容,不该容的坚决不容,鼓励干部敢于担当、主动作为。

本意见适用于中央部门所属高校和中央级科研院所。现行相关规定与本意见不一致的,以本意见为准。

关于调整优化节能产品、环境标志产品政府采购执行机制的通知

（财库〔2019〕9号）

有关中央预算单位，各省、自治区、直辖市、计划单列市财政厅（局）、发展改革委（经信委、工信委、工信厅、经信局）、生态环境厅（局）、市场监管部门，新疆生产建设兵团财政局、发展改革委、工信委、环境保护局、市场监管局：

为落实“放管服”改革要求，完善政府绿色采购政策，简化节能（节水）产品、环境标志产品政府采购执行机制，优化供应商参与政府采购活动的市场环境，现就节能产品、环境标志产品政府采购有关事项通知如下：

一、对政府采购节能产品、环境标志产品实施品目清单管理。财政部、发展改革委、生态环境部等部门根据产品节能环保性能、技术水平和市场成熟程度等因素，确定实施政府优先采购和强制采购的产品类别及所依据的相关标准规范，以品目清单的形式发布并适时调整。不再发布“节能产品政府采购清单”和“环境标志产品政府采购清单”。

二、依据品目清单和认证证书实施政府优先采购和强制采购。采购人拟采购的产品属于品目清单范围的，采购人及其委托的采购代理机构应当依据国家确定的认证机构出具的、处于有效期之内的节能产品、环境标志产品认证证书，对获得证书的产品实施政府优先采购或强制采购。

三、逐步扩大节能产品、环境标志产品认证机构范围。根据认证机构发展状况，市场监管总局商有关部门按照试点先行、逐步放开、有序竞争的原则，逐步增加实施节能产品、环境标志产品认证的机构。加强对相关认证市场监管力度，推行“双随机、一公开”监管，建立认证机构信用监管机制，严厉打击认证违法行为。

四、发布认证机构和获证产品信息。市场监管总局组织建立节能产品、环境标志产品认证结果信息发布平台，公布相关认证机构和获证产品信息。节能产品、环境标志产品认证机构应当建立健全数据共享机制，及时向认证结果信息发布平台提供相关信息。中国政府采购网（www.ccgp.gov.cn）建立与认证结果信息发布平台的链接，方便采购人和采购代理机构查询、了解认证机构和获证产品相关情况。

五、加大政府绿色采购力度。对于已列入品目清单的产品类别，采购人可在采购需求中提出更高的节约资源和保护环境要求，对符合条件的获证产品给予优先待遇。对于未列入品目清单的产品类别，鼓励采购人综合考虑节能、节水、环保、循环、低碳、再生、有机等因素，参考相关国家标准、行业标准或团体标准，在采购需求中提出相关绿色采购要求，促进绿色产品推广应用。

六、本通知自2019年4月1日起执行。《财政部 生态环境部关于调整公布第二十二期环境标志产品政府采购清单的通知》(财库〔2018〕70号)和《财政部 国家发展改革委关于调整公布第二十四期节能产品政府采购清单的通知》(财库〔2018〕73号)同时停止执行。

财政部　发展改革委　生态环境部　市场监管总局

2019年2月1日

关于印发环境标志产品政府采购品目清单的通知

（财库〔2019〕18 号）

有关中央预算单位，各省、自治区、直辖市、计划单列市财政厅（局）、生态环境厅（局），新疆生产建设兵团财政局、环境保护局：

根据《财政部发展改革委 生态环境部 市场监管总局关于调整优化节能产品 环境标志产品政府采购执行机制的通知》（财库〔2019〕9 号），我们研究制定了环境标志产品政府采购品目清单，现印发给你们，请遵照执行。

附件：环境标志产品政府采购品目清单

财政部 生态环境部

2019 年 3 月 29 日

附件

环境标志产品政府采购品目清单

品目序号	名称			依据的标准
1	A020101 计算机设备	A02010103 服务器		HJ 2507 网络服务器
		A02010104 台式计算机		HJ 2536 微型计算机、显示器
		A02010105 便携式计算机		HJ 2536 微型计算机、显示器
		A02010107 平板式微型计算机		HJ 2536 微型计算机、显示器
		A02010108 网络计算机		HJ 2536 微型计算机、显示器
		A02010109 计算机工作站		HJ 2536 微型计算机、显示器
		A02010199 其他计算机设备		HJ 2536 微型计算机、显示器
2	A020106 输入输出设备	A02010601 打印设备	A0201060101 喷墨打印机	HJ 2512 打印机、传真机及多功能一体机
			A0201060102 激光打印机	HJ 2512 打印机、传真机及多功能一体机
			A0201060103 热式打印机	HJ 2512 打印机、传真机及多功能一体机
			A0201060104 针式打印机	HJ 2512 打印机、传真机及多功能一体机
		A02010604 显示设备	A0201060401 液晶显示器	HJ 2536 微型计算机、显示器
			A0201060499 其他显示器	HJ 2536 微型计算机、显示器
		A02010609 图形图像输入设备	A0201060901 扫描仪	HJ 2517 扫描仪
3	A020202 投影仪			HJ 2516 投影仪
4	A020201 复印机			HJ 424 数字式复印（包括多功能）设备
5	A020204 多功能一体机			HJ 424 数字式复印（包括多功能）设备
6	A020210 文印设备	A02021001 速印机		HJ 472 数字式一体化速印机
7	A020301 载货汽车（含自卸汽车）			HJ 2532 轻型汽车

表(续 1)

品目序号	名称			依据的标准
8	A020305 乘用车(轿车)	A02030501 轿车		HJ 2532 轻型汽车
		A02030599 其他乘用车(轿车)		HJ 2532 轻型汽车
9	A020306 客车	A02030601 小型客车		HJ 2532 轻型汽车
10	A020307 专用车辆	A02030799 其他专用汽车		HJ 2532 轻型汽车
11	A020523 制冷空调设备	A02052301 制冷压缩机		HJ 2531 工商用制冷设备
		A02052305 空调机组		HJ 2531 工商用制冷设备
		A02052309 专用制冷、空调设备		HJ 2531 工商用制冷设备
12	A020618 生活用电器	A02061802 空气调节电器	A0206180203 空调机	HJ 2535 房间空气调节器
		A02061808 热水器		HJ/T 362 太阳能集热器
13	A020619 照明设备	A02061908 室内照明灯具		HJ 2518 照明光源
14	A020810 传真及数据数字通信设备	A02081001 传真通信设备		HJ 2512 打印机、传真机及多功能一体机
15	A020910 电视设备	A02091001 普通电视设备(电视机)		HJ 2506 彩色电视广播接收机
		A02091003 特殊功能应用电视设备		HJ 2506 彩色电视广播接收机
16	A0601 床类	A060101 钢木床类		HJ 2547 家具/HJ 2540 木塑制品
		A060104 木制床类		HJ 2547 家具/HJ 2540 木塑制品
		A060199 其他床类		HJ 2547 家具/HJ 2540 木塑制品
17	A0602 台、桌类	A060201 钢木台、桌类		HJ 2547 家具/HJ 2540 木塑制品
		A060205 木制台、桌类		HJ 2547 家具/HJ 2540 木塑制品
		A060299 其他台、桌类		HJ 2547 家具/HJ 2540 木塑制品
18	A0603 椅凳类	A060301 金属骨架为主的椅凳类		HJ 2547 家具/HJ 2540 木塑制品
		A060302 木骨架为主的椅凳类		HJ 2547 家具/HJ 2540 木塑制品
		A060399 其他椅凳类		HJ 2547 家具/HJ 2540 木塑制品
19	A0604 沙发类	A060499 其他沙发类		HJ 2547 家具/HJ 2540 木塑制品

表(续 2)

品目序号	名称		依据的标准
20	A0605 柜类	A060501 木质柜类	HJ 2547 家具/HJ 2540 木塑制品
		A060503 金属质柜类	HJ 2547 家具/HJ 2540 木塑制品
		A060599 其他柜类	HJ 2547 家具/HJ 2540 木塑制品
21	A0606 架类	A060601 木质架类	HJ 2547 家具/HJ 2540 木塑制品
		A060602 金属质架类	HJ 2547 家具/HJ 2540 木塑制品
22	A0607 屏风类	A060701 木质屏风类	HJ 2547 家具/HJ 2540 木塑制品
		A060702 金属质屏风类	HJ 2547 家具/HJ 2540 木塑制品
23	A060804 水池		HJ/T 296 卫生陶瓷
24	A060805 便器		HJ/T 296 卫生陶瓷
25	A060806 水嘴		HJ/T 411 水嘴
26	A0609 组合家具		HJ 2547 家具/ HJ 2540 木塑制品
27	A0610 家用家具零配件		HJ 2547 家具/ HJ 2540 木塑制品
28	A0699 其他家具用具		HJ 2547 家具/ HJ 2540 木塑制品
29	A070101 棉、化纤纺织及印染原料		HJ 2546 纺织产品
30	A090101 复印纸(包括再生复印纸)		HJ 410 文化用纸
31	A090201 鼓粉盒(包括再生鼓粉盒)		HJ/T 413 再生鼓粉盒

表(续3)

品目序号	名称			依据的标准
32	A100203 人造板	A10020301 胶合板		HJ 571 人造板及其制品
		A10020302 纤维板		HJ 571 人造板及其制品
		A10020303 刨花板		HJ 571 人造板及其制品
		A10020304 细木工板		HJ 571 人造板及其制品
		A10020399 其他人造板		HJ 571 人造板及其制品
33	A100204 二次加工材,相关板材	A10020404 人造板表面装饰板		HJ 571 人造板及其制品/HJ 2540 木塑制品
		A10020404 人造板表面装饰板(地板)		HJ 571 人造板及其制品/HJ 2540 木塑制品
34	A100301 水泥熟料及水泥	A10030102 水泥		HJ 2519 水泥
35	A100303 水泥混凝土制品	A10030301 商品混凝土		HJ/T 412 预拌混凝土
36	A100304 纤维增强水泥制品	A10030402 纤维增强硅酸钙板		HJ/T 223 轻质墙体板材
		A10030403 无石棉纤维水泥制品		HJ/T 223 轻质墙体板材
37	A100305 轻质建筑材料及制品	A10030501 石膏板		HJ/T 223 轻质墙体板材
		A10030503 轻质隔墙条板		HJ/T 223 轻质墙体板材
38	A100307 建筑陶瓷制品	A10030701 瓷质砖		HJ/T 297 陶瓷砖
		A10030704 炻质砖		HJ/T 297 陶瓷砖
		A10030705 陶质砖		HJ/T 297 陶瓷砖
		A10030799 其他建筑陶瓷制品		HJ/T 297 陶瓷砖
39	A100309 建筑防水卷材及制品	A10030901 沥青和改性沥青防水卷材		HJ 455 防水卷材
		A10030903 自粘防水卷材		HJ 455 防水卷材
		A10030906 高分子防水卷(片)材		HJ 455 防水卷材
40	A100310 隔热、隔音人造矿物材料及其制品	A10031001 矿物绝热和吸声材料		HJ/T 223 轻质墙体板材
		A10031002 矿物材料制品		HJ/T 223 轻质墙体板材

表(续4)

品目序号	名称			依据的标准
41	A100601 功能性建筑涂料			HJ 2537 水性涂料
42	A100399 其他非金属矿物制品	A10039901 其他非金属建筑材料		HJ 456 刚性防水材料
43	A100602 墙面涂料	A10060202 合成树脂乳液内墙涂料		HJ 2537 水性涂料
		A10060203 合成树脂乳液外墙涂料		HJ 2537 水性涂料
		A10060299 其他墙面涂料		HJ 2537 水性涂料
44	A100604 防水涂			
料	A10060499 其他防水涂料		HJ 2537 水性涂料	
45	A100699 其他建筑涂料			HJ 2537 水性涂料
46	A100701 门、门槛			HJ/T 237 塑料门窗/ HJ 459 木质门和钢质门
47	A100702 窗			HJ/T 237 塑料门窗
48	A170108 涂料(建筑涂料除外)			HJ 2537 水性涂料
49	A170112 密封用填料及类似品			HJ 2541 胶粘剂
50	A180201 塑料制品			HJ/T 226 建筑用塑料管材/ HJ/T 231 再生塑料制品

注:环境标志产品认证应依据相关标准的最新版本

关于印发节能产品政府采购品目清单的通知

（财库〔2019〕19 号）

有关中央预算单位，各省、自治区、直辖市、计划单列市财政厅（局）、发展改革委（经信委、工信委、工信厅、经信局），新疆生产建设兵团财政局、发展改革委：

根据《财政部 发展改革委 生态环境部 市场监管总局关于调整优化节能产品 环境标志产品政府采购执行机制的通知》（财库〔2019〕9 号），我们研究制定节能产品政府采购品目清单，现印发给你们，请遵照执行。

附件：节能产品政府采购品目清单

财政部 发展改革委

2019 年 4 月 2 日

附件

节能产品政府采购品目清单

<table>
<tr><th>品目序号</th><th colspan="3">名称</th><th>依据的标准</th></tr>
<tr><td rowspan="3">1</td><td rowspan="3">A020101
计算机设备</td><td>★A02010104
台式计算机</td><td></td><td>《微型计算机能效限定值及能效等级》(GB 28380)</td></tr>
<tr><td>★A02010105
便携式计算机</td><td></td><td>《微型计算机能效限定值及能效等级》(GB 28380)</td></tr>
<tr><td>★A02010107
平板式微型计算机</td><td></td><td>《微型计算机能效限定值及能效等级》(GB 28380)</td></tr>
<tr><td rowspan="5">2</td><td rowspan="5">A020106
输入输出设备</td><td rowspan="3">A02010601
打印设备</td><td>A0201060101
喷墨打印机</td><td>《复印机、打印机和传真机能效限定值及能效等级》(GB 21521)</td></tr>
<tr><td>★ A0201060102
激光打印机</td><td>《复印机、打印机和传真机能效限定值及能效等级》(GB 21521)</td></tr>
<tr><td>★ A0201060104
针式打印机</td><td>《复印机、打印机和传真机能效限定值及能效等级》(GB 21521)</td></tr>
<tr><td>A02010604
显示设备</td><td>★ A0201060401
液晶显示器</td><td>《计算机显示器能效限定值及能效等级》(GB 21520)</td></tr>
<tr><td>A02010609
图形图像输入设备</td><td>A0201060901
扫描仪</td><td>参照《复印机、打印机和传真机能效限定值及能效等级》(GB 21521)中打印速度为 15 页/分的针式打印机相关要求</td></tr>
<tr><td>3</td><td>A020202
投影仪</td><td></td><td></td><td>《投影机能效限定值及能效等级》(GB 32028)</td></tr>
<tr><td>4</td><td>A020204
多功能一体机</td><td></td><td></td><td>《复印机、打印机和传真机能效限定值及能效等级》(GB 21521)</td></tr>
<tr><td>5</td><td>A020519
泵</td><td>A02051901
离心泵</td><td></td><td>《清水离心泵能效限定值及节能评价值》(GB 19762)</td></tr>
<tr><td>6</td><td>A020523
制冷空调设备</td><td>★A02052301
制冷压缩机</td><td>冷水机组</td><td>《冷水机组能效限定值及能效等级》(GB 19577),《低环境温度空气源热泵(冷水)机组能效限定值及能效等级》(GB 37480)</td></tr>
</table>

表(续1)

品目序号	名称			依据的标准
6	A020523 制冷空调设备	★A02052301 制冷压缩机	水源热泵机组	《水(地)源热泵机组能效限定值及能效等级》(GB 30721)
			溴化锂吸收式冷水机组	《溴化锂吸收式冷水机组能效限定值及能效等级》(GB 29540)
		★A02052305 空调机组	多联式空调(热泵)机组(制冷量>14 000 W)	《多联式空调(热泵)机组能效限定值及能源效率等级》(GB 21454)
			单元式空气调节机(制冷量>14 000 W)	《单元式空气调节机能效限定值及能效等级》(GB 19576),《风管送风式空调机组能效限定值及能效等级》(GB 37479)
		★A02052309 专用制冷、空调设备	机房空调	《单元式空气调节机能效限定值及能效等级》(GB 19576)
		A02052399 其他制冷空调设备	冷却塔	《机械通风冷却塔第1部分:中小型开式冷却塔》(GB /T 7190.1),《机械通风冷却塔第2部分:大型开式冷却塔》(GB /T 7190.2)
7	A020601 电机			《中小型三相异步电动机能效限定值及能效等级》(GB 18613)
8	A020602 变压器	配电变压器		《三相配电变压器能效限定值及能效等级》(GB 20052)
9	★A020609 镇流器	管型荧光灯镇流器		《管形荧光灯镇流器能效限定值及能效等级》(GB 17896)
10	A020618 生活用电器	A0206180101 电冰箱		《家用电冰箱耗电量限定值及能效等级》(GB 12021.2)
		★A0206180203 空调机	房间空气调节器	《转速可控型房间空气调节器能效限定值及能效等级》(GB 21455—2013),待2019年修订发布后,按《房间空气调节器能效限定值及能效等级》(GB 21455—2019)实施。
			多联式空调(热泵)机组(制冷量≤14 000 W)	《多联式空调(热泵)机组能效限定值及能源效率等级》(GB 21454)

表(续 2)

品目序号	名称			依据的标准
10	A020618 生活用电器	★A0206180203 空调机	单元式空气调节机(制冷量≤14 000 W)	《单元式空气调节机能效限定值及能源效率等级》(GB 19576),《风管送风式空调机组能效限定值及能效等级》(GB 37479)
		A0206180301 洗衣机		《电动洗衣机能效水效限定值及等级》(GB 12021.4)
		A02061808 热水器	★电热水器	《储水式电热水器能效限定值及能效等级》(GB 21519)
			燃气热水器	《家用燃气快速热水器和燃气采暖热水炉能效限定值及能效等级》(GB 20665)
			热泵热水器	《热泵热水机(器)能效限定值及能效等级》(GB 29541)
			太阳能热水系统	《家用太阳能热水系统能效限定值及能效等级》(GB 26969)
11	A020619 照明设备	★普通照明用双端荧光灯		《普通照明用双端荧光灯能效限定值及能效等级》(GB 19043)
		LED 道路/隧道照明产品		《道路和隧道照明用 LED 灯具能效限定值及能效等级》(GB 37478)
		LED 筒灯		《室内照明用 LED 产品能效限定值及能效等级》(GB 30255)
		普通照明用非定向自镇流 LED 灯		《室内照明用 LED 产品能效限定值及能效等级》(GB 30255)
12	★A020910 电视设备	A02091001 普通电视设备(电视机)		《平板电视能效限定值及能效等级》(GB 24850)
13	★A020911 视频设备	A02091107 视频监控设备	监视器	以射频信号为主要信号输入的监视器应符合《平板电视能效限定值及能效等级》(GB 24850),以数字信号为主要信号输入的监视器应符合《计算机显示器能效限定值及能效等级》(GB 21520)
14	A031210 饮食炊事机械	商用燃气灶具		《商用燃气灶具能效限定值及能效等级》(GB 30531)

表(续3)

品目序号	名称			依据的标准
15	★A060805便器	坐便器		《坐便器水效限定值及水效等级》(GB 25502)
15	★A060805便器	蹲便器		《蹲便器用水效率限定值及用水效率等级》(GB 30717)
15	★A060805便器	小便器		《小便器用水效率限定值及用水效率等级》(GB 28377)
16	★A060806水嘴			《水嘴用水效率限定值及用水效率等级》(GB 25501)
17	A060807便器冲洗阀			《便器冲洗阀用水效率限定值及用水效率等级》(GB 28379)
18	A060810淋浴器			《淋浴器用水效率限定值及用水效率等级》(GB 28378)

注:1. 节能产品认证应依据相关国家标准的最新版本,依据国家标准中二级能效(水效)指标。

2. 上述产品中认证标准发生变更的,依据原认证标准获得的、仍在有效期内的认证证书可使用至 2019 年 6 月 1 日。

3. 以"★"标注的为政府强制采购产品。

关于运用政府采购政策支持脱贫攻坚的通知

（财库〔2019〕27 号）

各中央预算单位，各省、自治区、直辖市、计划单列市财政厅（局）、扶贫办（局），新疆生产建设兵团财政局、扶贫办：

为深入贯彻党的十九大精神和习近平总书记关于扶贫工作的重要论述，认真落实党中央、国务院关于打赢脱贫攻坚战的各项决策部署，进一步做好运用政府采购政策支持脱贫攻坚工作，现就有关事项通知如下：

一、充分认识运用好政府采购政策支持打赢脱贫攻坚战的重要性

党的十八大以来，以习近平同志为核心的党中央作出坚决打赢脱贫攻坚战的决定，推动脱贫攻坚战取得决定性进展。党的十九大提出将精准脱贫作为全面建成小康社会的三大攻坚战之一。打赢打好脱贫攻坚战，对如期全面建成小康社会，实现第一个一百年奋斗目标具有十分重要的意义。运用好政府采购这一财政调控手段支持打赢脱贫攻坚战，优先采购贫困地区农副产品和物业服务，是贯彻习近平总书记关于脱贫攻坚的新理念新思想新战略，落实《国务院办公厅关于深入开展消费扶贫助力打赢脱贫攻坚战的指导意见》（国办发〔2018〕129 号）的具体措施，有助于帮助贫困人口增收脱贫，调动贫困人口依靠自身努力实现脱贫致富的积极性，促进贫困人口稳定脱贫和贫困地区产业持续发展。各级财政部门、扶贫办及各级预算单位要切实提高政治站位，充分认识运用政府采购政策支持脱贫攻坚的重要意义，增强执行政策的自觉性和紧迫性，确保取得政策实效。

二、鼓励采用优先采购、预留采购份额方式采购贫困地区农副产品

各级预算单位采购农副产品的，同等条件下应优先采购贫困地区农副产品。各主管预算单位要做好统筹协调，确定并预留本部门各预算单位食堂采购农副产品总额的一定比例定向采购贫困地区农副产品。各级预算单位要按照积极稳妥的原则确定预留比例，购买贫困地区农副产品时要遵循就近、经济的原则，在确保完成既定预留比例的基础上，鼓励更多采购贫困地区农副产品，注重扶贫实际效果。

贫困地区农副产品是指 832 个国家级贫困县域内注册的企业、农民专业合作社、家庭农场等出产的农副产品。

三、鼓励优先采购聘用建档立卡贫困人员物业公司提供的物业服务

各级预算单位使用财政性资金采购物业服务的，有条件的应当优先采购注册地在 832 个国家级贫困县域内，且聘用建档立卡贫困人员物业公司提供的物业服务。对注册地在 832 个国家级贫困县域内，且聘用建档立卡贫困人员达到公司员工（含服务外包用工）30%以上的物业公司，各级预算单位可根据符合条件的物业公司数量等具体情况，按规定履行

有关变更采购方式报批程序后,采用竞争性谈判、竞争性磋商、单一来源等非公开招标采购方式,采购有关物业公司提供的物业服务。

各级预算单位要按照注重实效、切实可行的原则确定采购贫困地区物业服务的需求。按上述政策优先采购有关物业公司物业服务的,除按规定在政府采购指定媒体公开项目采购信息外,还应公开物业公司注册所在县扶贫部门出具的聘用建档立卡贫困人员具体数量的证明,确保支持政策落到实处,接受社会监督。

四、建立健全保障措施

财政部、国务院扶贫办会同有关部门制定优先采购贫困地区农副产品的实施方案,搭建贫困地区农副产品网络销售平台,提供高效便捷的贫困地区农副产品产销渠道,有序开展相关工作。各级扶贫办(局)要会同本级有关部门加强贫困地区农副产品货源组织,建立长期稳定的供给体系。

各主管预算单位应于2019年底前将本部门各预算单位预留采购贫困地区农副产品的具体比例情况(详见附件),报同级财政部门和扶贫部门备案。2020年起,各级财政部门和扶贫部门将定期统计和通报采购贫困地区农副产品情况,将采购贫困地区物业服务情况作为政府采购政策执行情况专项统计纳入政府采购信息统计范围,加强对各单位政策执行情况的督导。

附件:预算单位采购贫困地区农副产品预留份额情况表

财政部 国务院扶贫办

2019年5月27日

附件

预算单位采购贫困地区农副产品预留份额情况表

填报单位：

序号	单位名称	预算级次	统一社会信用代码	年度农副产品预算采购额	拟预留比例	联系人	联系电话

关于促进政府采购公平竞争优化营商环境的通知

（财库〔2019〕38 号）

各中央预算单位，各省、自治区、直辖市、计划单列市财政厅（局），新疆生产建设兵团财政局：

为贯彻落实中央深改委审议通过的《深化政府采购制度改革方案》和《国务院办公厅关于聚焦企业关切进一步推动优化营商环境政策落实的通知》（国办发〔2018〕104 号）有关要求，构建统一开放、竞争有序的政府采购市场体系，现就促进政府采购领域公平竞争、优化营商环境相关事项通知如下：

一、全面清理政府采购领域妨碍公平竞争的规定和做法

各地区、各部门应当严格落实《中华人民共和国政府采购法》等相关法律法规的要求，依法保障各类市场主体平等参与政府采购活动的权利。要全面清理政府采购领域妨碍公平竞争的规定和做法，重点清理和纠正以下问题：

（一）以供应商的所有制形式、组织形式或者股权结构，对供应商实施差别待遇或者歧视待遇，对民营企业设置不平等条款，对内资企业和外资企业在中国境内生产的产品、提供的服务区别对待；

（二）除小额零星采购适用的协议供货、定点采购以及财政部另有规定的情形外，通过入围方式设置备选库、名录库、资格库作为参与政府采购活动的资格条件，妨碍供应商进入政府采购市场；

（三）要求供应商在政府采购活动前进行不必要的登记、注册，或者要求设立分支机构，设置或者变相设置进入政府采购市场的障碍；

（四）设置或者变相设置供应商规模、成立年限等门槛，限制供应商参与政府采购活动；

（五）要求供应商购买指定软件，作为参加电子化政府采购活动的条件；

（六）不依法及时、有效、完整发布或者提供采购项目信息，妨碍供应商参与政府采购活动；

（七）强制要求采购人采用抓阄、摇号等随机方式或者比选方式选择采购代理机构，干预采购人自主选择采购代理机构；

（八）设置没有法律法规依据的审批、备案、监管、处罚、收费等事项；

（九）除《政府采购货物和服务招标投标管理办法》规定的情形外，要求采购人采用随机方式确定中标、成交供应商；

（十）违反法律法规相关规定的其他妨碍公平竞争的情形。

各地区、各部门要抓紧清理政府采购领域妨碍公平竞争的规定和做法，有关清理结果要及时向社会公开，并于 2019 年 10 月 31 日前报送财政部。

二、严格执行公平竞争审查制度

各地区、各部门制定涉及市场主体的政府采购制度办法，要严格执行公平竞争审查制度，充分听取市场主体和相关行业协会商会意见，评估对市场竞争的影响，防止出现排除、限制市场竞争问题。重点审查制度办法是否设置不合理和歧视性的准入条件排斥潜在供应商参与政府采购活动，是否设置没有法律法规依据的行政审批或者具有审批性质的备案，是否违规给予特定供应商优惠待遇等。经审查认为不具有排除、限制竞争效果的，可以颁布实施；具有排除、限制竞争效果的，应当不予出台或者调整至符合相关要求后出台；未经公平竞争审查的，不得出台。

在政府采购相关制度办法实施过程中，应当定期或者适时评估其对全国统一市场和公平竞争的影响，对妨碍统一市场和公平竞争的，要及时修改完善或者予以废止。

三、加强政府采购执行管理

优化采购活动办事程序。对于供应商法人代表已经出具委托书的，不得要求供应商法人代表亲自领购采购文件或者到场参加开标、谈判等。对于采购人、采购代理机构可以通过互联网或者相关信息系统查询的信息，不得要求供应商提供。除必要的原件核对外，对于供应商能够在线提供的材料，不得要求供应商同时提供纸质材料。对于供应商依照规定提交各类声明函、承诺函的，不得要求其再提供有关部门出具的相关证明文件。

细化采购活动执行要求。采购人允许采用分包方式履行合同的，应当在采购文件中明确可以分包履行的具体内容、金额或者比例。采购人、采购代理机构对投标（响应）文件的格式、形式要求应当简化明确，不得因装订、纸张、文件排序等非实质性的格式、形式问题限制和影响供应商投标（响应）。实现电子化采购的，采购人、采购代理机构应当向供应商免费提供电子采购文件；暂未实现电子化采购的，鼓励采购人、采购代理机构向供应商免费提供纸质采购文件。

规范保证金收取和退还。采购人、采购代理机构应当允许供应商自主选择以支票、汇票、本票、保函等非现金形式缴纳或提交保证金。收取投标（响应）保证金的，采购人、采购代理机构约定的到账（保函提交）截止时间应当与投标（响应）截止时间一致，并按照规定及时退还供应商。收取履约保证金的，应当在采购合同中约定履约保证金退还的方式、时间、条件和不予退还的情形，明确逾期退还履约保证金的违约责任。采购人、采购代理机构不得收取没有法律法规依据的保证金。

及时支付采购资金。政府采购合同应当约定资金支付的方式、时间和条件，明确逾期支付资金的违约责任。对于满足合同约定支付条件的，采购人应当自收到发票后 30 日内将资金支付到合同约定的供应商账户，不得以机构变动、人员更替、政策调整等为由延迟付款，不得将采购文件和合同中未规定的义务作为向供应商付款的条件。

完善对供应商的利益损害赔偿和补偿机制。采购人和供应商应当在政府采购合同中明确约定双方的违约责任。对于因采购人原因导致变更、中止或者终止政府采购合同的，采购人应当依照合同约定对供应商受到的损失予以赔偿或者补偿。

四、加快推进电子化政府采购

推进采购项目电子化实施。要加快完善电子化政府采购平台的网上交易功能，实现在线发布采购公告、提供采购文件、提交投标(响应)文件，实行电子开标、电子评审。逐步建立电子化政府采购平台与财政业务、采购单位内部管理等信息系统的衔接，完善和优化合同签订、履约验收、信用评价、用户反馈、提交发票、资金支付等线上流程。

加快实施“互联网+政府采购”行动。积极推进电子化政府采购平台和电子卖场建设，建立健全统一的技术标准和数据规范，逐步实现全国范围内的互联互通，推动与公共资源交易平台数据共享，提升供应商参与政府采购活动的便利程度。

五、进一步提升政府采购透明度

加强政府采购透明度建设。完善政府采购信息发布平台服务功能。中国政府采购网及地方分网等政府采购信息发布平台应当提供便捷、免费的在线检索服务，向市场主体无偿提供所有依法公开的政府采购信息。推进开标活动对外公开，在保证正常开标秩序的前提下，允许除投标人及其代表之外的其他人员观摩开标活动。

推进采购意向公开。采购意向包括主要采购项目、采购内容及需求概况、预算金额、预计采购时间等。为便于供应商提前了解采购信息，各地区、各部门应当创造条件积极推进采购意向公开(涉密信息除外)。自 2020 年起，选择部分中央部门和地方开展公开采购意向试点。在试点基础上，逐步实现各级预算单位采购意向公开。

六、完善政府采购质疑投诉和行政裁决机制

畅通供应商质疑投诉渠道。研究建立与“互联网+政府采购”相适应的快速裁决通道，为供应商提供标准统一、高效便捷的维权服务。对供应商提出的质疑和投诉，采购人、采购代理机构和各级财政部门应当依法及时答复和处理。完善质疑答复内部控制制度，有条件的采购人和集中采购机构应当实现政府采购质疑答复岗位与操作执行岗位相分离，进一步健全政府采购质疑投诉处理机制。

依法依规实施行政处罚。各级财政部门实施政府采购行政处罚，应当依法保障当事人的告知权、陈述权、申辩权、听证权等，保证程序合法。坚持处罚和教育相结合的原则，正确适用和区分从轻处罚、减轻处罚和不予处罚情形，作出的行政处罚应与违法行为的事实、性质、情节以及社会危害程度相当。

各地区、各部门要充分认识维护政府采购公平竞争市场秩序、优化政府采购营商环境的重要意义，加强组织领导，明确工作责任，周密安排部署，强化监督检查，确保各项要求落实到位。

本通知自 2019 年 9 月 1 日起施行。

财政部
2019 年 7 月 26 日

关于印发
《政府采购代理机构管理暂行办法》的通知

（财库〔2018〕2号）

党中央有关部门，国务院各部委、各直属机构，全国人大常委会办公厅，全国政协办公厅，高法院，高检院，各民主党派中央，有关人民团体，各省、自治区、直辖市、计划单列市财政厅（局），新疆生产建设兵团财政局：

现将《政府采购代理机构管理暂行办法》印发给你们，请遵照执行。

附件：政府采购代理机构管理暂行办法

财政部

2018年1月4日

政府采购代理机构管理暂行办法

第一章　总　则

第一条　为加强政府采购代理机构监督管理，促进政府采购代理机构规范发展，根据《中华人民共和国政府采购法》《中华人民共和国政府采购法实施条例》等法律法规，制定本办法。

第二条　本办法所称政府采购代理机构（以下简称代理机构）是指集中采购机构以外、受采购人委托从事政府采购代理业务的社会中介机构。

第三条　代理机构的名录登记、从业管理、信用评价及监督检查适用本办法。

第四条　各级人民政府财政部门（以下简称财政部门）依法对代理机构从事政府采购代理业务进行监督管理。

第五条　财政部门应当加强对代理机构的政府采购业务培训，不断提高代理机构专业化水平。鼓励社会力量开展培训，增强代理机构业务能力。

第二章　名录登记

第六条　代理机构实行名录登记管理。省级财政部门依托中国政府采购网省级分网（以下简称省级分网）建立政府采购代理机构名录（以下简称名录）。名录信息全国共享并向社会公开。

第七条　代理机构应当通过工商登记注册地（以下简称注册地）省级分网填报以下信息申请进入名录，并承诺对信息真实性负责：

（一）代理机构名称、统一社会信用代码、办公场所地址、联系电话等机构信息；

（二）法定代表人及专职从业人员有效身份证明等个人信息；

（三）内部监督管理制度；

（四）在自有场所组织评审工作的，应当提供评审场所地址、监控设备设施情况；

（五）省级财政部门要求提供的其他材料。

登记信息发生变更的，代理机构应当在信息变更之日起10个工作日内自行更新。

第八条　代理机构登记信息不完整的，财政部门应当及时告知其完善登记资料；代理机构登记信息完整清晰的，财政部门应当及时为其开通相关政府采购管理交易系统信息发布、专家抽取等操作权限。

第九条　代理机构在其注册地省级行政区划以外从业的，应当向从业地财政部门申请开通政府采购管理交易系统相关操作权限，从业地财政部门不得要求其重复提交登记材料，不得强制要求其在从业地设立分支机构。

第十条　代理机构注销时，应当向相关采购人移交档案，并及时向注册地所在省级财政部门办理名录注销手续。

第三章　从业管理

第十一条　代理机构代理政府采购业务应当具备以下条件：

（一）具有独立承担民事责任的能力；

（二）建立完善的政府采购内部监督管理制度；

（三）拥有不少于5名熟悉政府采购法律法规、具备编制采购文件和组织采购活动等相应能力的专职从业人员；

（四）具备独立办公场所和代理政府采购业务所必需的办公条件；

（五）在自有场所组织评审工作的，应当具备必要的评审场地和录音录像等监控设备设施并符合省级人民政府规定的标准。

第十二条　采购人应当根据项目特点、代理机构专业领域和综合信用评价结果，从名录中自主择优选择代理机构。

任何单位和个人不得以摇号、抽签、遴选等方式干预采购人自行选择代理机构。

第十三条　代理机构受采购人委托办理采购事宜，应当与采购人签订委托代理协议，明确采购代理范围、权限、期限、档案保存、代理费用收取方式及标准、协议解除及终止、违约责任等具体事项，约定双方权利义务。

第十四条　代理机构应当严格按照委托代理协议的约定依法依规开展政府采购代理业务，相关开标及评审活动应当全程录音录像，录音录像应当清晰可辨，音像资料作为采购文件一并存档。

第十五条　代理费用可以由中标、成交供应商支付，也可由采购人支付。由中标、成交供应商支付的，供应商报价应当包含代理费用。代理费用超过分散采购限额标准的，原则上由中标、成交供应商支付。

代理机构应当在采购文件中明示代理费用收取方式及标准，随中标、成交结果一并公开本项目收费情况，包括具体收费标准及收费金额等。

第十六条　采购人和代理机构在委托代理协议中约定由代理机构负责保存采购文件的，代理机构应当妥善保存采购文件，不得伪造、变造、隐匿或者销毁采购文件。采购文件的保存期限为从采购结束之日起至少十五年。

采购文件可以采用电子档案方式保存。采用电子档案方式保存采购文件的，相关电子档案应当符合《中华人民共和国档案法》《中华人民共和国电子签名法》等法律法规的要求。

第四章　信用评价及监督检查

第十七条　财政部门负责组织开展代理机构综合信用评价工作。采购人、供应商和评审专家根据代理机构的从业情况对代理机构的代理活动进行综合信用评价。综合信用评价结果应当全国共享。

第十八条　采购人、评审专家应当在采购活动或评审活动结束后5个工作日内，在政府采购信用评价系统中记录代理机构的职责履行情况。

供应商可以在采购活动结束后5个工作日内，在政府采购信用评价系统中记录代理机构的职责履行情况。

代理机构可以在政府采购信用评价系统中查询本机构的职责履行情况，并就有关情况作出说明。

第十九条　财政部门应当建立健全定向抽查和不定向抽查相结合的随机抽查机制。对存在违法违规线索的政府采购项目开展定向检查；对日常监管事项，通过随机抽取检查对象、随机选派执法检查人员等方式开展不定向检查。

财政部门可以根据综合信用评价结果合理优化对代理机构的监督检查频次。

第二十条　财政部门应当依法加强对代理机构的监督检查，监督检查包括以下内容：

（一）代理机构名录信息的真实性；

（二）委托代理协议的签订和执行情况；

（三）采购文件编制与发售、评审组织、信息公告发布、评审专家抽取及评价情况；

（四）保证金收取及退还情况，中标或者成交供应商的通知情况；

（五）受托签订政府采购合同、协助采购人组织验收情况；

（六）答复供应商质疑、配合财政部门处理投诉情况；

（七）档案管理情况；

（八）其他政府采购从业情况。

第二十一条　对代理机构的监督检查结果应当在省级以上财政部门指定的政府采购

信息发布媒体向社会公开。

第二十二条　受到财政部门禁止代理政府采购业务处罚的代理机构，应当及时停止代理业务，已经签订委托代理协议的项目，按下列情况分别处理：

（一）尚未开始执行的项目，应当及时终止委托代理协议；

（二）已经开始执行的项目，可以终止的应当及时终止，确因客观原因无法终止的应当妥善做好善后工作。

第二十三条　代理机构及其工作人员违反政府采购法律法规的行为，依照政府采购法律法规进行处理；涉嫌犯罪的，依法移送司法机关处理。

代理机构的违法行为给他人造成损失的，依法承担民事责任。

第二十四条　财政部门工作人员在代理机构管理中存在滥用职权、玩忽职守、徇私舞弊等违法违纪行为的，依照《中华人民共和国政府采购法》、《中华人民共和国公务员法》、《中华人民共和国行政监察法》、《中华人民共和国政府采购法实施条例》等国家有关规定追究相关责任；涉嫌犯罪的，依法移送司法机关处理。

第五章　附　　则

第二十五条　政府采购行业协会按照依法制定的章程开展活动，加强代理机构行业自律。

第二十六条　省级财政部门可根据本办法规定制定具体实施办法。

第二十七条　本办法自 2018 年 3 月 1 日施行。

关于做好政府采购代理机构名录登记有关工作的通知

（财办库〔2018〕28 号）

各省、自治区、直辖市财政厅（局），新疆生产建设兵团财政局：

为确保《政府采购代理机构管理暂行办法》（财库〔2018〕2 号，以下简称《办法》）顺利施行，现就相关事项通知如下：

一、做好名录登记工作衔接。2018 年 3 月 1 日起，财政部不再办理政府采购代理机构（以下简称代理机构）名录登记事宜，由各省级财政部门按照《办法》要求做好新增代理机构名录登记工作。此前已通过中国政府采购网中央主网（以下简称中央主网）进行网上登记的代理机构，名录管理权限将于 3 月 1 日调整至其工商注册地省级财政部门。

二、及时补充完善登记信息。财政部将于 3 月 1 日前完成名录登记系统升级改造，并以短信、系统提示等方式统一通知此前已完成网上登记的代理机构按照《办法》规定补充完善专职从业人员、自有场所设施情况等登记信息。各省级财政部门应当对相关登记信息的完整性进行审核，并及时告知审核结果。5 月 1 日起，各省级财政部门应当将登记信息不符合《办法》要求的代理机构从名录中暂时移出并暂停其信息发布、专家抽取等操作权限，待其登记信息符合要求后予以恢复。

三、进一步规范名录登记管理。名录登记系统以统一社会信用代码作为代理机构唯一标识。总公司已完成名录登记的，分公司无需重复登记。各省级财政部门应当对本地区代理机构进行梳理分类，名录中不再单独列示分公司。

四、落实信息公开要求。根据《办法》第十五条有关要求，财政部已对中国政府采购网采购公告发布系统数据接口规范进行调整，并在中央主网发布。各省级财政部门应当及时更新本地区政府采购中标、成交结果公告模板及数据接口规范，随政府采购项目中标、成交结果一并公告代理费用收费标准及金额。

五、严格落实政府采购行政处罚结果。名录登记系统将与中央主网“政府采购严重违法失信行为记录名单”进行关联。对被禁止参加政府采购活动的代理机构，各省级财政部门应当及时将其从名录中移除，并停止其信息发布和专家抽取等操作权限；处罚期满后，应当及时恢复。

六、各省级财政部门应当按照《办法》及本通知要求向代理机构做好政策解释和相关服务工作，对《办法》实施过程中存在的问题和建议请及时向财政部国库司反馈。

特此通知。

财政部办公厅

2018 年 2 月 13 日

关于促进残疾人就业政府采购政策的通知

（财库〔2017〕141 号）

党中央有关部门，国务院各部委、各直属机构，全国人大常委会办公厅，全国政协办公厅，高法院，高检院，各民主党派中央，有关人民团体，各省、自治区、直辖市、计划单列市财政厅（局）、民政厅（局）、残疾人联合会，新疆生产建设兵团财务局、民政局、残疾人联合会：

为了发挥政府采购促进残疾人就业的作用，进一步保障残疾人权益，依照《政府采购法》、《残疾人保障法》等法律法规及相关规定，现就促进残疾人就业政府采购政策通知如下：

一、享受政府采购支持政策的残疾人福利性单位应当同时满足以下条件：

（一）安置的残疾人占本单位在职职工人数的比例不低于 25%（含 25%），并且安置的残疾人人数不少于 10 人（含 10 人）；

（二）依法与安置的每位残疾人签订了一年以上（含一年）的劳动合同或服务协议；

（三）为安置的每位残疾人按月足额缴纳了基本养老保险、基本医疗保险、失业保险、工伤保险和生育保险等社会保险费；

（四）通过银行等金融机构向安置的每位残疾人，按月支付了不低于单位所在区县适用的经省级人民政府批准的月最低工资标准的工资；

（五）提供本单位制造的货物、承担的工程或者服务（以下简称产品），或者提供其他残疾人福利性单位制造的货物（不包括使用非残疾人福利性单位注册商标的货物）。

前款所称残疾人是指法定劳动年龄内，持有《中华人民共和国残疾人证》或者《中华人民共和国残疾军人证（1 至 8 级）》的自然人，包括具有劳动条件和劳动意愿的精神残疾人。在职职工人数是指与残疾人福利性单位建立劳动关系并依法签订劳动合同或者服务协议的雇员人数。

二、符合条件的残疾人福利性单位在参加政府采购活动时，应当提供本通知规定的《残疾人福利性单位声明函》（见附件），并对声明的真实性负责。任何单位或者个人在政府采购活动中均不得要求残疾人福利性单位提供其他证明声明函内容的材料。

中标、成交供应商为残疾人福利性单位的，采购人或者其委托的采购代理机构应当随中标、成交结果同时公告其《残疾人福利性单位声明函》，接受社会监督。

供应商提供的《残疾人福利性单位声明函》与事实不符的，依照《政府采购法》第一款的规定追究法律责任。

三、在政府采购活动中，残疾人福利性单位视同小型、微型企业，享受预留份额、评审中价格扣除等促进中小企业发展的政府采购政策。向残疾人福利性单位采购的金额，计入面向中小企业采购的统计数据。残疾人福利性单位属于小型、微型企业的，不重复享受政策。

四、采购人采购公开招标数额标准以上的货物或者服务，因落实促进残疾人就业政策的需要，依法履行有关报批程序后，可采用公开招标以外的采购方式。

五、对于满足要求的残疾人福利性单位产品，集中采购机构可直接纳入协议供货或者定点采购范围。各地区建设的政府采购电子卖场、电子商城、网上超市等应当设立残疾人福利性单位产品专栏。鼓励采购人优先选择残疾人福利性单位的产品。

六、省级财政部门可以结合本地区残疾人生产、经营的实际情况，细化政府采购支持措施。对符合国家有关部门规定条件的残疾人辅助性就业机构，可通过上述措施予以支持。各地制定的有关文件应当报财政部备案。

七、本通知自 2017 年 10 月 1 日起执行。

附件：残疾人福利性单位声明函

财政部 民政部 中国残疾人联合会

2017 年 8 月 22 日

财政部关于印发
《政务信息系统政府采购管理暂行办法》的通知

（财库〔2017〕210号）

党中央有关部门，国务院各部委、各直属机构，全国人大常委会办公厅，全国政协办公厅，高法院，高检院，各民主党派中央，有关人民团体，各省、自治区、直辖市、计划单列市财政厅（局），新疆生产建设兵团财政局，中共中央直属机关采购中心，中央国家机关政府采购中心，全国人大机关采购中心：

现将《政务信息系统政府采购管理暂行办法》印发给你们，请遵照执行。

附件：《政务信息系统政府采购管理暂行办法》

财政部

2017年12月26日

政务信息系统政府采购管理暂行办法

第一条　为了推进政务信息系统政府采购工作规范高效开展，根据国家电子政务总体部署和《国务院办公厅关于印发政务信息系统整合共享实施方案的通知》（国办发〔2017〕39号）有关要求，制定本办法。

第二条　本办法所称政务信息系统是指由政府投资建设、政府和社会企业联合建设、政府向社会购买服务或需要政府运行维护的，用于支撑政务部门履行管理和服务职能的各类信息系统，包括执行政务信息处理的计算机、软件和外围设备等货物和服务。

前款所称政务部门是指中共中央、全国人大、国务院、全国政协、最高法院、最高检察院及中央和国家机关各部门，各级地方党委、人大、政府、政协、法院、检察院及其直属各部门（单位）。

第三条　政务信息系统政府采购工作由各相关政务部门（以下简称采购人）负责统一规划和具体实施，各级财政部门依法履行政府采购监管职责。

第四条　采购人应当按照可行性研究报告、初步设计报告、预算审批时核准的内容和实际工作需要确定政务信息系统采购需求（以下简称采购需求）并组织采购。

采购需求应当科学合理、明确细化，包括项目名称、采购人、预算金额、经费渠道、运行维护要求、数据共享要求、安全审查和保密要求、等级保护要求、分级保护要求、需落实的政府采购政策和履约验收方案等内容。

第五条　采购需求应当符合法律法规,满足国家、行业相关标准的要求,鼓励使用市场自主制定的团体标准。

专业性强、技术要求较高的政务信息系统,可以邀请行业专家或者第三方专业机构参与需求制定工作。采购人和实际使用者或受益者分离的项目,在制定需求时,应当征求实际使用者或受益者的意见。

第六条　采购需求应当落实政务信息系统整合共享要求,符合政务信息共享标准体系,确保相关系统能够按照规定接入国家共享数据交换平台。采购需求要与现有系统功能协调一致,避免重复建设。

采购需求应当体现公共数据开放有关要求,推动原始性、可机器读取、可供社会化再利用的数据集向社会开放。

第七条　采购需求应当落实国家支持云计算的政策要求,推动政务服务平台集约化建设管理。不含国家秘密、面向社会主体提供服务的政务信息系统,原则上应当采用云计算模式进行建设,

采购需求应当包括相关设备、系统和服务支持互联网协议第六版(IPv6)的技术要求。

第八条　采购需求应当落实国家密码管理有关法律法规、政策和标准规范的要求,同步规划、同步建设、同步运行密码保障系统并定期进行评估。

第九条　政务信息系统采用招标方式采购的,应当采用综合评分法;采用非招标方式采购的,应当采用竞争性磋商或单一来源采购方式。

除单一来源采购方式外,政务信息系统采购货物的,价格分值占总分值比重应当为30%;采购服务的,价格分值占总分值比重应当为10%。无法确定项目属于货物或服务的,由采购人按照有利于采购项目实施的原则确定项目属性。

第十条　采购人应当指派熟悉情况的工作人员作为采购人代表参加评标委员会或者竞争性磋商小组,参与政务信息系统采购活动的评审。

第十一条　政务信息系统采购评审中,评标委员会或者竞争性磋商小组认为供应商报价明显低于其他合格供应商的报价,有可能影响产品质量或者不能诚信履约的,应当要求其在评审现场合理时间内提供书面说明,必要时提供相关证明材料;供应商不能证明其报价合理性的,评标委员会或竞争性磋商小组应当将其作为无效投标或者无效响应处理。

第十二条　采购人应当按照国家有关规定组织政务信息系统项目验收,根据项目特点制定完整的项目验收方案。验收方案应当包括项目所有功能的实现情况、密码应用和安全审查情况、信息系统共享情况、维保服务等采购文件和采购合同规定的内容,必要时可以邀请行业专家、第三方机构或相关主管部门参与验收。

第十三条　采购人可以聘请第三方专业机构制定针对政务信息系统的质量保障方案,对相关供应商的进度计划、阶段成果和服务质量进行监督,形成项目整改报告和绩效评估报告,必要时邀请行业专家或相关主管部门评审论证。质量保障相关情况应当作为项目验收的依据。

第十四条　具有多个服务期的政务信息系统,可以根据每期工作目标进行分期验收。为社会公众服务的政务信息系统,应当将公众意见或者使用反馈情况作为验收的重要参考

依据。采购人和实际使用者或受益者分离的政务信息系统，履约验收时应当征求实际使用者或受益者的意见。

第十五条　政务信息系统的项目验收结果应当作为选择本项目后续运行维护供应商的重要参考。

第十六条　在年度预算能够保障的前提下，采购人可以与政务信息系统运行维护供应商签订不超过三年履行期限的政府采购合同。

第十七条　本办法从 2018 年 1 月 1 日起施行。

关于加强政府采购活动内部控制管理的指导意见

（财库〔2016〕99号）

党中央有关部门，国务院各部委、各直属机构，全国人大常委会办公厅，全国政协办公厅，高法院，高检院，各民主党派中央，有关人民团体，中央国家机关政府采购中心，中共中央直属机关采购中心，全国人大机关采购中心，各省、自治区、直辖市、计划单列市财政厅（局）、政府采购中心，新疆生产建设兵团财务局、政府采购中心：

加强对政府采购活动的内部控制管理，是贯彻《中共中央关于全面推进依法治国若干重大问题的决定》的重要举措，也是深化政府采购制度改革的内在要求，对落实党风廉政建设主体责任、推进依法采购具有重要意义。近年来，一些采购人、集中采购机构和政府采购监管部门积极探索建立政府采购活动内部控制制度，取得了初步成效，但总体上还存在体系不完整、制度不健全、发展不平衡等问题。为了进一步规范政府采购活动中的权力运行，强化内部流程控制，促进政府采购提质增效，现提出如下意见：

一、总体要求

（一）指导思想。

贯彻党的十八大和十八届三中、四中、五中全会精神，按照“四个全面”战略布局，适应政府职能转变和构建现代财政制度需要，落实政府采购法律法规要求，执行《行政事业单位内部控制规范（试行）》（财会〔2012〕21号）和《财政部关于全面推进行政事业单位内部控制建设的指导意见》（财会〔2015〕24号）相关规定，坚持底线思维和问题导向，创新政府采购管理手段，切实加强政府采购活动中的权力运行监督，有效防范舞弊和预防腐败，提升政府采购活动的组织管理水平和财政资金使用效益，提高政府采购公信力。

（二）基本原则。

1. 全面管控与突出重点并举。将政府采购内部控制管理贯穿于政府采购执行与监管的全流程、各环节，全面控制，重在预防。抓住关键环节、岗位和重大风险事项，从严管理，重点防控。

2. 分工制衡与提升效能并重。发挥内部机构之间，相关业务、环节和岗位之间的相互监督和制约作用，合理安排分工，优化流程衔接，提高采购绩效和行政效能。

3. 权责对等与依法惩处并行。在政府采购执行与监管过程中贯彻权责一致原则，因权定责、权责对应。严格执行法律法规的问责条款，有错必究、失责必惩。

（三）主要目标。

以“分事行权、分岗设权、分级授权”为主线，通过制定制度、健全机制、完善措施、规范流程，逐步形成依法合规、运转高效、风险可控、问责严格的政府采购内部运转和管控制度，做到约束机制健全、权力运行规范、风险控制有力、监督问责到位，实现对政府采购活动内部权力运行的有效制约。

二、主要任务

（一）落实主体责任。

采购人应当做好政府采购业务的内部归口管理和所属单位管理，明确内部工作机制，重点加强对采购需求、政策落实、信息公开、履约验收、结果评价等的管理。

集中采购机构应当做好流程控制，围绕委托代理、编制采购文件和拟订合同文本、执行采购程序、代理采购绩效等政府采购活动的重点内容和环节加强管理。

监管部门应当强化依法行政意识，围绕放管服改革要求，重点完善采购方式审批、采购进口产品审核、投诉处理、监督检查等内部管理制度和工作规程。

（二）明确重点任务。

1. 严防廉政风险。牢固树立廉洁是政府采购生命线的根本理念，把纪律和规矩挺在前面。针对政府采购岗位设置、流程设计、主体责任、与市场主体交往等重点问题，细化廉政规范、明确纪律规矩，形成严密、有效的约束机制。

2. 控制法律风险。切实提升采购人、集中采购机构和监管部门的法治观念，依法依规组织开展政府采购活动，提高监管水平，切实防控政府采购执行与监管中的法律风险。

3. 落实政策功能。准确把握政府采购领域政策功能落实要求，严格执行政策规定，切实发挥政府采购在实现国家经济和社会发展政策目标中的作用。

4. 提升履职效能。落实精简、统一、效能的要求，科学确定事权归属、岗位责任、流程控制和授权关系，推进政府采购流程优化、执行顺畅，提升政府采购整体效率、效果和效益。

三、主要措施

（一）明晰事权，依法履职尽责。采购人、采购代理机构和监管部门应当根据法定职责开展工作，既不能失职不作为，也不得越权乱作为。

1. 实施归口管理。采购人应当明确内部归口管理部门，具体负责本单位、本系统的政府采购执行管理。归口管理部门应当牵头建立本单位政府采购内部控制制度，明确本单位相关部门在政府采购工作中的职责与分工，建立政府采购与预算、财务（资金）、资产、使用等业务机构或岗位之间沟通协调的工作机制，共同做好编制政府采购预算和实施计划、确定采购需求、组织采购活动、履约验收、答复询问质疑、配合投诉处理及监督检查等工作。

2. 明确委托代理权利义务。委托采购代理机构采购的，采购人应当和采购代理机构依法签订政府采购委托代理协议，明确代理采购的范围、权限和期限等具体事项。采购代理机构应当严格按照委托代理协议开展采购活动，不得超越代理权限。

3. 强化内部监督。采购人、集中采购机构和监管部门应当发挥内部审计、纪检监察等机构的监督作用，加强对采购执行和监管工作的常规审计和专项审计。畅通问题反馈和受理渠道，通过检查、考核、设置监督电话或信箱等多种途径查找和发现问题，有效分析、预判、管理、处置风险事项。

（二）合理设岗，强化权责对应。合理设置岗位，明确岗位职责、权限和责任主体，细化各流程、各环节的工作要求和执行标准。

1. 界定岗位职责。采购人、集中采购机构和监管部门应当结合自身特点，对照政府采购法律、法规、规章及制度规定，认真梳理不同业务、环节、岗位需要重点控制的风险事项，划分风险等级，建立制度规则、风险事项等台账，合理确定岗位职责。

2. 不相容岗位分离。采购人、集中采购机构应当建立岗位间的制衡机制，采购需求制定与内部审核、采购文件编制与复核、合同签订与验收等岗位原则上应当分开设置。

3. 相关业务多人参与。采购人、集中采购机构对于评审现场组织、单一来源采购项目议价、合同签订、履约验收等相关业务，原则上应当由 2 人以上共同办理，并明确主要负责人员。

4. 实施定期轮岗。采购人、集中采购机构和监管部门应当按规定建立轮岗交流制度，按照政府采购岗位风险等级设定轮岗周期，风险等级高的岗位原则上应当缩短轮岗年限。不具备轮岗条件的应当定期采取专项审计等控制措施。建立健全政府采购在岗监督、离岗审查和项目责任追溯制度。

（三）分级授权，推动科学决策。明确不同级别的决策权限和责任归属，按照分级授权的决策模式，建立与组织机构、采购业务相适应的内部授权管理体系。

1. 加强所属单位管理。主管预算单位应当明确与所属预算单位在政府采购管理、执行等方面的职责范围和权限划分，细化业务流程和工作要求，加强对所属预算单位的采购执行管理，强化对政府采购政策落实的指导。

2. 完善决策机制。采购人、集中采购机构和监管部门应当建立健全内部政府采购事项集体研究、合法性审查和内部会签相结合的议事决策机制。对于涉及民生、社会影响较大的项目，采购人在制定采购需求时，还应当进行法律、技术咨询或者公开征求意见。监管部门处理政府采购投诉应当建立健全法律咨询机制。决策过程要形成完整记录，任何个人不得单独决策或者擅自改变集体决策。

3. 完善内部审核制度。采购人、集中采购机构确定采购方式、组织采购活动，监管部门办理审批审核事项、开展监督检查、做出处理处罚决定等，应当依据法律制度和有关政策要求细化内部审核的各项要素、审核标准、审核权限和工作要求，实行办理、复核、审定的内部审核机制，对照要求逐层把关。

（四）优化流程，实现重点管控。加强对采购活动的流程控制，突出重点环节，确保政府采购项目规范运行。

1. 增强采购计划性。采购人应当提高编报与执行政府采购预算、实施计划的系统性、准确性、及时性和严肃性，制定政府采购实施计划执行时间表和项目进度表，有序安排采购活动。

2. 加强关键环节控制。采购人、集中采购机构应当按照有关法律法规及业务流程规定，明确政府采购重点环节的控制措施。未编制采购预算和实施计划的不得组织采购，无委托代理协议不得开展采购代理活动，对属于政府采购范围未执行政府采购规定、采购方式或程序不符合规定的及时予以纠正。

3. 明确时限要求。采购人、集中采购机构和监管部门应当提高政府采购效率，对信息公告、合同签订、变更采购方式、采购进口产品、答复询问质疑、投诉处理以及其他有时间要求的事项,要细化各个节点的工作时限,确保在规定时间内完成。

4.强化利益冲突管理。采购人、集中采购机构和监管部门应当厘清利益冲突的主要对象、具体内容和表现形式,明确与供应商等政府采购市场主体、评审专家交往的基本原则和界限,细化处理原则、处理方式和解决方案。采购人员及相关人员与供应商有利害关系的,应当严格执行回避制度。

5.健全档案管理。采购人、集中采购机构和监管部门应当加强政府采购记录控制,按照规定妥善保管与政府采购管理、执行相关的各类文件。

四、保障措施

采购人、集中采购机构和监管部门要深刻领会政府采购活动中加强内部控制管理的重要性和必要性,结合廉政风险防控机制建设、防止权力滥用的工作要求,准确把握政府采购工作的内在规律,加快体制机制创新,强化硬的制度约束,切实提高政府采购内部控制管理水平。

(一)加强组织领导。建立政府采购内部控制管理工作的领导、协调机制,做好政府采购内部控制管理各项工作。要严格执行岗位分离、轮岗交流等制度,暂不具备条件的要创造条件逐步落实,确不具备条件的基层单位可适当放宽要求。集中采购机构以外的采购代理机构可以参照本意见建立和完善内部控制管理制度,防控代理执行风险。

(二)加快建章立制。抓紧梳理和评估本部门、本单位政府采购执行和监管中存在的风险,明确标准化工作要求和防控措施,完善内部管理制度,形成较为完备的内部控制体系。

(三)完善技术保障。运用信息技术落实政府采购内部控制管理措施,政府采购管理交易系统及采购人内部业务系统应当重点强化人员身份验证、岗位业务授权、系统操作记录、电子档案管理等系统功能建设。探索大数据分析在政府采购内部控制管理中的应用,将信息数据科学运用于项目管理、风险控制、监督预警等方面。

(四)强化运行监督。建立内部控制管理的激励约束机制,将内部控制制度的建设和执行情况纳入绩效考评体系,将日常评价与重点监督、内部分析和外部评价相结合,定期对内部控制的有效性进行总结,加强评估结果应用,不断改进内部控制管理体系。财政部门要将政府采购内部控制制度的建设和执行情况作为政府采购监督检查和对集中采购机构考核的重要内容,加强监督指导。

财政部

2016 年 6 月 29 日

关于在政府采购活动中查询及使用信用记录有关问题的通知

（财库〔2016〕125号）

党中央有关部门，国务院各部委、各直属机构，全国人大常委会办公厅，全国政协办公厅，高法院，高检院，各民主党派中央，有关人民团体，中央国家机关政府采购中心，中共中央直属机关采购中心，全国人大机关采购中心，各省、自治区、直辖市、计划单列市财政厅（局）、政府采购中心，新疆生产建设兵团财务局、政府采购中心：

为落实《国务院关于印发社会信用体系建设规划纲要（2014—2020年）的通知》（国发〔2014〕21号）、《国务院关于建立完善守信联合激励和失信联合惩戒制度加快推进社会诚信体系建设的指导意见》（国发〔2016〕33号）以及《国务院办公厅关于运用大数据加强对市场主体服务和监管的若干意见》（国办发〔2015〕51号）有关要求，推进社会信用体系建设、健全守信激励失信约束机制，现就政府采购活动中查询及使用信用记录有关事项通知如下：

一、高度重视信用记录查询及使用工作

诚实信用是政府采购活动的基本原则之一。在政府采购活动中查询及使用信用记录，对参与政府采购活动的供应商、采购代理机构及评审专家进行守信激励、失信约束，是政府相关部门开展协同监管和联合惩戒的重要举措，对降低市场运行成本、改善营商环境、高效开展市场经济活动具有重要作用，有利于形成“一处违规、处处受限”的信用机制。

近年来，财政部与有关部门联合签署了《关于对重大税收违法案件当事人实施联合惩戒措施的合作备忘录》（发改财金〔2014〕3062号）、《失信企业协同监管和联合惩戒合作备忘录》（发改财金〔2015〕2045号）、《关于对违法失信上市公司相关责任主体实施联合惩戒的合作备忘录》（发改财金〔2015〕3062号）、《关于对失信被执行人实施联合惩戒的合作备忘录》（发改财金〔2016〕141号）、《关于对安全生产领域失信生产经营单位及其有关人员开展联合惩戒的合作备忘录》（发改财金〔2016〕1001号），依法限制相关失信主体参与政府采购活动。各地区各部门要进一步提高认识，推动建立政府采购活动信用记录查询及使用工作机制，加快建立政府采购信用评价制度，有效应用信用信息和信用报告，积极推进政府采购领域联合惩戒工作。

二、认真做好信用记录查询及使用工作

（一）总体要求。

各地区各部门应当按照社会信用体系建设有关要求，根据社会信用体系建设情况，创造条件将相关主体的信用记录作为供应商资格审查、采购代理机构委托、评审专家管理的

重要依据。

(二)信用记录查询渠道。

各级财政部门、采购人、采购代理机构应当通过“信用中国”网站(www. creditchina. gov. cn)、中国政府采购网(www. ccgp. gov. cn)等渠道查询相关主体信用记录,并采取必要方式做好信用信息查询记录和证据留存,信用信息查询记录及相关证据应当与其他采购文件一并保存。

(三)信用记录的使用。

1. 采购人或者采购代理机构应当在采购文件中明确信用信息查询的查询渠道及截止时点、信用信息查询记录和证据留存的具体方式、信用信息的使用规则等内容。采购人或者采购代理机构应当对供应商信用记录进行甄别,对列入失信被执行人、重大税收违法案件当事人名单、政府采购严重违法失信行为记录名单及其他不符合《中华人民共和国政府采购法》规定条件的供应商,应当拒绝其参与政府采购活动。

两个以上的自然人、法人或者其他组织组成一个联合体,以一个供应商的身份共同参加政府采购活动的,应当对所有联合体成员进行信用记录查询,联合体成员存在不良信用记录的,视同联合体存在不良信用记录。

2. 各级财政部门应当在评审专家选聘及日常管理中查询有关信用记录,对具有行贿、受贿、欺诈等不良信用记录的人员不得聘用为评审专家,已聘用的应当及时解聘。

依法自行选定评审专家的,采购人或者采购代理机构应当查询有关信用记录,不得选定具有行贿、受贿、欺诈等不良信用记录的人员。

3. 采购人委托采购代理机构办理政府采购事宜的,应当查询其信用记录,优先选择无不良信用记录的采购代理机构。

4. 采购人及采购代理机构应当妥善保管相关主体信用信息,不得用于政府采购以外事项。

三、工作要求

(一)各级财政部门和有关部门应当根据政府采购法及其实施条例相关规定,对参加政府采购活动的供应商、采购代理机构、评审专家的不良行为予以记录,并纳入统一的信用信息平台。

(二)各级财政部门应当切实加强政府采购信息化建设,做好相关技术保障,建立与相关信用信息平台的数据共享机制,逐步实现信用信息推送、接收、查询、应用的自动化。

(三)各地区各部门应当根据上述原则和要求,在政府采购活动中积极推进信用信息的共享和使用,研究制定符合本地本部门实际情况的具体操作程序和办法,落实相关工作要求,及时将信用信息使用情况反馈至财政部。

财政部

2016 年 8 月 1 日

关于完善中央单位政府采购预算管理和中央高校、科研院所科研仪器设备采购管理有关事项的通知

(财库〔2016〕194号)

党中央有关部门,国务院各部委、各直属机构,全国人大常委会办公厅,全国政协办公厅,高法院,高检院,各民主党派中央,有关人民团体,中央国家机关政府采购中心,中共中央直属机关采购中心,全国人大机关采购中心,各省、自治区、直辖市、计划单列市财政厅(局):

为进一步完善中央单位政府采购预算管理,落实中共中央办公厅、国务院办公厅《关于进一步完善中央财政科研项目资金管理等政策的有关意见》有关中央高校、科研院所科研仪器设备采购管理的要求,现将有关事项通知如下:

一、完善中央单位政府采购预算管理

全面完整编制政府采购预算是加强政府采购管理的重要基础。中央单位应随部门预算编制一并编制政府采购预算。预算执行中部门预算资金调剂(包括追加、追减或调整结构)需要明确政府采购预算的,应按部门预算调剂的有关程序和规定一并办理,由主管预算单位报财政部(部门预算管理司)审核批复。

除部门预算资金调剂情形外,中央单位预算执行中预算支出总金额不变但需要单独调剂政府采购预算的类别(货物、工程、服务)和金额,以及使用非财政拨款资金采购需要明确政府采购预算的,由主管预算单位报财政部(国库司)备案。备案文件中应当载明中央单位名称、预算项目名称及编码、采购项目名称以及政府采购预算的类别、金额和调剂原因等项目基本情况说明。备案由主管预算单位组织在现行的"政府采购计划管理系统"(以下简称采购计划系统)中录入政府采购预算,并上传备案文件的电子扫描件。录入的政府采购预算作为中央单位编报政府采购计划、申请变更政府采购方式和采购进口产品的依据。

中央单位应准确区分不同类型,根据采购项目情况据实进行政府采购预算的报批和备案管理,不得随意调减政府采购预算以规避政府采购和公开招标。

二、完善中央高校、科研院所科研仪器设备采购管理

(一)中央高校、科研院所可自行采购科研仪器设备。

中央高校、科研院所可自行组织或委托采购代理机构采购各类科研仪器设备,采购活动应按照政府采购法律制度规定执行。

(二)对中央高校、科研院所采购进口科研仪器设备实行备案制管理。

中央高校、科研院所采购进口科研仪器设备,应按规定做好专家论证工作,参与论证的专家可自行选定,专家论证意见随采购文件存档备查。中央高校、科研院所通过采购计划

系统对采购进口科研仪器设备进行备案,可单次或分次批量在采购计划系统“中央高校、科研院所科研仪器设备进口”模块中编报采购计划。

(三)简化中央高校、科研院所科研仪器设备变更政府采购方式审批流程。

中央高校、科研院所达到公开招标数额标准的科研仪器设备采购项目需要采用公开招标以外采购方式的,申请变更政府采购方式时可不再提供单位内部会商意见,但应将单位内部会商意见随采购文件存档备查。中央高校、科研院所申请变更政府采购方式时可注明“科研仪器设备”,财政部将予以优先审批。申请变更为单一来源采购方式的专业人员论证和审核前公示,以及提交一揽子变更申请等工作,按《中央预算单位变更政府采购方式审批管理办法》(财库〔2015〕36号)的规定执行。

(四)中央高校、科研院所可自行选择科研仪器设备评审专家。

中央高校、科研院所科研仪器设备采购,可在政府采购评审专家库外自行选择评审专家。自行选择的评审专家与供应商有利害关系的,应严格执行回避有关规定。评审活动完成后,中央高校、科研院所应在评审专家名单中对自行选定的评审专家进行标注,并随同中标、成交结果一并公告。

(五)加强对科研仪器设备采购的内部控制管理。

中央高校、科研院所应按照《财政部关于加强政府采购活动内部管理的指导意见》(财库〔2016〕99号)的规定,进一步完善内部管理规定,加强科研仪器设备采购的内控管理,严格执行政府采购相关规定,主动公开政府采购相关信息,做到科研仪器设备采购的全程公开、透明、可追溯。

本通知自2017年1月1日起开始执行。

各地区可参照本通知精神,结合实际,完善相关管理规定。

财政部

2016年11月10日

财政部关于印发
《政府采购评审专家管理办法》的通知

（财库〔2016〕198 号）

党中央有关部门，国务院各部委、各直属机构，全国人大常委会办公厅，全国政协办公厅，高法院，高检院，有关人民团体，各省、自治区、直辖市、计划单列市财政厅（局），中共中央直属机关采购中心、中央国家机关政府采购中心、全国人大机关采购中心、国家税务总局集中采购中心、海关总署物资装备采购中心、中国人民银行集中采购中心、公安部警用装备采购中心：

现将财政部制定的《政府采购评审专家管理办法》印发给你们，请遵照执行。

附件：政府采购评审专家管理办法

财政部

2016 年 11 月 18 日

附件

政府采购评审专家管理办法

（财库〔2016〕198号）

第一章　总　　则

第一条　为加强政府采购评审活动管理，规范政府采购评审专家(以下简称评审专家)评审行为，根据《中华人民共和国政府采购法》(以下简称《政府采购法》)、《中华人民共和国政府采购法实施条例》(以下简称《政府采购法实施条例》)等法律法规及有关规定，制定本办法。

第二条　本办法所称评审专家，是指经省级以上人民政府财政部门选聘，以独立身份参加政府采购评审，纳入评审专家库管理的人员。评审专家选聘、解聘、抽取、使用、监督管理适用本办法。

第三条　评审专家实行统一标准、管用分离、随机抽取的管理原则。

第四条　财政部负责制定全国统一的评审专家专业分类标准和评审专家库建设标准，建设管理国家评审专家库。

省级人民政府财政部门负责建设本地区评审专家库并实行动态管理，与国家评审专家库互联互通、资源共享。

各级人民政府财政部门依法履行对评审专家的监督管理职责。

第二章　评审专家选聘与解聘

第五条　省级以上人民政府财政部门通过公开征集、单位推荐和自我推荐相结合的方式选聘评审专家。

第六条　评审专家应当具备以下条件：

(一)具有良好的职业道德，廉洁自律，遵纪守法，无行贿、受贿、欺诈等不良信用记录；

(二)具有中级专业技术职称或同等专业水平且从事相关领域工作满8年，或者具有高级专业技术职称或同等专业水平；

(三)熟悉政府采购相关政策法规；

(四)承诺以独立身份参加评审工作，依法履行评审专家工作职责并承担相应法律责任的中国公民；

(五)不满70周岁，身体健康，能够承担评审工作；

(六)申请成为评审专家前三年内，无本办法第二十九条规定的不良行为记录。

对评审专家数量较少的专业，前款第(二)项、第(五)项所列条件可以适当放宽。

第七条　符合本办法第六条规定条件，自愿申请成为评审专家的人员（以下简称申请人），应当提供以下申请材料：

（一）个人简历、本人签署的申请书和承诺书；

（二）学历学位证书、专业技术职称证书或者具有同等专业水平的证明材料；

（三）证明本人身份的有效证件；

（四）本人认为需要申请回避的信息；

（五）省级以上人民政府财政部门规定的其他材料。

第八条　申请人应当根据本人专业或专长申报评审专业。

第九条　省级以上人民政府财政部门对申请人提交的申请材料、申报的评审专业和信用信息进行审核，符合条件的选聘为评审专家，纳入评审专家库管理。

第十条　评审专家工作单位、联系方式、专业技术职称、需要回避的信息等发生变化的，应当及时向相关省级以上人民政府财政部门申请变更相关信息。

第十一条　评审专家存在以下情形之一的，省级以上人民政府财政部门应当将其解聘：

（一）不符合本办法第六条规定条件；

（二）本人申请不再担任评审专家；

（三）存在本办法第二十九条规定的不良行为记录；

（四）受到刑事处罚。

第三章　评审专家抽取与使用

第十二条　采购人或者采购代理机构应当从省级以上人民政府财政部门设立的评审专家库中随机抽取评审专家。

评审专家库中相关专家数量不能保证随机抽取需要的，采购人或者采购代理机构可以推荐符合条件的人员，经审核选聘入库后再随机抽取使用。

第十三条　技术复杂、专业性强的采购项目，通过随机方式难以确定合适评审专家的，经主管预算单位同意，采购人可以自行选定相应专业领域的评审专家。

自行选定评审专家的，应当优先选择本单位以外的评审专家。

第十四条　除采用竞争性谈判、竞争性磋商方式采购，以及异地评审的项目外，采购人或者采购代理机构抽取评审专家的开始时间原则上不得早于评审活动开始前2个工作日。

第十五条　采购人或者采购代理机构应当在评审活动开始前宣布评审工作纪律，并将记载评审工作纪律的书面文件作为采购文件一并存档。

第十六条　评审专家与参加采购活动的供应商存在下列利害关系之一的，应当回避：

（一）参加采购活动前三年内，与供应商存在劳动关系，或者担任过供应商的董事、监事，或者是供应商的控股股东或实际控制人；

（二）与供应商的法定代表人或者负责人有夫妻、直系血亲、三代以内旁系血亲或者近姻亲关系；

（三）与供应商有其他可能影响政府采购活动公平、公正进行的关系。

评审专家发现本人与参加采购活动的供应商有利害关系的，应当主动提出回避。采购人或者采购代理机构发现评审专家与参加采购活动的供应商有利害关系的,应当要求其回避。

除本办法第十三条规定的情形外,评审专家对本单位的政府采购项目只能作为采购人代表参与评审活动。

各级财政部门政府采购监督管理工作人员,不得作为评审专家参与政府采购项目的评审活动。

第十七条　出现评审专家缺席、回避等情形导致评审现场专家数量不符合规定的,采购人或者采购代理机构应当及时补抽评审专家,或者经采购人主管预算单位同意自行选定补足评审专家。无法及时补足评审专家的,采购人或者采购代理机构应当立即停止评审工作,妥善保存采购文件,依法重新组建评标委员会、谈判小组、询价小组、磋商小组进行评审。

第十八条　评审专家应当严格遵守评审工作纪律,按照客观、公正、审慎的原则,根据采购文件规定的评审程序、评审方法和评审标准进行独立评审。

评审专家发现采购文件内容违反国家有关强制性规定或者采购文件存在歧义、重大缺陷导致评审工作无法进行时,应当停止评审并向采购人或者采购代理机构书面说明情况。

评审专家应当配合答复供应商的询问、质疑和投诉等事项,不得泄露评审文件、评审情况和在评审过程中获悉的商业秘密。

评审专家发现供应商具有行贿、提供虚假材料或者串通等违法行为的,应当及时向财政部门报告。

评审专家在评审过程中受到非法干预的,应当及时向财政、监察等部门举报。

第十九条　评审专家应当在评审报告上签字,对自己的评审意见承担法律责任。对需要共同认定的事项存在争议的,按照少数服从多数的原则做出结论。对评审报告有异议的,应当在评审报告上签署不同意见并说明理由,否则视为同意评审报告。

第二十条　评审专家名单在评审结果公告前应当保密。评审活动完成后,采购人或者采购代理机构应当随中标、成交结果一并公告评审专家名单,并对自行选定的评审专家做出标注。

各级财政部门、采购人和采购代理机构有关工作人员不得泄露评审专家的个人情况。

第二十一条　采购人或者采购代理机构应当于评审活动结束后 5 个工作日内,在政府采购信用评价系统中记录评审专家的职责履行情况。

评审专家可以在政府采购信用评价系统中查询本人职责履行情况记录,并就有关情况作出说明。

省级以上人民政府财政部门可根据评审专家履职情况等因素设置阶梯抽取概率。

第二十二条　评审专家应当于评审活动结束后 5 个工作日内,在政府采购信用评价系统中记录采购人或者采购代理机构的职责履行情况。

第二十三条　集中采购目录内的项目,由集中采购机构支付评审专家劳务报酬;集中采购目录外的项目,由采购人支付评审专家劳务报酬。

第二十四条　省级人民政府财政部门应当根据实际情况,制定本地区评审专家劳务报酬标准。中央预算单位参照本单位所在地或评审活动所在地标准支付评审专家劳务报酬。

第二十五条　评审专家参加异地评审的,其往返的城市间交通费、住宿费等实际发生的费用,可参照采购人执行的差旅费管理办法相应标准向采购人或集中采购机构凭据报销。

第二十六条　评审专家未完成评审工作擅自离开评审现场,或者在评审活动中有违法违规行为的,不得获取劳务报酬和报销异地评审差旅费。评审专家以外的其他人员不得获取评审劳务报酬。

第四章　评审专家监督管理

第二十七条　评审专家未按照采购文件规定的评审程序、评审方法和评审标准进行独立评审或者泄露评审文件、评审情况的,由财政部门给予警告,并处 2 000 元以上 2 万元以下的罚款;影响中标、成交结果的,处 2 万元以上 5 万元以下的罚款,禁止其参加政府采购评审活动。评审专家与供应商存在利害关系未回避的,处 2 万元以上 5 万元以下的罚款,禁止其参加政府采购评审活动。

评审专家收受采购人、采购代理机构、供应商贿赂或者获取其他不正当利益,构成犯罪的,依法追究刑事责任;尚不构成犯罪的,处 2 万元以上 5 万元以下的罚款,禁止其参加政府采购评审活动。

评审专家有上述违法行为的,其评审意见无效;有违法所得的,没收违法所得;给他人造成损失的,依法承担民事责任。

第二十八条　采购人、采购代理机构发现评审专家有违法违规行为的,应当及时向采购人本级财政部门报告。

第二十九条　申请人或评审专家有下列情形的,列入不良行为记录:

(一)未按照采购文件规定的评审程序、评审方法和评审标准进行独立评审;

(二)泄露评审文件、评审情况;

(三)与供应商存在利害关系未回避;

(四)收受采购人、采购代理机构、供应商贿赂或者获取其他不正当利益;

(五)提供虚假申请材料;

(六)拒不履行配合答复供应商询问、质疑、投诉等法定义务;

(七)以评审专家身份从事有损政府采购公信力的活动。

第三十条　采购人或者采购代理机构未按照本办法规定抽取和使用评审专家的,依照《政府采购法》及有关法律法规追究法律责任。

第三十一条　财政部门工作人员在评审专家管理工作中存在滥用职权、玩忽职守、徇私舞弊等违法违纪行为的,依照《政府采购法》《公务员法》《行政监察法》《政府采购法实施条例》等国家有关规定追究相应责任;涉嫌犯罪的,移送司法机关处理。

第五章　附　　则

第三十二条　参加评审活动的采购人代表、采购人依法自行选定的评审专家管理参照本办法执行。

第三十三条　国家对评审专家抽取、选定另有规定的,从其规定。

第三十四条　各省级人民政府财政部门,可以根据本办法规定,制定具体实施办法。

第三十五条　本办法由财政部负责解释。

第三十六条　本办法自 2017 年 1 月 1 日起施行。财政部、监察部 2003 年 11 月 17 日发布的《政府采购评审专家管理办法》(财库〔2003〕119 号)同时废止。

财政部关于进一步加强政府采购需求和履约验收管理的指导意见

（财库〔2016〕205号）

党中央有关部门，国务院各部委、各直属机构，全国人大常委会办公厅，全国政协办公厅，高法院、高检院，各民主党派中央，有关人民团体，各省、自治区、直辖市、计划单列市财政厅（局），新疆生产建设兵团财务局：

近年来，各地区、各部门认真贯彻政府采购结果导向改革要求，落实《中华人民共和国政府采购法》及其实施条例有关规定，不断加强政府采购需求和履约验收管理，取得了初步成效。但从总体上看，政府采购需求和履约验收管理还存在认识不到位、责任不清晰、措施不细化等问题。为了进一步提高政府采购需求和履约验收管理的科学化、规范化水平，现就有关工作提出以下意见：

一、高度重视政府采购需求和履约验收管理

依法加强政府采购需求和履约验收管理，是深化政府采购制度改革、提高政府采购效率和质量的重要保证。科学合理确定采购需求是加强政府采购源头管理的重要内容，是执行政府采购预算、发挥采购政策功能、落实公平竞争交易规则的重要抓手，在采购活动整体流程中具有承上启下的重要作用。严格规范开展履约验收是加强政府采购结果管理的重要举措，是保证采购质量、开展绩效评价、形成闭环管理的重要环节，对实现采购与预算、资产及财务等管理工作协调联动具有重要意义。各地区、各部门要充分认识政府采购需求和履约验收管理的重要性和必要性，切实加强政府采购活动的源头和结果管理。

二、科学合理确定采购需求

（一）采购人负责确定采购需求。采购人负责组织确定本单位采购项目的采购需求。采购人委托采购代理机构编制采购需求的，应当在采购活动开始前对采购需求进行书面确认。

（二）采购需求应当合规、完整、明确。采购需求应当符合国家法律法规规定，执行国家相关标准、行业标准、地方标准等标准规范，落实政府采购支持节能环保、促进中小企业发展等政策要求。除因技术复杂或者性质特殊，不能确定详细规格或者具体要求外，采购需求应当完整、明确。必要时，应当就确定采购需求征求相关供应商、专家的意见。采购需求应当包括采购对象需实现的功能或者目标，满足项目需要的所有技术、服务、安全等要求，采购对象的数量、交付或实施的时间和地点，采购对象的验收标准等内容。采购需求描述应当清楚明了、规范表述、含义准确，能够通过客观指标量化的应当量化。

（三）加强需求论证和社会参与。采购人可以根据项目特点，结合预算编制、相关可行性论证和需求调研情况对采购需求进行论证。政府向社会公众提供的公共服务项目，采购

人应当就确定采购需求征求社会公众的意见。需求复杂的采购项目可引入第三方专业机构和专家,吸纳社会力量参与采购需求编制及论证。

（四）严格依据采购需求编制采购文件及合同。采购文件及合同应当完整反映采购需求的有关内容。采购文件设定的评审因素应当与采购需求对应,采购需求相关指标有区间规定的,评审因素应当量化到相应区间。采购合同的具体条款应当包括项目的验收要求、与履约验收挂钩的资金支付条件及时间、争议处理规定、采购人及供应商各自权利义务等内容。采购需求、项目验收标准和程序应当作为采购合同的附件。

三、严格规范开展履约验收

（五）采购人应当依法组织履约验收工作。采购人应当根据采购项目的具体情况,自行组织项目验收或者委托采购代理机构验收。采购人委托采购代理机构进行履约验收的,应当对验收结果进行书面确认。

（六）完整细化编制验收方案。采购人或其委托的采购代理机构应当根据项目特点制定验收方案,明确履约验收的时间、方式、程序等内容。技术复杂、社会影响较大的货物类项目,可以根据需要设置出厂检验、到货检验、安装调试检验、配套服务检验等多重验收环节;服务类项目,可根据项目特点对服务期内的服务实施情况进行分期考核,结合考核情况和服务效果进行验收;工程类项目应当按照行业管理部门规定的标准、方法和内容进行验收。

（七）完善验收方式。对于采购人和使用人分离的采购项目,应当邀请实际使用人参与验收。采购人、采购代理机构可以邀请参加本项目的其他供应商或第三方专业机构及专家参与验收,相关验收意见作为验收书的参考资料。政府向社会公众提供的公共服务项目,验收时应当邀请服务对象参与并出具意见,验收结果应当向社会公告。

（八）严格按照采购合同开展履约验收。采购人或者采购代理机构应当成立验收小组,按照采购合同的约定对供应商履约情况进行验收。验收时,应当按照采购合同的约定对每一项技术、服务、安全标准的履约情况进行确认。验收结束后,应当出具验收书,列明各项标准的验收情况及项目总体评价,由验收双方共同签署。验收结果应当与采购合同约定的资金支付及履约保证金返还条件挂钩。履约验收的各项资料应当存档备查。

（九）严格落实履约验收责任。验收合格的项目,采购人应当根据采购合同的约定及时向供应商支付采购资金、退还履约保证金。验收不合格的项目,采购人应当依法及时处理。采购合同的履行、违约责任和解决争议的方式等适用《中华人民共和国合同法》。供应商在履约过程中有政府采购法律法规规定的违法违规情形的,采购人应当及时报告本级财政部门。

四、工作要求

（十）强化采购人对采购需求和履约验收的主体责任。采购人应当切实做好需求编制和履约验收工作,完善内部机制、强化内部监督、细化内部流程,把采购需求和履约验收嵌入本单位内控管理流程,加强相关工作的组织、人员和经费保障。

（十一）加强采购需求和履约验收的业务指导。各级财政部门应当按照结果导向的改革要求,积极研究制定通用产品需求标准和采购文件标准文本,探索建立供应商履约评价制度,推动在政府采购评审中应用履约验收和绩效评价结果。

（十二）细化相关制度规定。各地区、各部门可根据本意见精神,研究制定符合本地区、本部门实际情况的具体办法和工作细则,切实加强政府采购活动中的需求和履约验收管理。

财政部

2016 年 11 月 25 日

关于简化优化中央预算单位变更政府采购方式和采购进口产品审批审核有关事宜的通知

（财办库〔2016〕416号）

党中央有关部门办公厅（室），国务院各部委、各直属机构办公厅（室），全国人大常委会办公厅秘书局，全国政协办公厅秘书局，高法院办公厅，高检院办公厅，各民主党派中央办公厅（室），有关人民团体办公厅（室）：

为简化优化中央预算单位变更政府采购方式和采购进口产品审批审核程序，提高审批审核工作效率，保障中央预算单位政府采购活动的顺利开展，现将有关事宜通知如下：

一、推行变更政府采购方式一揽子申报和批复

主管预算单位应加强本部门变更政府采购方式申报管理，定期归集所属预算单位申请项目，向财政部（国库司）一揽子申报，财政部（国库司）一揽子批复。归集的周期和频次由主管预算单位结合实际自行确定。时间紧急或临时增加的采购项目可单独申报和批复。

二、推行采购进口产品集中论证和统一报批

主管预算单位应按年度汇总所属预算单位的采购进口产品申请，组织专家集中论证后向财政部（国库司）申报，财政部（国库司）统一批复。时间紧急或临时增加的采购项目可单独申报和批复。

三、提高申报和审批审核效率

主管预算单位应完善内部管理规定和流程，明确时间节点和工作要求，及时做好所属预算单位变更政府采购方式和采购进口产品申报工作。对于中央预算单位变更政府采购方式和采购进口产品申请，财政部（国库司）实行限时办结制。对于申请理由不符合规定的项目，财政部（国库司）及时退回并告知原因；对于申请材料不完善和不符合规定的，财政部（国库司）一次性告知主管预算单位修改补充事项；对于符合规定的申请项目，财政部（国库司）自收到申请材料起5个工作日内完成批复。

中央预算单位变更政府采购方式和采购进口产品的其他事宜，按照《财政部关于印发〈中央预算单位变更政府采购方式审批管理办法〉的通知》（财库〔2015〕36号）、《财政部关于印发〈政府采购进口产品管理办法〉的通知》（财库〔2007〕119号）和《财政部关于完善中央单位政府采购预算管理和中央高校、科研院所科研仪器设备采购管理有关事项的通知》（财库〔2016〕194号）的有关规定执行。

本通知自2017年1月1日起执行。

财政部办公厅

2016年11月18日

财政部关于印发《中央预算单位变更政府采购方式审批管理办法》的通知

（财库〔2015〕36号）

党中央有关部门，国务院各部委、各直属机构，全国人大常委会办公厅，全国政协办公厅，高法院，高检院，中共中央直属机关采购中心，中央国家机关政府采购中心，人大机关采购中心，有关人民团体，新疆生产建设兵团财务局：

为进一步加强中央预算单位政府采购管理，规范中央预算单位变更政府采购方式审批管理工作，根据《中华人民共和国政府采购法》、《政府采购非招标采购方式管理办法》及政府采购相关制度规定，我们制定了《中央预算单位变更政府采购方式审批管理办法》，现印发给你们，请遵照执行。

财政部

2015年1月15日

中央预算单位变更政府采购方式审批管理办法

第一章　总　　则

第一条　为了加强中央预算单位政府采购管理，规范中央预算单位变更政府采购方式审批管理工作，根据《中华人民共和国政府采购法》《政府采购非招标采购方式管理办法》及政府采购相关制度规定，制定本办法。

第二条　中央预算单位达到公开招标数额标准的货物、服务采购项目，需要采用公开招标以外采购方式的，应当在采购活动开始前，按照本办法规定申请变更政府采购方式。

本办法所称公开招标以外的采购方式，是指邀请招标、竞争性谈判、竞争性磋商、单一来源采购、询价以及财政部认定的其他采购方式。

第三条　变更政府采购方式申请应当由中央主管预算单位向财政部提出。财政部应当按照政府采购法和本办法规定进行审批。

第四条　中央主管预算单位应当加强对本部门所属预算单位变更政府采购方式工作的指导和监督。中央预算单位应当提交完整、明确、合规的申请材料，并对申请材料的真实性负责。

第二章　变更方式申请

第五条　中央预算单位应当建立和完善采购方式变更内部管理制度，明确采购、财务、业务相关部门(岗位)责任。业务部门应当结合工作实际，根据经费预算和资产配置等采购标准，提出合理采购需求。采购部门(岗位)应当组织财务、业务等相关部门(岗位)，根据采购需求和相关行业、产业发展状况，对拟申请采用采购方式的理由及必要性进行内部会商。会商意见应当由相关部门(岗位)人员共同签字认可。

第六条　中央预算单位申请单一来源采购方式，符合政府采购法 第一项情形的，在进行单位内部会商前，应先组织3名以上专业人员对只能从唯一供应商处采购的理由进行论证。专业人员论证意见应当完整、清晰和明确，意见不明确或者含混不清的，属于无效意见，不作为审核依据。专业人员论证意见中应当载明专业人员姓名、工作单位、职称、联系电话和身份证号码。专业人员不能与论证项目有直接利害关系，不能是本单位或者潜在供应商及其关联单位的工作人员。

第七条　中央预算单位申请采用公开招标以外采购方式的，应当提交以下材料：

(一)中央主管预算单位出具的变更采购方式申请公文，公文中应当载明以下内容：中央预算单位名称、采购项目名称、项目概况等项目基本情况说明，拟申请采用的采购方式和理由，联系人及联系电话等。申请变更为单一来源采购方式的，还需提供拟定的唯一供应商名称、地址。

(二)项目预算金额、预算批复文件或者资金来源证明。

(三)单位内部会商意见。申请变更为单一来源采购方式的，如符合政府采购法 第一项情形，还需提供专业人员论证意见。

第八条　非中央预算单位所能预见的原因或者非中央预算单位拖延造成采用招标所需时间不能满足需要而申请变更采购方式的，中央预算单位应当提供项目紧急原因的说明材料。

第九条　中央预算单位因采购任务涉及国家秘密需要变更采购方式的，应当提供由国家保密机关出具的本项目为涉密采购项目的证明文件。

第十条　中央预算单位符合《政府采购非招标采购方式管理办法》第一款第一项情形和第二款情形，申请采用竞争性谈判采购方式的；公开招标过程中提交投标文件或者经评审实质性响应招标文件要求的供应商只有一家时，申请单一来源采购方式的，除按照本办法第七条第一项和第二项要求提供有关申请材料外，还应当提供以下材料：

(一)在中国政府采购网发布招标公告的证明材料；

(二)中央预算单位、采购代理机构出具的对招标文件和招标过程没有供应商质疑的说明材料；

(三)评标委员会或3名以上评审专家出具的招标文件没有不合理条款的论证意见。

第十一条　中央主管预算单位在同一预算年度内，对所属多个预算单位因相同采购需求和原因采购同一品目的货物或者服务，拟申请采用同一种采购方式的，可统一组织一次内部会商后，向财政部报送一揽子方式变更申请。

第十二条　中央预算单位一般应通过“政府采购计划管理系统”报送采购方式变更申

请,对系统中已导入政府采购预算的,不再提供部门预算批复文件复印件。因采购任务涉及国家秘密需要变更采购方式的,应当通过纸质文件报送。

第十三条　中央预算单位申请采用单一来源采购方式,符合政府采购法 第一项情形的,在向财政部提出变更申请前,经中央主管预算单位同意后,在中国政府采购网上进行公示,并将公示情况一并报财政部。

因采购任务涉及国家秘密需要变更为单一来源采购方式的,可不进行公示。

第十四条　中央预算单位申请变更为单一来源采购方式的申请前公示,公示期不得少于5个工作日,公示材料为单一来源采购征求意见公示文书和专业人员论证意见。因公开招标过程中提交投标文件或者经评审实质性响应招标文件要求的供应商只有一家时,申请采用单一来源采购方式的,公示材料还包括评审专家和代理机构分别出具的招标文件无歧视性条款、招标过程未受质疑相关意见材料。

单一来源采购征求意见公示文书内容应包括:中央预算单位、采购项目名称和内容;公示的期限;拟采购的唯一供应商名称;中央主管预算单位、财政部政府采购监管部门的联系地址、联系人和联系电话。

第十五条　任何供应商、单位或者个人对采用单一来源采购方式公示有异议的,可以在公示期内将书面意见反馈给中央预算单位,并同时抄送中央主管预算单位和财政部。

第十六条　中央预算单位收到对采用单一来源采购方式公示的异议后,应当在公示期满5个工作日内,组织补充论证,论证后认为异议成立的,应当依法采取其他采购方式;论证后认为异议不成立的,应当将异议意见、论证意见与公示情况一并报财政部。

第三章　审批管理

第十七条　财政部收到变更采购方式申请后应当及时审查,并按下列情形限时办结:

(一)变更政府采购方式申请的理由和申请材料符合政府采购法和本办法规定的,财政部应当在收到材料之日起,7个工作日内予以批复。

(二)申请材料不符合本办法规定的,财政部应当在3个工作日内通知中央主管预算单位修改补充。办结日期以财政部重新收到申报材料时算起。

(三)变更政府采购方式申请的理由不符合政府采购法规定的,财政部应当在收到材料之日起,3个工作日内予以答复,并将不予批复的理由告知中央主管预算单位。

第十八条　中央预算单位应当按照财政部的批复文件,依法开展政府采购活动,未经批准,擅自采用公开招标以外采购方式的,财政部将依据政府采购法及有关法律法规予以处理。

第四章　附　　则

第十九条　中央预算单位采购限额标准以上公开招标数额标准以下的货物、工程和服务,以及达到招标规模标准依法可不进行招标的政府采购工程建设项目,需要采用公开招标以外采购方式的,由单位根据《政府采购非招标采购方式管理办法》及有关制度规定,自主选择相应采购方式。

第二十条　本办法自 2015 年 3 月 1 日起实施。原《中央单位变更政府采购方式审批管理暂行办法》(财库〔2009〕48 号)、《财政部关于对中央单位申请单一来源采购实行审核前公示相关问题的通知》(财库〔2011〕130 号)停止执行。

财政部关于政府采购竞争性磋商采购方式管理暂行办法有关问题的补充通知

（财库〔2015〕124号）

党中央有关部门，国务院各部委、各直属机构，全国人大常委会办公厅，全国政协办公厅，高法院，高检院，各民主党派中央，有关人民团体，各省、自治区、直辖市、计划单列市财政厅（局），新疆生产建设兵团财务局，各集中采购机构：

为了深入推进政府采购制度改革和政府购买服务工作，促进实现“物有所值”价值目标，提高政府采购效率，现就《财政部关于印发〈政府采购竞争性磋商采购方式管理暂行办法〉的通知》（财库〔2014〕214号）有关问题补充通知如下：

采用竞争性磋商采购方式采购的政府购买服务项目（含政府和社会资本合作项目），在采购过程中符合要求的供应商（社会资本）只有2家的，竞争性磋商采购活动可以继续进行。采购过程中符合要求的供应商（社会资本）只有1家的，采购人（项目实施机构）或者采购代理机构应当终止竞争性磋商采购活动，发布项目终止公告并说明原因，重新开展采购活动。

请遵照执行。

中华人民共和国财政部

2015年6月30日

关于转发国务院法制办公室《对政府采购工程项目法律适用及申领施工许可证问题的答复》的通知

（财办库〔2015〕352号）

党中央有关部门办公厅（室），国务院各部委、各直属机构办公厅（室），全国人大常委会办公厅秘书局，全国政协办公厅秘书局，高法院办公厅，高检院办公厅，有关人民团体办公厅（室），各省、自治区、直辖市、计划单列市财政厅（局），新疆生产建设兵团财务局，有关政府采购代理机构：

现将国务院法制办公室《对政府采购工程项目法律适用及申领施工许可证问题的答复》（国法秘财函〔2015〕736号）转发给你们，请遵照执行。

地方各级财政部门要加强与建设行政主管部门的工作协调，协助做好依法采用竞争性谈判、单一来源等非招标方式采购的政府采购工程项目施工许可证的申领工作。对于执行中遇到的问题，请及时向财政部反馈。

联系电话：010-68553724。

附件：对政府采购工程项目法律适用及申领施工许可证问题的答复

财政部办公厅

2015年12月2日

附件

对政府采购工程项目法律适用及申领施工许可证问题的答复

（国法秘财函〔2015〕736号）

财政部办公厅：

你厅《关于提请对政府采购工程项目的法律适用及申领施工许可证问题进行立法解释的函》（财办库〔2015〕211号）收悉，经研究，现回复如下：

按照招标投标法实施条例第二条的规定，建筑物和构筑物的新建、改建、扩建及其相关的装修、拆除、修缮属于依法必须进行招标的项目。据此，与建筑物和构筑物的新建、改建、扩建无关的单独的装修、拆除、修缮不属于依法必须进行招标的项目。政府采购此类项目时，应当按政府采购法实施条例第二十五条的规定，采用竞争性谈判或者单一来源方式进行采购。依法通过竞争性谈判或者单一来源方式确定供应商的政府采购建设工程项目，符合建筑法规定的申请领取施工许可证条件的，应当颁发施工许可证，不应当以未进入有形市场进行招标为由拒绝颁发施工许可证。

国务院法制办公室秘书行政司

2015年8月3日

关于政府采购
支持监狱企业发展有关问题的通知

（财库〔2014〕68号）

党中央有关部门，国务院各部委、各直属机构，全国人大常委会办公厅，全国政协办公厅，高法院，高检院，有关人民团体，中央国家机关政府采购中心，中共中央直属机关采购中心，全国人大机关采购中心，各省、自治区、直辖市、计划单列市财政厅（局）、司法厅（局），新疆生产建设兵团财务局、司法局、监狱管理局：

政府采购支持监狱和戒毒企业（以下简称监狱企业）发展对稳定监狱企业生产，提高财政资金使用效益，为罪犯和戒毒人员提供长期可靠的劳动岗位，提高罪犯和戒毒人员的教育改造质量，减少重新违法犯罪，确保监狱、戒毒场所安全稳定，促进社会和谐稳定具有十分重要的意义。为进一步贯彻落实国务院《关于解决监狱企业困难的实施方案的通知》（国发〔2003〕7号）文件精神，发挥政府采购支持监狱企业发展的作用，现就有关事项通知如下：

一、监狱企业是指由司法部认定的为罪犯、戒毒人员提供生产项目和劳动对象，且全部产权属于司法部监狱管理局、戒毒管理局、直属煤矿管理局，各省、自治区、直辖市监狱管理局、戒毒管理局，各地（设区的市）监狱、强制隔离戒毒所、戒毒康复所，以及新疆生产建设兵团监狱管理局、戒毒管理局的企业。监狱企业参加政府采购活动时，应当提供由省级以上监狱管理局、戒毒管理局（含新疆生产建设兵团）出具的属于监狱企业的证明文件。

二、在政府采购活动中，监狱企业视同小型、微型企业，享受预留份额、评审中价格扣除等政府采购促进中小企业发展的政府采购政策。向监狱企业采购的金额，计入面向中小企业采购的统计数据。

三、各地区、各部门要积极通过预留采购份额支持监狱企业。有制服采购项目的部门，应加强对政府采购预算和计划编制工作的统筹，预留本部门制服采购项目预算总额的30%以上，专门面向监狱企业采购。省级以上政府部门组织的公务员考试、招生考试、等级考试、资格考试的试卷印刷项目原则上应当在符合有关资质的监狱企业范围内采购。各地在免费教科书政府采购工作中，应当根据符合教科书印制资质的监狱企业情况，提出由监狱企业印刷的比例要求。

四、各地区可以结合本地区实际，对监狱企业生产的办公用品、家具用具、车辆维修和提供的保养服务、消防设备等，提出预留份额等政府采购支持措施，加大对监狱企业产品的采购力度。

五、各地区、各部门要高度重视，加强组织管理和监督，做好政府采购支持监狱企业发展的相关工作。有关部门要加强监管，确保面向监狱企业采购的工作依法依规进行。各监狱企业要不断提高监狱企业产品的质量和服务水平，为做好监狱企业产品政府采购工作提供有力保障。

中华人民共和国财政部
中华人民共和国司法部
2014年6月10日

关于公共资源交易中心开展政府采购活动有关问题的通知

（财库〔2014〕165 号）

各省、自治区、直辖市、计划单列市财政厅（局）、公共资源交易中心（办公室）、集中采购中心：

政府采购活动应遵循政府采购法的规定。近期，一些公共资源交易中心（以下简称交易中心）开展政府采购工作业务时，违法改变政府采购法定评审程序、干预评审结果、乱收费，以及在交易中心建设中存在“管采不分”等问题。为规范交易中心的政府采购活动，进一步加强政府采购监督管理，依据《中华人民共和国政府采购法》等法律法规规定，现就有关事项通知如下：

一、进入交易中心的政府采购活动，应当严格遵守《中华人民共和国政府采购法》及政府采购货物服务招标投标管理、信息公告和评审管理等有关制度规定，规范采购文件编制、信息发布、专家抽取、项目评审、质疑投诉、档案管理等行为，保证政府采购的公开、公平和公正。交易中心在政府采购活动中，不得改变采购人、采购代理机构和供应商等主体的法定权利义务，不得在法定程序外新设登记、报名、备案、资格审核等程序，限制或阻止采购代理机构、供应商进入本地的政府采购市场；不得违规组织对评审活动进行现场监督，干预政府采购评审结果。

二、交易中心在政府采购活动中应遵循非营利性的原则，不得对采购代理机构、供应商违规收取费用，也不得要求采购代理机构或采购人对现场监督人员支付评审费、劳务费等报酬，增加政府采购成本。集中采购机构应保留独立的法人地位，依法承担相应的法律责任，体现集中采购机构的公益性特征。

三、各级财政部门应依法履行对政府采购活动的监督管理职责，对进入交易中心的政府采购项目执行情况加强监督检查，依法受理供应商投诉，对违反政府采购法律法规的行为进行处理和处罚。对纳入交易中心的集中采购机构要加强考核与指导，促进落实政府采购政策功能等要求。要进一步落实“管采分离”的政府采购管理体制，财政部门不得违法采取授权、委托或者共同管理等方式，将政府采购的监管职责交由其他机构行使。对涉及政府采购活动的违法违规问题，交易中心应向政府采购监督管理部门如实反映情况，配合做好监督检查和投诉处理工作。

四、交易中心要对照政府采购法律法规和本通知规定开展自查，对存在的问题进行清理和整改。各级财政部门要切实加强对交易中心政府采购活动的业务指导和监督管理，督促交易中心做好清理整改工作。财政部将组织专项检查，对清理和整改不落实、不到位的单位予以通报。

财政部

2014 年 10 月 11 日

关于印发《政府采购竞争性磋商采购方式管理暂行办法》的通知

（财库〔2014〕214号）

党中央有关部门，国务院各部委、各直属机构，全国人大常委会办公厅，全国政协办公厅，高法院，高检院，有关人民团体，各省、自治区、直辖市、计划单列市财政厅（局），新疆生产建设兵团财务局，各集中采购机构：

为了深化政府采购制度改革，适应推进政府购买服务、推广政府和社会资本合作（PPP）模式等工作需要，根据《中华人民共和国政府采购法》和有关法律法规，财政部制定了《政府采购竞争性磋商采购方式管理暂行办法》。现印发给你们，请遵照执行。

附件：政府采购竞争性磋商采购方式管理暂行办法

财政部

2014年12月31日

第一章　总　　则

第一条　为了规范政府采购行为，维护国家利益、社会公共利益和政府采购当事人的合法权益，依据《中华人民共和国政府采购法》（以下简称政府采购法）第二十六条第一款第六项规定，制定本办法。

第二条　本办法所称竞争性磋商采购方式，是指采购人、政府采购代理机构通过组建竞争性磋商小组（以下简称磋商小组）与符合条件的供应商就采购货物、工程和服务事宜进行磋商，供应商按照磋商文件的要求提交响应文件和报价，采购人从磋商小组评审后提出的候选供应商名单中确定成交供应商的采购方式。

第三条　符合下列情形的项目，可以采用竞争性磋商方式开展采购：

（一）政府购买服务项目；

（二）技术复杂或者性质特殊，不能确定详细规格或者具体要求的；

（三）因艺术品采购、专利、专有技术或者服务的时间、数量事先不能确定等原因不能事先计算出价格总额的；

（四）市场竞争不充分的科研项目，以及需要扶持的科技成果转化项目；

（五）按照招标投标法及其实施条例必须进行招标的工程建设项目以外的工程建设项目。

第二章　磋商程序

第四条　达到公开招标数额标准的货物、服务采购项目，拟采用竞争性磋商采购方式的，采购人应当在采购活动开始前，报经主管预算单位同意后，依法向设区的市、自治州以上人民政府财政部门申请批准。

第五条　采购人、采购代理机构应当按照政府采购法和本办法的规定组织开展竞争性磋商，并采取必要措施，保证磋商在严格保密的情况下进行。

任何单位和个人不得非法干预、影响磋商过程和结果。

第六条　采购人、采购代理机构应当通过发布公告、从省级以上财政部门建立的供应商库中随机抽取或者采购人和评审专家分别书面推荐的方式邀请不少于 3 家符合相应资格条件的供应商参与竞争性磋商采购活动。

符合政府采购法第二十二条第一款规定条件的供应商可以在采购活动开始前加入供应商库。财政部门不得对供应商申请入库收取任何费用，不得利用供应商库进行地区和行业封锁。

采取采购人和评审专家书面推荐方式选择供应商的，采购人和评审专家应当各自出具书面推荐意见。采购人推荐供应商的比例不得高于推荐供应商总数的 50%。

第七条　采用公告方式邀请供应商的，采购人、采购代理机构应当在省级以上人民政府财政部门指定的政府采购信息发布媒体发布竞争性磋商公告。竞争性磋商公告应当包括以下主要内容：

(一)采购人、采购代理机构的名称、地点和联系方法；

(二)采购项目的名称、数量、简要规格描述或项目基本概况介绍；

(三)采购项目的预算；

(四)供应商资格条件；

(五)获取磋商文件的时间、地点、方式及磋商文件售价；

(六)响应文件提交的截止时间、开启时间及地点；

(七)采购项目联系人姓名和电话。

第八条　竞争性磋商文件(以下简称磋商文件)应当根据采购项目的特点和采购人的实际需求制定，并经采购人书面同意。采购人应当以满足实际需求为原则，不得擅自提高经费预算和资产配置等采购标准。

磋商文件不得要求或者标明供应商名称或者特定货物的品牌，不得含有指向特定供应商的技术、服务等条件。

第九条　磋商文件应当包括供应商资格条件、采购邀请、采购方式、采购预算、采购需求、政府采购政策要求、评审程序、评审方法、评审标准、价格构成或者报价要求、响应文件编制要求、保证金交纳数额和形式以及不予退还保证金的情形、磋商过程中可能实质性变动的内容、响应文件提交的截止时间、开启时间及地点以及合同草案条款等。

第十条　从磋商文件发出之日起至供应商提交首次响应文件截止之日止不得少于 10 日。

磋商文件售价应当按照弥补磋商文件制作成本费用的原则确定，不得以营利为目的，不得以项目预算金额作为确定磋商文件售价依据。磋商文件的发售期限自开始之日起不得少于5个工作日。

提交首次响应文件截止之日前,采购人、采购代理机构或者磋商小组可以对已发出的磋商文件进行必要的澄清或者修改,澄清或者修改的内容作为磋商文件的组成部分。澄清或者修改的内容可能影响响应文件编制的,采购人、采购代理机构应当在提交首次响应文件截止时间至少5日前,以书面形式通知所有获取磋商文件的供应商;不足5日的,采购人、采购代理机构应当顺延提交首次响应文件截止时间。

第十一条 供应商应当按照磋商文件的要求编制响应文件,并对其提交的响应文件的真实性、合法性承担法律责任。

第十二条 采购人、采购代理机构可以要求供应商在提交响应文件截止时间之前交纳磋商保证金。磋商保证金应当采用支票、汇票、本票或者金融机构、担保机构出具的保函等非现金形式交纳。磋商保证金数额应当不超过采购项目预算的2%。供应商未按照磋商文件要求提交磋商保证金的,响应无效。

供应商为联合体的,可以由联合体中的一方或者多方共同交纳磋商保证金,其交纳的保证金对联合体各方均具有约束力。

第十三条 供应商应当在磋商文件要求的截止时间前,将响应文件密封送达指定地点。在截止时间后送达的响应文件为无效文件,采购人、采购代理机构或者磋商小组应当拒收。

供应商在提交响应文件截止时间前,可以对所提交的响应文件进行补充、修改或者撤回,并书面通知采购人、采购代理机构。补充、修改的内容作为响应文件的组成部分。补充、修改的内容与响应文件不一致的,以补充、修改的内容为准。

第十四条 磋商小组由采购人代表和评审专家共3人以上单数组成,其中评审专家人数不得少于磋商小组成员总数的2/3。采购人代表不得以评审专家身份参加本部门或本单位采购项目的评审。采购代理机构人员不得参加本机构代理的采购项目的评审。

采用竞争性磋商方式的政府采购项目,评审专家应当从政府采购评审专家库内相关专业的专家名单中随机抽取。符合本办法第三条第四项规定情形的项目,以及情况特殊、通过随机方式难以确定合适的评审专家的项目,经主管预算单位同意,可以自行选定评审专家。技术复杂、专业性强的采购项目,评审专家中应当包含1名法律专家。

第十五条 评审专家应当遵守评审工作纪律,不得泄露评审情况和评审中获悉的商业秘密。

磋商小组在评审过程中发现供应商有行贿、提供虚假材料或者串通等违法行为的,应当及时向财政部门报告。

评审专家在评审过程中受到非法干涉的,应当及时向财政、监察等部门举报。

第十六条 磋商小组成员应当按照客观、公正、审慎的原则,根据磋商文件规定的评审程序、评审方法和评审标准进行独立评审。未实质性响应磋商文件的响应文件按无效响应处理,磋商小组应当告知提交响应文件的供应商。

磋商文件内容违反国家有关强制性规定的,磋商小组应当停止评审并向采购人或者采购代理机构说明情况。

第十七条 采购人、采购代理机构不得向磋商小组中的评审专家作倾向性、误导性的解释或者说明。

采购人、采购代理机构可以视采购项目的具体情况,组织供应商进行现场考察或召开磋商前答疑会,但不得单独或分别组织只有一个供应商参加的现场考察和答疑会。

第十八条　磋商小组在对响应文件的有效性、完整性和响应程度进行审查时,可以要求供应商对响应文件中含义不明确、同类问题表述不一致或者有明显文字和计算错误的内容等作出必要的澄清、说明或者更正。供应商的澄清、说明或者更正不得超出响应文件的范围或者改变响应文件的实质性内容。

磋商小组要求供应商澄清、说明或者更正响应文件应当以书面形式作出。供应商的澄清、说明或者更正应当由法定代表人或其授权代表签字或者加盖公章。由授权代表签字的,应当附法定代表人授权书。供应商为自然人的,应当由本人签字并附身份证明。

第十九条　磋商小组所有成员应当集中与单一供应商分别进行磋商,并给予所有参加磋商的供应商平等的磋商机会。

第二十条　在磋商过程中,磋商小组可以根据磋商文件和磋商情况实质性变动采购需求中的技术、服务要求以及合同草案条款,但不得变动磋商文件中的其他内容。实质性变动的内容,须经采购人代表确认。

对磋商文件作出的实质性变动是磋商文件的有效组成部分,磋商小组应当及时以书面形式同时通知所有参加磋商的供应商。

供应商应当按照磋商文件的变动情况和磋商小组的要求重新提交响应文件,并由其法定代表人或授权代表签字或者加盖公章。由授权代表签字的,应当附法定代表人授权书。供应商为自然人的,应当由本人签字并附身份证明。

第二十一条　磋商文件能够详细列明采购标的的技术、服务要求的,磋商结束后,磋商小组应当要求所有实质性响应的供应商在规定时间内提交最后报价,提交最后报价的供应商不得少于3家。

磋商文件不能详细列明采购标的的技术、服务要求,需经磋商由供应商提供最终设计方案或解决方案的,磋商结束后,磋商小组应当按照少数服从多数的原则投票推荐3家以上供应商的设计方案或者解决方案,并要求其在规定时间内提交最后报价。

最后报价是供应商响应文件的有效组成部分。符合本办法第三条第四项情形的,提交最后报价的供应商可以为2家。

第二十二条　已提交响应文件的供应商,在提交最后报价之前,可以根据磋商情况退出磋商。采购人、采购代理机构应当退还退出磋商的供应商的磋商保证金。

第二十三条　经磋商确定最终采购需求和提交最后报价的供应商后,由磋商小组采用综合评分法对提交最后报价的供应商的响应文件和最后报价进行综合评分。

综合评分法,是指响应文件满足磋商文件全部实质性要求且按评审因素的量化指标评审得分最高的供应商为成交候选供应商的评审方法。

第二十四条　综合评分法评审标准中的分值设置应当与评审因素的量化指标相对应。磋商文件中没有规定的评审标准不得作为评审依据。

评审时,磋商小组各成员应当独立对每个有效响应的文件进行评价、打分,然后汇总每个供应商每项评分因素的得分。

综合评分法货物项目的价格分值占总分值的比重(即权值)为30%至60%,服务项目的价格分值占总分值的比重（即权值）为10%至30%。采购项目中含不同采购对象的，以占项目资金比例最高的采购对象确定其项目属性。符合本办法第三条第三项的规定和执行统一价格标准的项目，其价格不列为评分因素。有特殊情况需要在上述规定范围外设定价格分权重的，应当经本级人民政府财政部门审核同意。

综合评分法中的价格分统一采用低价优先法计算，即满足磋商文件要求且最后报价最低的供应商的价格为磋商基准价，其价格分为满分。其他供应商的价格分统一按照下列公式计算：

磋商报价得分＝（磋商基准价/最后磋商报价）×价格权值×100

项目评审过程中，不得去掉最后报价中的最高报价和最低报价。

第二十五条　磋商小组应当根据综合评分情况，按照评审得分由高到低顺序推荐3名以上成交候选供应商，并编写评审报告。符合本办法第二十一条第三款情形的，可以推荐2家成交候选供应商。评审得分相同的，按照最后报价由低到高的顺序推荐。评审得分且最后报价相同的，按照技术指标优劣顺序推荐。

第二十六条　评审报告应当包括以下主要内容：

（一）邀请供应商参加采购活动的具体方式和相关情况；

（二）响应文件开启日期和地点；

（三）获取磋商文件的供应商名单和磋商小组成员名单；

（四）评审情况记录和说明，包括对供应商的资格审查情况、供应商响应文件评审情况、磋商情况、报价情况等；

（五）提出的成交候选供应商的排序名单及理由。

第二十七条　评审报告应当由磋商小组全体人员签字认可。磋商小组成员对评审报告有异议的，磋商小组按照少数服从多数的原则推荐成交候选供应商，采购程序继续进行。对评审报告有异议的磋商小组成员，应当在报告上签署不同意见并说明理由，由磋商小组书面记录相关情况。磋商小组成员拒绝在报告上签字又不书面说明其不同意见和理由的，视为同意评审报告。

第二十八条　采购代理机构应当在评审结束后2个工作日内将评审报告送采购人确认。

采购人应当在收到评审报告后5个工作日内，从评审报告提出的成交候选供应商中，按照排序由高到低的原则确定成交供应商，也可以书面授权磋商小组直接确定成交供应商。采购人逾期未确定成交供应商且不提出异议的，视为确定评审报告提出的排序第一的供应商为成交供应商。

第二十九条　采购人或者采购代理机构应当在成交供应商确定后2个工作日内，在省级以上财政部门指定的政府采购信息发布媒体上公告成交结果，同时向成交供应商发出成交通知书，并将磋商文件随成交结果同时公告。成交结果公告应当包括以下内容：

（一）采购人和采购代理机构的名称、地址和联系方式；

（二）项目名称和项目编号；

（三）成交供应商名称、地址和成交金额；

（四）主要成交标的的名称、规格型号、数量、单价、服务要求；

（五）磋商小组成员名单。

采用书面推荐供应商参加采购活动的,还应当公告采购人和评审专家的推荐意见。

第三十条　采购人与成交供应商应当在成交通知书发出之日起30日内,按照磋商文件确定的合同文本以及采购标的、规格型号、采购金额、采购数量、技术和服务要求等事项签订政府采购合同。

采购人不得向成交供应商提出超出磋商文件以外的任何要求作为签订合同的条件,不得与成交供应商订立背离磋商文件确定的合同文本以及采购标的、规格型号、采购金额、采购数量、技术和服务要求等实质性内容的协议。

第三十一条　采购人或者采购代理机构应当在采购活动结束后及时退还供应商的磋商保证金,但因供应商自身原因导致无法及时退还的除外。未成交供应商的磋商保证金应当在成交通知书发出后5个工作日内退还,成交供应商的磋商保证金应当在采购合同签订后5个工作日内退还。

有下列情形之一的,磋商保证金不予退还:

(一)供应商在提交响应文件截止时间后撤回响应文件的;

(二)供应商在响应文件中提供虚假材料的;

(三)除因不可抗力或磋商文件认可的情形以外,成交供应商不与采购人签订合同的;

(四)供应商与采购人、其他供应商或者采购代理机构恶意串通的;

(五)磋商文件规定的其他情形。

第三十二条　除资格性检查认定错误、分值汇总计算错误、分项评分超出评分标准范围、客观分评分不一致、经磋商小组一致认定评分畸高、畸低的情形外,采购人或者采购代理机 构不得以任何理由组织重新评审。采购人、采购代理机构发现磋商小组未按照磋商文件规定的评审标准进行评审的,应当重新开展采购活动,并同时书面报告本级财政部门。

采购人或者采购代理机构不得通过对样品进行检测、对供应商进行考察等方式改变评审结果。

第三十三条　成交供应商拒绝签订政府采购合同的,采购人可以按照本办法第二十八条第二款规定的原则确定其他供应商作为成交供应商并签订政府采购合同,也可以重新开展采购活动。拒绝签订政府采购合同的成交供应商不得参加对该项目重新开展的采购活动。

第三十四条　出现下列情形之一的,采购人或者采购代理机构应当终止竞争性磋商采购活动,发布项目终止公告并说明原因,重新开展采购活动:

(一)因情况变化,不再符合规定的竞争性磋商采购方式适用情形的;

(二)出现影响采购公正的违法、违规行为的;

(三)除本办法第二十一条第三款规定的情形外,在采购过程中符合要求的供应商或者报价未超过采购预算的供应商不足3家的。

第三十五条　在采购活动中因重大变故,采购任务取消的,采购人或者采购代理机构应当终止采购活动,通知所有参加采购活动的供应商,并将项目实施情况和采购任务取消原因报送本级财政部门。

第三章　附　　则

第三十六条　相关法律制度对政府和社会资本合作项目采用竞争性磋商采购方式另有规定的,从其规定。

第三十七条　本办法所称主管预算单位是指负有编制部门预算职责,向同级财政部门申报预算的国家机关、事业单位和团体组织。

第三十八条　本办法自发布之日起施行。

关于进一步规范政府采购评审工作有关问题的通知

（财库〔2012〕69号）

党中央有关部门，国务院各部委、各直属机构，全国人大常委会办公厅，全国政协办公厅，高法院，高检院，有关人民团体，各省、自治区、直辖市、计划单列市财政厅（局），新疆生产建设兵团财务局，中央国家机关政府采购中心，中共中央直属机关采购中心，全国人大机关采购中心，中国人民银行集中采购中心，国家税务总局集中采购中心、海关总署物资装备采购中心：

近年来，各地区、各部门认真落实《中华人民共和国政府采购法》等法律法规，政府采购评审工作的规范化水平逐步提高，但也还存在着评审程序不够完善、工作职责不够明晰、权利义务不对称等问题，急需进一步明确和规范。为加强评审工作管理，明确评审工作相关各方的职责，提高评审工作质量，现将有关事项通知如下：

一、依法组织政府采购评审工作

采购人和采购代理机构，评标委员会、竞争性谈判小组和询价小组（以下简称评审委员会）成员要严格遵守政府采购相关法律制度，依法履行各自职责，公正、客观、审慎地组织和参与评审工作。

评审委员会成员要依法独立评审，并对评审意见承担个人责任。评审委员会成员对需要共同认定的事项存在争议的，按照少数服从多数的原则做出结论。持不同意见的评审委员会成员应当在评审报告上签署不同意见并说明理由，否则视为同意。

采购人、采购代理机构要确保评审活动在严格保密的情况下进行。在采购结果确定前，采购人、采购代理机构对评审委员会名单负有保密责任。评审委员会成员、采购人和采购代理机构工作人员、相关监督人员等与评审工作有关的人员，对评审情况以及在评审过程中获悉的国家秘密、商业秘密负有保密责任。

采购人、采购代理机构和评审委员会在评审工作中，要依法相互监督和制约，并自觉接受各级财政部门的监督。对非法干预评审工作等违法违规行为，应当及时向财政部门报告。

二、切实履行政府采购评审职责

采购人、采购代理机构要依法细化评审工作程序，组建评审委员会，并按规定程序组织评审。要核实评审委员会成员身份，告知回避要求，宣布评审工作纪律和程序，介绍政府采购相关政策法规；要根据评审委员会的要求解释采购文件，组织供应商澄清；要对评审数据进行校对、核对，对畸高、畸低的重大差异评分可以提示评审委员会复核或书面说明理由；要对评审专家的专业技术水平、职业道德素质和评审工作等情况进行评价，并向财政部门反馈。省级以上政府集中采购机构和政府采购甲级代理机构，应当对评审工作现场进行全过程录音录像，录音录像资料作为采购项目文件随其他文件一并存档。

评审委员会成员要根据政府采购法律法规和采购文件所载明的评审方法、标准进行评审。要熟悉和理解采购文件，认真阅读所有供应商的投标或响应文件，对所有投标或响应文件逐一进行资格性、符合性检查，按采购文件规定的评审方法和标准，进行比较和评价；对供应商的价格分等客观评分项的评分应当一致，对其他需要借助专业知识评判的主观评分项，应当严格按照评分细则公正评分。

评审委员会如需要供应商对投标或响应文件有关事项作出澄清的，应当给予供应商必要的反馈时间，但澄清事项不得超出投标或响应文件的范围，不得实质性改变投标或响应文件的内容，不得通过澄清等方式对供应商实行差别对待。评审委员会要对评分汇总情况进行复核，特别是对排名第一的、报价最低的、投标或相应文件被认定为无效的情形进行重点复核，并根据评审结果推荐中标或成交候选供应商，或者根据采购人委托协议规定直接确定中标或成交供应商，起草并签署评审报告。评审委员会要在采购项目招标失败时，出具招标文件是否存在不合理条款的论证意见，要协助采购人、采购代理机构、财政部门答复质疑或处理投诉事项。

三、严肃政府采购评审工作纪律

采购人委派代表参加评审委员会的，要向采购代理机构出具授权函。除授权代表外，采购人可以委派纪检监察等相关人员进入评审现场，对评审工作实施监督，但不得超过2人。采购人需要在评审前介绍项目背景和技术需求的，应当事先提交书面介绍材料，介绍内容不得存在歧视性、倾向性意见，不得超出采购文件所述范围，书面介绍材料作为采购项目文件随其他文件一并存档。评审委员会应当推选组长，但采购人代表不得担任组长。

评审委员会成员要严格遵守评审时间，主动出具身份证明，遵守评审工作纪律和评审回避的相关规定。在评审工作开始前，将手机等通信工具或相关电子设备交由采购人或采购代理机构统一保管，拒不上交的，采购人或采购代理机构可以拒绝其参加评审工作并向财政部门报告。

评审委员会成员和评审工作有关人员不得干预或者影响正常评审工作，不得明示或者暗示其倾向性、引导性意见，不得修改或细化采购文件确定的评审程序、评审方法、评审因素和评审标准，不得接受供应商主动提出的澄清和解释，不得征询采购人代表的倾向性意见，不得协商评分，不得记录、复制或带走任何评审资料。评审结果汇总完成后，采购人、采购代理机构和评审委员会均不得修改评审结果或者要求重新评审，但资格性检查认定错误、分值汇总计算错误、分项评分超出评分标准范围、客观分评分不一致、经评审委员会一致认定评分畸高、畸低的情形除外。出现上述除外情形的，评审委员会应当现场修改评审结果，并在评审报告中明确记载。

采购人、采购代理机构要加强评审现场管理，与评审工作无关的人员不得进入评审现场。各级财政部门对评审活动相关各方违反评审工作纪律及要求的行为，要依法严肃处理。

四、妥善处理评审中的特殊情形

财政部门要建立政府采购评审专家库资源共享机制，采购项目有特殊需要的，采购人或采购代理机构可以在异地财政部门专家库抽取专家，但应事前向本级财政部门备案。中央驻京外单位可以从所在地市级或其上一级财政部门专家库中抽取评审专家，所在地市级或其上一级财政部门应当予以配合。

评审专家库中相应专业类型专家不足的，采购人或采购代理机构应当按照不低于1:3的比例向财政部门提供专家名单，经审核入库后随机抽取使用。出现评审专家临时缺席、回避等情形导致评审现场专家数量不符合法定标准的，采购人或采购代理机构要按照有关程序及时补抽专家，继续组织评审。如无法及时补齐专家，则要立即停止评审工作，封存采购文件和所有投标或响应文件，择期重新组建评审委员会进行评审。采购人或采购代理机构要将补抽专家或重新组建评审委员会的情况进行书面记录，随其他文件一并存档。

评审委员会发现采购文件存在歧义、重大缺陷导致评审工作无法进行，或者采购文件内容违反国家有关规定的，要停止评审工作并向采购人或采购代理机构书面说明情况，采购人或采购代理机构应当修改采购文件后重新组织采购活动；发现供应商提供虚假材料、串通等违法违规行为的，要及时向采购人或采购代理机构报告。

参与政府采购活动的供应商对评审过程或者结果提出质疑的，采购人或采购代理机构可以组织原评审委员会协助处理质疑事项，并依据评审委员会出具的意见进行答复。质疑答复导致中标或成交结果改变的，采购人或采购代理机构应当将相关情况报财政部门备案。

中华人民共和国财政部

二〇一二年六月十一日

关于政府采购进口产品管理有关问题的通知

（财办库〔2008〕248 号）

各省、自治区、直辖市、计划单列市财政厅(局)、新疆生产建设兵团财务局，党中央有关部门办公厅(室)，国务院各部委、各直属机构办公厅(室)，全国人大常委会办公厅秘书局，全国政协办公厅机关事务管理局，高法院办公厅，高检院办公厅，有关人民团体办公厅(室)：

财政部于 2007 年 12 月印发了《政府采购进口产品管理办法》(财库〔2007〕119 号)。该办法印发后，各地采取措施贯彻落实，对规范政府部门采购进口产品行为发挥了积极作用。但在实际工作中，也反映了一些具体操作性问题，经与海关总署研究，现就进口产品采购中有关问题规定如下：

一、关于办法适用范围

根据《中华人民共和国政府采购法》的规定，财库〔2007〕119 号文件的适用范围为，各级国家机关、事业单位和团体组织使用财政性资金采购省级以上人民政府公布的政府集中采购目录以内或者采购限额标准以上的进口产品。

二、关于关境和海关特殊监管区域产品认定

根据《中华人民共和国海关法》(以下简称海关法)的规定，我国现行关境是指适用海关法的中华人民共和国行政管辖区域，不包括香港、澳门和台湾金马等单独关境地区。保税区、出口加工区、保税港区、珠澳跨境工业区珠海园区、中哈霍尔果斯国际边境合作中心中方配套区、综合保税区等区域，为海关特殊监管区域，这些区域仅在关税待遇及贸易管制方面实施不同于我国关境内其他地区的特殊政策，但仍属于中华人民共和国关境内区域，由海关按照海关法实施监管。因此，凡在海关特殊监管区域内企业生产或加工(包括从境外进口料件)销往境内其他地区的产品，不作为政府采购项下进口产品。对从境外进入海关特殊监管区域，再经办理报关手续后从海关特殊监管区进入境内其他地区的产品，应当认定为进口产品。

三、关于已在境内多次流转进口产品认定

对经过多次流转、无法提供报关单证的产品，应按照以下方法进行查证：

(一)通过正常渠道进口的产品，无论在境内流转多少次，尽管中间商业环节没有保留进口报关单证，但通过层层倒推，最终可以找到进口代理商或者进口收货人，从而可以向海关查询进口报关记录。这种方法一般适用于生产设备、机械、汽车等大宗商品。

(二)通过走私违法方式进口的产品，由于未进行进口申报，不存在进口报关记录，因此，应当通过商品或者其包装上的原产地标识等其他证据来间接证明其为境外生产的

产品。

四、关于行业主管部门意见

财库〔2007〕119号文件规定的国家限制进口产品，是指商务部、发展改革委、科技部等部门制订的相关目录。采购人采购产品属于国家限制进口产品时，除需要向设区的市、自治州以上人民政府财政部门（以下简称财政部门）出具专家论证意见外，还要同时出具产品所属行业主管部门的意见，其中，产品属于国家限制进口的重大技术装备和重大产业技术的，应当出具发展改革委的意见；属于国家限制进口的重大科学仪器和装备的，应当出具科技部的意见。当采购人的行政主管部门也是采购产品所属行业主管部门时，以产品所属行业主管部门出具意见。当采购人的行政主管部门与采购产品所属行业主管部门不一致时，仍以产品所属行业主管部门出具的意见为有效意见。

五、关于采购执行问题

采购人采购进口产品时，必须在采购活动开始前向财政部门提出申请并获得财政部门审核同意后，才能开展采购活动。在采购活动开始前没有获得财政部门同意而开展采购活动的，视同为拒绝采购进口产品，应当在采购文件中明确作出不允许进口产品参加的规定。未在采购文件中明确规定不允许进口产品参加的，也视为拒绝进口产品参加。采购活动组织开始后才报经财政部门审核同意的采购活动，属于违规行为。财政部门审核同意购买进口产品的，应当在采购文件中明确规定可以采购进口产品，但如果因信息不对称等原因，仍有满足需求的国内产品要求参与采购竞争的，采购人及其委托的采购代理机构不得对其加以限制，应当按照公平竞争原则实施采购。

六、关于政府集中采购执行

对于实行协议供货的政府集中采购目录产品，集中采购机构在组织采购时，可以不限制进口产品入围，但采购人在采购入围进口产品前，需要报经财政部门审核同意。对于非协议供货的政府集中采购目录产品，采购人没有出具财政部门同意采购进口产品审核意见的，集中采购机构一律不得为其组织采购进口产品。对于政府集中采购目录内的、采购量小且采购次数多的经常性产品，可以实行批量审核，即采购人向财政部门提出一揽子采购进口产品清单的申请、所需证明材料和采购计划，经财政部门审核同意后，在本年内随时按规定组织购买，无需再逐一申请报批。

七、关于论证专家问题

进口产品专家论证意见原则上由采购人自行组织，其论证专家应当是熟悉该产品，并且与采购人或采购代理机构没有经济和行政隶属等关系。因进口产品论证与采购文件评审不同，进口产品论证专家可以不从财政部门建立的专家库中抽取专家作为进口产品论证专家，凡从财政部门专家库中抽取的专家，应当告知被抽取专家其论证内容和相应的责任。财政部门应当制定相应的论证专家考核标准和监督办法，加强对论证专家的管理，确保论证意见科学准确，原则上不得承担或组织其专家论证工作。

八、关于资金支付问题

采购人向财政部门申请支付政府采购进口产品资金时,应当提供财政部门审核同意文件、采购合同和产品报关单等材料,以确保所采购的产品规格、数量金额等与审批或采购文件规定的一致,否则不予支付。

九、关于文件执行时间衔接

财库〔2007〕119 号文件规定,自 2007 年 12 月 27 日印发之日起施行。对于在该日期前已经通过公开招标等方式确定采购货物涉及进口产品的,在该日期前采购程序已经启动或启动后采购项目经财政部门批准需重新招标或采用其他采购方式的,不需要办理进口产品审核手续。

财政部办公厅

二〇〇八年七月九日

财政部关于印发
《政府采购进口产品管理办法》的通知

(财库〔2007〕119 号)

党中央有关部门,国务院各部委、各直属机构,全国人大常委会办公厅,全国政协办公厅,高法院,高检院,有关人民团体,各省、自治区、直辖市、计划单列市财政厅(局),新疆生产建设兵团财务局,各集中采购机构:

为了贯彻落实《国务院关于实施〈国家中长期科学和技术发展规划纲要(2006—2020年)〉若干配套政策的通知》(国发〔2006〕6 号),推动和促进自主创新政府采购政策的实施,规范进口产品政府采购行为,根据《中华人民共和国政府采购法》和有关法律法规,财政部制定了《政府采购进口产品管理办法》。现印发给你们,请遵照执行。

附件:政府采购进口产品管理办法

中华人民共和国财政部

二〇〇七年十二月二十七日

附件

政府采购进口产品管理办法

第一章　总　　则

第一条　为了贯彻落实《国务院关于实施〈国家中长期科学和技术发展规划纲要(2006—2020 年)〉若干配套政策的通知》(国发〔2006〕6 号),推动和促进自主创新政府采购政策的实施,规范进口产品政府采购行为,根据《中华人民共和国政府采购法》等法律法规规定,制定本办法。

第二条　国家机关、事业单位和团体组织(以下统称采购人)使用财政性资金以直接进口或委托方式采购进口产品(包括已进入中国境内的进口产品)的活动,适用本办法。

第三条　本办法所称进口产品是指通过中国海关报关验放进入中国境内且产自关境外的产品。

第四条　政府采购应当采购本国产品,确需采购进口产品的,实行审核管理。

第五条　采购人采购进口产品时,应当坚持有利于本国企业自主创新或消化吸收核心技术的原则,优先购买向我方转让技术、提供培训服务及其他补偿贸易措施的产品。

第六条　设区的市、自治州以上人民政府财政部门(以下简称为财政部门)应当依法开展政府采购进口产品审核活动,并实施监督管理。

第二章　审核管理

第七条　采购人需要采购的产品在中国境内无法获取或者无法以合理的商业条件获取,以及法律法规另有规定确需采购进口产品的,应当在获得财政部门核准后,依法开展政府采购活动。

第八条　采购人报财政部门审核时,应当出具以下材料:

(一)《政府采购进口产品申请表》(详见附1);

(二)关于鼓励进口产品的国家法律法规政策文件复印件;

(三)进口产品所属行业的设区的市、自治州以上主管部门出具的《政府采购进口产品所属行业主管部门意见》(详见附2);

(四)专家组出具的《政府采购进口产品专家论证意见》(详见附3)。

第九条　采购人拟采购的进口产品属于国家法律法规政策明确规定鼓励进口产品的,在报财政部门审核时,应当出具第八条第(一)款、第(二)款材料。

第十条　采购人拟采购的进口产品属于国家法律法规政策明确规定限制进口产品的,在报财政部门审核时,应当出具第八条第(一)款、第(三)款和第(四)款材料。

采购人拟采购国家限制进口的重大技术装备和重大产业技术的,应当出具发展改革委的意见。采购人拟采购国家限制进口的重大科学仪器和装备的,应当出具科技部的意见。

第十一条　采购人拟采购其他进口产品的,在报财政部门审核时,应当出具第八条第(一)款材料,并同时出具第(三)款或者第(四)款材料。

第十二条　本办法所称专家组应当由五人以上的单数组成,其中,必须包括一名法律专家,产品技术专家应当为非本单位并熟悉该产品的专家。

采购人代表不得作为专家组成员参与论证。

第十三条　参与论证的专家不得作为采购评审专家参与同一项目的采购评审工作。

第三章　采购管理

第十四条　政府采购进口产品应当以公开招标为主要方式。因特殊情况需要采用公开招标以外的采购方式的,按照政府采购有关规定执行。

第十五条　采购人及其委托的采购代理机构在采购进口产品的采购文件中应当载明优先采购向我国企业转让技术、与我国企业签订消化吸收再创新方案的供应商的进口产品。

第十六条　采购人因产品的一致性或者服务配套要求,需要继续从原供应商处添购原有采购项目的,不需要重新审核,但添购资金总额不超过原合同采购金额的10%。

第十七条　政府采购进口产品合同履行中,采购人确需追加与合同标的相同的产品,在不改变合同其他条款的前提下,且所有补充合同的采购金额不超过原合同采购金额的10%的,可以与供应商协商签订补充合同,不需要重新审核。

第十八条　政府采购进口产品合同应当将维护国家利益和社会公共利益作为必备条款。合同履行过程中出现危害国家利益和社会公共利益问题的,采购人应当立即终止合同。

第十九条　采购人或者其委托的采购代理机构应当依法加强对进口产品的验收工作,防止假冒伪劣产品。

第二十条　采购人申请支付进口产品采购资金时,应当出具政府采购进口产品相关材料和财政部门的审核文件。否则不予支付资金。

第四章　监督检查

第二十一条　采购人未获得财政部门采购进口产品核准,有下列情形之一的,责令限期改正,并给予警告,对直接负责的主管人员和其他直接责任人员,由其行政主管部门或者有关机关给予处分,并予通报:

(一)擅自采购进口产品的;

(二)出具不实申请材料的;

(三)违反本办法规定的其他情形。

第二十二条　采购代理机构在代理政府采购进口产品业务中有违法行为的,给予警告,可以按照有关法律规定并处罚款;情节严重的,可以依法取消其进行相关业务的资格;构成犯罪的,依法追究刑事责任。

第二十三条　供应商有下列情形之一的,处以采购金额5‰以上10‰以下的罚款,列入不良行为记录名单,在1~3年内禁止参加政府采购活动,有违法所得的,并处没收违法所得,情节严重的,由工商行政管理机关吊销营业执照;涉嫌犯罪的,移送司法机关处理:

(一)提供虚假材料谋取中标、成交的;

(二)采取不正当手段诋毁、排挤其他供应商的;

(三)与采购人、其他供应商或者采购代理机构恶意串通的;

(四)向采购人、采购代理机构行贿或者提供其他不正当利益的;

(五)在招标采购过程中与采购人进行协商谈判的;

(六)拒绝有关部门监督检查或者提供虚假情况的。

供应商有前款第(一)至(五)项情形之一的,中标、成交无效。

第二十四条　专家出具不实论证意见的,按照有关法律规定追究法律责任。

第五章　附　　则

第二十五条　采购人采购进口产品的,应当同时遵守国家其他有关法律法规的规定。涉及进口机电产品招标投标的,应当按照国际招标有关办法执行。

第二十六条　本办法未作出规定的,按照政府采购有关规定执行。

第二十七条　涉及国家安全和秘密的项目不适用本办法。

第二十八条　本办法自印发之日起施行。

附:1. 政府采购进口产品申请表

2. 政府采购进口产品所属行业主管部门意见

3. 政府采购进口产品专家论证意见

附 1

政府采购进口产品申请表

申请单位	—
申请文件名称	—
申请文号	—
采购项目名称	—
采购项目金额	—
采购项目所属项目名称	—
采购项目所属项目金额	—
项目使用单位	—
项目组织单位	—
申请理由	
	盖章
	____年____月____日

附 2

政府采购进口产品所属行业主管部门意见

一、基本情况

申请单位	—
拟采购产品名称	—
拟采购产品金额	—
采购项目所属项目名称	—
采购项目所属项目金额	—

二、申请理由

□1. 中国境内无法获取

□2. 无法以合理的商业条件获取

□3. 其他

原因阐述：

三、进口产品所属行业主管部门意见

盖章

____年____月____日

附 3

政府采购进口产品专家论证意见

一、基本情况	
申请单位	—
拟采购产品名称	—
拟采购产品金额	—
采购项目所属项目名称	—
采购项目所属项目金额	—
二、申请理由	
□1. 中国境内无法获取	
□2. 无法以合理的商业条件获取	
□3. 其他	
原因阐述：	
三、专家论证意见	
专家签字	
____年____月____日	

二、招标投标法律体系

（一）法律

中华人民共和国招标投标法

（1999年8月30日第九届全国人民代表大会常务委员会第十一次会议通过
根据2017年12月27日第十二届全国人民代表大会常务委员会第三十一次会议《关于修改〈中华人民共和国招标投标法〉、〈中华人民共和国计量法〉的决定》修正）

第一章　总　　则

第一条　为了规范招标投标活动，保护国家利益、社会公共利益和招标投标活动当事人的合法权益，提高经济效益，保证项目质量，制定本法。

第二条　在中华人民共和国境内进行招标投标活动，适用本法。

第三条　在中华人民共和国境内进行下列工程建设项目包括项目的勘察、设计、施工、监理以及与工程建设有关的重要设备、材料等的采购，必须进行招标：

（一）大型基础设施、公用事业等关系社会公共利益、公众安全的项目；

（二）全部或者部分使用国有资金投资或者国家融资的项目；

（三）使用国际组织或者外国政府贷款、援助资金的项目。

前款所列项目的具体范围和规模标准，由国务院发展计划部门会同国务院有关部门制订，报国务院批准。

法律或者国务院对必须进行招标的其他项目的范围有规定的，依照其规定。

第四条　任何单位和个人不得将依法必须进行招标的项目化整为零或者以其他任何方式规避招标。

第五条　招标投标活动应当遵循公开、公平、公正和诚实信用的原则。

第六条　依法必须进行招标的项目，其招标投标活动不受地区或者部门的限制。任何单位和个人不得违法限制或者排斥本地区、本系统以外的法人或者其他组织参加投标，不得以任何方式非法干涉招标投标活动。

第七条　招标投标活动及其当事人应当接受依法实施的监督。

有关行政监督部门依法对招标投标活动实施监督，依法查处招标投标活动中的违法行为。

对招标投标活动的行政监督及有关部门的具体职权划分，由国务院规定。

第二章　招　　标

第八条　招标人是依照本法规定提出招标项目、进行招标的法人或者其他组织。

第九条　招标项目按照国家有关规定需要履行项目审批手续的,应当先履行审批手续,取得批准。

招标人应当有进行招标项目的相应资金或者资金来源已经落实,并应当在招标文件中如实载明。

第十条　招标分为公开招标和邀请招标。

公开招标,是指招标人以招标公告的方式邀请不特定的法人或者其他组织投标。

邀请招标,是指招标人以投标邀请书的方式邀请特定的法人或者其他组织投标。

第十一条　国务院发展计划部门确定的国家重点项目和省、自治区、直辖市人民政府确定的地方重点项目不适宜公开招标的,经国务院发展计划部门或者省、自治区、直辖市人民政府批准,可以进行邀请招标。

第十二条　招标人有权自行选择招标代理机构,委托其办理招标事宜。任何单位和个人不得以任何方式为招标人指定招标代理机构。

招标人具有编制招标文件和组织评标能力的,可以自行办理招标事宜。任何单位和个人不得强制其委托招标代理机构办理招标事宜。

依法必须进行招标的项目,招标人自行办理招标事宜的,应当向有关行政监督部门备案。

第十三条　招标代理机构是依法设立、从事招标代理业务并提供相关服务的社会中介组织。

招标代理机构应当具备下列条件:

(一)有从事招标代理业务的营业场所和相应资金;

(二)有能够编制招标文件和组织评标的相应专业力量。

第十四条　招标代理机构与行政机关和其他国家机关不得存在隶属关系或者其他利益关系。

第十五条　招标代理机构应当在招标人委托的范围内办理招标事宜,并遵守本法关于招标人的规定。

第十六条　招标人采用公开招标方式的,应当发布招标公告。依法必须进行招标的项目的招标公告,应当通过国家指定的报刊、信息网络或者其他媒介发布。

招标公告应当载明招标人的名称和地址、招标项目的性质、数量、实施地点和时间以及获取招标文件的办法等事项。

第十七条　招标人采用邀请招标方式的,应当向三个以上具备承担招标项目的能力、资信良好的特定的法人或者其他组织发出投标邀请书。

投标邀请书应当载明本法第十六条第二款规定的事项。

第十八条　招标人可以根据招标项目本身的要求,在招标公告或者投标邀请书中,要求潜在投标人提供有关资质证明文件和业绩情况,并对潜在投标人进行资格审查;国家对投标人的资格条件有规定的,依照其规定。

招标人不得以不合理的条件限制或者排斥潜在投标人,不得对潜在投标人实行歧视待遇。

第十九条　招标人应当根据招标项目的特点和需要编制招标文件。招标文件应当包括招标项目的技术要求、对投标人资格审查的标准、投标报价要求和评标标准等所有实质性要求和条件以及拟签订合同的主要条款。

国家对招标项目的技术、标准有规定的，招标人应当按照其规定在招标文件中提出相应要求。

招标项目需要划分标段、确定工期的，招标人应当合理划分标段、确定工期，并在招标文件中载明。

第二十条　招标文件不得要求或者标明特定的生产供应者以及含有倾向或者排斥潜在投标人的其他内容。

第二十一条　招标人根据招标项目的具体情况，可以组织潜在投标人踏勘项目现场。

第二十二条　招标人不得向他人透露已获取招标文件的潜在投标人的名称、数量以及可能影响公平竞争的有关招标投标的其他情况。

招标人设有标底的，标底必须保密。

第二十三条　招标人对已发出的招标文件进行必要的澄清或者修改的，应当在招标文件要求提交投标文件截止时间至少十五日前，以书面形式通知所有招标文件收受人。该澄清或者修改的内容为招标文件的组成部分。

第二十四条　招标人应当确定投标人编制投标文件所需要的合理时间；但是，依法必须进行招标的项目，自招标文件开始发出之日起至投标人提交投标文件截止之日止，最短不得少于二十日。

第三章　投　　标

第二十五条　投标人是响应招标、参加投标竞争的法人或者其他组织。

依法招标的科研项目允许个人参加投标的，投标的个人适用本法有关投标人的规定。

第二十六条　投标人应当具备承担招标项目的能力；国家有关规定对投标人资格条件或者招标文件对投标人资格条件有规定的，投标人应当具备规定的资格条件。

第二十七条　投标人应当按照招标文件的要求编制投标文件。投标文件应当对招标文件提出的实质性要求和条件作出响应。

招标项目属于建设施工的，投标文件的内容应当包括拟派出的项目负责人与主要技术人员的简历、业绩和拟用于完成招标项目的机械设备等。

第二十八条　投标人应当在招标文件要求提交投标文件的截止时间前，将投标文件送达投标地点。招标人收到投标文件后，应当签收保存，不得开启。投标人少于三个的，招标人应当依照本法重新招标。

在招标文件要求提交投标文件的截止时间后送达的投标文件，招标人应当拒收。

第二十九条　投标人在招标文件要求提交投标文件的截止时间前，可以补充、修改或者撤回已提交的投标文件，并书面通知招标人。补充、修改的内容为投标文件的组成部分。

第三十条　投标人根据招标文件载明的项目实际情况，拟在中标后将中标项目的部分非主体、非关键性工作进行分包的，应当在投标文件中载明。

第三十一条　两个以上法人或者其他组织可以组成一个联合体，以一个投标人的身份共同投标。

联合体各方均应当具备承担招标项目的相应能力；国家有关规定或者招标文件对投标

人资格条件有规定的，联合体各方均应当具备规定的相应资格条件。由同一专业的单位组成的联合体，按照资质等级较低的单位确定资质等级。

联合体各方应当签订共同投标协议，明确约定各方拟承担的工作和责任，并将共同投标协议连同投标文件一并提交招标人。联合体中标的，联合体各方应当共同与招标人签订合同，就中标项目向招标人承担连带责任。

招标人不得强制投标人组成联合体共同投标，不得限制投标人之间的竞争。

第三十二条　投标人不得相互串通投标报价，不得排挤其他投标人的公平竞争，损害招标人或者其他投标人的合法权益。

投标人不得与招标人串通投标，损害国家利益、社会公共利益或者他人的合法权益。

禁止投标人以向招标人或者评标委员会成员行贿的手段谋取中标。

第三十三条　投标人不得以低于成本的报价竞标，也不得以他人名义投标或者以其他方式弄虚作假，骗取中标。

第四章　开标、评标和中标

第三十四条　开标应当在招标文件确定的提交投标文件截止时间的同一时间公开进行；开标地点应当为招标文件中预先确定的地点。

第三十五条　开标由招标人主持，邀请所有投标人参加。

第三十六条　开标时，由投标人或者其推选的代表检查投标文件的密封情况，也可以由招标人委托的公证机构检查并公证；经确认无误后，由工作人员当众拆封，宣读投标人名称、投标价格和投标文件的其他主要内容。

招标人在招标文件要求提交投标文件的截止时间前收到的所有投标文件，开标时都应当当众予以拆封、宣读。

开标过程应当记录，并存档备查。

第三十七条　评标由招标人依法组建的评标委员会负责。

依法必须进行招标的项目，其评标委员会由招标人的代表和有关技术、经济等方面的专家组成，成员人数为五人以上单数，其中技术、经济等方面的专家不得少于成员总数的三分之二。

前款专家应当从事相关领域工作满八年并具有高级职称或者具有同等专业水平，由招标人从国务院有关部门或者省、自治区、直辖市人民政府有关部门提供的专家名册或者招标代理机构的专家库内的相关专业的专家名单中确定；一般招标项目可以采取随机抽取方式，特殊招标项目可以由招标人直接确定。

与投标人有利害关系的人不得进入相关项目的评标委员会；已经进入的应当更换。

评标委员会成员的名单在中标结果确定前应当保密。

第三十八条　招标人应当采取必要的措施，保证评标在严格保密的情况下进行。

任何单位和个人不得非法干预、影响评标的过程和结果。

第三十九条　评标委员会可以要求投标人对投标文件中含义不明确的内容作必要的澄清或者说明，但是澄清或者说明不得超出投标文件的范围或者改变投标文件的实质性内容。

第四十条　评标委员会应当按照招标文件确定的评标标准和方法,对投标文件进行评审和比较;设有标底的,应当参考标底。评标委员会完成评标后,应当向招标人提出书面评标报告,并推荐合格的中标候选人。

招标人根据评标委员会提出的书面评标报告和推荐的中标候选人确定中标人。招标人也可以授权评标委员会直接确定中标人。

国务院对特定招标项目的评标有特别规定的,从其规定。

第四十一条　中标人的投标应当符合下列条件之一:

(一)能够最大限度地满足招标文件中规定的各项综合评价标准;

(二)能够满足招标文件的实质性要求,并且经评审的投标价格最低;但是投标价格低于成本的除外。

第四十二条　评标委员会经评审,认为所有投标都不符合招标文件要求的,可以否决所有投标。

依法必须进行招标的项目的所有投标被否决的,招标人应当依照本法重新招标。

第四十三条　在确定中标人前,招标人不得与投标人就投标价格、投标方案等实质性内容进行谈判。

第四十四条　评标委员会成员应当客观、公正地履行职务,遵守职业道德,对所提出的评审意见承担个人责任。

评标委员会成员不得私下接触投标人,不得收受投标人的财物或者其他好处。

评标委员会成员和参与评标的有关工作人员不得透露对投标文件的评审和比较、中标候选人的推荐情况以及与评标有关的其他情况。

第四十五条　中标人确定后,招标人应当向中标人发出中标通知书,并同时将中标结果通知所有未中标的投标人。

中标通知书对招标人和中标人具有法律效力。中标通知书发出后,招标人改变中标结果的,或者中标人放弃中标项目的,应当依法承担法律责任。

第四十六条　招标人和中标人应当自中标通知书发出之日起三十日内,按照招标文件和中标人的投标文件订立书面合同。招标人和中标人不得再行订立背离合同实质性内容的其他协议。

招标文件要求中标人提交履约保证金的,中标人应当提交。

第四十七条　依法必须进行招标的项目,招标人应当自确定中标人之日起十五日内,向有关行政监督部门提交招标投标情况的书面报告。

第四十八条　中标人应当按照合同约定履行义务,完成中标项目。中标人不得向他人转让中标项目,也不得将中标项目肢解后分别向他人转让。

中标人按照合同约定或者经招标人同意,可以将中标项目的部分非主体、非关键性工作分包给他人完成。接受分包的人应当具备相应的资格条件,并不得再次分包。

中标人应当就分包项目向招标人负责,接受分包的人就分包项目承担连带责任。

第五章　法律责任

第四十九条　违反本法规定,必须进行招标的项目而不招标的,将必须进行招标的项目化整为零或者以其他任何方式规避招标的，责令限期改正，可以处项目合同金额千分之五以上千分之十以下的罚款；对全部或者部分使用国有资金的项目，可以暂停项目执行或者暂停资金拨付；对单位直接负责的主管人员和其他直接责任人员依法给予处分。

第五十条　招标代理机构违反本法规定，泄露应当保密的与招标投标活动有关的情况和资料的，或者与招标人、投标人串通损害国家利益、社会公共利益或者他人合法权益的，处五万元以上二十五万元以下的罚款；对单位直接负责的主管人员和其他直接责任人员处单位罚款数额百分之五以上百分之十以下的罚款；有违法所得的，并处没收违法所得；情节严重的，禁止其一年至二年内代理依法必须进行招标的项目并予以公告，直至由工商行政管理机关吊销营业执照；构成犯罪的，依法追究刑事责任。给他人造成损失的，依法承担赔偿责任。

前款所列行为影响中标结果的，中标无效。

第五十一条　招标人以不合理的条件限制或者排斥潜在投标人的，对潜在投标人实行歧视待遇的，强制要求投标人组成联合体共同投标的，或者限制投标人之间竞争的，责令改正，可以处一万元以上五万元以下的罚款。

第五十二条　依法必须进行招标的项目的招标人向他人透露已获取招标文件的潜在投标人的名称、数量或者可能影响公平竞争的有关招标投标的其他情况的，或者泄露标底的，给予警告，可以并处一万元以上十万元以下的罚款；对单位直接负责的主管人员和其他直接责任人员依法给予处分；构成犯罪的，依法追究刑事责任。

前款所列行为影响中标结果的，中标无效。

第五十三条　投标人相互串通投标或者与招标人串通投标的，投标人以向招标人或者评标委员会成员行贿的手段谋取中标的，中标无效，处中标项目金额千分之五以上千分之十以下的罚款，对单位直接负责的主管人员和其他直接责任人员处单位罚款数额百分之五以上百分之十以下的罚款；有违法所得的，并处没收违法所得；情节严重的，取消其一年至二年内参加依法必须进行招标的项目的投标资格并予以公告，直至由工商行政管理机关吊销营业执照；构成犯罪的，依法追究刑事责任。给他人造成损失的，依法承担赔偿责任。

第五十四条　投标人以他人名义投标或者以其他方式弄虚作假，骗取中标的，中标无效，给招标人造成损失的，依法承担赔偿责任；构成犯罪的，依法追究刑事责任。

依法必须进行招标的项目的投标人有前款所列行为尚未构成犯罪的，处中标项目金额千分之五以上千分之十以下的罚款，对单位直接负责的主管人员和其他直接责任人员处单位罚款数额百分之五以上百分之十以下的罚款；有违法所得的，并处没收违法所得；情节严重的，取消其一年至三年内参加依法必须进行招标的项目的投标资格并予以公告，直至由工商行政管理机关吊销营业执照。

第五十五条　依法必须进行招标的项目，招标人违反本法规定，与投标人就投标价格、投标方案等实质性内容进行谈判的，给予警告，对单位直接负责的主管人员和其他直接责任人员依法给予处分。

前款所列行为影响中标结果的，中标无效。

第五十六条　评标委员会成员收受投标人的财物或者其他好处的，评标委员会成员或者参加评标的有关工作人员向他人透露对投标文件的评审和比较、中标候选人的推荐以及与评标有关的其他情况的，给予警告，没收收受的财物，可以并处三千元以上五万元以下的罚款,对有所列违法行为的评标委员会成员取消担任评标委员会成员的资格,不得再参加任何依法必须进行招标的项目的评标;构成犯罪的,依法追究刑事责任。

第五十七条 招标人在评标委员会依法推荐的中标候选人以外确定中标人的,依法必须进行招标的项目在所有投标被评标委员会否决后自行确定中标人的,中标无效,责令改正,可以处中标项目金额千分之五以上千分之十以下的罚款;对单位直接负责的主管人员和其他直接责任人员依法给予处分。

第五十八条 中标人将中标项目转让给他人的,将中标项目肢解后分别转让给他人的,违反本法规定将中标项目的部分主体、关键性工作分包给他人的,或者分包人再次分包的,转让、分包无效,处转让、分包项目金额千分之五以上千分之十以下的罚款;有违法所得的,并处没收违法所得;可以责令停业整顿;情节严重的,由工商行政管理机关吊销营业执照。

第五十九条 招标人与中标人不按照招标文件和中标人的投标文件订立合同的,或者招标人、中标人订立背离合同实质性内容的协议的,责令改正;可以处中标项目金额千分之五以上千分之十以下的罚款。

第六十条 中标人不履行与招标人订立的合同的,履约保证金不予退还,给招标人造成的损失超过履约保证金数额的,还应当对超过部分予以赔偿;没有提交履约保证金的,应当对招标人的损失承担赔偿责任。

中标人不按照与招标人订立的合同履行义务,情节严重的,取消其二年至五年内参加依法必须进行招标的项目的投标资格并予以公告,直至由工商行政管理机关吊销营业执照。

因不可抗力不能履行合同的,不适用前两款规定。

第六十一条 本章规定的行政处罚,由国务院规定的有关行政监督部门决定。本法已对实施行政处罚的机关作出规定的除外。

第六十二条 任何单位违反本法规定,限制或者排斥本地区、本系统以外的法人或者其他组织参加投标的,为招标人指定招标代理机构的,强制招标人委托招标代理机构办理招标事宜的,或者以其他方式干涉招标投标活动的,责令改正;对单位直接负责的主管人员和其他直接责任人员依法给予警告、记过、记大过的处分,情节较重的,依法给予降级、撤职、开除的处分。

个人利用职权进行前款违法行为的,依照前款规定追究责任。

第六十三条 对招标投标活动依法负有行政监督职责的国家机关工作人员徇私舞弊、滥用职权或者玩忽职守,构成犯罪的,依法追究刑事责任;不构成犯罪的,依法给予行政处分。

第六十四条 依法必须进行招标的项目违反本法规定,中标无效的,应当依照本法规定的中标条件从其余投标人中重新确定中标人或者依照本法重新进行招标。

第六章 附 则

第六十五条 投标人和其他利害关系人认为招标投标活动不符合本法有关规定的,有权向招标人提出异议或者依法向有关行政监督部门投诉。

第六十六条　涉及国家安全、国家秘密、抢险救灾或者属于利用扶贫资金实行以工代赈、需要使用农民工等特殊情况，不适宜进行招标的项目，按照国家有关规定可以不进行招标。

第六十七条　使用国际组织或者外国政府贷款、援助资金的项目进行招标，贷款方、资金提供方对招标投标的具体条件和程序有不同规定的，可以适用其规定，但违背中华人民共和国的社会公共利益的除外。

第六十八条　本法自 2000 年 1 月 1 日起施行。

(二)行政法规

中华人民共和国招标投标法实施条例

(2011年12月20日中华人民共和国国务院令第613号公布
根据2017年3月1日《国务院关于修改和废止部分行政法规的决定》第一次修订
根据2018年3月19日《国务院关于修改和废止部分行政法规的决定》第二次修订
根据2019年3月2日《国务院关于修改部分行政法规的决定》第三次修订)

第一章 总 则

第一条 为了规范招标投标活动,根据《中华人民共和国招标投标法》(以下简称招标投标法),制定本条例。

第二条 招标投标法第三条所称工程建设项目,是指工程以及与工程建设有关的货物、服务。

前款所称工程,是指建设工程,包括建筑物和构筑物的新建、改建、扩建及其相关的装修、拆除、修缮等;所称与工程建设有关的货物,是指构成工程不可分割的组成部分,且为实现工程基本功能所必需的设备、材料等;所称与工程建设有关的服务,是指为完成工程所需的勘察、设计、监理等服务。

第三条 依法必须进行招标的工程建设项目的具体范围和规模标准,由国务院发展改革部门会同国务院有关部门制订,报国务院批准后公布施行。

第四条 国务院发展改革部门指导和协调全国招标投标工作,对国家重大建设项目的工程招标投标活动实施监督检查。国务院工业和信息化、住房城乡建设、交通运输、铁道、水利、商务等部门,按照规定的职责分工对有关招标投标活动实施监督。

县级以上地方人民政府发展改革部门指导和协调本行政区域的招标投标工作。县级以上地方人民政府有关部门按照规定的职责分工,对招标投标活动实施监督,依法查处招标投标活动中的违法行为。县级以上地方人民政府对其所属部门有关招标投标活动的监督职责分工另有规定的,从其规定。

财政部门依法对实行招标投标的政府采购工程建设项目的政府采购政策执行情况实施监督。

监察机关依法对与招标投标活动有关的监察对象实施监察。

第五条 设区的市级以上地方人民政府可以根据实际需要,建立统一规范的招标投标交易场所,为招标投标活动提供服务。招标投标交易场所不得与行政监督部门存在隶属关系,不得以营利为目的。

国家鼓励利用信息网络进行电子招标投标。

第六条 禁止国家工作人员以任何方式非法干涉招标投标活动。

第二章　招　　标

第七条　按照国家有关规定需要履行项目审批、核准手续的依法必须进行招标的项目，其招标范围、招标方式、招标组织形式应当报项目审批、核准部门审批、核准。项目审批、核准部门应当及时将审批、核准确定的招标范围、招标方式、招标组织形式通报有关行政监督部门。

第八条　国有资金占控股或者主导地位的依法必须进行招标的项目，应当公开招标；但有下列情形之一的，可以邀请招标：

（一）技术复杂、有特殊要求或者受自然环境限制，只有少量潜在投标人可供选择；

（二）采用公开招标方式的费用占项目合同金额的比例过大。

有前款第二项所列情形，属于本条例第七条规定的项目，由项目审批、核准部门在审批、核准项目时作出认定；其他项目由招标人申请有关行政监督部门作出认定。

第九条　除招标投标法第六十六条规定的可以不进行招标的特殊情况外，有下列情形之一的，可以不进行招标：

（一）需要采用不可替代的专利或者专有技术；

（二）采购人依法能够自行建设、生产或者提供；

（三）已通过招标方式选定的特许经营项目投资人依法能够自行建设、生产或者提供；

（四）需要向原中标人采购工程、货物或者服务，否则将影响施工或者功能配套要求；

（五）国家规定的其他特殊情形。

招标人为适用前款规定弄虚作假的，属于招标投标法第四条规定的规避招标。

第十条　招标投标法第十二条第二款规定的招标人具有编制招标文件和组织评标能力，是指招标人具有与招标项目规模和复杂程度相适应的技术、经济等方面的专业人员。

第十一条　国务院住房城乡建设、商务、发展改革、工业和信息化等部门，按照规定的职责分工对招标代理机构依法实施监督管理。

第十二条　招标代理机构应当拥有一定数量的具备编制招标文件、组织评标等相应能力的专业人员。

第十三条　招标代理机构在招标人委托的范围内开展招标代理业务，任何单位和个人不得非法干涉。

招标代理机构代理招标业务，应当遵守招标投标法和本条例关于招标人的规定。招标代理机构不得在所代理的招标项目中投标或者代理投标，也不得为所代理的招标项目的投标人提供咨询。

第十四条　招标人应当与被委托的招标代理机构签订书面委托合同，合同约定的收费标准应当符合国家有关规定。

第十五条　公开招标的项目，应当依照招标投标法和本条例的规定发布招标公告、编制招标文件。

招标人采用资格预审办法对潜在投标人进行资格审查的，应当发布资格预审公告、编制资格预审文件。

依法必须进行招标的项目的资格预审公告和招标公告，应当在国务院发展改革部门依法指定的媒介发布。在不同媒介发布的同一招标项目的资格预审公告或者招标公告的内容应当一致。指定媒介发布依法必须进行招标的项目的境内资格预审公告、招标公告，不得收取费用。

编制依法必须进行招标的项目的资格预审文件和招标文件，应当使用国务院发展改革部门会同有关行政监督部门制定的标准文本。

第十六条　招标人应当按照资格预审公告、招标公告或者投标邀请书规定的时间、地点发售资格预审文件或者招标文件。资格预审文件或者招标文件的发售期不得少于5日。

招标人发售资格预审文件、招标文件收取的费用应当限于补偿印刷、邮寄的成本支出，不得以营利为目的。

第十七条　招标人应当合理确定提交资格预审申请文件的时间。依法必须进行招标的项目提交资格预审申请文件的时间，自资格预审文件停止发售之日起不得少于5日。

第十八条　资格预审应当按照资格预审文件载明的标准和方法进行。

国有资金占控股或者主导地位的依法必须进行招标的项目，招标人应当组建资格审查委员会审查资格预审申请文件。资格审查委员会及其成员应当遵守招标投标法和本条例有关评标委员会及其成员的规定。

第十九条　资格预审结束后，招标人应当及时向资格预审申请人发出资格预审结果通知书。未通过资格预审的申请人不具有投标资格。

通过资格预审的申请人少于3个的，应当重新招标。

第二十条　招标人采用资格后审办法对投标人进行资格审查的，应当在开标后由评标委员会按照招标文件规定的标准和方法对投标人的资格进行审查。

第二十一条　招标人可以对已发出的资格预审文件或者招标文件进行必要的澄清或者修改。澄清或者修改的内容可能影响资格预审申请文件或者投标文件编制的，招标人应当在提交资格预审申请文件截止时间至少3日前，或者投标截止时间至少15日前，以书面形式通知所有获取资格预审文件或者招标文件的潜在投标人；不足3日或者15日的，招标人应当顺延提交资格预审申请文件或者投标文件的截止时间。

第二十二条　潜在投标人或者其他利害关系人对资格预审文件有异议的，应当在提交资格预审申请文件截止时间2日前提出；对招标文件有异议的，应当在投标截止时间10日前提出。招标人应当自收到异议之日起3日内作出答复；作出答复前，应当暂停招标投标活动。

第二十三条　招标人编制的资格预审文件、招标文件的内容违反法律、行政法规的强制性规定，违反公开、公平、公正和诚实信用原则，影响资格预审结果或者潜在投标人投标的，依法必须进行招标的项目的招标人应当在修改资格预审文件或者招标文件后重新招标。

第二十四条　招标人对招标项目划分标段的，应当遵守招标投标法的有关规定，不得利用划分标段限制或者排斥潜在投标人。依法必须进行招标的项目的招标人不得利用划分标段规避招标。

第二十五条　招标人应当在招标文件中载明投标有效期。投标有效期从提交投标文件的截止之日起算。

第二十六条　招标人在招标文件中要求投标人提交投标保证金的，投标保证金不得超过招标项目估算价的2%。投标保证金有效期应当与投标有效期一致。

依法必须进行招标的项目的境内投标单位,以现金或者支票形式提交的投标保证金应当从其基本账户转出。

招标人不得挪用投标保证金。

第二十七条　招标人可以自行决定是否编制标底。一个招标项目只能有一个标底。标底必须保密。

接受委托编制标底的中介机构不得参加受托编制标底项目的投标,也不得为该项目的投标人编制投标文件或者提供咨询。

招标人设有最高投标限价的,应当在招标文件中明确最高投标限价或者最高投标限价的计算方法。招标人不得规定最低投标限价。

第二十八条　招标人不得组织单个或者部分潜在投标人踏勘项目现场。

第二十九条　招标人可以依法对工程以及与工程建设有关的货物、服务全部或者部分实行总承包招标。以暂估价形式包括在总承包范围内的工程、货物、服务属于依法必须进行招标的项目范围且达到国家规定规模标准的,应当依法进行招标。

前款所称暂估价,是指总承包招标时不能确定价格而由招标人在招标文件中暂时估定的工程、货物、服务的金额。

第三十条　对技术复杂或者无法精确拟定技术规格的项目,招标人可以分两阶段进行招标。

第一阶段,投标人按照招标公告或者投标邀请书的要求提交不带报价的技术建议,招标人根据投标人提交的技术建议确定技术标准和要求,编制招标文件。

第二阶段,招标人向在第一阶段提交技术建议的投标人提供招标文件,投标人按照招标文件的要求提交包括最终技术方案和投标报价的投标文件。

招标人要求投标人提交投标保证金的,应当在第二阶段提出。

第三十一条　招标人终止招标的,应当及时发布公告,或者以书面形式通知被邀请的或者已经获取资格预审文件、招标文件的潜在投标人。已经发售资格预审文件、招标文件或者已经收取投标保证金的,招标人应当及时退还所收取的资格预审文件、招标文件的费用,以及所收取的投标保证金及银行同期存款利息。

第三十二条　招标人不得以不合理的条件限制、排斥潜在投标人或者投标人。

招标人有下列行为之一的,属于以不合理条件限制、排斥潜在投标人或者投标人:

(一)就同一招标项目向潜在投标人或者投标人提供有差别的项目信息;

(二)设定的资格、技术、商务条件与招标项目的具体特点和实际需要不相适应或者与合同履行无关;

(三)依法必须进行招标的项目以特定行政区域或者特定行业的业绩、奖项作为加分条件或者中标条件;

(四)对潜在投标人或者投标人采取不同的资格审查或者评标标准;

(五)限定或者指定特定的专利、商标、品牌、原产地或者供应商;

(六)依法必须进行招标的项目非法限定潜在投标人或者投标人的所有制形式或者组织形式;

(七)以其他不合理条件限制、排斥潜在投标人或者投标人。

第三章　投　　标

第三十三条　投标人参加依法必须进行招标的项目的投标，不受地区或者部门的限制，任何单位和个人不得非法干涉。

第三十四条　与招标人存在利害关系可能影响招标公正性的法人、其他组织或者个人，不得参加投标。

单位负责人为同一人或者存在控股、管理关系的不同单位，不得参加同一标段投标或者未划分标段的同一招标项目投标。

违反前两款规定的，相关投标均无效。

第三十五条　投标人撤回已提交的投标文件，应当在投标截止时间前书面通知招标人。招标人已收取投标保证金的，应当自收到投标人书面撤回通知之日起5日内退还。

投标截止后投标人撤销投标文件的，招标人可以不退还投标保证金。

第三十六条　未通过资格预审的申请人提交的投标文件，以及逾期送达或者不按照招标文件要求密封的投标文件，招标人应当拒收。

招标人应当如实记载投标文件的送达时间和密封情况，并存档备查。

第三十七条　招标人应当在资格预审公告、招标公告或者投标邀请书中载明是否接受联合体投标。

招标人接受联合体投标并进行资格预审的，联合体应当在提交资格预审申请文件前组成。资格预审后联合体增减、更换成员的，其投标无效。

联合体各方在同一招标项目中以自己名义单独投标或者参加其他联合体投标的，相关投标均无效。

第三十八条　投标人发生合并、分立、破产等重大变化的，应当及时书面告知招标人。投标人不再具备资格预审文件、招标文件规定的资格条件或者其投标影响招标公正性的，其投标无效。

第三十九条　禁止投标人相互串通投标。

有下列情形之一的，属于投标人相互串通投标：

（一）投标人之间协商投标报价等投标文件的实质性内容；

（二）投标人之间约定中标人；

（三）投标人之间约定部分投标人放弃投标或者中标；

（四）属于同一集团、协会、商会等组织成员的投标人按照该组织要求协同投标；

（五）投标人之间为谋取中标或者排斥特定投标人而采取的其他联合行动。

第四十条　有下列情形之一的，视为投标人相互串通投标：

（一）不同投标人的投标文件由同一单位或者个人编制；

（二）不同投标人委托同一单位或者个人办理投标事宜；

（三）不同投标人的投标文件载明的项目管理成员为同一人；

（四）不同投标人的投标文件异常一致或者投标报价呈规律性差异；

（五）不同投标人的投标文件相互混装；

（六）不同投标人的投标保证金从同一单位或者个人的账户转出。

第四十一条　禁止招标人与投标人串通投标。

有下列情形之一的，属于招标人与投标人串通投标：

（一）招标人在开标前开启投标文件并将有关信息泄露给其他投标人；

（二）招标人直接或者间接向投标人泄露标底、评标委员会成员等信息；

（三）招标人明示或者暗示投标人压低或者抬高投标报价；

（四）招标人授意投标人撤换、修改投标文件；

（五）招标人明示或者暗示投标人为特定投标人中标提供方便；

（六）招标人与投标人为谋求特定投标人中标而采取的其他串通行为。

第四十二条　使用通过受让或者租借等方式获取的资格、资质证书投标的，属于招标投标法第三十三条规定的以他人名义投标。

投标人有下列情形之一的，属于招标投标法第三十三条规定的以其他方式弄虚作假的行为：

（一）使用伪造、变造的许可证件；

（二）提供虚假的财务状况或者业绩；

（三）提供虚假的项目负责人或者主要技术人员简历、劳动关系证明；

（四）提供虚假的信用状况；

（五）其他弄虚作假的行为。

第四十三条　提交资格预审申请文件的申请人应当遵守招标投标法和本条例有关投标人的规定。

第四章　开标、评标和中标

第四十四条　招标人应当按照招标文件规定的时间、地点开标。

投标人少于3个的，不得开标；招标人应当重新招标。

投标人对开标有异议的，应当在开标现场提出，招标人应当当场作出答复，并制作记录。

第四十五条　国家实行统一的评标专家专业分类标准和管理办法。具体标准和办法由国务院发展改革部门会同国务院有关部门制定。

省级人民政府和国务院有关部门应当组建综合评标专家库。

第四十六条　除招标投标法第三十七条第三款规定的特殊招标项目外，依法必须进行招标的项目，其评标委员会的专家成员应当从评标专家库内相关专业的专家名单中以随机抽取方式确定。任何单位和个人不得以明示、暗示等任何方式指定或者变相指定参加评标委员会的专家成员。

依法必须进行招标的项目的招标人非因招标投标法和本条例规定的事由，不得更换依法确定的评标委员会成员。更换评标委员会的专家成员应当依照前款规定进行。

评标委员会成员与投标人有利害关系的，应当主动回避。

有关行政监督部门应当按照规定的职责分工，对评标委员会成员的确定方式、评标专家的抽取和评标活动进行监督。行政监督部门的工作人员不得担任本部门负责监督项目的评标委员会成员。

第四十七条　招标投标法第三十七条第三款所称特殊招标项目，是指技术复杂、专业性强或者国家有特殊要求，采取随机抽取方式确定的专家难以保证胜任评标工作的项目。

第四十八条　招标人应当向评标委员会提供评标所必需的信息，但不得明示或者暗示其倾向或者排斥特定投标人。

招标人应当根据项目规模和技术复杂程度等因素合理确定评标时间。超过三分之一的评标委员会成员认为评标时间不够的，招标人应当适当延长。

评标过程中，评标委员会成员有回避事由、擅离职守或者因健康等原因不能继续评标的，应当及时更换。被更换的评标委员会成员作出的评审结论无效，由更换后的评标委员会成员重新进行评审。

第四十九条　评标委员会成员应当依照招标投标法和本条例的规定，按照招标文件规定的评标标准和方法，客观、公正地对投标文件提出评审意见。招标文件没有规定的评标标准和方法不得作为评标的依据。

评标委员会成员不得私下接触投标人，不得收受投标人给予的财物或者其他好处，不得向招标人征询确定中标人的意向，不得接受任何单位或者个人明示或者暗示提出的倾向或者排斥特定投标人的要求，不得有其他不客观、不公正履行职务的行为。

第五十条　招标项目设有标底的，招标人应当在开标时公布。标底只能作为评标的参考，不得以投标报价是否接近标底作为中标条件，也不得以投标报价超过标底上下浮动范围作为否决投标的条件。

第五十一条　有下列情形之一的，评标委员会应当否决其投标：

(一)投标文件未经投标单位盖章和单位负责人签字；

(二)投标联合体没有提交共同投标协议；

(三)投标人不符合国家或者招标文件规定的资格条件；

(四)同一投标人提交两个以上不同的投标文件或者投标报价，但招标文件要求提交备选投标的除外；

(五)投标报价低于成本或者高于招标文件设定的最高投标限价；

(六)投标文件没有对招标文件的实质性要求和条件作出响应；

(七)投标人有串通投标、弄虚作假、行贿等违法行为。

第五十二条　投标文件中有含义不明确的内容、明显文字或者计算错误，评标委员会认为需要投标人作出必要澄清、说明的，应当书面通知该投标人。投标人的澄清、说明应当采用书面形式，并不得超出投标文件的范围或者改变投标文件的实质性内容。

评标委员会不得暗示或者诱导投标人作出澄清、说明，不得接受投标人主动提出的澄清、说明。

第五十三条　评标完成后，评标委员会应当向招标人提交书面评标报告和中标候选人名单。中标候选人应当不超过 3 个，并标明排序。

评标报告应当由评标委员会全体成员签字。对评标结果有不同意见的评标委员会成员应当以书面形式说明其不同意见和理由，评标报告应当注明该不同意见。评标委员会成员拒绝在评标报告上签字又不书面说明其不同意见和理由的，视为同意评标结果。

第五十四条　依法必须进行招标的项目，招标人应当自收到评标报告之日起 3 日内公示中标候选人，公示期不得少于 3 日。

投标人或者其他利害关系人对依法必须进行招标的项目的评标结果有异议的，应当在中标候选人公示期间提出。招标人应当自收到异议之日起3日内作出答复；作出答复前，应当暂停招标投标活动。

第五十五条　国有资金占控股或者主导地位的依法必须进行招标的项目，招标人应当确定排名第一的中标候选人为中标人。排名第一的中标候选人放弃中标、因不可抗力不能履行合同、不按照招标文件要求提交履约保证金，或者被查实存在影响中标结果的违法行为等情形，不符合中标条件的，招标人可以按照评标委员会提出的中标候选人名单排序依次确定其他中标候选人为中标人，也可以重新招标。

第五十六条　中标候选人的经营、财务状况发生较大变化或者存在违法行为，招标人认为可能影响其履约能力的，应当在发出中标通知书前由原评标委员会按照招标文件规定的标准和方法审查确认。

第五十七条　招标人和中标人应当依照招标投标法和本条例的规定签订书面合同，合同的标的、价款、质量、履行期限等主要条款应当与招标文件和中标人的投标文件的内容一致。招标人和中标人不得再行订立背离合同实质性内容的其他协议。

招标人最迟应当在书面合同签订后5日内向中标人和未中标的投标人退还投标保证金及银行同期存款利息。

第五十八条　招标文件要求中标人提交履约保证金的，中标人应当按照招标文件的要求提交。履约保证金不得超过中标合同金额的10%。

第五十九条　中标人应当按照合同约定履行义务，完成中标项目。中标人不得向他人转让中标项目，也不得将中标项目肢解后分别向他人转让。

中标人按照合同约定或者经招标人同意，可以将中标项目的部分非主体、非关键性工作分包给他人完成。接受分包的人应当具备相应的资格条件，并不得再次分包。

中标人应当就分包项目向招标人负责，接受分包的人就分包项目承担连带责任。

第五章　投诉与处理

第六十条　投标人或者其他利害关系人认为招标投标活动不符合法律、行政法规规定的，可以自知道或者应当知道之日起10日内向有关行政监督部门投诉。投诉应当有明确的请求和必要的证明材料。

就本条例第二十二条、第四十四条、第五十四条规定事项投诉的，应当先向招标人提出异议，异议答复期间不计算在前款规定的期限内。

第六十一条　投诉人就同一事项向两个以上有权受理的行政监督部门投诉的，由最先收到投诉的行政监督部门负责处理。

行政监督部门应当自收到投诉之日起3个工作日内决定是否受理投诉，并自受理投诉之日起30个工作日内作出书面处理决定；需要检验、检测、鉴定、专家评审的，所需时间不计算在内。

投诉人捏造事实、伪造材料或者以非法手段取得证明材料进行投诉的，行政监督部门应当予以驳回。

第六十二条　行政监督部门处理投诉，有权查阅、复制有关文件、资料，调查有关情况，相关单位和人员应当予以配合。必要时,行政监督部门可以责令暂停招标投标活动。

行政监督部门的工作人员对监督检查过程中知悉的国家秘密、商业秘密,应当依法予以保密。

第六章 法律责任

第六十三条 招标人有下列限制或者排斥潜在投标人行为之一的,由有关行政监督部门依照招标投标法第五十一条的规定处罚:

(一)依法应当公开招标的项目不按照规定在指定媒介发布资格预审公告或者招标公告;

(二)在不同媒介发布的同一招标项目的资格预审公告或者招标公告的内容不一致,影响潜在投标人申请资格预审或者投标。

依法必须进行招标的项目的招标人不按照规定发布资格预审公告或者招标公告,构成规避招标的,依照招标投标法第四十九条的规定处罚。

第六十四条 招标人有下列情形之一的,由有关行政监督部门责令改正,可以处10万元以下的罚款:

(一)依法应当公开招标而采用邀请招标;

(二)招标文件、资格预审文件的发售、澄清、修改的时限,或者确定的提交资格预审申请文件、投标文件的时限不符合招标投标法和本条例规定;

(三)接受未通过资格预审的单位或者个人参加投标;

(四)接受应当拒收的投标文件。

招标人有前款第一项、第三项、第四项所列行为之一的,对单位直接负责的主管人员和其他直接责任人员依法给予处分。

第六十五条 招标代理机构在所代理的招标项目中投标、代理投标或者向该项目投标人提供咨询的,接受委托编制标底的中介机构参加受托编制标底项目的投标或者为该项目的投标人编制投标文件、提供咨询的,依照招标投标法第五十条的规定追究法律责任。

第六十六条 招标人超过本条例规定的比例收取投标保证金、履约保证金或者不按照规定退还投标保证金及银行同期存款利息的,由有关行政监督部门责令改正,可以处5万元以下的罚款;给他人造成损失的,依法承担赔偿责任。

第六十七条 投标人相互串通投标或者与招标人串通投标的,投标人向招标人或者评标委员会成员行贿谋取中标的,中标无效;构成犯罪的,依法追究刑事责任;尚不构成犯罪的,依照招标投标法第五十三条的规定处罚。投标人未中标的,对单位的罚款金额按照招标项目合同金额依照招标投标法规定的比例计算。

投标人有下列行为之一的,属于招标投标法第五十三条规定的情节严重行为,由有关行政监督部门取消其1年至2年内参加依法必须进行招标的项目的投标资格:

(一)以行贿谋取中标;

(二)3年内2次以上串通投标;

(三)串通投标行为损害招标人、其他投标人或者国家、集体、公民的合法利益,造成直接经济损失30万元以上;

(四)其他串通投标情节严重的行为。

投标人自本条第二款规定的处罚执行期限届满之日起3年内又有该款所列违法行为之一的,或者串通投标、以行贿谋取中标情节特别严重的,由工商行政管理机关吊销营业执照。

法律、行政法规对串通投标报价行为的处罚另有规定的,从其规定。

第六十八条　投标人以他人名义投标或者以其他方式弄虚作假骗取中标的,中标无效;构成犯罪的,依法追究刑事责任;尚不构成犯罪的,依照招标投标法第五十四条的规定处罚。依法必须进行招标的项目的投标人未中标的,对单位的罚款金额按照招标项目合同金额依照招标投标法规定的比例计算。

投标人有下列行为之一的,属于招标投标法第五十四条规定的情节严重行为,由有关行政监督部门取消其1年至3年内参加依法必须进行招标的项目的投标资格:

(一)伪造、变造资格、资质证书或者其他许可证件骗取中标;

(二)3年内2次以上使用他人名义投标;

(三)弄虚作假骗取中标给招标人造成直接经济损失30万元以上;

(四)其他弄虚作假骗取中标情节严重的行为。

投标人自本条第二款规定的处罚执行期限届满之日起3年内又有该款所列违法行为之一的,或者弄虚作假骗取中标情节特别严重的,由工商行政管理机关吊销营业执照。

第六十九条　出让或者出租资格、资质证书供他人投标的,依照法律、行政法规的规定给予行政处罚;构成犯罪的,依法追究刑事责任。

第七十条　依法必须进行招标的项目的招标人不按照规定组建评标委员会,或者确定、更换评标委员会成员违反招标投标法和本条例规定的,由有关行政监督部门责令改正,可以处10万元以下的罚款,对单位直接负责的主管人员和其他直接责任人员依法给予处分;违法确定或者更换的评标委员会成员作出的评审结论无效,依法重新进行评审。

国家工作人员以任何方式非法干涉选取评标委员会成员的,依照本条例第八十条的规定追究法律责任。

第七十一条　评标委员会成员有下列行为之一的,由有关行政监督部门责令改正;情节严重的,禁止其在一定期限内参加依法必须进行招标的项目的评标;情节特别严重的,取消其担任评标委员会成员的资格:

(一)应当回避而不回避;

(二)擅离职守;

(三)不按照招标文件规定的评标标准和方法评标;

(四)私下接触投标人;

(五)向招标人征询确定中标人的意向或者接受任何单位或者个人明示或者暗示提出的倾向或者排斥特定投标人的要求;

(六)对依法应当否决的投标不提出否决意见;

(七)暗示或者诱导投标人作出澄清、说明或者接受投标人主动提出的澄清、说明;

(八)其他不客观、不公正履行职务的行为。

第七十二条　评标委员会成员收受投标人的财物或者其他好处的,没收收受的财物,处3 000元以上5万元以下的罚款,取消担任评标委员会成员的资格,不得再参加依法必须进行招标的项目的评标；构成犯罪的，依法追究刑事责任。

第七十三条　依法必须进行招标的项目的招标人有下列情形之一的，由有关行政监督部门责令改正，可以处中标项目金额10‰以下的罚款；给他人造成损失的，依法承担赔偿责任；对单位直接负责的主管人员和其他直接责任人员依法给予处分：

（一）无正当理由不发出中标通知书；

（二）不按照规定确定中标人；

（三）中标通知书发出后无正当理由改变中标结果；

（四）无正当理由不与中标人订立合同；

（五）在订立合同时向中标人提出附加条件。

第七十四条　中标人无正当理由不与招标人订立合同，在签订合同时向招标人提出附加条件，或者不按照招标文件要求提交履约保证金的，取消其中标资格，投标保证金不予退还。对依法必须进行招标的项目的中标人，由有关行政监督部门责令改正，可以处中标项目金额10‰以下的罚款。

第七十五条　招标人和中标人不按照招标文件和中标人的投标文件订立合同，合同的主要条款与招标文件、中标人的投标文件的内容不一致，或者招标人、中标人订立背离合同实质性内容的协议的，由有关行政监督部门责令改正，可以处中标项目金额5‰以上10‰以下的罚款。

第七十六条　中标人将中标项目转让给他人的，将中标项目肢解后分别转让给他人的，违反招标投标法和本条例规定将中标项目的部分主体、关键性工作分包给他人的，或者分包人再次分包的，转让、分包无效，处转让、分包项目金额5‰以上10‰以下的罚款；有违法所得的，并处没收违法所得；可以责令停业整顿；情节严重的，由工商行政管理机关吊销营业执照。

第七十七条　投标人或者其他利害关系人捏造事实、伪造材料或者以非法手段取得证明材料进行投诉，给他人造成损失的，依法承担赔偿责任。

招标人不按照规定对异议作出答复，继续进行招标投标活动的，由有关行政监督部门责令改正，拒不改正或者不能改正并影响中标结果的，依照本条例第八十一条的规定处理。

第七十八条　国家建立招标投标信用制度。有关行政监督部门应当依法公告对招标人、招标代理机构、投标人、评标委员会成员等当事人违法行为的行政处理决定。

第七十九条　项目审批、核准部门不依法审批、核准项目招标范围、招标方式、招标组织形式的，对单位直接负责的主管人员和其他直接责任人员依法给予处分。

有关行政监督部门不依法履行职责，对违反招标投标法和本条例规定的行为不依法查处，或者不按照规定处理投诉、不依法公告对招标投标当事人违法行为的行政处理决定的，对直接负责的主管人员和其他直接责任人员依法给予处分。

项目审批、核准部门和有关行政监督部门的工作人员徇私舞弊、滥用职权、玩忽职守，构成犯罪的，依法追究刑事责任。

第八十条　国家工作人员利用职务便利，以直接或者间接、明示或者暗示等任何方式非法干涉招标投标活动，有下列情形之一的，依法给予记过或者记大过处分；情节严重的，依法给予降级或者撤职处分；情节特别严重的，依法给予开除处分；构成犯罪的，依法追究刑事责任：

（一）要求对依法必须进行招标的项目不招标，或者要求对依法应当公开招标的项目不公开招标；

（二）要求评标委员会成员或者招标人以其指定的投标人作为中标候选人或者中标人，或者以其他方式非法干涉评标活动，影响中标结果；

（三）以其他方式非法干涉招标投标活动。

第八十一条　依法必须进行招标的项目的招标投标活动违反招标投标法和本条例的规定，对中标结果造成实质性影响，且不能采取补救措施予以纠正的，招标、投标、中标无效，应当依法重新招标或者评标。

第七章　附　　则

第八十二条　招标投标协会按照依法制定的章程开展活动，加强行业自律和服务。

第八十三条　政府采购的法律、行政法规对政府采购货物、服务的招标投标另有规定的，从其规定。

第八十四条　本条例自 2012 年 2 月 1 日起施行。

(三)中共中央、国务院文件

国务院办公厅印发国务院有关部门实施招标投标活动行政监督的职责分工意见的通知

(国办发〔2000〕34号)

各省、自治区、直辖市人民政府,国务院各部委、各直属机构:

中央机构编制委员会办公室《关于国务院有关部门实施招标投标活动行政监督的职责分工的意见》已经国务院同意,现印发给你们,请遵照执行。

国务院办公厅

二○○○年五月三日

关于国务院有关部门实施招标投标活动行政监督的职责分工的意见

中央机构编制委员会办公室

(二○○○年三月四日)

根据《中华人民共和国招标投标法》(以下简称《招标投标法》)和国务院有关部门"三定"规定,现就国务院有关部门实施招标投标(以下简称招投标)活动行政监督的职责分工,提出如下意见:

一、国家发展计划委员会指导和协调全国招投标工作,会同有关行政主管部门拟定《招标投标法》配套法规、综合性政策和必须进行招标的项目的具体范围、规模标准以及不适宜进行招标的项目,报国务院批准;指定发布招标公告的报刊、信息网络或其他媒介。有关行政主管部门根据《招标投标法》和国家有关法规、政策,可联合或分别制定具体实施办法。

二、项目审批部门在审批必须进行招标的项目可行性研究报告时,核准项目的招标方式(委托招标或自行招标)以及国家出资项目的招标范围(发包初步方案)。项目审批后,及时向有关行政主管部门通报所确定的招标方式和范围等情况。

三、对于招投标过程(包括招标、投标、开标、评标、中标)中泄露保密资料、泄露标底、串通招标、串通投标、歧视排斥投标等违法活动的监督执法,按现行的职责分工,分别由有关行政主管部门负责并受理投标人和其他利害关系人的投诉。按照这一原则,工业(含内贸)、水利、交通、铁道、民航、信息产业等行业和产业项目的招投标活动的监督执法,分别由经贸、水利、交通、铁道、民航、信息产业等行政主管部门负责;各类房屋建筑及其附属设施的建造和与其配套的线路、管道、设备的安装项目和市政工程项目的招投标活动的监督执法,由建设行政主管部门负责;进口机电设备采购项目的招投标活动的监督执法,由外经贸行政主管部门负责。有关行政主管部门须将监督过程中发现的问题,及时通知项目审批部门,项目审批部门根据情况依法暂停项目执行或者暂停资金拨付。

四、从事各类工程建设项目招标代理业务的招标代理机构的资格,由建设行政主管部门认定;从事与工程建设有关的进口机电设备采购招标代理业务的招标代理机构的资格,由外经贸行政主管部门认定;从事其他招标代理业务的招标代理机构的资格,按现行职责分工,分别由有关行政主管部门认定。

五、国家发展计划委员会负责组织国家重大建设项目稽查特派员,对国家重大建设项目建设过程中的工程招投标进行监督检查。

各有关部门要严格依照上述职责分工,各司其职,密切配合,共同做好招投标的监督管理工作。各省、自治区、直辖市人民政府可根据《招标投标法》的规定,从本地实际出发,制定招投标管理办法。

国务院办公厅转发国家发展改革委关于深化公共资源交易平台整合共享指导意见的通知

(国办函〔2019〕41 号)

各省、自治区、直辖市人民政府,国务院各部委、各直属机构:

国家发展改革委《关于深化公共资源交易平台整合共享的指导意见》已经国务院同意,现转发给你们,请认真组织实施。

国务院办公厅

2019 年 5 月 19 日

关于深化公共资源交易平台整合共享的指导意见

国家发展改革委

近年来,各地区、各部门认真贯彻落实党中央、国务院决策部署,按照《国务院办公厅关于印发整合建立统一的公共资源交易平台工作方案的通知》(国办发〔2015〕63 号)要求,积极推动整合分散设立的工程建设项目招标投标、土地使用权和矿业权出让、国有产权交易、政府采购等交易平台,全国范围内规则统一、公开透明、服务高效、监督规范的平台体系初步构建,公共资源交易市场迅速发展,公共资源配置的效率和效益明显提高,促进了经济社会持续健康发展。同时,公共资源交易领域仍存在要素市场化配置程度不够高、公共服务供给不充分、多头监管与监管缺失并存等突出问题,亟待进一步深化改革、创新机制、优化服务、强化监管。为深化公共资源交易平台整合共享,促进公共资源交易市场健康有序发展,现提出以下意见。

一、总体要求

(一)指导思想。

以习近平新时代中国特色社会主义思想为指导,全面贯彻党的十九大和十九届二中、三中全会精神,统筹推进"五位一体"总体布局,协调推进"四个全面"战略布局,按照党中央、国务院决策部署,坚持稳中求进工作总基调,坚持新发展理念,坚持推动高质量发展,坚持以供给侧结构性改革为主线,充分发挥市场在资源配置中的决定性作用,更好发挥政府作用，持续深化公共资源交易平台整合共享，着力提高公共资源配置效率和公平性，着力提升公共资源交易服务质量，着力创新公共资源交易监管体制机制，激发市场活力和社会创造力。

（二）基本原则。

坚持应进必进，推动各类公共资源交易进平台。对于应该或可以通过市场化方式配置的公共资源，建立交易目录清单，加快推进清单内公共资源平台交易全覆盖，做到“平台之外无交易”。

坚持统一规范，推动平台整合和互联共享。在政府主导下，进一步整合规范公共资源交易平台，不断完善分类统一的交易制度规则、技术标准和数据规范，促进平台互联互通和信息充分共享。

坚持公开透明，推动公共资源阳光交易。实行公共资源交易全过程信息公开，保证各类交易行为动态留痕、可追溯。大力推进部门协同监管、信用监管和智慧监管，充分发挥市场主体、行业组织、社会公众、新闻媒体外部监督作用，确保监督到位。

坚持服务高效，推动平台利企便民。深化“放管服”改革，突出公共资源交易平台的公共服务职能定位，进一步精简办事流程，推行网上办理，降低制度性交易成本，推动公共资源交易从依托有形场所向以电子化平台为主转变。

（三）主要目标。

到 2020 年，适合以市场化方式配置的公共资源基本纳入统一的公共资源交易平台体系，实行目录管理；各级公共资源交易平台纵向全面贯通、横向互联互通，实现制度规则统一、技术标准统一、信息资源共享；电子化交易全面实施，公共资源交易实现全过程在线实时监管。在此基础上，再经过一段时间努力，公共资源交易流程更加科学高效，交易活动更加规范有序，效率和效益进一步提升，违法违规行为发现和查处力度明显加大；统一开放、竞争有序的公共资源交易市场健康运行，市场主体获得感进一步增强。

二、完善公共资源市场化配置机制

（四）拓展平台覆盖范围。

将公共资源交易平台覆盖范围由工程建设项目招标投标、土地使用权和矿业权出让、国有产权交易、政府采购等，逐步扩大到适合以市场化方式配置的自然资源、资产股权、环境权等各类公共资源，制定和发布全国统一的公共资源交易目录指引。各地区根据全国目录指引，结合本地区实际情况，系统梳理公共资源类别和范围，制定和发布本地区公共资源交易目录。持续推进公共资源交易平台整合，坚持能不新设就不新设，尽可能依托现有平台满足各类交易服务需要。

（五）创新资源配置方式。

对于全民所有自然资源，特许经营权，农村集体产权等资产股权，排污权、碳排放权、用能权等环境权，要健全出让或转让规则，引入招标投标、拍卖等竞争性方式，完善交易制度和价格形成机制，促进公共资源公平交易、高效利用。有条件的地方可开展医疗药品、器械及耗材集中采购。

（六）促进资源跨区域交易。

严格执行公平竞争审查制度，防止通过设置注册登记、设立分支机构（办事处）、资质验证、投标（竞买）许可、强制担保、强制要求在当地投资、人员业绩考核等没有法律法规依据的限制性条件实行地方保护或行业垄断。鼓励同一省域内市场主体跨地市自主选择平台进行公共资源交易，积极稳妥推进公共资源交易平台跨省域合作。

三、优化公共资源交易服务

（七）健全平台电子系统。

加强公共资源交易平台电子系统建设，明确交易、服务、监管等各子系统的功能定位，实现互联互通和信息资源共享，并同步规划、建设、使用信息基础设施，完善相关安全技术措施，确保系统和数据安全。交易系统为市场主体提供在线交易服务，服务系统为交易信息汇集、共享和发布提供在线服务，监管系统为行政监督部门、纪委监委、审计部门提供在线监督通道。抓紧解决公共资源交易平台电子档案、技术规范、信息安全等问题，统筹公共资源交易评标、评审专家资源，通过远程异地评标、评审等方式加快推动优质专家资源跨地区、跨行业共享。进一步发挥全国公共资源交易平台作用，为各级各类公共资源电子化交易提供公共入口、公共通道和综合技术支撑。全国公共资源交易数据应当由全国公共资源交易平台按照有关规定统一发布。中央管理企业电子招标采购交易系统应当通过国家电子招标投标公共服务系统有序纳入公共资源交易平台，依法接受监督管理。促进数字证书（CA）跨平台、跨部门、跨区域互认，逐步实现全国互认，推动电子营业执照、电子担保保函在公共资源交易领域的应用，降低企业交易成本，提高交易效率。

（八）强化公共服务定位。

公共资源交易中心作为公共资源交易平台主要运行服务机构，应不断优化见证、场所、信息、档案、专家抽取等服务，积极开展交易大数据分析，为宏观经济决策、优化营商环境、规范交易市场提供参考和支撑，不得将重要敏感数据擅自公开及用于商业用途。除法律法规明确规定外，公共资源交易中心不得代行行政监管职能，不得限制交易主体自主权，不得排斥和限制市场主体建设运营的电子交易系统。

（九）精简管理事项和环节。

系统梳理公共资源交易流程，取消没有法律法规依据的投标报名、招标文件审查、原件核对等事项以及能够采用告知承诺制和事中事后监管解决的前置审批或审核环节。推广多业务合并申请，通过“一表申请”将市场主体基本信息材料一次收集、后续重复使用并及时更新。推行交易服务“一网通办”，不断提高公共资源交易服务事项网上办理比例。

四、创新公共资源交易监管体制

（十）实施协同监管。

深化公共资源交易管理体制改革，推进公共资源交易服务、管理与监督职能相互分离，探索推进公共资源交易综合监管。各地区公共资源交易平台整合工作牵头部门要会同有关行政监督部门按照各司其职、互相协调、密切配合的要求，根据法律法规和地方各级人民政府确定的职责分工，形成监管权力和责任清单并向社会公开。建立健全投诉举报接收、转办、反馈工作机制，由有关行政监督部门依法查处公共资源交易过程中的违法违规行为，实现部门协同执法、案件限时办结、结果主动反馈。加大信息公开力度，加快推进公共资源交易全过程信息依法公开。畅通社会监督渠道，加强市场主体、行业组织、社会公众、新闻媒体等对公共资源交易活动的监督，促进市场开放和公平竞争。

（十一）强化信用监管。

加快公共资源交易领域信用体系建设，制定全国统一的公共资源交易信用标准，完善公共资源交易信用信息管理、共享、运用等制度，强化各类市场主体信用信息的公开和运用，把市场主体参与公共资源交易活动的信用信息归集到全国信用信息共享平台，作为实施监管的重要依据，依法依规开展守信联合激励和失信联合惩戒。

（十二）开展智慧监管。

依托公共资源交易平台电子系统及时在线下达指令，实现市场主体、中介机构和交易过程信息全面记录、实时交互，确保交易记录来源可溯、去向可查、监督留痕、责任可究。运用大数据、云计算等现代信息技术手段，对公共资源交易活动进行监测分析，及时发现并自动预警围标串标、弄虚作假等违法违规行为，加大对重点地区、重点领域、重点环节的监督执法力度，增强监管的针对性和精准性。推进公共资源交易平台电子系统与全国投资项目在线审批监管平台对接。

五、强化组织实施保障

（十三）加强组织领导。

国家发展改革委要会同有关部门完善公共资源交易平台整合工作部际联席会议机制，加强政策指导、工作协调和业务培训，督促任务落实。地方各级人民政府要统筹推进本行政区域公共资源交易平台整合共享工作，强化对本行政区域各级公共资源交易中心的业务指导，切实保障公共资源交易平台的运行维护经费，完善工作协调机制，制定细化落实工作方案，加大人员、设施等配套保障力度，加强信息技术方面培训和能力建设。

（十四）加快制度建设。

抓紧做好招标投标、自然资源资产转让、国有产权交易、政府采购等公共资源交易领域法律法规规章的立改废释工作。加强信息安全制度建设，根据国家信息安全标准加快构建公共资源交易信息安全防护体系,保障公共资源交易平台运行安全和数据安全。完善评标、评审专家管理办法,健全专家征集、培训、考核和清退机制,加快推进电子评标评审。完善中介机构管理制度,规范代理行为,促进行业自律。完善制度规则清理长效机制,国家发展改革委要会同有关部门抓紧对不符合整合共享要求的全国性公共资源交易制度规则进行清理,制定实施全国统一的公共资源交易服务标准,按程序发布实施全国公共资源交易目录指引;各省级人民政府要定期对本行政区域公共资源交易制度规则进行清理并及时公告清理过程和结果,接受社会监督。

(十五)狠抓督促落实。

地方各级人民政府要将深化公共资源交易平台整合共享工作纳入政府目标考核管理,加强对公共资源交易领域公共服务、行政监管和市场规范等工作情况的监督检查,建立市场主体和第三方评议机制,并向社会公开相关情况;加强对公共资源交易监管部门、公共资源交易中心及其工作人员的监督,健全廉政风险防控机制。国家发展改革委要会同有关部门加强指导督促,总结推广典型经验和创新做法;对推进工作不力、整合不到位的,要进行通报,确保各项任务措施落实到位,重要情况及时报告国务院。

建设工程质量管理条例

（国务院令第 279 号）

（2000 年 1 月 30 日中华人民共和国国务院令第 279 号发布
根据 2017 年 10 月 7 日《国务院关于修改部分行政法规的决定》第一次修订
根据 2019 年 4 月 23 日《国务院关于修改部分行政法规的决定》第二次修订）

第一章　总　　则

第一条　为了加强对建设工程质量的管理，保证建设工程质量，保护人民生命和财产安全，根据《中华人民共和国建筑法》，制定本条例。

第二条　凡在中华人民共和国境内从事建设工程的新建、扩建、改建等有关活动及实施对建设工程质量监督管理的，必须遵守本条例。

本条例所称建设工程，是指土木工程、建筑工程、线路管道和设备安装工程及装修工程。

第三条　建设单位、勘察单位、设计单位、施工单位、工程监理单位依法对建设工程质量负责。

第四条　县级以上人民政府建设行政主管部门和其他有关部门应当加强对建设工程质量的监督管理。

第五条　从事建设工程活动，必须严格执行基本建设程序，坚持先勘察、后设计、再施工的原则。

县级以上人民政府及其有关部门不得超越权限审批建设项目或者擅自简化基本建设程序。

第六条　国家鼓励采用先进的科学技术和管理方法，提高建设工程质量。

第二章　建设单位的质量责任和义务

第七条　建设单位应当将工程发包给具有相应资质等级的单位。

建设单位不得将建设工程肢解发包。

第八条　建设单位应当依法对工程建设项目的勘察、设计、施工、监理以及与工程建设有关的重要设备、材料等的采购进行招标。

第九条　建设单位必须向有关的勘察、设计、施工、工程监理等单位提供与建设工程有关的原始资料。

原始资料必须真实、准确、齐全。

第十条　建设工程发包单位，不得迫使承包方以低于成本的价格竞标，不得任意压缩合理工期。

建设单位不得明示或者暗示设计单位或者施工单位违反工程建设强制性标准,降低建设工程质量。

第十一条　施工图设计文件审查的具体办法,由国务院建设行政主管部门、国务院其他有关部门制定。

施工图设计文件未经审查批准的,不得使用。

第十二条　实行监理的建设工程,建设单位应当委托具有相应资质等级的工程监理单位进行监理,也可以委托具有工程监理相应资质等级并与被监理工程的施工承包单位没有隶属关系或者其他利害关系的该工程的设计单位进行监理。

下列建设工程必须实行监理:

(一)国家重点建设工程;

(二)大中型公用事业工程;

(三)成片开发建设的住宅小区工程;

(四)利用外国政府或者国际组织贷款、援助资金的工程;

(五)国家规定必须实行监理的其他工程。

第十三条　建设单位在开工前,应当按照国家有关规定办理工程质量监督手续,工程质量监督手续可以与施工许可证或者开工报告合并办理。

第十四条　按照合同约定,由建设单位采购建筑材料、建筑构配件和设备的,建设单位应当保证建筑材料、建筑构配件和设备符合设计文件和合同要求。

建设单位不得明示或者暗示施工单位使用不合格的建筑材料、建筑构配件和设备。

第十五条　涉及建筑主体和承重结构变动的装修工程,建设单位应当在施工前委托原设计单位或者具有相应资质等级的设计单位提出设计方案;没有设计方案的,不得施工。

房屋建筑使用者在装修过程中,不得擅自变动房屋建筑主体和承重结构。

第十六条　建设单位收到建设工程竣工报告后,应当组织设计、施工、工程监理等有关单位进行竣工验收。

建设工程竣工验收应当具备下列条件:

(一)完成建设工程设计和合同约定的各项内容;

(二)有完整的技术档案和施工管理资料;

(三)有工程使用的主要建筑材料、建筑构配件和设备的进场试验报告;

(四)有勘察、设计、施工、工程监理等单位分别签署的质量合格文件;

(五)有施工单位签署的工程保修书。

建设工程经验收合格的,方可交付使用。

第十七条　建设单位应当严格按照国家有关档案管理的规定,及时收集、整理建设项目各环节的文件资料,建立、健全建设项目档案,并在建设工程竣工验收后,及时向建设行政主管部门或者其他有关部门移交建设项目档案。

第三章　勘察、设计单位的质量责任和义务

第十八条　从事建设工程勘察、设计的单位应当依法取得相应等级的资质证书，并在其资质等级许可的范围内承揽工程。

禁止勘察、设计单位超越其资质等级许可的范围或者以其他勘察、设计单位的名义承揽工程。禁止勘察、设计单位允许其他单位或者个人以本单位的名义承揽工程。

勘察、设计单位不得转包或者违法分包所承揽的工程。

第十九条　勘察、设计单位必须按照工程建设强制性标准进行勘察、设计，并对其勘察、设计的质量负责。

注册建筑师、注册结构工程师等注册执业人员应当在设计文件上签字，对设计文件负责。

第二十条　勘察单位提供的地质、测量、水文等勘察成果必须真实、准确。

第二十一条　设计单位应当根据勘察成果文件进行建设工程设计。

设计文件应当符合国家规定的设计深度要求，注明工程合理使用年限。

第二十二条　设计单位在设计文件中选用的建筑材料、建筑构配件和设备，应当注明规格、型号、性能等技术指标，其质量要求必须符合国家规定的标准。

除有特殊要求的建筑材料、专用设备、工艺生产线等外，设计单位不得指定生产厂、供应商。

第二十三条　设计单位应当就审查合格的施工图设计文件向施工单位作出详细说明。

第二十四条　设计单位应当参与建设工程质量事故分析，并对因设计造成的质量事故，提出相应的技术处理方案。

第四章　施工单位的质量责任和义务

第二十五条　施工单位应当依法取得相应等级的资质证书，并在其资质等级许可的范围内承揽工程。

禁止施工单位超越本单位资质等级许可的业务范围或者以其他施工单位的名义承揽工程。禁止施工单位允许其他单位或者个人以本单位的名义承揽工程。

施工单位不得转包或者违法分包工程。

第二十六条　施工单位对建设工程的施工质量负责。

施工单位应当建立质量责任制，确定工程项目的项目经理、技术负责人和施工管理负责人。

建设工程实行总承包的，总承包单位应当对全部建设工程质量负责；建设工程勘察、设计、施工、设备采购的一项或者多项实行总承包的，总承包单位应当对其承包的建设工程或者采购的设备的质量负责。

第二十七条　总承包单位依法将建设工程分包给其他单位的，分包单位应当按照分包合同的约定对其分包工程的质量向总承包单位负责，总承包单位与分包单位对分包工程的质量承担连带责任。

第二十八条　施工单位必须按照工程设计图纸和施工技术标准施工，不得擅自修改工程设计，不得偷工减料。

施工单位在施工过程中发现设计文件和图纸有差错的，应当及时提出意见和建议。

第二十九条　施工单位必须按照工程设计要求、施工技术标准和合同约定，对建筑材料、建筑构配件、设备和商品混凝土进行检验，检验应当有书面记录和专人签字；未经检验或者检验不合格的，不得使用。

第三十条　施工单位必须建立、健全施工质量的检验制度，严格工序管理，作好隐蔽工程的质量检查和记录。隐蔽工程在隐蔽前，施工单位应当通知建设单位和建设工程质量监督机构。

第三十一条　施工人员对涉及结构安全的试块、试件以及有关材料，应当在建设单位或者工程监理单位监督下现场取样，并送具有相应资质等级的质量检测单位进行检测。

第三十二条　施工单位对施工中出现质量问题的建设工程或者竣工验收不合格的建设工程，应当负责返修。

第三十三条　施工单位应当建立、健全教育培训制度，加强对职工的教育培训；未经教育培训或者考核不合格的人员，不得上岗作业。

第五章　工程监理单位的质量责任和义务

第三十四条　工程监理单位应当依法取得相应等级的资质证书，并在其资质等级许可的范围内承担工程监理业务。

禁止工程监理单位超越本单位资质等级许可的范围或者以其他工程监理单位的名义承担工程监理业务。禁止工程监理单位允许其他单位或者个人以本单位的名义承担工程监理业务。

工程监理单位不得转让工程监理业务。

第三十五条　工程监理单位与被监理工程的施工承包单位以及建筑材料、建筑构配件和设备供应单位有隶属关系或者其他利害关系的，不得承担该项建设工程的监理业务。

第三十六条　工程监理单位应当依照法律、法规以及有关技术标准、设计文件和建设工程承包合同，代表建设单位对施工质量实施监理，并对施工质量承担监理责任。

第三十七条　工程监理单位应当选派具备相应资格的总监理工程师和监理工程师进驻施工现场。

未经监理工程师签字，建筑材料、建筑构配件和设备不得在工程上使用或者安装，施工单位不得进行下一道工序的施工。未经总监理工程师签字，建设单位不拨付工程款，不进行竣工验收。

第三十八条　监理工程师应当按照工程监理规范的要求，采取旁站、巡视和平行检验等形式，对建设工程实施监理。

第六章　建设工程质量保修

第三十九条　建设工程实行质量保修制度。

建设工程承包单位在向建设单位提交工程竣工验收报告时，应当向建设单位出具质量保修书。质量保修书中应当明确建设工程的保修范围、保修期限和保修责任等。

第四十条　在正常使用条件下，建设工程的最低保修期限为：

（一）基础设施工程、房屋建筑的地基基础工程和主体结构工程，为设计文件规定的该工程的合理使用年限；

（二）屋面防水工程、有防水要求的卫生间、房间和外墙面的防渗漏，为5年；

（三）供热与供冷系统，为2个采暖期、供冷期；

（四）电气管线、给排水管道、设备安装和装修工程，为2年。

其他项目的保修期限由发包方与承包方约定。

建设工程的保修期，自竣工验收合格之日起计算。

第四十一条　建设工程在保修范围和保修期限内发生质量问题的，施工单位应当履行保修义务，并对造成的损失承担赔偿责任。

第四十二条　建设工程在超过合理使用年限后需要继续使用的，产权所有人应当委托具有相应资质等级的勘察、设计单位鉴定，并根据鉴定结果采取加固、维修等措施，重新界定使用期。

第七章　监督管理

第四十三条　国家实行建设工程质量监督管理制度。

国务院建设行政主管部门对全国的建设工程质量实施统一监督管理。国务院铁路、交通、水利等有关部门按照国务院规定的职责分工，负责对全国的有关专业建设工程质量的监督管理。

县级以上地方人民政府建设行政主管部门对本行政区域内的建设工程质量实施监督管理。县级以上地方人民政府交通、水利等有关部门在各自的职责范围内，负责对本行政区域内的专业建设工程质量的监督管理。

第四十四条　国务院建设行政主管部门和国务院铁路、交通、水利等有关部门应当加强对有关建设工程质量的法律、法规和强制性标准执行情况的监督检查。

第四十五条　国务院发展计划部门按照国务院规定的职责，组织稽查特派员，对国家出资的重大建设项目实施监督检查。

国务院经济贸易主管部门按照国务院规定的职责，对国家重大技术改造项目实施监督检查。

第四十六条　建设工程质量监督管理，可以由建设行政主管部门或者其他有关部门委托的建设工程质量监督机构具体实施。

从事房屋建筑工程和市政基础设施工程质量监督的机构，必须按照国家有关规定经国务院建设行政主管部门或者省、自治区、直辖市人民政府建设行政主管部门考核；从事专业建设工程质量监督的机构,必须按照国家有关规定经国务院有关部门或者省、自治区、直辖市人民政府有关部门考核。经考核合格后,方可实施质量监督。

第四十七条　县级以上地方人民政府建设行政主管部门和其他有关部门应当加强对有关建设工程质量的法律、法规和强制性标准执行情况的监督检查。

第四十八条　县级以上人民政府建设行政主管部门和其他有关部门履行监督检查职责时,有权采取下列措施:

(一)要求被检查的单位提供有关工程质量的文件和资料;

(二)进入被检查单位的施工现场进行检查;

(三)发现有影响工程质量的问题时,责令改正。

第四十九条　建设单位应当自建设工程竣工验收合格之日起15日内,将建设工程竣工验收报告和规划、公安消防、环保等部门出具的认可文件或者准许使用文件报建设行政主管部门或者其他有关部门备案。

建设行政主管部门或者其他有关部门发现建设单位在竣工验收过程中有违反国家有关建设工程质量管理规定行为的,责令停止使用,重新组织竣工验收。

第五十条　有关单位和个人对县级以上人民政府建设行政主管部门和其他有关部门进行的监督检查应当支持与配合,不得拒绝或者阻碍建设工程质量监督检查人员依法执行职务。

第五十一条　供水、供电、供气、公安消防等部门或者单位不得明示或者暗示建设单位、施工单位购买其指定的生产供应单位的建筑材料、建筑构配件和设备。

第五十二条　建设工程发生质量事故,有关单位应当在24小时内向当地建设行政主管部门和其他有关部门报告。对重大质量事故,事故发生地的建设行政主管部门和其他有关部门应当按照事故类别和等级向当地人民政府和上级建设行政主管部门和其他有关部门报告。

特别重大质量事故的调查程序按照国务院有关规定办理。

第五十三条　任何单位和个人对建设工程的质量事故、质量缺陷都有权检举、控告、投诉。

第八章　罚　　则

第五十四条　违反本条例规定,建设单位将建设工程发包给不具有相应资质等级的勘察、设计、施工单位或者委托给不具有相应资质等级的工程监理单位的,责令改正,处50万元以上100万元以下的罚款。

第五十五条　违反本条例规定,建设单位将建设工程肢解发包的,责令改正,处工程合同价款0.5%以上1%以下的罚款;对全部或者部分使用国有资金的项目,并可以暂停项目执行或者暂停资金拨付。

第五十六条　违反本条例规定,建设单位有下列行为之一的,责令改正,处20万元以上50万元以下的罚款:

(一)迫使承包方以低于成本的价格竞标的;

(二)任意压缩合理工期的;

（三）明示或者暗示设计单位或者施工单位违反工程建设强制性标准，降低工程质量的；

（四）施工图设计文件未经审查或者审查不合格，擅自施工的；

（五）建设项目必须实行工程监理而未实行工程监理的；

（六）未按照国家规定办理工程质量监督手续的；

（七）明示或者暗示施工单位使用不合格的建筑材料、建筑构配件和设备的；

（八）未按照国家规定将竣工验收报告、有关认可文件或者准许使用文件报送备案的。

第五十七条　违反本条例规定，建设单位未取得施工许可证或者开工报告未经批准，擅自施工的，责令停止施工，限期改正，处工程合同价款1%以上2%以下的罚款。

第五十八条　违反本条例规定，建设单位有下列行为之一的，责令改正，处工程合同价款2%以上4%以下的罚款；造成损失的，依法承担赔偿责任：

（一）未组织竣工验收，擅自交付使用的；

（二）验收不合格，擅自交付使用的；

（三）对不合格的建设工程按照合格工程验收的。

第五十九条　违反本条例规定，建设工程竣工验收后，建设单位未向建设行政主管部门或者其他有关部门移交建设项目档案的，责令改正，处1万元以上10万元以下的罚款。

第六十条　违反本条例规定，勘察、设计、施工、工程监理单位超越本单位资质等级承揽工程的，责令停止违法行为，对勘察、设计单位或者工程监理单位处合同约定的勘察费、设计费或者监理酬金1倍以上2倍以下的罚款；对施工单位处工程合同价款2%以上4%以下的罚款，可以责令停业整顿，降低资质等级；情节严重的，吊销资质证书；有违法所得的，予以没收。

未取得资质证书承揽工程的，予以取缔，依照前款规定处以罚款；有违法所得的，予以没收。

以欺骗手段取得资质证书承揽工程的，吊销资质证书，依照本条第一款规定处以罚款；有违法所得的，予以没收。

第六十一条　违反本条例规定，勘察、设计、施工、工程监理单位允许其他单位或者个人以本单位名义承揽工程的，责令改正，没收违法所得，对勘察、设计单位和工程监理单位处合同约定的勘察费、设计费和监理酬金1倍以上2倍以下的罚款；对施工单位处工程合同价款2%以上4%以下的罚款；可以责令停业整顿，降低资质等级；情节严重的，吊销资质证书。

第六十二条　违反本条例规定，承包单位将承包的工程转包或者违法分包的，责令改正，没收违法所得，对勘察、设计单位处合同约定的勘察费、设计费25%以上50%以下的罚款；对施工单位处工程合同价款0.5%以上1%以下的罚款；可以责令停业整顿，降低资质等级；情节严重的，吊销资质证书。

工程监理单位转让工程监理业务的，责令改正，没收违法所得，处合同约定的监理酬金25%以上50%以下的罚款；可以责令停业整顿，降低资质等级；情节严重的，吊销资质证书。

第六十三条　违反本条例规定，有下列行为之一的，责令改正，处10万元以上30万元以下的罚款：

（一）勘察单位未按照工程建设强制性标准进行勘察的；

（二）设计单位未根据勘察成果文件进行工程设计的；

（三）设计单位指定建筑材料、建筑构配件的生产厂、供应商的；

（四）设计单位未按照工程建设强制性标准进行设计的。

有前款所列行为，造成工程质量事故的，责令停业整顿，降低资质等级；情节严重的，吊销资质证书；造成损失的，依法承担赔偿责任。

第六十四条　违反本条例规定，施工单位在施工中偷工减料的，使用不合格的建筑材料、建筑构配件和设备的，或者有不按照工程设计图纸或者施工技术标准施工的其他行为的，责令改正，处工程合同价款2%以上4%以下的罚款；造成建设工程质量不符合规定的质量标准的，负责返工、修理，并赔偿因此造成的损失；情节严重的，责令停业整顿，降低资质等级或者吊销资质证书。

第六十五条　违反本条例规定，施工单位未对建筑材料、建筑构配件、设备和商品混凝土进行检验，或者未对涉及结构安全的试块、试件以及有关材料取样检测的，责令改正，处10万元以上20万元以下的罚款；情节严重的，责令停业整顿，降低资质等级或者吊销资质证书；造成损失的，依法承担赔偿责任。

第六十六条　违反本条例规定，施工单位不履行保修义务或者拖延履行保修义务的，责令改正，处10万元以上20万元以下的罚款，并对在保修期内因质量缺陷造成的损失承担赔偿责任。

第六十七条　工程监理单位有下列行为之一的，责令改正，处50万元以上100万元以下的罚款，降低资质等级或者吊销资质证书；有违法所得的，予以没收；造成损失的，承担连带赔偿责任：

（一）与建设单位或者施工单位串通，弄虚作假、降低工程质量的；

（二）将不合格的建设工程、建筑材料、建筑构配件和设备按照合格签字的。

第六十八条　违反本条例规定，工程监理单位与被监理工程的施工承包单位以及建筑材料、建筑构配件和设备供应单位有隶属关系或者其他利害关系承担该项建设工程的监理业务的，责令改正，处5万元以上10万元以下的罚款，降低资质等级或者吊销资质证书；有违法所得的，予以没收。

第六十九条　违反本条例规定，涉及建筑主体或者承重结构变动的装修工程，没有设计方案擅自施工的，责令改正，处50万元以上100万元以下的罚款；房屋建筑使用者在装修过程中擅自变动房屋建筑主体和承重结构的，责令改正，处5万元以上10万元以下的罚款。

有前款所列行为，造成损失的，依法承担赔偿责任。

第七十条　发生重大工程质量事故隐瞒不报、谎报或者拖延报告期限的，对直接负责的主管人员和其他责任人员依法给予行政处分。

第七十一条　违反本条例规定，供水、供电、供气、公安消防等部门或者单位明示或者暗示建设单位或者施工单位购买其指定的生产供应单位的建筑材料、建筑构配件和设备的，责令改正。

第七十二条　违反本条例规定，注册建筑师、注册结构工程师、监理工程师等注册执业人员因过错造成质量事故的，责令停止执业1年；造成重大质量事故的，吊销执业资格证书，5年以内不予注册；情节特别恶劣的，终身不予注册。

第七十三条　依照本条例规定，给予单位罚款处罚的，对单位直接负责的主管人员和其他直接责任人员处单位罚款数额5%以上10%以下的罚款。

第七十四条　建设单位、设计单位、施工单位、工程监理单位违反国家规定，降低工程质量标准，造成重大安全事故，构成犯罪的，对直接责任人员依法追究刑事责任。

第七十五条　本条例规定的责令停业整顿，降低资质等级和吊销资质证书的行政处罚，由颁发资质证书的机关决定；其他行政处罚，由建设行政主管部门或者其他有关部门依照法定职权决定。

依照本条例规定被吊销资质证书的，由工商行政管理部门吊销其营业执照。

第七十六条　国家机关工作人员在建设工程质量监督管理工作中玩忽职守、滥用职权、徇私舞弊，构成犯罪的，依法追究刑事责任；尚不构成犯罪的，依法给予行政处分。

第七十七条　建设、勘察、设计、施工、工程监理单位的工作人员因调动工作、退休等原因离开该单位后，被发现在该单位工作期间违反国家有关建设工程质量管理规定，造成重大工程质量事故的，仍应当依法追究法律责任。

第九章　附　　则

第七十八条　本条例所称肢解发包，是指建设单位将应当由一个承包单位完成的建设工程分解成若干部分发包给不同的承包单位的行为。

本条例所称违法分包，是指下列行为：

（一）总承包单位将建设工程分包给不具备相应资质条件的单位的；

（二）建设工程总承包合同中未有约定，又未经建设单位认可，承包单位将其承包的部分建设工程交由其他单位完成的；

（三）施工总承包单位将建设工程主体结构的施工分包给其他单位的；

（四）分包单位将其承包的建设工程再分包的。

本条例所称转包，是指承包单位承包建设工程后，不履行合同约定的责任和义务，将其承包的全部建设工程转给他人或者将其承包的全部建设工程肢解以后以分包的名义分别转给其他单位承包的行为。

第七十九条　本条例规定的罚款和没收的违法所得，必须全部上缴国库。

第八十条　抢险救灾及其他临时性房屋建筑和农民自建低层住宅的建设活动，不适用本条例。

第八十一条　军事建设工程的管理，按照中央军事委员会的有关规定执行。

第八十二条　本条例自发布之日起施行。

建设工程勘察设计管理条例

（国务院令第293号）

（2000年9月25日中华人民共和国国务院令第293号公布
根据2015年6月12日《国务院关于修改〈建设工程勘察设计管理条例〉的决定》第一次修订
根据2017年10月7日《国务院关于修改部分行政法规的决定》第二次修订）

第一章　总　　则

第一条　为了加强对建设工程勘察、设计活动的管理，保证建设工程勘察、设计质量，保护人民生命和财产安全，制定本条例。

第二条　从事建设工程勘察、设计活动，必须遵守本条例。

本条例所称建设工程勘察，是指根据建设工程的要求，查明、分析、评价建设场地的地质地理环境特征和岩土工程条件，编制建设工程勘察文件的活动。

本条例所称建设工程设计，是指根据建设工程的要求，对建设工程所需的技术、经济、资源、环境等条件进行综合分析、论证，编制建设工程设计文件的活动。

第三条　建设工程勘察、设计应当与社会、经济发展水平相适应，做到经济效益、社会效益和环境效益相统一。

第四条　从事建设工程勘察、设计活动，应当坚持先勘察、后设计、再施工的原则。

第五条　县级以上人民政府建设行政主管部门和交通、水利等有关部门应当依照本条例的规定，加强对建设工程勘察、设计活动的监督管理。

建设工程勘察、设计单位必须依法进行建设工程勘察、设计，严格执行工程建设强制性标准，并对建设工程勘察、设计的质量负责。

第六条　国家鼓励在建设工程勘察、设计活动中采用先进技术、先进工艺、先进设备、新型材料和现代管理方法。

第二章　资质资格管理

第七条　国家对从事建设工程勘察、设计活动的单位，实行资质管理制度。具体办法由国务院建设行政主管部门商国务院有关部门制定。

第八条　建设工程勘察、设计单位应当在其资质等级许可的范围内承揽建设工程勘察、设计业务。

禁止建设工程勘察、设计单位超越其资质等级许可的范围或者以其他建设工程勘察、设计单位的名义承揽建设工程勘察、设计业务。禁止建设工程勘察、设计单位允许其他单位或者个人以本单位的名义承揽建设工程勘察、设计业务。

第九条　国家对从事建设工程勘察、设计活动的专业技术人员，实行执业资格注册管理制度。

未经注册的建设工程勘察、设计人员，不得以注册执业人员的名义从事建设工程勘察、设计活动。

第十条　建设工程勘察、设计注册执业人员和其他专业技术人员只能受聘于一个建设工程勘察、设计单位；未受聘于建设工程勘察、设计单位的，不得从事建设工程的勘察、设计活动。

第十一条　建设工程勘察、设计单位资质证书和执业人员注册证书，由国务院建设行政主管部门统一制作。

第三章　建设工程勘察设计发包与承包

第十二条　建设工程勘察、设计发包依法实行招标发包或者直接发包。

第十三条　建设工程勘察、设计应当依照《中华人民共和国招标投标法》的规定，实行招标发包。

第十四条　建设工程勘察、设计方案评标，应当以投标人的业绩、信誉和勘察、设计人员的能力以及勘察、设计方案的优劣为依据，进行综合评定。

第十五条　建设工程勘察、设计的招标人应当在评标委员会推荐的候选方案中确定中标方案。但是，建设工程勘察、设计的招标人认为评标委员会推荐的候选方案不能最大限度满足招标文件规定的要求的，应当依法重新招标。

第十六条　下列建设工程的勘察、设计，经有关主管部门批准，可以直接发包：

（一）采用特定的专利或者专有技术的；

（二）建筑艺术造型有特殊要求的；

（三）国务院规定的其他建设工程的勘察、设计。

第十七条　发包方不得将建设工程勘察、设计业务发包给不具有相应勘察、设计资质等级的建设工程勘察、设计单位。

第十八条　发包方可以将整个建设工程的勘察、设计发包给一个勘察、设计单位；也可以将建设工程的勘察、设计分别发包给几个勘察、设计单位。

第十九条　除建设工程主体部分的勘察、设计外，经发包方书面同意，承包方可以将建设工程其他部分的勘察、设计再分包给其他具有相应资质等级的建设工程勘察、设计单位。

第二十条　建设工程勘察、设计单位不得将所承揽的建设工程勘察、设计转包。

第二十一条　承包方必须在建设工程勘察、设计资质证书规定的资质等级和业务范围内承揽建设工程的勘察、设计业务。

第二十二条　建设工程勘察、设计的发包方与承包方，应当执行国家规定的建设工程勘察、设计程序。

第二十三条　建设工程勘察、设计的发包方与承包方应当签订建设工程勘察、设计合同。

第二十四条　建设工程勘察、设计发包方与承包方应当执行国家有关建设工程勘察费、设计费的管理规定。

第四章　建设工程勘察设计文件的编制与实施

第二十五条　编制建设工程勘察、设计文件，应当以下列规定为依据：

(一)项目批准文件；

(二)城乡规划；

(三)工程建设强制性标准；

(四)国家规定的建设工程勘察、设计深度要求。

铁路、交通、水利等专业建设工程，还应当以专业规划的要求为依据。

第二十六条　编制建设工程勘察文件，应当真实、准确，满足建设工程规划、选址、设计、岩土治理和施工的需要。

编制方案设计文件，应当满足编制初步设计文件和控制概算的需要。

编制初步设计文件，应当满足编制施工招标文件、主要设备材料订货和编制施工图设计文件的需要。

编制施工图设计文件，应当满足设备材料采购、非标准设备制作和施工的需要，并注明建设工程合理使用年限。

第二十七条　设计文件中选用的材料、构配件、设备，应当注明其规格、型号、性能等技术指标，其质量要求必须符合国家规定的标准。

除有特殊要求的建筑材料、专用设备和工艺生产线等外，设计单位不得指定生产厂、供应商。

第二十八条　建设单位、施工单位、监理单位不得修改建设工程勘察、设计文件；确需修改建设工程勘察、设计文件的，应当由原建设工程勘察、设计单位修改。经原建设工程勘察、设计单位书面同意，建设单位也可以委托其他具有相应资质的建设工程勘察、设计单位修改。修改单位对修改的勘察、设计文件承担相应责任。

施工单位、监理单位发现建设工程勘察、设计文件不符合工程建设强制性标准、合同约定的质量要求的，应当报告建设单位，建设单位有权要求建设工程勘察、设计单位对建设工程勘察、设计文件进行补充、修改。

建设工程勘察、设计文件内容需要作重大修改的，建设单位应当报经原审批机关批准后，方可修改。

第二十九条　建设工程勘察、设计文件中规定采用的新技术、新材料，可能影响建设工程质量和安全，又没有国家技术标准的，应当由国家认可的检测机构进行试验、论证，出具检测报告，并经国务院有关部门或者省、自治区、直辖市人民政府有关部门组织的建设工程技术专家委员会审定后，方可使用。

第三十条　建设工程勘察、设计单位应当在建设工程施工前，向施工单位和监理单位说明建设工程勘察、设计意图，解释建设工程勘察、设计文件。

建设工程勘察、设计单位应当及时解决施工中出现的勘察、设计问题。

第五章　监督管理

第三十一条　国务院建设行政主管部门对全国的建设工程勘察、设计活动实施统一监督管理。国务院铁路、交通、水利等有关部门按照国务院规定的职责分工，负责对全国的有关专业建设工程勘察、设计活动的监督管理。

县级以上地方人民政府建设行政主管部门对本行政区域内的建设工程勘察、设计活动实施监督管理。县级以上地方人民政府交通、水利等有关部门在各自的职责范围内，负责对本行政区域内的有关专业建设工程勘察、设计活动的监督管理。

第三十二条　建设工程勘察、设计单位在建设工程勘察、设计资质证书规定的业务范围内跨部门、跨地区承揽勘察、设计业务的，有关地方人民政府及其所属部门不得设置障碍，不得违反国家规定收取任何费用。

第三十三条　施工图设计文件审查机构应当对房屋建筑工程、市政基础设施工程施工图设计文件中涉及公共利益、公众安全、工程建设强制性标准的内容进行审查。县级以上人民政府交通运输等有关部门应当按照职责对施工图设计文件中涉及公共利益、公众安全、工程建设强制性标准的内容进行审查。

施工图设计文件未经审查批准的，不得使用。

第三十四条　任何单位和个人对建设工程勘察、设计活动中的违法行为都有权检举、控告、投诉。

第六章　罚　　则

第三十五条　违反本条例第八条规定的，责令停止违法行为，处合同约定的勘察费、设计费1倍以上2倍以下的罚款，有违法所得的，予以没收；可以责令停业整顿，降低资质等级；情节严重的，吊销资质证书。

未取得资质证书承揽工程的，予以取缔，依照前款规定处以罚款；有违法所得的，予以没收。

以欺骗手段取得资质证书承揽工程的，吊销资质证书，依照本条第一款规定处以罚款；有违法所得的，予以没收。

第三十六条　违反本条例规定，未经注册，擅自以注册建设工程勘察、设计人员的名义从事建设工程勘察、设计活动的，责令停止违法行为，没收违法所得，处违法所得2倍以上5倍以下罚款；给他人造成损失的，依法承担赔偿责任。

第三十七条　违反本条例规定，建设工程勘察、设计注册执业人员和其他专业技术人员未受聘于一个建设工程勘察、设计单位或者同时受聘于两个以上建设工程勘察、设计单位，从事建设工程勘察、设计活动的，责令停止违法行为，没收违法所得，处违法所得2倍以上5倍以下的罚款；情节严重的，可以责令停止执行业务或者吊销资格证书；给他人造成损失的，依法承担赔偿责任。

第三十八条　违反本条例规定，发包方将建设工程勘察、设计业务发包给不具有相应资质等级的建设工程勘察、设计单位的，责令改正，处50万元以上100万元以下的罚款。

第三十九条　违反本条例规定，建设工程勘察、设计单位将所承揽的建设工程勘察、设计转包的，责令改正，没收违法所得，处合同约定的勘察费、设计费25%以上50%以下的罚款，可以责令停业整顿，降低资质等级；情节严重的，吊销资质证书。

第四十条　违反本条例规定，勘察、设计单位未依据项目批准文件，城乡规划及专业规划，国家规定的建设工程勘察、设计深度要求编制建设工程勘察、设计文件的，责令限期改正；逾期不改正的，处10万元以上30万元以下的罚款；造成工程质量事故或者环境污染和生态破坏的，责令停业整顿，降低资质等级；情节严重的，吊销资质证书；造成损失的，依法承担赔偿责任。

第四十一条　违反本条例规定，有下列行为之一的，依照《建设工程质量管理条例》第六十三条的规定给予处罚：

（一）勘察单位未按照工程建设强制性标准进行勘察的；

（二）设计单位未根据勘察成果文件进行工程设计的；

（三）设计单位指定建筑材料、建筑构配件的生产厂、供应商的；

（四）设计单位未按照工程建设强制性标准进行设计的。

第四十二条　本条例规定的责令停业整顿、降低资质等级和吊销资质证书、资格证书的行政处罚，由颁发资质证书、资格证书的机关决定；其他行政处罚，由建设行政主管部门或者其他有关部门依据法定职权范围决定。

依照本条例规定被吊销资质证书的，由工商行政管理部门吊销其营业执照。

第四十三条　国家机关工作人员在建设工程勘察、设计活动的监督管理工作中玩忽职守、滥用职权、徇私舞弊，构成犯罪的，依法追究刑事责任；尚不构成犯罪的，依法给予行政处分。

第七章　附　　则

第四十四条　抢险救灾及其他临时性建筑和农民自建两层以下住宅的勘察、设计活动，不适用本条例。

第四十五条　军事建设工程勘察、设计的管理，按照中央军事委员会的有关规定执行。

第四十六条　本条例自公布之日起施行。

国务院关于积极推进“互联网+”行动的指导意见

（国发〔2015〕40 号）

各省、自治区、直辖市人民政府，国务院各部委、各直属机构：

“互联网+”是把互联网的创新成果与经济社会各领域深度融合，推动技术进步、效率提升和组织变革，提升实体经济创新力和生产力，形成更广泛的以互联网为基础设施和创新要素的经济社会发展新形态。在全球新一轮科技革命和产业变革中，互联网与各领域的融合发展具有广阔前景和无限潜力，已成为不可阻挡的时代潮流，正对各国经济社会发展产生着战略性和全局性的影响。积极发挥我国互联网已经形成的比较优势，把握机遇，增强信心，加快推进“互联网+”发展，有利于重塑创新体系、激发创新活力、培育新兴业态和创新公共服务模式，对打造大众创业、万众创新和增加公共产品、公共服务“双引擎”，主动适应和引领经济发展新常态，形成经济发展新动能，实现中国经济提质增效升级具有重要意义。

近年来，我国在互联网技术、产业、应用以及跨界融合等方面取得了积极进展，已具备加快推进“互联网+”发展的坚实基础，但也存在传统企业运用互联网的意识和能力不足、互联网企业对传统产业理解不够深入、新业态发展面临体制机制障碍、跨界融合型人才严重匮乏等问题，亟待加以解决。为加快推动互联网与各领域深入融合和创新发展，充分发挥“互联网+”对稳增长、促改革、调结构、惠民生、防风险的重要作用，现就积极推进“互联网+”行动提出以下意见。

一、行动要求

（一）总体思路。

顺应世界“互联网+”发展趋势，充分发挥我国互联网的规模优势和应用优势，推动互联网由消费领域向生产领域拓展，加速提升产业发展水平，增强各行业创新能力，构筑经济社会发展新优势和新动能。坚持改革创新和市场需求导向，突出企业的主体作用，大力拓展互联网与经济社会各领域融合的广度和深度。着力深化体制机制改革，释放发展潜力和活力；着力做优存量，推动经济提质增效和转型升级；着力做大增量，培育新兴业态，打造新的增长点；着力创新政府服务模式，夯实网络发展基础，营造安全网络环境，提升公共服务水平。

（二）基本原则。

坚持开放共享。营造开放包容的发展环境，将互联网作为生产生活要素共享的重要平台，最大限度优化资源配置，加快形成以开放、共享为特征的经济社会运行新模式。

坚持融合创新。鼓励传统产业树立互联网思维，积极与“互联网+”相结合。推动互联网向经济社会各领域加速渗透，以融合促创新，最大程度汇聚各类市场要素的创新力量，推动融合性新兴产业成为经济发展新动力和新支柱。

坚持变革转型。充分发挥互联网在促进产业升级以及信息化和工业化深度融合中的平台作用,引导要素资源向实体经济集聚,推动生产方式和发展模式变革。创新网络化公共服务模式,大幅提升公共服务能力。

坚持引领跨越。巩固提升我国互联网发展优势,加强重点领域前瞻性布局,以互联网融合创新为突破口,培育壮大新兴产业,引领新一轮科技革命和产业变革,实现跨越式发展。

坚持安全有序。完善互联网融合标准规范和法律法规,增强安全意识,强化安全管理和防护,保障网络安全。建立科学有效的市场监管方式,促进市场有序发展,保护公平竞争,防止形成行业垄断和市场壁垒。

(三)发展目标。

到 2018 年,互联网与经济社会各领域的融合发展进一步深化,基于互联网的新业态成为新的经济增长动力,互联网支撑大众创业、万众创新的作用进一步增强,互联网成为提供公共服务的重要手段,网络经济与实体经济协同互动的发展格局基本形成。

——经济发展进一步提质增效。互联网在促进制造业、农业、能源、环保等产业转型升级方面取得积极成效,劳动生产率进一步提高。基于互联网的新兴业态不断涌现,电子商务、互联网金融快速发展,对经济提质增效的促进作用更加凸显。

——社会服务进一步便捷普惠。健康医疗、教育、交通等民生领域互联网应用更加丰富,公共服务更加多元,线上线下结合更加紧密。社会服务资源配置不断优化,公众享受到更加公平、高效、优质、便捷的服务。

——基础支撑进一步夯实提升。网络设施和产业基础得到有效巩固加强,应用支撑和安全保障能力明显增强。固定宽带网络、新一代移动通信网和下一代互联网加快发展,物联网、云计算等新型基础设施更加完备。人工智能等技术及其产业化能力显著增强。

——发展环境进一步开放包容。全社会对互联网融合创新的认识不断深入,互联网融合发展面临的体制机制障碍有效破除,公共数据资源开放取得实质性进展,相关标准规范、信用体系和法律法规逐步完善。

到 2025 年,网络化、智能化、服务化、协同化的“互联网+”产业生态体系基本完善,“互联网+”新经济形态初步形成,“互联网+”成为经济社会创新发展的重要驱动力量。

二、重点行动

(一)“互联网+”创业创新。

充分发挥互联网的创新驱动作用,以促进创业创新为重点,推动各类要素资源聚集、开放和共享,大力发展众创空间、开放式创新等,引导和推动全社会形成大众创业、万众创新的浓厚氛围,打造经济发展新引擎。(发展改革委、科技部、工业和信息化部、人力资源社会保障部、商务部等负责,列第一位者为牵头部门,下同)

1. 强化创业创新支撑。鼓励大型互联网企业和基础电信企业利用技术优势和产业整合能力,向小微企业和创业团队开放平台入口、数据信息、计算能力等资源,提供研发工具、经营管理和市场营销等方面的支持和服务，提高小微企业信息化应用水平，培育和孵化具有良好商业模式的创业企业。充分利用互联网基础条件，完善小微企业公共服务平台网络，集聚创业创新资源，为小微企业提供找得着、用得起、有保障的服务。

2. 积极发展众创空间。充分发挥互联网开放创新优势，调动全社会力量，支持创新工场、创客空间、社会实验室、智慧小企业创业基地等新型众创空间发展。充分利用国家自主创新示范区、科技企业孵化器、大学科技园、商贸企业集聚区、小微企业创业示范基地等现有条件，通过市场化方式构建一批创新与创业相结合、线上与线下相结合、孵化与投资相结合的众创空间，为创业者提供低成本、便利化、全要素的工作空间、网络空间、社交空间和资源共享空间。实施新兴产业"双创"行动，建立一批新兴产业"双创"示范基地，加快发展"互联网+"创业网络体系。

3. 发展开放式创新。鼓励各类创新主体充分利用互联网，把握市场需求导向，加强创新资源共享与合作，促进前沿技术和创新成果及时转化，构建开放式创新体系。推动各类创业创新扶持政策与互联网开放平台联动协作，为创业团队和个人开发者提供绿色通道服务。加快发展创业服务业，积极推广众包、用户参与设计、云设计等新型研发组织模式，引导建立社会各界交流合作的平台，推动跨区域、跨领域的技术成果转移和协同创新。

(二)"互联网+"协同制造。

推动互联网与制造业融合，提升制造业数字化、网络化、智能化水平，加强产业链协作，发展基于互联网的协同制造新模式。在重点领域推进智能制造、大规模个性化定制、网络化协同制造和服务型制造，打造一批网络化协同制造公共服务平台，加快形成制造业网络化产业生态体系。(工业和信息化部、发展改革委、科技部共同牵头)

1. 大力发展智能制造。以智能工厂为发展方向，开展智能制造试点示范，加快推动云计算、物联网、智能工业机器人、增材制造等技术在生产过程中的应用，推进生产装备智能化升级、工艺流程改造和基础数据共享。着力在工控系统、智能感知元器件、工业云平台、操作系统和工业软件等核心环节取得突破，加强工业大数据的开发与利用，有效支撑制造业智能化转型，构建开放、共享、协作的智能制造产业生态。

2. 发展大规模个性化定制。支持企业利用互联网采集并对接用户个性化需求，推进设计研发、生产制造和供应链管理等关键环节的柔性化改造，开展基于个性化产品的服务模式和商业模式创新。鼓励互联网企业整合市场信息，挖掘细分市场需求与发展趋势，为制造企业开展个性化定制提供决策支撑。

3. 提升网络化协同制造水平。鼓励制造业骨干企业通过互联网与产业链各环节紧密协同，促进生产、质量控制和运营管理系统全面互联，推行众包设计研发和网络化制造等新模式。鼓励有实力的互联网企业构建网络化协同制造公共服务平台，面向细分行业提供云制造服务，促进创新资源、生产能力、市场需求的集聚与对接，提升服务中小微企业能力，加快全社会多元化制造资源的有效协同，提高产业链资源整合能力。

4. 加速制造业服务化转型。鼓励制造企业利用物联网、云计算、大数据等技术，整合产品全生命周期数据，形成面向生产组织全过程的决策服务信息，为产品优化升级提供数据支撑。鼓励企业基于互联网开展故障预警、远程维护、质量诊断、远程过程优化等在线增值服务，拓展产品价值空间，实现从制造向"制造+服务"的转型升级。

（三）“互联网+”现代农业。

利用互联网提升农业生产、经营、管理和服务水平，培育一批网络化、智能化、精细化的现代“种养加”生态农业新模式，形成示范带动效应，加快完善新型农业生产经营体系，培育多样化农业互联网管理服务模式，逐步建立农副产品、农资质量安全追溯体系，促进农业现代化水平明显提升。（农业部、发展改革委、科技部、商务部、质检总局、食品药品监管总局、林业局等负责）

1. 构建新型农业生产经营体系。鼓励互联网企业建立农业服务平台，支撑专业大户、家庭农场、农民合作社、农业产业化龙头企业等新型农业生产经营主体，加强产销衔接，实现农业生产由生产导向向消费导向转变。提高农业生产经营的科技化、组织化和精细化水平，推进农业生产流通销售方式变革和农业发展方式转变，提升农业生产效率和增值空间。规范用好农村土地流转公共服务平台，提升土地流转透明度，保障农民权益。

2. 发展精准化生产方式。推广成熟可复制的农业物联网应用模式。在基础较好的领域和地区，普及基于环境感知、实时监测、自动控制的网络化农业环境监测系统。在大宗农产品规模生产区域，构建天地一体的农业物联网测控体系，实施智能节水灌溉、测土配方施肥、农机定位耕种等精准化作业。在畜禽标准化规模养殖基地和水产健康养殖示范基地，推动饲料精准投放、疾病自动诊断、废弃物自动回收等智能设备的应用普及和互联互通。

3. 提升网络化服务水平。深入推进信息进村入户试点，鼓励通过移动互联网为农民提供政策、市场、科技、保险等生产生活信息服务。支持互联网企业与农业生产经营主体合作，综合利用大数据、云计算等技术，建立农业信息监测体系，为灾害预警、耕地质量监测、重大动植物疫情防控、市场波动预测、经营科学决策等提供服务。

4. 完善农副产品质量安全追溯体系。充分利用现有互联网资源，构建农副产品质量安全追溯公共服务平台，推进制度标准建设，建立产地准出与市场准入衔接机制。支持新型农业生产经营主体利用互联网技术，对生产经营过程进行精细化信息化管理，加快推动移动互联网、物联网、二维码、无线射频识别等信息技术在生产加工和流通销售各环节的推广应用，强化上下游追溯体系对接和信息互通共享，不断扩大追溯体系覆盖面，实现农副产品“从农田到餐桌”全过程可追溯，保障“舌尖上的安全”。

（四）“互联网+”智慧能源。

通过互联网促进能源系统扁平化，推进能源生产与消费模式革命，提高能源利用效率，推动节能减排。加强分布式能源网络建设，提高可再生能源占比，促进能源利用结构优化。加快发电设施、用电设施和电网智能化改造，提高电力系统的安全性、稳定性和可靠性。（能源局、发展改革委、工业和信息化部等负责）

1. 推进能源生产智能化。建立能源生产运行的监测、管理和调度信息公共服务网络，加强能源产业链上下游企业的信息对接和生产消费智能化，支撑电厂和电网协调运行，促进非化石能源与化石能源协同发电。鼓励能源企业运用大数据技术对设备状态、电能负载等数据进行分析挖掘与预测，开展精准调度、故障判断和预测性维护，提高能源利用效率和安全稳定运行水平。

2. 建设分布式能源网络。建设以太阳能、风能等可再生能源为主体的多能源协调互补的能源互联网。突破分布式发电、储能、智能微网、主动配电网等关键技术，构建智能化电力运行监测、管理技术平台，使电力设备和用电终端基于互联网进行双向通信和智能调控，实现分布式电源的及时有效接入，逐步建成开放共享的能源网络。

3. 探索能源消费新模式。开展绿色电力交易服务区域试点，推进以智能电网为配送平台，以电子商务为交易平台，融合储能设施、物联网、智能用电设施等硬件以及碳交易、互联网金融等衍生服务于一体的绿色能源网络发展，实现绿色电力的点到点交易及实时配送和补贴结算。进一步加强能源生产和消费协调匹配，推进电动汽车、港口岸电等电能替代技术的应用，推广电力需求侧管理，提高能源利用效率。基于分布式能源网络，发展用户端智能化用能、能源共享经济和能源自由交易，促进能源消费生态体系建设。

4. 发展基于电网的通信设施和新型业务。推进电力光纤到户工程，完善能源互联网信息通信系统。统筹部署电网和通信网深度融合的网络基础设施，实现同缆传输、共建共享，避免重复建设。鼓励依托智能电网发展家庭能效管理等新型业务。

（五）“互联网+”普惠金融。

促进互联网金融健康发展，全面提升互联网金融服务能力和普惠水平，鼓励互联网与银行、证券、保险、基金的融合创新，为大众提供丰富、安全、便捷的金融产品和服务，更好满足不同层次实体经济的投融资需求，培育一批具有行业影响力的互联网金融创新型企业。（人民银行、银监会、证监会、保监会、发展改革委、工业和信息化部、网信办等负责）

1. 探索推进互联网金融云服务平台建设。探索互联网企业构建互联网金融云服务平台。在保证技术成熟和业务安全的基础上，支持金融企业与云计算技术提供商合作开展金融公共云服务，提供多样化、个性化、精准化的金融产品。支持银行、证券、保险企业稳妥实施系统架构转型，鼓励探索利用云服务平台开展金融核心业务，提供基于金融云服务平台的信用、认证、接口等公共服务。

2. 鼓励金融机构利用互联网拓宽服务覆盖面。鼓励各金融机构利用云计算、移动互联网、大数据等技术手段，加快金融产品和服务创新，在更广泛地区提供便利的存贷款、支付结算、信用中介平台等金融服务，拓宽普惠金融服务范围，为实体经济发展提供有效支撑。支持金融机构和互联网企业依法合规开展网络借贷、网络证券、网络保险、互联网基金销售等业务。扩大专业互联网保险公司试点，充分发挥保险业在防范互联网金融风险中的作用。推动金融集成电路卡（IC 卡）全面应用，提升电子现金的使用率和便捷性。发挥移动金融安全可信公共服务平台（MTPS）的作用，积极推动商业银行开展移动金融创新应用，促进移动金融在电子商务、公共服务等领域的规模应用。支持银行业金融机构借助互联网技术发展消费信贷业务，支持金融租赁公司利用互联网技术开展金融租赁业务。

3. 积极拓展互联网金融服务创新的深度和广度。鼓励互联网企业依法合规提供创新金融产品和服务，更好满足中小微企业、创新型企业和个人的投融资需求。规范发展网络借贷和互联网消费信贷业务，探索互联网金融服务创新。积极引导风险投资基金、私募股权投资基金和产业投资基金投资于互联网金融企业。利用大数据发展市场化个人征信业务，加快网络征信和信用评价体系建设。加强互联网金融消费权益保护和投资者保护，建立多元化金融消费纠纷解决机制。改进和完善互联网金融监管，提高金融服务安全性，有效防范互联网金融风险及其外溢效应。

(六)“互联网+”益民服务。

充分发挥互联网的高效、便捷优势,提高资源利用效率,降低服务消费成本。大力发展以互联网为载体、线上线下互动的新兴消费,加快发展基于互联网的医疗、健康、养老、教育、旅游、社会保障等新兴服务,创新政府服务模式,提升政府科学决策能力和管理水平。(发展改革委、教育部、工业和信息化部、民政部、人力资源社会保障部、商务部、卫生计生委、质检总局、食品药品监管总局、林业局、旅游局、网信办、信访局等负责)

1. 创新政府网络化管理和服务。加快互联网与政府公共服务体系的深度融合,推动公共数据资源开放,促进公共服务创新供给和服务资源整合,构建面向公众的一体化在线公共服务体系。积极探索公众参与的网络化社会管理服务新模式,充分利用互联网、移动互联网应用平台等,加快推进政务新媒体发展建设,加强政府与公众的沟通交流,提高政府公共管理、公共服务和公共政策制定的响应速度,提升政府科学决策能力和社会治理水平,促进政府职能转变和简政放权。深入推进网上信访,提高信访工作质量、效率和公信力。鼓励政府和互联网企业合作建立信用信息共享平台,探索开展一批社会治理互联网应用试点,打通政府部门、企事业单位之间的数据壁垒,利用大数据分析手段,提升各级政府的社会治理能力。加强对“互联网+”行动的宣传,提高公众参与度。

2. 发展便民服务新业态。发展体验经济,支持实体零售商综合利用网上商店、移动支付、智能试衣等新技术,打造体验式购物模式。发展社区经济,在餐饮、娱乐、家政等领域培育线上线下结合的社区服务新模式。发展共享经济,规范发展网络约租车,积极推广在线租房等新业态,着力破除准入门槛高、服务规范难、个人征信缺失等瓶颈制约。发展基于互联网的文化、媒体和旅游等服务,培育形式多样的新型业态。积极推广基于移动互联网入口的城市服务,开展网上社保办理、个人社保权益查询、跨地区医保结算等互联网应用,让老百姓足不出户享受便捷高效的服务。

3. 推广在线医疗卫生新模式。发展基于互联网的医疗卫生服务,支持第三方机构构建医学影像、健康档案、检验报告、电子病历等医疗信息共享服务平台,逐步建立跨医院的医疗数据共享交换标准体系。积极利用移动互联网提供在线预约诊疗、候诊提醒、划价缴费、诊疗报告查询、药品配送等便捷服务。引导医疗机构面向中小城市和农村地区开展基层检查、上级诊断等远程医疗服务。鼓励互联网企业与医疗机构合作建立医疗网络信息平台,加强区域医疗卫生服务资源整合,充分利用互联网、大数据等手段,提高重大疾病和突发公共卫生事件防控能力。积极探索互联网延伸医嘱、电子处方等网络医疗健康服务应用。鼓励有资质的医学检验机构、医疗服务机构联合互联网企业,发展基因检测、疾病预防等健康服务模式。

4. 促进智慧健康养老产业发展。支持智能健康产品创新和应用,推广全面量化健康生活新方式。鼓励健康服务机构利用云计算、大数据等技术搭建公共信息平台,提供长期跟踪、预测预警的个性化健康管理服务。发展第三方在线健康市场调查、咨询评价、预防管理等应用服务,提升规范化和专业化运营水平。依托现有互联网资源和社会力量,以社区为基础,搭建养老信息服务网络平台,提供护理看护、健康管理、康复照料等居家养老服务。鼓励养老服务机构应用基于移动互联网的便携式体检、紧急呼叫监控等设备,提高养老服务水平。

5. 探索新型教育服务供给方式。鼓励互联网企业与社会教育机构根据市场需求开发数字教育资源，提供网络化教育服务。鼓励学校利用数字教育资源及教育服务平台，逐步探索网络化教育新模式，扩大优质教育资源覆盖面，促进教育公平。鼓励学校通过与互联网企业合作等方式，对接线上线下教育资源，探索基础教育、职业教育等教育公共服务提供新方式。推动开展学历教育在线课程资源共享，推广大规模在线开放课程等网络学习模式，探索建立网络学习学分认定与学分转换等制度，加快推动高等教育服务模式变革。

（七）“互联网+”高效物流。

加快建设跨行业、跨区域的物流信息服务平台，提高物流供需信息对接和使用效率。鼓励大数据、云计算在物流领域的应用，建设智能仓储体系，优化物流运作流程，提升物流仓储的自动化、智能化水平和运转效率，降低物流成本。（发展改革委、商务部、交通运输部、网信办等负责）

1. 构建物流信息共享互通体系。发挥互联网信息集聚优势，聚合各类物流信息资源，鼓励骨干物流企业和第三方机构搭建面向社会的物流信息服务平台，整合仓储、运输和配送信息，开展物流全程监测、预警，提高物流安全、环保和诚信水平，统筹优化社会物流资源配置。构建互通省际、下达市县、兼顾乡村的物流信息互联网络，建立各类可开放数据的对接机制，加快完善物流信息交换开放标准体系，在更广范围促进物流信息充分共享与互联互通。

2. 建设深度感知智能仓储系统。在各级仓储单元积极推广应用二维码、无线射频识别等物联网感知技术和大数据技术，实现仓储设施与货物的实时跟踪、网络化管理以及库存信息的高度共享，提高货物调度效率。鼓励应用智能化物流装备提升仓储、运输、分拣、包装等作业效率，提高各类复杂订单的出货处理能力，缓解货物囤积停滞瓶颈制约，提升仓储运管水平和效率。

3. 完善智能物流配送调配体系。加快推进货运车联网与物流园区、仓储设施、配送网点等信息互联，促进人员、货源、车源等信息高效匹配，有效降低货车空驶率，提高配送效率。鼓励发展社区自提柜、冷链储藏柜、代收服务点等新型社区化配送模式，结合构建物流信息互联网络，加快推进县到村的物流配送网络和村级配送网点建设，解决物流配送“最后一公里”问题。

（八）“互联网+”电子商务。

巩固和增强我国电子商务发展领先优势，大力发展农村电商、行业电商和跨境电商，进一步扩大电子商务发展空间。电子商务与其他产业的融合不断深化，网络化生产、流通、消费更加普及，标准规范、公共服务等支撑环境基本完善。（发展改革委、商务部、工业和信息化部、交通运输部、农业部、海关总署、税务总局、质检总局、网信办等负责）

1. 积极发展农村电子商务。开展电子商务进农村综合示范，支持新型农业经营主体和农产品、农资批发市场对接电商平台，积极发展以销定产模式。完善农村电子商务配送及综合服务网络，着力解决农副产品标准化、物流标准化、冷链仓储建设等关键问题，发展农产品个性化定制服务。开展生鲜农产品和农业生产资料电子商务试点，促进农业大宗商品电子商务发展。

2. 大力发展行业电子商务。鼓励能源、化工、钢铁、电子、轻纺、医药等行业企业，积极利用电子商务平台优化采购、分销体系，提升企业经营效率。推动各类专业市场线上转型，引导传统商贸流通企业与电子商务企业整合资源，积极向供应链协同平台转型。鼓励生产制造企业面向个性化、定制化消费需求深化电子商务应用，支持设备制造企业利用电子商务平台开展融资租赁服务，鼓励中小微企业扩大电子商务应用。按照市场化、专业化方向，大力推广电子招标投标。

3. 推动电子商务应用创新。鼓励企业利用电子商务平台的大数据资源，提升企业精准营销能力，激发市场消费需求。建立电子商务产品质量追溯机制，建设电子商务售后服务质量检测云平台，完善互联网质量信息公共服务体系，解决消费者维权难、退货难、产品责任追溯难等问题。加强互联网食品药品市场监测监管体系建设，积极探索处方药电子商务销售和监管模式创新。鼓励企业利用移动社交、新媒体等新渠道，发展社交电商、"粉丝"经济等网络营销新模式。

4. 加强电子商务国际合作。鼓励各类跨境电子商务服务商发展，完善跨境物流体系，拓展全球经贸合作。推进跨境电子商务通关、检验检疫、结汇等关键环节单一窗口综合服务体系建设。创新跨境权益保障机制，利用合格评定手段，推进国际互认。创新跨境电子商务管理，促进信息网络畅通、跨境物流便捷、支付及结汇无障碍、税收规范便利、市场及贸易规则互认互通。

（九）"互联网+"便捷交通。

加快互联网与交通运输领域的深度融合，通过基础设施、运输工具、运行信息等互联网化，推进基于互联网平台的便捷化交通运输服务发展，显著提高交通运输资源利用效率和管理精细化水平，全面提升交通运输行业服务品质和科学治理能力。（发展改革委、交通运输部共同牵头）

1. 提升交通运输服务品质。推动交通运输主管部门和企业将服务性数据资源向社会开放，鼓励互联网平台为社会公众提供实时交通运行状态查询、出行路线规划、网上购票、智能停车等服务，推进基于互联网平台的多种出行方式信息服务对接和一站式服务。加快完善汽车健康档案、维修诊断和服务质量信息服务平台建设。

2. 推进交通运输资源在线集成。利用物联网、移动互联网等技术，进一步加强对公路、铁路、民航、港口等交通运输网络关键设施运行状态与通行信息的采集。推动跨地域、跨类型交通运输信息互联互通，推广船联网、车联网等智能化技术应用，形成更加完善的交通运输感知体系，提高基础设施、运输工具、运行信息等要素资源的在线化水平，全面支撑故障预警、运行维护以及调度智能化。

3. 增强交通运输科学治理能力。强化交通运输信息共享，利用大数据平台挖掘分析人口迁徙规律、公众出行需求、枢纽客流规模、车辆船舶行驶特征等，为优化交通运输设施规划与建设、安全运行控制、交通运输管理决策提供支撑。利用互联网加强对交通运输违章违规行为的智能化监管，不断提高交通运输治理能力。

（十）"互联网+"绿色生态。

推动互联网与生态文明建设深度融合，完善污染物监测及信息发布系统，形成覆盖主要生态要素的资源环境承载能力动态监测网络,实现生态环境数据互联互通和开放共享。充分发挥互联网在逆向物流回收体系中的平台作用,促进再生资源交易利用便捷化、互动化、透明化,促进生产生活方式绿色化。(发展改革委、环境保护部、商务部、林业局等负责)

1. 加强资源环境动态监测。针对能源、矿产资源、水、大气、森林、草原、湿地、海洋等各类生态要素,充分利用多维地理信息系统、智慧地图等技术,结合互联网大数据分析,优化监测站点布局,扩大动态监控范围,构建资源环境承载能力立体监控系统。依托现有互联网、云计算平台,逐步实现各级政府资源环境动态监测信息互联共享。加强重点用能单位能耗在线监测和大数据分析。

2. 大力发展智慧环保。利用智能监测设备和移动互联网,完善污染物排放在线监测系统,增加监测污染物种类,扩大监测范围,形成全天候、多层次的智能多源感知体系。建立环境信息数据共享机制,统一数据交换标准,推进区域污染物排放、空气环境质量、水环境质量等信息公开,通过互联网实现面向公众的在线查询和定制推送。加强对企业环保信用数据的采集整理,将企业环保信用记录纳入全国统一的信用信息共享交换平台。完善环境预警和风险监测信息网络,提升重金属、危险废物、危险化学品等重点风险防范水平和应急处理能力。

3. 完善废旧资源回收利用体系。利用物联网、大数据开展信息采集、数据分析、流向监测,优化逆向物流网点布局。支持利用电子标签、二维码等物联网技术跟踪电子废物流向,鼓励互联网企业参与搭建城市废弃物回收平台,创新再生资源回收模式。加快推进汽车保险信息系统、“以旧换再”管理系统和报废车管理系统的标准化、规范化和互联互通,加强废旧汽车及零部件的回收利用信息管理,为互联网企业开展业务创新和便民服务提供数据支撑。

4. 建立废弃物在线交易系统。鼓励互联网企业积极参与各类产业园区废弃物信息平台建设,推动现有骨干再生资源交易市场向线上线下结合转型升级,逐步形成行业性、区域性、全国性的产业废弃物和再生资源在线交易系统,完善线上信用评价和供应链融资体系,开展在线竞价,发布价格交易指数,提高稳定供给能力,增强主要再生资源品种的定价权。

(十一)“互联网+”人工智能。

依托互联网平台提供人工智能公共创新服务,加快人工智能核心技术突破,促进人工智能在智能家居、智能终端、智能汽车、机器人等领域的推广应用,培育若干引领全球人工智能发展的骨干企业和创新团队,形成创新活跃、开放合作、协同发展的产业生态。(发展改革委、科技部、工业和信息化部、网信办等负责)

1. 培育发展人工智能新兴产业。建设支撑超大规模深度学习的新型计算集群,构建包括语音、图像、视频、地图等数据的海量训练资源库,加强人工智能基础资源和公共服务等创新平台建设。进一步推进计算机视觉、智能语音处理、生物特征识别、自然语言理解、智能决策控制以及新型人机交互等关键技术的研发和产业化,推动人工智能在智能产品、工业制造等领域规模商用,为产业智能化升级夯实基础。

2. 推进重点领域智能产品创新。鼓励传统家居企业与互联网企业开展集成创新,不断提升家居产品的智能化水平和服务能力,创造新的消费市场空间。推动汽车企业与互联网企业设立跨界交叉的创新平台,加快智能辅助驾驶、复杂环境感知、车载智能设备等技术产品的研发与应用。支持安防企业与互联网企业开展合作,发展和推广图像精准识别等大数据分析技术,提升安防产品的智能化服务水平。

3. 提升终端产品智能化水平。着力做大高端移动智能终端产品和服务的市场规模,提高移动智能终端核心技术研发及产业化能力。鼓励企业积极开展差异化细分市场需求分析,大力丰富可穿戴设备的应用服务,提升用户体验。推动互联网技术以及智能感知、模式识别、智能分析、智能控制等智能技术在机器人领域的深入应用,大力提升机器人产品在传感、交互、控制等方面的性能和智能化水平,提高核心竞争力。

三、保障支撑

(一)夯实发展基础。

1. 巩固网络基础。加快实施“宽带中国”战略,组织实施国家新一代信息基础设施建设工程,推进宽带网络光纤化改造,加快提升移动通信网络服务能力,促进网间互联互通,大幅提高网络访问速率,有效降低网络资费,完善电信普遍服务补偿机制,支持农村及偏远地区宽带建设和运行维护,使互联网下沉为各行业、各领域、各区域都能使用,人、机、物泛在互联的基础设施。增强北斗卫星全球服务能力,构建天地一体化互联网络。加快下一代互联网商用部署,加强互联网协议第 6 版(IPv6)地址管理、标识管理与解析,构建未来网络创新试验平台。研究工业互联网网络架构体系,构建开放式国家创新试验验证平台。(发展改革委、工业和信息化部、财政部、国资委、网信办等负责)

2. 强化应用基础。适应重点行业融合创新发展需求,完善无线传感网、行业云及大数据平台等新型应用基础设施。实施云计算工程,大力提升公共云服务能力,引导行业信息化应用向云计算平台迁移,加快内容分发网络建设,优化数据中心布局。加强物联网网络架构研究,组织开展国家物联网重大应用示范,鼓励具备条件的企业建设跨行业物联网运营和支撑平台。(发展改革委、工业和信息化部等负责)

3. 做实产业基础。着力突破核心芯片、高端服务器、高端存储设备、数据库和中间件等产业薄弱环节的技术瓶颈,加快推进云操作系统、工业控制实时操作系统、智能终端操作系统的研发和应用。大力发展云计算、大数据等解决方案以及高端传感器、工控系统、人机交互等软硬件基础产品。运用互联网理念,构建以骨干企业为核心、产学研用高效整合的技术产业集群,打造国际先进、自主可控的产业体系。(工业和信息化部、发展改革委、科技部、网信办等负责)

4. 保障安全基础。制定国家信息领域核心技术设备发展时间表和路线图,提升互联网安全管理、态势感知和风险防范能力,加强信息网络基础设施安全防护和用户个人信息保护。实施国家信息安全专项,开展网络安全应用示范,提高“互联网+”安全核心技术和产品水平。按照信息安全等级保护等制度和网络安全国家标准的要求,加强“互联网+”关键领域重要信息系统的安全保障。建设完善网络安全监测评估、监督管理、标准认证和创新能力体系。重视融合带来的安全风险,完善网络数据共享、利用等的安全管理和技术措施,探索建立以行政评议和第三方评估为基础的数据安全流动认证体系,完善数据跨境流动管理制度,确保数据安全。(网信办、发展改革委、科技部、工业和信息化部、公安部、安全部、质检总局等负责)

（二）强化创新驱动。

1. 加强创新能力建设。鼓励构建以企业为主导，产学研用合作的“互联网+”产业创新网络或产业技术创新联盟。支持以龙头企业为主体，建设跨界交叉领域的创新平台，并逐步形成创新网络。鼓励国家创新平台向企业特别是中小企业在线开放，加大国家重大科研基础设施和大型科研仪器等网络化开放力度。（发展改革委、科技部、工业和信息化部、网信办等负责）

2. 加快制定融合标准。按照共性先立、急用先行的原则，引导工业互联网、智能电网、智慧城市等领域基础共性标准、关键技术标准的研制及推广。加快与互联网融合应用的工控系统、智能专用装备、智能仪表、智能家居、车联网等细分领域的标准化工作。不断完善“互联网+”融合标准体系，同步推进国际国内标准化工作，增强在国际标准化组织（ISO）、国际电工委员会（IEC）和国际电信联盟（ITU）等国际组织中的话语权。（质检总局、工业和信息化部、网信办、能源局等负责）

3. 强化知识产权战略。加强融合领域关键环节专利导航，引导企业加强知识产权战略储备与布局。加快推进专利基础信息资源开放共享，支持在线知识产权服务平台建设，鼓励服务模式创新，提升知识产权服务附加值，支持中小微企业知识产权创造和运用。加强网络知识产权和专利执法维权工作，严厉打击各种网络侵权假冒行为。增强全社会对网络知识产权的保护意识，推动建立“互联网+”知识产权保护联盟，加大对新业态、新模式等创新成果的保护力度。（知识产权局牵头）

4. 大力发展开源社区。鼓励企业自主研发和国家科技计划（专项、基金等）支持形成的软件成果通过互联网向社会开源。引导教育机构、社会团体、企业或个人发起开源项目，积极参加国际开源项目，支持组建开源社区和开源基金会。鼓励企业依托互联网开源模式构建新型生态，促进互联网开源社区与标准规范、知识产权等机构的对接与合作。（科技部、工业和信息化部、质检总局、知识产权局等负责）

（三）营造宽松环境。

1. 构建开放包容环境。贯彻落实《中共中央国务院关于深化体制机制改革加快实施创新驱动发展战略的若干意见》，放宽融合性产品和服务的市场准入限制，制定实施各行业互联网准入负面清单，允许各类主体依法平等进入未纳入负面清单管理的领域。破除行业壁垒，推动各行业、各领域在技术、标准、监管等方面充分对接，最大限度减少事前准入限制，加强事中事后监管。继续深化电信体制改革，有序开放电信市场，加快民营资本进入基础电信业务。加快深化商事制度改革，推进投资贸易便利化。（发展改革委、网信办、教育部、科技部、工业和信息化部、民政部、商务部、卫生计生委、工商总局、质检总局等负责）

2. 完善信用支撑体系。加快社会征信体系建设，推进各类信用信息平台无缝对接，打破信息孤岛。加强信用记录、风险预警、违法失信行为等信息资源在线披露和共享，为经营者提供信用信息查询、企业网上身份认证等服务。充分利用互联网积累的信用数据，对现有征信体系和评测体系进行补充和完善，为经济调节、市场监管、社会管理和公共服务提供有力支撑。（发展改革委、人民银行、工商总局、质检总局、网信办等负责）

3. 推动数据资源开放。研究出台国家大数据战略，显著提升国家大数据掌控能力。建立国家政府信息开放统一平台和基础数据资源库，开展公共数据开放利用改革试点，出台政府机构数据开放管理规定。按照重要性和敏感程度分级分类，推进政府和公共信息资源开放共享，支持公众和小微企业充分挖掘信息资源的商业价值，促进互联网应用创新。（发展改革委、工业和信息化部、国务院办公厅、网信办等负责）

4. 加强法律法规建设。针对互联网与各行业融合发展的新特点，加快"互联网+"相关立法工作，研究调整完善不适应"互联网+"发展和管理的现行法规及政策规定。落实加强网络信息保护和信息公开有关规定，加快推动制定网络安全、电子商务、个人信息保护、互联网信息服务管理等法律法规。完善反垄断法配套规则，进一步加大反垄断法执行力度，严格查处信息领域企业垄断行为，营造互联网公平竞争环境。（法制办、网信办、发展改革委、工业和信息化部、公安部、安全部、商务部、工商总局等负责）

（四）拓展海外合作。

1. 鼓励企业抱团出海。结合"一带一路"等国家重大战略，支持和鼓励具有竞争优势的互联网企业联合制造、金融、信息通信等领域企业率先走出去，通过海外并购、联合经营、设立分支机构等方式，相互借力，共同开拓国际市场，推进国际产能合作，构建跨境产业链体系，增强全球竞争力。（发展改革委、外交部、工业和信息化部、商务部、网信办等负责）

2. 发展全球市场应用。鼓励"互联网+"企业整合国内外资源，面向全球提供工业云、供应链管理、大数据分析等网络服务，培育具有全球影响力的"互联网+"应用平台。鼓励互联网企业积极拓展海外用户，推出适合不同市场文化的产品和服务。（商务部、发展改革委、工业和信息化部、网信办等负责）

3. 增强走出去服务能力。充分发挥政府、产业联盟、行业协会及相关中介机构作用，形成支持"互联网+"企业走出去的合力。鼓励中介机构为企业拓展海外市场提供信息咨询、法律援助、税务中介等服务。支持行业协会、产业联盟与企业共同推广中国技术和中国标准，以技术标准走出去带动产品和服务在海外推广应用。（商务部、外交部、发展改革委、工业和信息化部、税务总局、质检总局、网信办等负责）

（五）加强智力建设。

1. 加强应用能力培训。鼓励地方各级政府采用购买服务的方式，向社会提供互联网知识技能培训，支持相关研究机构和专家开展"互联网+"基础知识和应用培训。鼓励传统企业与互联网企业建立信息咨询、人才交流等合作机制，促进双方深入交流合作。加强制造业、农业等领域人才特别是企业高层管理人员的互联网技能培训，鼓励互联网人才与传统行业人才双向流动。（科技部、工业和信息化部、人力资源社会保障部、网信办等负责）

2. 加快复合型人才培养。面向"互联网+"融合发展需求，鼓励高校根据发展需要和学校办学能力设置相关专业，注重将国内外前沿研究成果尽快引入相关专业教学中。鼓励各类学校聘请互联网领域高级人才作为兼职教师，加强"互联网+"领域实验教学。（教育部、发展改革委、科技部、工业和信息化部、人力资源社会保障部、网信办等负责）

3. 鼓励联合培养培训。实施产学合作专业综合改革项目，鼓励校企、院企合作办学，推进"互联网+"专业技术人才培训。深化互联网领域产教融合，依托高校、科研机构、企业的智力资源和研究平台，建立一批联合实训基地。建立企业技术中心和院校对接机制，鼓励企业在院校建立“互联网+”研发机构和实验中心。(教育部、发展改革委、科技部、工业和信息化部、人力资源社会保障部、网信办等负责)

4. 利用全球智力资源。充分利用现有人才引进计划和鼓励企业设立海外研发中心等多种方式,引进和培养一批“互联网+”领域高端人才。完善移民、签证等制度,形成有利于吸引人才的分配、激励和保障机制,为引进海外人才提供有利条件。支持通过任务外包、产业合作、学术交流等方式,充分利用全球互联网人才资源。吸引互联网领域领军人才、特殊人才、紧缺人才在我国创业创新和从事教学科研等活动。(人力资源社会保障部、发展改革委、教育部、科技部、网信办等负责)

(六)加强引导支持。

1. 实施重大工程包。选择重点领域,加大中央预算内资金投入力度,引导更多社会资本进入,分步骤组织实施“互联网+”重大工程,重点促进以移动互联网、云计算、大数据、物联网为代表的新一代信息技术与制造、能源、服务、农业等领域的融合创新,发展壮大新兴业态,打造新的产业增长点。(发展改革委牵头)

2. 加大财税支持。充分发挥国家科技计划作用,积极投向符合条件的“互联网+”融合创新关键技术研发及应用示范。统筹利用现有财政专项资金,支持“互联网+”相关平台建设和应用示范等。加大政府部门采购云计算服务的力度,探索基于云计算的政务信息化建设运营新机制。鼓励地方政府创新风险补偿机制,探索“互联网+”发展的新模式。(财政部、税务总局、发展改革委、科技部、网信办等负责)

3. 完善融资服务。积极发挥天使投资、风险投资基金等对“互联网+”的投资引领作用。开展股权众筹等互联网金融创新试点,支持小微企业发展。支持国家出资设立的有关基金投向“互联网+”,鼓励社会资本加大对相关创新型企业的投资。积极发展知识产权质押融资、信用保险保单融资增信等服务,鼓励通过债券融资方式支持“互联网+”发展,支持符合条件的“互联网+”企业发行公司债券。开展产融结合创新试点,探索股权和债权相结合的融资服务。降低创新型、成长型互联网企业的上市准入门槛,结合证券法修订和股票发行注册制改革,支持处于特定成长阶段、发展前景好但尚未盈利的互联网企业在创业板上市。推动银行业金融机构创新信贷产品与金融服务,加大贷款投放力度。鼓励开发性金融机构为“互联网+”重点项目建设提供有效融资支持。(人民银行、发展改革委、银监会、证监会、保监会、网信办、开发银行等负责)

(七)做好组织实施。

1. 加强组织领导。建立“互联网+”行动实施部际联席会议制度,统筹协调解决重大问题,切实推动行动的贯彻落实。联席会议设办公室,负责具体工作的组织推进。建立跨领域、跨行业的“互联网+”行动专家咨询委员会,为政府决策提供重要支撑。(发展改革委牵头)

2. 开展试点示范。鼓励开展“互联网+”试点示范,推进“互联网+”区域化、链条化发展。支持全面创新改革试验区、中关村等国家自主创新示范区、国家现代农业示范区先行先试,积极开展“互联网+”创新政策试点,破除新兴产业行业准入、数据开放、市场监管等方面政策障碍,研究适应新兴业态特点的税收、保险政策,打造“互联网+”生态体系。(各部

门、各地方政府负责)

3. 有序推进实施。各地区、各部门要主动作为,完善服务,加强引导,以动态发展的眼光看待“互联网+”,在实践中大胆探索拓展,相互借鉴“互联网+”融合应用成功经验,促进“互联网+”新业态、新经济发展。有关部门要加强统筹规划,提高服务和管理能力。

各地区要结合实际,研究制定适合本地的“互联网+”行动落实方案,因地制宜,合理定位,科学组织实施,杜绝盲目建设和重复投资,务实有序推进“互联网+”行动。(各部门、各地方政府负责)

国务院

2015 年 7 月 1 日

（四）部门规章

必须招标的工程项目规定

（发改委令第16号）

《必须招标的工程项目规定》已经国务院批准，现予公布，自2018年6月1日起施行。

2018年3月27日

必须招标的工程项目规定

第一条　为了确定必须招标的工程项目，规范招标投标活动，提高工作效率、降低企业成本、预防腐败，根据《中华人民共和国招标投标法》的规定，制定本规定。

第二条　全部或者部分使用国有资金投资或者国家融资的项目包括：

（一）使用预算资金200万元人民币以上，并且该资金占投资额10%以上的项目；

（二）使用国有企业事业单位资金，并且该资金占控股或者主导地位的项目。

第三条　使用国际组织或者外国政府贷款、援助资金的项目包括：

（一）使用世界银行、亚洲开发银行等国际组织贷款、援助资金的项目；

（二）使用外国政府及其机构贷款、援助资金的项目。

第四条　不属于本规定、规定情形的大型基础设施、公用事业等关系社会公共利益、公众安全的项目，必须招标的具体范围由国务院发展改革部门会同国务院有关部门按照确有必要、严格限定的原则制订，报国务院批准。

第五条　本规定第二条至第四条规定范围内的项目，其勘察、设计、施工、监理以及与工程建设有关的重要设备、材料等的采购达到下列标准之一的，必须招标：

（一）施工单项合同估算价在400万元人民币以上；

（二）重要设备、材料等货物的采购，单项合同估算价在200万元人民币以上；

（三）勘察、设计、监理等服务的采购，单项合同估算价在100万元人民币以上。

同一项目中可以合并进行的勘察、设计、施工、监理以及与工程建设有关的重要设备、材料等的采购，合同估算价合计达到前款规定标准的，必须招标。

第六条　本规定自2018年6月1日起施行。

招标公告和公示信息发布管理办法

（发改委令第10号）

为规范招标公告和公示信息发布活动，进一步增强招标投标透明度，保障公平竞争市场秩序，我们制定了《招标公告和公示信息发布管理办法》，现予印发，自2018年1月1日起施行。

2017年11月23日

第一条　为规范招标公告和公示信息发布活动，保证各类市场主体和社会公众平等、便捷、准确地获取招标信息，根据《中华人民共和国招标投标法、《中华人民共和国招标投标法实施条例》等有关法律法规规定，制定本办法。

第二条　本办法所称招标公告和公示信息，是指招标项目的资格预审公告、招标公告、中标候选人公示、中标结果公示等信息。

第三条　依法必须招标项目的招标公告和公示信息，除依法需要保密或者涉及商业秘密的内容外，应当按照公益服务、公开透明、高效便捷、集中共享的原则，依法向社会公开。

第四条　国家发展改革委根据招标投标法律法规规定，对依法必须招标项目招标公告和公示信息发布媒介的信息发布活动进行监督管理。

省级发展改革部门对本行政区域内招标公告和公示信息发布活动依法进行监督管理。省级人民政府另有规定的，从其规定。

第五条　依法必须招标项目的资格预审公告和招标公告，应当载明以下内容：

（一）招标项目名称、内容、范围、规模、资金来源；

（二）投标资格能力要求，以及是否接受联合体投标；

（三）获取资格预审文件或招标文件的时间、方式；

（四）递交资格预审文件或投标文件的截止时间、方式；

（五）招标人及其招标代理机构的名称、地址、联系人及联系方式；

（六）采用电子招标投标方式的，潜在投标人访问电子招标投标交易平台的网址和方法；

（七）其他依法应当载明的内容。

第六条　依法必须招标项目的中标候选人公示应当载明以下内容：

（一）中标候选人排序、名称、投标报价、质量、工期（交货期），以及评标情况；

（二）中标候选人按照招标文件要求承诺的项目负责人姓名及其相关证书名称和编号；

（三）中标候选人响应招标文件要求的资格能力条件；

（四）提出异议的渠道和方式；

(五)招标文件规定公示的其他内容。

依法必须招标项目的中标结果公示应当载明中标人名称。

第七条　依法必须招标项目的招标公告和公示信息应当根据招标投标法律法规,以及国家发展改革委会同有关部门制定的标准文件编制,实现标准化、格式化。

第八条　依法必须招标项目的招标公告和公示信息应当在“中国招标投标公共服务平台”或者项目所在地省级电子招标投标公共服务平台(以下统一简称“发布媒介”)发布。

第九条　省级电子招标投标公共服务平台应当与“中国招标投标公共服务平台”对接,按规定同步交互招标公告和公示信息。对依法必须招标项目的招标公告和公示信息,发布媒介应当与相应的公共资源交易平台实现信息共享。

“中国招标投标公共服务平台”应当汇总公开全国招标公告和公示信息,以及本办法第八条规定的发布媒介名称、网址、办公场所、联系方式等基本信息,及时维护更新,与全国公共资源交易平台共享,并归集至全国信用信息共享平台,按规定通过“信用中国”网站向社会公开。

第十条　拟发布的招标公告和公示信息文本应当由招标人或其招标代理机构盖章,并由主要负责人或其授权的项目负责人签名。采用数据电文形式的,应当按规定进行电子签名。

招标人或其招标代理机构发布招标公告和公示信息,应当遵守招标投标法律法规关于时限的规定。

第十一条　依法必须招标项目的招标公告和公示信息鼓励通过电子招标投标交易平台录入后交互至发布媒介核验发布,也可以直接通过发布媒介录入并核验发布。

按照电子招标投标有关数据规范要求交互招标公告和公示信息文本的,发布媒介应当自收到起 12 小时内发布。采用电子邮件、电子介质、传真、纸质文本等其他形式提交或者直接录入招标公告和公示信息文本的,发布媒介应当自核验确认起 1 个工作日内发布。核验确认最长不得超过 3 个工作日。

招标人或其招标代理机构应当对其提供的招标公告和公示信息的真实性、准确性、合法性负责。发布媒介和电子招标投标交易平台应当对所发布的招标公告和公示信息的及时性、完整性负责。

发布媒介应当按照规定采取有效措施,确保发布招标公告和公示信息的数据电文不被篡改、不遗漏和至少 10 年内可追溯。

第十二条　发布媒介应当免费提供依法必须招标项目的招标公告和公示信息发布服务,并允许社会公众和市场主体免费、及时查阅前述招标公告和公示的完整信息。

第十三条　发布媒介应当通过专门栏目发布招标公告和公示信息,并免费提供信息归类和检索服务,对新发布的招标公告和公示信息作醒目标识,方便市场主体和社会公众查阅。

发布媒介应当设置专门栏目,方便市场主体和社会公众就其招标公告和公示信息发布工作反映情况、提出意见,并及时反馈。

第十四条　发布媒介应当实时统计本媒介招标公告和公示信息发布情况,及时向社会公布,并定期报送相应的省级以上发展改革部门或省级以上人民政府规定的其他部门。

第十五条　依法必须招标项目的招标公告和公示信息除在发布媒介发布外,招标人或其招标代理机构也可以同步在其他媒介公开,并确保内容一致。

其他媒介可以依法全文转载依法必须招标项目的招标公告和公示信息,但不得改变其内容,同时必须注明信息来源。

第十六条 依法必须招标项目的招标公告和公示信息有下列情形之一的,潜在投标人或者投标人可以要求招标人或其招标代理机构予以澄清、改正、补充或调整:

(一)资格预审公告、招标公告载明的事项不符合本办法第五条规定,中标候选人公示载明的事项不符合本办法第六条规定;

(二)在两家以上媒介发布的同一招标项目的招标公告和公示信息内容不一致;

(三)招标公告和公示信息内容不符合法律法规规定。

招标人或其招标代理机构应当认真核查,及时处理,并将处理结果告知提出意见的潜在投标人或者投标人。

第十七条 任何单位和个人认为招标人或其招标代理机构在招标公告和公示信息发布活动中存在违法违规行为的,可以依法向有关行政监督部门投诉、举报;认为发布媒介在招标公告和公示信息发布活动中存在违法违规行为的,根据有关规定可以向相应的省级以上发展改革部门或其他有关部门投诉、举报。

第十八条 招标人或其招标代理机构有下列行为之一的,由有关行政监督部门责令改正,并视情形依照《中华人民共和国招标投标法》第四十九条、第五十一条及有关规定处罚:

(一)依法必须公开招标的项目不按照规定在发布媒介发布招标公告和公示信息;

(二)在不同媒介发布的同一招标项目的资格预审公告或者招标公告的内容不一致,影响潜在投标人申请资格预审或者投标;

(三)资格预审公告或者招标公告中有关获取资格预审文件或者招标文件的时限不符合招标投标法律法规规定;

(四)资格预审公告或者招标公告中以不合理的条件限制或者排斥潜在投标人。

第十九条 发布媒介在发布依法必须招标项目的招标公告和公示信息活动中有下列情形之一的,由相应的省级以上发展改革部门或其他有关部门根据有关法律法规规定,责令改正;情节严重的,可以处1万元以下罚款:

(一)违法收取费用;

(二)无正当理由拒绝发布或者拒不按规定交互信息;

(三)无正当理由延误发布时间;

(四)因故意或重大过失导致发布的招标公告和公示信息发生遗漏、错误;

(五)违反本办法的其他行为。

其他媒介违规发布或转载依法必须招标项目的招标公告和公示信息的,由相应的省级以上发展改革部门或其他有关部门根据有关法律法规规定,责令改正;情节严重的,可以处1万元以下罚款。

第二十条 对依法必须招标项目的招标公告和公示信息进行澄清、修改,或者暂停、终止招标活动,采取公告形式向社会公布的,参照本办法执行。

第二十一条 使用国际组织或者外国政府贷款、援助资金的招标项目,贷款方、资金提供方对招标公告和公示信息的发布另有规定的,适用其规定。

第二十二条 本办法所称以上、以下包含本级或本数。

第二十三条　本办法由国家发展改革委负责解释。

第二十四条　本办法自 2018 年 1 月 1 日起施行。《招标公告发布暂行办法》(国家发展计划委第 4 号令)和《国家计委关于指定发布依法必须招标项目招标公告的媒介的通知》(计政策〔2000〕868 号)同时废止。

工程建设项目招标投标活动投诉处理办法

（发改委等七部委令第 11 号）

为建立公正、高效的招投标投诉处理机制，规范招投标活动，保护国家利益、社会公共利益和招投标当事人的合法权益，依据《中华人民共和国招标投标法》，特制定《工程建设项目招标投标活动投诉处理办法》，现予以公布，自 2004 年 8 月 1 日起施行。

国家发展和改革委员会
建设部
铁道部
交通部
信息产业部
水利部
民航总局
二〇〇四年六月二十一日

第一条　为保护国家利益、社会公共利益和招标投标当事人的合法权益，建立公平、高效的工程建设项目招标投标活动投诉处理机制，根据《中华人民共和国招标投标法》第六十五条规定，制定本办法。

第二条　本办法适用于工程建设项目招标投标活动的投诉及其处理活动。

前款所称招标投标活动，包括招标、投标、开标、评标、中标以及签订合同等各阶段。

第三条　投标人和其他利害关系人认为招标投标活动不符合法律、法规和规章规定的，有权依法向有关行政监督部门投诉。

前款所称其他利害关系人是指投标人以外的，与招标项目或者招标活动有直接和间接利益关系的法人、其他组织和个人。

第四条　各级发展改革、建设、水利、交通、铁道、民航、信息产业（通信、电子）等招标投标活动行政监督部门，依照《国务院办公厅印发国务院有关部门实施招标投标活动行政监督的职责分工的意见的通知》（国办发〔2000〕34 号）和地方各级人民政府规定的职责分工，受理投诉并依法做出处理决定。

对国家重大建设项目（含工业项目）招标投标活动的投诉，由国家发展改革委受理并依法做出处理决定。对国家重大建设项目招标投标活动的投诉，有关行业行政监督部门已经受理的，应当通报国家发展改革委，国家发展改革委不再受理。

第五条　行政监督部门处理投诉时，应当坚持公平、公正、高效原则，维护国家利益、社会公共利益和招标投标当事人的合法权益。

第六条　行政监督部门应当确定本部门内部负责受理投诉的机构及其电话、传真、电子信箱和通信地址，并向社会公布。

第七条　投诉人投诉时，应当提交投诉书。投诉书应当包括下列内容：

（一）投诉人的名称、地址及有效联系方式；

（二）被投诉人的名称、地址及有效联系方式；

（三）投诉事项的基本事实；

（四）相关请求及主张；

（五）有效线索和相关证明材料。

投诉人是法人的，投诉书必须由其法定代表人或者授权代表签字并盖章；其他组织或者个人投诉的，投诉书必须由其主要负责人或者投诉人本人签字，并附有效身份证明复印件。

投诉书有关材料是外文的，投诉人应当同时提供其中文译本。

第八条　投诉人不得以投诉为名排挤竞争对手，不得进行虚假、恶意投诉，阻碍招标投标活动的正常进行。

第九条　投诉人应当在知道或者应当知道其权益受到侵害之日起 10 日内提出书面投诉。

第十条　投诉人可以直接投诉，也可以委托代理人办理投诉事务。代理人办理投诉事务时，应将授权委托书连同投诉书一并提交给行政监督部门。授权委托书应当明确有关委托代理权限和事项。

第十一条　行政监督部门收到投诉书后，应当在 5 日内进行审查，视情况分别做出以下处理决定：

（一）不符合投诉处理条件的，决定不予受理，并将不予受理的理由书面告知投诉人；

（二）对符合投诉处理条件，但不属于本部门受理的投诉，书面告知投诉人向其他行政监督部门提出投诉；

对于符合投诉处理条件并决定受理的，收到投诉书之日即为正式受理。

第十二条　有下列情形之一的投诉，不予受理：

（一）投诉人不是所投诉招标投标活动的参与者，或者与投诉项目无任何利害关系；

（二）投诉事项不具体，且未提供有效线索，难以查证的；

（三）投诉书未署具投诉人真实姓名、签字和有效联系方式的；以法人名义投诉的，投诉书未经法定代表人签字并加盖公章的；

（四）超过投诉时效的；

（五）已经作出处理决定，并且投诉人没有提出新的证据的；

（六）投诉事项已进入行政复议或者行政诉讼程序的。

第十三条　行政监督部门负责投诉处理的工作人员，有下列情形之一的，应当主动回避：

（一）近亲属是被投诉人、投诉人，或者是被投诉人、投诉人的主要负责人；

（二）在近 3 年内本人曾经在被投诉人单位担任高级管理职务；

（三）与被投诉人、投诉人有其他利害关系，可能影响对投诉事项公正处理的。

第十四条　行政监督部门受理投诉后，应当调取、查阅有关文件，调查、核实有关情况。

对情况复杂、涉及面广的重大投诉事项，有权受理投诉的行政监督部门可以会同其他有关的行政监督部门进行联合调查，共同研究后由受理部门做出处理决定。

第十五条　行政监督部门调查取证时，应当由 2 名以上行政执法人员进行，并做笔录，交被调查人签字确认。

第十六条　在投诉处理过程中，行政监督部门应当听取被投诉人的陈述和申辩，必要时可通知投诉人和被投诉人进行质证。

第十七条　行政监督部门负责处理投诉的人员应当严格遵守保密规定，对于在投诉处理过程中所接触到的国家秘密、商业秘密应当予以保密，也不得将投诉事项透露给与投诉无关的其他单位和个人。

第十八条　对行政监督部门依法进行的调查，投诉人、被投诉人以及评标委员会成员等与投诉事项有关的当事人应当予以配合，如实提供有关资料及情况，不得拒绝、隐匿或者伪报。

第十九条　投诉处理决定做出前，投诉人要求撤回投诉的，应当以书面形式提出并说明理由，由行政监督部门视以下情况，决定是否准予撤回：

（一）已经查实有明显违法行为的，应当不准撤回，并继续调查直至做出处理决定；

（二）撤回投诉不损害国家利益、社会公共利益或者其他当事人合法权益的，应当准予撤回，投诉处理过程终止。投诉人不得以同一事实和理由再提出投诉。

第二十条　行政监督部门应当根据调查和取证情况，对投诉事项进行审查，按照下列规定做出处理决定：

（一）投诉缺乏事实根据或者法律依据的，驳回投诉；

（二）投诉情况属实，招标投标活动确实存在违法行为的，依据《中华人民共和国招标投标法》及其他有关法规、规章做出处罚。

第二十一条　负责受理投诉的行政监督部门应当自受理投诉之日起 30 日内，对投诉事项做出处理决定，并以书面形式通知投诉人、被投诉人和其他与投诉处理结果有关的当事人。

情况复杂，不能在规定期限内做出处理决定的，经本部门负责人批准，可以适当延长，并告知投诉人和被投诉人。

第二十二条　投诉处理决定应当包括下列主要内容：

（一）投诉人和被投诉人的名称、住址；

（二）投诉人的投诉事项及主张；

（三）被投诉人的答辩及请求；

（四）调查认定的基本事实；

（五）行政监督部门的处理意见及依据。

第二十三条　行政监督部门应当建立投诉处理档案，并做好保存和管理工作，接受有关方面的监督检查。

第二十四条　行政监督部门在处理投诉过程中，发现被投诉人单位直接负责的主管人员和其他直接责任人员有违法、违规或者违纪行为的，应当建议其行政主管机关、纪检监察部门给予处分；情节严重构成犯罪的，移送司法机关处理。

对招标代理机构有违法行为，且情节严重的，依法暂停直至取消招标代理资格。

第二十五条　当事人对行政监督部门的投诉处理决定不服或者行政监督部门逾期未做处理的,可以依法申请行政复议或者向人民法院提起行政诉讼。

第二十六条　投诉人故意捏造事实、伪造证明材料的,属于虚假恶意投诉,由行政监督部门驳回投诉,并给予警告;情节严重的,可以并处1万元以下罚款。

第二十七条　行政监督部门工作人员在处理投诉过程中徇私舞弊、滥用职权或者玩忽职守,对投诉人打击报复的,依法给予行政处分;构成犯罪的,依法追究刑事责任。

第二十八条　行政监督部门在处理投诉过程中,不得向投诉人和被投诉人收取任何费用。

第二十九条　对于性质恶劣、情节严重的投诉事项,行政监督部门可以将投诉处理结果在有关媒体上公布,接受舆论和公众监督。

第三十条　本办法由国家发展改革委会同国务院有关部门解释。

第三十一条　本办法自2004年8月1日起施行。

关于废止和修改部分招标投标规章和规范性文件的决定

（发改委等九部委令第23号）

为落实《国务院办公厅转发发展改革委法制办监察部关于做好招标投标法实施条例贯彻实施工作意见的通知》（国办发〔2012〕21号）关于全面清理与招投标有关规定的要求，国家发展改革委会同有关部门，根据《招标投标法实施条例》，在广泛征求意见的基础上，对《招标投标法》实施以来国家发展改革委牵头制定的规章和规范性文件进行了全面清理。经过清理，决定：

一、对1件规范性文件予以废止。（附件1）

二、对11件规章、1件规范性文件的部分条款予以修改。（附件2）

上述规章和规范性文件，属于国家发展改革委会同有关部门发布的，由国家发展改革委会同有关部门修改；属于国家发展改革委发布的，由国家发展改革委废止或者修改。

本决定自2013年5月1日起施行。

附件：1. 决定废止的规范性文件

2. 决定修改的规章和规范性文件

国家发展改革委
工业和信息化部
财政部
住房城乡建设部
交通运输部
铁道部
水利部
广电总局
民航局
2013年3月11日

评标委员会和评标方法暂行规定

（发改委等七部委令第12号）

为了规范评标委员会的组成和评标活动，国家计委、国家经贸委、建设部、铁道部、交通部、信息产业部、水利部联合制定了《评标委员会和评标方法暂行规定》，现予发布施行。

国家发展计划委员会
国家经济贸易委员会
建设部
铁道部
交通部
信息产业部
水利部
二〇〇一年七月五日

第一章 总 则

第一条 为了规范评标活动，保证评标的公平、公正，维护招标投标活动当事人的合法权益，依照《中华人民共和国招标投标法》、《中华人民共和国招标投标法实施条例》，制定本规定。

第二条 本规定适用于依法必须招标项目的评标活动。

第三条 评标活动遵循公平、公正、科学、择优的原则。

第四条 评标活动依法进行，任何单位和个人不得非法干预或者影响评标过程和结果。

第五条 招标人应当采取必要措施，保证评标活动在严格保密的情况下进行。

第六条 评标活动及其当事人应当接受依法实施的监督。

有关行政监督部门依照国务院或者地方政府的职责分工，对评标活动实施监督，依法查处评标活动中的违法行为。

第二章 评标委员会

第七条 评标委员会依法组建，负责评标活动，向招标人推荐中标候选人或者根据招标人的授权直接确定中标人。

第八条 评标委员会由招标人负责组建。

评标委员会成员名单一般应于开标前确定。评标委员会成员名单在中标结果确定前应当保密。

第九条　评标委员会由招标人或其委托的招标代理机构熟悉相关业务的代表,以及有关技术、经济等方面的专家组成,成员人数为五人以上单数,其中技术、经济等方面的专家不得少于成员总数的三分之二。

评标委员会设负责人的,评标委员会负责人由评标委员会成员推举产生或者由招标人确定。评标委员会负责人与评标委员会的其他成员有同等的表决权。

第十条　评标委员会的专家成员应当从依法组建的专家库内的相关专家名单中确定。

按前款规定确定评标专家,可以采取随机抽取或者直接确定的方式。一般项目,可以采取随机抽取的方式;技术复杂、专业性强或者国家有特殊要求的招标项目,采取随机抽取方式确定的专家难以保证胜任的,可以由招标人直接确定。

第十一条　评标专家应符合下列条件:

(一)从事相关专业领域工作满八年并具有高级职称或者同等专业水平;

(二)熟悉有关招标投标的法律法规,并具有与招标项目相关的实践经验;

(三)能够认真、公正、诚实、廉洁地履行职责。

第十二条　有下列情形之一的,不得担任评标委员会成员:

(一)投标人或者投标人主要负责人的近亲属;

(二)项目主管部门或者行政监督部门的人员;

(三)与投标人有经济利益关系,可能影响对投标公正评审的;

(四)曾因在招标、评标以及其他与招标投标有关活动中从事违法行为而受过行政处罚或刑事处罚的。

评标委员会成员有前款规定情形之一的,应当主动提出回避。

第十三条　评标委员会成员应当客观、公正地履行职责,遵守职业道德,对所提出的评审意见承担个人责任。

评标委员会成员不得与任何投标人或者与招标结果有利害关系的人进行私下接触,不得收受投标人、中介人、其他利害关系人的财物或者其他好处,不得向招标人征询其确定中标人的意向,不得接受任何单位或者个人明示或者暗示提出的倾向或者排斥特定投标人的要求,不得有其他不客观、不公正履行职务的行为。

第十四条　评标委员会成员和与评标活动有关的工作人员不得透露对投标文件的评审和比较、中标候选人的推荐情况以及与评标有关的其他情况。

前款所称与评标活动有关的工作人员,是指评标委员会成员以外的因参与评标监督工作或者事务性工作而知悉有关评标情况的所有人员。

第三章　评标的准备与初步评审

第十五条　评标委员会成员应当编制供评标使用的相应表格,认真研究招标文件,至少应了解和熟悉以下内容:

(一)招标的目标;

(二)招标项目的范围和性质;

(三)招标文件中规定的主要技术要求、标准和商务条款;

（四）招标文件规定的评标标准、评标方法和在评标过程中考虑的相关因素。

第十六条　招标人或者其委托的招标代理机构应当向评标委员会提供评标所需的重要信息和数据，但不得带有明示或者暗示倾向或者排斥特定投标人的信息。

招标人设有标底的，标底在开标前应当保密，并在评标时作为参考。

第十七条　评标委员会应当根据招标文件规定的评标标准和方法，对投标文件进行系统的评审和比较。招标文件中没有规定的标准和方法不得作为评标的依据。

招标文件中规定的评标标准和评标方法应当合理，不得含有倾向或者排斥潜在投标人的内容，不得妨碍或者限制投标人之间的竞争。

第十八条　评标委员会应当按照投标报价的高低或者招标文件规定的其他方法对投标文件排序。以多种货币报价的，应当按照中国银行在开标日公布的汇率中间价换算成人民币。

招标文件应当对汇率标准和汇率风险作出规定。未作规定的，汇率风险由投标人承担。

第十九条　评标委员会可以书面方式要求投标人对投标文件中含义不明确、对同类问题表述不一致或者有明显文字和计算错误的内容作必要的澄清、说明或者补正。澄清、说明或者补正应以书面方式进行并不得超出投标文件的范围或者改变投标文件的实质性内容。

投标文件中的大写金额和小写金额不一致的，以大写金额为准；总价金额与单价金额不一致的，以单价金额为准，但单价金额小数点有明显错误的除外；对不同文字文本投标文件的解释发生异议的，以中文文本为准。

第二十条　在评标过程中，评标委员会发现投标人以他人的名义投标、串通投标、以行贿手段谋取中标或者以其他弄虚作假方式投标的，应当否决该投标人的投标。

第二十一条　在评标过程中，评标委员会发现投标人的报价明显低于其他投标报价或者在设有标底时明显低于标底，使得其投标报价可能低于其个别成本的，应当要求该投标人作出书面说明并提供相关证明材料。投标人不能合理说明或者不能提供相关证明材料的，由评标委员会认定该投标人以低于成本报价竞标，应当否决其投标。

第二十二条　投标人资格条件不符合国家有关规定和招标文件要求的，或者拒不按照要求对投标文件进行澄清、说明或者补正的，评标委员会可以否决其投标。

第二十三条　评标委员会应当审查每一投标文件是否对招标文件提出的所有实质性要求和条件作出响应。未能在实质上响应的投标，应当予以否决。

第二十四条　评标委员会应当根据招标文件，审查并逐项列出投标文件的全部投标偏差。

投标偏差分为重大偏差和细微偏差。

第二十五条　下列情况属于重大偏差：

（一）没有按照招标文件要求提供投标担保或者所提供的投标担保有瑕疵；

（二）投标文件没有投标人授权代表签字和加盖公章；

（三）投标文件载明的招标项目完成期限超过招标文件规定的期限；

（四）明显不符合技术规格、技术标准的要求；

（五）投标文件载明的货物包装方式、检验标准和方法等不符合招标文件的要求；

(六)投标文件附有招标人不能接受的条件;

(七)不符合招标文件中规定的其他实质性要求。

投标文件有上述情形之一的,为未能对招标文件作出实质性响应,并按本规定第二十三条规定作否决投标处理。招标文件对重大偏差另有规定的,从其规定。

第二十六条　细微偏差是指投标文件在实质上响应招标文件要求,但在个别地方存在漏项或者提供了不完整的技术信息和数据等情况,并且补正这些遗漏或者不完整不会对其他投标人造成不公平的结果。细微偏差不影响投标文件的有效性。

评标委员会应当书面要求存在细微偏差的投标人在评标结束前予以补正。拒不补正的,在详细评审时可以对细微偏差作不利于该投标人的量化,量化标准应当在招标文件中规定。

第二十七条　评标委员会根据本规定第二十条、第二十一条、第二十二条、第二十三条、第二十五条的规定否决不合格投标后,因有效投标不足三个使得投标明显缺乏竞争的,评标委员会可以否决全部投标。

投标人少于三个或者所有投标被否决的,招标人在分析招标失败的原因并采取相应措施后,应当依法重新招标。

第四章　详细评审

第二十八条　经初步评审合格的投标文件,评标委员会应当根据招标文件确定的评标标准和方法,对其技术部分和商务部分作进一步评审、比较。

第二十九条　评标方法包括经评审的最低投标价法、综合评估法或者法律、行政法规允许的其他评标方法。

第三十条　经评审的最低投标价法一般适用于具有通用技术、性能标准或者招标人对其技术、性能没有特殊要求的招标项目。

第三十一条　根据经评审的最低投标价法,能够满足招标文件的实质性要求,并且经评审的最低投标价的投标,应当推荐为中标候选人。

第三十二条　采用经评审的最低投标价法的,评标委员会应当根据招标文件中规定的评标价格调整方法,以所有投标人的投标报价以及投标文件的商务部分作必要的价格调整。

采用经评审的最低投标价法的,中标人的投标应当符合招标文件规定的技术要求和标准,但评标委员会无需对投标文件的技术部分进行价格折算。

第三十三条　根据经评审的最低投标价法完成详细评审后,评标委员会应当拟定一份"标价比较表",连同书面评标报告提交招标人。"标价比较表"应当载明投标人的投标报价、对商务偏差的价格调整和说明以及经评审的最终投标价。

第三十四条　不宜采用经评审的最低投标价法的招标项目,一般应当采取综合评估法进行评审。

第三十五条　根据综合评估法,最大限度地满足招标文件中规定的各项综合评价标准的投标,应当推荐为中标候选人。

衡量投标文件是否最大限度地满足招标文件中规定的各项评价标准,可以采取折算为货币的方法、打分的方法或者其他方法。需量化的因素及其权重应当在招标文件中明确规定。

第三十六条　评标委员会对各个评审因素进行量化时,应当将量化指标建立在同一基础或者同一标准上,使各投标文件具有可比性。

对技术部分和商务部分进行量化后,评标委员会应当对这两部分的量化结果进行加权,计算出每一投标的综合评估价或者综合评估分。

第三十七条　根据综合评估法完成评标后,评标委员会应当拟定一份"综合评估比较表",连同书面评标报告提交招标人。"综合评估比较表"应当载明投标人的投标报价、所作的任何修正、对商务偏差的调整、对技术偏差的调整、对各评审因素的评估以及对每一投标的最终评审结果。

第三十八条　根据招标文件的规定,允许投标人投备选标的,评标委员会可以对中标人所投的备选标进行评审,以决定是否采纳备选标。不符合中标条件的投标人的备选标不予考虑。

第三十九条　对于划分有多个单项合同的招标项目,招标文件允许投标人为获得整个项目合同而提出优惠的,评标委员会可以对投标人提出的优惠进行审查,以决定是否将招标项目作为一个整体合同授予中标人。将招标项目作为一个整体合同授予的,整体合同中标人的投标应当最有利于招标人。

第四十条　评标和定标应当在投标有效期内完成。不能在投标有效期内完成评标和定标的,招标人应当通知所有投标人延长投标有效期。拒绝延长投标有效期的投标人有权收回投标保证金。同意延长投标有效期的投标人应当相应延长其投标担保的有效期,但不得修改投标文件的实质性内容。因延长投标有效期造成投标人损失的,招标人应当给予补偿,但因不可抗力需延长投标有效期的除外。

招标文件应当载明投标有效期。投标有效期从提交投标文件截止日起计算。

第五章　推荐中标候选人与定标

第四十一条　评标委员会在评标过程中发现的问题,应当及时作出处理或者向招标人提出处理建议,并作书面记录。

第四十二条　评标委员会完成评标后,应当向招标人提出书面评标报告,并抄送有关行政监督部门。评标报告应当如实记载以下内容:

(一)基本情况和数据表;

(二)评标委员会成员名单;

(三)开标记录;

(四)符合要求的投标一览表;

(五)否决投标的情况说明;

(六)评标标准、评标方法或者评标因素一览表;

(七)经评审的价格或者评分比较一览表;

(八)经评审的投标人排序;

(九)推荐的中标候选人名单与签订合同前要处理的事宜;

（十）澄清、说明、补正事项纪要。

第四十三条　评标报告由评标委员会全体成员签字。对评标结论持有异议的评标委员会成员可以书面方式阐述其不同意见和理由。评标委员会成员拒绝在评标报告上签字且不陈述其不同意见和理由的，视为同意评标结论。评标委员会应当对此作出书面说明并记录在案。

第四十四条　向招标人提交书面评标报告后，评标委员会应将评标过程中使用的文件、表格以及其他资料应当即时归还招标人。

第四十五条　评标委员会推荐的中标候选人应当限定在一至三人，并标明排列顺序。

第四十六条　中标人的投标应当符合下列条件之一：

（一）能够最大限度满足招标文件中规定的各项综合评价标准；

（二）能够满足招标文件的实质性要求，并且经评审的投标价格最低；但是投标价格低于成本的除外。

第四十七条　招标人不得与投标人就投标价格、投标方案等实质性内容进行谈判。

第四十八条　国有资金占控股或者主导地位的项目，招标人应当确定排名第一的中标候选人为中标人。排名第一的中标候选人放弃中标、因不可抗力提出不能履行合同，或者招标文件规定应当提交履约保证金而在规定的期限内未能提交，或者被查实存在影响中标结果的违法行为等情形，不符合中标条件的，招标人可以按照评标委员会提出的中标候选人名单排序依次确定其他中标候选人为中标人。依次确定其他中标候选人与招标人预期差距较大，或者对招标人明显不利的，招标人可以重新招标 。

招标人可以授权评标委员会直接确定中标人。

国务院对中标人的确定另有规定的，从其规定。

第四十九条　中标人确定后，招标人应当向中标人发出中标通知书，同时通知未中标人，并与中标人在投标有效期内以及中标通知书发出之日起30日之内签订合同。

第五十条　中标通知书对招标人和中标人具有法律约束力。中标通知书发出后，招标人改变中标结果或者中标人放弃中标的，应当承担法律责任。

第五十一条　招标人应当与中标人按照招标文件和中标人的投标文件订立书面合同。招标人与中标人不得再行订立背离合同实质性内容的其他协议。

第五十二条　招标人与中标人签订合同后5日内，应当向中标人和未中标的投标人退还投标保证金。

第六章　罚　　则

第五十三条　评标委员会成员有下列行为之一的，由有关行政监督部门责令改正；情节严重的，禁止其在一定期限内参加依法必须进行招标的项目的评标；情节特别严重的，取消其担任评标委员会成员的资格：（一）应当回避而不回避；（二）擅离职守；（三）不按照招标文件规定的评标标准和方法评标；（四）私下接触投标人；（五）向招标人征询确定中标人的意向或者接受任何单位或者个人明示或者暗示提出的倾向或者排斥特定投标人的要求；（六）对依法应当否决的投标不提出否决意见；（七）暗示或者诱导投标人作出澄清、说明或者接受投标人主动提出的澄清、说明；（八）其他不客观、不公正履行职务的行为。

第五十四条　评标委员会成员收受投标人的财物或者其他好处的,评标委员会成员或者与评标活动有关的工作人员向他人透露对投标文件的评审和比较、中标候选人的推荐以及与评标有关的其他情况的,给予警告,没收收受的财物,可以并处三千元以上五万元以下的罚款;对有所列违法行为的评标委员会成员取消担任评标委员会成员的资格,不得再参加任何依法必须进行招标项目的评标;构成犯罪的,依法追究刑事责任。

第五十五条　招标人有下列情形之一的,责令改正,可以处中标项目金额千分之十以下的罚款;给他人造成损失的,依法承担赔偿责任;对单位直接负责的主管人员和其他直接责任人员依法给予处分:(一)无正当理由不发出中标通知书;(二)不按照规定确定中标人;(三)中标通知书发出后无正当理由改变中标结果;(四)无正当理由不与中标人订立合同;(五)在订立合同时向中标人提出附加条件。

第五十六条　招标人与中标人不按照招标文件和中标人的投标文件订立合同的,合同的主要条款与招标文件、中标人的投标文件的内容不一致,或者招标人、中标人订立背离合同实质性内容的协议的,由有关行政监督部门责令改正,可以处中标项目金额千分之五以上千分之十以下的罚款 。

第五十七条　中标人无正当理由不与招标人订立合同,在签订合同时向招标人提出附加条件,或者不按照招标文件要求提交履约保证金的,取消其中标资格,投标保证金不予退还。对依法必须进行招标的项目的中标人,由有关行政监督部门责令改正,可以处中标项目金额10‰以下的罚款。

第七章　附　　则

第五十八条　依法必须招标项目以外的评标活动,参照本规定执行。

第五十九条　使用国际组织或者外国政府贷款、援助资金的招标项目的评标活动,贷款方、资金提供方对评标委员会与评标方法另有规定的,适用其规定,但违背中华人民共和国的社会公共利益的除外。

第六十条　本规定颁布前有关评标机构和评标方法的规定与本规定不一致的,以本规定为准。法律或者行政法规另有规定的,从其规定。

第六十一条　本规定由国家发展改革委会同有关部门负责解释。

第六十二条　本规定自发布之日起施行。

工程建设项目施工招标投标办法

（发改委等七部委令第 30 号）

（2003 年 3 月 8 日国家计委、建设部、铁道部、交通部、信息产业部、水利部、民航总局令第30号公布　自 2003 年 5 月 1 日起施行　根据 2013 年 3 月 11 日国家发展改革委、工业和信息化部、财政部、住房城乡建设部、交通运输部、铁道部、水利部、广电总局、民航局令第 23 号修订）

为了规范工程建设项目施工招标投标活动，根据《中华人民共和国招标投标法》和国务院有关部门的职责分工，国家计委、建设部、铁道部、交通部、信息产业部、水利部、中国民用航空总局审议通过了《工程建设项目施工招标投标办法》，现予发布，自 2003 年 5 月 1 日起施行。

国家发展计划委员会
建设部
铁道部
交通部
信息产业部
水利部
中国民用航空总局
二○○三年三月八日

第一章　总　　则

第一条　为规范工程建设项目施工（以下简称工程施工）招标投标活动，根据《中华人民共和国招标投标法》、《中华人民共和国招标投标法实施条例》和国务院有关部门的职责分工，制定本办法。

第二条　在中华人民共和国境内进行工程施工招标投标活动，适用本办法。

第三条　工程建设项目符合《工程建设项目招标范围和规模标准规定》（国家计委令第 3 号）规定的范围和标准的，必须通过招标选择施工单位。

任何单位和个人不得将依法必须进行招标的项目化整为零或者以其他任何方式规避招标。

第四条　工程施工招标投标活动应当遵循公开、公平、公正和诚实信用的原则。

第五条　工程施工招标投标活动，依法由招标人负责。任何单位和个人不得以任何方式非法干涉工程施工招标投标活动。

施工招标投标活动不受地区或者部门的限制。

第六条　各级发展改革、工业和信息化、住房城乡建设、交通运输、铁道、水利、商务、民航等部门依照《国务院办公厅印发国务院有关部门实施招标投标活动行政监督的职责分工意见的通知》(国办发〔2000〕34号)和各地规定的职责分工,对工程施工招标投标活动实施监督,依法查处工程施工招标投标活动中的违法行为。

第二章　招　　标

第七条　工程施工招标人是依法提出施工招标项目、进行招标的法人或者其他组织。

第八条　依法必须招标的工程建设项目,应当具备下列条件才能进行施工招标:

(一)招标人已经依法成立;

(二)初步设计及概算应当履行审批手续的,已经批准;

(三)有相应资金或资金来源已经落实;

(四)有招标所需的设计图纸及技术资料。

第九条　工程施工招标分为公开招标和邀请招标。

第十条　按照国家有关规定需要履行项目审批、核准手续的依法必须进行施工招标的工程建设项目,其招标范围、招标方式、招标组织形式应当报项目审批部门审批、核准。项目审批、核准部门应当及时将审批、核准确定的招标内容通报有关行政监督部门。

第十一条　依法必须进行公开招标的项目,有下列情形之一的,可以邀请招标:

(一)项目技术复杂或有特殊要求,或者受自然地域环境限制,只有少量潜在投标人可供选择;

(二)涉及国家安全、国家秘密或者抢险救灾,适宜招标但不宜公开招标;

(三)采用公开招标方式的费用占项目合同金额的比例过大。

有前款第二项所列情形,属于本办法第十条规定的项目,由项目审批、核准部门在审批、核准项目时作出认定;其他项目由招标人申请有关行政监督部门作出认定。

全部使用国有资金投资或者国有资金投资占控股或者主导地位的并需要审批的工程建设项目的邀请招标,应当经项目审批部门批准,但项目审批部门只审批立项的,由有关行政监督部门审批。

第十二条　依法必须进行施工招标的工程建设项目有下列情形之一的,可以不进行施工招标:

(一)涉及国家安全、国家秘密、抢险救灾或者属于利用扶贫资金实行以工代赈需要使用农民工等特殊情况,不适宜进行招标;

(二)施工主要技术采用不可替代的专利或者专有技术;

(三)已通过招标方式选定的特许经营项目投资人依法能够自行建设;

(四)采购人依法能够自行建设;

(五)在建工程追加的附属小型工程或者主体加层工程,原中标人仍具备承包能力,并且其他人承担将影响施工或者功能配套要求;

(六)国家规定的其他情形。

第十三条　采用公开招标方式的，招标人应当发布招标公告，邀请不特定的法人或者其他组织投标。依法必须进行施工招标项目的招标公告，应当在国家指定的报刊和信息网络上发布。

采用邀请招标方式的，招标人应当向三家以上具备承担施工招标项目的能力、资信良好的特定的法人或者其他组织发出投标邀请书。

第十四条　招标公告或者投标邀请书应当至少载明下列内容：

（一）招标人的名称和地址；

（二）招标项目的内容、规模、资金来源；

（三）招标项目的实施地点和工期；

（四）获取招标文件或者资格预审文件的地点和时间；

（五）对招标文件或者资格预审文件收取的费用；

（六）对投标人的资质等级的要求。

第十五条　招标人应当按招标公告或者投标邀请书规定的时间、地点出售招标文件或资格预审文件。自招标文件或者资格预审文件出售之日起至停止出售之日止，最短不得少于五日。

招标人可以通过信息网络或者其他媒介发布招标文件，通过信息网络或者其他媒介发布的招标文件与书面招标文件具有同等法律效力，出现不一致时以书面招标文件为准，国家另有规定的除外。

对招标文件或者资格预审文件的收费应当限于补偿印刷、邮寄的成本支出，不得以营利为目的。对于所附的设计文件，招标人可以向投标人酌收押金；对于开标后投标人退还设计文件的，招标人应当向投标人退还押金。

招标文件或者资格预审文件售出后，不予退还。除不可抗力原因外，招标人在发布招标公告、发出投标邀请书后或者售出招标文件或资格预审文件后不得终止招标。

第十六条　招标人可以根据招标项目本身的特点和需要，要求潜在投标人或者投标人提供满足其资格要求的文件，对潜在投标人或者投标人进行资格审查；国家对潜在投标人或者投标人的资格条件有规定的，依照其规定。

第十七条　资格审查分为资格预审和资格后审。

资格预审，是指在投标前对潜在投标人进行的资格审查。

资格后审，是指在开标后对投标人进行的资格审查。

进行资格预审的，一般不再进行资格后审，但招标文件另有规定的除外。

第十八条　采取资格预审的，招标人应当发布资格预审公告。资格预审公告适用本办法第十三条、第十四条有关招标公告的规定。

采取资格预审的，招标人应当在资格预审文件中载明资格预审的条件、标准和方法；采取资格后审的，招标人应当在招标文件中载明对投标人资格要求的条件、标准和方法。

招标人不得改变载明的资格条件或者以没有载明的资格条件对潜在投标人或者投标人进行资格审查。

第十九条　经资格预审后，招标人应当向资格预审合格的潜在投标人发出资格预审合格通知书，告知获取招标文件的时间、地点和方法，并同时向资格预审不合格的潜在投标人告知资格预审结果。资格预审不合格的潜在投标人不得参加投标。

经资格后审不合格的投标人的投标应予否决。

第二十条　资格审查应主要审查潜在投标人或者投标人是否符合下列条件：

(一)具有独立订立合同的权利；

(二)具有履行合同的能力，包括专业、技术资格和能力，资金、设备和其他物质设施状况，管理能力，经验、信誉和相应的从业人员；

(三)没有处于被责令停业，投标资格被取消，财产被接管、冻结，破产状态；

(四)在最近三年内没有骗取中标和严重违约及重大工程质量问题；

(五)国家规定的其他资格条件。

资格审查时，招标人不得以不合理的条件限制、排斥潜在投标人或者投标人，不得对潜在投标人或者投标人实行歧视待遇。任何单位和个人不得以行政手段或者其他不合理方式限制投标人的数量。

第二十一条　招标人符合法律规定的自行招标条件的，可以自行办理招标事宜。任何单位和个人不得强制其委托招标代理机构办理招标事宜。

第二十二条　招标代理机构应当在招标人委托的范围内承担招标事宜。招标代理机构可以在其资格等级范围内承担下列招标事宜：

(一)拟订招标方案，编制和出售招标文件、资格预审文件；

(二)审查投标人资格；

(三)编制标底；

(四)组织投标人踏勘现场；

(五)组织开标、评标，协助招标人定标；

(六)草拟合同；

(七)招标人委托的其他事项。

招标代理机构不得无权代理、越权代理，不得明知委托事项违法而进行代理。

招标代理机构不得在所代理的招标项目中投标或者代理投标，也不得为所代理的招标项目的投标人提供咨询；未经招标人同意，不得转让招标代理业务。

第二十三条　工程招标代理机构与招标人应当签订书面委托合同，并按双方约定的标准收取代理费；国家对收费标准有规定的，依照其规定。

第二十四条　招标人根据施工招标项目的特点和需要编制招标文件。招标文件一般包括下列内容：

(一)招标公告或投标邀请书；

(二)投标人须知；

(三)合同主要条款；

(四)投标文件格式；

(五)采用工程量清单招标的，应当提供工程量清单；

(六)技术条款；

(七)设计图纸；

(八)评标标准和方法；

(九)投标辅助材料。

招标人应当在招标文件中规定实质性要求和条件，并用醒目的方式标明。

第二十五条　招标人可以要求投标人在提交符合招标文件规定要求的投标文件外，提交备选投标方案，但应当在招标文件中作出说明，并提出相应的评审和比较办法。

第二十六条　招标文件规定的各项技术标准应符合国家强制性标准。

招标文件中规定的各项技术标准均不得要求或标明某一特定的专利、商标、名称、设计、原产地或生产供应者，不得含有倾向或者排斥潜在投标人的其他内容。如果必须引用某一生产供应者的技术标准才能准确或清楚地说明拟招标项目的技术标准时，则应当在参照后面加上“或相当于”的字样。

第二十七条　施工招标项目需要划分标段、确定工期的，招标人应当合理划分标段、确定工期，并在招标文件中载明。对工程技术上紧密相连、不可分割的单位工程不得分割标段。

招标人不得以不合理的标段或工期限制或者排斥潜在投标人或者投标人。依法必须进行施工招标的项目的招标人不得利用划分标段规避招标。

第二十八条　招标文件应当明确规定所有评标因素，以及如何将这些因素量化或者据以进行评估。

在评标过程中，不得改变招标文件中规定的评标标准、方法和中标条件。

第二十九条　招标文件应当规定一个适当的投标有效期，以保证招标人有足够的时间完成评标和与中标人签订合同。投标有效期从投标人提交投标文件截止之日起计算。

在原投标有效期结束前，出现特殊情况的，招标人可以书面形式要求所有投标人延长投标有效期。投标人同意延长的，不得要求或被允许修改其投标文件的实质性内容，但应当相应延长其投标保证金的有效期；投标人拒绝延长的，其投标失效，但投标人有权收回其投标保证金。因延长投标有效期造成投标人损失的，招标人应当给予补偿，但因不可抗力需要延长投标有效期的除外。

第三十条　施工招标项目工期较长的，招标文件中可以规定工程造价指数体系、价格调整因素和调整方法。

第三十一条　招标人应当确定投标人编制投标文件所需要的合理时间；但是，依法必须进行招标的项目，自招标文件开始发出之日起至投标人提交投标文件截止之日止，最短不得少于二十日。

第三十二条　招标人根据招标项目的具体情况，可以组织潜在投标人踏勘项目现场，向其介绍工程场地和相关环境的有关情况。潜在投标人依据招标人介绍情况作出的判断和决策，由投标人自行负责。

招标人不得单独或者分别组织任何一个投标人进行现场踏勘。

第三十三条　对于潜在投标人在阅读招标文件和现场踏勘中提出的疑问，招标人可以书面形式或召开投标预备会的方式解答，但需同时将解答以书面方式通知所有购买招标文件的潜在投标人。该解答的内容为招标文件的组成部分。

第三十四条　招标人可根据项目特点决定是否编制标底。编制标底的，标底编制过程和标底在开标前必须保密。

招标项目编制标底的，应根据批准的初步设计、投资概算，依据有关计价办法，参照有关工程定额，结合市场供求状况，综合考虑投资、工期和质量等方面的因素合理确定。

标底由招标人自行编制或委托中介机构编制。一个工程只能编制一个标底。

任何单位和个人不得强制招标人编制或报审标底,或干预其确定标底。

招标项目可以不设标底,进行无标底招标。

招标人设有最高投标限价的,应当在招标文件中明确最高投标限价或者最高投标限价的计算方法。招标人不得规定最低投标限价。

第三章 投　　标

第三十五条　投标人是响应招标、参加投标竞争的法人或者其他组织。招标人的任何不具独立法人资格的附属机构(单位),或者为招标项目的前期准备或者监理工作提供设计、咨询服务的任何法人及其任何附属机构(单位),都无资格参加该招标项目的投标。

第三十六条　投标人应当按照招标文件的要求编制投标文件。投标文件应当对招标文件提出的实质性要求和条件作出响应。

投标文件一般包括下列内容:

(一)投标函;

(二)投标报价;

(三)施工组织设计;

(四)商务和技术偏差表。

投标人根据招标文件载明的项目实际情况,拟在中标后将中标项目的部分非主体、非关键性工作进行分包的,应当在投标文件中载明。

第三十七条　招标人可以在招标文件中要求投标人提交投标保证金。投标保证金除现金外,可以是银行出具的银行保函、保兑支票、银行汇票或现金支票。

投标保证金不得超过项目估算价的百分之二,但最高不得超过八十万元人民币。投标保证金有效期应当与投标有效期一致。

投标人应当按照招标文件要求的方式和金额,将投标保证金随投标文件提交给招标人或其委托的招标代理机构。

依法必须进行施工招标的项目的境内投标单位,以现金或者支票形式提交的投标保证金应当从其基本账户转出。

第三十八条　投标人应当在招标文件要求提交投标文件的截止时间前,将投标文件密封送达投标地点。招标人收到投标文件后,应当向投标人出具标明签收人和签收时间的凭证,在开标前任何单位和个人不得开启投标文件。

在招标文件要求提交投标文件的截止时间后送达的投标文件,招标人应当拒收。

依法必须进行施工招标的项目提交投标文件的投标人少于三个的,招标人在分析招标失败的原因并采取相应措施后,应当依法重新招标。重新招标后投标人仍少于三个的,属于必须审批、核准的工程建设项目,报经原审批、核准部门批准后可以不再进行招标;其他工程建设项目,招标人可自行决定不再进行招标。

第三十九条　投标人在招标文件要求提交投标文件的截止时间前,可以补充、修改、替代或者撤回已提交的投标文件,并书面通知招标人。补充、修改的内容为投标文件的组成部分。

第四十条　在提交投标文件截止时间后到招标文件规定的投标有效期终止之前,投标人不得撤销其投标文件,否则招标人可以不退还其投标保证金。

第四十一条　在开标前,招标人应妥善保管好已接收的投标文件、修改或撤回通知、备选投标方案等投标资料。

第四十二条　两个以上法人或者其他组织可以组成一个联合体,以一个投标人的身份共同投标。

联合体各方签订共同投标协议后,不得再以自己名义单独投标,也不得组成新的联合体或参加其他联合体在同一项目中投标。

第四十三条　招标人接受联合体投标并进行资格预审的,联合体应当在提交资格预审申请文件前组成。资格预审后联合体增减、更换成员的,其投标无效。

第四十四条　联合体各方应当指定牵头人,授权其代表所有联合体成员负责投标和合同实施阶段的主办、协调工作,并应当向招标人提交由所有联合体成员法定代表人签署的授权书。

第四十五条　联合体投标的,应当以联合体各方或者联合体中牵头人的名义提交投标保证金。以联合体中牵头人名义提交的投标保证金,对联合体各成员具有约束力。

第四十六条　下列行为均属投标人串通投标报价:

(一)投标人之间相互约定抬高或压低投标报价;

(二)投标人之间相互约定,在招标项目中分别以高、中、低价位报价;

(三)投标人之间先进行内部竞价,内定中标人,然后再参加投标;

(四)投标人之间其他串通投标报价的行为。

第四十七条　下列行为均属招标人与投标人串通投标:

(一)招标人在开标前开启投标文件并将有关信息泄露给其他投标人,或者授意投标人撤换、修改投标文件;

(二)招标人向投标人泄露标底、评标委员会成员等信息;

(三)招标人明示或者暗示投标人压低或抬高投标报价;

(四)招标人明示或者暗示投标人为特定投标人中标提供方便;

(五)招标人与投标人为谋求特定中标人中标而采取的其他串通行为。

第四十八条　投标人不得以他人名义投标。

前款所称以他人名义投标,指投标人挂靠其他施工单位,或从其他单位通过受让或租借的方式获取资格或资质证书,或者由其他单位及其法定代表人在自己编制的投标文件上加盖印章和签字等行为。

第四章　开标、评标和定标

第四十九条　开标应当在招标文件确定的提交投标文件截止时间的同一时间公开进行;开标地点应当为招标文件中确定的地点。

投标人对开标有异议的,应当在开标现场提出,招标人应当当场作出答复,并制作记录。

第五十条　投标文件有下列情形之一的,招标人应当拒收:

(一)逾期送达;

（二）未按招标文件要求密封。

有下列情形之一的，评标委员会应当否决其投标：

（一）投标文件未经投标单位盖章和单位负责人签字；

（二）投标联合体没有提交共同投标协议；

（三）投标人不符合国家或者招标文件规定的资格条件；

（四）同一投标人提交两个以上不同的投标文件或者投标报价，但招标文件要求提交备选投标的除外；

（五）投标报价低于成本或者高于招标文件设定的最高投标限价；

（六）投标文件没有对招标文件的实质性要求和条件作出响应；

（七）投标人有串通投标、弄虚作假、行贿等违法行为。

第五十一条　评标委员会可以书面方式要求投标人对投标文件中含义不明确、对同类问题表述不一致或者有明显文字和计算错误的内容作必要的澄清、说明或补正。评标委员会不得向投标人提出带有暗示性或诱导性的问题，或向其明确投标文件中的遗漏和错误。

第五十二条　投标文件不响应招标文件的实质性要求和条件的，评标委员会不得允许投标人通过修正或撤销其不符合要求的差异或保留，使之成为具有响应性的投标。

第五十三条　评标委员会在对实质上响应招标文件要求的投标进行报价评估时，除招标文件另有约定外，应当按下述原则进行修正：

（一）用数字表示的数额与用文字表示的数额不一致时，以文字数额为准；

（二）单价与工程量的乘积与总价之间不一致时，以单价为准。若单价有明显的小数点错位，应以总价为准，并修改单价。

按前款规定调整后的报价经投标人确认后产生约束力。

投标文件中没有列入的价格和优惠条件在评标时不予考虑。

第五十四条　对于投标人提交的优越于招标文件中技术标准的备选投标方案所产生的附加收益，不得考虑进评标价中。符合招标文件的基本技术要求且评标价最低或综合评分最高的投标人，其所提交的备选方案方可予以考虑。

第五十五条　招标人设有标底的，标底在评标中应当作为参考，但不得作为评标的唯一依据。

第五十六条　评标委员会完成评标后，应向招标人提出书面评标报告。评标报告由评标委员会全体成员签字。

依法必须进行招标的项目，招标人应当自收到评标报告之日起三日内公示中标候选人，公示期不得少于三日。

中标通知书由招标人发出。

第五十七条　评标委员会推荐的中标候选人应当限定在一至三人，并标明排列顺序。招标人应当接受评标委员会推荐的中标候选人，不得在评标委员会推荐的中标候选人之外确定中标人。

第五十八条　国有资金占控股或者主导地位的依法必须进行招标的项目，招标人应当确定排名第一的中标候选人为中标人。排名第一的中标候选人放弃中标、因不可抗力提出不能履行合同、不按照招标文件的要求提交履约保证金，或者被查实存在影响中标结果的违法行为等情形，不符合中标条件的，招标人可以按照评标委员会提出的中标候选人名单排序依次确定其他中标候选人为中标人。依次确定其他中标候选人与招标人预期差距较大,或者对招标人明显不利的,招标人可以重新招标。

招标人可以授权评标委员会直接确定中标人。

国务院对中标人的确定另有规定的,从其规定。

第五十九条　招标人不得向中标人提出压低报价、增加工作量、缩短工期或其他违背中标人意愿的要求,以此作为发出中标通知书和签订合同的条件。

第六十条　中标通知书对招标人和中标人具有法律效力。中标通知书发出后,招标人改变中标结果的,或者中标人放弃中标项目的,应当依法承担法律责任。

第六十一条　招标人全部或者部分使用非中标单位投标文件中的技术成果或技术方案时,需征得其书面同意,并给予一定的经济补偿。

第六十二条　招标人和中标人应当在投标有效期内并在自中标通知书发出之日起三十日内,按照招标文件和中标人的投标文件订立书面合同。招标人和中标人不得再行订立背离合同实质性内容的其他协议。

招标人要求中标人提供履约保证金或其他形式履约担保的,招标人应当同时向中标人提供工程款支付担保。

招标人不得擅自提高履约保证金,不得强制要求中标人垫付中标项目建设资金。

第六十三条　招标人最迟应当在与中标人签订合同后五日内,向中标人和未中标的投标人退还投标保证金及银行同期存款利息。

第六十四条　合同中确定的建设规模、建设标准、建设内容、合同价格应当控制在批准的初步设计及概算文件范围内;确需超出规定范围的,应当在中标合同签订前,报原项目审批部门审查同意。凡应报经审查而未报的,在初步设计及概算调整时,原项目审批部门一律不予承认。

第六十五条　依法必须进行施工招标的项目,招标人应当自发出中标通知书之日起十五日内,向有关行政监督部门提交招标投标情况的书面报告。

前款所称书面报告至少应包括下列内容:

(一)招标范围;

(二)招标方式和发布招标公告的媒介;

(三)招标文件中投标人须知、技术条款、评标标准和方法、合同主要条款等内容;

(四)评标委员会的组成和评标报告;

(五)中标结果。

第六十六条　招标人不得直接指定分包人。

第六十七条　对于不具备分包条件或者不符合分包规定的,招标人有权在签订合同或者中标人提出分包要求时予以拒绝。发现中标人转包或违法分包时,可要求其改正;拒不改正的,可终止合同,并报请有关行政监督部门查处。

监理人员和有关行政部门发现中标人违反合同约定进行转包或违法分包的,应当要求中标人改正,或者告知招标人要求其改正;对于拒不改正的,应当报请有关行政监督部门查处。

第五章　法律责任

第六十八条　依法必须进行招标的项目而不招标的,将必须进行招标的项目化整为零或者以其他任何方式规避招标的,有关行政监督部门责令限期改正,可以处项目合同金额千分之五以上千分之十以下的罚款;对全部或者部分使用国有资金的项目,项目审批部门可以暂停项目执行或者暂停资金拨付;对单位直接负责的主管人员和其他直接责任人员依法给予处分。

第六十九条　招标代理机构违法泄露应当保密的与招标投标活动有关的情况和资料的,或者与招标人、投标人串通损害国家利益、社会公共利益或者他人合法权益的,由有关行政监督部门处五万元以上二十五万元以下罚款,对单位直接负责的主管人员和其他直接责任人员处单位罚款数额百分之五以上百分之十以下罚款;有违法所得的,并处没收违法所得;情节严重的,有关行政监督部门可停止其一定时期内参与相关领域的招标代理业务,资格认定部门可暂停直至取消招标代理资格;构成犯罪的,由司法部门依法追究刑事责任。给他人造成损失的,依法承担赔偿责任。

前款所列行为影响中标结果,并且中标人为前款所列行为的受益人的,中标无效。

第七十条　招标人以不合理的条件限制或者排斥潜在投标人的,对潜在投标人实行歧视待遇的,强制要求投标人组成联合体共同投标的,或者限制投标人之间竞争的,有关行政监督部门责令改正,可处一万元以上五万元以下罚款。

第七十一条　依法必须进行招标项目的招标人向他人透露已获取招标文件的潜在投标人的名称、数量或者可能影响公平竞争的有关招标投标的其他情况的,或者泄露标底的,有关行政监督部门给予警告,可以并处一万元以上十万元以下的罚款;对单位直接负责的主管人员和其他直接责任人员依法给予处分;构成犯罪的,依法追究刑事责任。

前款所列行为影响中标结果的,中标无效。

第七十二条　招标人在发布招标公告、发出投标邀请书或者售出招标文件或资格预审文件后终止招标的,应当及时退还所收取的资格预审文件、招标文件的费用,以及所收取的投标保证金及银行同期存款利息。给潜在投标人或者投标人造成损失的,应当赔偿损失。

第七十三条　招标人有下列限制或者排斥潜在投标人行为之一的,由有关行政监督部门依照招标投标法第五十一条的规定处罚;其中,构成依法必须进行施工招标的项目的招标人规避招标的,依照招标投标法第四十九条的规定处罚:

(一)依法应当公开招标的项目不按照规定在指定媒介发布资格预审公告或者招标公告;

(二)在不同媒介发布的同一招标项目的资格预审公告或者招标公告的内容不一致,影响潜在投标人申请资格预审或者投标。

招标人有下列情形之一的,由有关行政监督部门责令改正,可以处 10 万元以下的罚款:

(一)依法应当公开招标而采用邀请招标;

(二)招标文件、资格预审文件的发售、澄清、修改的时限,或者确定的提交资格预审申请文件、投标文件的时限不符合招标投标法和招标投标法实施条例规定;

(三)接受未通过资格预审的单位或者个人参加投标;

（四）接受应当拒收的投标文件。

招标人有前款第一项、第三项、第四项所列行为之一的，对单位直接负责的主管人员和其他直接责任人员依法给予处分。

第七十四条　投标人相互串通投标或者与招标人串通投标的，投标人以向招标人或者评标委员会成员行贿的手段谋取中标的，中标无效，由有关行政监督部门处中标项目金额千分之五以上千分之十以下的罚款，对单位直接负责的主管人员和其他直接责任人员处单位罚款数额百分之五以上百分之十以下的罚款；有违法所得的，并处没收违法所得；情节严重的，取消其一至二年的投标资格，并予以公告，直至由工商行政管理机关吊销营业执照；构成犯罪的，依法追究刑事责任。给他人造成损失的，依法承担赔偿责任。投标人未中标的，对单位的罚款金额按照招标项目合同金额依照招标投标法规定的比例计算。

第七十五条　投标人以他人名义投标或者以其他方式弄虚作假，骗取中标的，中标无效，给招标人造成损失的，依法承担赔偿责任；构成犯罪的，依法追究刑事责任。

依法必须进行招标项目的投标人有前款所列行为尚未构成犯罪的，有关行政监督部门处中标项目金额千分之五以上千分之十以下的罚款，对单位直接负责的主管人员和其他直接责任人员处单位罚款数额百分之五以上百分之十以下的罚款；有违法所得的，并处没收违法所得；情节严重的，取消其一至三年投标资格，并予以公告，直至由工商行政管理机关吊销营业执照。投标人未中标的，对单位的罚款金额按照招标项目合同金额依照招标投标法规定的比例计算。

第七十六条　依法必须进行招标的项目，招标人违法与投标人就投标价格、投标方案等实质性内容进行谈判的，有关行政监督部门给予警告，对单位直接负责的主管人员和其他直接责任人员依法给予处分。

前款所列行为影响中标结果的，中标无效。

第七十七条　评标委员会成员收受投标人的财物或者其他好处的，没收收受的财物，可以并处三千元以上五万元以下的罚款，取消担任评标委员会成员的资格并予以公告，不得再参加依法必须进行招标的项目的评标；构成犯罪的，依法追究刑事责任。

第七十八条　评标委员会成员应当回避而不回避，擅离职守，不按照招标文件规定的评标标准和方法评标，私下接触投标人，向招标人征询确定中标人的意向或者接受任何单位或者个人明示或者暗示提出的倾向或者排斥特定投标人的要求，对依法应当否决的投标不提出否决意见，暗示或者诱导投标人作出澄清、说明或者接受投标人主动提出的澄清、说明，或者有其他不能客观公正地履行职责行为的，有关行政监督部门责令改正；情节严重的，禁止其在一定期限内参加依法必须进行招标的项目的评标；情节特别严重的，取消其担任评标委员会成员的资格。

第七十九条　依法必须进行招标的项目的招标人不按照规定组建评标委员会，或者确定、更换评标委员会成员违反招标投标法和招标投标法实施条例规定的，由有关行政监督部门责令改正，可以处 10 万元以下的罚款，对单位直接负责的主管人员和其他直接责任人员依法给予处分；违法确定或者更换的评标委员会成员作出的评审决定无效，依法重新进行评审。

第八十条　依法必须进行招标的项目的招标人有下列情形之一的，由有关行政监督部门责令改正，可以处中标项目金额千分之十以下的罚款；给他人造成损失的，依法承担赔偿

责任;对单位直接负责的主管人员和其他直接责任人员依法给予处分:

(一)无正当理由不发出中标通知书;

(二)不按照规定确定中标人;

(三)中标通知书发出后无正当理由改变中标结果;

(四)无正当理由不与中标人订立合同;

(五)在订立合同时向中标人提出附加条件。

第八十一条　中标通知书发出后,中标人放弃中标项目的,无正当理由不与招标人签订合同的,在签订合同时向招标人提出附加条件或者更改合同实质性内容的,或者拒不提交所要求的履约保证金的,取消其中标资格,投标保证金不予退还;给招标人的损失超过投标保证金数额的,中标人应当对超过部分予以赔偿;没有提交投标保证金的,应当对招标人的损失承担赔偿责任。对依法必须进行施工招标的项目的中标人,由有关行政监督部门责令改正,可以处中标金额千分之十以下罚款。

第八十二条　中标人将中标项目转让给他人的,将中标项目肢解后分别转让给他人的,违法将中标项目的部分主体、关键性工作分包给他人的,或者分包人再次分包的,转让、分包无效,有关行政监督部门处转让、分包项目金额千分之五以上千分之十以下的罚款;有违法所得的,并处没收违法所得;可以责令停业整顿;情节严重的,由工商行政管理机关吊销营业执照。

第八十三条　招标人与中标人不按照招标文件和中标人的投标文件订立合同的,合同的主要条款与招标文件、中标人的投标文件的内容不一致,或者招标人、中标人订立背离合同实质性内容的协议的,有关行政监督部门责令改正;可以处中标项目金额千分之五以上千分之十以下的罚款。

第八十四条　中标人不履行与招标人订立的合同的,履约保证金不予退还,给招标人造成的损失超过履约保证金数额的,还应当对超过部分予以赔偿;没有提交履约保证金的,应当对招标人的损失承担赔偿责任。

中标人不按照与招标人订立的合同履行义务,情节严重的,有关行政监督部门取消其二至五年参加招标项目的投标资格并予以公告,直至由工商行政管理机关吊销营业执照。

因不可抗力不能履行合同的,不适用前两款规定。

第八十五条　招标人不履行与中标人订立的合同的,应当返还中标人的履约保证金,并承担相应的赔偿责任;没有提交履约保证金的,应当对中标人的损失承担赔偿责任。

因不可抗力不能履行合同的,不适用前款规定。

第八十六条　依法必须进行施工招标的项目违反法律规定,中标无效的,应当依照法律规定的中标条件从其余投标人中重新确定中标人或者依法重新进行招标。

中标无效的,发出的中标通知书和签订的合同自始没有法律约束力,但不影响合同中独立存在的有关解决争议方法的条款的效力。

第八十七条　任何单位违法限制或者排斥本地区、本系统以外的法人或者其他组织参加投标的,为招标人指定招标代理机构的,强制招标人委托招标代理机构办理招标事宜的,或者以其他方式干涉招标投标活动的,有关行政监督部门责令改正;对单位直接负责的主管人员和其他直接责任人员依法给予警告、记过、记大过的处分,情节较重的,依法给予降级、撤职、开除的处分。

个人利用职权进行前款违法行为的,依照前款规定追究责任。

第八十八条　对招标投标活动依法负有行政监督职责的国家机关工作人员徇私舞弊、滥用职权或者玩忽职守,构成犯罪的,依法追究刑事责任;不构成犯罪的,依法给予行政处分。

第八十九条　投标人或者其他利害关系人认为工程建设项目施工招标投标活动不符合国家规定的,可以自知道或者应当知道之日起10日内向有关行政监督部门投诉。投诉应当有明确的请求和必要的证明材料。

第六章　附　　则

第九十条　使用国际组织或者外国政府贷款、援助资金的项目进行招标,贷款方、资金提供方对工程施工招标投标活动的条件和程序有不同规定的,可以适用其规定,但违背中华人民共和国社会公共利益的除外。

第九十一条　本办法由国家发展改革委会同有关部门负责解释。

第九十二条　本办法自2003年5月1日起施行。

《标准施工招标资格预审文件》和《标准施工招标文件》暂行规定

（发改委等九部委令第 56 号）

（2007 年 11 月 1 日国家发展改革委、财政部、建设部、铁道部、交通部、信息产业部、水利部、民航总局、广电总局令第 56 号公布　自 2008 年 5 月 1 日起施行　根据 2013 年 3 月 11 日国家发展改革委、工业和信息化部、财政部、住房城乡建设部、交通运输部、铁道部、水利部、广电总局、民航局令第 23 号修订）

第一条　为了规范施工招标资格预审文件、招标文件编制活动，提高资格预审文件、招标文件编制质量，促进招标投标活动的公开、公平和公正，国家发展和改革委员会、财政部、建设部、铁道部、交通部、信息产业部、水利部、民用航空总局、广播电影电视总局联合编制了《标准施工招标资格预审文件》和《标准施工招标文件》（以下如无特别说明，统一简称为《标准文件》）。

第二条　本《标准文件》适用于依法必须招标的工程建设项目。

第三条　国务院有关行业主管部门可根据《标准施工招标文件》并结合本行业施工招标特点和管理需要，编制行业标准施工招标文件。行业标准施工招标文件重点对“专用合同条款”、“工程量清单”、“图纸”“技术标准和要求”作出具体规定。

第四条　招标人应根据《标准文件》和行业标准施工招标文件（如有），结合招标项目具体特点和实际需要，按照公开、公平、公正和诚实信用原则编写施工招标资格预审文件或施工招标文件，并按规定执行政府采购政策。

第五条　行业标准施工招标文件和招标人编制的施工招标资格预审文件、施工招标文件，应不加修改地引用《标准施工招标资格预审文件》中的“申请人须知”（申请人须知前附表除外）、“资格审查办法”（资格审查办法前附表除外），以及《标准施工招标文件》中的“投标人须知”（投标人须知前附表和其他附表除外）、“评标办法”（评标办法前附表除外）、“通用合同条款”。

《标准文件》中的其他内容，供招标人参考。

第六条　行业标准施工招标文件中的“专用合同条款”可对《标准施工招标文件》中的“通用合同条款”进行补充、细化，除“通用合同条款”明确“专用合同条款”可作出不同约定外，补充和细化的内容不得与“通用合同条款”强制性规定相抵触，否则抵触内容无效。

第七条　“申请人须知前附表”和“投标人须知前附表”用于进一步明确“申请人须知”和“投标人须知”正文中的未尽事宜，招标人应结合招标项目具体特点和实际需要编制和填写，但不得与“申请人须知”和“投标人须知”正文内容相抵触，否则抵触内容无效。

第八条　“资格审查办法前附表”和“评标办法前附表”用于明确资格审查和评标的方法、因素、标准和程序。招标人应根据招标项目具体特点和实际需要，详细列明全部审查或评审因素、标准,没有列明的因素和标准不得作为资格审查或评标的依据。

第九条　招标人编制招标文件中的“专用合同条款”可根据招标项目的具体特点和实际需要,对《标准施工招标文件》中的“通用合同条款”进行补充、细化和修改,但不得违反法律、行政法规的强制性规定和平等、自愿、公平和诚实信用原则。

第十条　招标人编制的资格预审文件和招标文件不得违反公开、公平、公正、平等、自愿和诚实信用原则。

第十一条　国务院有关部门和地方人民政府有关部门应加强对招标人使用《标准文件》的指导和监督检查,及时总结经验和发现问题。

第十二条　需要就如何适用《标准文件》中不加修改地引用的内容作出解释的,按照国务院和地方人民政府部门职责分工,分别由有关部门负责。

第十三条　因出现新情况,需要对《标准文件》中不加修改地引用的内容作出解释或调整的,由国家发展和改革委员会会同国务院有关部门作出解释或调整。该解释和调整与《标准文件》具有同等效力。

第十四条　《标准文件》作为本规定的附件,与本规定同时发布施行。

房屋建筑和市政基础设施工程施工招标投标管理办法

（建设部令第89号）

《房屋建筑和市政基础设施工程施工招标投标管理办法》已于二〇〇一年五月三十一日经第四十三次部常务会议讨论通过，现予发布，自发布之日起施行。

二〇〇一年六月一日

第一章　总　　则

第一条　为了规范房屋建筑和市政基础设施工程施工招标投标活动，维护招标投标当事人的合法权益，依据《中华人民共和国建筑法》、《中华人民共和国招标投标法》等法律、行政法规，制定本办法。

第二条　在中华人民共和国境内从事房屋建筑和市政基础设施工程施工招标投标活动，实施对房屋建筑和市政基础设施工程施工招标投标活动的监督管理，适用本办法。

本办法所称房屋建筑工程，是指各类房屋建筑及其附属设施和与其配套的线路、管道、设备安装工程及室内外装修工程。

本办法所称市政基础设施工程，是指城市道路、公共交通、供水、排水、燃气、热力、园林、环卫、污水处理、垃圾处理、防洪、地下公共设施及附属设施的土建、管道、设备安装工程。

第三条　房屋建筑和市政基础设施工程（以下简称工程）的施工单项合同估算价在200万元人民币以上，或者项目总投资在3 000万元人民币以上的，必须进行招标。

省、自治区、直辖市人民政府建设行政主管部门报经同级人民政府批准，可以根据实际情况，规定本地区必须进行工程施工招标的具体范围和规模标准，但不得缩小本办法确定的必须进行施工招标的范围。

第四条　国务院建设行政主管部门负责全国工程施工招标投标活动的监督管理。

县级以上地方人民政府建设行政主管部门负责本行政区域内工程施工招标投标活动的监督管理。具体的监督管理工作，可以委托工程招标投标监督管理机构负责实施。

第五条任何单位和个人不得违反法律、行政法规规定，限制或者排斥本地区、本系统以外的法人或者其他组织参加投标，不得以任何方式非法干涉施工招标投标活动。

第六条　施工招标投标活动及其当事人应当依法接受监督。

建设行政主管部门依法对施工招标投标活动实施监督，查处施工招标投标活动中的违法行为。

第二章　招　　标

第七条　工程施工招标由招标人依法组织实施。招标人不得以不合理条件限制或者排斥潜在投标人，不得对潜在投标人实行歧视待遇，不得对潜在投标人提出与招标工程实际要求不符的过高的资质等级要求和其他要求。

第八条　工程施工招标应当具备下列条件：

（一）按照国家有关规定需要履行项目审批手续的，已经履行审批手续；

（二）工程资金或者资金来源已经落实；

（三）有满足施工招标需要的设计文件及其他技术资料；

（四）法律、法规、规章规定的其他条件。

第九条　工程施工招标分为公开招标和邀请招标。

依法必须进行施工招标的工程，全部使用国有资金投资或者国有资金投资占控股或者主导地位的，应当公开招标，但经国家计委或者省、自治区、直辖市人民政府依法批准可以进行邀请招标的重点建设项目除外；其他工程可以实行邀请招标。

第十条　工程有下列情形之一的，经县级以上地方人民政府建设行政主管部门批准，可以不进行施工招标：

（一）停建或者缓建后恢复建设的单位工程，且承包人未发生变更的；

（二）施工企业自建自用的工程，且该施工企业资质等级符合工程要求的；

（三）在建工程追加的附属小型工程或者主体加层工程，且承包人未发生变更的；

（四）法律、法规、规章规定的其他情形。

第十一条　依法必须进行施工招标的工程，招标人自行办理施工招标事宜的，应当具有编制招标文件和组织评标的能力：

（一）有专门的施工招标组织机构；

（二）有与工程规模、复杂程度相适应并具有同类工程施工招标经验、熟悉有关工程施工招标法律法规的工程技术、概预算及工程管理的专业人员。

不具备上述条件的，招标人应当委托具有相应资格的工程招标代理机构代理施工招标。

第十二条　招标人自行办理施工招标事宜的，应当在发布招标公告或者发出投标邀请书的 5 日前，向工程所在地县级以上地方人民政府建设行政主管部门备案，并报送下列材料：

（一）按照国家有关规定办理审批手续的各项批准文件；

（二）本办法第十一条所列条件的证明材料，包括专业技术人员的名单、职称证书或者执业资格证书及其工作经历的证明材料；

（三）法律、法规、规章规定的其他材料。

招标人不具备自行办理施工招标事宜条件的，建设行政主管部门应当自收到备案材料之日起 5 日内责令招标人停止自行办理施工招标事宜。

第十三条　全部使用国有资金投资或者国有资金投资占控股或者主导地位，依法必须进行施工招标的工程项目,应当进入有形建筑市场进行招标投标活动。

政府有关管理机关可以在有形建筑市场集中办理有关手续,并依法实施监督。

第十四条　依法必须进行施工公开招标的工程项目,应当在国家或者地方指定的报刊、信息网络或者其他媒介上发布招标公告,并同时在中国工程建设和建筑业信息网上发布招标公告。

招标公告应当载明招标人的名称和地址,招标工程的性质、规模、地点以及获取招标文件的办法等事项。

第十五条　招标人采用邀请招标方式的,应当向3个以上符合资质条件的施工企业发出投标邀请书。

投标邀请书应当载明本办法第十四条第二款规定的事项。

第十六条　招标人可以根据招标工程的需要,对投标申请人进行资格预审,也可以委托工程招标代理机构对投标申请人进行资格预审。实行资格预审的招标工程,招标人应当在招标公告或者投标邀请书中载明资格预审的条件和获取资格预审文件的办法。

资格预审文件一般应当包括资格预审申请书格式、申请人须知,以及需要投标申请人提供的企业资质、业绩、技术装备、财务状况和拟派出的项目经理与主要技术人员的简历、业绩等证明材料。

第十七条　经资格预审后,招标人应当向资格预审合格的投标申请人发出资格预审合格通知书,告知获取招标文件的时间、地点和方法,并同时向资格预审不合格的投标申请人告知资格预审结果。

在资格预审合格的投标申请人过多时,可以由招标人从中选择不少于7家资格预审合格的投标申请人。

第十八条　招标人应当根据招标工程的特点和需要,自行或者委托工程招标代理机构编制招标文件。招标文件应当包括下列内容:

(一)投标须知,包括工程概况,招标范围,资格审查条件,工程资金来源或者落实情况(包括银行出具的资金证明),标段划分,工期要求,质量标准,现场踏勘和答疑安排,投标文件编制、提交、修改、撤回的要求,投标报价要求,投标有效期,开标的时间和地点,评标的方法和标准等;

(二)招标工程的技术要求和设计文件;

(三)采用工程量清单招标的,应当提供工程量清单;

(四)投标函的格式及附录;

(五)拟签订合同的主要条款;

(六)要求投标人提交的其他材料。

第十九条　依法必须进行施工招标的工程,招标人应当在招标文件发出的同时,将招标文件报工程所在地的县级以上地方人民政府建设行政主管部门备案。建设行政主管部门发现招标文件有违反法律、法规内容的,应当责令招标人改正。

第二十条　招标人对已发出的招标文件进行必要的澄清或者修改的,应当在招标文件要求提交投标文件截止时间至少15日前,以书面形式通知所有招标文件收受人,并同时报工程所在地的县级以上地方人民政府建设行政主管部门备案。该澄清或者修改的内容为招标文件的组成部分。

第二十一条　招标人设有标底的，应当依据国家规定的工程量计算规则及招标文件规定的计价方法和要求编制标底，并在开标前保密。一个招标工程只能编制一个标底。

第二十二条　招标人对于发出的招标文件可以酌收工本费。其中的设计文件，招标人可以酌收押金。对于开标后将设计文件退还的，招标人应当退还押金。

第三章　投　　标

第二十三条　施工招标的投标人是响应施工招标、参与投标竞争的施工企业。

投标人应当具备相应的施工企业资质，并在工程业绩、技术能力、项目经理资格条件、财务状况等方面满足招标文件提出的要求。

第二十四条　投标人对招标文件有疑问需要澄清的，应当以书面形式向招标人提出。

第二十五条　投标人应当按照招标文件的要求编制投标文件，对招标文件提出的实质性要求和条件作出响应。

招标文件允许投标人提供备选标的，投标人可以按照招标文件的要求提交替代方案，并作出相应报价作备选标。

第二十六条　投标文件应当包括下列内容：

（一）投标函；

（二）施工组织设计或者施工方案；

（三）投标报价；

（四）招标文件要求提供的其他材料。

第二十七条　招标人可以在招标文件中要求投标人提交投标担保。投标担保可以采用投标保函或者投标保证金的方式。投标保证金可以使用支票、银行汇票等，一般不得超过投标总价的2%，最高不得超过50万元。

投标人应当按照招标文件要求的方式和金额，将投标保函或者投标保证金随投标文件提交招标人。

第二十八条　投标人应当在招标文件要求提交投标文件的截止时间前，将投标文件密封送达投标地点。招标人收到投标文件后，应当向投标人出具标明签收人和签收时间的凭证，并妥善保存投标文件。在开标前，任何单位和个人均不得开启投标文件。在招标文件要求提交投标文件的截止时间后送达的投标文件，为无效的投标文件，招标人应当拒收。

提交投标文件的投标人少于3个的，招标人应当依法重新招标。

第二十九条　投标人在招标文件要求提交投标文件的截止时间前，可以补充、修改或者撤回已提交的投标文件。补充、修改的内容为投标文件的组成部分，并应当按照本办法第二十八条第一款的规定送达、签收和保管。在招标文件要求提交投标文件的截止时间后送达的补充或者修改的内容无效。

第三十条　两个以上施工企业可以组成一个联合体，签订共同投标协议，以一个投标人的身份共同投标。联合体各方均应当具备承担招标工程的相应资质条件。相同专业的施工企业组成的联合体，按照资质等级低的施工企业的业务许可范围承揽工程。

招标人不得强制投标人组成联合体共同投标，不得限制投标人之间的竞争。

第三十一条　投标人不得相互串通投标，不得排挤其他投标人的公平竞争，损害招标人或者其他投标人的合法权益。

投标人不得与招标人串通投标,损害国家利益、社会公共利益或者他人的合法权益。

禁止投标人以向招标人或者评标委员会成员行贿的手段谋取中标。

第三十二条　投标人不得以低于其企业成本的报价竞标,不得以他人名义投标或者以其他方式弄虚作假,骗取中标。

第四章　开标、评标和中标

第三十三条　开标应当在招标文件确定的提交投标文件截止时间的同一时间公开进行;开标地点应当为招标文件中预先确定的地点。

第三十四条　开标由招标人主持,邀请所有投标人参加。开标应当按照下列规定进行:

由投标人或者其推选的代表检查投标文件的密封情况,也可以由招标人委托的公证机构进行检查并公证。经确认无误后,由有关工作人员当众拆封,宣读投标人名称、投标价格和投标文件的其他主要内容。

招标人在招标文件要求提交投标文件的截止时间前收到的所有投标文件,开标时都应当当众予以拆封、宣读。

开标过程应当记录,并存档备查。

第三十五条　在开标时,投标文件出现下列情形之一的,应当作为无效投标文件,不得进入评标:

(一)投标文件未按照招标文件的要求予以密封的;

(二)投标文件中的投标函未加盖投标人的企业及企业法定代表人印章的,或者企业法定代表人委托代理人没有合法、有效的委托书(原件)及委托代理人印章的;

(三)投标文件的关键内容字迹模糊、无法辨认的;

(四)投标人未按照招标文件的要求提供投标保函或者投标保证金的;

(五)组成联合体投标的,投标文件未附联合体各方共同投标协议的。

第三十六条　评标由招标人依法组建的评标委员会负责。

依法必须进行施工招标的工程,其评标委员会由招标人的代表和有关技术、经济等方面的专家组成,成员人数为5人以上单数,其中招标人、招标代理机构以外的技术、经济等方面专家不得少于成员总数的三分之二。评标委员会的专家成员,应当由招标人从建设行政主管部门及其他有关政府部门确定的专家名册或者工程招标代理机构的专家库内相关专业的专家名单中确定。确定专家成员一般应当采取随机抽取的方式。

与投标人有利害关系的人不得进入相关工程的评标委员会。评标委员会成员的名单在中标结果确定前应当保密。

第三十七条　建设行政主管部门的专家名册应当拥有一定数量规模并符合法定资格条件的专家。省、自治区、直辖市人民政府建设行政主管部门可以将专家数量少的地区的专家名册予以合并或者实行专家名册计算机联网。

建设行政主管部门应当对进入专家名册的专家组织有关法律和业务培训,对其评标能力、廉洁公正等进行综合评估,及时取消不称职或者违法违规人员的评标专家资格。被取消评标专家资格的人员,不得再参加任何评标活动。

第三十八条　评标委员会应当按照招标文件确定的评标标准和方法,对投标文件进行评审和比较,并对评标结果签字确认;设有标底的,应当参考标底。

第三十九条　评标委员会可以用书面形式要求投标人对投标文件中含义不明确的内容作必要的澄清或者说明。投标人应当采用书面形式进行澄清或者说明,其澄清或者说明不得超出投标文件的范围或者改变投标文件的实质性内容。

第四十条　评标委员会经评审,认为所有投标文件都不符合招标文件要求的,可以否决所有投标。

依法必须进行施工招标工程的所有投标被否决的,招标人应当依法重新招标。

第四十一条　评标可以采用综合评估法、经评审的最低投标价法或者法律法规允许的其他评标方法。

采用综合评估法的,应当对投标文件提出的工程质量、施工工期、投标价格、施工组织设计或者施工方案、投标人及项目经理业绩等,能否最大限度地满足招标文件中规定的各项要求和评价标准进行评审和比较。以评分方式进行评估的,对于各种评比奖项不得额外计分。

采用经评审的最低投标价法的,应当在投标文件能够满足招标文件实质性要求的投标人中,评审出投标价格最低的投标人,但投标价格低于其企业成本的除外。

第四十二条　评标委员会完成评标后,应当向招标人提出书面评标报告,阐明评标委员会对各投标文件的评审和比较意见,并按照招标文件中规定的评标方法,推荐不超过3名有排序的合格的中标候选人。招标人根据评标委员会提出的书面评标报告和推荐的中标候选人确定中标人。

使用国有资金投资或者国家融资的工程项目,招标人应当按照中标候选人的排序确定中标人。当确定中标的中标候选人放弃中标或者因不可抗力提出不能履行合同的,招标人可以依序确定其他中标候选人为中标人。

招标人也可以授权评标委员会直接确定中标人。

第四十三条　有下列情形之一的,评标委员会可以要求投标人作出书面说明并提供相关材料:

(一)设有标底的,投标报价低于标底合理幅度的;

(二)不设标底的,投标报价明显低于其他投标报价,有可能低于其企业成本的。

经评标委员会论证,认定该投标人的报价低于其企业成本的,不能推荐为中标候选人或者中标人。

第四十四条　招标人应当在投标有效期截止时限30日前确定中标人。投标有效期应当在招标文件中载明。

第四十五条　依法必须进行施工招标的工程,招标人应当自确定中标人之日起15日内,向工程所在地的县级以上地方人民政府建设行政主管部门提交施工招标投标情况的书面报告。书面报告应当包括下列内容:

(一)施工招标投标的基本情况,包括施工招标范围、施工招标方式、资格审查、开评标过程和确定中标人的方式及理由等。

(二)相关的文件资料,包括招标公告或者投标邀请书、投标报名表、资格预审文件、招标文件、评标委员会的评标报告(设有标底的,应当附标底)、中标人的投标文件。委托工程招标代理的,还应当附工程施工招标代理委托合同。

前款第二项中已按照本办法的规定办理了备案的文件资料,不再重复提交。

第四十六条　建设行政主管部门自收到书面报告之日起5日内未通知招标人在招标投标活动中有违法行为的,招标人可以向中标人发出中标通知书,并将中标结果通知所有未中标的投标人。

第四十七条　招标人和中标人应当自中标通知书发出之日起30日内,按照招标文件和中标人的投标文件订立书面合同;招标人和中标人不得再行订立背离合同实质性内容的其他协议。订立书面合同后7日内,中标人应当将合同送工程所在地的县级以上地方人民政府建设行政主管部门备案。

中标人不与招标人订立合同的,投标保证金不予退还并取消其中标资格,给招标人造成的损失超过投标保证金数额的,应当对超过部分予以赔偿;没有提交投标保证金的,应当对招标人的损失承担赔偿责任。

招标人无正当理由不与中标人签订合同,给中标人造成损失的,招标人应当给予赔偿。

第四十八条　招标文件要求中标人提交履约担保的,中标人应当提交。招标人应当同时向中标人提供工程款支付担保。

第五章　罚　　则

第四十九条　有违反《招标投标法》行为的,县级以上地方人民政府建设行政主管部门应当按照《招标投标法》的规定予以处罚。

第五十条　招标投标活动中有《招标投标法》规定中标无效情形的,由县级以上地方人民政府建设行政主管部门宣布中标无效,责令重新组织招标,并依法追究有关责任人责任。

第五十一条　应当招标未招标的,应当公开招标未公开招标的,县级以上地方人民政府建设行政主管部门应当责令改正,拒不改正的,不得颁发施工许可证。

第五十二条　招标人不具备自行办理施工招标事宜条件而自行招标的,县级以上地方人民政府建设行政主管部门应当责令改正,处1万元以下的罚款。

第五十三条　评标委员会的组成不符合法律、法规规定的,县级以上地方人民政府建设行政主管部门应当责令招标人重新组织评标委员会。招标人拒不改正的,不得颁发施工许可证。

第五十四条　招标人未向建设行政主管部门提交施工招标投标情况书面报告的,县级以上地方人民政府建设行政主管部门应当责令改正;在未提交施工招标投标情况书面报告前,建设行政主管部门不予颁发施工许可证。

第六章　附　　则

第五十五条　工程施工专业分包、劳务分包采用招标方式的,参照本办法执行。

第五十六条　招标文件或者投标文件使用两种以上语言文字的,必须有一种是中文;如对不同文本的解释发生异议的,以中文文本为准。用文字表示的金额与数字表示的金额不一致的，以文字表示的金额为准。

第五十七条　涉及国家安全、国家秘密、抢险救灾或者属于利用扶贫资金实行以工代赈、需要使用农民工等特殊情况，不适宜进行施工招标的工程，按照国家有关规定可以不进行施工招标。

第五十八条　使用国际组织或者外国政府贷款、援助资金的工程进行施工招标，贷款方、资金提供方对招标投标的具体条件和程序有不同规定的，可以适用其规定，但违背中华人民共和国的社会公共利益的除外。

第五十九条　本办法由国务院建设行政主管部门负责解释。

第六十条　本办法自发布之日起施行。1992 年 12 月 30 日建设部颁布的《工程建设施工招标投标管理办法》(建设部令第 23 号)同时废止。

建筑业企业资质管理规定

（住建部令第 22 号）

第一章　总　　则

第一条　为了加强对建筑活动的监督管理，维护公共利益和规范建筑市场秩序，保证建设工程质量安全，促进建筑业的健康发展，根据《中华人民共和国建筑法》、《中华人民共和国行政许可法》、《建设工程质量管理条例》、《建设工程安全生产管理条例》等法律、行政法规，制定本规定。

第二条　在中华人民共和国境内申请建筑业企业资质，实施对建筑业企业资质监督管理，适用本规定。

本规定所称建筑业企业，是指从事土木工程、建筑工程、线路管道设备安装工程的新建、扩建、改建等施工活动的企业。

第三条　企业应当按照其拥有的资产、主要人员、已完成的工程业绩和技术装备等条件申请建筑业企业资质，经审查合格，取得建筑业企业资质证书后，方可在资质许可的范围内从事建筑施工活动。

第四条　国务院住房城乡建设主管部门负责全国建筑业企业资质的统一监督管理。国务院交通运输、水利、工业信息化等有关部门配合国务院住房城乡建设主管部门实施相关资质类别建筑业企业资质的管理工作。

省、自治区、直辖市人民政府住房城乡建设主管部门负责本行政区域内建筑业企业资质的统一监督管理。省、自治区、直辖市人民政府交通运输、水利、通信等有关部门配合同级住房城乡建设主管部门实施本行政区域内相关资质类别建筑业企业资质的管理工作。

第五条　建筑业企业资质分为施工总承包资质、专业承包资质、施工劳务资质三个序列。

施工总承包资质、专业承包资质按照工程性质和技术特点分别划分为若干资质类别，各资质类别按照规定的条件划分为若干资质等级。施工劳务资质不分类别与等级。

第六条　建筑业企业资质标准和取得相应资质的企业可以承担工程的具体范围，由国务院住房城乡建设主管部门会同国务院有关部门制定。

第七条　国家鼓励取得施工总承包资质的企业拥有全资或者控股的劳务企业。

建筑业企业应当加强技术创新和人员培训，使用先进的建造技术、建筑材料，开展绿色施工。

第二章　申请与许可

第八条　企业可以申请一项或多项建筑业企业资质。

企业首次申请或增项申请资质,应当申请最低等级资质。

第九条　下列建筑业企业资质,由国务院住房城乡建设主管部门许可:

(一)施工总承包资质序列特级资质、一级资质及铁路工程施工总承包二级资质;

(二)专业承包资质序列公路、水运、水利、铁路、民航方面的专业承包一级资质及铁路、民航方面的专业承包二级资质;涉及多个专业的专业承包一级资质。

第十条　下列建筑业企业资质,由企业工商注册所在地省、自治区、直辖市人民政府住房城乡建设主管部门许可:

(一)施工总承包资质序列二级资质及铁路、通信工程施工总承包三级资质;

(二)专业承包资质序列一级资质(不含公路、水运、水利、铁路、民航方面的专业承包一级资质及涉及多个专业的专业承包一级资质);

(三)专业承包资质序列二级资质(不含铁路、民航方面的专业承包二级资质);铁路方面专业承包三级资质;特种工程专业承包资质。

第十一条　下列建筑业企业资质,由企业工商注册所在地设区的市人民政府住房城乡建设主管部门许可:

(一)施工总承包资质序列三级资质(不含铁路、通信工程施工总承包三级资质);

(二)专业承包资质序列三级资质(不含铁路方面专业承包资质)及预拌混凝土、模板脚手架专业承包资质;

(三)施工劳务资质;

(四)燃气燃烧器具安装、维修企业资质。

第十二条　申请本规定第九条所列资质的,应当向企业工商注册所在地省、自治区、直辖市人民政府住房城乡建设主管部门提出申请。其中,国务院国有资产管理部门直接监管的建筑企业及其下属一层级的企业,可以由国务院国有资产管理部门直接监管的建筑企业向国务院住房城乡建设主管部门提出申请。

省、自治区、直辖市人民政府住房城乡建设主管部门应当自受理申请之日起20个工作日内初审完毕,并将初审意见和申请材料报国务院住房城乡建设主管部门。

国务院住房城乡建设主管部门应当自省、自治区、直辖市人民政府住房城乡建设主管部门受理申请材料之日起60个工作日内完成审查,公示审查意见,公示时间为10个工作日。其中,涉及公路、水运、水利、通信、铁路、民航等方面资质的,由国务院住房城乡建设主管部门会同国务院有关部门审查。

第十三条　本规定第十条规定的资质许可程序由省、自治区、直辖市人民政府住房城乡建设主管部门依法确定,并向社会公布。

本规定第十一条规定的资质许可程序由设区的市级人民政府住房城乡建设主管部门依法确定,并向社会公布。

第十四条　企业申请建筑业企业资质,应当提交以下材料:

(一)建筑业企业资质申请表及相应的电子文档;

(二)企业营业执照正副本复印件;

(三)企业章程复印件;

(四)企业资产证明文件复印件;

(五)企业主要人员证明文件复印件;

(六)企业资质标准要求的技术装备的相应证明文件复印件;

(七)企业安全生产条件有关材料复印件;

(八)按照国家有关规定应提交的其他材料。

第十五条　企业申请建筑业企业资质,应当如实提交有关申请材料。资质许可机关收到申请材料后,应当按照《中华人民共和国行政许可法》的规定办理受理手续。

第十六条　资质许可机关应当及时将资质许可决定向社会公开,并为公众查询提供便利。

第十七条　建筑业企业资质证书分为正本和副本,由国务院住房城乡建设主管部门统一印制,正、副本具备同等法律效力。资质证书有效期为5年。

第三章　延续与变更

第十八条　建筑业企业资质证书有效期届满,企业继续从事建筑施工活动的,应当于资质证书有效期届满3个月前,向原资质许可机关提出延续申请。

资质许可机关应当在建筑业企业资质证书有效期届满前做出是否准予延续的决定;逾期未做出决定的,视为准予延续。

第十九条　企业在建筑业企业资质证书有效期内名称、地址、注册资本、法定代表人等发生变更的,应当在工商部门办理变更手续后1个月内办理资质证书变更手续。

第二十条　由国务院住房城乡建设主管部门颁发的建筑业企业资质证书的变更,企业应当向企业工商注册所在地省、自治区、直辖市人民政府住房城乡建设主管部门提出变更申请,省、自治区、直辖市人民政府住房城乡建设主管部门应当自受理申请之日起2日内将有关变更证明材料报国务院住房城乡建设主管部门,由国务院住房城乡建设主管部门在2日内办理变更手续。

前款规定以外的资质证书的变更,由企业工商注册所在地的省、自治区、直辖市人民政府住房城乡建设主管部门或者设区的市人民政府住房城乡建设主管部门依法另行规定。变更结果应当在资质证书变更后15日内,报国务院住房城乡建设主管部门备案。

涉及公路、水运、水利、通信、铁路、民航等方面的建筑业企业资质证书的变更,办理变更手续的住房城乡建设主管部门应当将建筑业企业资质证书变更情况告知同级有关部门。

第二十一条　企业发生合并、分立、重组以及改制等事项,需承继原建筑业企业资质的,应当申请重新核定建筑业企业资质等级。

第二十二条　企业需更换、遗失补办建筑业企业资质证书的,应当持建筑业企业资质证书更换、遗失补办申请等材料向资质许可机关申请办理。资质许可机关应当在2个工作日内办理完毕。

企业遗失建筑业企业资质证书的,在申请补办前应当在公众媒体上刊登遗失声明。

第二十三条　企业申请建筑业企业资质升级、资质增项,在申请之日起前一年至资质许可决定作出前，有下列情形之一的，资质许可机关不予批准其建筑业企业资质升级申请和增项申请：

（一）超越本企业资质等级或以其他企业的名义承揽工程，或允许其他企业或个人以本企业的名义承揽工程的；

（二）与建设单位或企业之间相互串通投标，或以行贿等不正当手段谋取中标的；

（三）未取得施工许可证擅自施工的；

（四）将承包的工程转包或违法分包的；

（五）违反国家工程建设强制性标准施工的；

（六）恶意拖欠分包企业工程款或者劳务人员工资的；

（七）隐瞒或谎报、拖延报告工程质量安全事故，破坏事故现场、阻碍对事故调查的；

（八）按照国家法律、法规和标准规定需要持证上岗的现场管理人员和技术工种作业人员未取得证书上岗的；

（九）未依法履行工程质量保修义务或拖延履行保修义务的；

（十）伪造、变造、倒卖、出租、出借或者以其他形式非法转让建筑业企业资质证书的；

（十一）发生过较大以上质量安全事故或者发生过两起以上一般质量安全事故的；

（十二）其它违反法律、法规的行为。

第四章　监 督 管 理

第二十四条　县级以上人民政府住房城乡建设主管部门和其他有关部门应当依照有关法律、法规和本规定，加强对企业取得建筑业企业资质后是否满足资质标准和市场行为的监督管理。

上级住房城乡建设主管部门应当加强对下级住房城乡建设主管部门资质管理工作的监督检查，及时纠正建筑业企业资质管理中的违法行为。

第二十五条　住房城乡建设主管部门、其他有关部门的监督检查人员履行监督检查职责时，有权采取下列措施：

（一）要求被检查企业提供建筑业企业资质证书、企业有关人员的注册执业证书、职称证书、岗位证书和考核或者培训合格证书，有关施工业务的文档，有关质量管理、安全生产管理、合同管理、档案管理、财务管理等企业内部管理制度的文件；

（二）进入被检查企业进行检查，查阅相关资料；

（三）纠正违反有关法律、法规和本规定及有关规范和标准的行为。

监督检查人员应当将监督检查情况和处理结果予以记录，由监督检查人员和被检查企业的有关人员签字确认后归档。

第二十六条　住房城乡建设主管部门、其他有关部门的监督检查人员在实施监督检查时，应当出示证件，并要有两名以上人员参加。

监督检查人员应当为被检查企业保守商业秘密，不得索取或者收受企业的财物，不得谋取其他利益。

有关企业和个人对依法进行的监督检查应当协助与配合，不得拒绝或者阻挠。

监督检查机关应当将监督检查的处理结果向社会公布。

第二十七条　企业违法从事建筑活动的，违法行为发生地的县级以上地方人民政府住房城乡建设主管部门或者其他有关部门应当依法查处，并将违法事实、处理结果或者处理建议及时告知该建筑业企业资质的许可机关。

对取得国务院住房城乡建设主管部门颁发的建筑业企业资质证书的企业需要处以停业整顿、降低资质等级、吊销资质证书行政处罚的，县级以上地方人民政府住房城乡建设主管部门或者其他有关部门，应当通过省、自治区、直辖市人民政府住房城乡建设主管部门或者国务院有关部门，将违法事实、处理建议及时报送国务院住房城乡建设主管部门。

第二十八条　取得建筑业企业资质证书的企业，应当保持资产、主要人员、技术装备等方面满足相应建筑业企业资质标准要求的条件。

企业不再符合相应建筑业企业资质标准要求条件的，县级以上地方人民政府住房城乡建设主管部门、其他有关部门，应当责令其限期改正并向社会公告，整改期限最长不超过3个月；企业整改期间不得申请建筑业企业资质的升级、增项，不能承揽新的工程；逾期仍未达到建筑业企业资质标准要求条件的，资质许可机关可以撤回其建筑业企业资质证书。

被撤回建筑业企业资质证书的企业，可以在资质被撤回后3个月内，向资质许可机关提出核定低于原等级同类别资质的申请。

第二十九条　有下列情形之一的，资质许可机关应当撤销建筑业企业资质：

（一）资质许可机关工作人员滥用职权、玩忽职守准予资质许可的；

（二）超越法定职权准予资质许可的；

（三）违反法定程序准予资质许可的；

（四）对不符合资质标准条件的申请企业准予资质许可的；

（五）依法可以撤销资质许可的其他情形。

以欺骗、贿赂等不正当手段取得资质许可的，应当予以撤销。

第三十条　有下列情形之一的，资质许可机关应当依法注销建筑业企业资质，并向社会公布其建筑业企业资质证书作废，企业应当及时将建筑业企业资质证书交回资质许可机关：

（一）资质证书有效期届满，未依法申请延续的；

（二）企业依法终止的；

（三）资质证书依法被撤回、撤销或吊销的；

（四）企业提出注销申请的；

（五）法律、法规规定的应当注销建筑业企业资质的其他情形。

第三十一条　有关部门应当将监督检查情况和处理意见及时告知资质许可机关。资质许可机关应当将涉及有关公路、水运、水利、通信、铁路、民航等方面的建筑业企业资质许可被撤回、撤销、吊销和注销的情况告知同级有关部门。

第三十二条　资质许可机关应当建立、健全建筑业企业信用档案管理制度。建筑业企业信用档案应当包括企业基本情况、资质、业绩、工程质量和安全、合同履约、社会投诉和违法行为等情况。

企业的信用档案信息按照有关规定向社会公开。

取得建筑业企业资质的企业应当按照有关规定，向资质许可机关提供真实、准确、完整的企业信用档案信息。

第三十三条　县级以上地方人民政府住房城乡建设主管部门或其它有关部门依法给予企业行政处罚的，应当将行政处罚决定以及给予行政处罚的事实、理由和依据，通过省、自治区、直辖市人民政府住房城乡建设主管部门或者国务院有关部门报国务院住房城乡建设主管部门备案。

第三十四条　资质许可机关应当推行建筑业企业资质许可电子化，建立建筑业企业资质管理信息系统。

第五章　法律责任

第三十五条　申请企业隐瞒有关真实情况或者提供虚假材料申请建筑业企业资质的，资质许可机关不予许可，并给予警告，申请企业在1年内不得再次申请建筑业企业资质。

第三十六条　企业以欺骗、贿赂等不正当手段取得建筑业企业资质的，由原资质许可机关予以撤销；由县级以上地方人民政府住房城乡建设主管部门或者其他有关部门给予警告，并处3万元的罚款；申请企业3年内不得再次申请建筑业企业资质。

第三十七条　企业有本规定第二十三条行为之一，《中华人民共和国建筑法》、《建设工程质量管理条例》和其他有关法律、法规对处罚机关和处罚方式有规定的，依照法律、法规的规定执行；法律、法规未作规定的，由县级以上地方人民政府住房城乡建设主管部门或者其他有关部门给予警告，责令改正，并处1万元以上3万元以下的罚款。

第三十八条　企业未按照本规定及时办理建筑业企业资质证书变更手续的，由县级以上地方人民政府住房城乡建设主管部门责令限期办理；逾期不办理的，可处以1 000元以上1万元以下的罚款。

第三十九条　企业在接受监督检查时，不如实提供有关材料，或者拒绝、阻碍监督检查的，由县级以上地方人民政府住房城乡建设主管部门责令限期改正，并可以处3万元以下罚款。

第四十条　企业未按照本规定要求提供企业信用档案信息的，由县级以上地方人民政府住房城乡建设主管部门或者其他有关部门给予警告，责令限期改正；逾期未改正的，可处以1 000元以上1万元以下的罚款。

第四十一条　县级以上人民政府住房城乡建设主管部门及其工作人员，违反本规定，有下列情形之一的，由其上级行政机关或者监察机关责令改正；对直接负责的主管人员和其他直接责任人员，依法给予行政处分；直接负责的主管人员和其他直接责任人员构成犯罪的，依法追究刑事责任：

（一）对不符合资质标准规定条件的申请企业准予资质许可的；

（二）对符合受理条件的申请企业不予受理或者未在法定期限内初审完毕的；

（三）对符合资质标准规定条件的申请企业不予许可或者不在法定期限内准予资质许可的；

（四）发现违反本规定规定的行为不予查处，或者接到举报后不依法处理的；

（五）在企业资质许可和监督管理中，利用职务上的便利，收受他人财物或者其他好处，以及有其他违法行为的。

第六章　附　　则

第四十二条　本规定自2015年3月1日起施行。2007年6月26日建设部颁布的《建筑业企业资质管理规定》(建设部令第159号)同时废止。

房屋建筑和市政基础设施工程施工分包管理办法

（建设部令第124号）

第一条　为了规范房屋建筑和市政基础设施工程施工分包活动，维护建筑市场秩序，保证工程质量和施工安全，根据《中华人民共和国建筑法》、《中华人民共和国招标投标法》、《建设工程质量管理条例》等有关法律、法规，制定本办法。

第二条　在中华人民共和国境内从事房屋建筑和市政基础设施工程施工分包活动，实施对房屋建筑和市政基础设施工程施工分包活动的监督管理，适用本办法。

第三条　国务院建设行政主管部门负责全国房屋建筑和市政基础设施工程施工分包的监督管理工作。

县级以上地方人民政府建设行政主管部门负责本行政区域内房屋建筑和市政基础设施工程施工分包的监督管理工作。

第四条　本办法所称施工分包，是指建筑业企业将其所承包的房屋建筑和市政基础设施工程中的专业工程或者劳务作业发包给其他建筑业企业完成的活动。

第五条　房屋建筑和市政基础设施工程施工分包分为专业工程分包和劳务作业分包。

本办法所称专业工程分包，是指施工总承包企业（以下简称专业分包工程发包人）将其所承包工程中的专业工程发包给具有相应资质的其他建筑业企业（以下简称专业分包工程承包人）完成的活动。

本办法所称劳务作业分包，是指施工总承包企业或者专业承包企业（以下简称劳务作业发包人）将其承包工程中的劳务作业发包给劳务分包企业（以下简称劳务作业承包人）完成的活动。

本办法所称分包工程发包人包括本条第二款、第三款中的专业分包工程发包人和劳务作业发包人；分包工程承包人包括本条第二款、第三款中的专业分包工程承包人和劳务作业承包人。

第六条　房屋建筑和市政基础设施工程施工分包活动必须依法进行。

鼓励发展专业承包企业和劳务分包企业，提倡分包活动进入有形建筑市场公开交易，完善有形建筑市场的分包工程交易功能。

第七条　建设单位不得直接指定分包工程承包人。任何单位和个人不得对依法实施的分包活动进行干预。

第八条　分包工程承包人必须具有相应的资质，并在其资质等级许可的范围内承揽业务。

严禁个人承揽分包工程业务。

第九条　专业工程分包除在施工总承包合同中有约定外，必须经建设单位认可。专业分包工程承包人必须自行完成所承包的工程。

劳务作业分包由劳务作业发包人与劳务作业承包人通过劳务合同约定。劳务作业承包人必须自行完成所承包的任务。

第十条　分包工程发包人和分包工程承包人应当依法签订分包合同,并按照合同履行约定的义务。分包合同必须明确约定支付工程款和劳务工资的时间、结算方式以及保证按期支付的相应措施,确保工程款和劳务工资的支付。

分包工程发包人应当在订立分包合同后7个工作日内,将合同送工程所在地县级以上地方人民政府建设行政主管部门备案。分包合同发生重大变更的,分包工程发包人应当自变更后7个工作日内,将变更协议送原备案机关备案。

第十一条　分包工程发包人应当设立项目管理机构,组织管理所承包工程的施工活动。

项目管理机构应当具有与承包工程的规模、技术复杂程度相适应的技术、经济管理人员。其中,项目负责人、技术负责人、项目核算负责人、质量管理人员、安全管理人员必须是本单位的人员。具体要求由省、自治区、直辖市人民政府建设行政主管部门规定。

前款所指本单位人员,是指与本单位有合法的人事或者劳动合同、工资以及社会保险关系的人员。

第十二条　分包工程发包人可以就分包合同的履行,要求分包工程承包人提供分包工程履约担保;分包工程承包人在提供担保后,要求分包工程发包人同时提供分包工程付款担保的,分包工程发包人应当提供。

第十三条　禁止将承包的工程进行转包。不履行合同约定,将其承包的全部工程发包给他人,或者将其承包的全部工程肢解后以分包的名义分别发包给他人的,属于转包行为。

违反本办法第十二条规定,分包工程发包人将工程分包后,未在施工现场设立项目管理机构和派驻相应人员,并未对该工程的施工活动进行组织管理的,视同转包行为。

第十四条　禁止将承包的工程进行违法分包。下列行为,属于违法分包:

(一)分包工程发包人将专业工程或者劳务作业分包给不具备相应资质条件的分包工程承包人的;

(二)施工总承包合同中未有约定,又未经建设单位认可,分包工程发包人将承包工程中的部分专业工程分包给他人的。

第十五条　禁止转让、出借企业资质证书或者以其他方式允许他人以本企业名义承揽工程。

分包工程发包人没有将其承包的工程进行分包,在施工现场所设项目管理机构的项目负责人、技术负责人、项目核算负责人、质量管理人员、安全管理人员不是工程承包人本单位人员的,视同允许他人以本企业名义承揽工程。

第十六条　分包工程承包人应当按照分包合同的约定对其承包的工程向分包工程发包人负责。分包工程发包人和分包工程承包人就分包工程对建设单位承担连带责任。

第十七条　分包工程发包人对施工现场安全负责,并对分包工程承包人的安全生产进行管理。专业分包工程承包人应当将其分包工程的施工组织设计和施工安全方案报分包工程发包人备案,专业分包工程发包人发现事故隐患,应当及时作出处理。

分包工程承包人就施工现场安全向分包工程发包人负责,并应当服从分包工程发包人对施工现场的安全生产管理。

第十八条　违反本办法规定,转包、违法分包或者允许他人以本企业名义承揽工程的,按照《中华人民共和国建筑法》、《中华人民共和国招标投标法》和《建设工程质量管理条例》的规定予以处罚；对于接受转包、违法分包和用他人名义承揽工程的，处 1 万元以上 3 万元以下的罚款。

第十九条　未取得建筑业企业资质承接分包工程的，按照《中华人民共和国建筑法》第六十五条第三款和《建设工程质量管理条例》第六十条第一款、第二款的规定处罚。

第二十条　本办法自 2004 年 4 月 1 日起施行。原城乡建设环境保护部 1986 年 4 月 30 日发布的《建筑安装工程总分包实施办法》同时废止。

建筑工程施工发包与承包计价管理办法

（住建部令第 16 号）

第一条　为了规范建筑工程施工发包与承包计价行为，维护建筑工程发包与承包双方的合法权益，促进建筑市场的健康发展，根据有关法律、法规，制定本办法。

第二条　在中华人民共和国境内的建筑工程施工发包与承包计价（以下简称工程发承包计价）管理，适用本办法。

本办法所称建筑工程是指房屋建筑和市政基础设施工程。

本办法所称工程发承包计价包括编制工程量清单、最高投标限价、招标标底、投标报价，进行工程结算，以及签订和调整合同价款等活动。

第三条　建筑工程施工发包与承包价在政府宏观调控下，由市场竞争形成。

工程发承包计价应当遵循公平、合法和诚实信用的原则。

第四条　国务院住房城乡建设主管部门负责全国工程发承包计价工作的管理。

县级以上地方人民政府住房城乡建设主管部门负责本行政区域内工程发承包计价工作的管理。其具体工作可以委托工程造价管理机构负责。

第五条　国家推广工程造价咨询制度，对建筑工程项目实行全过程造价管理。

第六条　全部使用国有资金投资或者以国有资金投资为主的建筑工程（以下简称国有资金投资的建筑工程），应当采用工程量清单计价；非国有资金投资的建筑工程，鼓励采用工程量清单计价。

国有资金投资的建筑工程招标的，应当设有最高投标限价；非国有资金投资的建筑工程招标的，可以设有最高投标限价或者招标标底。

最高投标限价及其成果文件，应当由招标人报工程所在地县级以上地方人民政府住房城乡建设主管部门备案。

第七条　工程量清单应当依据国家制定的工程量清单计价规范、工程量计算规范等编制。工程量清单应当作为招标文件的组成部分。

第八条　最高投标限价应当依据工程量清单、工程计价有关规定和市场价格信息等编制。招标人设有最高投标限价的，应当在招标时公布最高投标限价的总价，以及各单位工程的分部分项工程费、措施项目费、其他项目费、规费和税金。

第九条　招标标底应当依据工程计价有关规定和市场价格信息等编制。

第十条　投标报价不得低于工程成本，不得高于最高投标限价。

投标报价应当依据工程量清单、工程计价有关规定、企业定额和市场价格信息等编制。

第十一条　投标报价低于工程成本或者高于最高投标限价总价的，评标委员会应当否决投标人的投标。

对是否低于工程成本报价的异议，评标委员会可以参照国务院住房城乡建设主管部门和省、自治区、直辖市人民政府住房城乡建设主管部门发布的有关规定进行评审。

第十二条　招标人与中标人应当根据中标价订立合同。不实行招标投标的工程由发承包双方协商订立合同。

合同价款的有关事项由发承包双方约定，一般包括合同价款约定方式，预付工程款、工程进度款、工程竣工价款的支付和结算方式，以及合同价款的调整情形等。

第十三条　发承包双方在确定合同价款时，应当考虑市场环境和生产要素价格变化对合同价款的影响。

实行工程量清单计价的建筑工程，鼓励发承包双方采用单价方式确定合同价款。

建设规模较小、技术难度较低、工期较短的建筑工程，发承包双方可以采用总价方式确定合同价款。

紧急抢险、救灾以及施工技术特别复杂的建筑工程，发承包双方可以采用成本加酬金方式确定合同价款。

第十四条　发承包双方应当在合同中约定，发生下列情形时合同价款的调整方法：

（一）法律、法规、规章或者国家有关政策变化影响合同价款的；

（二）工程造价管理机构发布价格调整信息的；

（三）经批准变更设计的；

（四）发包方更改经审定批准的施工组织设计造成费用增加的；

（五）双方约定的其他因素。

第十五条　发承包双方应当根据国务院住房城乡建设主管部门和省、自治区、直辖市人民政府住房城乡建设主管部门的规定，结合工程款、建设工期等情况在合同中约定预付工程款的具体事宜。

预付工程款按照合同价款或者年度工程计划额度的一定比例确定和支付，并在工程进度款中予以抵扣。

第十六条　承包方应当按照合同约定向发包方提交已完成工程量报告。发包方收到工程量报告后，应当按照合同约定及时核对并确认。

第十七条　发承包双方应当按照合同约定，定期或者按照工程进度分段进行工程款结算和支付。

第十八条　工程完工后，应当按照下列规定进行竣工结算：

（一）承包方应当在工程完工后的约定期限内提交竣工结算文件。

（二）国有资金投资建筑工程的发包方，应当委托具有相应资质的工程造价咨询企业对竣工结算文件进行审核，并在收到竣工结算文件后的约定期限内向承包方提出由工程造价咨询企业出具的竣工结算文件审核意见；逾期未答复的，按照合同约定处理，合同没有约定的，竣工结算文件视为已被认可。

非国有资金投资的建筑工程发包方，应当在收到竣工结算文件后的约定期限内予以答复，逾期未答复的，按照合同约定处理，合同没有约定的，竣工结算文件视为已被认可；发包方对竣工结算文件有异议的，应当在答复期内向承包方提出，并可以在提出异议之日起的约定期限内与承包方协商；发包方在协商期内未与承包方协商或者经协商未能与承包方达成协议的，应当委托工程造价咨询企业进行竣工结算审核，并在协商期满后的约定期限内向承包方提出由工程造价咨询企业出具的竣工结算文件审核意见。

（三）承包方对发包方提出的工程造价咨询企业竣工结算审核意见有异议的，在接到该审核意见后一个月内,可以向有关工程造价管理机构或者有关行业组织申请调解,调解不成的,可以依法申请仲裁或者向人民法院提起诉讼。

发承包双方在合同中对本条第(一)项、第(二)项的期限没有明确约定的,应当按照国家有关规定执行;国家没有规定的,可认为其约定期限均为28日。

第十九条　工程竣工结算文件经发承包双方签字确认的,应当作为工程决算的依据,未经对方同意,另一方不得就已生效的竣工结算文件委托工程造价咨询企业重复审核。发包方应当按照竣工结算文件及时支付竣工结算款。

竣工结算文件应当由发包方报工程所在地县级以上地方人民政府住房城乡建设主管部门备案。

第二十条　造价工程师编制工程量清单、最高投标限价、招标标底、投标报价、工程结算审核和工程造价鉴定文件,应当签字并加盖造价工程师执业专用章。

第二十一条　县级以上地方人民政府住房城乡建设主管部门应当依照有关法律、法规和本办法规定,加强对建筑工程发承包计价活动的监督检查和投诉举报的核查,并有权采取下列措施:

(一)要求被检查单位提供有关文件和资料;

(二)就有关问题询问签署文件的人员;

(三)要求改正违反有关法律、法规、本办法或者工程建设强制性标准的行为。

县级以上地方人民政府住房城乡建设主管部门应当将监督检查的处理结果向社会公开。

第二十二条　造价工程师在最高投标限价、招标标底或者投标报价编制、工程结算审核和工程造价鉴定中,签署有虚假记载、误导性陈述的工程造价成果文件的,记入造价工程师信用档案,依照《注册造价工程师管理办法》进行查处;构成犯罪的,依法追究刑事责任。

第二十三条　工程造价咨询企业在建筑工程计价活动中,出具有虚假记载、误导性陈述的工程造价成果文件的,记入工程造价咨询企业信用档案,由县级以上地方人民政府住房城乡建设主管部门责令改正,处1万元以上3万元以下的罚款,并予以通报。

第二十四条　国家机关工作人员在建筑工程计价监督管理工作中玩忽职守、徇私舞弊、滥用职权的,由有关机关给予行政处分;构成犯罪的,依法追究刑事责任。

第二十五条　建筑工程以外的工程施工发包与承包计价管理可以参照本办法执行。

第二十六条　省、自治区、直辖市人民政府住房城乡建设主管部门可以根据本办法制定实施细则。

第二十七条　本办法自2014年2月1日起施行。原建设部2001年11月5日发布的《建筑工程施工发包与承包计价管理办法》(建设部令第107号)同时废止。

建筑工程施工许可管理办法

（住建部令第18号）

第一条　为了加强对建筑活动的监督管理，维护建筑市场秩序，保证建筑工程的质量和安全，根据《中华人民共和国建筑法》，制定本办法。

第二条　在中华人民共和国境内从事各类房屋建筑及其附属设施的建造、装修装饰和与其配套的线路、管道、设备的安装，以及城镇市政基础设施工程的施工，建设单位在开工前应当依照本办法的规定，向工程所在地的县级以上地方人民政府住房城乡建设主管部门（以下简称发证机关）申请领取施工许可证。

工程投资额在30万元以下或者建筑面积在300平方米以下的建筑工程，可以不申请办理施工许可证。省、自治区、直辖市人民政府住房城乡建设主管部门可以根据当地的实际情况，对限额进行调整，并报国务院住房城乡建设主管部门备案。

按照国务院规定的权限和程序批准开工报告的建筑工程，不再领取施工许可证。

第三条　本办法规定应当申请领取施工许可证的建筑工程未取得施工许可证的，一律不得开工。

任何单位和个人不得将应当申请领取施工许可证的工程项目分解为若干限额以下的工程项目，规避申请领取施工许可证。

第四条　建设单位申请领取施工许可证，应当具备下列条件，并提交相应的证明文件：

（一）依法应当办理用地批准手续的，已经办理该建筑工程用地批准手续。

（二）在城市、镇规划区的建筑工程，已经取得建设工程规划许可证。

（三）施工场地已经基本具备施工条件，需要征收房屋的，其进度符合施工要求。

（四）已经确定施工企业。按照规定应当招标的工程没有招标，应当公开招标的工程没有公开招标，或者肢解发包工程，以及将工程发包给不具备相应资质条件的企业的，所确定的施工企业无效。

（五）有满足施工需要的技术资料，施工图设计文件已按规定审查合格。

（六）有保证工程质量和安全的具体措施。施工企业编制的施工组织设计中有根据建筑工程特点制定的相应质量、安全技术措施。建立工程质量安全责任制并落实到人。专业性较强的工程项目编制了专项质量、安全施工组织设计，并按照规定办理了工程质量、安全监督手续。

（七）按照规定应当委托监理的工程已委托监理。

（八）建设资金已经落实。建设工期不足一年的，到位资金原则上不得少于工程合同价的50%，建设工期超过一年的，到位资金原则上不得少于工程合同价的30%。建设单位应当提供本单位截至申请之日无拖欠工程款情形的承诺书或者能够表明其无拖欠工程款情形的其他材料，以及银行出具的到位资金证明，有条件的可以实行银行付款保函或者其他第三方担保。

(九)法律、行政法规规定的其他条件。

县级以上地方人民政府住房城乡建设主管部门不得违反法律法规规定,增设办理施工许可证的其他条件。

第五条　申请办理施工许可证,应当按照下列程序进行:

(一)建设单位向发证机关领取《建筑工程施工许可证申请表》。

(二)建设单位持加盖单位及法定代表人印鉴的《建筑工程施工许可证申请表》,并附本办法第四条规定的证明文件,向发证机关提出申请。

(三)发证机关在收到建设单位报送的《建筑工程施工许可证申请表》和所附证明文件后,对于符合条件的,应当自收到申请之日起十五日内颁发施工许可证;对于证明文件不齐全或者失效的,应当当场或者五日内一次告知建设单位需要补正的全部内容,审批时间可以自证明文件补正齐全后作相应顺延;对于不符合条件的,应当自收到申请之日起十五日内书面通知建设单位,并说明理由。

建筑工程在施工过程中,建设单位或者施工单位发生变更的,应当重新申请领取施工许可证。

第六条　建设单位申请领取施工许可证的工程名称、地点、规模,应当符合依法签订的施工承包合同。

施工许可证应当放置在施工现场备查,并按规定在施工现场公开。

第七条　施工许可证不得伪造和涂改。

第八条　建设单位应当自领取施工许可证之日起三个月内开工。因故不能按期开工的,应当在期满前向发证机关申请延期,并说明理由;延期以两次为限,每次不超过三个月。既不开工又不申请延期或者超过延期次数、时限的,施工许可证自行废止。

第九条　在建的建筑工程因故中止施工的,建设单位应当自中止施工之日起一个月内向发证机关报告,报告内容包括中止施工的时间、原因、在施部位、维修管理措施等,并按照规定做好建筑工程的维护管理工作。

建筑工程恢复施工时,应当向发证机关报告;中止施工满一年的工程恢复施工前,建设单位应当报发证机关核验施工许可证。

第十条　发证机关应当将办理施工许可证的依据、条件、程序、期限以及需要提交的全部材料和申请表示范文本等,在办公场所和有关网站予以公示。

发证机关作出的施工许可决定,应当予以公开,公众有权查阅。

第十一条　发证机关应当建立颁发施工许可证后的监督检查制度,对取得施工许可证后条件发生变化、延期开工、中止施工等行为进行监督检查,发现违法违规行为及时处理。

第十二条　对于未取得施工许可证或者为规避办理施工许可证将工程项目分解后擅自施工的,由有管辖权的发证机关责令停止施工,限期改正,对建设单位处工程合同价款1%以上2%以下罚款;对施工单位处3万元以下罚款。

第十三条　建设单位采用欺骗、贿赂等不正当手段取得施工许可证的,由原发证机关撤销施工许可证,责令停止施工,并处1万元以上3万元以下罚款;构成犯罪的,依法追究刑事责任。

第十四条　建设单位隐瞒有关情况或者提供虚假材料申请施工许可证的,发证机关不予受理或者不予许可,并处1万元以上3万元以下罚款;构成犯罪的,依法追究刑事责任。

建设单位伪造或者涂改施工许可证的，由发证机关责令停止施工，并处 1 万元以上 3 万元以下罚款；构成犯罪的，依法追究刑事责任。

第十五条　依照本办法规定，给予单位罚款处罚的，对单位直接负责的主管人员和其他直接责任人员处单位罚款数额 5%以上 10%以下罚款。

单位及相关责任人受到处罚的，作为不良行为记录予以通报。

第十六条　发证机关及其工作人员，违反本办法，有下列情形之一的，由其上级行政机关或者监察机关责令改正；情节严重的，对直接负责的主管人员和其他直接责任人员，依法给予行政处分：

（一）对不符合条件的申请人准予施工许可的；

（二）对符合条件的申请人不予施工许可或者未在法定期限内作出准予许可决定的；

（三）对符合条件的申请不予受理的；

（四）利用职务上的便利，收受他人财物或者谋取其他利益的；

（五）不依法履行监督职责或者监督不力，造成严重后果的。

第十七条　建筑工程施工许可证由国务院住房城乡建设主管部门制定格式，由各省、自治区、直辖市人民政府住房城乡建设主管部门统一印制。

施工许可证分为正本和副本，正本和副本具有同等法律效力。复印的施工许可证无效。

第十八条　本办法关于施工许可管理的规定适用于其他专业建筑工程。有关法律、行政法规有明确规定的，从其规定。

《建筑法》第八十三条第三款规定的建筑活动，不适用本办法。

军事房屋建筑工程施工许可的管理，按国务院、中央军事委员会制定的办法执行。

第十九条　省、自治区、直辖市人民政府住房城乡建设主管部门可以根据本办法制定实施细则。

第二十条　本办法自 2014 年 10 月 25 日起施行。1999 年 10 月 15 日建设部令第 71 号发布、2001 年 7 月 4 日建设部令第 91 号修正的《建筑工程施工许可管理办法》同时废止。

工程建设项目货物招标投标办法

（发改委等七部委令第 27 号）

为了规范工程建设项目的货物招标投标活动，保护国家利益、社会公共利益和招标投标活动当事人的合法权益，保证工程质量，提高投资效益，根据《中华人民共和国招标投标法》和国务院有关部门的职责分工，国家发展改革委、建设部、铁道部、交通部、信息产业部、水利部、中国民用航空总局审议通过了《工程建设项目货物招标投标办法》，现予发布，自 2005 年 3 月 1 日起施行。

国家发展和改革委员会
建设部
铁道部
交通部
信息产业部
水利部
中国民用航空总局
二〇〇五年一月十八日

第一章　总　　则

第一条　为规范工程建设项目的货物招标投标活动，保护国家利益、社会公共利益和招标投标活动当事人的合法权益，保证工程质量，提高投资效益，根据《中华人民共和国招标投标法》、《中华人民共和国招标投标法实施条例》和国务院有关部门的职责分工，制定本办法。

第二条　本办法适用于在中华人民共和国境内工程建设项目货物招标投标活动。

第三条　工程建设项目符合《工程建设项目招标范围和规模标准规定》（原国家计委令第 3 号）规定的范围和标准的，必须通过招标选择货物供应单位。

任何单位和个人不得将依法必须进行招标的项目化整为零或者以其他任何方式规避招标。

第四条　工程建设项目货物招标投标活动应当遵循公开、公平、公正和诚实信用的原则。货物招标投标活动不受地区或者部门的限制。

第五条　工程建设项目货物招标投标活动，依法由招标人负责。

工程建设项目招标人对项目实行总承包招标时，未包括在总承包范围内的货物属于依法必须进行招标的项目范围且达到国家规定规模标准的，应当由工程建设项目招标人依法组织招标。

工程建设项目实行总承包招标时,以暂估价形式包括在总承包范围内的货物属于依法必须进行招标的项目范围且达到国家规定规模标准的,应当依法组织招标。

第六条　各级发展改革、工业和信息化、住房城乡建设、交通运输、铁道、水利、民航等部门依照国务院和地方各级人民政府关于工程建设项目行政监督的职责分工,对工程建设项目中所包括的货物招标投标活动实施监督,依法查处货物招标投标活动中的违法行为。

第二章　招　　标

第七条　工程建设项目招标人是依法提出招标项目、进行招标的法人或者其他组织。本办法第五条总承包中标人单独或者共同招标时,也为招标人。

第八条　依法必须招标的工程建设项目,应当具备下列条件才能进行货物招标:

(一)招标人已经依法成立;

(二)按照国家有关规定应当履行项目审批、核准或者备案手续的,已经审批、核准或者备案;

(三)有相应资金或者资金来源已经落实;

(四)能够提出货物的使用与技术要求。

第九条　依法必须进行招标的工程建设项目,按国家有关规定需要履行审批、核准手续的,招标人应当在报送的可行性研究报告、资金申请报告或者项目申请报告中将货物招标范围、招标方式(公开招标或邀请招标)、招标组织形式(自行招标或委托招标)等有关招标内容报项目审批、核准部门审批、核准。项目审批、核准部门应当将审批、核准的招标内容通报有关行政监督部门。

第十条　货物招标分为公开招标和邀请招标。

第十一条　依法应当公开招标的项目,有下列情形之一的,可以邀请招标:

(一)技术复杂、有特殊要求或者受自然环境限制,只有少量潜在投标人可供选择;

(二)采用公开招标方式的费用占项目合同金额的比例过大;

(三)涉及国家安全、国家秘密或者抢险救灾,适宜招标但不宜公开招标。

有前款第二项所列情形,属于按照国家有关规定需要履行项目审批、核准手续的依法必须进行招标的项目,由项目审批、核准部门认定;其他项目由招标人申请有关行政监督部门作出认定。

第十二条　采用公开招标方式的,招标人应当发布资格预审公告或者招标公告。依法必须进行货物招标的招标公告,应当在国家指定的报刊或者信息网络上发布。

采用邀请招标方式的,招标人应当向三家以上具备货物供应的能力、资信良好的特定的法人或者其他组织发出投标邀请书。

第十三条　招标公告或者投标邀请书应当载明下列内容:

(一)招标人的名称和地址;

(二)招标货物的名称、数量、技术规格、资金来源;

(三)交货的地点和时间;

(四)获取招标文件或者资格预审文件的地点和时间;

(五)对招标文件或者资格预审文件收取的费用;

(六)提交资格预审申请书或者投标文件的地点和截止日期;

(七)对投标人的资格要求。

第十四条　招标人应当按照资格预审公告、招标公告或者投标邀请书规定的时间、地点发售招标文件或者资格预审文件。自招标文件或者资格预审文件发售之日起至停止发售之日止,最短不得少于五日。

招标人可以通过信息网络或者其他媒介发布招标文件,通过信息网络或者其他媒介发布的招标文件与书面招标文件具有同等法律效力,出现不一致时以书面招标文件为准,但国家另有规定的除外。

对招标文件或者资格预审文件的收费应当限于补偿印刷、邮寄的成本支出,不得以营利为目的。

除不可抗力原因外,招标文件或者资格预审文件发出后,不予退还;招标人在发布招标公告、发出投标邀请书后或者发出招标文件或资格预审文件后不得终止招标。招标人终止招标的,应当及时发布公告,或者以书面形式通知被邀请的或者已经获取资格预审文件、招标文件的潜在投标人。已经发售资格预审文件、招标文件或者已经收取投标保证金的,招标人应当及时退还所收取的资格预审文件、招标文件的费用,以及所收取的投标保证金及银行同期存款利息。

第十五条　招标人可以根据招标货物的特点和需要,对潜在投标人或者投标人进行资格审查;国家对潜在投标人或者投标人的资格条件有规定的,依照其规定。

第十六条　资格审查分为资格预审和资格后审。

资格预审,是指招标人出售招标文件或者发出投标邀请书前对潜在投标人进行的资格审查。资格预审一般适用于潜在投标人较多或者大型、技术复杂货物的招标。

资格后审,是指在开标后对投标人进行的资格审查。资格后审一般在评标过程中的初步评审开始时进行。

第十七条　采取资格预审的,招标人应当发布资格预审公告。资格预审公告适用本办法第十二条、第十三条有关招标公告的规定。

第十八条　资格预审文件一般包括下列内容:

(一)资格预审公告;

(二)申请人须知;

(三)资格要求;

(四)其他业绩要求;

(五)资格审查标准和方法;

(六)资格预审结果的通知方式。

第十九条　采取资格预审的,招标人应当在资格预审文件中详细规定资格审查的标准和方法;采取资格后审的,招标人应当在招标文件中详细规定资格审查的标准和方法。

招标人在进行资格审查时,不得改变或补充载明的资格审查标准和方法或者以没有载明的资格审查标准和方法对潜在投标人或者投标人进行资格审查。

第二十条　经资格预审后,招标人应当向资格预审合格的潜在投标人发出资格预审合格通知书,告知获取招标文件的时间、地点和方法,并同时向资格预审不合格的潜在投标人告知资格预审结果。依法必须招标的项目通过资格预审的申请人不足三个的,招标人在分析招标失败的原因并采取相应措施后,应当重新招标。

对资格后审不合格的投标人,评标委员会应当否决其投标。

第二十一条　招标文件一般包括下列内容:

(一)招标公告或者投标邀请书;

(二)投标人须知;

(三)投标文件格式;

(四)技术规格、参数及其他要求;

(五)评标标准和方法;

(六)合同主要条款。

招标人应当在招标文件中规定实质性要求和条件,说明不满足其中任何一项实质性要求和条件的投标将被拒绝,并用醒目的方式标明;没有标明的要求和条件在评标时不得作为实质性要求和条件。对于非实质性要求和条件,应规定允许偏差的最大范围、最高项数,以及对这些偏差进行调整的方法。

国家对招标货物的技术、标准、质量等有规定的,招标人应当按照其规定在招标文件中提出相应要求。

第二十二条　招标货物需要划分标包的,招标人应合理划分标包,确定各标包的交货期,并在招标文件中如实载明。

招标人不得以不合理的标包限制或者排斥潜在投标人或者投标人。依法必须进行招标的项目的招标人不得利用标包划分规避招标。

第二十三条　招标人允许中标人对非主体货物进行分包的,应当在招标文件中载明。主要设备、材料或者供货合同的主要部分不得要求或者允许分包。

除招标文件要求不得改变标准货物的供应商外,中标人经招标人同意改变标准货物的供应商的,不应视为转包和违法分包。

第二十四条　招标人可以要求投标人在提交符合招标文件规定要求的投标文件外,提交备选投标方案,但应当在招标文件中作出说明。不符合中标条件的投标人的备选投标方案不予考虑。

第二十五条　招标文件规定的各项技术规格应当符合国家技术法规的规定。

招标文件中规定的各项技术规格均不得要求或标明某一特定的专利技术、商标、名称、设计、原产地或供应者等,不得含有倾向或者排斥潜在投标人的其他内容。如果必须引用某一供应者的技术规格才能准确或清楚地说明拟招标货物的技术规格时,则应当在参照后面加上“或相当于”的字样。

第二十六条　招标文件应当明确规定评标时包含价格在内的所有评标因素,以及据此进行评估的方法。

在评标过程中,不得改变招标文件中规定的评标标准、方法和中标条件。

第二十七条　招标人可以在招标文件中要求投标人以自己的名义提交投标保证金。投标保证金除现金外,可以是银行出具的银行保函、保兑支票、银行汇票或现金支票,也可以是招标人认可的其他合法担保形式。依法必须进行招标的项目的境内投标单位,以现金或者支票形式提交的投标保证金应当从其基本账户转出。

投标保证金不得超过项目估算价的百分之二，但最高不得超过八十万元人民币。投标保证金有效期应当与投标有效期一致。

投标人应当按照招标文件要求的方式和金额，在提交投标文件截止时间前将投标保证金提交给招标人或其委托的招标代理机构。

第二十八条　招标文件应当规定一个适当的投标有效期，以保证招标人有足够的时间完成评标和与中标人签订合同。投标有效期从招标文件规定的提交投标文件截止之日起计算。

在原投标有效期结束前，出现特殊情况的，招标人可以书面形式要求所有投标人延长投标有效期。投标人同意延长的，不得要求或被允许修改其投标文件的实质性内容，但应当相应延长其投标保证金的有效期；投标人拒绝延长的，其投标失效，但投标人有权收回其投标保证金及银行同期存款利息。

依法必须进行招标的项目同意延长投标有效期的投标人少于三个的，招标人在分析招标失败的原因并采取相应措施后，应当重新招标。

第二十九条　对于潜在投标人在阅读招标文件中提出的疑问，招标人应当以书面形式、投标预备会方式或者通过电子网络解答，但需同时将解答以书面方式通知所有购买招标文件的潜在投标人。该解答的内容为招标文件的组成部分。

除招标文件明确要求外，出席投标预备会不是强制性的，由潜在投标人自行决定，并自行承担由此可能产生的风险。

第三十条　招标人应当确定投标人编制投标文件所需的合理时间。依法必须进行招标的货物，自招标文件开始发出之日起至投标人提交投标文件截止之日止，最短不得少于二十日。

第三十一条　对无法精确拟定其技术规格的货物，招标人可以采用两阶段招标程序。

在第一阶段，招标人可以首先要求潜在投标人提交技术建议，详细阐明货物的技术规格、质量和其它特性。招标人可以与投标人就其建议的内容进行协商和讨论，达成一个统一的技术规格后编制招标文件。

在第二阶段，招标人应当向第一阶段提交了技术建议的投标人提供包含统一技术规格的正式招标文件，投标人根据正式招标文件的要求提交包括价格在内的最后投标文件。

招标人要求投标人提交投标保证金的，应当在第二阶段提出。

第三章　投　　标

第三十二条　投标人是响应招标、参加投标竞争的法人或者其他组织。

法定代表人为同一个人的两个及两个以上法人，母公司、全资子公司及其控股公司，都不得在同一货物招标中同时投标。

一个制造商对同一品牌同一型号的货物，仅能委托一个代理商参加投标。

违反前两款规定的，相关投标均无效。

第三十三条　投标人应当按照招标文件的要求编制投标文件。投标文件应当对招标文件提出的实质性要求和条件作出响应。投标文件一般包括下列内容：

（一）投标函；

(二)投标一览表;

(三)技术性能参数的详细描述;

(四)商务和技术偏差表;

(五)投标保证金;

(六)有关资格证明文件;

(七)招标文件要求的其他内容。

投标人根据招标文件载明的货物实际情况,拟在中标后将供货合同中的非主要部分进行分包的,应当在投标文件中载明。

第三十四条　投标人应当在招标文件要求提交投标文件的截止时间前,将投标文件密封送达招标文件中规定的地点。招标人收到投标文件后,应当向投标人出具标明签收人和签收时间的凭证,在开标前任何单位和个人不得开启投标文件。

在招标文件要求提交投标文件的截止时间后送达的投标文件,招标人应当拒收。

依法必须进行招标的项目,提交投标文件的投标人少于三个的,招标人在分析招标失败的原因并采取相应措施后,应当重新招标。重新招标后投标人仍少于三个,按国家有关规定需要履行审批、核准手续的依法必须进行招标的项目,报项目审批、核准部门审批、核准后可以不再进行招标。

第三十五条　投标人在招标文件要求提交投标文件的截止时间前,可以补充、修改、替代或者撤回已提交的投标文件,并书面通知招标人。补充、修改的内容为投标文件的组成部分。

第三十六条　在提交投标文件截止时间后,投标人不得撤销其投标文件,否则招标人可以不退还其投标保证金。

第三十七条　招标人应妥善保管好已接收的投标文件、修改或撤回通知、备选投标方案等投标资料,并严格保密。

第三十八条　两个以上法人或者其他组织可以组成一个联合体,以一个投标人的身份共同投标。

联合体各方签订共同投标协议后,不得再以自己名义单独投标,也不得组成或参加其他联合体在同一项目中投标;否则相关投标均无效。

联合体中标的,应当指定牵头人或代表,授权其代表所有联合体成员与招标人签订合同,负责整个合同实施阶段的协调工作。但是,需要向招标人提交由所有联合体成员法定代表人签署的授权委托书。

第三十九条　招标人接受联合体投标并进行资格预审的,联合体应当在提交资格预审申请文件前组成。资格预审后联合体增减、更换成员的,其投标无效。

招标人不得强制资格预审合格的投标人组成联合体。

第四章　开标、评标和定标

第四十条　开标应当在招标文件确定的提交投标文件截止时间的同一时间公开进行;开标地点应当为招标文件中确定的地点。

投标人或其授权代表有权出席开标会,也可以自主决定不参加开标会。

投标人对开标有异议的,应当在开标现场提出,招标人应当当场作出答复,并制作记录。

第四十一条　投标文件有下列情形之一的,招标人应当拒收:

(一)逾期送达;

(二)未按招标文件要求密封。

有下列情形之一的,评标委员会应当否决其投标:

(一)投标文件未经投标单位盖章和单位负责人签字;

(二)投标联合体没有提交共同投标协议;

(三)投标人不符合国家或者招标文件规定的资格条件;

(四)同一投标人提交两个以上不同的投标文件或者投标报价,但招标文件要求提交备选投标的除外;

(五)投标标价低于成本或者高于招标文件设定的最高投标限价;

(六)投标文件没有对招标文件的实质性要求和条件作出响应;

(七)投标人有串通投标、弄虚作假、行贿等违法行为。

依法必须招标的项目评标委员会否决所有投标的,或者评标委员会否决一部分投标后其他有效投标不足三个使得投标明显缺乏竞争,决定否决全部投标的,招标人在分析招标失败的原因并采取相应措施后,应当重新招标。

第四十二条　评标委员会可以书面方式要求投标人对投标文件中含义不明确、对同类问题表述不一致或者有明显文字和计算错误的内容作必要的澄清、说明或补正。评标委员会不得向投标人提出带有暗示性或诱导性的问题,或向其明确投标文件中的遗漏和错误。

第四十三条　投标文件不响应招标文件的实质性要求和条件的,评标委员会不得允许投标人通过修正或撤销其不符合要求的差异或保留,使之成为具有响应性的投标。

第四十四条　技术简单或技术规格、性能、制作工艺要求统一的货物,一般采用经评审的最低投标价法进行评标。技术复杂或技术规格、性能、制作工艺要求难以统一的货物,一般采用综合评估法进行评标。

第四十五条　符合招标文件要求且评标价最低或综合评分最高而被推荐为中标候选人的投标人,其所提交的备选投标方案方可予以考虑。

第四十六条　评标委员会完成评标后,应向招标人提出书面评标报告。评标报告由评标委员会全体成员签字。

第四十七条　评标委员会在书面评标报告中推荐的中标候选人应当限定在一至三人,并标明排列顺序。招标人应当接受评标委员会推荐的中标候选人,不得在评标委员会推荐的中标候选人之外确定中标人。

依法必须进行招标的项目,招标人应当自收到评标报告之日起三日内公示中标候选人,公示期不得少于三日。

第四十八条　国有资金占控股或者主导地位的依法必须进行招标的项目,招标人应当确定排名第一的中标候选人为中标人。排名第一的中标候选人放弃中标、因不可抗力提出不能履行合同、不按照招标文件要求提交履约保证金,或者被查实存在影响中标结果的违法行为等情形,不符合中标条件的,招标人可以按照评标委员会提出的中标候选人名单排序依次确定其他中标候选人为中标人。依次确定其他中标候选人与招标人预期差距较大,或者对招标人明显不利的，招标人可以重新招标。

招标人可以授权评标委员会直接确定中标人。

国务院对中标人的确定另有规定的，从其规定。

第四十九条　招标人不得向中标人提出压低报价、增加配件或者售后服务量以及其他超出招标文件规定的违背中标人意愿的要求，以此作为发出中标通知书和签订合同的条件。

第五十条　中标通知书对招标人和中标人具有法律效力。中标通知书发出后，招标人改变中标结果的，或者中标人放弃中标项目的，应当依法承担法律责任。

中标通知书由招标人发出，也可以委托其招标代理机构发出。

第五十一条　招标人和中标人应当在投标有效期内并在自中标通知书发出之日起三十日内，按照招标文件和中标人的投标文件订立书面合同。招标人和中标人不得再行订立背离合同实质性内容的其他协议。

招标文件要求中标人提交履约保证金或者其他形式履约担保的，中标人应当提交；拒绝提交的，视为放弃中标项目。招标人要求中标人提供履约保证金或其他形式履约担保的，招标人应当同时向中标人提供货物款支付担保。

履约保证金不得超过中标合同金额的10%。

第五十二条　招标人最迟应当在书面合同签订后五日内，向中标人和未中标的投标人一次性退还投标保证金及银行同期存款利息。

第五十三条　必须审批的工程建设项目，货物合同价格应当控制在批准的概算投资范围内；确需超出范围的，应当在中标合同签订前，报原项目审批部门审查同意。项目审批部门应当根据招标的实际情况，及时作出批准或者不予批准的决定；项目审批部门不予批准的，招标人应当自行平衡超出的概算。

第五十四条　依法必须进行货物招标的项目，招标人应当自确定中标人之日起十五日内，向有关行政监督部门提交招标投标情况的书面报告。

前款所称书面报告至少应包括下列内容：

（一）招标货物基本情况；

（二）招标方式和发布招标公告或者资格预审公告的媒介；

（三）招标文件中投标人须知、技术条款、评标标准和方法、合同主要条款等内容；

（四）评标委员会的组成和评标报告；

（五）中标结果。

第五章　罚　　则

第五十五条　招标人有下列限制或者排斥潜在投标行为之一的，由有关行政监督部门依照招标投标法第五十一条的规定处罚；其中，构成依法必须进行招标的项目的招标人规避招标的，依照招标投标法第四十九条的规定处罚：

（一）依法应当公开招标的项目不按照规定在指定媒介发布资格预审公告或者招标公告；

（二）在不同媒介发布的同一招标项目的资格预审公告或者招标公告内容不一致，影响潜在投标人申请资格预审或者投标。

第五十六条　招标人有下列情形之一的,由有关行政监督部门责令改正,可以处10万元以下的罚款:

(一)依法应当公开招标而采用邀请招标;

(二)招标文件、资格预审文件的发售、澄清、修改的时限,或者确定的提交资格预审申请文件、投标文件的时限不符合招标投标法和招标投标法实施条例规定;

(三)接受未通过资格预审的单位或者个人参加投标;

(四)接受应当拒收的投标文件。

招标人有前款第一项、第三项、第四项所列行为之一的,对单位直接负责的主管人员和其他直接责任人员依法给予处分。

第五十七条　评标委员会成员有下列行为之一的,由有关行政监督部门责令改正;情节严重的,禁止其在一定期限内参加依法必须进行招标的项目的评标;情节特别严重的,取消其担任评标委员会成员的资格:

(一)应当回避而不回避;

(二)擅离职守;

(三)不按照招标文件规定的评标标准和方法评标;

(四)私下接触投标人;

(五)向招标人征询确定中标人的意向或者接受任何单位或者个人明示或者暗示提出的倾向或者排斥特定投标人的要求;

(六)对依法应当否决的投标不提出否决意见;

(七)暗示或者诱导投标人作出澄清、说明或者接受投标人主动提出的澄清、说明;

(八)其他不客观、不公正履行职务的行为。

第五十八条　依法必须进行招标的项目的招标人有下列情形之一的,由有关行政监督部门责令改正,可以处中标项目金额千分之十以下的罚款;给他人造成损失的,依法承担赔偿责任;对单位直接负责的主管人员和其他直接责任人员依法给予处分:

(一)无正当理由不发出中标通知书;

(二)不按照规定确定中标人;

(三)中标通知书发出后无正当理由改变中标结果;

(四)无正当理由不与中标人订立合同;

(五)在订立合同时向中标人提出附加条件。

中标通知书发出后,中标人放弃中标项目的,无正当理由不与招标人签订合同的,在签订合同时向招标人提出附加条件或者更改合同实质性内容的,或者拒不提交所要求的履约保证金的,取消其中标资格,投标保证金不予退还;给招标人的损失超过投标保证金数额的,中标人应当对超过部分予以赔偿;没有提交投标保证金的,应当对招标人的损失承担赔偿责任。对依法必须进行招标的项目的中标人,由有关行政监督部门责令改正,可以处中标金额千分之十以下罚款。

第五十九条　招标人不履行与中标人订立的合同的,应当返还中标人的履约保证金,并承担相应的赔偿责任;没有提交履约保证金的,应当对中标人的损失承担赔偿责任。

因不可抗力不能履行合同的,不适用前款规定。

第六十条　中标无效的，发出的中标通知书和签订的合同自始没有法律约束力，但不影响合同中独立存在的有关解决争议方法的条款的效力。

第六章　附　　则

第六十一条　不属于工程建设项目，但属于固定资产投资的货物招标投标活动，参照本办法执行。

第六十二条　使用国际组织或者外国政府贷款、援助资金的项目进行招标，贷款方、资金提供方对货物招标投标活动的条件和程序有不同规定的，可以适用其规定，但违背中华人民共和国社会公共利益的除外。

第六十三条　本办法由国家发展和改革委员会会同有关部门负责解释。

第六十四条　本办法自 2005 年 3 月 1 日起施行。

机电产品国际招标投标实施办法(试行)

(商务部令第1号)

第一章　总　　则

第一条　为了规范机电产品国际招标投标活动,保护国家利益、社会公共利益和招标投标活动当事人的合法权益,提高经济效益,保证项目质量,根据《中华人民共和国招标投标法》(以下简称招标投标法)、《中华人民共和国招标投标法实施条例》(以下简称招标投标法实施条例)等法律、行政法规以及国务院对有关部门实施招标投标活动行政监督的职责分工,制定本办法。

第二条　在中华人民共和国境内进行机电产品国际招标投标活动,适用本办法。

本办法所称机电产品国际招标投标活动,是指中华人民共和国境内的招标人根据采购机电产品的条件和要求,在全球范围内以招标方式邀请潜在投标人参加投标,并按照规定程序从投标人中确定中标人的一种采购行为。

本办法所称机电产品,是指机械设备、电气设备、交通运输工具、电子产品、电器产品、仪器仪表、金属制品等及其零部件、元器件。机电产品的具体范围见附件1。

第三条　机电产品国际招标投标活动应当遵循公开、公平、公正、诚实信用和择优原则。机电产品国际招标投标活动不受地区或者部门的限制。

第四条　商务部负责管理和协调全国机电产品的国际招标投标工作,制定相关规定;根据国家有关规定,负责调整、公布机电产品国际招标范围;负责监督管理全国机电产品国际招标代理机构(以下简称招标机构);负责利用国际组织和外国政府贷款、援助资金(以下简称国外贷款、援助资金)项目机电产品国际招标投标活动的行政监督;负责组建和管理机电产品国际招标评标专家库;负责建设和管理机电产品国际招标投标电子公共服务和行政监督平台。

各省、自治区、直辖市、计划单列市、新疆生产建设兵团、沿海开放城市及经济特区商务主管部门、国务院有关部门机电产品进出口管理机构负责本地区、本部门的机电产品国际招标投标活动的行政监督和协调;负责本地区、本部门所属招标机构的监督和管理;负责本地区、本部门机电产品国际招标评标专家的日常管理。

各级机电产品进出口管理机构(以下简称主管部门)及其工作人员应当依法履行职责,不得以任何方式非法干涉招标投标活动。主管部门的工作人员对监督检查过程中知悉的国家秘密、商业秘密,应当依法予以保密。

第五条　商务部委托专门网站为机电产品国际招标投标活动提供公共服务和行政监督的平台(以下简称招标网)。机电产品国际招标投标应当在招标网上完成招标项目建档、招标过程文件存档和备案、资格预审公告发布、招标公告发布、评审专家抽取、评标结果公示、异议投诉、中标结果公告等招标投标活动的相关程序，但涉及国家秘密的招标项目除外。

招标网承办单位应当在商务部委托的范围内提供网络服务，应当遵守法律、行政法规以及本办法的规定，不得损害国家利益、社会公共利益和招投标活动当事人的合法权益，不得泄露应当保密的信息，不得拒绝或者拖延办理委托范围内事项，不得利用委托范围内事项向有关当事人收取费用。

第二章　招标范围

第六条　通过招标方式采购原产地为中国关境外的机电产品，属于下列情形的必须进行国际招标：

（一）关系社会公共利益、公众安全的基础设施、公用事业等项目中进行国际采购的机电产品；

（二）全部或者部分使用国有资金投资项目中进行国际采购的机电产品；

（三）全部或者部分使用国家融资项目中进行国际采购的机电产品；

（四）使用国外贷款、援助资金项目中进行国际采购的机电产品；

（五）政府采购项目中进行国际采购的机电产品；

（六）其他依照法律、行政法规的规定需要国际招标采购的机电产品。

已经明确采购产品的原产地在中国关境内的，可以不进行国际招标。必须通过国际招标方式采购的，任何单位和个人不得将前款项目化整为零或者以国内招标等其他任何方式规避国际招标。

商务部制定、调整并公布本条第一项所列项目包含主要产品的国际招标范围。

第七条　有下列情形之一的，可以不进行国际招标：

（一）国（境）外赠送或无偿援助的机电产品；

（二）采购供生产企业及科研机构研究开发用的样品样机；

（三）单项合同估算价在国务院规定的必须进行招标的标准以下的；

（四）采购旧机电产品；

（五）采购供生产配套、维修用零件、部件；

（六）采购供生产企业生产需要的专用模具；

（七）根据法律、行政法规的规定，其他不适宜进行国际招标采购的机电产品。

招标人不得为适用前款规定弄虚作假规避招标。

第八条　鼓励采购人采用国际招标方式采购不属于依法必须进行国际招标项目范围内的机电产品。

第三章　招　　标

第九条　招标人应当在所招标项目确立、资金到位或资金来源落实并具备招标所需的技术资料和其他条件后开展国际招标活动。

按照国家有关规定需要履行项目审批、核准手续的依法必须进行招标的项目，其招标范围、招标方式、招标组织形式应当先获得项目审批、核准部门的审批、核准。

第十条　国有资金占控股或者主导地位的依法必须进行机电产品国际招标的项目，应当公开招标；但有下列情形之一的，可以邀请招标：

（一）技术复杂、有特殊要求或者受自然环境限制，只有少量潜在投标人可供选择；

（二）采用公开招标方式的费用占项目合同金额的比例过大。

有前款第二项所列情形，属于本办法第九条第二款规定的项目，招标人应当在招标前向相应的主管部门提交项目审批、核准部门审批、核准邀请招标方式的文件；其他项目采用邀请招标方式应当由招标人申请相应的主管部门作出认定。

第十一条　招标人采用委托招标的，有权自行选择招标机构为其办理招标事宜。任何单位和个人不得以任何方式为招标人指定招标机构。

招标人自行办理招标事宜的，应当具有与招标项目规模和复杂程度相适应的技术、经济等方面专业人员，具备编制国际招标文件（中、英文）和组织评标的能力。依法必须进行招标的项目，招标人自行办理招标事宜的，应当向相应主管部门备案。

第十二条　招标机构应当具备从事招标代理业务的营业场所和相应资金；具备能够编制招标文件（中、英文）和组织评标的相应专业力量；拥有一定数量的取得招标职业资格的专业人员。

招标机构从事机电产品国际招标代理业务，应当在招标网免费注册，注册时应当在招标网在线填写机电产品国际招标机构登记表。

招标机构应当在招标人委托的范围内开展招标代理业务，任何单位和个人不得非法干涉。招标机构从事机电产品国际招标业务的人员应当为与本机构依法存在劳动合同关系的员工。招标机构可以依法跨区域开展业务，任何地区和部门不得以登记备案等方式加以限制。

招标机构代理招标业务，应当遵守招标投标法、招标投标法实施条例和本办法关于招标人的规定；在招标活动中，不得弄虚作假，损害国家利益、社会公共利益和招标人、投标人的合法权益。

招标人应当与被委托的招标机构签订书面委托合同，载明委托事项和代理权限，合同约定的收费标准应当符合国家有关规定。

招标机构不得接受招标人违法的委托内容和要求；不得在所代理的招标项目中投标或者代理投标，也不得为所代理的招标项目的投标人提供咨询。

招标机构管理办法由商务部另行制定。

第十三条　发布资格预审公告、招标公告或发出投标邀请书前，招标人或招标机构应当在招标网上进行项目建档，建档内容包括项目名称、招标人名称及性质、招标方式、招标组织形式、招标机构名称、资金来源及性质、委托招标金额、项目审批或核准部门、主管部门等。

第十四条　招标人采用公开招标方式的，应当发布招标公告。

招标人采用邀请招标方式的，应当向 3 个以上具备承担招标项目能力、资信良好的特定法人或者其他组织发出投标邀请书。

第十五条　资格预审公告、招标公告或者投标邀请书应当载明下列内容：

（一）招标项目名称、资金到位或资金来源落实情况；

（二）招标人或招标机构名称、地址和联系方式；

（三）招标产品名称、数量、简要技术规格；

（四）获取资格预审文件或者招标文件的地点、时间、方式和费用；

（五）提交资格预审申请文件或者投标文件的地点和截止时间；

（六）开标地点和时间；

（七）对资格预审申请人或者投标人的资格要求。

第十六条　招标人不得以招标投标法实施条例第三十二条规定的情形限制、排斥潜在投标人或者投标人。

第十七条　公开招标的项目，招标人可以对潜在投标人进行资格预审。资格预审按照招标投标法实施条例的有关规定执行。国有资金占控股或者主导地位的依法必须进行招标的项目，资格审查委员会及其成员应当遵守本办法有关评标委员会及其成员的规定。

第十八条　编制依法必须进行机电产品国际招标的项目的资格预审文件和招标文件，应当使用机电产品国际招标标准文本。

第十九条　招标人根据所采购机电产品的特点和需要编制招标文件。招标文件主要包括下列内容：

（一）招标公告或投标邀请书；

（二）投标人须知及投标资料表；

（三）招标产品的名称、数量、技术要求及其他要求；

（四）评标方法和标准；

（五）合同条款；

（六）合同格式；

（七）投标文件格式及其他材料要求：

1. 投标书；

2. 开标一览表；

3. 投标分项报价表；

4. 产品说明一览表；

5. 技术规格响应/偏离表；

6. 商务条款响应/偏离表；

7. 投标保证金银行保函；

8. 单位负责人授权书；

9. 资格证明文件；

10. 履约保证金银行保函；

11. 预付款银行保函；

12. 信用证样本；

13. 要求投标人提供的其他材料。

第二十条　招标文件中应当明确评标方法和标准。机电产品国际招标的评标一般采用最低评标价法。技术含量高、工艺或技术方案复杂的大型或成套设备招标项目可采用综合评价法进行评标。所有评标方法和标准应当作为招标文件不可分割的一部分并对潜在投标人公开。招标文件中没有规定的评标方法和标准不得作为评标依据。

最低评标价法，是指在投标满足招标文件商务、技术等实质性要求的前提下，按照招标文件中规定的价格评价因素和方法进行评价，确定各投标人的评标价格，并按投标人评标价格由低到高的顺序确定中标候选人的评标方法。

综合评价法，是指在投标满足招标文件实质性要求的前提下，按照招标文件中规定的各项评价因素和方法对投标进行综合评价后，按投标人综合评价的结果由优到劣的顺序确定中标候选人的评标方法。

综合评价法应当由评价内容、评价标准、评价程序及推荐中标候选人原则等组成。综合评价法应当根据招标项目的具体需求，设定商务、技术、价格、服务及其他评价内容的标准，并对每一项评价内容赋予相应的权重。

机电产品国际招标投标综合评价法实施规范由商务部另行制定。

第二十一条　招标文件的技术、商务等条款应当清晰、明确、无歧义，不得设立歧视性条款或不合理的要求排斥潜在投标人。招标文件编制内容原则上应当满足3个以上潜在投标人能够参与竞争。招标文件的编制应当符合下列规定：

（一）对招标文件中的重要条款（参数）应当加注星号（“*”），并注明如不满足任一带星号（“*”）的条款（参数）将被视为不满足招标文件实质性要求，并导致投标被否决。

构成投标被否决的评标依据除重要条款（参数）不满足外，还可以包括超过一般条款（参数）中允许偏离的最大范围、最多项数。

采用最低评标价法评标的，评标依据中应当包括：一般商务和技术条款（参数）在允许偏离范围和条款数内进行评标价格调整的计算方法，每个一般技术条款（参数）的偏离加价一般为该设备投标价格的0.5%，最高不得超过该设备投标价格的1%，投标文件中没有单独列出该设备分项报价的，评标价格调整时按投标总价计算；交货期、付款条件等商务条款的偏离加价计算方法在招标文件中可以另行规定。

采用综合评价法的，应当集中列明招标文件中所有加注星号（“*”）的重要条款（参数）。

（二）招标文件应当明确规定在实质性响应招标文件要求的前提下投标文件分项报价允许缺漏项的最大范围或比重，并注明如缺漏项超过允许的最大范围或比重，该投标将被视为实质性不满足招标文件要求，并将导致投标被否决。

（三）招标文件应当明确规定投标文件中投标人应当小签的相应内容，其中投标文件的报价部分、重要商务和技术条款（参数）响应等相应内容应当逐页小签。

（四）招标文件应当明确规定允许的投标货币和报价方式，并注明该条款是否为重要商务条款。招标文件应当明确规定不接受选择性报价或者附加条件的报价。

（五）招标人设有最高投标限价的，应当在招标文件中明确最高投标限价或者最高投标限价的计算方法。招标人不得规定最低投标限价。

（六）招标文件应当明确规定评标依据以及对投标人的业绩、财务、资信等商务条款和技术参数要求，不得使用模糊的、无明确界定的术语或指标作为重要商务或技术条款（参数）或以此作为价格调整的依据。招标文件对投标人资质提出要求的，应当列明所要求资质的名称及其认定机构和提交证明文件的形式，并要求相应资质在规定的期限内真实有效。

（七）招标人可以在招标文件中将有关行政监督部门公布的信用信息作为对投标人的

资格要求的依据。

(八)招标文件内容应当符合国家有关安全、卫生、环保、质量、能耗、标准、社会责任等法律法规的规定。

(九)招标文件允许联合体投标的,应当明确规定对联合体牵头人和联合体各成员的资格条件及其他相应要求。

(十)招标文件允许投标人提供备选方案的,应当明确规定投标人在投标文件中只能提供一个备选方案并注明主选方案,且备选方案的投标价格不得高于主选方案。

(十一)招标文件应当明确计算评标总价时关境内、外产品的计算方法,并应当明确指定到货地点。除国外贷款、援助资金项目外,评标总价应当包含货物到达招标人指定到货地点之前的所有成本及费用。其中:

关境外产品为:CIF 价+进口环节税+国内运输、保险费等(采用 CIP、DDP 等其他报价方式的,参照此方法计算评标总价);其中投标截止时间前已经进口的产品为:销售价(含进口环节税、销售环节增值税)+国内运输、保险费等。关境内制造的产品为:出厂价(含增值税)+消费税(如适用)+国内运输、保险费等。有价格调整的,计算评标总价时,应当包含偏离加价。

(十二)招标文件应当明确投标文件的大写金额和小写金额不一致的,以大写金额为准;投标总价金额与按分项报价汇总金额不一致的,以分项报价金额计算结果为准;分项报价金额小数点有明显错位的,应以投标总价为准,并修改分项报价;应当明确招标文件、投标文件和评标报告使用语言的种类;使用两种以上语言的,应当明确当出现表述内容不一致时以何种语言文本为准。

第二十二条　招标文件应当载明投标有效期,以保证招标人有足够的时间完成组织评标、定标以及签订合同。投标有效期从招标文件规定的提交投标文件的截止之日起算。

第二十三条　招标人在招标文件中要求投标人提交投标保证金的,投标保证金不得超过招标项目估算价的 2%。投标保证金有效期应当与投标有效期一致。

依法必须进行招标的项目的境内投标单位,以现金或者支票形式提交的投标保证金应当从其基本账户转出。

投标保证金可以是银行出具的银行保函或不可撤销信用证、转账支票、银行即期汇票,也可以是招标文件要求的其他合法担保形式。

联合体投标的,应当以联合体共同投标协议中约定的投标保证金缴纳方式予以提交,可以是联合体中的一方或者共同提交投标保证金,以一方名义提交投标保证金的,对联合体各方均具有约束力。

招标人不得挪用投标保证金。

第二十四条　招标人或招标机构应当在资格预审文件或招标文件开始发售之日前将资格预审文件或招标文件发售稿上传招标网存档。

第二十五条　依法必须进行招标的项目的资格预审公告和招标公告应当在符合法律规定的媒体和招标网上发布。

第二十六条　招标人应当确定投标人编制投标文件所需的合理时间。依法必须进行招标的项目,自招标文件开始发售之日起至投标截止之日止,不得少于 20 日。

招标文件的发售期不得少于 5 个工作日。

招标人发售的纸质招标文件和电子介质的招标文件具有同等法律效力,除另有约定的,出现不一致时以纸质招标文件为准。

第二十七条　招标公告规定未领购招标文件不得参加投标的,招标文件发售期截止后,购买招标文件的潜在投标人少于3个的,招标人可以依照本办法重新招标。重新招标后潜在投标人或投标人仍少于3个的,可以依照本办法第四十六条第二款有关规定执行。

第二十八条　开标前,招标人、招标机构和有关工作人员不得向他人透露已获取招标文件的潜在投标人的名称、数量以及可能影响公平竞争的有关招标投标的其他信息。

第二十九条　招标人可以对已发出的资格预审文件或者招标文件进行必要的澄清或者修改。澄清或者修改的内容可能影响资格预审申请文件或者投标文件编制的,招标人或招标机构应当在提交资格预审文件截止时间至少3日前,或者投标截止时间至少15日前,以书面形式通知所有获取资格预审文件或者招标文件的潜在投标人,并上传招标网存档;不足3日或者15日的,招标人或招标机构应当顺延提交资格预审申请文件或者投标文件的截止时间。该澄清或者修改内容为资格预审文件或者招标文件的组成部分。澄清或者修改的内容涉及到与资格预审公告或者招标公告内容不一致的,应当在原资格预审公告或者招标公告发布的媒体和招标网上发布变更公告。

因异议或投诉处理而导致对资格预审文件或者招标文件澄清或者修改的,应当按照前款规定执行。

第三十条　招标人顺延投标截止时间的,至少应当在招标文件要求提交投标文件的截止时间3日前,将变更时间书面通知所有获取招标文件的潜在投标人,并在招标网上发布变更公告。

第三十一条　除不可抗力原因外,招标文件或者资格预审文件发出后,不予退还;招标人在发布招标公告、发出投标邀请书后或者发出招标文件或资格预审文件后不得终止招标。

招标人终止招标的,应当及时发布公告,或者以书面形式通知被邀请的或者已经获取资格预审文件、招标文件的潜在投标人。已经发售资格预审文件、招标文件或者已经收取投标保证金的,招标人应当及时退还所收取的资格预审文件、招标文件的费用,以及所收取的投标保证金及银行同期存款利息。

第四章　投　　标

第三十二条　投标人是响应招标、参加投标竞争的法人或其他组织。

与招标人存在利害关系可能影响招标公正性的法人或其他组织不得参加投标;接受委托参与项目前期咨询和招标文件编制的法人或其他组织不得参加受托项目的投标,也不得为该项目的投标人编制投标文件或者提供咨询。

单位负责人为同一人或者存在控股、管理关系的不同单位,不得参加同一招标项目包投标,共同组成联合体投标的除外。

违反前三款规定的,相关投标均无效。

第三十三条　投标人应当根据招标文件要求编制投标文件,并根据自己的商务能力、技术水平对招标文件提出的要求和条件在投标文件中作出真实的响应。投标文件的所有内容在投标有效期内应当有效。

第三十四条　投标人对加注星号(“＊”)的重要技术条款(参数)应当在投标文件中提供技术支持资料。

技术支持资料以制造商公开发布的印刷资料、检测机构出具的检测报告或招标文件中允许的其他形式为准,凡不符合上述要求的,应当视为无效技术支持资料。

第三十五条　投标人应当提供在开标日前3个月内由其开立基本账户的银行开具的银行资信证明的原件或复印件。

第三十六条　潜在投标人或者其他利害关系人对资格预审文件有异议的,应当在提交资格预审申请文件截止时间2日前向招标人或招标机构提出,并将异议内容上传招标网;对招标文件有异议的,应当在投标截止时间10日前向招标人或招标机构提出,并将异议内容上传招标网。招标人或招标机构应当自收到异议之日起3日内作出答复,并将答复内容上传招标网;作出答复前,应当暂停招标投标活动。

第三十七条　招标人编制的资格预审文件、招标文件的内容违反法律、行政法规的强制性规定,违反公开、公平、公正和诚实信用原则,影响资格预审结果或者潜在投标人投标的,依法必须进行招标的项目的招标人应当在修改资格预审文件或者招标文件后重新招标。

第三十八条　投标人在招标文件要求的投标截止时间前,应当在招标网免费注册,注册时应当在招标网在线填写招投标注册登记表,并将由投标人加盖公章的招投标注册登记表及工商营业执照(复印件)提交至招标网;境外投标人提交所在地登记证明材料(复印件),投标人无印章的,提交由单位负责人签字的招投标注册登记表。投标截止时间前,投标人未在招标网完成注册的不得参加投标,有特殊原因的除外。

第三十九条　投标人在招标文件要求的投标截止时间前,应当将投标文件送达招标文件规定的投标地点。投标人可以在规定的投标截止时间前书面通知招标人,对已提交的投标文件进行补充、修改或撤回。补充、修改的内容应当作为投标文件的组成部分。投标人不得在投标截止时间后对投标文件进行补充、修改。

第四十条　投标人应当按照招标文件要求对投标文件进行包装和密封。投标人在投标截止时间前提交价格变更等相关内容的投标声明的,应与开标一览表一并或者单独密封,并加施明显标记,以便在开标时一并唱出。

第四十一条　未通过资格预审的申请人提交的投标文件,以及逾期送达或者不按照招标文件要求密封的投标文件,招标人应当拒收。

招标人或招标机构应当如实记载投标文件的送达时间和密封情况,并存档备查。

第四十二条　招标文件允许联合体投标的,两个以上法人或者其他组织可以组成一个联合体,以一个投标人的身份共同投标。

联合体各方均应当具备承担招标项目的相应能力;国家有关规定或者招标文件对投标人资格条件有规定的,联合体各方均应当具备规定的相应资格条件。由同一专业的单位组成的联合体,按照资质等级较低的单位确定资质等级。

联合体各方应当签订共同投标协议,明确约定各方拟承担的工作和责任,并将共同投标协议连同投标文件一并提交招标人。联合体中标的,联合体各方应当共同与招标人签订合同,就中标项目向招标人承担连带责任。

联合体各方在同一招标项目包中以自己名义单独投标或者参加其他联合体投标的，相关投标均无效。

第四十三条　投标人应当按照招标文件的要求，在提交投标文件截止时间前将投标保证金提交给招标人或招标机构。

投标人在投标截止时间前撤回已提交的投标文件，招标人或招标机构已收取投标保证金的，应当自收到投标人书面撤回通知之日起5日内退还。

投标截止后投标人撤销投标文件的，招标人可以不退还投标保证金。招标人主动要求延长投标有效期但投标人拒绝的，招标人应当退还投标保证金。

第四十四条　投标人发生合并、分立、破产等重大变化的，应当及时书面告知招标人。投标人不再具备资格预审文件、招标文件规定的资格条件或者其投标影响招标公正性的，其投标无效。

第四十五条　禁止招标投标法实施条例第三十九条、第四十条、第四十一条、第四十二条所规定的投标人相互串通投标、招标人与投标人串通投标、投标人以他人名义投标或者以其他方式弄虚作假的行为。

第五章　开标和评标

第四十六条　开标应当在招标文件确定的提交投标文件截止时间的同一时间公开进行；开标地点应当为招标文件中预先确定的地点。开标由招标人或招标机构主持，邀请所有投标人参加。

投标人少于3个的，不得开标，招标人应当依照本办法重新招标；开标后认定投标人少于3个的应当停止评标，招标人应当依照本办法重新招标。重新招标后投标人仍少于3个的，可以进入两家或一家开标评标；按国家有关规定需要履行审批、核准手续的依法必须进行招标的项目，报项目审批、核准部门审批、核准后可以不再进行招标。

认定投标人数量时，两家以上投标人的投标产品为同一家制造商或集成商生产的，按一家投标人认定。对两家以上集成商或代理商使用相同制造商产品作为其项目包的一部分，且相同产品的价格总和均超过该项目包各自投标总价60%的，按一家投标人认定。

对于国外贷款、援助资金项目，资金提供方规定当投标截止时间到达时，投标人少于3个可直接进入开标程序的，可以适用其规定。

第四十七条　开标时，由投标人或者其推选的代表检查投标文件的密封情况，也可以由招标人委托的公证机构检查并公证；经确认无误后，由工作人员当众拆封，宣读投标人名称、投标价格和投标文件的其他主要内容。

招标人在招标文件要求提交投标文件的截止时间前收到的所有投标文件，开标时都应当当众予以拆封、宣读。

投标人的开标一览表、投标声明（价格变更或其他声明）都应当在开标时一并唱出，否则在评标时不予认可。投标总价中不应当包含招标文件要求以外的产品或服务的价格。

第四十八条　投标人对开标有异议的，应当在开标现场提出，招标人或招标机构应当当场作出答复，并制作记录。

第四十九条　招标人或招标机构应当在开标时制作开标记录，并在开标后3个工作日内上传招标网存档。

第五十条　评标由招标人依照本办法组建的评标委员会负责。依法必须进行招标的项目,其评标委员会由招标人的代表和从事相关领域工作满 8 年并具有高级职称或者具有同等专业水平的技术、经济等相关领域专家组成,成员人数为 5 人以上单数,其中技术、经济等方面专家人数不得少于成员总数的 2/3。

第五十一条　依法必须进行招标的项目,机电产品国际招标评标所需专家原则上由招标人或招标机构在招标网上从国家、地方两级专家库内相关专业类别中采用随机抽取的方式产生。任何单位和个人不得以明示、暗示等任何方式指定或者变相指定参加评标委员会的专家成员。但技术复杂、专业性强或者国家有特殊要求,采取随机抽取方式确定的专家难以保证其胜任评标工作的特殊招标项目,报相应主管部门后,可以由招标人直接确定评标专家。

抽取评标所需的评标专家的时间不得早于开标时间 3 个工作日;同一项目包评标中,来自同一法人单位的评标专家不得超过评标委员会总人数的 1/3。

随机抽取专家人数为实际所需专家人数。一次招标金额在 1 000 万美元以上的国际招标项目包,所需专家的 1/2 以上应当从国家级专家库中抽取。

抽取工作应当使用招标网评标专家随机抽取自动通知系统。除专家不能参加和应当回避的情形外,不得废弃随机抽取的专家。

机电产品国际招标评标专家及专家库管理办法由商务部另行制定。

第五十二条　与投标人或其制造商有利害关系的人不得进入相关项目的评标委员会,评标专家不得参加与自己有利害关系的项目评标,且应当主动回避;已经进入的应当更换。主管部门的工作人员不得担任本机构负责监督项目的评标委员会成员。

依法必须进行招标的项目的招标人非因招标投标法、招标投标法实施条例和本办法规定的事由,不得更换依法确定的评标委员会成员。更换评标委员会的专家成员应当依照本办法第五十一条规定进行。

第五十三条　评标委员会成员名单在中标结果确定前应当保密,如有泄密,除追究当事人责任外,还应当报相应主管部门后及时更换。

评标前,任何人不得向评标专家透露其即将参与的评标项目招标人、投标人的有关情况及其他应当保密的信息。

招标人和招标机构应当采取必要的措施保证评标在严格保密的情况下进行。任何单位和个人不得非法干预、影响评标的过程和结果。

泄密影响中标结果的,中标无效。

第五十四条　招标人应当向评标委员会提供评标所必需的信息,但不得向评标委员会成员明示或者暗示其倾向或者排斥特定投标人。

招标人应当根据项目规模和技术复杂程度等因素合理确定评标时间。超过 1/3 的评标委员会成员认为评标时间不够的,招标人应当适当延长。

评标过程中,评标委员会成员有回避事由、擅离职守或者因健康等原因不能继续评标的,应当于评标当日报相应主管部门后按照所缺专家的人数重新随机抽取,及时更换。被更换的评标委员会成员作出的评审结论无效,由更换后的评标委员会成员重新进行评审。

第五十五条　评标委员会应当在开标当日开始进行评标。有特殊原因当天不能评标的，应当将投标文件封存，并在开标后48小时内开始进行评标。评标委员会成员应当依照招标投标法、招标投标法实施条例和本办法的规定，按照招标文件规定的评标方法和标准，独立、客观、公正地对投标文件提出评审意见。招标文件没有规定的评标方法和标准不得作为评标的依据。

评标委员会成员不得私下接触投标人，不得收受投标人给予的财物或者其他好处，不得向招标人征询确定中标人的意向，不得接受任何单位或者个人明示或者暗示提出的倾向或者排斥特定投标人的要求，不得有其他不客观、不公正履行职务的行为。

第五十六条　采用最低评标价法评标的，在商务、技术条款均实质性满足招标文件要求时，评标价格最低者为排名第一的中标候选人；采用综合评价法评标的，在商务、技术条款均实质性满足招标文件要求时，综合评价最优者为排名第一的中标候选人。

第五十七条　在商务评议过程中，有下列情形之一者，应予否决投标：

（一）投标人或其制造商与招标人有利害关系可能影响招标公正性的；

（二）投标人参与项目前期咨询或招标文件编制的；

（三）不同投标人单位负责人为同一人或者存在控股、管理关系的；

（四）投标文件未按招标文件的要求签署的；

（五）投标联合体没有提交共同投标协议的；

（六）投标人的投标书、资格证明材料未提供，或不符合国家规定或者招标文件要求的；

（七）同一投标人提交两个以上不同的投标方案或者投标报价的，但招标文件要求提交备选方案的除外；

（八）投标人未按招标文件要求提交投标保证金或保证金金额不足、保函有效期不足、投标保证金形式或出具投标保函的银行不符合招标文件要求的；

（九）投标文件不满足招标文件加注星号（“＊”）的重要商务条款要求的；

（十）投标报价高于招标文件设定的最高投标限价的；

（十一）投标有效期不足的；

（十二）投标人有串通投标、弄虚作假、行贿等违法行为的；

（十三）存在招标文件中规定的否决投标的其他商务条款的。

前款所列材料在开标后不得澄清、后补；招标文件要求提供原件的，应当提供原件，否则将否决其投标。

第五十八条　对经资格预审合格、且商务评议合格的投标人不能再因其资格不合格否决其投标，但在招标周期内该投标人的资格发生了实质性变化不再满足原有资格要求的除外。

第五十九条　技术评议过程中，有下列情形之一者，应予否决投标：

（一）投标文件不满足招标文件技术规格中加注星号（“＊”）的重要条款（参数）要求，或加注星号（“＊”）的重要条款（参数）无符合招标文件要求的技术资料支持的；

（二）投标文件技术规格中一般参数超出允许偏离的最大范围或最多项数的；

（三）投标文件技术规格中的响应与事实不符或虚假投标的；

（四）投标人复制招标文件的技术规格相关部分内容作为其投标文件中一部分的；

（五）存在招标文件中规定的否决投标的其他技术条款的。

第六十条　采用最低评标价法评标的，价格评议按下列原则进行：

(一)按招标文件中的评标依据进行评标。计算评标价格时,对需要进行价格调整的部分,要依据招标文件和投标文件的内容加以调整并说明。投标总价中包含的招标文件要求以外的产品或服务,在评标时不予核减;

(二)除国外贷款、援助资金项目外,计算评标总价时,以货物到达招标人指定到货地点为依据;

(三)招标文件允许以多种货币投标的,在进行价格评标时,应当以开标当日中国银行总行首次发布的外币对人民币的现汇卖出价进行投标货币对评标货币的转换以计算评标价格。

第六十一条　采用综合评价法评标时,按下列原则进行:

(一)评标办法应当充分考虑每个评价指标所有可能的投标响应,且每一种可能的投标响应应当对应一个明确的评价值,不得对应多个评价值或评价值区间,采用两步评价方法的除外。

对于总体设计、总体方案等难以量化比较的评价内容,可以采取两步评价方法:第一步,评标委员会成员独立确定投标人该项评价内容的优劣等级,根据优劣等级对应的评价值算术平均后确定该投标人该项评价内容的平均等级;第二步,评标委员会成员根据投标人的平均等级,在对应的分值区间内给出评价值。

(二)价格评价应当符合低价优先、经济节约的原则,并明确规定评议价格最低的有效投标人将获得价格评价的最高评价值,价格评价的最大可能评价值和最小可能评价值应当分别为价格最高评价值和零评价值。

(三)评标委员会应当根据综合评价值对各投标人进行排名。综合评价值相同的,依照价格、技术、商务、服务及其他评价内容的优先次序,根据分项评价值进行排名。

第六十二条　招标文件允许备选方案的,评标委员会对有备选方案的投标人进行评审时,应当以主选方案为准进行评标。备选方案应当实质性响应招标文件要求。凡提供两个以上备选方案或者未按要求注明主选方案的,该投标应当被否决。凡备选方案的投标价格高于主选方案的,该备选方案将不予采纳。

第六十三条　投标人应当根据招标文件要求和产品技术要求列出供货产品清单和分项报价。投标人投标报价缺漏项超出招标文件允许的范围或比重的,为实质性偏离招标文件要求,评标委员会应当否决其投标。缺漏项在招标文件允许的范围或比重内的,评标时应当要求投标人确认缺漏项是否包含在投标价中,确认包含的,将其他有效投标中该项的最高价计入其评标总价,并依据此评标总价对其一般商务和技术条款(参数)偏离进行价格调整;确认不包含的,评标委员会应当否决其投标;签订合同时以投标价为准。

第六十四条　投标文件中有含义不明确的内容、明显文字或者计算错误,评标委员会认为需要投标人作出必要澄清、说明的,应当书面通知该投标人。投标人的澄清、说明应当采用书面形式在评标委员会规定的时间内提交,并不得超出投标文件的范围或者改变投标文件的实质性内容。

投标人的投标文件不响应招标文件加注星号("＊")的重要商务和技术条款(参数),或加注星号("＊")的重要技术条款(参数)未提供符合招标文件要求的技术支持资料的,评标委员会不得要求其进行澄清或后补。

评标委员会不得暗示或者诱导投标人作出澄清、说明,不得接受投标人主动提出的澄清、说明。

第六十五条　评标委员会经评审，认为所有投标都不符合招标文件要求的，可以否决所有投标。

依法必须进行招标的项目的所有投标被否决的，招标人应当依照本办法重新招标。

第六十六条　评标完成后，评标委员会应当向招标人提交书面评标报告和中标候选人名单。中标候选人应当不超过 3 个，并标明排序。

评标委员会的每位成员应当分别填写评标委员会成员评标意见表（见附件 2），评标意见表是评标报告必不可少的一部分。评标报告应当由评标委员会全体成员签字。对评标结果有不同意见的评标委员会成员应当以书面形式说明其不同意见和理由，评标报告应当注明该不同意见。评标委员会成员拒绝在评标报告上签字又不说明其不同意见和理由的，视为同意评标结果。

专家受聘承担的具体项目评审工作结束后，招标人或者招标机构应当在招标网对专家的能力、水平、履行职责等方面进行评价，评价结果分为优秀、称职和不称职。

第六章　评标结果公示和中标

第六十七条　依法必须进行招标的项目，招标人或招标机构应当依据评标报告填写《评标结果公示表》，并自收到评标委员会提交的书面评标报告之日起 3 日内在招标网上进行评标结果公示。评标结果应当一次性公示，公示期不得少于 3 日。

采用最低评标价法评标的，《评标结果公示表》中的内容包括“中标候选人排名”“投标人及制造商名称”“评标价格”和“评议情况”等。每个投标人的评议情况应当按商务、技术和价格评议三个方面在《评标结果公示表》中分别填写，填写的内容应当明确说明招标文件的要求和投标人的响应内容。对一般商务和技术条款（参数）偏离进行价格调整的，在评标结果公示时，招标人或招标机构应当明确公示价格调整的依据、计算方法、投标文件偏离内容及相应的调整金额。

采用综合评价法评标的，《评标结果公示表》中的内容包括“中标候选人排名”“投标人及制造商名称”“综合评价值”“商务、技术、价格、服务及其他等大类评价项目的评价值”和“评议情况”等。每个投标人的评议情况应当明确说明招标文件的要求和投标人的响应内容。

使用国外贷款、援助资金的项目，招标人或招标机构应当自收到评标委员会提交的书面评标报告之日起 3 日内向资金提供方报送评标报告，并自获其出具不反对意见之日起 3 日内在招标网上进行评标结果公示。资金提供方对评标报告有反对意见的，招标人或招标机构应当及时将资金提供方的意见报相应的主管部门，并依照本办法重新招标或者重新评标。

第六十八条　评标结果进行公示后，各方当事人可以通过招标网查看评标结果公示的内容。招标人或招标机构应当应投标人的要求解释公示内容。

第六十九条　投标人或者其他利害关系人对依法必须进行招标的项目的评标结果有异议的，应当于公示期内向招标人或招标机构提出，并将异议内容上传招标网。招标人或招标机构应当在收到异议之日起 3 日内作出答复，并将答复内容上传招标网；作出答复前，应当暂停招标投标活动。

异议答复应当对异议问题逐项说明,但不得涉及其他投标人的投标秘密。未在评标报告中体现的不满足招标文件要求的其他方面的偏离不能作为答复异议的依据。

经原评标委员会按照招标文件规定的方法和标准审查确认,变更原评标结果的,变更后的评标结果应当依照本办法进行公示。

第七十条　招标人根据评标委员会提出的书面评标报告和推荐的中标候选人确定中标人。招标人也可以授权评标委员会直接确定中标人。国有资金占控股或者主导地位的依法必须进行招标的项目,以及使用国外贷款、援助资金的项目,招标人应当确定排名第一的中标候选人为中标人。排名第一的中标候选人放弃中标、因不可抗力不能履行合同、不按招标文件要求提交履约保证金,或者被查实存在影响中标结果的违法行为等情形,不符合中标条件的,招标人可以按照评标委员会提出的中标候选人名单排序依次确定其他中标候选人为中标人,也可以重新招标。

第七十一条　评标结果公示无异议的,公示期结束后该评标结果自动生效并进行中标结果公告;评标结果公示有异议,但是异议答复后10日内无投诉的,异议答复10日后按照异议处理结果进行公告;评标结果公示有投诉的,相应主管部门做出投诉处理决定后,按照投诉处理决定进行公告。

第七十二条　依法必须进行招标的项目,中标人确定后,招标人应当在中标结果公告后20日内向中标人发出中标通知书,并在中标结果公告后15日内将评标情况的报告(见附件3)提交至相应的主管部门。中标通知书也可以由招标人委托其招标机构发出。

使用国外贷款、援助资金的项目,异议或投诉的结果与报送资金提供方的评标报告不一致的,招标人或招标机构应当按照异议或投诉的结果修改评标报告,并将修改后的评标报告报送资金提供方,获其不反对意见后向中标人发出中标通知书。

第七十三条　中标结果公告后15日内,招标人或招标机构应当在招标网完成该项目包招标投标情况及其相关数据的存档。存档的内容应当与招标投标实际情况一致。

第七十四条　中标候选人的经营、财务状况发生较大变化或者存在违法行为,招标人认为可能影响其履约能力的,应当在发出中标通知书前由原评标委员会按照招标文件规定的方法和标准审查确认。

第七十五条　中标通知书对招标人和中标人具有法律效力。中标通知书发出后,招标人改变中标结果的,或者中标人放弃中标项目的,应当依法承担法律责任。

第七十六条　招标人和中标人应当自中标通知书发出之日起30日内,依照招标投标法、招标投标法实施条例和本办法的规定签订书面合同,合同的标的、价款、质量、履行期限等主要条款应当与招标文件和中标人的投标文件的内容一致。招标人或中标人不得拒绝或拖延与另一方签订合同。招标人和中标人不得再行订立背离合同实质性内容的其他协议。

招标人最迟应当在书面合同签订后5日内向中标人和未中标的投标人退还投标保证金及银行同期存款利息。

第七十七条　招标文件要求中标人提交履约保证金的,中标人应当按照招标文件的要求提交。履约保证金不得超过中标合同金额的10%。

第七十八条　中标产品来自关境外的,由招标人按照国家有关规定办理进口手续。

第七十九条　中标人应当按照合同约定履行义务，完成中标项目。中标人不得向他人转让中标项目，也不得将中标项目肢解后分别向他人转让。

第八十条　依法必须进行招标的项目，在国际招标过程中，因招标人的采购计划发生重大变更等原因，经项目主管部门批准，报相应的主管部门后，招标人可以重新组织招标。

第八十一条　招标人或招标机构应当按照有关规定妥善保存招标委托协议、资格预审公告、招标公告、资格预审文件、招标文件、资格预审申请文件、投标文件、异议及答复等相关资料，以及与评标相关的评标报告、专家评标意见、综合评价法评价原始记录表等资料，并对评标情况和资料严格保密。

第七章　投诉与处理

第八十二条　投标人或者其他利害关系人认为招标投标活动不符合法律、行政法规及本办法规定的，可以自知道或者应当知道之日起10日内向相应主管部门投诉。就本办法第三十六条规定事项进行投诉的，潜在投标人或者其他利害关系人应当在自领购资格预审文件或招标文件10日内向相应的主管部门提出；就本办法第四十八条规定事项进行投诉的，投标人或者其他利害关系人应当在自开标10日内向相应的主管部门提出；就本办法第六十九条规定事项进行投诉的，投标人或者其他利害关系人应当在自评标结果公示结束10日内向相应的主管部门提出。

就本办法第三十六条、第四十八条、第六十九条规定事项投诉的，应当先向招标人提出异议，异议答复期间不计算在前款规定的期限内。就异议事项投诉的，招标人或招标机构应当在该项目被网上投诉后3日内，将异议相关材料提交相应的主管部门。

第八十三条　投诉人应当于投诉期内在招标网上填写《投诉书》（见附件4）（就异议事项进行投诉的，应当提供异议和异议答复情况及相关证明材料），并将由投诉人单位负责人或单位负责人授权的人签字并盖章的《投诉书》、单位负责人证明文件及相关材料在投诉期内送达相应的主管部门。境外投诉人所在企业无印章的，以单位负责人或单位负责人授权的人签字为准。

投诉应当有明确的请求和必要的证明材料。投诉有关材料是外文的，投诉人应当同时提供其中文译本，并以中文译本为准。

投诉人应保证其提出投诉内容及相应证明材料的真实性及来源的合法性，并承担相应的法律责任。

第八十四条　主管部门应当自收到书面投诉书之日起3个工作日内决定是否受理投诉，并将是否受理的决定在招标网上告知投诉人。主管部门应当自受理投诉之日起30个工作日内作出书面处理决定（见附件5），并将书面处理决定在招标网上告知投诉人；需要检验、检测、鉴定、专家评审的，以及监察机关依法对与招标投标活动有关的监察对象实施调查并可能影响投诉处理决定的，所需时间不计算在内。使用国外贷款、援助资金的项目，需征求资金提供方意见的，所需时间不计算在内。

主管部门在处理投诉时，有权查阅、复制有关文件、资料，调查有关情况，相关单位和人员应当予以配合。必要时，主管部门可以责令暂停招标投标活动。

主管部门在处理投诉期间，招标人或招标机构应当就投诉的事项协助调查。

第八十五条　有下列情形之一的投诉,不予受理:

(一)就本办法第三十六条、第四十八条、第六十九条规定事项投诉,其投诉内容在提起投诉前未按照本办法的规定提出异议的;

(二)投诉人不是投标人或者其他利害关系人的;

(三)《投诉书》未按本办法有关规定签字或盖章,或者未提供单位负责人证明文件的;

(四)没有明确请求的,或者未按本办法提供相应证明材料的;

(五)涉及招标评标过程具体细节、其他投标人的商业秘密或其他投标人的投标文件具体内容但未能说明内容真实性和来源合法性的;

(六)未在规定期限内在招标网上提出的;

(七)未在规定期限内将投诉书及相关证明材料送达相应主管部门的。

第八十六条　在评标结果投诉处理过程中,发现招标文件重要商务或技术条款(参数)出现内容错误、前后矛盾或与国家相关法律法规不一致的情形,影响评标结果公正性的,当次招标无效,主管部门将在招标网上予以公布。

第八十七条　招标人对投诉的内容无法提供充分解释和说明的,主管部门可以自行组织或者责成招标人、招标机构组织专家就投诉的内容进行评审。

就本办法第三十六条规定事项投诉的,招标人或招标机构应当从专家库中随机抽取3人以上单数评审专家。评审专家不得作为同一项目包的评标专家。

就本办法第六十九条规定事项投诉的,招标人或招标机构应当从国家级专家库中随机抽取评审专家,国家级专家不足时,可由地方级专家库中补充,但国家级专家不得少于2/3。评审专家不得包含参与该项目包评标的专家,并且专家人数不得少于评标专家人数。

第八十八条　投诉人拒绝配合主管部门依法进行调查的,被投诉人不提交相关证据、依据和其他有关材料的,主管部门按照现有可获得的材料对相关投诉依法作出处理。

第八十九条　投诉处理决定作出前,经主管部门同意,投诉人可以撤回投诉。投诉人申请撤回投诉的,应当以书面形式提交给主管部门,并同时在网上提出撤回投诉申请。已经查实投诉内容成立的,投诉人撤回投诉的行为不影响投诉处理决定。投诉人撤回投诉的,不得以同一的事实和理由再次进行投诉。

第九十条　主管部门经审查,对投诉事项可作出下列处理决定:

(一)投诉内容未经查实前,投诉人撤回投诉的,终止投诉处理;

(二)投诉缺乏事实根据或者法律依据的,以及投诉人捏造事实、伪造材料或者以非法手段取得证明材料进行投诉的,驳回投诉;

(三)投诉情况属实,招标投标活动确实存在不符合法律、行政法规和本办法规定的,依法作出招标无效、投标无效、中标无效、修改资格预审文件或者招标文件等决定。

第九十一条　商务部在招标网设立信息发布栏,包括下列内容:

(一)投诉汇总统计,包括年度内受到投诉的项目、招标人、招标机构名称和投诉处理结果等;

(二)招标机构代理项目投诉情况统计,包括年度内项目投诉数量、投诉率及投诉处理结果等;

(三)投标人及其他利害关系人投诉情况统计,包括年度内项目投诉数量、投诉率及不予受理投诉、驳回投诉、不良投诉(本办法第九十六条第四项的投诉行为)等;

（四）违法统计，包括年度内在招标投标活动过程中违反相关法律、行政法规和本办法的当事人、项目名称、违法情况和处罚结果。

第九十二条　主管部门应当建立投诉处理档案，并妥善保存。

第八章　法律责任

第九十三条　招标人对依法必须进行招标的项目不招标或化整为零以及以其他任何方式规避国际招标的，由相应主管部门责令限期改正，可以处项目合同金额0.5%以上1%以下的罚款；对全部或者部分使用国有资金的项目，可以通告项目主管机构暂停项目执行或者暂停资金拨付；对单位直接负责的主管人员和其他直接责任人员依法给予处分。

第九十四条　招标人有下列行为之一的，依照招标投标法、招标投标法实施条例的有关规定处罚：

（一）依法应当公开招标而采用邀请招标的；

（二）以不合理的条件限制、排斥潜在投标人的，对潜在投标人实行歧视待遇的，强制要求投标人组成联合体共同投标的，或者限制投标人之间竞争的；

（三）招标文件、资格预审文件的发售、澄清、修改的时限，或者确定的提交资格预审申请文件、投标文件的时限不符合规定的；

（四）不按照规定组建评标委员会，或者确定、更换评标委员会成员违反规定的；

（五）接受未通过资格预审的单位或者个人参加投标，或者接受应当拒收的投标文件的；

（六）违反规定，在确定中标人前与投标人就投标价格、投标方案等实质性内容进行谈判的；

（七）不按照规定确定中标人的；

（八）不按照规定对异议作出答复，继续进行招标投标活动的；

（九）无正当理由不发出中标通知书，或者中标通知书发出后无正当理由改变中标结果的；

（十）无正当理由不与中标人订立合同，或者在订立合同时向中标人提出附加条件的；

（十一）不按照招标文件和中标人的投标文件与中标人订立合同，或者与中标人订立背离合同实质性内容的协议的；

（十二）向他人透露已获取招标文件的潜在投标人的名称、数量或者可能影响公平竞争的有关招标投标的其他情况的，或者泄露标底的。

第九十五条　招标人有下列行为之一的，给予警告，并处3万元以下罚款；该行为影响到评标结果的公正性的，当次招标无效：

（一）与投标人相互串通、虚假招标投标的；

（二）以不正当手段干扰招标投标活动的；

（三）不履行与中标人订立的合同的；

（四）除本办法第九十四条第十二项所列行为外，其他泄漏应当保密的与招标投标活动有关的情况、材料或信息的；

（五）对主管部门的投诉处理决定拒不执行的；

（六）其他违反招标投标法、招标投标法实施条例和本办法的行为。

第九十六条　投标人有下列行为之一的，依照招标投标法、招标投标法实施条例的有关规定处罚：

（一）与其他投标人或者与招标人相互串通投标的；

（二）以向招标人或者评标委员会成员行贿的手段谋取中标的；

（三）以他人名义投标或者以其他方式弄虚作假，骗取中标的；

（四）捏造事实、伪造材料或者以非法手段取得证明材料进行投诉的。

有前款所列行为的投标人不得参与该项目的重新招标。

第九十七条　投标人有下列行为之一的，当次投标无效，并给予警告，并处3万元以下罚款：

（一）虚假招标投标的；

（二）以不正当手段干扰招标、评标工作的；

（三）投标文件及澄清资料与事实不符，弄虚作假的；

（四）在投诉处理过程中，提供虚假证明材料的；

（五）中标通知书发出之前与招标人签订合同的；

（六）中标的投标人不按照其投标文件和招标文件与招标人签订合同的或提供的产品不符合投标文件的；

（七）其他违反招标投标法、招标投标法实施条例和本办法的行为。

有前款所列行为的投标人不得参与该项目的重新招标。

第九十八条　中标人有下列行为之一的，依照招标投标法、招标投标法实施条例的有关规定处罚：

（一）无正当理由不与招标人订立合同的，或者在签订合同时向招标人提出附加条件的；

（二）不按照招标文件要求提交履约保证金的；

（三）不履行与招标人订立的合同的。

有前款所列行为的投标人不得参与该项目的重新招标。

第九十九条　招标机构有下列行为之一的，依照招标投标法、招标投标法实施条例的有关规定处罚：

（一）与招标人、投标人串通损害国家利益、社会公共利益或者他人合法权益的；

（二）在所代理的招标项目中投标、代理投标或者向该项目投标人提供咨询的；

（三）参加受托编制标底项目的投标或者为该项目的投标人编制投标文件、提供咨询的；

（四）泄露应当保密的与招标投标活动有关的情况和资料的。

第一百条　招标机构有下列行为之一的，给予警告，并处3万元以下罚款；该行为影响到整个招标公正性的，当次招标无效：

（一）与招标人、投标人相互串通、搞虚假招标投标的；

（二）在进行机电产品国际招标机构登记时填写虚假信息或提供虚假证明材料的；

（三）无故废弃随机抽取的评审专家的；

（四）不按照规定及时向主管部门报送材料或者向主管部门提供虚假材料的；

（五）未在规定的时间内将招标投标情况及其相关数据上传招标网，或者在招标网上发布、公示或存档的内容与招标公告、招标文件、投标文件、评标报告等相应书面内容存在实质性不符的；

（六）不按照本办法规定对异议作出答复的，或者在投诉处理的过程中未按照主管部门要求予以配合的；

（七）因招标机构的过失，投诉处理结果为招标无效或中标无效，6 个月内累计 2 次，或一年内累计 3 次的；

（八）不按照本办法规定发出中标通知书或者擅自变更中标结果的；

（九）其他违反招标投标法、招标投标法实施条例和本办法的行为。

第一百零一条　评标委员会成员有下列行为之一的，依照招标投标法、招标投标法实施条例的有关规定处罚：

（一）应当回避而不回避的；

（二）擅离职守的；

（三）不按照招标文件规定的评标方法和标准评标的；

（四）私下接触投标人的；

（五）向招标人征询确定中标人的意向或者接受任何单位或者个人明示或者暗示提出的倾向或者排斥特定投标人的要求的；

（六）暗示或者诱导投标人作出澄清、说明或者接受投标人主动提出的澄清、说明的；

（七）对依法应当否决的投标不提出否决意见的；

（八）向他人透露对投标文件的评审和比较、中标候选人的推荐以及与评标有关的其他情况的。

第一百零二条　评标委员会成员有下列行为之一的，将被从专家库名单中除名，同时在招标网上予以公告：

（一）弄虚作假，谋取私利的；

（二）在评标时拒绝出具明确书面意见的；

（三）除本办法第一百零一条第八项所列行为外，其他泄露应当保密的与招标投标活动有关的情况和资料的；

（四）与投标人、招标人、招标机构串通的；

（五）专家 1 年内 2 次被评价为不称职的；

（六）专家无正当理由拒绝参加评标的；

（七）其他不客观公正地履行职责的行为，或违反招标投标法、招标投标法实施条例和本办法的行为。

前款所列行为影响中标结果的，中标无效。

第一百零三条　除评标委员会成员之外的其他评审专家有本办法第一百零一条和第一百零二条所列行为之一的，将被从专家库名单中除名，同时在招标网上予以公告。

第一百零四条　招标网承办单位有下列行为之一的，商务部予以警告并责令改正；情节严重的或拒不改正的，商务部可以中止或终止其委托服务协议；给招标投标活动当事人造成损失的，应当承担赔偿责任；构成犯罪的，依法追究刑事责任：

（一）超出商务部委托范围从事与委托事项相关活动的；

（二）利用承办商务部委托范围内事项向有关当事人收取费用的；

（三）无正当理由拒绝或者延误潜在投标人于投标截止时间前在招标网免费注册的；

（四）泄露应当保密的与招标投标活动有关情况和资料的；

（五）在委托范围内，利用有关当事人的信息非法获取利益的；

（六）擅自修改招标人、投标人或招标机构上传资料的；

（七）与招标人、投标人、招标机构相互串通、搞虚假招标投标的；

（八）其他违反招标投标法、招标投标法实施条例及本办法的。

第一百零五条　主管部门在处理投诉过程中，发现被投诉人单位直接负责的主管人员和其他直接责任人员有违法、违规或者违纪行为的，应当建议其行政主管机关、纪检监察部门给予处分；情节严重构成犯罪的，移送司法机关处理。

第一百零六条　主管部门不依法履行职责，对违反招标投标法、招标投标法实施条例和本办法规定的行为不依法查处，或者不按照规定处理投诉、不依法公告对招标投标当事人违法行为的行政处理决定的，对直接负责的主管人员和其他直接责任人员依法给予处分。

主管部门工作人员在招标投标活动监督过程中徇私舞弊、滥用职权、玩忽职守，构成犯罪的，依法追究刑事责任。

第一百零七条　出让或者出租资格、资质证书供他人投标的，依照法律、行政法规的规定给予行政处罚；构成犯罪的，依法追究刑事责任。

第一百零八条　依法必须进行招标的项目的招标投标活动违反招标投标法、招标投标法实施条例和本办法的规定，对中标结果造成实质性影响，且不能采取补救措施予以纠正的，招标、投标、中标无效，应当依照本办法重新招标或者重新评标。

重新评标应当由招标人依照本办法组建新的评标委员会负责。前一次参与评标的专家不得参与重新招标或者重新评标。依法必须进行招标的项目，重新评标的结果应当依照本办法进行公示。

除法律、行政法规和本办法规定外，招标人不得擅自决定重新招标或重新评标。

第一百零九条　本章规定的行政处罚，由相应的主管部门决定。招标投标法、招标投标法实施条例已对实施行政处罚的机关作出规定的除外。

第九章　附　　则

第一百一十条　不属于工程建设项目，但属于固定资产投资项目的机电产品国际招标投标活动，按照本办法执行。

第一百一十一条　与机电产品有关的设计、方案、技术等国际招标投标，可参照本办法执行。

第一百一十二条　使用国外贷款、援助资金进行机电产品国际招标的，应当按照本办法的有关规定执行。贷款方、资金提供方对招标投标的具体条件和程序有不同规定的，可以适用其规定，但违背中华人民共和国的国家安全或社会公共利益的除外。

第一百一十三条　机电产品国际招标投标活动采用电子招标投标方式的，应当按照本办法和国家有关电子招标投标的规定执行。

第一百一十四条　本办法所称“单位负责人”，是指单位法定代表人或者法律、行政法规规定代表单位行使职权的主要负责人。

第一百一十五条　本办法所称“日”为日历日，期限的最后一日是国家法定节假日的，顺延到节假日后的次日为期限的最后一日。

第一百一十六条　本办法中 CIF、CIP、DDP 等贸易术语，应当根据国际商会（ICC）现行最新版本的《国际贸易术语解释通则》的规定解释。

第一百一十七条　本办法由商务部负责解释。

第一百一十八条　本办法自 2014 年 4 月 1 日起施行。《机电产品国际招标投标实施办法》（商务部 2004 年第 13 号令）同时废止。

工程建设项目勘察设计招标投标办法

（发改委等八部委令第 2 号）

（2003 年 6 月 12 日国家发展改革委、建设部、铁道部、交通部、信息产业部、水利部、民航总局、广电总局令第 2 号公布　自 2003 年 8 月 1 日起施行　根据 2013 年 3 月 11 日国家发展改革委、工业和信息化部、财政部、住房城乡建设部、交通运输部、铁道部、水利部、广电总局、民航局令第 23 号修订）

为规范工程建设项目勘察设计招标投标活动，提高经济效益，保证工程质量，依据《中华人民共和国招标投标法》，特制定《工程建设项目勘察设计招标投标办法》，现予以发布，自 2003 年 8 月 1 日起施行。

2003 年 6 月 12 日

第一章　总　　则

第一条　为规范工程建设项目勘察设计招标投标活动，提高投资效益，保证工程质量，根据《中华人民共和国招标投标法》、《中华人民共和国招标投标法实施条例》制定本办法。

第二条　在中华人民共和国境内进行工程建设项目勘察设计招标投标活动，适用本办法。

第三条　工程建设项目符合《工程建设项目招标范围和规模标准规定》（国家计委令第 3 号）规定的范围和标准的，必须依据本办法进行招标。

任何单位和个人不得将依法必须进行招标的项目化整为零或者以其他任何方式规避招标。

第四条　按照国家规定需要履行项目审批、核准手续的依法必须进行招标的项目，有下列情形之一的，经项目审批、核准部门审批、核准，项目的勘察设计可以不进行招标：

（一）涉及国家安全、国家秘密、抢险救灾或者属于利用扶贫资金实行以工代赈、需要使用农民工等特殊情况，不适宜进行招标；

（二）主要工艺、技术采用不可替代的专利或者专有技术，或者其建筑艺术造型有特殊要求；

（三）采购人依法能够自行勘察、设计；

（四）已通过招标方式选定的特许经营项目投资人依法能够自行勘察、设计；

（五）技术复杂或专业性强，能够满足条件的勘察设计单位少于三家，不能形成有效竞争；

（六）已建成项目需要改、扩建或者技术改造，由其他单位进行设计影响项目功能配套性；

（七）国家规定其他特殊情形。

第五条　勘察设计招标工作由招标人负责。任何单位和个人不得以任何方式非法干涉招标投标活动。

第六条　各级发展改革、工业和信息化、住房城乡建设、交通运输、铁道、水利、商务、广电、民航等部门依照《国务院办公厅印发国务院有关部门实施招标投标活动行政监督的职责分工意见的通知》（国办发〔2000〕34号）和各地规定的职责分工，对工程建设项目勘察设计招标投标活动实施监督，依法查处招标投标活动中的违法行为。

第二章　招　　标

第七条　招标人可以依据工程建设项目的不同特点，实行勘察设计一次性总体招标；也可以在保证项目完整性、连续性的前提下，按照技术要求实行分段或分项招标。

招标人不得利用前款规定限制或者排斥潜在投标人或者投标。依法必须进行招标的项目的招标人不得利用前款规定规避招标。

第八条　依法必须招标的工程建设项目，招标人可以对项目的勘察、设计、施工以及与工程建设有关的重要设备、材料的采购，实行总承包招标。

第九条　依法必须进行勘察设计招标的工程建设项目，在招标时应当具备下列条件：

（一）招标人已经依法成立；

（二）按照国家有关规定需要履行项目审批、核准或者备案手续的，已经审批、核准或者备案；

（三）勘察设计有相应资金或者资金来源已经落实；

（四）所必需的勘察设计基础资料已经收集完成；

（五）法律法规规定的其他条件。

第十条　工程建设项目勘察设计招标分为公开招标和邀请招标。

国有资金投资占控股或者主导地位的工程建设项目，以及国务院发展和改革部门确定的国家重点项目和省、自治区、直辖市人民政府确定的地方重点项目，除符合本办法第十一条规定条件并依法获得批准外，应当公开招标。

第十一条　依法必须进行公开招标的项目，在下列情况下可以进行邀请招标：

（一）技术复杂、有特殊要求或者受自然环境限制，只有少量潜在投标人可供选择；

（二）采用公开招标方式的费用占项目合同金额的比例过大。

有前款第二项所列情形，属于按照国家有关规定需要履行项目审批、核准手续的项目，由项目审批、核准部门在审批、核准项目时作出认定；其他项目由招标人申请有关行政监督部门作出认定。

招标人采用邀请招标方式的，应保证有三个以上具备承担招标项目勘察设计的能力，并具有相应资质的特定法人或者其他组织参加投标。

第十二条　招标人应当按照资格预审公告、招标公告或者投标邀请书规定的时间、地点出售招标文件或者资格预审文件。自招标文件或者资格预审文件出售之日起至停止出售之日止，最短不得少于五日。

第十三条　进行资格预审的，招标人只向资格预审合格的潜在投标人发售招标文件，并同时向资格预审不合格的潜在投标人告知资格预审结果。

第十四条　凡是资格预审合格的潜在投标人都应被允许参加投标。

招标人不得以抽签、摇号等不合理条件限制或者排斥资格预审合格的潜在投标人参加投标。

第十五条　招标人应当根据招标项目的特点和需要编制招标文件。

勘察设计招标文件应当包括下列内容：

（一）投标须知；

（二）投标文件格式及主要合同条款；

（三）项目说明书，包括资金来源情况；

（四）勘察设计范围，对勘察设计进度、阶段和深度要求；

（五）勘察设计基础资料；

（六）勘察设计费用支付方式，对未中标人是否给予补偿及补偿标准；

（七）投标报价要求；

（八）对投标人资格审查的标准；

（九）评标标准和方法；

（十）投标有效期。

投标有效期，从提交投标文件截止日起计算。

对招标文件的收费应仅限于补偿印刷、邮寄的成本支出，招标人不得通过出售招标文件谋取利益。

第十六条　招标人负责提供与招标项目有关的基础资料，并保证所提供资料的真实性、完整性。涉及国家秘密的除外。

第十七条　对于潜在投标人在阅读招标文件和现场踏勘中提出的疑问，招标人可以书面形式或召开投标预备会的方式解答，但需同时将解答以书面方式通知所有招标文件收受人。该解答的内容为招标文件的组成部分。

第十八条　招标人可以要求投标人在提交符合招标文件规定要求的投标文件外，提交备选投标文件，但应当在招标文件中做出说明，并提出相应的评审和比较办法。

第十九条　招标人应当确定潜在投标人编制投标文件所需要的合理时间。

依法必须进行勘察设计招标的项目，自招标文件开始发出之日起至投标人提交投标文件截止之日止，最短不得少于二十日。

第二十条　除不可抗力原因外，招标人在发布招标公告或者发出投标邀请书后不得终止招标，也不得在出售招标文件后终止招标。

第三章　投　　标

第二十一条　投标人是响应招标、参加投标竞争的法人或者其他组织。

在其本国注册登记，从事建筑、工程服务的国外设计企业参加投标的，必须符合中华人民共和国缔结或者参加的国际条约、协定中所作的市场准入承诺以及有关勘察设计市场准入的管理规定。

投标人应当符合国家规定的资质条件。

第二十二条　投标人应当按照招标文件或者投标邀请书的要求编制投标文件。投标文件中的勘察设计收费报价，应当符合国务院价格主管部门制定的工程勘察设计收费标准。

第二十三条　投标人在投标文件有关技术方案和要求中不得指定与工程建设项目有关的重要设备、材料的生产供应者，或者含有倾向或者排斥特定生产供应者的内容。

第二十四条　招标文件要求投标人提交投标保证金的，保证金数额不得超过勘察设计估算费用的百分之二，最多不超过十万元人民币。

依法必须进行招标的项目的境内投标单位，以现金或者支票形式提交的投标保证金应当从其基本账户转出。

第二十五条　在提交投标文件截止时间后到招标文件规定的投标有效期终止之前，投标人不得撤销其投标文件，否则招标人可以不退还投标保证金。

第二十六条　投标人在投标截止时间前提交的投标文件，补充、修改或撤回投标文件的通知，备选投标文件等，都必须加盖所在单位公章，并且由其法定代表人或授权代表签字，但招标文件另有规定的除外。

招标人在接收上述材料时，应检查其密封或签章是否完好，并向投标人出具标明签收人和签收时间的回执。

第二十七条　以联合体形式投标的，联合体各方应签订共同投标协议，连同投标文件一并提交招标人。

联合体各方不得再单独以自己名义，或者参加另外的联合体投同一个标。

招标人接受联合体投标并进行资格预审的，联合体应当在提交资格预审申请文件前组成。资格预审后联合体增减、更换成员的，其投标无效。

第二十八条　联合体中标的，应指定牵头人或代表，授权其代表所有联合体成员与招标人签订合同，负责整个合同实施阶段的协调工作。但是，需要向招标人提交由所有联合体成员法定代表人签署的授权委托书。

第二十九条　投标人不得以他人名义投标，也不得利用伪造、转让、无效或者租借的资质证书参加投标，或者以任何方式请其他单位在自己编制的投标文件代为签字盖章，损害国家利益、社会公共利益和招标人的合法权益。

第三十条　投标人不得通过故意压低投资额、降低施工技术要求、减少占地面积，或者缩短工期等手段弄虚作假，骗取中标。

第四章　开标、评标和中标

第三十一条　开标应当在招标文件确定的提交投标文件截止时间的同一时间公开进行；除不可抗力原因外，招标人不得以任何理由拖延开标，或者拒绝开标。

投标人对开标有异议的，应当在开标现场提出，招标人应当当场作出答复，并制作记录。

第三十二条　评标工作由评标委员会负责。评标委员会的组成方式及要求，按《中华人民共和国招标投标法》、《中华人民共和国招标投标法实施条例》及《评标委员会和评标方法暂行规定》(国家计委等七部委联合令第12号)的有关规定执行。

第三十三条　勘察设计评标一般采取综合评估法进行。评标委员会应当按照招标文件确定的评标标准和方法,结合经批准的项目建议书、可行性研究报告或者上阶段设计批复文件,对投标人的业绩、信誉和勘察设计人员的能力以及勘察设计方案的优劣进行综合评定。

招标文件中没有规定的标准和方法,不得作为评标的依据。

第三十四条　评标委员会可以要求投标人对其技术文件进行必要的说明或介绍,但不得提出带有暗示性或诱导性的问题,也不得明确指出其投标文件中的遗漏和错误。

第三十五条　根据招标文件的规定,允许投标人投备选标的,评标委员会可以对中标人所提交的备选标进行评审,以决定是否采纳备选标。不符合中标条件的投标人的备选标不予考虑。

第三十六条　投标文件有下列情况之一的,评标委员会应当否决其投标:

(一)未经投标单位盖章和单位负责人签字;

(二)投标报价不符合国家颁布的勘察设计取费标准,或者低于成本,或者高于招标文件设定的最高投标限价;

(三)未响应招标文件的实质性要求和条件。

第三十七条　投标人有下列情况之一的,评标委员会应当否决其投标:

(一)不符合国家或者招标文件规定的资格条件;

(二)与其他投标人或者与招标人串通投标;

(三)以他人名义投标,或者以其他方式弄虚作假;

(四)以向招标人或者评标委员会成员行贿的手段谋取中标;

(五)以联合体形式投标,未提交共同投标协议;

(六)提交两个以上不同的投标文件或者投标报价,但招标文件要求提交备选投标的除外。

第三十八条　评标委员会完成评标后,应当向招标人提出书面评标报告,推荐合格的中标候选人。

评标报告的内容应当符合《评标委员会和评标方法暂行规定》第四十二条的规定。但是,评标委员会决定否决所有投标的,应在评标报告中详细说明理由。

第三十九条　评标委员会推荐的中标候选人应当限定在一至三人,并标明排列顺序。

能够最大限度地满足招标文件中规定的各项综合评价标准的投标人,应当推荐为中标候选人。

第四十条　国有资金占控股或者主导地位的依法必须招标的项目,招标人应当确定排名第一的中标候选人为中标人。

排名第一的中标候选人放弃中标、因不可抗力提出不能履行合同,不按照招标文件要求提交履约保证金,或者被查实存在影响中标结果的违法行为等情形,不符合中标条件的,招标人可以按照评标委员会提出的中标候选人名单排序依次确定其他中标候选人为中标人。依次确定其他中标候选人与招标人预期差距较大,或者对招标人明显不利的,招标人可以重新招标。

招标人可以授权评标委员会直接确定中标人。

国务院对中标人的确定另有规定的,从其规定。

第四十一条　招标人应在接到评标委员会的书面评标报告之日起三日内公示中标候选人,公示期不少于三日。

第四十二条　招标人和中标人应当在投标有效期内并在自中标通知书发出之日起三十日内,按照招标文件和中标人的投标文件订立书面合同。

中标人履行合同应当遵守《合同法》以及《建设工程勘察设计管理条例》中勘察设计文件编制实施的有关规定。

第四十三条　招标人不得以压低勘察设计费、增加工作量、缩短勘察设计周期等作为发出中标通知书的条件,也不得与中标人再行订立背离合同实质性内容的其他协议。

第四十四条　招标人与中标人签订合同后五日内,应当向中标人和未中标人一次性退还投标保证金及银行同期存款利息。招标文件中规定给予未中标人经济补偿的,也应在此期限内一并给付。

招标文件要求中标人提交履约保证金的,中标人应当提交;经中标人同意,可将其投标保证金抵作履约保证金。

第四十五条　招标人或者中标人采用其他未中标人投标文件中技术方案的,应当征得未中标人的书面同意,并支付合理的使用费。

第四十六条　评标定标工作应当在投标有效期内完成,不能如期完成的,招标人应当通知所有投标人延长投标有效期。

同意延长投标有效期的投标人应当相应延长其投标担保的有效期,但不得修改投标文件的实质性内容。

拒绝延长投标有效期的投标人有权收回投标保证金。招标文件中规定给予未中标人补偿的,拒绝延长的投标人有权获得补偿。

第四十七条　依法必须进行勘察设计招标的项目,招标人应当在确定中标人之日起十五日内,向有关行政监督部门提交招标投标情况的书面报告。

书面报告一般应包括以下内容:

(一)招标项目基本情况;

(二)投标人情况;

(三)评标委员会成员名单;

(四)开标情况;

(五)评标标准和方法;

(六)否决投标情况;

(七)评标委员会推荐的经排序的中标候选人名单;

(八)中标结果;

(九)未确定排名第一的中标候选人为中标人的原因;

(十)其他需说明的问题。

第四十八条　在下列情况下,依法必须招标项目的招标人在分析招标失败的原因并采取相应措施后,应当依照本办法重新招标:

(一)资格预审合格的潜在投标人不足三个的;

(二)在投标截止时间前提交投标文件的投标人少于三个的;

（三）所有投标均被否决的；

（四）评标委员会否决不合格投标后，因有效投标不足三个使得投标明显缺乏竞争，评标委员会决定否决全部投标的；

（五）根据第四十六条规定，同意延长投标有效期的投标人少于三个的。

第四十九条　招标人重新招标后，发生本办法第四十八条情形之一的，属于按照国家规定需要政府审批、核准的项目，报经原项目审批、核准部门审批、核准后可以不再进行招标；其他工程建设项目，招标人可自行决定不再进行招标。

第五章　罚　　则

第五十条　招标人有下列限制或者排斥潜在投标人行为之一的，由有关行政监督部门依照招标投标法第五十一条的规定处罚；其中，构成依法必须进行勘察设计招标的项目的招标人规避招标的，依照招标投标法第四十九条的规定处罚：

（一）依法必须公开招标的项目不按照规定在指定媒介发布资格预审公告或者招标公告；

（二）在不同媒介发布的同一招标项目的资格预审公告或者招标公告的内容不一致，影响潜在投标人申请资格预审或者投标。

第五十一条　招标人有下列情形之一的，由有关行政监督部门责令改正，可以处 10 万元以下的罚款：

（一）依法应当公开招标而采用邀请招标；

（二）招标文件、资格预审文件的发售、澄清、修改的时限，或者确定的提交资格预审申请文件、投标文件的时限不符合招标投标法和招标投标法实施条例规定；

（三）接受未通过资格预审的单位或者个人参加投标；

（四）接受应当拒收的投标文件。

招标人有前款第一项、第三项、第四项所列行为之一的，对单位直接负责的主管人员和其他直接责任人员依法给予处分。

第五十二条　依法必须进行招标的项目的投标人以他人名义投标，利用伪造、转让、租借、无效的资质证书参加投标，或者请其他单位在自己编制的投标文件上代为签字盖章，弄虚作假，骗取中标的，中标无效。尚未构成犯罪的，处中标项目金额千分之五以上千分之十以下的罚款，对单位直接负责的主管人员和其他直接责任人员处单位罚款数额百分之五以上百分之十以下的罚款；有违法所得的，并处没收违法所得；情节严重的，取消其一年至三年内参加依法必须进行招标的项目的投标资格并予以公告，直至由工商行政管理机关吊销营业执照。

第五十三条　招标人以抽签、摇号等不合理的条件限制或者排斥资格预审合格的潜在投标人参加投标，对潜在投标人实行歧视待遇的，强制要求投标人组成联合体共同投标的，或者限制投标人之间竞争的，责令改正，可以处一万元以上五万元以下的罚款。

依法必须进行招标的项目的招标人不按照规定组建评标委员会，或者确定、更换评标委员会成员违反招标投标法和招标投标法实施条例规定的，由有关行政监督部门责令改正，可以处 10 万元以下的罚款，对单位直接负责的主管人员和其他直接责任人员依法给予处分；违法确定或者更换的评标委员会成员作出的评审结论无效，依法重新进行评审。

第五十四条　评标委员会成员有下列行为之一的，由有关行政监督部门责令改正；情节严重的，禁止其在一定期限内参加依法必须进行招标的项目的评标；情节特别严重的，取消其担任评标委员会成员的资格：

（一）不按照招标文件规定的评标标准和方法评标；

（二）应当回避而不回避；

（三）擅离职守；

（四）私下接触投标人；

（五）向招标人征询确定中标人的意向或者接受任何单位或者个人明示或者暗示提出的倾向或者排斥特定投标人的要求；

（六）对依法应当否决的投标不提出否决意见；

（七）暗示或者诱导投标人作出澄清、说明或者接受投标人主动提出的澄清、说明；

（八）其他不客观、不公正履行职务的行为。

第五十五条　招标人与中标人不按照招标文件和中标人的投标文件订立合同，责令改正，可以处中标项目金额千分之五以上千分之十以下的罚款。

第五十六条　本办法对违法行为及其处罚措施未做规定的，依据《中华人民共和国招标投标法》、《中华人民共和国招标投标法实施条例》和有关法律、行政法规的规定执行。

第六章　附　　则

第五十七条　使用国际组织或者外国政府贷款、援助资金的项目进行招标，贷款方、资金提供方对工程勘察设计招标投标的条件和程序另有规定的，可以适用其规定，但违背中华人民共和国社会公共利益的除外。

第五十八条　本办法发布之前有关勘察设计招标投标的规定与本办法不一致的，以本办法为准。法律或者行政法规另有规定的，从其规定。

第五十九条　本办法由国家发展和改革委员会会同有关部门负责解释。

第六十条　本办法自 2003 年 8 月 1 日起施行。

建筑工程设计招标投标管理办法

(住建部令第 33 号)

第一条　为规范建筑工程设计市场,提高建筑工程设计水平,促进公平竞争,繁荣建筑创作,根据《中华人民共和国建筑法》、《中华人民共和国招标投标法》、《建设工程勘察设计管理条例》和《中华人民共和国招标投标法实施条例》等法律法规,制定本办法。

第二条　依法必须进行招标的各类房屋建筑工程,其设计招标投标活动,适用本办法。

第三条　国务院住房城乡建设主管部门依法对全国建筑工程设计招标投标活动实施监督。

县级以上地方人民政府住房城乡建设主管部门依法对本行政区域内建筑工程设计招标投标活动实施监督,依法查处招标投标活动中的违法违规行为。

第四条　建筑工程设计招标范围和规模标准按照国家有关规定执行,有下列情形之一的,可以不进行招标:

(一)采用不可替代的专利或者专有技术的;

(二)对建筑艺术造型有特殊要求,并经有关主管部门批准的;

(三)建设单位依法能够自行设计的;

(四)建筑工程项目的改建、扩建或者技术改造,需要由原设计单位设计,否则将影响功能配套要求的;

(五)国家规定的其他特殊情形。

第五条　建筑工程设计招标应当依法进行公开招标或者邀请招标。

第六条　建筑工程设计招标可以采用设计方案招标或者设计团队招标,招标人可以根据项目特点和实际需要选择。

设计方案招标,是指主要通过对投标人提交的设计方案进行评审确定中标人。

设计团队招标,是指主要通过对投标人拟派设计团队的综合能力进行评审确定中标人。

第七条　公开招标的,招标人应当发布招标公告。邀请招标的,招标人应当向 3 个以上潜在投标人发出投标邀请书。

招标公告或者投标邀请书应当载明招标人名称和地址、招标项目的基本要求、投标人的资质要求以及获取招标文件的办法等事项。

第八条　招标人一般应当将建筑工程的方案设计、初步设计和施工图设计一并招标。确需另行选择设计单位承担初步设计、施工图设计的,应当在招标公告或者投标邀请书中明确。

第九条　鼓励建筑工程实行设计总包。实行设计总包的,按照合同约定或者经招标人同意,设计单位可以不通过招标方式将建筑工程非主体部分的设计进行分包。

第十条　招标文件应当满足设计方案招标或者设计团队招标的不同需求,主要包括以下内容:

(一)项目基本情况;

(二)城乡规划和城市设计对项目的基本要求;

(三)项目工程经济技术要求;

(四)项目有关基础资料;

(五)招标内容;

(六)招标文件答疑、现场踏勘安排;

(七)投标文件编制要求;

(八)评标标准和方法;

(九)投标文件送达地点和截止时间;

(十)开标时间和地点;

(十一)拟签订合同的主要条款;

(十二)设计费或者计费方法;

(十三)未中标方案补偿办法。

第十一条　招标人应当在资格预审公告、招标公告或者投标邀请书中载明是否接受联合体投标。采用联合体形式投标的,联合体各方应当签订共同投标协议,明确约定各方承担的工作和责任,就中标项目向招标人承担连带责任。

第十二条　招标人可以对已发出的招标文件进行必要的澄清或者修改。澄清或者修改的内容可能影响投标文件编制的,招标人应当在投标截止时间至少 15 日前,以书面形式通知所有获取招标文件的潜在投标人,不足 15 日的,招标人应当顺延提交投标文件的截止时间。

潜在投标人或者其他利害关系人对招标文件有异议的,应当在投标截止时间 10 日前提出。招标人应当自收到异议之日起 3 日内作出答复;作出答复前,应当暂停招标投标活动。

第十三条　招标人应当确定投标人编制投标文件所需要的合理时间,自招标文件开始发出之日起至投标人提交投标文件截止之日止,时限最短不少于 20 日。

第十四条　投标人应当具有与招标项目相适应的工程设计资质。境外设计单位参加国内建筑工程设计投标的,按照国家有关规定执行。

第十五条　投标人应当按照招标文件的要求编制投标文件。投标文件应当对招标文件提出的实质性要求和条件作出响应。

第十六条　评标由评标委员会负责。

评标委员会由招标人代表和有关专家组成。评标委员会人数为 5 人以上单数,其中技术和经济方面的专家不得少于成员总数的 2/3。建筑工程设计方案评标时,建筑专业专家不得少于技术和经济方面专家总数的 2/3。

评标专家一般从专家库随机抽取,对于技术复杂、专业性强或者国家有特殊要求的项目,招标人也可以直接邀请相应专业的中国科学院院士、中国工程院院士、全国工程勘察设计大师以及境外具有相应资历的专家参加评标。

投标人或者与投标人有利害关系的人员不得参加评标委员会。

第十七条　有下列情形之一的,评标委员会应当否决其投标:

（一）投标文件未按招标文件要求经投标人盖章和单位负责人签字；

（二）投标联合体没有提交共同投标协议；

（三）投标人不符合国家或者招标文件规定的资格条件；

（四）同一投标人提交两个以上不同的投标文件或者投标报价，但招标文件要求提交备选投标的除外；

（五）投标文件没有对招标文件的实质性要求和条件作出响应；

（六）投标人有串通投标、弄虚作假、行贿等违法行为；

（七）法律法规规定的其他应当否决投标的情形。

第十八条　评标委员会应当按照招标文件确定的评标标准和方法，对投标文件进行评审。

采用设计方案招标的，评标委员会应当在符合城乡规划、城市设计以及安全、绿色、节能、环保要求的前提下，重点对功能、技术、经济和美观等进行评审。

采用设计团队招标的，评标委员会应当对投标人拟从事项目设计的人员构成、人员业绩、人员从业经历、项目解读、设计构思、投标人信用情况和业绩等进行评审。

第十九条　评标委员会应当在评标完成后，向招标人提出书面评标报告，推荐不超过3个中标候选人，并标明顺序。

第二十条　招标人应当公示中标候选人。采用设计团队招标的，招标人应当公示中标候选人投标文件中所列主要人员、业绩等内容。

第二十一条　招标人根据评标委员会的书面评标报告和推荐的中标候选人确定中标人。招标人也可以授权评标委员会直接确定中标人。

采用设计方案招标的，招标人认为评标委员会推荐的候选方案不能最大限度满足招标文件规定的要求的，应当依法重新招标。

第二十二条　招标人应当在确定中标人后及时向中标人发出中标通知书，并同时将中标结果通知所有未中标人。

第二十三条　招标人应当自确定中标人之日起15日内，向县级以上地方人民政府住房城乡建设主管部门提交招标投标情况的书面报告。

第二十四条　县级以上地方人民政府住房城乡建设主管部门应当自收到招标投标情况的书面报告之日起5个工作日内，公开专家评审意见等信息，涉及国家秘密、商业秘密的除外。

第二十五条　招标人和中标人应当自中标通知书发出之日起30日内，按照招标文件和中标人的投标文件订立书面合同。

第二十六条　招标人、中标人使用未中标方案的，应当征得提交方案的投标人同意并付给使用费。

第二十七条　国务院住房城乡建设主管部门，省、自治区、直辖市人民政府住房城乡建设主管部门应当加强建筑工程设计评标专家和专家库的管理。

建筑专业专家库应当按建筑工程类别细化分类。

第二十八条　住房城乡建设主管部门应当加快推进电子招标投标，完善招标投标信息平台建设，促进建筑工程设计招标投标信息化监管。

第二十九条　招标人以不合理的条件限制或者排斥潜在投标人的，对潜在投标人实行歧视待遇的,强制要求投标人组成联合体共同投标的,或者限制投标人之间竞争的,由县级以上地方人民政府住房城乡建设主管部门责令改正,可以处1万元以上5万元以下的罚款。

第三十条　招标人澄清、修改招标文件的时限,或者确定的提交投标文件的时限不符合本办法规定的,由县级以上地方人民政府住房城乡建设主管部门责令改正,可以处10万元以下的罚款。

第三十一条　招标人不按照规定组建评标委员会,或者评标委员会成员的确定违反本办法规定的,由县级以上地方人民政府住房城乡建设主管部门责令改正,可以处10万元以下的罚款,相应评审结论无效,依法重新进行评审。

第三十二条　招标人有下列情形之一的,由县级以上地方人民政府住房城乡建设主管部门责令改正,可以处中标项目金额10‰以下的罚款;给他人造成损失的,依法承担赔偿责任;对单位直接负责的主管人员和其他直接责任人员依法给予处分:

(一)无正当理由未按本办法规定发出中标通知书;

(二)不按照规定确定中标人;

(三)中标通知书发出后无正当理由改变中标结果;

(四)无正当理由未按本办法规定与中标人订立合同;

(五)在订立合同时向中标人提出附加条件。

第三十三条　投标人以他人名义投标或者以其他方式弄虚作假,骗取中标的,中标无效,给招标人造成损失的,依法承担赔偿责任;构成犯罪的,依法追究刑事责任。

投标人有前款所列行为尚未构成犯罪的,由县级以上地方人民政府住房城乡建设主管部门处中标项目金额5‰以上10‰以下的罚款,对单位直接负责的主管人员和其他直接责任人员处单位罚款数额5%以上10%以下的罚款;有违法所得的,并处没收违法所得;情节严重的,取消其1年至3年内参加依法必须进行招标的建筑工程设计招标的投标资格,并予以公告,直至由工商行政管理机关吊销营业执照。

第三十四条　评标委员会成员收受投标人的财物或者其他好处的,评标委员会成员或者参加评标的有关工作人员向他人透露对投标文件的评审和比较、中标候选人的推荐以及与评标有关的其他情况的,由县级以上地方人民政府住房城乡建设主管部门给予警告,没收收受的财物,可以并处3 000元以上5万元以下的罚款。

评标委员会成员有前款所列行为的,由有关主管部门通报批评并取消担任评标委员会成员的资格,不得再参加任何依法必须进行招标的建筑工程设计招标投标的评标;构成犯罪的,依法追究刑事责任。

第三十五条　评标委员会成员违反本办法规定,对应当否决的投标不提出否决意见的,由县级以上地方人民政府住房城乡建设主管部门责令改正;情节严重的,禁止其在一定期限内参加依法必须进行招标的建筑工程设计招标投标的评标;情节特别严重的,由有关主管部门取消其担任评标委员会成员的资格。

第三十六条　住房城乡建设主管部门或者有关职能部门的工作人员徇私舞弊、滥用职权或者玩忽职守,构成犯罪的,依法追究刑事责任;不构成犯罪的,依法给予行政处分。

第三十七条　市政公用工程及园林工程设计招标投标参照本办法执行。

第三十八条　本办法自2017年5月1日起施行。2000年10月18日建设部颁布的《建筑工程设计招标投标管理办法》(建设部令第82号)同时废止。

建设工程勘察设计资质管理规定

（建设部令第160号）

第一章　总　　则

第一条　为了加强对建设工程勘察、设计活动的监督管理，保证建设工程勘察、设计质量，根据《中华人民共和国行政许可法》、《中华人民共和国建筑法》、《建设工程质量管理条例》和《建设工程勘察设计管理条例》等法律、行政法规，制定本规定。

第二条　在中华人民共和国境内申请建设工程勘察、工程设计资质，实施对建设工程勘察、工程设计资质的监督管理，适用本规定。

第三条　从事建设工程勘察、工程设计活动的企业，应当按照其拥有的注册资本、专业技术人员、技术装备和勘察设计业绩等条件申请资质，经审查合格，取得建设工程勘察、工程设计资质证书后，方可在资质许可的范围内从事建设工程勘察、工程设计活动。

第四条　国务院建设主管部门负责全国建设工程勘察、工程设计资质的统一监督管理。国务院铁路、交通、水利、信息产业、民航等有关部门配合国务院建设主管部门实施相应行业的建设工程勘察、工程设计资质管理工作。

省、自治区、直辖市人民政府建设主管部门负责本行政区域内建设工程勘察、工程设计资质的统一监督管理。省、自治区、直辖市人民政府交通、水利、信息产业等有关部门配合同级建设主管部门实施本行政区域内相应行业的建设工程勘察、工程设计资质管理工作。

第二章　资质分类和分级

第五条　工程勘察资质分为工程勘察综合资质、工程勘察专业资质、工程勘察劳务资质。

工程勘察综合资质只设甲级；工程勘察专业资质设甲级、乙级，根据工程性质和技术特点，部分专业可以设丙级；工程勘察劳务资质不分等级。

取得工程勘察综合资质的企业，可以承接各专业（海洋工程勘察除外）、各等级工程勘察业务；取得工程勘察专业资质的企业，可以承接相应等级相应专业的工程勘察业务；取得工程勘察劳务资质的企业，可以承接岩土工程治理、工程钻探、凿井等工程勘察劳务业务。

第六条　工程设计资质分为工程设计综合资质、工程设计行业资质、工程设计专业资质和工程设计专项资质。

工程设计综合资质只设甲级；工程设计行业资质、工程设计专业资质、工程设计专项资质设甲级、乙级。

根据工程性质和技术特点，个别行业、专业、专项资质可以设丙级，建筑工程专业资质可以设丁级。

取得工程设计综合资质的企业,可以承接各行业、各等级的建设工程设计业务;取得工程设计行业资质的企业,可以承接相应行业相应等级的工程设计业务及本行业范围内同级别的相应专业、专项(设计施工一体化资质除外)工程设计业务;取得工程设计专业资质的企业,可以承接本专业相应等级的专业工程设计业务及同级别的相应专项工程设计业务(设计施工一体化资质除外);取得工程设计专项资质的企业,可以承接本专项相应等级的专项工程设计业务。

第七条　建设工程勘察、工程设计资质标准和各资质类别、级别企业承担工程的具体范围由国务院建设主管部门商国务院有关部门制定。

第三章　资质申请和审批

第八条　申请工程勘察甲级资质、工程设计甲级资质,以及涉及铁路、交通、水利、信息产业、民航等方面的工程设计乙级资质的,应当向企业工商注册所在地的省、自治区、直辖市人民政府建设主管部门提出申请。其中,国务院国资委管理的企业应当向国务院建设主管部门提出申请;国务院国资委管理的企业下属一层级的企业申请资质,应当由国务院国资委管理的企业向国务院建设主管部门提出申请。

省、自治区、直辖市人民政府建设主管部门应当自受理申请之日起20日内初审完毕,并将初审意见和申请材料报国务院建设主管部门。

国务院建设主管部门应当自省、自治区、直辖市人民政府建设主管部门受理申请材料之日起60日内完成审查,公示审查意见,公示时间为10日。其中,涉及铁路、交通、水利、信息产业、民航等方面的工程设计资质,由国务院建设主管部门送国务院有关部门审核,国务院有关部门在20日内审核完毕,并将审核意见送国务院建设主管部门。

第九条　工程勘察乙级及以下资质、劳务资质、工程设计乙级(涉及铁路、交通、水利、信息产业、民航等方面的工程设计乙级资质除外)及以下资质许可由省、自治区、直辖市人民政府建设主管部门实施。具体实施程序由省、自治区、直辖市人民政府建设主管部门依法确定。

省、自治区、直辖市人民政府建设主管部门应当自作出决定之日起30日内,将准予资质许可的决定报国务院建设主管部门备案。

第十条　工程勘察、工程设计资质证书分为正本和副本,正本一份,副本六份,由国务院建设主管部门统一印制,正、副本具备同等法律效力。资质证书有效期为5年。

第十一条　企业首次申请工程勘察、工程设计资质,应当提供以下材料:

(一)工程勘察、工程设计资质申请表;

(二)企业法人、合伙企业营业执照副本复印件;

(三)企业章程或合伙人协议;

(四)企业法定代表人、合伙人的身份证明;

(五)企业负责人、技术负责人的身份证明、任职文件、毕业证书、职称证书及相关资质标准要求提供的材料;

(六)工程勘察、工程设计资质申请表中所列注册执业人员的身份证明、注册执业证书;

（七）工程勘察、工程设计资质标准要求的非注册专业技术人员的职称证书、毕业证书、身份证明及个人业绩材料；

（八）工程勘察、工程设计资质标准要求的注册执业人员、其他专业技术人员与原聘用单位解除聘用劳动合同的证明及新单位的聘用劳动合同；

（九）资质标准要求的其他有关材料。

第十二条　企业申请资质升级应当提交以下材料：

（一）本规定第十一条第（一）、（二）、（五）、（六）、（七）、（九）项所列资料；

（二）工程勘察、工程设计资质标准要求的非注册专业技术人员与本单位签订的劳动合同及社保证明；

（三）原工程勘察、工程设计资质证书副本复印件；

（四）满足资质标准要求的企业工程业绩和个人工程业绩。

第十三条　企业增项申请工程勘察、工程设计资质，应当提交下列材料：

（一）本规定第十一条所列（一）、（二）、（五）、（六）、（七）、（九）的资料；

（二）工程勘察、工程设计资质标准要求的非注册专业技术人员与本单位签订的劳动合同及社保证明；

（三）原资质证书正、副本复印件；

（四）满足相应资质标准要求的个人工程业绩证明。

第十四条　资质有效期届满，企业需要延续资质证书有效期的，应当在资质证书有效期届满 60 日前，向原资质许可机关提出资质延续申请。

对在资质有效期内遵守有关法律、法规、规章、技术标准，信用档案中无不良行为记录，且专业技术人员满足资质标准要求的企业，经资质许可机关同意，有效期延续 5 年。

第十五条　企业在资质证书有效期内名称、地址、注册资本、法定代表人等发生变更的，应当在工商部门办理变更手续后 30 日内办理资质证书变更手续。

取得工程勘察甲级资质、工程设计甲级资质，以及涉及铁路、交通、水利、信息产业、民航等方面的工程设计乙级资质的企业，在资质证书有效期内发生企业名称变更的，应当向企业工商注册所在地省、自治区、直辖市人民政府建设主管部门提出变更申请，省、自治区、直辖市人民政府建设主管部门应当自受理申请之日起 2 日内将有关变更证明材料报国务院建设主管部门，由国务院建设主管部门在 2 日内办理变更手续。

前款规定以外的资质证书变更手续，由企业工商注册所在地的省、自治区、直辖市人民政府建设主管部门负责办理。省、自治区、直辖市人民政府建设主管部门应当自受理申请之日起 2 日内办理变更手续，并在办理资质证书变更手续后 15 日内将变更结果报国务院建设主管部门备案。

涉及铁路、交通、水利、信息产业、民航等方面的工程设计资质的变更，国务院建设主管部门应当将企业资质变更情况告知国务院有关部门。

第十六条　企业申请资质证书变更，应当提交以下材料：

（一）资质证书变更申请；

（二）企业法人、合伙企业营业执照副本复印件；

（三）资质证书正、副本原件；

（四）与资质变更事项有关的证明材料。

企业改制的,除提供前款规定资料外,还应当提供改制重组方案、上级资产管理部门或者股东大会的批准决定、企业职工代表大会同意改制重组的决议。

第十七条　企业首次申请、增项申请工程勘察、工程设计资质,其申请资质等级最高不超过乙级,且不考核企业工程勘察、工程设计业绩。

已具备施工资质的企业首次申请同类别或相近类别的工程勘察、工程设计资质的,可以将相应规模的工程总承包业绩作为工程业绩予以申报。其申请资质等级最高不超过其现有施工资质等级。

第十八条　企业合并的,合并后存续或者新设立的企业可以承继合并前各方中较高的资质等级,但应当符合相应的资质标准条件。

企业分立的,分立后企业的资质按照资质标准及本规定的审批程序核定。

企业改制的,改制后不再符合资质标准的,应按其实际达到的资质标准及本规定重新核定;资质条件不发生变化的,按本规定第十六条办理。

第十九条　从事建设工程勘察、设计活动的企业,申请资质升级、资质增项,在申请之日起前一年内有下列情形之一的,资质许可机关不予批准企业的资质升级申请和增项申请:

(一)企业相互串通投标或者与招标人串通投标承揽工程勘察、工程设计业务的;

(二)将承揽的工程勘察、工程设计业务转包或违法分包的;

(三)注册执业人员未按照规定在勘察设计文件上签字的;

(四)违反国家工程建设强制性标准的;

(五)因勘察设计原因造成过重大生产安全事故的;

(六)设计单位未根据勘察成果文件进行工程设计的;

(七)设计单位违反规定指定建筑材料、建筑构配件的生产厂、供应商的;

(八)无工程勘察、工程设计资质或者超越资质等级范围承揽工程勘察、工程设计业务的;

(九)涂改、倒卖、出租、出借或者以其他形式非法转让资质证书的;

(十)允许其他单位、个人以本单位名义承揽建设工程勘察、设计业务的;

(十一)其他违反法律、法规行为的。

第二十条　企业在领取新的工程勘察、工程设计资质证书的同时,应当将原资质证书交回原发证机关予以注销。

企业需增补(含增加、更换、遗失补办)工程勘察、工程设计资质证书的,应当持资质证书增补申请等材料向资质许可机关申请办理。遗失资质证书的,在申请补办前应当在公众媒体上刊登遗失声明。资质许可机关应当在2日内办理完毕。

第四章　监督与管理

第二十一条　国务院建设主管部门对全国的建设工程勘察、设计资质实施统一的监督管理。国务院铁路、交通、水利、信息产业、民航等有关部门配合国务院建设主管部门对相应的行业资质进行监督管理。

县级以上地方人民政府建设主管部门负责对本行政区域内的建设工程勘察、设计资质实施监督管理。县级以上人民政府交通、水利、信息产业等有关部门配合同级建设主管部门对相应的行业资质进行监督管理。

上级建设主管部门应当加强对下级建设主管部门资质管理工作的监督检查,及时纠正资质管理中的违法行为。

第二十二条　建设主管部门、有关部门履行监督检查职责时,有权采取下列措施:

(一)要求被检查单位提供工程勘察、设计资质证书、注册执业人员的注册执业证书,有关工程勘察、设计业务的文档,有关质量管理、安全生产管理、档案管理、财务管理等企业内部管理制度的文件;

(二)进入被检查单位进行检查,查阅相关资料;

(三)纠正违反有关法律、法规和本规定及有关规范和标准的行为。

建设主管部门、有关部门依法对企业从事行政许可事项的活动进行监督检查时,应当将监督检查情况和处理结果予以记录,由监督检查人员签字后归档。

第二十三条　建设主管部门、有关部门在实施监督检查时,应当有两名以上监督检查人员参加,并出示执法证件,不得妨碍企业正常的生产经营活动,不得索取或者收受企业的财物,不得谋取其他利益。

有关单位和个人对依法进行的监督检查应当协助与配合,不得拒绝或者阻挠。

监督检查机关应当将监督检查的处理结果向社会公布。

第二十四条　企业违法从事工程勘察、工程设计活动的,其违法行为发生地的建设主管部门应当依法将企业的违法事实、处理结果或处理建议告知该企业的资质许可机关。

第二十五条　企业取得工程勘察、设计资质后,不再符合相应资质条件的,建设主管部门、有关部门根据利害关系人的请求或者依据职权,可以责令其限期改正;逾期不改的,资质许可机关可以撤回其资质。

第二十六条　有下列情形之一的,资质许可机关或者其上级机关,根据利害关系人的请求或者依据职权,可以撤销工程勘察、工程设计资质:

(一)资质许可机关工作人员滥用职权、玩忽职守作出准予工程勘察、工程设计资质许可的;

(二)超越法定职权作出准予工程勘察、工程设计资质许可;

(三)违反资质审批程序作出准予工程勘察、工程设计资质许可的;

(四)对不符合许可条件的申请人作出工程勘察、工程设计资质许可的;

(五)依法可以撤销资质证书的其他情形。

以欺骗、贿赂等不正当手段取得工程勘察、工程设计资质证书的,应当予以撤销。

第二十七条　有下列情形之一的,企业应当及时向资质许可机关提出注销资质的申请,交回资质证书,资质许可机关应当办理注销手续,公告其资质证书作废:

(一)资质证书有效期届满未依法申请延续的;

(二)企业依法终止的;

(三)资质证书依法被撤销、撤回,或者吊销的;

(四)法律、法规规定的应当注销资质的其他情形。

第二十八条　有关部门应当将监督检查情况和处理意见及时告知建设主管部门。资质许可机关应当将涉及铁路、交通、水利、信息产业、民航等方面的资质被撤回、撤销和注销的情况及时告知有关部门。

第二十九条　企业应当按照有关规定，向资质许可机关提供真实、准确、完整的企业信用档案信息。

企业的信用档案应当包括企业基本情况、业绩、工程质量和安全、合同违约等情况。被投诉举报和处理、行政处罚等情况应当作为不良行为记入其信用档案。

企业的信用档案信息按照有关规定向社会公示。

第五章　法律责任

第三十条　企业隐瞒有关情况或者提供虚假材料申请资质的，资质许可机关不予受理或者不予行政许可，并给予警告，该企业在1年内不得再次申请该资质。

第三十一条　企业以欺骗、贿赂等不正当手段取得资质证书的，由县级以上地方人民政府建设主管部门或者有关部门给予警告，并依法处以罚款；该企业在3年内不得再次申请该资质。

第三十二条　企业不及时办理资质证书变更手续的，由资质许可机关责令限期办理；逾期不办理的，可处以1 000元以上1万元以下的罚款。

第三十三条　企业未按照规定提供信用档案信息的，由县级以上地方人民政府建设主管部门给予警告，责令限期改正；逾期未改正的，可处以1 000元以上1万元以下的罚款。

第三十四条　涂改、倒卖、出租、出借或者以其他形式非法转让资质证书的，由县级以上地方人民政府建设主管部门或者有关部门给予警告，责令改正，并处以1万元以上3万元以下的罚款；造成损失的，依法承担赔偿责任；构成犯罪的，依法追究刑事责任。

第三十五条　县级以上地方人民政府建设主管部门依法给予工程勘察、设计企业行政处罚的，应当将行政处罚决定以及给予行政处罚的事实、理由和依据，报国务院建设主管部门备案。

第三十六条　建设主管部门及其工作人员，违反本规定，有下列情形之一的，由其上级行政机关或者监察机关责令改正；情节严重的，对直接负责的主管人员和其他直接责任人员，依法给予行政处分：

（一）对不符合条件的申请人准予工程勘察、设计资质许可的；

（二）对符合条件的申请人不予工程勘察、设计资质许可或者未在法定期限内作出许可决定的；

（三）对符合条件的申请不予受理或者未在法定期限内初审完毕的；

（四）利用职务上的便利，收受他人财物或者其他好处的；

（五）不依法履行监督职责或者监督不力，造成严重后果的。

第六章　附　　则

第三十七条　本规定所称建设工程勘察包括建设工程项目的岩土工程、水文地质、工程测量、海洋工程勘察等。

第三十八条　本规定所称建设工程设计是指：

（一）建设工程项目的主体工程和配套工程（含厂（矿）区内的自备电站、道路、专用铁路、通信、各种管网管线和配套的建筑物等全部配套工程）以及与主体工程、配套工程相关的工艺、土木、建筑、环境保护、水土保持、消防、安全、卫生、节能、防雷、抗震、照明工程等的设计。

（二）建筑工程建设用地规划许可证范围内的室外工程设计、建筑物构筑物设计、民用建筑修建的地下工程设计及住宅小区、工厂厂前区、工厂生活区、小区规划设计及单体设计等，以及上述建筑工程所包含的相关专业的设计内容（包括总平面布置、竖向设计、各类管网管线设计、景观设计、室内外环境设计及建筑装饰、道路、消防、安保、通信、防雷、人防、供配电、照明、废水治理、空调设施、抗震加固等）。

第三十九条　取得工程勘察、工程设计资质证书的企业，可以从事资质证书许可范围内相应的建设工程总承包业务，可以从事工程项目管理和相关的技术与管理服务。

第四十条　本规定自2007年9月1日起实施。2001年7月25日建设部颁布的《建设工程勘察设计企业资质管理规定》（建设部令第93号）同时废止。

工程监理企业资质管理规定

（建设部令第 158 号）

第一章　总　　则

第一条　为了加强对工程监理企业资质管理，维护建筑市场秩序，保证建设工程的质量、工期和投资效益的发挥，根据《中华人民共和国建筑法》、《建设工程质量管理条例》，制定本规定。

第二条　在中华人民共和国境内申请工程监理企业资质，实施对工程监理企业资质管理，适用本规定。

第三条　工程监理企业应当按照其拥有的注册资本、专业技术人员和工程监理业绩等资质条件申请资质，经审查合格，取得相应等级的资质证书后，方可在其资质等级许可的范围内从事工程监理活动。

第四条　国务院建设行政主管部门负责全国工程监理企业资质的归口管理工作。国务院铁道、交通、水利、信息产业、民航等有关部门配合国务院建设行政主管部门实施相关资质类别工程监理企业资质的管理工作。

省、自治区、直辖市人民政府建设行政主管部门负责本行政区域内工程监理企业资质的归口管理工作。省、自治区、直辖市人民政府交通、水利、通信等有关部门配合同级建设行政主管部门实施相关资质类别工程监理企业资质的管理工作。

第二章　资质等级和业务范围

第五条　工程监理企业的资质等级分为甲级、乙级和丙级，并按照工程性质和技术特点划分为若干工程类别。

工程监理企业的资质等级标准如下：

（一）甲级

1. 企业负责人和技术负责人应当具有 15 年以上从事工程建设工作的经历，企业技术负责人应当取得监理工程师注册证书；

2. 取得监理工程师注册证书的人员不少于 25 人；

3. 注册资本不少于 100 万元；

4. 近三年内监理过五个以上二等房屋建筑工程项目或者三个以上二等专业工程项目。

（二）乙级

1. 企业负责人和技术负责人应当具有 10 年以上从事工程建设工作的经历，企业技术负责人应当取得监理工程师注册证书；

2. 取得监理工程师注册证书的人员不少于 15 人；

3. 注册资本不少于 50 万元；

4. 近三年内监理过五个以上三等房屋建筑工程项目或者三个以上三等专业工程项目。

（三）丙级

1. 企业负责人和技术负责人应当具有 8 年以上从事工程建设工作的经历，企业技术负责人应当取得监理工程师注册证书；

2. 取得监理工程师注册证书的人员不少于 5 人；

3. 注册资本不少于 10 万元；

4. 承担过二个以上房屋建筑工程项目或者一个以上专业工程项目。

第六条　甲级工程监理企业可以监理经核定的工程类别中一、二、三等工程；乙级工程监理企业可以监理经核定的工程类别中二、三等工程；丙级工程监理企业可以监理经核定的工程类别中三等工程。

第七条　工程监理企业可以根据市场需求，开展家庭居室装修监理业务。具体管理办法另行规定。

第三章　资质申请和审批

第八条　工程监理企业应当向企业注册所在地的县级以上地方人民政府建设行政主管部门申请资质。

中央管理的企业直接向国务院建设行政主管部门申请资质，其所属的企业申请甲级资质的，由中央管理的企业向国务院建设行政主管部门申请，同时向企业注册所在地省、自治区、直辖市人民政府建设行政主管部门报告。

第九条　新设立的工程监理企业，到工商行政管理部门登记注册并取得企业法人营业执照后，方可到建设行政主管部门办理资质申请手续。

新设立的工程监理企业申请资质，应当向建设行政主管部门提供下列资料：

（一）工程监理企业资质申请表；

（二）企业法人营业执照；

（三）企业章程；

（四）企业负责人和技术负责人的工作简历、监理工程师注册证书等有关证明材料；

（五）工程监理人员的监理工程师注册证书；

（六）需要出具的其他有关证件、资料。

第十条　工程监理企业申请资质升级，除向建设行政主管部门提供本规定第九条所列资料外，还应当提供下列资料：

（一）企业原资质证书正、副本；

（二）企业的财务决算年报表；

（三）《监理业务手册》及已完成代表工程的监理合同、监理规划及监理工作总结。

第十一条　甲级工程监理企业资质，经省、自治区、直辖市人民政府建设行政主管部门审核同意后，由国务院建设行政主管部门组织专家评审，并提出初审意见；其中涉及铁道、交通、水利、信息产业、民航工程等方面工程监理企业资质的，由省、自治区、直辖市人民政府建设行政主管部门商同级有关专业部门审核同意后，报国务院建设行政主管部门，由国务院建设行政主管部门送国务院有关部门初审。国务院建设行政主管部门根据初审意见审批。

审核部门应当对工程监理企业的资质条件和申请资质提供的资料审查核实。

第十二条　乙、丙级工程监理企业资质，由企业注册所在地省、自治区、直辖市人民政府建设行政主管部门审批；其中交通、水利、通信等方面的工程监理企业资质，由省、自治区、直辖市人民政府建设行政主管部门征得同级有关部门初审同意后审批。

第十三条　申请甲级工程监理企业资质的，国务院建设行政主管部门每年定期集中审批一次。国务院建设行政主管部门应当在工程监理企业申请材料齐全后3个月内完成审批。由有关部门负责初审的，初审部门应当从收齐工程监理企业的申请材料之日起1个月内完成初审。国务院建设行政主管部门应当将审批结果通知初审部门。

国务院建设行政主管部门应当将经专家评审合格和国务院有关部门初审合格的甲级资质的工程监理企业名单及基本情况，在中国工程建设和建筑业信息网上公示。经公示后，对于工程监理企业符合资质标准的，予以审批，并将审批结果在中国工程建设和建筑业信息网上公告。

申请乙、丙级工程监理企业资质的，实行即时审批或者定期审批，由省、自治区、直辖市人民政府建设行政主管部门规定。

第十四条　新设立的工程监理企业，其资质等级按照最低等级核定，并设一年的暂定期。

第十五条　由于企业改制，或者企业分立、合并后组建设立的工程监理企业，其资质等级根据实际达到的资质条件，按照本规定的审批程序核定。

第十六条　工程监理企业申请晋升资质等级，在申请之日前一年内有下列行为之一的，建设行政主管部门不予批准：

（一）与建设单位或者工程监理企业之间相互串通投标，或者以行贿等不正当手段谋取中标的；

（二）与建设单位或者施工单位串通，弄虚作假、降低工程质量的；

（三）将不合格的建设工程、建筑材料、建筑构配件和设备按照合格签字的；

（四）超越本单位资质等级承揽监理业务的；

（五）允许其他单位或者个人以本单位的名义承揽工程的；

（六）转让工程监理业务的；

（七）因监理责任而发生过三级以上工程建设重大质量事故或者发生过两起以上四级工程建设质量事故的；

（八）其他违反法律法规的行为。

第十七条　工程监理企业资质条件符合资质等级标准，且未发生本规定第十六条所列行为的，建设行政主管部门颁发相应资质等级的《工程监理企业资质证书》。

《工程监理企业资质证书》分为正本和副本，由国务院建设行政主管部门统一印制，正、副本具有同等法律效力。

第十八条　任何单位和个人不得涂改、伪造、出借、转让《工程监理企业资质证书》；不得非法扣压、没收《工程监理企业资质证书》。

第十九条　工程监理企业在领取新的《工程监理企业资质证书》的同时，应当将原资质证书交回原发证机关予以注销。

工程监理企业因破产、倒闭、撤销、歇业的，应当将资质证书交回原发证机关予以注销。

第四章　监 督 管 理

第二十条　县级以上人民政府建设行政主管部门和其他有关部门应当加强对工程监理企业资质的监督管理。

禁止任何部门采取法律、行政法规规定以外的其他资信、许可等建筑市场准入限制。

第二十一条　建设行政主管部门对工程监理企业资质实行年检制度。

甲级工程监理企业资质，由国务院建设行政主管部门负责年检；其中铁道、交通、水利、信息产业、民航等方面的工程监理企业资质，由国务院建设行政主管部门会同国务院有关部门联合年检。

乙、丙级工程监理企业资质，由企业注册所在地省、自治区、直辖市人民政府建设行政主管部门负责年检；其中交通、水利、通信等方面的工程监理企业资质，由建设行政主管部门会同同级有关部门联合年检。

第二十二条　工程监理企业资质年检按照下列程序进行：

(一)工程监理企业在规定时间内向建设行政主管部门提交《工程监理企业资质年检表》、《工程监理企业资质证书》、《监理业务手册》以及工程监理人员变化情况及其他有关资料，并交验《企业法人营业执照》。

(二)建设行政主管部门会同有关部门在收到工程监理企业年检资料后 40 日内，对工程监理企业资质年检作出结论，并记录在《工程监理企业资质证书》副本的年检记录栏内。

第二十三条　工程监理企业资质年检的内容，是检查工程监理企业资质条件是否符合资质等级标准，是否存在质量、市场行为等方面的违法违规行为。

工程监理企业年检结论分为合格、基本合格、不合格三种。

第二十四条　工程监理企业资质条件符合资质等级标准，且在过去一年内未发生本规定第十六条所列行为的，年检结论为合格。

第二十五条　工程监理企业资质条件中监理工程师注册人员数量、经营规模未达到资质标准，但不低于资质等级标准的 80%，其他各项均达到标准要求，且在过去一年内未发生本规定第十六条所列行为的，年检结论为基本合格。

第二十六条　有下列情形之一的，工程监理企业的资质年检结论为不合格：

(一)资质条件中监理工程师注册人员数量、经营规模的任何一项未达到资质等级标准的 80%，或者其他任何一项未达到资质等级标准；

(二)有本规定第十六条所列行为之一的。

已经按照法律、法规的规定予以降低资质等级处罚的行为，年检中不再重复追究。

第二十七条　工程监理企业资质年检不合格或者连续两年基本合格的，建设行政主管部门应当重新核定其资质等级。新核定的资质等级应当低于原资质等级，达不到最低资质等级标准的，取消资质。

第二十八条　工程监理企业连续两年年检合格，方可申请晋升上一个资质等级。

第二十九条　降级的工程监理企业，经过一年以上时间的整改，经建设行政主管部门核查确认，达到规定的资质标准，且在此期间内未发生本规定第十六条所列行为的，可以按照本规定重新申请原资质等级。

第三十条　在规定时间内没有参加资质年检的工程监理企业，其资质证书自行失效，且一年内不得重新申请资质。

第三十一条　工程监理企业遗失《工程监理企业资质证书》，应当在公众媒体上声明作废。其中甲级监理企业应当在中国工程建设和建筑业信息网上声明作废。

第三十二条　工程监理企业变更名称、地址、法定代表人、技术负责人等，应当在变更后一个月内，到原资质审批部门办理变更手续。其中由国务院建设行政主管部门审批的企业除企业名称变更由国务院建设行政主管部门办理外，企业地址、法定代表人、技术负责人的变更委托省、自治区、直辖市人民政府建设行政主管部门办理，办理结果向国务院建设行政主管部门备案。

第五章　罚　　则

第三十三条　以欺骗手段取得《工程监理企业资质证书》承揽工程的，吊销资质证书，处合同约定的监理酬金 1 倍以上 2 倍以下的罚款；有违法所得的，予以没收。

第三十四条　未取得《工程监理企业资质证书》承揽监理业务的，予以取缔，处合同约定的监理酬金 1 倍以上 2 倍以下的罚款；有违法所得的，予以没收。

第三十五条　超越本企业资质等级承揽监理业务的，责令停止违法行为，处合同约定的监理酬金 1 倍以上 2 倍以下的罚款；可以责令停业整顿，降低资质等级；情节严重的，吊销资质证书；有违法所得的，予以没收。

第三十六条　转让监理业务的，责令改正，没收违法所得，处合同约定的监理酬金 25% 以上 50% 以下的罚款；可以责令停业整顿，降低资质等级；情节严重的，吊销资质证书。

第三十七条　工程监理企业允许其他单位或者个人以本企业名义承揽监理业务的，责令改正，没收违法所得，处合同约定的监理酬金 1 倍以上 2 倍以下的罚款；可以责令停业整顿，降低资质等级；情节严重的，吊销资质证书。

第三十八条　有下列行为之一的，责令改正，处 50 万元以上 100 万元以下的罚款，降低资质等级或者吊销资质证书；有违法所得的，予以没收；造成损失的，承担连带赔偿责任：

（一）与建设单位或者施工单位串通，弄虚作假、降低工程质量的；

（二）将不合格的建设工程、建筑材料、建筑构配件和设备按照合格签字的。

第三十九条　工程监理单位与被监理工程的施工承包单位以及建筑材料、建筑构配件和设备供应单位有隶属关系或者其他利害关系承担该项建设工程的监理业务的，责令改正，处 5 万元以上 10 万元以下的罚款，降低资质等级或者吊销资质证书；有违法所得的，予以没收。

第四十条　本规定的责令停业整顿、降低资质等级和吊销资质证书的行政处罚，由颁发资质证书的机关决定；其他行政处罚，由建设行政主管部门或者其他有关部门依照法定职权决定。

第四十一条　资质审批部门未按照规定的权限和程序审批资质的，由上级资质审批部门责令改正，已审批的资质无效。

第四十二条　从事资质管理的工作人员在资质审批和管理工作中玩忽职守、滥用职权、徇私舞弊的，依法给予行政处分；构成犯罪的，依法追究刑事责任。

第六章　附　　则

第四十三条　省、自治区、直辖市人民政府建设行政主管部门可以根据本规定制定实施细则，并报国务院建设行政主管部门备案。

第四十四条　本规定由国务院建设行政主管部门负责解释。

第四十五条　本规定自发布之日起施行。1992 年 1 月 18 日建设部颁布的《工程建设监理单位资质管理试行办法》(建设部令第 16 号)同时废止。

房屋建筑和市政基础设施工程施工图设计文件审查管理办法

（住建部令第13号）

第一条　为了加强对房屋建筑工程、市政基础设施工程施工图设计文件审查的管理，提高工程勘察设计质量，根据《建设工程质量管理条例》、《建设工程勘察设计管理条例》等行政法规，制定本办法。

第二条　在中华人民共和国境内从事房屋建筑工程、市政基础设施工程施工图设计文件审查和实施监督管理的，应当遵守本办法。

第三条　国家实施施工图设计文件（含勘察文件，以下简称施工图）审查制度。

本办法所称施工图审查，是指施工图审查机构（以下简称审查机构）按照有关法律、法规，对施工图涉及公共利益、公众安全和工程建设强制性标准的内容进行的审查。施工图审查应当坚持先勘察、后设计的原则。

施工图未经审查合格的，不得使用。从事房屋建筑工程、市政基础设施工程施工、监理等活动，以及实施对房屋建筑和市政基础设施工程质量安全监督管理，应当以审查合格的施工图为依据。

第四条　国务院住房城乡建设主管部门负责对全国的施工图审查工作实施指导、监督。

县级以上地方人民政府住房城乡建设主管部门负责对本行政区域内的施工图审查工作实施监督管理。

第五条　省、自治区、直辖市人民政府住房城乡建设主管部门应当按照本办法规定的审查机构条件，结合本行政区域内的建设规模，确定相应数量的审查机构。具体办法由国务院住房城乡建设主管部门另行规定。

审查机构是专门从事施工图审查业务，不以营利为目的的独立法人。

省、自治区、直辖市人民政府住房城乡建设主管部门应当将审查机构名录报国务院住房城乡建设主管部门备案，并向社会公布。

第六条　审查机构按承接业务范围分两类，一类机构承接房屋建筑、市政基础设施工程施工图审查业务范围不受限制；二类机构可以承接中型及以下房屋建筑、市政基础设施工程的施工图审查。

房屋建筑、市政基础设施工程的规模划分，按照国务院住房城乡建设主管部门的有关规定执行。

第七条　一类审查机构应当具备下列条件：

（一）有健全的技术管理和质量保证体系。

（二）审查人员应当有良好的职业道德；有15年以上所需专业勘察、设计工作经历；主持过不少于5项大型房屋建筑工程、市政基础设施工程相应专业的设计或者甲级工程勘察项目相应专业的勘察；已实行执业注册制度的专业，审查人员应当具有一级注册建筑师、一级注册结构工程师或者勘察设计注册工程师资格，并在本审查机构注册；未实行执业注册制度的专业，审查人员应当具有高级工程师职称；近 5 年内未因违反工程建设法律法规和强制性标准受到行政处罚。

（三）在本审查机构专职工作的审查人员数量：从事房屋建筑工程施工图审查的，结构专业审查人员不少于 7 人，建筑专业不少于 3 人，电气、暖通、给排水、勘察等专业审查人员各不少于 2 人；从事市政基础设施工程施工图审查的，所需专业的审查人员不少于 7 人，其他必须配套的专业审查人员各不少于 2 人；专门从事勘察文件审查的，勘察专业审查人员不少于 7 人。

承担超限高层建筑工程施工图审查的，还应当具有主持过超限高层建筑工程或者 100 米以上建筑工程结构专业设计的审查人员不少于 3 人。

（四）60 岁以上审查人员不超过该专业审查人员规定数的 1/2。

（五）注册资金不少于 300 万元。

第八条　二类审查机构应当具备下列条件：

（一）有健全的技术管理和质量保证体系。

（二）审查人员应当有良好的职业道德；有 10 年以上所需专业勘察、设计工作经历；主持过不少于 5 项中型以上房屋建筑工程、市政基础设施工程相应专业的设计或者乙级以上工程勘察项目相应专业的勘察；已实行执业注册制度的专业，审查人员应当具有一级注册建筑师、一级注册结构工程师或者勘察设计注册工程师资格，并在本审查机构注册；未实行执业注册制度的专业，审查人员应当具有高级工程师职称；近 5 年内未因违反工程建设法律法规和强制性标准受到行政处罚。

（三）在本审查机构专职工作的审查人员数量：从事房屋建筑工程施工图审查的，结构专业审查人员不少于 3 人，建筑、电气、暖通、给排水、勘察等专业审查人员各不少于 2 人；从事市政基础设施工程施工图审查的，所需专业的审查人员不少于 4 人，其他必须配套的专业审查人员各不少于 2 人；专门从事勘察文件审查的，勘察专业审查人员不少于 4 人。

（四）60 岁以上审查人员不超过该专业审查人员规定数的 1/2。

（五）注册资金不少于 100 万元。

第九条　建设单位应当将施工图送审查机构审查，但审查机构不得与所审查项目的建设单位、勘察设计企业有隶属关系或者其他利害关系。送审管理的具体办法由省、自治区、直辖市人民政府住房城乡建设主管部门按照“公开、公平、公正”的原则规定。

建设单位不得明示或者暗示审查机构违反法律法规和工程建设强制性标准进行施工图审查，不得压缩合理审查周期、压低合理审查费用。

第十条　建设单位应当向审查机构提供下列资料并对所提供资料的真实性负责：

（一）作为勘察、设计依据的政府有关部门的批准文件及附件；

（二）全套施工图；

（三）其他应当提交的材料。

第十一条　审查机构应当对施工图审查下列内容：

（一）是否符合工程建设强制性标准；

（二）地基基础和主体结构的安全性；

（三）是否符合民用建筑节能强制性标准，对执行绿色建筑标准的项目，还应当审查是否符合绿色建筑标准；

（四）勘察设计企业和注册执业人员以及相关人员是否按规定在施工图上加盖相应的图章和签字；

（五）法律、法规、规章规定必须审查的其他内容。

第十二条　施工图审查原则上不超过下列时限：

（一）大型房屋建筑工程、市政基础设施工程为 15 个工作日，中型及以下房屋建筑工程、市政基础设施工程为 10 个工作日。

（二）工程勘察文件，甲级项目为 7 个工作日，乙级及以下项目为 5 个工作日。

以上时限不包括施工图修改时间和审查机构的复审时间。

第十三条　审查机构对施工图进行审查后，应当根据下列情况分别作出处理：

（一）审查合格的，审查机构应当向建设单位出具审查合格书，并在全套施工图上加盖审查专用章。审查合格书应当有各专业的审查人员签字，经法定代表人签发，并加盖审查机构公章。审查机构应当在出具审查合格书后 5 个工作日内，将审查情况报工程所在地县级以上地方人民政府住房城乡建设主管部门备案。

（二）审查不合格的，审查机构应当将施工图退建设单位并出具审查意见告知书，说明不合格原因。同时，应当将审查意见告知书及审查中发现的建设单位、勘察设计企业和注册执业人员违反法律、法规和工程建设强制性标准的问题，报工程所在地县级以上地方人民政府住房城乡建设主管部门。

施工图退建设单位后，建设单位应当要求原勘察设计企业进行修改，并将修改后的施工图送原审查机构复审。

第十四条　任何单位或者个人不得擅自修改审查合格的施工图；确需修改的，凡涉及本办法第十一条规定内容的，建设单位应当将修改后的施工图送原审查机构审查。

第十五条　勘察设计企业应当依法进行建设工程勘察、设计，严格执行工程建设强制性标准，并对建设工程勘察、设计的质量负责。

审查机构对施工图审查工作负责，承担审查责任。施工图经审查合格后，仍有违反法律、法规和工程建设强制性标准的问题，给建设单位造成损失的，审查机构依法承担相应的赔偿责任。

第十六条　审查机构应当建立、健全内部管理制度。施工图审查应当有经各专业审查人员签字的审查记录。审查记录、审查合格书、审查意见告知书等有关资料应当归档保存。

第十七条　已实行执业注册制度的专业，审查人员应当按规定参加执业注册继续教育。

未实行执业注册制度的专业，审查人员应当参加省、自治区、直辖市人民政府住房城乡建设主管部门组织的有关法律、法规和技术标准的培训，每年培训时间不少于 40 学时。

第十八条　按规定应当进行审查的施工图，未经审查合格的，住房城乡建设主管部门不得颁发施工许可证。

第十九条　县级以上人民政府住房城乡建设主管部门应当加强对审查机构的监督检查，主要检查下列内容：

（一）是否符合规定的条件；

（二）是否超出范围从事施工图审查；

（三）是否使用不符合条件的审查人员；

（四）是否按规定的内容进行审查；

（五）是否按规定上报审查过程中发现的违法违规行为；

（六）是否按规定填写审查意见告知书；

（七）是否按规定在审查合格书和施工图上签字盖章；

（八）是否建立健全审查机构内部管理制度；

（九）审查人员是否按规定参加继续教育。

县级以上人民政府住房城乡建设主管部门实施监督检查时，有权要求被检查的审查机构提供有关施工图审查的文件和资料，并将监督检查结果向社会公布。

第二十条　审查机构应当向县级以上地方人民政府住房城乡建设主管部门报审查情况统计信息。

县级以上地方人民政府住房城乡建设主管部门应当定期对施工图审查情况进行统计，并将统计信息报上级住房城乡建设主管部门。

第二十一条　县级以上人民政府住房城乡建设主管部门应当及时受理对施工图审查工作中违法、违规行为的检举、控告和投诉。

第二十二条　县级以上人民政府住房城乡建设主管部门对审查机构报告的建设单位、勘察设计企业、注册执业人员的违法违规行为，应当依法进行查处。

第二十三条　审查机构列入名录后不再符合规定条件的，省、自治区、直辖市人民政府住房城乡建设主管部门应当责令其限期改正；逾期不改的，不再将其列入审查机构名录。

第二十四条　审查机构违反本办法规定，有下列行为之一的，由县级以上地方人民政府住房城乡建设主管部门责令改正，处3万元罚款，并记入信用档案；情节严重的，省、自治区、直辖市人民政府住房城乡建设主管部门不再将其列入审查机构名录：

（一）超出范围从事施工图审查的；

（二）使用不符合条件审查人员的；

（三）未按规定的内容进行审查的；

（四）未按规定上报审查过程中发现的违法违规行为的；

（五）未按规定填写审查意见告知书的；

（六）未按规定在审查合格书和施工图上签字盖章的；

（七）已出具审查合格书的施工图，仍有违反法律、法规和工程建设强制性标准的。

第二十五条　审查机构出具虚假审查合格书的，审查合格书无效，县级以上地方人民政府住房城乡建设主管部门处3万元罚款，省、自治区、直辖市人民政府住房城乡建设主管部门不再将其列入审查机构名录。

审查人员在虚假审查合格书上签字的，终身不得再担任审查人员；对于已实行执业注册制度的专业的审查人员，还应当依照《建设工程质量管理条例》第七十二条、《建设工程安全生产管理条例》第五十八条规定予以处罚。

第二十六条　建设单位违反本办法规定，有下列行为之一的，由县级以上地方人民政府住房城乡建设主管部门责令改正，处3万元罚款；情节严重的，予以通报：

（一）压缩合理审查周期的；

（二）提供不真实送审资料的；

（三）对审查机构提出不符合法律、法规和工程建设强制性标准要求的。

建设单位为房地产开发企业的，还应当依照《房地产开发企业资质管理规定》进行处理。

第二十七条　依照本办法规定，给予审查机构罚款处罚的，对机构的法定代表人和其他直接责任人员处机构罚款数额5%以上10%以下的罚款，并记入信用档案。

第二十八条　省、自治区、直辖市人民政府住房城乡建设主管部门未按照本办法规定确定审查机构的，国务院住房城乡建设主管部门责令改正。

第二十九条　国家机关工作人员在施工图审查监督管理工作中玩忽职守、滥用职权、徇私舞弊，构成犯罪的，依法追究刑事责任；尚不构成犯罪的，依法给予行政处分。

第三十条　省、自治区、直辖市人民政府住房城乡建设主管部门可以根据本办法，制定实施细则。

第三十一条　本办法自2013年8月1日起施行。原建设部2004年8月23日发布的《房屋建筑和市政基础设施工程施工图设计文件审查管理办法》（建设部令第134号）同时废止。

通信工程建设项目招标投标管理办法

（工信部令第27号）

《通信工程建设项目招标投标管理办法》已经2014年4月23日中华人民共和国工业和信息化部第8次部务会议审议通过，现予公布，自2014年7月1日起施行。原中华人民共和国信息产业部2000年9月22日公布的《通信建设项目招标投标管理暂行规定》（中华人民共和国信息产业部令第2号）同时废止。

2014年5月4日

第一章　总　则

第一条　为了规范通信工程建设项目招标投标活动，根据《中华人民共和国招标投标法》（以下简称《招标投标法》）和《中华人民共和国招标投标法实施条例》（以下简称《实施条例》），制定本办法。

第二条　在中华人民共和国境内进行通信工程建设项目招标投标活动，适用本办法。

前款所称通信工程建设项目，是指通信工程以及与通信工程建设有关的货物、服务。其中，通信工程包括通信设施或者通信网络的新建、改建、扩建、拆除等施工；与通信工程建设有关的货物，是指构成通信工程不可分割的组成部分，且为实现通信工程基本功能所必需的设备、材料等；与通信工程建设有关的服务，是指为完成通信工程所需的勘察、设计、监理等服务。

依法必须进行招标的通信工程建设项目的具体范围和规模标准，依据国家有关规定确定。

第三条　工业和信息化部和各省、自治区、直辖市通信管理局（以下统称为“通信行政监督部门”）依法对通信工程建设项目招标投标活动实施监督。

第四条　工业和信息化部鼓励按照《电子招标投标办法》进行通信工程建设项目电子招标投标。

第五条　工业和信息化部建立“通信工程建设项目招标投标管理信息平台”（以下简称“管理平台”），实行通信工程建设项目招标投标活动信息化管理。

第二章　招标和投标

第六条　国有资金占控股或者主导地位的依法必须进行招标的通信工程建设项目，应当公开招标；但有下列情形之一的，可以邀请招标：

（一）技术复杂、有特殊要求或者受自然环境限制，只有少量潜在投标人可供选择；

（二）采用公开招标方式的费用占项目合同金额的比例过大。

有前款第一项所列情形，招标人邀请招标的，应当向其知道或者应当知道的全部潜在投标人发出投标邀请书。

采用公开招标方式的费用占项目合同金额的比例超过 1.5%，且采用邀请招标方式的费用明显低于公开招标方式的费用的，方可被认定为有本条第一款第二项所列情形。

第七条　除《招标投标法》第六十六条和《实施条例》第九条规定的可以不进行招标的情形外，潜在投标人少于 3 个的，可以不进行招标。

招标人为适用前款规定弄虚作假的，属于《招标投标法》第四条规定的规避招标。

第八条　依法必须进行招标的通信工程建设项目的招标人自行办理招标事宜的，应当自发布招标公告或者发出投标邀请书之日起 2 日内通过"管理平台"向通信行政监督部门提交《通信工程建设项目自行招标备案表》（见附录一）。

第九条　招标代理机构代理招标业务，适用《招标投标法》、《实施条例》和本办法关于招标人的规定。

第十条　公开招标的项目，招标人采用资格预审办法对潜在投标人进行资格审查的，应当发布资格预审公告、编制资格预审文件。招标人发布资格预审公告后，可不再发布招标公告。

依法必须进行招标的通信工程建设项目的资格预审公告和招标公告，除在国家发展和改革委员会依法指定的媒介发布外，还应当在"管理平台"发布。在不同媒介发布的同一招标项目的资格预审公告或者招标公告的内容应当一致。

第十一条　资格预审公告、招标公告或者投标邀请书应当载明下列内容：

（一）招标人的名称和地址；

（二）招标项目的性质、内容、规模、技术要求和资金来源；

（三）招标项目的实施或者交货时间和地点要求；

（四）获取招标文件或者资格预审文件的时间、地点和方法；

（五）对招标文件或者资格预审文件收取的费用；

（六）提交资格预审申请文件或者投标文件的地点和截止时间。

招标人对投标人的资格要求，应当在资格预审公告、招标公告或者投标邀请书中载明。

第十二条　资格预审文件一般包括下列内容：

（一）资格预审公告；

（二）申请人须知；

（三）资格要求；

（四）业绩要求；

（五）资格审查标准和方法；

（六）资格预审结果的通知方式；

（七）资格预审申请文件格式。

资格预审应当按照资格预审文件载明的标准和方法进行，资格预审文件没有规定的标准和方法不得作为资格预审的依据。

第十三条　招标人应当根据招标项目的特点和需要编制招标文件。招标文件一般包括下列内容：

（一）招标公告或者投标邀请书；

（二）投标人须知；

（三）投标文件格式；

（四）项目的技术要求；

（五）投标报价要求；

（六）评标标准、方法和条件；

（七）网络与信息安全有关要求；

（八）合同主要条款。

招标文件应当载明所有评标标准、方法和条件，并能够指导评标工作，在评标过程中不得作任何改变。

第十四条　招标人应当在招标文件中以显著的方式标明实质性要求、条件以及不满足实质性要求和条件的投标将被否决的提示；对于非实质性要求和条件，应当规定允许偏差的最大范围、最高项数和调整偏差的方法。

第十五条　编制依法必须进行招标的通信工程建设项目资格预审文件和招标文件，应当使用国家发展和改革委员会会同有关行政监督部门制定的标准文本及工业和信息化部制定的范本。

第十六条　勘察设计招标项目的评标标准一般包括下列内容：

（一）投标人的资质、业绩、财务状况和履约表现；

（二）项目负责人的资格和业绩；

（三）勘察设计团队人员；

（四）技术方案和技术创新；

（五）质量标准及质量管理措施；

（六）技术支持与保障；

（七）投标价格；

（八）组织实施方案及进度安排。

第十七条　监理招标项目的评标标准一般包括下列内容：

（一）投标人的资质、业绩、财务状况和履约表现；

（二）项目总监理工程师的资格和业绩；

（三）主要监理人员及安全监理人员；

（四）监理大纲；

（五）质量和安全管理措施；

（六）投标价格。

第十八条　施工招标项目的评标标准一般包括下列内容：

（一）投标人的资质、业绩、财务状况和履约表现；

（二）项目负责人的资格和业绩；

（三）专职安全生产管理人员；

（四）主要施工设备及施工安全防护设施；

（五）质量和安全管理措施；

(六)投标价格;

(七)施工组织设计及安全生产应急预案。

第十九条　与通信工程建设有关的货物招标项目的评标标准一般包括下列内容:

(一)投标人的资质、业绩、财务状况和履约表现;

(二)投标价格;

(三)技术标准及质量标准;

(四)组织供货计划;

(五)售后服务。

第二十条　评标方法包括综合评估法、经评审的最低投标价法或者法律、行政法规允许的其他评标方法。

鼓励通信工程建设项目使用综合评估法进行评标。

第二十一条　通信工程建设项目需要划分标段的,招标人应当在招标文件中载明允许投标人中标的最多标段数。

第二十二条　通信工程建设项目已确定投资计划并落实资金来源的,招标人可以将多个同类通信工程建设项目集中进行招标。

招标人进行集中招标的,应当遵守《招标投标法》、《实施条例》和本办法有关依法必须进行招标的项目的规定。

第二十三条　招标人进行集中招标的,应当在招标文件中载明工程或者有关货物、服务的类型、预估招标规模、中标人数量及每个中标人对应的中标份额等;对与工程或者有关服务进行集中招标的,还应当载明每个中标人对应的实施地域。

第二十四条　招标人可以对多个同类通信工程建设项目的潜在投标人进行集中资格预审。招标人进行集中资格预审的,应当发布资格预审公告,明确集中资格预审的适用范围和有效期限,并且应当预估项目规模,合理设定资格、技术和商务条件,不得限制、排斥潜在投标人。

招标人进行集中资格预审,应当遵守国家有关勘察、设计、施工、监理等资质管理的规定。

集中资格预审后,通信工程建设项目的招标人应当继续完成招标程序,不得直接发包工程;直接发包工程的,属于《招标投标法》第四条规定的规避招标。

第二十五条　招标人根据招标项目的具体情况,可以在发售招标文件截止之日后,组织潜在投标人踏勘项目现场和召开投标预备会。

招标人组织潜在投标人踏勘项目现场或者召开投标预备会的,应当向全部潜在投标人发出邀请。

第二十六条　投标人应当在招标文件要求提交投标文件的截止时间前,将投标文件送达投标地点。通信工程建设项目划分标段的,投标人应当在投标文件上标明相应的标段。

未通过资格预审的申请人提交的投标文件,以及逾期送达或者不按照招标文件要求密封的投标文件,招标人应当拒收。

招标人收到投标文件后,不得开启,并应当如实记载投标文件的送达时间和密封情况,存档备查。

第三章　开标、评标和中标

第二十七条　通信工程建设项目投标人少于3个的，不得开标，招标人在分析招标失败的原因并采取相应措施后，应当依法重新招标。划分标段的通信工程建设项目某一标段的投标人少于3个的，该标段不得开标，招标人在分析招标失败的原因并采取相应措施后，应当依法对该标段重新招标。

投标人认为存在低于成本价投标情形的，可以在开标现场提出异议，并在评标完成前向招标人提交书面材料。招标人应当及时将书面材料转交评标委员会。

第二十八条　招标人应当根据《招标投标法》和《实施条例》的规定开标，记录开标过程并存档备查。招标人应当记录下列内容：

（一）开标时间和地点；

（二）投标人名称、投标价格等唱标内容；

（三）开标过程是否经过公证；

（四）投标人提出的异议。

开标记录应当由投标人代表、唱标人、记录人和监督人签字。

因不可抗力或者其他特殊原因需要变更开标地点的，招标人应提前通知所有潜在投标人，确保其有足够的时间能够到达开标地点。

第二十九条　评标由招标人依法组建的评标委员会负责。

通信工程建设项目评标委员会的专家成员应当具备下列条件：

（一）从事通信相关领域工作满8年并具有高级职称或者同等专业水平。掌握通信新技术的特殊人才经工作单位推荐，可以视为具备本项规定的条件。

（二）熟悉国家和通信行业有关招标投标以及通信建设管理的法律、行政法规和规章，并具有与招标项目有关的实践经验。

（三）能够认真、公正、诚实、廉洁地履行职责。

（四）未因违法、违纪被取消评标资格或者未因在招标、评标以及其他与招标投标有关活动中从事违法行为而受过行政处罚或者刑事处罚。

（五）身体健康，能够承担评标工作。

工业和信息化部统一组建和管理通信工程建设项目评标专家库，各省、自治区、直辖市通信管理局负责本行政区域内评标专家的监督管理工作。

第三十条　依法必须进行招标的通信工程建设项目，评标委员会的专家应当从通信工程建设项目评标专家库内相关专业的专家名单中采取随机抽取方式确定；个别技术复杂、专业性强或者国家有特殊要求，采取随机抽取方式确定的专家难以保证胜任评标工作的招标项目，可以由招标人从通信工程建设项目评标专家库内相关专业的专家名单中直接确定。

依法必须进行招标的通信工程建设项目的招标人应当通过“管理平台”抽取评标委员会的专家成员，通信行政监督部门可以对抽取过程进行远程监督或者现场监督。

第三十一条　依法必须进行招标的通信工程建设项目技术复杂、评审工作量大，其评标委员会需要分组评审的，每组成员人数应为5人以上，且每组每个成员应对所有投标文件进行评审。评标委员会的分组方案应当经全体成员同意。

评标委员会设负责人的,其负责人由评标委员会成员推举产生或者由招标人确定。评标委员会其他成员与负责人享有同等的表决权。

第三十二条　评标委员会成员应当客观、公正地对投标文件提出评审意见,并对所提出的评审意见负责。

招标文件没有规定的评标标准和方法不得作为评标依据。

第三十三条　评标过程中,评标委员会收到低于成本价投标的书面质疑材料、发现投标人的综合报价明显低于其他投标报价或者设有标底时明显低于标底,认为投标报价可能低于成本的,应当书面要求该投标人作出书面说明并提供相关证明材料。招标人要求以某一单项报价核定是否低于成本的,应当在招标文件中载明。

投标人不能合理说明或者不能提供相关证明材料的,评标委员会应当否决其投标。

第三十四条　投标人以他人名义投标或者投标人经资格审查不合格的,评标委员会应当否决其投标。

部分投标人在开标后撤销投标文件或者部分投标人被否决投标后,有效投标不足 3 个且明显缺乏竞争的,评标委员会应当否决全部投标。有效投标不足 3 个,评标委员会未否决全部投标的,应当在评标报告中说明理由。

依法必须进行招标的通信工程建设项目,评标委员会否决全部投标的,招标人应当重新招标。

第三十五条　评标完成后,评标委员会应当根据《招标投标法》和《实施条例》的有关规定向招标人提交评标报告和中标候选人名单。

招标人进行集中招标的,评标委员会应当推荐不少于招标文件载明的中标人数量的中标候选人,并标明排序。

评标委员会分组的,应当形成统一、完整的评标报告。

第三十六条　评标报告应当包括下列内容:

(一)基本情况;

(二)开标记录和投标一览表;

(三)评标方法、评标标准或者评标因素一览表;

(四)评标专家评分原始记录表和否决投标的情况说明;

(五)经评审的价格或者评分比较一览表和投标人排序;

(六)推荐的中标候选人名单及其排序;

(七)签订合同前要处理的事宜;

(八)澄清、说明、补正事项纪要;

(九)评标委员会成员名单及本人签字、拒绝在评标报告上签字的评标委员会成员名单及其陈述的不同意见和理由。

第三十七条　依法必须进行招标的通信工程建设项目的招标人应当自收到评标报告之日起 3 日内通过“管理平台”公示中标候选人,公示期不得少于 3 日。

第三十八条　招标人应当根据《招标投标法》和《实施条例》的有关规定确定中标人。

招标人进行集中招标的,应当依次确定排名靠前的中标候选人为中标人,且中标人数量及每个中标人对应的中标份额等应当与招标文件载明的内容一致。招标人与中标人订立的合同中应当明确中标价格、预估合同份额等主要条款。

中标人不能履行合同的,招标人可以按照评标委员会提出的中标候选人名单排序依次确定其他中标候选人为中标人,也可以对中标人的中标份额进行调整,但应当在招标文件中载明调整规则。

第三十九条　在确定中标人之前,招标人不得与投标人就投标价格、投标方案等实质性内容进行谈判。

招标人不得向中标人提出压低报价、增加工作量、增加配件、增加售后服务量、缩短工期或其他违背中标人的投标文件实质性内容的要求。

第四十条　依法必须进行招标的通信工程建设项目的招标人应当自确定中标人之日起 15 日内,通过“管理平台”向通信行政监督部门提交《通信工程建设项目招标投标情况报告表》(见附录二)。

第四十一条　招标人应建立完整的招标档案,并按国家有关规定保存。招标档案应当包括下列内容:

(一)招标文件;

(二)中标人的投标文件;

(三)评标报告;

(四)中标通知书;

(五)招标人与中标人签订的书面合同;

(六)向通信行政监督部门提交的《通信工程建设项目自行招标备案表》、《通信工程建设项目招标投标情况报告表》;

(七)其他需要存档的内容。

第四十二条　招标人进行集中招标的,应当在所有项目实施完成之日起 30 日内通过“管理平台”向通信行政监督部门报告项目实施情况。

第四十三条　通信行政监督部门对通信工程建设项目招标投标活动实施监督检查,可以查阅、复制招标投标活动中有关文件、资料,调查有关情况,相关单位和人员应当配合。必要时,通信行政监督部门可以责令暂停招标投标活动。

通信行政监督部门的工作人员对监督检查过程中知悉的国家秘密、商业秘密,应当依法予以保密。

第四章　法律责任

第四十四条　招标人在发布招标公告、发出投标邀请书或者售出招标文件或资格预审文件后无正当理由终止招标的,由通信行政监督部门处以警告,可以并处 1 万元以上 3 万元以下的罚款。

第四十五条　依法必须进行招标的通信工程建设项目的招标人或者招标代理机构有下列情形之一的,由通信行政监督部门责令改正,可以处 3 万元以下的罚款:

(一)招标人自行招标,未按规定向通信行政监督部门备案;

(二)未通过“管理平台”确定评标委员会的专家;

(三)招标人未通过“管理平台”公示中标候选人;

（四）确定中标人后，未按规定向通信行政监督部门提交招标投标情况报告。

第四十六条　招标人有下列情形之一的，由通信行政监督部门责令改正，可以处3万元以下的罚款，对单位直接负责的主管人员和其他直接责任人员依法给予处分；对中标结果造成实质性影响，且不能采取补救措施予以纠正的，招标人应当重新招标或者评标：

（一）编制的资格预审文件、招标文件中未载明所有资格审查或者评标的标准和方法；

（二）招标文件中含有要求投标人多轮次报价、投标人保证报价不高于历史价格等违法条款；

（三）不按规定组建资格审查委员会；

（四）投标人数量不符合法定要求时未重新招标而直接发包；

（五）开标过程、开标记录不符合《招标投标法》、《实施条例》和本办法的规定；

（六）违反《实施条例》第三十二条的规定限制、排斥投标人；

（七）以任何方式要求评标委员会成员以其指定的投标人作为中标候选人、以招标文件未规定的评标标准和方法作为评标依据，或者以其他方式非法干涉评标活动，影响评标结果。

第四十七条　招标人进行集中招标或者集中资格预审，违反本办法第二十三条、第二十四条、第三十五条或者第三十八条规定的，由通信行政监督部门责令改正，可以处3万元以下的罚款。

第五章　附　　则

第四十八条　通信行政监督部门建立通信工程建设项目招标投标情况通报制度，定期通报通信工程建设项目招标投标总体情况、公开招标及招标备案情况、重大违法违约事件等信息。

第四十九条　本办法自2014年7月1日起施行。原中华人民共和国信息产业部2000年9月22日公布的《通信建设项目招标投标管理暂行规定》（中华人民共和国信息产业部令第2号）同时废止。

附录：一、通信工程建设项目自行招标备案表

二、通信工程建设项目招标投标情况报告表

（以上附录略，详情请登录工业和信息化部网站）

附录一：

通信工程建设项目自行招标备案表

一、招标人名称：

二、招标项目名称：

三、立项批复文件或者采购立项批准文件(附复印件)

四、招标规模：

五、招标项目类型：施工□、设备□、材料□、软件□、勘察□、设计□、监理□、其他□

六、发布资格预审公告、招标公告或者发出投标邀请书的时间：

七、拟发售资格预审文件、招标文件的时间：

八、拟开标时间：

九、项目说明(简要说明项目基本情况)：

十、拟采用的招标方式：公开招标□、邀请招标□(如选择邀请招标，需说明理由)

十一、标段或者标包情况(如有)

序号	标段或者标包名称	预估规模	备注

十二、负责本次招标的部门：

十三、招标工作人员情况

1. 招标负责人情况

姓名	工作部门	职务	职称	专业	招标职业资格证书号(如有)	参加招投标法律法规培训情况	同类项目招标业绩

2. 招标文件编制人员情况

姓名	工作部门	职务	职称	专业	参加招投标法律法规培训情况

十四、招标文件(附复印件)

注：一次备案仅适用于一次招标活动。

附录二：

通信工程建设项目招标投标情况报告表
（适用于按项目招标）

一、招标项目名称：			
二、招标项目立项批复文件（附复印件）			
三、招标项目概况			
1. 建设地点：			
2. 建设规模：			
3. 资金来源：			
4. 计划开竣工时间：____自____年____月开工，____年____月竣工。			
四、招标情况			
1. 招标人名称：			
2. 招标项目类型：施工□、设备□、材料□、软件□、勘察□、设计□、监理□、其他□			
3. 招标方式：公开招标□、邀请招标□（如为邀请招标，需说明理由）			
4. 发布资格预审公告、招标公告或者发出投标邀请书的时间：			
5. 发售资格预审文件、招标文件的时间：			
6. 招标代理机构名称（如有）		资质等级及证书编号	
7. 本次招标标底总价（如有）：			
五、资格预审情况			
1. 资格审查委员会人数：____人，其中专家：____人			
2. 审查专家情况			

序号	姓名	职务	职称	专业	专家编号

3. 招标人代表情况

序号	姓名	职务	职称	专业	工作部门

表(续)

4. 资格预审结果：					
六、投标情况					
1. 投标人：					
2. 开标时间：			3. 开标地点：		
七、评标情况					
1. 评标委员会人数：____人，其中专家：____人					
2. 评标委员会分组情况（如有）：					
3. 评标专家情况					
序号	姓名	职务	职称	专业	专家编号
4. 招标人代表情况					
序号	姓名	职务	职称	专业	工作部门
5. 评标方法：综合评估法□、经评审的最低投标价法□、其他评标方法□					
6. 资格后审结果（如有）：					
7. 评标委员会推荐的中标候选人（未划分标段时，无须提供标段信息）：					
标段序号	标段名称	推荐的中标候选人（按顺序排列）			
8. 招标人直接确定评标专家的理由（如有）：					
八、中标候选人公示时间及媒介：					
九、中标情况（未划分标段时，无须提供标段信息）					
标段序号	标段名称	中标人名称	中标价格	中标通知书发出时间	中标通知书（附复印件）
十、其他附件材料					
1. 委托代理协议（附复印件）					
2. 招标文件（附复印件）					
3. 评标报告（附复印件）					
4. 开标一览表（附复印件）					
5. 其他需要说明的问题及材料（附复印件）					

通信工程建设项目招标投标情况报告表
(适用于集中招标)

一、集中招标项目名称：			
二、招标采购立项批准文件(附复印件)			
三、招标采购规模：			
四、资金来源：			
五、招标情况			
1. 招标人名称：			
2. 招标项目类型：施工□、设备□、材料□、软件□、勘察□、设计□、监理□、其他□			
3. 招标方式：公开招标□、邀请招标□(如为邀请招标,需说明理由)			
4. 发布资格预审公告、招标公告或者发出投标邀请书的时间：			
5. 发售资格预审文件、招标文件的时间：			
6. 招标代理机构名称(如有)		资质等级及证书编号	
7. 本次招标标底总价(如有)：			
六、资格预审情况			
1. 资格审查委员会人数：____人,其中专家：____人			
2. 审查专家情况			

序号	姓名	职务	职称	专业	专家编号

3. 招标人代表情况

序号	姓名	职务	职称	专业	工作部门

4. 资格预审结果：
七、投标情况
1. 投标人：
2. 开标时间：
3. 开标地点：

表(续)

八、评标情况

1. 评标委员会人数:____人,其中专家:____人

2. 评标委员会分组情况(如有):

3. 评标专家情况

序号	姓名	职务	职称	专业	专家编号

4. 招标人代表情况

序号	姓名	职务	职称	专业	工作部门

5. 评标方法:综合评估法□、经评审的最低投标价法□、其他评标方法□

6. 资格后审结果(如有):

7. 评标委员会推荐的中标候选人(未划分标段时,无须提供标段信息):

标段序号	标段名称	推荐的中标候选人(按顺序排列)

8. 招标人直接确定评标专家的理由(如有):

九、中标候选人公示时间及媒介:

十、中标情况(未划分标段时,无须提供标段信息)

标段序号	标段名称	中标人名称	中标价格	中标份额	中标通知书发出时间	中标通知书(附复印件)	备注

注:施工、勘察、设计、监理集中招标时,备注中应填写中标人对应的工程实施地域。

十一、其他附件材料

1. 委托代理协议(附复印件)

2. 招标文件(附复印件)

3. 评标报告(附复印件)

4. 开标一览表(附复印件)

5. 其他需要说明的问题及材料(附复印件)

电子招标投标办法

（发改委等八部委令第 20 号）

为了规范电子招标投标活动，促进电子招标投标健康发展，国家发展改革委、工业和信息化部、监察部、住房城乡建设部、交通运输部、铁道部、水利部、商务部联合制定了《电子招标投标办法》及相关附件，现予发布，自 2013 年 5 月 1 日起施行。

国家发展改革委
工业和信息化部
监察部
住房城乡建设部
交通运输部
铁道部
水利部
商务部
2013 年 2 月 4 日

第一章　总　　则

第一条　为了规范电子招标投标活动，促进电子招标投标健康发展，根据《中华人民共和国招标投标法》、《中华人民共和国招标投标法实施条例》（以下分别简称招标投标法、招标投标法实施条例），制定本办法。

第二条　在中华人民共和国境内进行电子招标投标活动，适用本办法。

本办法所称电子招标投标活动是指以数据电文形式，依托电子招标投标系统完成的全部或者部分招标投标交易、公共服务和行政监督活动。

数据电文形式与纸质形式的招标投标活动具有同等法律效力。

第三条　电子招标投标系统根据功能的不同，分为交易平台、公共服务平台和行政监督平台。

交易平台是以数据电文形式完成招标投标交易活动的信息平台。公共服务平台是满足交易平台之间信息交换、资源共享需要，并为市场主体、行政监督部门和社会公众提供信息服务的信息平台。行政监督平台是行政监督部门和监察机关在线监督电子招标投标活动的信息平台。

电子招标投标系统的开发、检测、认证、运营应当遵守本办法及所附《电子招标投标系统技术规范》（以下简称技术规范）。

第四条　国务院发展改革部门负责指导协调全国电子招标投标活动，各级地方人民政府发展改革部门负责指导协调本行政区域内电子招标投标活动。各级人民政府发展改革、工业和信息化、住房城乡建设、交通运输、铁道、水利、商务等部门，按照规定的职责分工，对电子招标投标活动实施监督，依法查处电子招标投标活动中的违法行为。

依法设立的招标投标交易场所的监管机构负责督促、指导招标投标交易场所推进电子招标投标工作，配合有关部门对电子招标投标活动实施监督。

省级以上人民政府有关部门对本行政区域内电子招标投标系统的建设、运营，以及相关检测、认证活动实施监督。

监察机关依法对与电子招标投标活动有关的监察对象实施监察。

第二章 电子招标投标交易平台

第五条 电子招标投标交易平台按照标准统一、互联互通、公开透明、安全高效的原则以及市场化、专业化、集约化方向建设和运营。

第六条 依法设立的招标投标交易场所、招标人、招标代理机构以及其他依法设立的法人组织可以按行业、专业类别，建设和运营电子招标投标交易平台。国家鼓励电子招标投标交易平台平等竞争。

第七条 电子招标投标交易平台应当按照本办法和技术规范规定，具备下列主要功能：

（一）在线完成招标投标全部交易过程；

（二）编辑、生成、对接、交换和发布有关招标投标数据信息；

（三）提供行政监督部门和监察机关依法实施监督和受理投诉所需的监督通道；

（四）本办法和技术规范规定的其他功能。

第八条 电子招标投标交易平台应当按照技术规范规定，执行统一的信息分类和编码标准，为各类电子招标投标信息的互联互通和交换共享开放数据接口、公布接口要求。

电子招标投标交易平台接口应当保持技术中立，与各类需要分离开发的工具软件相兼容对接，不得限制或者排斥符合技术规范规定的工具软件与其对接。

第九条 电子招标投标交易平台应当允许社会公众、市场主体免费注册登录和获取依法公开的招标投标信息，为招标投标活动当事人、行政监督部门和监察机关按各自职责和注册权限登录使用交易平台提供必要条件。

第十条 电子招标投标交易平台应当依照《中华人民共和国认证认可条例》等有关规定进行检测、认证，通过检测、认证的电子招标投标交易平台应当在省级以上电子招标投标公共服务平台上公布。

电子招标投标交易平台服务器应当设在中华人民共和国境内。

第十一条 电子招标投标交易平台运营机构应当是依法成立的法人，拥有一定数量的专职信息技术、招标专业人员。

第十二条 电子招标投标交易平台运营机构应当根据国家有关法律法规及技术规范，建立健全电子招标投标交易平台规范运行和安全管理制度，加强监控、检测，及时发现和排除隐患。

第十三条 电子招标投标交易平台运营机构应当采用可靠的身份识别、权限控制、加密、病毒防范等技术，防范非授权操作，保证交易平台的安全、稳定、可靠。

第十四条　电子招标投标交易平台运营机构应当采取有效措施，验证初始录入信息的真实性，并确保数据电文不被篡改、不遗漏和可追溯。

第十五条　电子招标投标交易平台运营机构不得以任何手段限制或者排斥潜在投标人，不得泄露依法应当保密的信息，不得弄虚作假、串通投标或者为弄虚作假、串通投标提供便利。

第三章　电子招标

第十六条　招标人或者其委托的招标代理机构应当在其使用的电子招标投标交易平台注册登记，选择使用除招标人或招标代理机构之外第三方运营的电子招标投标交易平台的，还应当与电子招标投标交易平台运营机构签订使用合同，明确服务内容、服务质量、服务费用等权利和义务，并对服务过程中相关信息的产权归属、保密责任、存档等依法作出约定。

电子招标投标交易平台运营机构不得以技术和数据接口配套为由，要求潜在投标人购买指定的工具软件。

第十七条　招标人或者其委托的招标代理机构应当在资格预审公告、招标公告或者投标邀请书中载明潜在投标人访问电子招标投标交易平台的网络地址和方法。依法必须进行公开招标项目的上述相关公告应当在电子招标投标交易平台和国家指定的招标公告媒介同步发布。

第十八条　招标人或者其委托的招标代理机构应当及时将数据电文形式的资格预审文件、招标文件加载至电子招标投标交易平台，供潜在投标人下载或者查阅。

第十九条　数据电文形式的资格预审公告、招标公告、资格预审文件、招标文件等应当标准化、格式化，并符合有关法律法规以及国家有关部门颁发的标准文本的要求。

第二十条　除本办法和技术规范规定的注册登记外，任何单位和个人不得在招标投标活动中设置注册登记、投标报名等前置条件限制潜在投标人下载资格预审文件或者招标文件。

第二十一条　在投标截止时间前，电子招标投标交易平台运营机构不得向招标人或者其委托的招标代理机构以外的任何单位和个人泄露下载资格预审文件、招标文件的潜在投标人名称、数量以及可能影响公平竞争的其他信息。

第二十二条　招标人对资格预审文件、招标文件进行澄清或者修改的，应当通过电子招标投标交易平台以醒目的方式公告澄清或者修改的内容，并以有效方式通知所有已下载资格预审文件或者招标文件的潜在投标人。

第四章　电子投标

第二十三条　电子招标投标交易平台的运营机构，以及与该机构有控股或者管理关系可能影响招标公正性的任何单位和个人，不得在该交易平台进行的招标项目中投标和代理投标。

第二十四条　投标人应当在资格预审公告、招标公告或者投标邀请书载明的电子招标投标交易平台注册登记，如实递交有关信息，并经电子招标投标交易平台运营机构验证。

第二十五条　投标人应当通过资格预审公告、招标公告或者投标邀请书载明的电子招标投标交易平台递交数据电文形式的资格预审申请文件或者投标文件。

第二十六条　电子招标投标交易平台应当允许投标人离线编制投标文件，并且具备分段或者整体加密、解密功能。

投标人应当按照招标文件和电子招标投标交易平台的要求编制并加密投标文件。

投标人未按规定加密的投标文件，电子招标投标交易平台应当拒收并提示。

第二十七条　投标人应当在投标截止时间前完成投标文件的传输递交，并可以补充、修改或者撤回投标文件。投标截止时间前未完成投标文件传输的，视为撤回投标文件。

投标截止时间后送达的投标文件，电子招标投标交易平台应当拒收。

电子招标投标交易平台收到投标人送达的投标文件，应当即时向投标人发出确认回执通知，并妥善保存投标文件。

在投标截止时间前，除投标人补充、修改或者撤回投标文件外，任何单位和个人不得解密、提取投标文件。

第二十八条　资格预审申请文件的编制、加密、递交、传输、接收确认等，适用本办法关于投标文件的规定。

第五章　电子开标、评标和中标

第二十九条　电子开标应当按照招标文件确定的时间，在电子招标投标交易平台上公开进行，所有投标人均应当准时在线参加开标。

第三十条　开标时，电子招标投标交易平台自动提取所有投标文件，提示招标人和投标人按招标文件规定方式按时在线解密。解密全部完成后，应当向所有投标人公布投标人名称、投标价格和招标文件规定的其他内容。

第三十一条　因投标人原因造成投标文件未解密的，视为撤销其投标文件；因投标人之外的原因造成投标文件未解密的，视为撤回其投标文件，投标人有权要求责任方赔偿因此遭受的直接损失。部分投标文件未解密的，其他投标文件的开标可以继续进行。

招标人可以在招标文件中明确投标文件解密失败的补救方案，投标文件应按照招标文件的要求作出响应。

第三十二条　电子招标投标交易平台应当生成开标记录并向社会公众公布，但依法应当保密的除外。

第三十三条　电子评标应当在有效监控和保密的环境下在线进行。

根据国家规定应当进入依法设立的招标投标交易场所的招标项目，评标委员会成员应当在依法设立的招标投标交易场所登录招标项目所使用的电子招标投标交易平台进行评标。

评标中需要投标人对投标文件澄清或者说明的，招标人和投标人应当通过电子招标投标交易平台交换数据电文。

第三十四条　评标委员会完成评标后，应当通过电子招标投标交易平台向招标人提交数据电文形式的评标报告。

第三十五条　依法必须进行招标的项目中标候选人和中标结果应当在电子招标投标交易平台进行公示和公布。

第三十六条　招标人确定中标人后,应当通过电子招标投标交易平台以数据电文形式向中标人发出中标通知书,并向未中标人发出中标结果通知书。

招标人应当通过电子招标投标交易平台,以数据电文形式与中标人签订合同。

第三十七条　鼓励招标人、中标人等相关主体及时通过电子招标投标交易平台递交和公布中标合同履行情况的信息。

第三十八条　资格预审申请文件的解密、开启、评审、发出结果通知书等,适用本办法关于投标文件的规定。

第三十九条　投标人或者其他利害关系人依法对资格预审文件、招标文件、开标和评标结果提出异议,以及招标人答复,均应当通过电子招标投标交易平台进行。

第四十条　招标投标活动中的下列数据电文应当按照《中华人民共和国电子签名法》和招标文件的要求进行电子签名并进行电子存档:

(一)资格预审公告、招标公告或者投标邀请书;

(二)资格预审文件、招标文件及其澄清、补充和修改;

(三)资格预审申请文件、投标文件及其澄清和说明;

(四)资格审查报告、评标报告;

(五)资格预审结果通知书和中标通知书;

(六)合同;

(七)国家规定的其他文件。

第六章　信息共享与公共服务

第四十一条　电子招标投标交易平台应当依法及时公布下列主要信息:

(一)招标人名称、地址、联系人及联系方式;

(二)招标项目名称、内容范围、规模、资金来源和主要技术要求;

(三)招标代理机构名称、资格、项目负责人及联系方式;

(四)投标人名称、资质和许可范围、项目负责人;

(五)中标人名称、中标金额、签约时间、合同期限;

(六)国家规定的公告、公示和技术规范规定公布和交换的其他信息。

鼓励招标投标活动当事人通过电子招标投标交易平台公布项目完成质量、期限、结算金额等合同履行情况。

第四十二条　各级人民政府有关部门应当按照《中华人民共和国政府信息公开条例》等规定,在本部门网站及时公布并允许下载下列信息:

(一)有关法律法规规章及规范性文件;

(二)取得相关工程、服务资质证书或货物生产、经营许可证的单位名称、营业范围及年检情况;

(三)取得有关职称、职业资格的从业人员的姓名、电子证书编号;

(四)对有关违法行为作出的行政处理决定和招标投标活动的投诉处理情况;

（五）依法公开的工商、税务、海关、金融等相关信息。

第四十三条　设区的市级以上人民政府发展改革部门会同有关部门，按照政府主导、共建共享、公益服务的原则，推动建立本地区统一的电子招标投标公共服务平台，为电子招标投标交易平台、招标投标活动当事人、社会公众和行政监督部门、监察机关提供信息服务。

第四十四条　电子招标投标公共服务平台应当按照本办法和技术规范规定，具备下列主要功能：

（一）链接各级人民政府及其部门网站，收集、整合和发布有关法律法规规章及规范性文件、行政许可、行政处理决定、市场监管和服务的相关信息；

（二）连接电子招标投标交易平台、国家规定的公告媒介，交换、整合和发布本办法第四十一条规定的信息；

（三）连接依法设立的评标专家库，实现专家资源共享；

（四）支持不同电子认证服务机构数字证书的兼容互认；

（五）提供行政监督部门和监察机关依法实施监督、监察所需的监督通道；

（六）整合分析相关数据信息，动态反映招标投标市场运行状况、相关市场主体业绩和信用情况。

属于依法必须公开的信息，公共服务平台应当无偿提供。

公共服务平台应同时遵守本办法第八条至第十五条规定。

第四十五条　电子招标投标交易平台应当按照本办法和技术规范规定，在任一电子招标投标公共服务平台注册登记，并向电子招标投标公共服务平台及时提供本办法第四十一条规定的信息，以及双方协商确定的其他信息。

电子招标投标公共服务平台应当按照本办法和技术规范规定，开放数据接口、公布接口要求，与电子招标投标交易平台及时交换招标投标活动所必需的信息，以及双方协商确定的其他信息。

电子招标投标公共服务平台应当按照本办法和技术规范规定，开放数据接口、公布接口要求，与上一层级电子招标投标公共服务平台连接并注册登记，及时交换本办法第四十四条规定的信息，以及双方协商确定的其他信息。

电子招标投标公共服务平台应当允许社会公众、市场主体免费注册登录和获取依法公开的招标投标信息，为招标人、投标人、行政监督部门和监察机关按各自职责和注册权限登录使用公共服务平台提供必要条件。

第七章　监督管理

第四十六条　电子招标投标活动及相关主体应当自觉接受行政监督部门、监察机关依法实施的监督、监察。

第四十七条　行政监督部门、监察机关结合电子政务建设，提升电子招标投标监督能力，依法设置并公布有关法律法规规章、行政监督的依据、职责权限、监督环节、程序和时限、信息交换要求和联系方式等相关内容。

第四十八条　电子招标投标交易平台和公共服务平台应当按照本办法和技术规范规

定，向行政监督平台开放数据接口、公布接口要求，按有关规定及时对接交换和公布有关招标投标信息。

行政监督平台应当开放数据接口，公布数据接口要求，不得限制和排斥已通过检测认证的电子招标投标交易平台和公共服务平台与其对接交换信息，并参照执行本办法第八条至第十五条的有关规定。

第四十九条　电子招标投标交易平台应当依法设置电子招标投标工作人员的职责权限，如实记录招标投标过程、数据信息来源，以及每一操作环节的时间、网络地址和工作人员，并具备电子归档功能。

电子招标投标公共服务平台应当记录和公布相关交换数据信息的来源、时间并进行电子归档备份。

任何单位和个人不得伪造、篡改或者损毁电子招标投标活动信息。

第五十条　行政监督部门、监察机关及其工作人员，除依法履行职责外，不得干预电子招标投标活动，并遵守有关信息保密的规定。

第五十一条　投标人或者其他利害关系人认为电子招标投标活动不符合有关规定的，通过相关行政监督平台进行投诉。

第五十二条　行政监督部门和监察机关在依法监督检查招标投标活动或者处理投诉时，通过其平台发出的行政监督或者行政监察指令，招标投标活动当事人和电子招标投标交易平台、公共服务平台的运营机构应当执行，并如实提供相关信息，协助调查处理。

第八章　法律责任

第五十三条　电子招标投标系统有下列情形的，责令改正；拒不改正的，不得交付使用，已经运营的应当停止运营。

（一）不具备本办法及技术规范规定的主要功能；

（二）不向行政监督部门和监察机关提供监督通道；

（三）不执行统一的信息分类和编码标准；

（四）不开放数据接口、不公布接口要求；

（五）不按照规定注册登记、对接、交换、公布信息；

（六）不满足规定的技术和安全保障要求；

（七）未按照规定通过检测和认证。

第五十四条　招标人或者电子招标投标系统运营机构存在以下情形的，视为限制或者排斥潜在投标人，依照招标投标法第五十一条规定处罚。

（一）利用技术手段对享有相同权限的市场主体提供有差别的信息；

（二）拒绝或者限制社会公众、市场主体免费注册并获取依法必须公开的招标投标信息；

（三）违规设置注册登记、投标报名等前置条件；

（四）故意与各类需要分离开发并符合技术规范规定的工具软件不兼容对接；

（五）故意对递交或者解密投标文件设置障碍。

第五十五条　电子招标投标交易平台运营机构有下列情形的，责令改正，并按照有关规定处罚。

（一）违反规定要求投标人注册登记、收取费用；

（二）要求投标人购买指定的工具软件；

（三）其他侵犯招标投标活动当事人合法权益的情形。

第五十六条　电子招标投标系统运营机构向他人透露已获取招标文件的潜在投标人的名称、数量、投标文件内容或者对投标文件的评审和比较以及其他可能影响公平竞争的招标投标信息，参照招标投标法第五十二条关于招标人泄密的规定予以处罚。

第五十七条　招标投标活动当事人和电子招标投标系统运营机构协助招标人、投标人串通投标的，依照招标投标法第五十三条和招标投标法实施条例第六十七条规定处罚。

第五十八条　招标投标活动当事人和电子招标投标系统运营机构伪造、篡改、损毁招标投标信息，或者以其他方式弄虚作假的，依照招标投标法第五十四条和招标投标法实施条例第六十八条规定处罚。

第五十九条　电子招标投标系统运营机构未按照本办法和技术规范规定履行初始录入信息验证义务，造成招标投标活动当事人损失的，应当承担相应的赔偿责任。

第六十条　有关行政监督部门及其工作人员不履行职责，或者利用职务便利非法干涉电子招标投标活动的，依照有关法律法规处理。

第九章　附　　则

第六十一条　招标投标协会应当按照有关规定，加强电子招标投标活动的自律管理和服务。

第六十二条　电子招标投标某些环节需要同时使用纸质文件的，应当在招标文件中明确约定；当纸质文件与数据电文不一致时，除招标文件特别约定外，以数据电文为准。

第六十三条　本办法未尽事宜，按照有关法律、法规、规章执行。

第六十四条　本办法由国家发展和改革委员会会同有关部门负责解释。

第六十五条　技术规范作为本办法的附件，与本办法具有同等效力。

第六十六条　本办法自 2013 年 5 月 1 日起施行。

(五)规范性文件

国家发展改革委等部门关于严格执行招标投标法规制度进一步规范招标投标主体行为的若干意见

(发改法规规〔2022〕1117号)

各省、自治区、直辖市、新疆生产建设兵团发展改革委、工业和信息化主管部门、公安厅(局)、住房城乡建设厅(委、局)、交通运输厅(局、委)、水利(水务)厅(局)、农业农村厅(局、委)、商务厅(局)、审计厅(局)、广播电视局、能源局、招标投标指导协调工作牵头部门、公共资源交易平台整合工作牵头部门,各省、自治区、直辖市通信管理局,审计署各特派员办事处、国家能源局各派出机构、各地区铁路监管局、民航各地区管理局,全国公共资源交易平台、中国招标投标公共服务平台:

招标投标制度是社会主义市场经济体制的重要组成部分,对于充分发挥市场在资源配置中的决定性作用,更好发挥政府作用,深化投融资体制改革,提高国有资金使用效益,预防惩治腐败具有重要意义。近年来,各地区、各部门认真执行《招标投标法》及配套法规规章,全社会依法招标投标意识不断增强,招标投标活动不断规范,在维护国家利益、社会公共利益和招标投标活动当事人合法权益方面发挥了重要作用。但是当前招标投标市场还存在不少突出问题,招标人主体责任落实不到位,各类不合理限制和隐性壁垒尚未完全消除,规避招标、虚假招标、围标串标、有关部门及领导干部插手干预等违法行为仍然易发高发,招标代理服务水平参差不齐,一些评标专家不公正、不专业,导致部分项目中标结果不符合实际需求或者实施效果不佳,制约了招标投标制度竞争择优功能的发挥。为全面贯彻党的十九大和十九届历次全会精神,按照第十九届中央纪委第六次全会、国务院第五次廉政工作会议部署,现就严格执行招标投标法规制度、进一步规范招标投标各方主体行为提出以下意见。

一、强化招标人主体责任

(一)依法落实招标自主权。切实保障招标人在选择招标代理机构、编制招标文件、在统一的公共资源交易平台体系内选择电子交易系统和交易场所、组建评标委员会、委派代表参加评标、确定中标人、签订合同等方面依法享有的自主权。任何单位和个人不得以任何方式为招标人指定招标代理机构,不得违法限定招标人选择招标代理机构的方式,不得强制具有自行招标能力的招标人委托招标代理机构办理招标事宜。任何单位不得设定没有法律、行政法规依据的招标文件审查等前置审批或审核环节。对实行电子招标投标的项目,取消招标文件备案或者实行网上办理。

(二)严格执行强制招标制度。依法经项目审批、核准部门确定的招标范围、招标方式、招标组织形式,未经批准不得随意变更。依法必须招标项目拟不进行招标的、依法应当公开招标的项目拟邀请招标的,必须符合法律法规规定情形并履行规定程序;除涉及国家秘密或者商业秘密的外,应当在实施采购前公示具体理由和法律法规依据。不得以支解发包、化整为零、招小送大、设定不合理的暂估价或者通过虚构涉密项目、应急项目等形式规避招标;不得以战略合作、招商引资等理由搞"明招暗定""先建后招"的虚假招标;不得通过集体决策、会议纪要、函复意见、备忘录等方式将依法必须招标项目转为采用谈判、询比、竞价或者直接采购等非招标方式。对于涉及应急抢险救灾、疫情防控等紧急情况,以及重大工程建设项目经批准增加的少量建设内容,可以按照《招标投标法》第六十六条和《招标投标法实施条例》第九条规定不进行招标,同时强化项目单位在资金使用、质量安全等方面责任。不得随意改变法定招标程序;不得采用抽签、摇号、抓阄等违规方式直接选择投标人、中标候选人或中标人。除交易平台暂不具备条件等特殊情形外,依法必须招标项目应当实行全流程电子化交易。

(三)规范招标文件编制和发布。招标人应当高质量编制招标文件,鼓励通过市场调研、专家咨询论证等方式,明确招标需求,优化招标方案;对于委托招标代理机构编制的招标文件,应当认真组织审查,确保合法合规、科学合理、符合需求;对于涉及公共利益、社会关注度较高的项目,以及技术复杂、专业性强的项目,鼓励就招标文件征求社会公众或行业意见。依法必须招标项目的招标文件,应当使用国家规定的标准文本,根据项目的具体特点与实际需要编制。招标文件中资质、业绩等投标人资格条件要求和评标标准应当以符合项目具体特点和满足实际需要为限度审慎设置,不得通过设置不合理条件排斥或者限制潜在投标人。依法必须招标项目不得提出注册地址、所有制性质、市场占有率、特定行政区域或者特定行业业绩、取得非强制资质认证、设立本地分支机构、本地缴纳税收社保等要求,不得套用特定生产供应者的条件设定投标人资格、技术、商务条件。简化投标文件形式要求,一般不得将装订、纸张、明显的文字错误等列为否决投标情形。鼓励参照《公平竞争审查制度实施细则》,建立依法必须招标项目招标文件公平竞争审查机制。鼓励建立依法必须招标项目招标文件公示或公开制度。严禁设置投标报名等没有法律法规依据的前置环节。

(四)规范招标人代表条件和行为。招标人应当选派或者委托责任心强、熟悉业务、公道正派的人员作为招标人代表参加评标,并遵守利益冲突回避原则。严禁招标人代表私下接触投标人、潜在投标人、评标专家或相关利害关系人;严禁在评标过程中发表带有倾向性、误导性的言论或者暗示性的意见建议,干扰或影响其他评标委员会成员公正独立评标。招标人代表发现其他评标委员会成员不按照招标文件规定的评标标准和方法评标的,应当及时提醒、劝阻并向有关招标投标行政监督部门(以下简称行政监督部门)报告。

(五)加强评标报告审查。招标人应当在中标候选人公示前认真审查评标委员会提交的书面评标报告,发现异常情形的,依照法定程序进行复核,确认存在问题的,依照法定程序予以纠正。重点关注评标委员会是否按照招标文件规定的评标标准和方法进行评标;是否存在对客观评审因素评分不一致,或者评分畸高、畸低现象;是否对可能低于成本或者影响履约的异常低价投标和严重不平衡报价进行分析研判;是否依法通知投标人进行澄清、说明;是否存在随意否决投标的情况。加大评标情况公开力度,积极推进评分情况向社会公开、投标文件被否决原因向投标人公开。

(六)畅通异议渠道。招标人是异议处理的责任主体,应当畅通异议渠道,在招标公告和公示信息中公布受理异议的联系人和联系方式,在法定时限内答复和处理异议,积极引导招标投标活动当事人和利害关系人按照法定程序维护自身权益。实行电子招标投标的,应当支持系统在线提出异议、跟踪处理进程、接收异议答复。不得故意拖延、敷衍,无故回避实质性答复,或者在作出答复前继续进行招标投标活动。

(七)落实合同履约管理责任。招标人应当高度重视合同履约管理,健全管理机制,落实管理责任。依法必须招标项目的招标人应当按照《公共资源交易领域基层政务公开标准指引》要求,及时主动公开合同订立信息,并积极推进合同履行及变更信息公开。加强对依法必须招标项目合同订立、履行及变更的行政监督,强化信用管理,防止"阴阳合同""低中高结"等违法违规行为发生,及时依法查处违法违规行为。

(八)加强招标档案管理。招标人应当按照有关规定加强招标档案管理,及时收集、整理、归档招标投标交易和合同履行过程中产生的各种文件资料和信息数据,并采取有效措施确保档案的完整和安全,不得篡改、损毁、伪造或者擅自销毁招标档案。加快推进招标档案电子化、数字化。招标人未按照规定进行归档,篡改、损毁、伪造、擅自销毁招标档案,或者在依法开展的监督检查中不如实提供招标档案的,由行政监督部门责令改正。

(九)强化内部控制管理。招标人应当建立健全招标投标事项集体研究、合法合规性审查等议事决策机制,积极发挥内部监督作用;对招标投标事项管理集中的部门和岗位实行分事行权、分岗设权、分级授权,强化内部控制。依法必须招标项目应当在组织招标前,按照权责匹配原则落实主要负责人和相关负责人。鼓励招标人建立招标项目绩效评价机制和招标采购专业化队伍,加大对招标项目管理人员的问责问效力度,将招标投标活动合法合规性、交易结果和履约绩效与履职评定、奖励惩处挂钩。

二、坚决打击遏制违法投标和不诚信履约行为

(十)严格规范投标和履约行为。投标人应当严格遵守有关法律法规和行业标准规范,依法诚信参加投标,自觉维护公平竞争秩序。不得通过受让、租借或者挂靠资质投标;不得伪造、变造资质、资格证书或者其他许可证件,提供虚假业绩、奖项、项目负责人等材料,或者以其他方式弄虚作假投标;不得与招标人、招标代理机构或其他投标人串通投标;不得与评标委员会成员私下接触,或向招标人、招标代理机构、交易平台运行服务机构、评标委员会成员、行政监督部门人员等行贿谋取中标;不得恶意提出异议、投诉或者举报,干扰正常招标投标活动。中标人不得无正当理由不与招标人订立合同,在签订合同时向招标人提出附加条件,不按照招标文件要求提交履约保证金或履约保函,或者将中标项目转包、违法分包。

(十一)加大违法投标行为打击力度。密切关注中标率异常低、不以中标为目的投标的"陪标专业户"。重点关注投标人之间存在关联关系、不同投标人高级管理人员之间存在交叉任职、人员混用或者亲属关系、经常性"抱团"投标等围标串标高风险迹象。严厉打击操纵投标或出借资质等行为导致中标率异常高的"标王"及其背后的违法犯罪团伙。经查实存在违法行为的,行政监督部门严格依法实施行政处罚,并按照规定纳入信用记录;对其中负有责任的领导人员和直接责任人员,需要给予党纪、政务处分或组织处理的,移交有关机关、单位依规依纪依法处理;涉嫌犯罪的,及时向有关机关移送。不得以行政约谈、内部处理等代替行政处罚,不得以行政处罚代替刑事处罚。

三、加强评标专家管理

(十二)严肃评标纪律。评标专家应当认真、公正、诚实、廉洁、勤勉地履行专家职责,按时参加评标,严格遵守评标纪律。评标专家与投标人有利害关系的,应当主动提出回避;不得对其他评标委员会成员的独立评审施加不当影响;不得私下接触投标人,不得收受投标人、中介人、其他利害关系人的财物或者其他好处,不得接受任何单位或者个人明示或者暗示提出的倾向或者排斥特定投标人的要求;不得透露评标委员会成员身份和评标项目;不得透露对投标文件的评审和比较、中标候选人的推荐情况、在评标过程中知悉的国家秘密和商业秘密以及与评标有关的其他情况;不得故意拖延评标时间,或者敷衍塞责随意评标;不得在合法的评标劳务费之外额外索取、接受报酬或者其他好处;严禁组建或者加入可能影响公正评标的微信群、QQ 群等网络通信群组。招标人、招标代理机构、投标人发现评标专家有违法行为的,应当及时向行政监督部门报告。行政监督部门对评标专家违法行为应当依法严肃查处,并通报评标专家库管理单位、评标专家所在单位和入库审查单位,不得简单以暂停或者取消评标专家资格代替行政处罚;暂停或者取消评标专家资格的决定应当公开,强化社会监督;涉嫌犯罪的,及时向有关机关移送。

(十三)提高评标质量。评标委员会成员应当遵循公平、公正、科学、择优的原则,认真研究招标文件,根据招标文件规定的评标标准和方法,对投标文件进行系统的评审和比较。评标过程中发现问题的,应当及时向招标人提出处理建议;发现招标文件内容违反有关强制性规定或者招标文件存在歧义、重大缺陷导致评标无法进行时,应当停止评标并向招标人说明情况;发现投标文件中含义不明确、对同类问题表述不一致、有明显文字和计算错误、投标报价可能低于成本影响履约的,应当先请投标人作必要的澄清、说明,不得直接否决投标;有效投标不足三个的,应当对投标是否明显缺乏竞争和是否需要否决全部投标进行充分论证,并在评标报告中记载论证过程和结果;发现违法行为的,以及评标过程和结果受到非法影响或者干预的,应当及时向行政监督部门报告。招标人既要重视发挥评标专家的专业和经验优势,又要通过科学设置评标标准和方法,引导专家在专业技术范围内规范行使自由裁量权;根据招标项目实际需要,合理设置专家抽取专业,并保证充足的评标时间。积极探索完善智能辅助评标等机制,减轻专家不必要的工作量。鼓励有条件的地方和单位探索招标人按照工作价值灵活确定评标劳务费支付标准的新机制。

(十四)强化评标专家动态管理。充分依托省级人民政府组建的综合评标专家库和国务院有关部门组建的评标专家库,建立健全对评标专家的入库审查、岗前培训、继续教育、考核评价和廉洁教育等管理制度。加强专家库及评标专家信息保密管理,除依法配合有关部门调查外,任何单位和个人不得泄露相关信息。严格规范评标专家抽取工作,做到全程留痕、可追溯。评标专家库管理单位应当建立评标专家动态考核机制,将专家依法客观公正履职情况作为主要考核内容,根据考核情况及时清退不合格专家。

(十五)严格规范和优化评标组织方式。积极推广网络远程异地评标,打破本地评标专家"小圈子",推动优质专家资源跨省市、跨行业互联共享。评标场所应当封闭运行,配备专门装置设备,严禁评标期间评标委员会成员与外界的一切非正常接触和联系,实现所有人员的语言、行为、活动轨迹全过程可跟踪、可回溯。有关部门应当规范隔夜评标管理,落实行政监督责任;评标场所应当为隔夜评标提供便利条件,做好配套服务保障。

四、规范招标代理服务行为

（十六）切实规范招标代理行为。招标代理机构及其从业人员应当依法依规、诚信自律经营，严禁采取行贿、提供回扣或者输送不正当利益等非法手段承揽业务；对于招标人、投标人、评标专家等提出的违法要求应当坚决抵制、及时劝阻，不得背离职业道德无原则附和；不得泄露应当保密的与招标投标活动有关的情况和资料；不得以营利为目的收取高额的招标文件等资料费用；招标代理活动结束后，及时向招标人提交全套招标档案资料，不得篡改、损毁、伪造或擅自销毁；不得与招标人、投标人、评标专家、交易平台运行服务机构等串通损害国家利益、社会公共利益和招标投标活动当事人合法权益。

（十七）加强招标代理机构及从业人员管理。行政监督部门应当加强对在本地区执业的招标代理机构及从业人员的动态监管，将招标代理行为作为"双随机、一公开"监管的重点内容，纳入跨部门联合抽查范围，对参与围标串标等扰乱市场秩序的行为严格依法实施行政处罚，并按照规定纳入信用记录。加强招标代理行业自律建设，鼓励行业协会完善招标代理服务标准规范，开展招标代理机构信用评价和从业人员专业技术能力评价，为招标人选择招标代理机构提供参考，推动提升招标代理服务能力。

五、进一步落实监督管理职责

（十八）健全监管机制。各地行政监督部门要按照职责分工，畅通投诉渠道，依法处理招标投标违法行为投诉，投诉处理结果反馈当事人的同时按规定向社会公开，接受社会监督；合理利用信访举报及时发现违法问题线索，鼓励建立内部举报人制度，对举报严重违法行为和提供重要线索的有功人员予以奖励和保护；建立投诉举报案件定期统计分析制度，聚焦突出问题，开展专项整治。积极适应招标投标全流程电子化新形势，加快推进"互联网+监管"，充分依托行政监督平台在线获取交易信息、履行监管职责；不断探索完善智慧监管手段，及时预警、发现和查证违法行为；加强电子招标投标信息的防伪溯源监督管理，防止招标投标电子文件伪造、篡改、破坏等风险发生。健全各行政监督部门协同监管和信息共享机制，监管执法过程中涉及其他部门职责的，及时移交有关部门处理或联合处理，着力解决多头处理、职责交叉、不同行业间行政处罚裁量权标准不一致等问题，提高执法水平和效率。指导公共资源交易平台坚持公共服务定位，健全内部控制机制，切实守住廉洁和安全底线，自觉接受行政监督，并积极配合支持行政监督部门履行职责。加强对行政监督部门及其工作人员的监督约束，严禁以规范和监管之名行违规审批、插手干预、地方保护、行业垄断之实。

（十九）加大监管力度。各地行政监督部门要进一步深化"放管服"改革，切实将监管重心从事前审批核准向事中事后全程监管转移。全面推行"双随机一公开"监管，提升监管主动性和覆盖面。坚决克服监管执法中的地方保护、行业保护，以零容忍态度打击招标投标违法行为，对影响恶劣的案件依法从严从重处罚并通报曝光。招标人发生违法行为的，依法严肃追究负有责任的主管人员和直接责任人员的法律责任，不得以他人插手干预招标投标活动为由减轻或免除责任。与公安机关建立有效的协调联动机制，加大对围标串标等违法犯罪行为的打击力度。加强与纪检监察机关、审计机关协作配合，按照规定做好招标投标领域违规违纪违法问题线索移交，对收到的问题线索认真核查处理。加强地方监管执法力量建设,鼓励监管体制改革创新,推动人财物更多投入到监管一线,加强监管的技术保障和资源保障。

(二十)健全信用体系。加快推进招标投标领域信用体系建设,构建以信用为基础、衔接标前标中标后各环节的新型监管机制。严格执行具有一定社会影响的行政处罚决定依法公开的规定,并及时推送至全国信用信息共享平台和公共资源交易平台,同步通过“信用中国”网站依法公示。坚持行政监督、社会监督和行业自律相结合,科学建立招标投标市场主体信用评价指标和标准,推动信用信息在招标投标活动中的合理规范应用。对违法失信主体依法依规实施失信惩戒,情节严重的依法实施市场禁入措施。

各地招标投标指导协调工作牵头部门和行政监督部门要进一步强化政治站位,认真履职尽责,推动招标投标法规制度切实执行,大力营造公开、公平、公正和诚实信用的市场环境。国家发展改革委会同国务院有关部门加强对各地招标投标工作的指导协调和典型经验复制推广,适时开展专项督查检查,对监管职责不履行、责任落实不到位的地方和单位,视情进行督办、通报、向有关方面提出问责建议。

本意见自 2022 年 9 月 1 日起施行,有效期至 2027 年 8 月 31 日。

国家发展改革委
工业和信息化部
公 安 部
住房和城乡建设部
交 通 运 输 部
水 利 部
农 业 农 村 部
商 务 部
审 计 署
广电总局
国 家 能 源 局
国 家 铁 路 局
民 航 局
2022 年 7 月 18 日

国家发展改革委关于进一步推进投资项目审批制度改革的若干意见

（发改投资〔2021〕1813号）

各省、自治区、直辖市及计划单列市、新疆生产建设兵团发展改革委：

近年来，各地方认真贯彻党中央、国务院决策部署，积极推进投资领域放管服改革，在提升投资建设便利化水平方面取得明显成效，投资管理制度体系更加健全，投资审批服务更加便捷，事中事后监管更加有效，企业和群众对改革的获得感大幅提高。但随着改革的推进，深层次问题也逐渐凸显，一些政策界限不够清晰，有关制度机制还不够完善，相关改革的协同性有待增强，投资审批一网通办还需持续深化，这些问题制约了投资领域放管服改革向纵深推进。为进一步推进投资项目审批制度改革，提升投资建设全流程的科学化、规范化、便利化水平，现提出以下意见。

一、总体要求

以习近平新时代中国特色社会主义思想为指导，深入贯彻党的十九大和十九届历次全会精神，围绕全面改善投资环境，立足统筹指导，坚持规范审批与优化服务并重，着力明确政策界限，着力完善制度机制，着力增进改革协同，不断提升投资项目在线审批监管平台（以下简称投资在线平台）创新应用水平，规范有序深化投资项目审批制度改革，为充分激发社会投资活力和动力，继续发挥投资对稳定经济增长的关键作用提供有力支撑。

二、进一步明确和简化投资审核管理

（一）加快健全投资管理制度体系。深化投资领域立改废，加快修订中央预算内直接投资、投资补助、贷款贴息，以及企业投资项目核准和备案管理等制度规范，增强投资法规制度的统一性和协调性，不断提升投资决策科学化、制度化、规范化水平。尚未出台政府投资法规配套制度的地方，要进一步加大工作力度，尽快推动出台政府投资地方性法规制度，细化本地区政府投资管理的法定职责、程序和机制，为统筹安排、规范使用各类政府投资资金提供制度保障。

（二）严格投资审批事项管理。对有明确法律法规依据的审批事项，各地方应在《全国投资项目在线审批监管平台投资审批管理事项统一名称和申请材料清单》（发改投资〔2019〕268号）基础上，梳理形成本省区域内统一的投资审批清单和申报材料清单。同时，积极履行投资综合管理职责，严格控制新增或变相增设审批环节，对涉及新增或以服务登记等名义变相增设投资审批环节的，要严格把关。对企业能够自主决定、市场能够有效调节、行业组织或者中介机构能够自律管理、行政机关采用事后监督等方式能够解决的审批事项，要及时推动取消。

（三）简化特定政府投资项目审批管理。落实《政府投资条例》有关规定，对列入相关发展规划、专项规划和区域规划范围的政府投资项目,可以不再审批项目建议书;对改扩建项目和建设内容单一、投资规模较小、技术方案简单的项目,可以合并编制、审批项目建议书、可行性研究报告和初步设计;根据《突发事件应对法》《国家突发公共事件总体应急预案》,为应对自然灾害、事故灾难、公共卫生事件、社会安全事件等突发事件需要紧急建设的政府投资项目,可以在合并编制报批文件、简化审批程序的基础上,通过建立绿色通道、部门集中会商等方式,提高审批效率。对于《政府投资条例》第十三条第一款第三项规定属于地方审批权限的,其建设内容单一、投资规模较小、技术方案简单的政府投资项目的具体范围,由各省、自治区、直辖市和计划单列市、新疆生产建设兵团发展改革委作出具体规定,报国家发展改革委(投资司)。

三、进一步创新和优化投资审批程序

(四)推进实施企业投资项目承诺制。以优化投资环境为目标,规范有序实施以“告知承诺+事中事后监管”为核心的企业投资项目承诺制改革。坚持政府定标准,各地方发展改革部门要会同或推动有关部门以法律法规设定的标准作为准入承诺标准,除关系国家安全和生态安全、涉及全国重大生产力布局、战略性资源开发和重大公共利益外,分行业分领域研究提出企业投资项目实施所涉及的审批事项承诺内容和标准。坚持企业作承诺,对符合要求的企业投资项目,由企业自主选择并按照政府制定的标准作出具有法律效力的书面承诺,企业依法依规开展相关工作。坚持过程强监管,各地方发展改革部门要会同或推动有关部门加强对项目推进过程的监管,明确监管重要节点和相应监管要求,并纳入投资在线平台实行动态监督。坚持信用有奖惩,各地方发展改革部门要推动有关部门对照承诺和标准依法依规对项目组织验收,通过验收的项目方可投入使用,达不到承诺要求的项目要督促整改到位,情节严重的依法依规予以惩戒。

(五)创新投资在线平台建设应用。结合党史学习教育“我为群众办实事”活动,在强化信息资源共享基础上,各级发展改革部门要依托投资在线平台,建立地方和企业反映投资审批问题的办理和反馈机制,梳理形成高频次咨询事项的统一答复口径,并向社会公布;对涉及其他部门的问题,要建立转办机制,并及时跟踪办理进度。要不断拓展投资在线平台应用领域,以固定资产投资项目代码为基础,研究加强与银行、基金等金融机构信息系统的互联共享,推动解决企业和金融机构融资对接难题。利用投资在线平台归集的项目和审批信息,探索运用大数据分析技术开展投资意向分析等,为研判投资趋势、服务投资调控提供支撑。

(六)总结推广地方典型经验。强化改革统筹协调,推行浙江省持续深化投资项目审批制度改革、协同推进标准地区域评估等相关领域改革的创新做法;推广长三角生态绿色一体化发展示范区探索跨区域项目审批管理的经验做法。持续优化审批服务,推广北京市、湖北省依托投资在线平台集成优化相关行业建设审批系统,深化投资审批一网通办的有益经验。大幅压减投资审批编报评批程序,推广山西省以法治化手段规范推进企业投资项目承诺制改革,探索推进取消施工图审查的典型经验。推进智慧监管,推行福建省、重庆市坚持制度+技术,运用大数据助力投资项目审批、招标采购和建设实施智能管的先进经验。积极助力投资主体便利化融资,推广河北省搭建在线金融广场,破解银企对接“最后一公里”创新做法。

四、进一步规范和严格投资审批活动

（七）规范投资项目前期工作。修订印发投资项目可行性研究制度规范，落实遏制高耗能、高排放项目（以下简称两高项目）盲目发展、推进实现碳达峰碳中和目标要求，将用地用海和规划选址、节能、节水、环保等要求落实到项目可行性研究中；要立足我国国情，并体现投资高质量发展要求，研究借鉴将环境、社会和治理（ESG）等国际先进理念融入可行性研究框架体系，从源头上提高投资项目前期工作质量。

（八）加强投资项目决策管理。研究修订投资项目评价规范，完善投资决策咨询评估机制，切实把好项目准入关，对投资项目是否符合发展建设规划、区域规划、产业政策，以及政府投资项目资金筹措等建设条件落实情况等，要重点加以审查，切实防范两高项目盲目发展和违规政府投资项目盲目上马。涉及举债融资的项目，要将融资方案作为可行性研究论证重点，结合融资结构和项目收益来源，科学规划项目资金平衡方案。

（九）做好基础设施领域不动产投资信托基金（REITs）项目协调服务。对拟申报基础设施 REITs 试点的项目，与中国证监会当地派出机构等有关方面加强沟通，深入了解前期工作进展，及时掌握项目进度和存在问题，做好政策解读、解决重点问题。与本地区行业管理、自然资源、生态环境、住房和城乡建设、国资监管等部门加强沟通交流，帮助项目依法依规办理或补充相关手续，落实发行基础设施 REITs 的各项条件。对基础设施 REITs 回收资金拟投入的新项目，加强跟踪服务，协调加快前期工作和开工建设进度，推动尽快形成实物工作量。

五、进一步加强和改进投资监督管理

（十）健全投资执法监督和廉政风险防控机制。研究建立《政府投资条例》《企业投资项目核准和备案管理条例》等行政法规专项执法检查机制，每年至少开展一次专项执法检查。研究对政府投资项目和企业投资项目推行双随机、一公开监管，明确监管重点和免责情形。所有依法必须招标的投资项目，其招标采购活动全部纳入公共资源交易平台，实行透明化管理、阳光交易。按照谁审批谁监管、谁主管谁监管的原则，项目审批、核准主体负责项目招标内容核准，并按照规定的职责分工，做好招标内容执行情况的事中事后监管。

（十一）强化廉政风险防控。全面梳理投资项目申报、评估、征求意见、会签、审核等重点环节，梳理廉政风险点，针对性研究制定监督防范措施，落实到具体岗位和具体审批程序，融入到投资在线平台审批流程中，确保责任清楚、要求明确、监督到位，不断增强廉政风险防控的针对性和可操作性。

（十二）增进投资项目审批制度改革与相关改革的协同。各地方发展改革部门要主动作为，积极发挥投资调控管理综合协调、统筹推进职责，建立健全各相关部门参加的改革协同工作机制，定期开展沟通会商，及时发现并推动解决投资项目审批制度改革中遇到的重大问题，切实加强投资项目审批制度改革与用地、环评、节能、报建等领域相关改革的衔接，确保相关改革协同发力，形成叠加效应，充分释放改革红利。国家发展改革委将会同有关部门加强政策指导和督促检查，加大法规政策宣传培训力度，及时总结推广地方典型经验，不断将投资项目审批制度改革向深入推进。

国家发展改革委

2021 年 12 月 15 日

关于建立健全招标投标领域优化营商环境长效机制的通知

(发改法规〔2021〕240号)

各省、自治区、直辖市、新疆生产建设兵团发展改革委、工业和信息化主管部门、住房城乡建设厅(委、局)、交通运输厅(局、委)、水利厅(局)、农业农村厅(局、委)、商务厅(局)、广播电视局、能源局、招标投标指导协调工作牵头部门、公共资源交易平台整合工作牵头部门,各省、自治区、直辖市通信管理局,国家能源局各派出机构、各地区铁路监管局、民航各地区管理局,全国公共资源交易平台、中国招标投标公共服务平台:

为深入贯彻党的十九届五中全会关于坚持平等准入、公正监管、开放有序、诚信守法,形成高效规范、公平竞争的国内统一市场的决策部署,落实《优化营商环境条例》精神,进一步深化招标投标领域营商环境专项整治,切实维护公平竞争秩序,根据国务院办公厅政府职能转变办公室深化"放管服"改革优化营商环境工作安排,现就建立健全招标投标领域优化营商环境长效机制有关要求通知如下。

一、充分认识建立健全招标投标领域优化营商环境长效机制的重要性。根据国务院部署要求,2019年以来,国家发展改革委联合国务院有关部门在全国开展了工程项目招标投标领域营商环境专项整治,组织各地区、各有关部门对招标投标法规政策文件进行全面清理,广泛征集损害营商环境问题线索,大力开展随机抽查和重点核查,严肃查处破坏公平竞争的违法违规行为。通过专项整治,招标投标市场主体反映强烈的一大批突出问题得到有效解决,制度规则更加明晰,市场秩序不断规范,不同所有制企业公平竞争的市场环境进一步形成。但应当看到,与党中央、国务院要求相比,与广大市场主体期盼相比,招标投标领域营商环境仍存在薄弱环节。各地招标投标法规政策文件总量偏多,规则庞杂不一,加重市场主体的合规成本;地方保护、所有制歧视、擅自设立审核备案证明事项和办理环节、违规干预市场主体自主权等问题仍时有发生,在一些市县还比较突出;招标投标行政管理重事前审批核准备案、轻事中事后监管,监管主动性、全面性不足,一些行业领域监管职责不清,对违法违规行为震慑不够。为巩固和深化招标投标领域营商环境专项整治成果,进一步营造公平竞争的市场环境,迫切要求建立健全长效机制,久久为功,持续发力,推动招标投标领域营商环境实现根本性好转。

二、严格规范地方招标投标制度规则制定活动。各地制定有关招标投标制度规则,要严格落实《优化营商环境条例》要求,认真开展公平竞争审查、合法性审核,充分听取市场主体、行业协会商会意见,并向社会公开征求意见一般不少于30日。没有法律、法规或者国务院决定和命令依据的,规范性文件不得减损市场主体合法权益或者增加其义务,不得设置市场准入和退出条件,不得设定证明事项,不得干预市场主体正常生产经营活动。新出台制度规则前,要认真评估必要性,现有文件可以解决或者修改后可以解决有关问题的,不再出台新文件;对此前发布的文件要全面梳理,对同一事项有多个规定的,根据情况作出合并、衔接、替代、废止等处理。地方制定招标投标制度规则、公共资源交易管理服务制度规则，要建立征求本级招标投标指导协调工作牵头部门和上一级主管部门意见机制，确保符合上位法规定，维护制度规则统一。

三、加大地方招标投标制度规则清理整合力度。各省级招标投标指导协调工作牵头部门要会同各有关行政监督部门，加强对本行政区域招标投标制度规则体系的统筹规划，并强化对市县招标投标制度环境的监督指导。要从促进全国统一市场建设的高度，以问题最为突出的市县一级为重点，加大招标投标制度规则清理整合力度。除少数调整政府内部行为的文件外，要按照应减尽减、能统则统的原则，对各地市保留的招标投标制度规则类文件实行总量控制和增减挂钩，避免边清边增；各区县一律不再保留或新制定此类文件。各省级招标投标指导协调工作牵头部门和有关行政监督部门要对省、市两级经清理整合后保留的招标投标地方性法规、规章、规范性文件进行汇总，2021 年 11 月底前，在省级公共资源交易平台、招标投标公共服务平台和省级行政监督部门网站专栏公布目录及全文（或网址链接），并动态更新，方便市场主体查阅；未列入目录的，一律不得作为行政监管依据。

四、全面推行双随机一公开监管模式。各地招标投标行政监督部门要在依法必须招标项目的事中事后监管方面，全面推行“双随机一公开”模式，紧盯招标公告、招标文件、资格审查、开标评标定标、异议答复、招标投标情况书面报告、招标代理等关键环节、载体，严厉打击违法违规行为。要合理确定抽查对象、比例、频次，向社会公布后执行；对问题易发多发环节以及发生过违法违规行为的主体，可采取增加抽查频次、开展专项检查等方式进行重点监管；确实不具备“双随机”条件的，可按照“双随机”理念，暂采用“单随机”工作方式。抽查检查结果通过有关行政监督部门网站及时向社会公开，接受社会监督，并同步归集至本级公共资源交易平台、招标投标公共服务平台和信用信息共享平台。要充分发挥公共资源交易平台作用，明确交易服务机构需支持配合的事项和履职方式，实现交易服务与行政监督的有效衔接。2021 年 6 月底前各地区、各部门要完成相关制度建设，11 月底前完成首批次随机抽查。

五、畅通招标投标异议、投诉渠道。各地招标投标行政监督部门要指导督促依法必须招标项目招标人在资格预审公告、资格预审文件、招标公告、招标文件中公布接收异议的联系人和联系方式，依法及时答复和处理有关主体依法提出的异议。要结合全面推行电子招标投标，2021 年 11 月底前实现依法必须招标项目均可通过电子招标投标交易系统在线提出异议和作出答复。要进一步健全投诉处理机制，依法及时对投诉进行受理、调查和处理，并网上公开行政处罚决定；积极探索在线受理投诉并作出处理决定。各地要依据有关法律法规和各有关行政监督部门职责，以清单方式列明投诉处理职责分工，避免重复受理或相互推诿；要按照“谁主管谁监管”的原则，加快落实工业、农业农村、广播电视、能源等行业领域招标投标活动的行政监督职责，完善监管措施。鼓励探索通过地方立法建立特定部门兜底受理投诉机制，防止在确实难以协调明确监管职责的领域出现部门相互推诿。

六、建立营商环境问题线索和意见建议常态化征集机制。国家层面将加快开通招标投标领域营商环境问题线索征集平台，围绕市场隐性壁垒等损害营商环境行为进行常态化的线索征集，作为异议、投诉之外的社会监督渠道，为各地区、各部门加强事中事后监管提供指引。建立健全国家、省、市、县四级转办、督办机制，确保有效线索得到及时核查，违规文件得到及时修改废止，违法行为得到及时查处纠正。线索征集平台针对实践中反映突出的问题，不定期发布和更新招标投标领域营商环境“负面行为清单”，明确监管重点，警示违法行为。各地招标投标指导协调工作牵头部门会同各有关行政监督部门要建立市场主体意见建议征集机制，在本级公共资源交易平台、招标投标公共服务平台开通意见建议征集栏目，广泛听取各方面意见建议，不断改进管理、提升服务。

七、落实地方主体责任。各地要充分认识招标投标领域优化营商环境的长期性、艰巨性，进一步加大工作力度，着力健全长效机制，持之以恒、常抓不懈，切实为不同所有制企业营造公平竞争的市场环境。各地招标投标指导协调工作牵头部门要加强统筹协调，各有关行政监督部门要分工负责，形成部门合力。要向下层层传导压力，对存在问题的地方，建立约谈、发函、通报机制，推动思想认识到位、责任落实到位、问题整改到位。国家发展改革委和国务院有关部门发现地方突出违法问题或工作不落实问题，将通报给当地人民政府或当地党委全面依法治省（区、市）委员会办公室，典型问题向社会公开曝光；结合全国营商环境评价，定期对各地招标投标领域营商环境开展评估。

各地区、各部门落实本通知过程中作出的整体部署、各专项部署、阶段性进展和成果，创新性做法和成效、遇到的问题和建议，请及时抄送、报告国家发展改革委和国务院有关部门。国务院各有关部门要加强对本行业、本系统招标投标领域优化营商环境工作的指导督促，及时研究解决地方工作过程中反映的问题。

国家发展改革委
工业和信息化部
住房城乡建设部
交通运输部
水利部
农业农村部
商务部
国家广播电视总局
能源局
铁路局
民航局
2021 年 2 月 20 日

关于进一步做好《必须招标的工程项目规定》和《必须招标的基础设施和公用事业项目范围规定》实施工作的通知

（发改办法规〔2020〕770号）

各省、自治区、直辖市、新疆生产建设兵团发展改革委、公共资源交易平台整合牵头部门：

为加强政策指导，进一步做好《必须招标的工程项目规定》（国家发展改革委2018年第16号令，以下简称“16号令”）和《必须招标的基础设施和公用事业项目范围规定》（发改法规〔2018〕843号，以下简称“843号文”）实施工作，现就有关事项通知如下：

一、准确理解依法必须招标的工程建设项目范围

（一）关于使用国有资金的项目。16号令第二条第（一）项中“预算资金”，是指《预算法》规定的预算资金，包括一般公共预算资金、政府性基金预算资金、国有资本经营预算资金、社会保险基金预算资金。第（二）项中“占控股或者主导地位”，参照《公司法》第二百一十六条关于控股股东和实际控制人的理解执行，即“其出资额占有限责任公司资本总额百分之五十以上或者其持有的股份占股份有限公司股本总额百分之五十以上的股东；出资额或者持有股份的比例虽然不足百分之五十，但依其出资额或者持有的股份所享有的表决权已足以对股东会、股东大会的决议产生重大影响的股东”；国有企业事业单位通过投资关系、协议或者其他安排，能够实际支配项目建设的，也属于占控股或者主导地位。项目中国有资金的比例，应当按照项目资金来源中所有国有资金之和计算。

（二）关于项目与单项采购的关系。16号令第二条至第四条及843号文第二条规定范围的项目，其勘察、设计、施工、监理以及与工程建设有关的重要设备、材料等的单项采购分别达到16号令第五条规定的相应单项合同价估算标准的，该单项采购必须招标；该项目中未达到前述相应标准的单项采购，不属于16号令规定的必须招标范畴。

（三）关于招标范围列举事项。依法必须招标的工程建设项目范围和规模标准，应当严格执行《招标投标法》第三条和16号令、843号文规定；法律、行政法规或者国务院对必须进行招标的其他项目范围有规定的，依照其规定。没有法律、行政法规或者国务院规定依据的，对16号令第五条第一款第（三）项中没有明确列举规定的服务事项、843号文第二条中没有明确列举规定的项目，不得强制要求招标。

（四）关于同一项目中的合并采购。16号令第五条规定的“同一项目中可以合并进行的勘察、设计、施工、监理以及与工程建设有关的重要设备、材料等的采购，合同估算价合计达到前款规定标准的，必须招标”，目的是防止发包方通过化整为零方式规避招标。其中“同一项目中可以合并进行”，是指根据项目实际，以及行业标准或行业惯例，符合科学性、经济性、可操作性要求，同一项目中适宜放在一起进行采购的同类采购项目。

（五）关于总承包招标的规模标准。对于16号令第二条至第四条规定范围内的项目，发包人依法对工程以及与工程建设有关的货物、服务全部或者部分实行总承包发包的，总

承包中施工、货物、服务等各部分的估算价中，只要有一项达到16号令第五条规定相应标准，即施工部分估算价达到400万元以上，或者货物部分达到200万元以上，或者服务部分达到100万元以上，则整个总承包发包应当招标。

二、规范规模标准以下工程建设项目的采购

16号令第二条至第四条及843号文第二条规定范围的项目，其施工、货物、服务采购的单项合同估算价未达到16号令第五条规定规模标准的，该单项采购由采购人依法自主选择采购方式，任何单位和个人不得违法干涉；其中，涉及政府采购的，按照政府采购法律法规规定执行。国有企业可以结合实际，建立健全规模标准以下工程建设项目采购制度，推进采购活动公开透明。

三、严格执行依法必须招标制度

各地方应当严格执行16号令和843号文规定的范围和规模标准，不得另行制定必须进行招标的范围和规模标准，也不得作出与16号令、843号文和本通知相抵触的规定，持续深化招标投标领域“放管服”改革，努力营造良好市场环境。

国家发展改革委办公厅
2020年10月19日

国家发展改革委办公厅关于进一步完善"信用中国"网站及地方信用门户网站行政处罚信息信用修复机制的通知

(发改办财金〔2019〕527号)

社会信用体系建设部际联席会议各成员单位办公厅(室),国家公共信用信息中心,各省、自治区、直辖市、新疆生产建设兵团发展改革委,北京市经济和信息化局,河北省政务服务管理办公室,吉林省政务服务和数字化建设管理局,黑龙江省营商环境建设监督局:

为落实《国务院关于印发社会信用体系建设规划纲要(2014—2020年)的通知》(国发〔2014〕21号)和《国务院关于建立完善守信联合激励和失信联合惩戒制度加快推进社会诚信建设的指导意见》(国发〔2016〕33号)等文件精神,完善信用中国网站和地方信用门户网站(以下简称信用网站)行政处罚信息信用修复机制,保障失信主体权益,提高全社会信用水平,营造优良信用环境,现就有关事项通知如下。

一、进一步明确涉及失信行为的行政处罚信息分类范围

按照失信行为造成后果的严重程度,将行政处罚信息划分为涉及严重失信行为的行政处罚信息和涉及一般失信行为的行政处罚信息。

(一)明确涉及严重失信行为的行政处罚信息范围。

涉及严重失信行为的行政处罚信息主要是指对性质恶劣、情节严重、社会危害程度较大的违法失信行为的行政处罚信息。主要包括,一是因严重损害自然人身体健康和生命安全的行为被处以行政处罚的信息;因严重破坏市场公平竞争秩序和社会正常秩序的行为被处以行政处罚的信息;在司法机关、行政机关作出裁判或者决定后,因有履行能力但拒不履行、逃避执行,且情节严重的行为被处以行政处罚的信息;因拒不履行国防义务、危害国防利益、破坏国防设施的行为被处以行政处罚的信息。二是法律、法规、规章明确规定构成情节严重的行政处罚信息。三是经行政处罚决定部门认定的涉及严重失信行为的行政处罚信息。

(二)明确涉及一般失信行为的行政处罚信息范围。

涉及一般失信行为的行政处罚信息主要是指对性质较轻、情节轻微、社会危害程度较小的违法失信行为的行政处罚信息。按前款规定认定为涉及严重失信行为的行政处罚信息以外,除去按简易程序做出的行政处罚信息,原则上明确为涉及一般失信行为的行政处罚信息。

二、严格执行行政处罚信息公示期限

涉及一般失信行为的行政处罚信息自行政处罚决定之日起，在信用网站最短公示期限为三个月，最长公示期限为一年。涉及严重失信行为的行政处罚信息自行政处罚决定之日起，在信用网站最短公示期限为六个月，最长公示期限为三年。最长公示期限届满的，信用网站将撤下相关信息，不再对外公示。法律、法规、规章另有规定的从其规定。

三、规范开展行政处罚信息信用修复

（一）有序开展涉及一般失信行为的行政处罚信息信用修复。

涉及一般失信行为的行政处罚信息信用修复申请人须向信用网站提供相关身份材料和已履行行政处罚材料，公开做出信用修复承诺，并经信用网站核实后，在最短公示期期满后撤下相关公示信息。行政相对人主动向行政处罚决定机关提请开展信用修复的，应参照信用网站修复要求，公开做出信用修复承诺，行政处罚决定机关通过相关信息系统报送信用修复完成情况，经信用信息公示的责任部门核实后，在最短公示期期满后撤下相关公示信息。

（二）有序开展涉及严重失信行为的行政处罚信息信用修复。

涉及严重失信行为的行政处罚信息信用修复申请人除参照一般失信行为行政处罚信息信用修复要求外，应按照《国家发展改革委办公厅人民银行办公厅关于对失信主体加强信用监管的通知》（发改办财金〔2018〕893号）要求，主动参加信用修复专题培训，并向信用网站提交信用报告，经信用网站核实后，在最短公示期期满后撤下相关公示信息。各级社会信用体系建设牵头部门可与行政处罚决定部门联合举办信用修复专题培训，也可引入公共信用评价在优级以上的综合信用服务机构试点单位和征信机构或经授权的行业协会商会举办信用修复专题培训。信用报告由公共信用评价在“良”级以上的综合信用服务机构试点单位和征信机构出具，并共享至全国信用信息共享平台。

（三）对涉及特定严重失信行为的行政处罚信息严格按最长公示期限予以公示。

在食品药品、生态环境、工程质量、安全生产、消防安全、强制性产品认证等领域被处以责令停产停业，或吊销许可证、吊销执照的行政处罚信息；因贿赂、逃税骗税、恶意逃废债务、恶意拖欠货款或服务费、恶意欠薪、非法集资、合同欺诈、传销、无证照经营、制售假冒伪劣产品和故意侵犯知识产权、出借和借用资质投标、围标串标、虚假广告、侵害消费者或证券期货投资者合法权益、严重破坏网络空间传播秩序、聚众扰乱社会秩序等行为被处以责令停产停业，或吊销许可证、吊销执照的行政处罚信息；以及法律、法规、规章另有规定不可修复的行政处罚信息，均按最长公示期限予以公示，公示期间不予修复。

四、进一步强化行政处罚信息信用修复工作主体责任

各级社会信用体系建设牵头部门要切实加强对同级信用网站行政处罚信息信用修复工作的组织领导，强化责任意识，落实政策规定，明确专人负责，严禁违规下线公示期限未

满或未经修复的行政处罚信息,并配合“信用中国”网站做好相关工作。国家发展改革委财政金融和信用建设司负责对本通知落实工作的统筹协调、跟踪了解、督促检查,并指导国家公共信用信息中心加快各级信用门户网站一体化建设,推动信用修复“一网通办”,做好相关修复受理和技术支撑工作,确保各项工作平稳有序推进。

“信用中国”网站及地方信用门户网站行政处罚信息信用修复相关工作按本通知要求自 2019 年 7 月 1 日起执行。

国家发展改革委办公厅

2019 年 4 月 30 日

国家发展改革委 住房城乡建设部关于推进全过程工程咨询服务发展的指导意见

（发改投资规〔2019〕515号）

各省、自治区、直辖市及计划单列市、新疆生产建设兵团发展改革委，各省、自治区住房和城乡建设厅、直辖市住房和城乡建设（管）委、北京市规划和自然资源委、新疆生产建设兵团住房和城乡建设局：

为深化投融资体制改革，提升固定资产投资决策科学化水平，进一步完善工程建设组织模式，提高投资效益、工程建设质量和运营效率，根据中央城市工作会议精神及《中共中央 国务院关于深化投融资体制改革的意见》（中发〔2016〕18号）、《国务院办公厅关于促进建筑业持续健康发展的意见》（国办发〔2017〕19号）等要求，现就在房屋建筑和市政基础设施领域推进全过程工程咨询服务发展提出如下意见。

一、充分认识推进全过程工程咨询服务发展的意义

改革开放以来，我国工程咨询服务市场化快速发展，形成了投资咨询、招标代理、勘察、设计、监理、造价、项目管理等专业化的咨询服务业态，部分专业咨询服务建立了执业准入制度，促进了我国工程咨询服务专业化水平提升。随着我国固定资产投资项目建设水平逐步提高，为更好地实现投资建设意图，投资者或建设单位在固定资产投资项目决策、工程建设、项目运营过程中，对综合性、跨阶段、一体化的咨询服务需求日益增强。这种需求与现行制度造成的单项服务供给模式之间的矛盾日益突出。

为深入贯彻习近平新时代中国特色社会主义思想和党的十九大精神，深化工程领域咨询服务供给侧结构性改革，破解工程咨询市场供需矛盾，必须完善政策措施，创新咨询服务组织实施方式，大力发展以市场需求为导向、满足委托方多样化需求的全过程工程咨询服务模式。特别是要遵循项目周期规律和建设程序的客观要求，在项目决策和建设实施两个阶段，着力破除制度性障碍，重点培育发展投资决策综合性咨询和工程建设全过程咨询，为固定资产投资及工程建设活动提供高质量智力技术服务，全面提升投资效益、工程建设质量和运营效率，推动高质量发展。

二、以投资决策综合性咨询促进投资决策科学化

（一）大力提升投资决策综合性咨询水平。投资决策环节在项目建设程序中具有统领作用，对项目顺利实施、有效控制和高效利用投资至关重要。鼓励投资者在投资决策环节委托工程咨询单位提供综合性咨询服务，统筹考虑影响项目可行性的各种因素，增强决策论证的协调性。综合性工程咨询单位接受投资者委托，就投资项目的市场、技术、经济、生态环境、能源、资源、安全等影响可行性的要素，结合国家、地区、行业发展规划及相关重大专项建设规划、产业政策、技术标准及相关审批要求进行分析研究和论证，为投资者提供决

策依据和建议。

（二）规范投资决策综合性咨询服务方式。投资决策综合性咨询服务可由工程咨询单位采取市场合作、委托专业服务等方式牵头提供，或由其会同具备相应资格的服务机构联合提供。牵头提供投资决策综合性咨询服务的机构，根据与委托方合同约定对服务成果承担总体责任；联合提供投资决策综合性咨询服务的，各合作方承担相应责任。鼓励纳入有关行业自律管理体系的工程咨询单位发挥投资机会研究、项目可行性研究等特长，开展综合性咨询服务。投资决策综合性咨询应当充分发挥咨询工程师（投资）的作用，鼓励其作为综合性咨询项目负责人，提高统筹服务水平。

（三）充分发挥投资决策综合性咨询在促进投资高质量发展和投资审批制度改革中的支撑作用。落实项目单位投资决策自主权和主体责任，鼓励项目单位加强可行性研究，对国家法律法规和产业政策、行政审批中要求的专项评价评估等一并纳入可行性研究统筹论证，提高决策科学化，促进投资高质量发展。单独开展的各专项评价评估结论应当与可行性研究报告相关内容保持一致，各审批部门应当加强审查要求和标准的协调，避免对相同事项的管理要求相冲突。鼓励项目单位采用投资决策综合性咨询，减少分散专项评价评估，避免可行性研究论证碎片化。各地要建立并联审批、联合审批机制，提高审批效率，并通过通用综合性咨询成果、审查一套综合性申报材料，提高并联审批、联合审批的操作性。

（四）政府投资项目要优先开展综合性咨询。为增强政府投资决策科学性，提高政府投资效益，政府投资项目要优先采取综合性咨询服务方式。政府投资项目要围绕可行性研究报告，充分论证建设内容、建设规模，并按照相关法律法规、技术标准要求，深入分析影响投资决策的各项因素，将其影响分析形成专门篇章纳入可行性研究报告；可行性研究报告包括其他专项审批要求的论证评价内容的，有关审批部门可以将可行性研究报告作为申报材料进行审查。

三、以全过程咨询推动完善工程建设组织模式

（一）以工程建设环节为重点推进全过程咨询。在房屋建筑、市政基础设施等工程建设中，鼓励建设单位委托咨询单位提供招标代理、勘察、设计、监理、造价、项目管理等全过程咨询服务，满足建设单位一体化服务需求，增强工程建设过程的协同性。全过程咨询单位应当以工程质量和安全为前提，帮助建设单位提高建设效率、节约建设资金。

（二）探索工程建设全过程咨询服务实施方式。工程建设全过程咨询服务应当由一家具有综合能力的咨询单位实施，也可由多家具有招标代理、勘察、设计、监理、造价、项目管理等不同能力的咨询单位联合实施。由多家咨询单位联合实施的，应当明确牵头单位及各单位的权利、义务和责任。要充分发挥政府投资项目和国有企业投资项目的示范引领作用，引导一批有影响力、有示范作用的政府投资项目和国有企业投资项目带头推行工程建设全过程咨询。鼓励民间投资项目的建设单位根据项目规模和特点，本着信誉可靠、综合能力和效率优先的原则，依法选择优秀团队实施工程建设全过程咨询。

（三）促进工程建设全过程咨询服务发展。全过程咨询单位提供勘察、设计、监理或造价咨询服务时，应当具有与工程规模及委托内容相适应的资质条件。全过程咨询服务单位应当自行完成自有资质证书许可范围内的业务，在保证整个工程项目完整性的前提下，按照合同约定或经建设单位同意，可将自有资质证书许可范围外的咨询业务依法依规择优委

托给具有相应资质或能力的单位,全过程咨询服务单位应对被委托单位的委托业务负总责。建设单位选择具有相应工程勘察、设计、监理或造价咨询资质的单位开展全过程咨询服务的,除法律法规另有规定外,可不再另行委托勘察、设计、监理或造价咨询单位。

(四)明确工程建设全过程咨询服务人员要求。工程建设全过程咨询项目负责人应当取得工程建设类注册执业资格且具有工程类、工程经济类高级职称,并具有类似工程经验。对于工程建设全过程咨询服务中承担工程勘察、设计、监理或造价咨询业务的负责人,应具有法律法规规定的相应执业资格。全过程咨询服务单位应根据项目管理需要配备具有相应执业能力的专业技术人员和管理人员。设计单位在民用建筑中实施全过程咨询的,要充分发挥建筑师的主导作用。

四、鼓励多种形式的全过程工程咨询服务市场化发展

(一)鼓励多种形式全过程工程咨询服务模式。除投资决策综合性咨询和工程建设全过程咨询外,咨询单位可根据市场需求,从投资决策、工程建设、运营等项目全生命周期角度,开展跨阶段咨询服务组合或同一阶段内不同类型咨询服务组合。鼓励和支持咨询单位创新全过程工程咨询服务模式,为投资者或建设单位提供多样化的服务。同一项目的全过程工程咨询单位与工程总承包、施工、材料设备供应单位之间不得有利害关系。

(二)创新咨询单位和人员管理方式。要逐步减少投资决策环节和工程建设领域对从业单位和人员实施的资质资格许可事项,精简和取消强制性中介服务事项,打破行业壁垒和部门垄断,放开市场准入,加快咨询服务市场化进程。将政府管理重心从事前的资质资格证书核发转向事中事后监管,建立以政府监管、信用约束、行业自律为主要内容的管理体系,强化单位和人员从业行为监管。

(三)引导全过程工程咨询服务健康发展。全过程工程咨询单位应当在技术、经济、管理、法律等方面具有丰富经验,具有与全过程工程咨询业务相适应的服务能力,同时具有良好的信誉。全过程工程咨询单位应当建立与其咨询业务相适应的专业部门及组织机构,配备结构合理的专业咨询人员,提升核心竞争力,培育综合性多元化服务及系统性问题一站式整合服务能力。鼓励投资咨询、招标代理、勘察、设计、监理、造价、项目管理等企业,采取联合经营、并购重组等方式发展全过程工程咨询。

五、优化全过程工程咨询服务市场环境

(一)建立全过程工程咨询服务技术标准和合同体系。研究建立投资决策综合性咨询和工程建设全过程咨询服务技术标准体系,促进全过程工程咨询服务科学化、标准化和规范化;以服务合同管理为重点,加快构建适合我国投资决策和工程建设咨询服务的招标文件及合同示范文本,科学制定合同条款,促进合同双方履约。全过程工程咨询单位要切实履行合同约定的各项义务、承担相应责任,并对咨询成果的真实性、有效性和科学性负责。

(二)完善全过程工程咨询服务酬金计取方式。全过程工程咨询服务酬金可在项目投资中列支,也可根据所包含的具体服务事项,通过项目投资中列支的投资咨询、招标代理、勘察、设计、监理、造价、项目管理等费用进行支付。全过程工程咨询服务酬金在项目投资中列支的,所对应的单项咨询服务费用不再列支。投资者或建设单位应当根据工程项目的规模和复杂程度,咨询服务的范围、内容和期限等与咨询单位确定服务酬金。全过程工程

咨询服务酬金可按各专项服务酬金叠加后再增加相应统筹管理费用计取，也可按人工成本加酬金方式计取。全过程工程咨询单位应努力提升服务能力和水平，通过为所咨询的工程建设或运行增值来体现其自身市场价值，禁止恶意低价竞争行为。鼓励投资者或建设单位根据咨询服务节约的投资额对咨询单位予以奖励。

（三）建立全过程工程咨询服务管理体系。咨询单位要建立自身的服务技术标准、管理标准，不断完善质量管理体系、职业健康安全和环境管理体系，通过积累咨询服务实践经验，建立具有自身特色的全过程工程咨询服务管理体系及标准。大力开发和利用建筑信息模型（BIM）、大数据、物联网等现代信息技术和资源，努力提高信息化管理与应用水平，为开展全过程工程咨询业务提供保障。

（四）加强咨询人才队伍建设和国际交流。咨询单位要高度重视全过程工程咨询项目负责人及相关专业人才的培养，加强技术、经济、管理及法律等方面的理论知识培训，培养一批符合全过程工程咨询服务需求的综合型人才，为开展全过程工程咨询业务提供人才支撑。鼓励咨询单位与国际著名的工程顾问公司开展多种形式的合作，提高业务水平，提升咨询单位的国际竞争力。

六、强化保障措施

（一）加强组织领导。国务院投资主管部门负责指导投资决策综合性咨询，国务院住房和城乡建设主管部门负责指导工程建设全过程咨询。各级投资主管部门、住房和城乡建设主管部门要高度重视全过程工程咨询服务的推进和发展，创新投资决策机制和工程建设管理机制，完善相关配套政策，加强对全过程工程咨询服务活动的引导和支持，加强与财政、税务、审计等有关部门的沟通协调，切实解决制约全过程工程咨询实施中的实际问题。

（二）推动示范引领。各级政府主管部门要引导和鼓励工程决策和建设采用全过程工程咨询模式，通过示范项目的引领作用，逐步培育一批全过程工程咨询骨干企业，提高全过程工程咨询的供给质量和能力；鼓励各地区和企业积极探索和开展全过程工程咨询，及时总结和推广经验，扩大全过程工程咨询的影响力。

（三）加强政府监管和行业自律。有关部门要根据职责分工，建立全过程工程咨询监管制度，创新全过程监管方式，实施综合监管、联动监管，加大对违法违规咨询单位和从业人员的处罚力度，建立信用档案和公开不良行为信息，推动咨询单位切实提高服务质量和效率。有关行业协会应当充分发挥专业优势，协助政府开展相关政策和标准体系研究，引导咨询单位提升全过程工程咨询服务能力；加强行业诚信自律体系建设，规范咨询单位和从业人员的市场行为，引导市场合理竞争。

国家发展改革委
住房城乡建设部
2019 年 3 月 15 日

住房和城乡建设部关于进一步加强房屋建筑和市政基础设施工程招标投标监管的指导意见

（建市规〔2019〕11 号）

各省、自治区住房和城乡建设厅，直辖市住房和城乡建设（管）委，新疆生产建设兵团住房和城乡建设局：

工程招标投标制度在维护国家利益和社会公共利益、规范建筑市场行为、提高投资效益、促进廉政建设等方面发挥了重要作用。但是，当前工程招标投标活动中招标人主体责任缺失，串通投标、弄虚作假违法违规问题依然突出。为深入贯彻落实《国务院办公厅关于促进建筑业持续健康发展的意见》（国办发〔2017〕19 号）、《国务院办公厅转发住房城乡建设部关于完善质量保障体系提升建筑工程品质指导意见的通知》（国办函〔2019〕92 号），积极推进房屋建筑和市政基础设施工程招标投标制度改革，加强相关工程招标投标活动监管，严厉打击招标投标环节违法违规问题，维护建筑市场秩序，现提出如下意见。

一、夯实招标人的权责

（一）落实招标人首要责任。工程招标投标活动依法应由招标人负责，招标人自主决定发起招标，自主选择工程建设项目招标代理机构、资格审查方式、招标人代表和评标方法。夯实招标投标活动中各方主体责任，党员干部严禁利用职权或者职务上的影响干预招标投标活动。

（二）政府投资工程鼓励集中建设管理方式。实施相对集中专业化管理，采用组建集中建设机构或竞争选择企业实行代建的模式，严格控制工程项目投资，科学确定并严格执行合理的工程建设周期，保障工程质量安全，竣工验收后移交使用单位，提高政府投资工程的专业化管理水平。

二、优化招标投标方法

（三）缩小招标范围。社会投资的房屋建筑工程，建设单位自主决定发包方式，社会投资的市政基础设施工程依法决定发包方式。政府投资工程鼓励采用全过程工程咨询、工程总承包方式，减少招标投标层级，依据合同约定或经招标人同意，由总承包单位自主决定专业分包，招标人不得指定分包或肢解工程。

（四）探索推进评定分离方法。招标人应科学制定评标定标方法，组建评标委员会，通过资格审查强化对投标人的信用状况和履约能力审查，围绕高质量发展要求优先考虑创新、绿色等评审因素。评标委员会对投标文件的技术、质量、安全、工期的控制能力等因素提供技术咨询建议，向招标人推荐合格的中标候选人。由招标人按照科学、民主决策原则，建立健全内部控制程序和决策约束机制，根据报价情况和技术咨询建议，择优确定中标人，实现招标投标过程的规范透明，结果的合法公正，依法依规接受监督。

(五)全面推行电子招标投标。全面推行招标投标交易全过程电子化和异地远程评标，实现招标投标活动信息公开。积极创新电子化行政监督，招标投标交易平台应当与本地建筑市场监管平台实现数据对接，加快推动交易、监管数据互联共享，加大全国建筑市场监管公共服务平台工程项目数据信息的归集和共享力度。

(六)推动市场形成价格机制。实施工程造价供给侧结构性改革，鼓励地方建立工程造价数据库和发布市场化的造价指标指数，促进通过市场竞争形成合同价。对标国际，建立工程计量计价体系，完善工程材料、机械、人工等各类价格市场化信息发布机制。改进最高投标限价编制方式，强化招标人工程造价管控责任，推行全过程工程造价咨询。严格合同履约管理和工程变更，强化工程进度款支付和工程结算管理，招标人不得将未完成审计作为延期工程结算、拖欠工程款的理由。

三、加强招标投标过程监管

(七)加强招标投标活动监管。各级住房和城乡建设主管部门应按照"双随机、一公开"的要求，加大招标投标事中事后查处力度，严厉打击串通投标、弄虚作假等违法违规行为，维护建筑市场秩序。对围标串标等情节严重的，应纳入失信联合惩戒范围，直至清出市场。

(八)加强评标专家监管。各级住房和城乡建设主管部门要结合实际健全完善评标专家动态监管和抽取监督的管理制度，严格履行对评标专家的监管职责。建立评标专家考核和退出机制，对存在违法违规行为的评标专家，应取消其评标专家资格，依法依规严肃查处。

(九)强化招标代理机构市场行为监管。实行招标代理机构信息自愿报送和年度业绩公示制度，完善全过程工程咨询机构从事招标投标活动的监管。加强招标代理机构从业人员考核、评价，严格依法查处从业人员违法违规行为，信用评价信息向社会公开，实行招标代理机构"黑名单"制度，构建守信激励、失信惩戒机制。

(十)强化合同履约监管。加强建筑市场和施工现场"两场"联动，将履约行为纳入信用评价，中标人应严格按照投标承诺的技术力量和技术方案履约，对中标人拒不履行合同约定义务的，作为不良行为记入信用记录。

四、优化招标投标市场环境

(十一)加快推行工程担保制度。推行银行保函制度，在有条件的地区推行工程担保公司保函和工程保证保险。招标人要求中标人提供履约担保的，招标人应当同时向中标人提供工程款支付担保。对采用最低价中标的探索实行高保额履约担保。

(十二)加大信息公开力度。公开招标的项目信息，包括资格预审公告、招标公告、评审委员会评审信息、资格审查不合格名单、评标结果、中标候选人、定标方法、受理投诉的联系方式等内容，应在招标公告发布的公共服务平台、交易平台向社会公开，接受社会公众的监督。

(十三)完善建筑市场信用评价机制。积极开展建筑市场信用评价，健全招标人、投标人、招标代理机构及从业人员等市场主体信用档案，完善信用信息的分级管理制度，对存在严重失信行为的市场主体予以惩戒，推动建筑市场信用评价结果在招标投标活动中规范应用，严禁假借信用评价实行地方保护。

（十四）畅通投诉渠道，规范投诉行为。招标投标监管部门要建立健全公平、高效的投诉处理机制，及时受理并依法处理招标投标投诉，加大查处力度。要规范投诉行为，投诉书应包括投诉人和被投诉人的名称地址及有效联系方式、投诉的基本事实、相关请求及主张、有效线索和相关证明材料、已提出异议的证明文件。属于恶意投诉的，应追究其相应责任。

五、强化保障措施

（十五）强化组织领导。各地住房和城乡建设主管部门要高度重视建筑市场交易活动，创新工程招标投标监管机制，完善相关配套政策，加强对建筑市场交易活动的引导和支持，加强与发展改革、财政、审计等有关部门的沟通协调，切实解决招标投标活动中的实际问题。

（十六）推动示范引领。各地住房和城乡建设主管部门要积极推动工程建设项目招标投标改革，选择部分地区开展试点，及时总结试点做法，形成可复制、可推广的经验。试点中的问题和建议及时告住房和城乡建设部。

（十七）做好宣传引导。各地住房和城乡建设主管部门要通过多种形式及时宣传报道招标投标改革工作措施和取得的成效，加强舆论引导，争取社会公众和市场主体的支持，及时回应舆论关切，为顺利推进招标投标改革工作营造良好的舆论环境。

中华人民共和国住房和城乡建设部

2019 年 12 月 19 日

国家发展改革委关于印发《必须招标的基础设施和公用事业项目范围规定》的通知

（发改法规规〔2018〕843 号）

各省、自治区、直辖市人民政府，国务院各部委、各直属机构：

《必须招标的基础设施和公用事业项目范围规定》已经国务院批准，现印发你们，请按照执行。

附件：必须招标的基础设施和公用事业项目范围规定

国家发展改革委

2018 年 6 月 6 日

附件

必须招标的基础设施和公用事业项目范围规定

第一条　为明确必须招标的大型基础设施和公用事业项目范围，根据《中华人民共和国招标投标法》和《必须招标的工程项目规定》，制定本规定。

第二条　不属于《必须招标的工程项目规定》第二条、第三条规定情形的大型基础设施、公用事业等关系社会公共利益、公众安全的项目，必须招标的具体范围包括：

（一）煤炭、石油、天然气、电力、新能源等能源基础设施项目；

（二）铁路、公路、管道、水运，以及公共航空和 A1 级通用机场等交通运输基础设施项目；

（三）电信枢纽、通信信息网络等通信基础设施项目；

（四）防洪、灌溉、排涝、引（供）水等水利基础设施项目；

（五）城市轨道交通等城建项目。

第三条　本规定自 2018 年 6 月 6 日起施行。

国家发展改革委办公厅关于中标结果公示异议和投诉问题的复函

（发改办法规〔2018〕465 号）

安徽省发展改革委：

你委《关于投标人和其他利害关系人对中标结果提出异议和投诉问题的函》（皖发改公管函〔2018〕139 号）收悉。经研究，现就来函所询问题提出以下意见。

一、《招标投标法》规定，中标人确定后，招标人应当向中标人发出中标通知书，并同时将中标结果通知所有未中标的投标人。《招标投标法实施条例》规定，依法必须进行招标的项目，招标人应当自收到评标报告之日起 3 日内公示中标候选人，公示期不得少于 3 日。投标人或者其他利害关系人对依法必须进行招标的项目的评标结果有异议的，应当在中标候选人公示期间提出。《招标公告和公示信息发布管理办法》（国家发展改革委第 10 号令）第六条进一步规定了中标候选人公示应当载明的内容，以及中标结果公示应当载明中标人名称。

根据以上规定，由于在中标候选人公示环节已经充分公布了中标候选人的信息，并保障了投标人或者其他利害关系人提出异议的权利，因此中标结果公示的性质为告知性公示，即向社会公布中标结果，《招标投标法》《招标投标实施条例》及 10 号令未规定投标人和其他利害关系人有权对中标结果公示提出异议。

二、《招标投标法实施条例》第六十条规定，投标人或者其他利害关系人认为招标投标活动不符合法律、行政法规规定的，可以自知道或者应当知道之日起 10 日内向有关行政监督部门投诉。据此，投标人或者其他利害关系人认为中标结果公示，以及有关招标投标活动存在违法违规行为的，可以依法向有关行政监督部门投诉。

特此函复。

国家发展改革委办公厅

2018 年 4 月 20 日

住房城乡建设部办公厅关于调整工程监理企业甲级资质标准注册人员指标的通知

（建办市〔2018〕61 号）

各省、自治区住房城乡建设厅，直辖市建委，新疆生产建设兵团住房城乡建设局，国务院有关部门建设司（局）：

为深入推进建筑业“放管服”改革，进一步优化建筑企业资质管理，决定调整工程监理企业甲级资质标准注册人员指标，现通知如下：

一、自 2019 年 2 月 1 日起，审查工程监理专业甲级资质（含升级、延续、变更）申请时，对注册类人员指标，按相应专业乙级资质标准要求核定。

二、各级住房城乡建设主管部门要加强对施工现场监理企业是否履行监理义务的监督检查，重点加强对注册监理工程师在岗执业履职行为的监督检查，确保工程质量和施工安全，切实维护建筑市场秩序，促进工程监理行业持续健康发展。

中华人民共和国住房和城乡建设部办公厅

2018 年 12 月 22 日

关于印发《标准设备采购招标文件》等五个标准招标文件的通知

（发改法规〔2017〕1606 号）

国务院各部门、各直属机构，各省、自治区、直辖市、新疆生产建设兵团发展改革委、工信委（经委）、通信管理局、住房城乡建设厅（建委、局）、交通运输厅（局、委）、水利（务）厅（局）、商务厅（局）、新闻出版广电局，各地区铁路监管局、民航各地区管理局：

为进一步完善标准文件编制规则，构建覆盖主要采购对象、多种合同类型、不同项目规模的标准文件体系，提高招标文件编制质量，促进招标投标活动的公开、公平和公正，营造良好市场竞争环境，国家发展改革委会同工业和信息化部、住房城乡建设部、交通运输部、水利部、商务部、国家新闻出版广电总局、国家铁路局、中国民用航空局，编制了《标准设备采购招标文件》《标准材料采购招标文件》《标准勘察招标文件》《标准设计招标文件》《标准监理招标文件》（以下如无特别说明，统一简称为《标准文件》）。现将《标准文件》印发你们，并就有关事项通知如下。

一、适用范围

本《标准文件》适用于依法必须招标的与工程建设有关的设备、材料等货物项目和勘察、设计、监理等服务项目。机电产品国际招标项目，应当使用商务部编制的机电产品国际招标标准文本（中英文）。

工程建设项目，是指工程以及与工程建设有关的货物和服务。工程，是指建设工程，包括建筑物和构筑物的新建、改建、扩建及其相关的装修、拆除、修缮等。与工程建设有关的货物，是指构成工程不可分割的组成部分，且为实现工程基本功能所必需的设备、材料等。与工程建设有关的服务，是指为完成工程所需的勘察、设计、监理等。

二、应当不加修改地引用《标准文件》的内容

《标准文件》中的“投标人须知”（投标人须知前附表和其他附表除外）“评标办法”（评标办法前附表除外）“通用合同条款”，应当不加修改地引用。

三、行业主管部门可以作出的补充规定

国务院有关行业主管部门可根据本行业招标特点和管理需要，对《标准设备采购招标文件》《标准材料采购招标文件》中的“专用合同条款”“供货要求”，对《标准勘察招标文件》《标准设计招标文件》中的“专用合同条款”“发包人要求”，对《标准监理招标文件》中的“专用合同条款”“委托人要求”作出具体规定。其中，“专用合同条款”可对“通用合同条款”进行补充、细化，但除“通用合同条款”明确规定可以作出不同约定外，“专用合同条款”补充和细化的内容不得与“通用合同条款”相抵触，否则抵触内容无效。

四、招标人可以补充、细化和修改的内容

“投标人须知前附表”用于进一步明确“投标人须知”正文中的未尽事宜，招标人应结合招标项目具体特点和实际需要编制和填写，但不得与“投标人须知”正文内容相抵触，否则抵触内容无效。

“评标办法前附表”用于明确评标的方法、因素、标准和程序。招标人应根据招标项目具体特点和实际需要，详细列明全部审查或评审因素、标准，没有列明的因素和标准不得作为评标的依据。

招标人可根据招标项目的具体特点和实际需要，在“专用合同条款”中对《标准文件》中的“通用合同条款”进行补充、细化和修改，但不得违反法律、行政法规的强制性规定，以及平等、自愿、公平和诚实信用原则，否则相关内容无效。

五、实施时间、解释及修改

《标准文件》自 2018 年 1 月 1 日起实施。因出现新情况，需要对《标准文件》不加修改地引用的内容作出解释或修改的，由国家发展改革委会同国务院有关部门作出解释或修改。该解释和修改与《标准文件》具有同等效力。

请各级人民政府有关部门认真组织好《标准文件》的贯彻落实，及时总结经验和发现问题。各地在实施《标准文件》中的经验和问题，向上级主管部门报告；国务院各部门汇总本部门的经验和问题，报国家发展改革委。

特此通知。

附件：1. 中华人民共和国标准设备采购招标文件(2017 年版)
2. 中华人民共和国标准材料采购招标文件(2017 年版)
3. 中华人民共和国标准勘察招标文件(2017 年版)
4. 中华人民共和国标准设计招标文件(2017 年版)
5. 中华人民共和国标准监理招标文件(2017 年版)

国家发展改革委
工业和信息化部
住房城乡建设部
交通运输部
水 利 部
商 务 部
国家新闻出版广电总局
国家铁路局
中国民用航空局
2017 年 9 月 4 日

关于印发《公平竞争审查制度实施细则》的通知

（国市监反垄规〔2021〕2号）

各省、自治区、直辖市人民政府，国务院各部委、各直属机构：

为深入贯彻党中央、国务院决策部署，全面落实公平竞争审查制度，市场监管总局、国家发展改革委、财政部、商务部、司法部会同有关部门修订了《公平竞争审查制度实施细则》，经国务院同意，现印发给你们，请遵照执行。

市场监管总局
发展改革委
财政部
商务部
司法部
2021年6月29日

公平竞争审查制度实施细则

第一章　总　　则

第一条　为全面落实公平竞争审查制度，健全公平竞争审查机制，规范有效开展审查工作，根据《中华人民共和国反垄断法》、《国务院关于在市场体系建设中建立公平竞争审查制度的意见》（国发〔2016〕34号，以下简称《意见》），制定本细则。

第二条　行政机关以及法律、法规授权的具有管理公共事务职能的组织（以下统称政策制定机关），在制定市场准入和退出、产业发展、招商引资、招标投标、政府采购、经营行为规范、资质标准等涉及市场主体经济活动的规章、规范性文件、其他政策性文件以及"一事一议"形式的具体政策措施（以下统称政策措施）时，应当进行公平竞争审查，评估对市场竞争的影响，防止排除、限制市场竞争。

经公平竞争审查认为不具有排除、限制竞争效果或者符合例外规定的，可以实施；具有排除、限制竞争效果且不符合例外规定的，应当不予出台或者调整至符合相关要求后出台；未经公平竞争审查的，不得出台。

第三条　涉及市场主体经济活动的行政法规、国务院制定的政策措施，以及政府部门负责起草的地方性法规、自治条例和单行条例，由起草部门在起草过程中按照本细则规定进行公平竞争审查。未经公平竞争审查的,不得提交审议。

以县级以上地方各级人民政府名义出台的政策措施,由起草部门或者本级人民政府指定的相关部门进行公平竞争审查。起草部门在审查过程中,可以会同本级市场监管部门进行公平竞争审查。未经审查的,不得提交审议。

以多个部门名义联合制定出台的政策措施,由牵头部门负责公平竞争审查,其他部门在各自职责范围内参与公平竞争审查。政策措施涉及其他部门职权的,政策制定机关在公平竞争审查中应当充分征求其意见。

第四条　市场监管总局、发展改革委、财政部、商务部会同有关部门,建立健全公平竞争审查工作部际联席会议制度,统筹协调和监督指导全国公平竞争审查工作。

县级以上地方各级人民政府负责建立健全本地区公平竞争审查工作联席会议制度(以下简称联席会议),统筹协调和监督指导本地区公平竞争审查工作,原则上由本级人民政府分管负责同志担任联席会议召集人。联席会议办公室设在市场监管部门,承担联席会议日常工作。

地方各级联席会议应当每年向本级人民政府和上一级联席会议报告本地区公平竞争审查制度实施情况,接受其指导和监督。

第二章　审查机制和程序

第五条　政策制定机关应当建立健全公平竞争内部审查机制,明确审查机构和程序,可以由政策制定机关的具体业务机构负责,也可以采取内部特定机构统一审查或者由具体业务机构初审后提交特定机构复核等方式。

第六条　政策制定机关开展公平竞争审查应当遵循审查基本流程(可参考附件1),识别相关政策措施是否属于审查对象、判断是否违反审查标准、分析是否适用例外规定。属于审查对象的,经审查后应当形成明确的书面审查结论。审查结论应当包括政策措施名称、涉及行业领域、性质类别、起草机构、审查机构、征求意见情况、审查结论、适用例外规定情况、审查机构主要负责人意见等内容(可参考附件2)。政策措施出台后,审查结论由政策制定机关存档备查。

未形成书面审查结论出台政策措施的,视为未进行公平竞争审查。

第七条　政策制定机关开展公平竞争审查,应当以适当方式征求利害关系人意见,或者通过政府部门网站、政务新媒体等便于社会公众知晓的方式公开征求意见,并在书面审查结论中说明征求意见情况。

在起草政策措施的其他环节已征求过利害关系人意见或者向社会公开征求意见的,可以不再专门就公平竞争审查问题征求意见。对出台前需要保密或者有正当理由需要限定知悉范围的政策措施,由政策制定机关按照相关法律法规处理。

利害关系人指参与相关市场竞争的经营者、上下游经营者、行业协会商会、消费者以及政策措施可能影响其公平参与市场竞争的其他市场主体。

第八条　政策制定机关进行公平竞争审查,可以咨询专家学者、法律顾问、专业机构的意见。征求上述方面意见的,应当在书面审查结论中说明有关情况。

各级联席会议办公室可以根据实际工作需要,建立公平竞争审查工作专家库,便于政策制定机关进行咨询。

第九条 政策制定机关可以就公平竞争审查中遇到的具体问题,向本级联席会议办公室提出咨询。提出咨询请求的政策制定机关,应当提供书面咨询函、政策措施文稿、起草说明、相关法律法规依据及其他相关材料。联席会议办公室应当在收到书面咨询函后及时研究回复。

对涉及重大公共利益,且在制定过程中被多个单位或者个人反映或者举报涉嫌排除、限制竞争的政策措施,本级联席会议办公室可以主动向政策制定机关提出公平竞争审查意见。

第十条 对多个部门联合制定或者涉及多个部门职责的政策措施,在公平竞争审查中出现较大争议或者部门意见难以协调一致时,政策制定机关可以提请本级联席会议协调。联席会议办公室认为确有必要的,可以根据相关工作规则召开会议进行协调。仍无法协调一致的,由政策制定机关提交上级机关决定。

第十一条 政策制定机关应当对本年度公平竞争审查工作进行总结,于次年 1 月 15 日前将书面总结报告报送本级联席会议办公室。

地方各级联席会议办公室汇总形成本级公平竞争审查工作总体情况,于次年 1 月 20 日前报送本级人民政府和上一级联席会议办公室,并以适当方式向社会公开。

第十二条 对经公平竞争审查后出台的政策措施,政策制定机关应当对其影响统一市场和公平竞争的情况进行定期评估。评估报告应当向社会公开征求意见,评估结果应当向社会公开。经评估认为妨碍统一市场和公平竞争的,应当及时废止或者修改完善。定期评估可以每三年进行一次,或者在定期清理规章、规范性文件时一并评估。

第三章 审查标准

第十三条 市场准入和退出标准。

(一)不得设置不合理或者歧视性的准入和退出条件,包括但不限于:

1. 设置明显不必要或者超出实际需要的准入和退出条件,排斥或者限制经营者参与市场竞争;

2. 没有法律、行政法规或者国务院规定依据,对不同所有制、地区、组织形式的经营者实施不合理的差别化待遇,设置不平等的市场准入和退出条件;

3. 没有法律、行政法规或者国务院规定依据,以备案、登记、注册、目录、年检、年报、监制、认定、认证、认可、检验、监测、审定、指定、配号、复检、复审、换证、要求设立分支机构以及其他任何形式,设定或者变相设定市场准入障碍;

4. 没有法律、行政法规或者国务院规定依据,对企业注销、破产、挂牌转让、搬迁转移等设定或者变相设定市场退出障碍;

5. 以行政许可、行政检查、行政处罚、行政强制等方式,强制或者变相强制企业转让技术,设定或者变相设定市场准入和退出障碍。

(二)未经公平竞争不得授予经营者特许经营权,包括但不限于:

1. 在一般竞争性领域实施特许经营或者以特许经营为名增设行政许可;

2. 未明确特许经营权期限或者未经法定程序延长特许经营权期限;

3. 未依法采取招标、竞争性谈判等竞争方式，直接将特许经营权授予特定经营者；

4. 设置歧视性条件，使经营者无法公平参与特许经营权竞争。

（三）不得限定经营、购买、使用特定经营者提供的商品和服务，包括但不限于：

1. 以明确要求、暗示、拒绝或者拖延行政审批、重复检查、不予接入平台或者网络、违法违规给予奖励补贴等方式，限定或者变相限定经营、购买、使用特定经营者提供的商品和服务；

2. 在招标投标、政府采购中限定投标人所在地、所有制形式、组织形式，或者设定其他不合理的条件排斥或者限制经营者参与招标投标、政府采购活动；

3. 没有法律、行政法规或者国务院规定依据，通过设置不合理的项目库、名录库、备选库、资格库等条件，排斥或限制潜在经营者提供商品和服务。

（四）不得设置没有法律、行政法规或者国务院规定依据的审批或者具有行政审批性质的事前备案程序，包括但不限于：

1. 没有法律、行政法规或者国务院规定依据，增设行政审批事项，增加行政审批环节、条件和程序；

2. 没有法律、行政法规或者国务院规定依据，设置具有行政审批性质的前置性备案程序。

（五）不得对市场准入负面清单以外的行业、领域、业务等设置审批程序，主要指没有法律、行政法规或者国务院规定依据，采取禁止进入、限制市场主体资质、限制股权比例、限制经营范围和商业模式等方式，限制或者变相限制市场准入。

第十四条　商品和要素自由流动标准。

（一）不得对外地和进口商品、服务实行歧视性价格和歧视性补贴政策，包括但不限于：

1. 制定政府定价或者政府指导价时，对外地和进口同类商品、服务制定歧视性价格；

2. 对相关商品、服务进行补贴时，对外地同类商品、服务，国际经贸协定允许外的进口同类商品以及我国作出国际承诺的进口同类服务不予补贴或者给予较低补贴。

（二）不得限制外地和进口商品、服务进入本地市场或者阻碍本地商品运出、服务输出，包括但不限于：

1. 对外地商品、服务规定与本地同类商品、服务不同的技术要求、检验标准，或者采取重复检验、重复认证等歧视性技术措施；

2. 对进口商品规定与本地同类商品不同的技术要求、检验标准，或者采取重复检验、重复认证等歧视性技术措施；

3. 没有法律、行政法规或者国务院规定依据，对进口服务规定与本地同类服务不同的技术要求、检验标准，或者采取重复检验、重复认证等歧视性技术措施；

4. 设置专门针对外地和进口商品、服务的专营、专卖、审批、许可、备案，或者规定不同的条件、程序和期限等；

5. 在道路、车站、港口、航空港或者本行政区域边界设置关卡，阻碍外地和进口商品、服务进入本地市场或者本地商品运出和服务输出；

6. 通过软件或者互联网设置屏蔽以及采取其他手段，阻碍外地和进口商品、服务进入本地市场或者本地商品运出和服务输出。

（三）不得排斥或者限制外地经营者参加本地招标投标活动，包括但不限于：

1. 不依法及时、有效、完整地发布招标信息；

2. 直接规定外地经营者不能参与本地特定的招标投标活动；

3. 对外地经营者设定歧视性的资质资格要求或者评标评审标准；

4. 将经营者在本地区的业绩、所获得的奖项荣誉作为投标条件、加分条件、中标条件或者用于评价企业信用等级，限制或者变相限制外地经营者参加本地招标投标活动；

5. 没有法律、行政法规或者国务院规定依据，要求经营者在本地注册设立分支机构，在本地拥有一定办公面积，在本地缴纳社会保险等，限制或者变相限制外地经营者参加本地招标投标活动；

6. 通过设定与招标项目的具体特点和实际需要不相适应或者与合同履行无关的资格、技术和商务条件，限制或者变相限制外地经营者参加本地招标投标活动。

（四）不得排斥、限制或者强制外地经营者在本地投资或者设立分支机构，包括但不限于：

1. 直接拒绝外地经营者在本地投资或者设立分支机构；

2. 没有法律、行政法规或者国务院规定依据，对外地经营者在本地投资的规模、方式以及设立分支机构的地址、模式等进行限制；

3. 没有法律、行政法规或者国务院规定依据，直接强制外地经营者在本地投资或者设立分支机构；

4. 没有法律、行政法规或者国务院规定依据，将在本地投资或者设立分支机构作为参与本地招标投标、享受补贴和优惠政策等的必要条件，变相强制外地经营者在本地投资或者设立分支机构。

（五）不得对外地经营者在本地的投资或者设立的分支机构实行歧视性待遇，侵害其合法权益，包括但不限于：

1. 对外地经营者在本地的投资不给予与本地经营者同等的政策待遇；

2. 对外地经营者在本地设立的分支机构在经营规模、经营方式、税费缴纳等方面规定与本地经营者不同的要求；

3. 在节能环保、安全生产、健康卫生、工程质量、市场监管等方面，对外地经营者在本地设立的分支机构规定歧视性监管标准和要求。

第十五条　影响生产经营成本标准。

（一）不得违法给予特定经营者优惠政策，包括但不限于：

1. 没有法律、行政法规或者国务院规定依据，给予特定经营者财政奖励和补贴；

2. 没有专门的税收法律、法规和国务院规定依据，给予特定经营者税收优惠政策；

3. 没有法律、行政法规或者国务院规定依据，在土地、劳动力、资本、技术、数据等要素获取方面，给予特定经营者优惠政策；

4. 没有法律、行政法规或者国务院规定依据，在环保标准、排污权限等方面给予特定经营者特殊待遇；

5. 没有法律、行政法规或者国务院规定依据，对特定经营者减免、缓征或停征行政事业性收费、政府性基金、住房公积金等。

给予特定经营者的优惠政策应当依法公开。

（二）安排财政支出一般不得与特定经营者缴纳的税收或非税收入挂钩，主要指根据特定经营者缴纳的税收或者非税收入情况，采取列收列支或者违法违规采取先征后返、即征即退等形式，对特定经营者进行返还，或者给予特定经营者财政奖励或补贴、减免土地等自然资源有偿使用收入等优惠政策。

（三）不得违法违规减免或者缓征特定经营者应当缴纳的社会保险费用，主要指没有法律、行政法规或者国务院规定依据，根据经营者规模、所有制形式、组织形式、地区等因素，减免或者缓征特定经营者需要缴纳的基本养老保险费、基本医疗保险费、失业保险费、工伤保险费、生育保险费等。

（四）不得在法律规定之外要求经营者提供或扣留经营者各类保证金，包括但不限于：

1. 没有法律、行政法规依据或者经国务院批准，要求经营者交纳各类保证金；

2. 限定只能以现金形式交纳投标保证金或履约保证金；

3. 在经营者履行相关程序或者完成相关事项后，不依法退还经营者交纳的保证金及银行同期存款利息。

第十六条　影响生产经营行为标准。

（一）不得强制经营者从事《中华人民共和国反垄断法》禁止的垄断行为，主要指以行政命令、行政授权、行政指导等方式或者通过行业协会商会，强制、组织或者引导经营者达成垄断协议、滥用市场支配地位，以及实施具有或者可能具有排除、限制竞争效果的经营者集中等行为。

（二）不得违法披露或者违法要求经营者披露生产经营敏感信息，为经营者实施垄断行为提供便利条件。生产经营敏感信息是指除依据法律、行政法规或者国务院规定需要公开之外，生产经营者未主动公开，通过公开渠道无法采集的生产经营数据。主要包括：拟定价格、成本、营业收入、利润、生产数量、销售数量、生产销售计划、进出口数量、经销商信息、终端客户信息等。

（三）不得超越定价权限进行政府定价，包括但不限于：

1. 对实行政府指导价的商品、服务进行政府定价；

2. 对不属于本级政府定价目录范围内的商品、服务制定政府定价或者政府指导价；

3. 违反《中华人民共和国价格法》等法律法规采取价格干预措施。

（四）不得违法干预实行市场调节价的商品和服务的价格水平，包括但不限于：

1. 制定公布商品和服务的统一执行价、参考价；

2. 规定商品和服务的最高或者最低限价；

3. 干预影响商品和服务价格水平的手续费、折扣或者其他费用。

第四章　例外规定

第十七条　属于下列情形之一的政策措施，虽然在一定程度上具有限制竞争的效果，但在符合规定的情况下可以出台实施：

（一）维护国家经济安全、文化安全、科技安全或者涉及国防建设的；

（二）为实现扶贫开发、救灾救助等社会保障目的；

（三）为实现节约能源资源、保护生态环境、维护公共卫生健康安全等社会公共利益的；

（四）法律、行政法规规定的其他情形。

属于前款第一项至第三项情形的，政策制定机关应当说明相关政策措施对实现政策目的不可或缺，且不会严重限制市场竞争，并明确实施期限。

第十八条　政策制定机关应当在书面审查结论中说明政策措施是否适用例外规定。认为适用例外规定的，应当对符合适用例外规定的情形和条件进行详细说明。

第十九条　政策制定机关应当逐年评估适用例外规定的政策措施的实施效果，形成书面评估报告。实施期限到期或者未达到预期效果的政策措施，应当及时停止执行或者进行调整。

第五章　第三方评估

第二十条　政策制定机关可以根据工作实际，委托具备相应评估能力的高等院校、科研院所、专业咨询公司等第三方机构，对有关政策措施进行公平竞争评估，或者对公平竞争审查有关工作进行评估。

各级联席会议办公室可以委托第三方机构，对本地公平竞争审查制度总体实施情况开展评估。

第二十一条　政策制定机关在开展公平竞争审查工作的以下阶段和环节，均可以采取第三方评估方式进行：

（一）对拟出台的政策措施进行公平竞争审查；

（二）对经公平竞争审查出台的政策措施进行定期评估；

（三）对适用例外规定出台的政策措施进行逐年评估；

（四）对公平竞争审查制度实施情况进行综合评价；

（五）与公平竞争审查工作相关的其他阶段和环节。

第二十二条　对拟出台的政策措施进行公平竞争审查时，存在以下情形之一的，应当引入第三方评估：

（一）政策制定机关拟适用例外规定的；

（二）被多个单位或者个人反映或者举报涉嫌违反公平竞争审查标准的。

第二十三条　第三方评估结果作为政策制定机关开展公平竞争审查、评价制度实施成效、制定工作推进方案的重要参考。对拟出台的政策措施进行第三方评估的，政策制定机关应当在书面审查结论中说明评估情况。最终做出的审查结论与第三方评估结果不一致的，应当在书面审查结论中说明理由。

第二十四条　第三方评估经费纳入预算管理。政策制定机关依法依规做好第三方评估经费保障。

第六章　监督与责任追究

第二十五条　政策制定机关涉嫌未进行公平竞争审查或者违反审查标准出台政策措施的，任何单位和个人可以向政策制定机关反映，也可以向政策制定机关的上级机关或者本级及以上市场监管部门举报。反映或者举报采用书面形式并提供相关事实依据的，有关部门要及时予以处理。涉嫌违反《中华人民共和国反垄断法》的，由反垄断执法机构依法调查。

第二十六条　政策制定机关未进行公平竞争审查出台政策措施的,应当及时补做审查。发现存在违反公平竞争审查标准问题的,应当按照相关程序停止执行或者调整相关政策措施。停止执行或者调整相关政策措施的,应当依照《中华人民共和国政府信息公开条例》要求向社会公开。

第二十七条　政策制定机关的上级机关经核实认定政策制定机关未进行公平竞争审查或者违反审查标准出台政策措施的,应当责令其改正;拒不改正或者不及时改正的,对直接负责的主管人员和其他直接责任人员依据《中华人民共和国公务员法》、《中华人民共和国公职人员政务处分法》、《行政机关公务员处分条例》等法律法规给予处分。本级及以上市场监管部门可以向政策制定机关或者其上级机关提出整改建议;整改情况要及时向有关方面反馈。违反《中华人民共和国反垄断法》的,反垄断执法机构可以向有关上级机关提出依法处理的建议。相关处理决定和建议依法向社会公开。

第二十八条　市场监管总局负责牵头组织政策措施抽查,检查有关政策措施是否履行审查程序、审查流程是否规范、审查结论是否准确等。对市场主体反应比较强烈、问题比较集中、滥用行政权力排除限制竞争行为多发的行业和地区,进行重点抽查。抽查结果及时反馈被抽查单位,并以适当方式向社会公开。对抽查发现的排除、限制竞争问题,被抽查单位应当及时整改。

各地应当结合实际,建立本地区政策措施抽查机制。

第二十九条　县级以上地方各级人民政府建立健全公平竞争审查考核制度,对落实公平竞争审查制度成效显著的单位予以表扬激励,对工作推进不力的进行督促整改,对工作中出现问题并造成不良后果的依法依规严肃处理。

第七章　附　　则

第三十条　各地区、各部门在遵循《意见》和本细则规定的基础上,可以根据本地区、本行业实际情况,制定公平竞争审查工作办法和具体措施。

第三十一条　本细则自公布之日起实施。《公平竞争审查制度实施细则(暂行)》(发改价监〔2017〕1849 号)同时废止。

附件:1. 公平竞争审查基本流程

　　2. 公平竞争审查表

(以上附件略,详情请登录市场监管总局网站)

关于印发《国务院有关部门 2017 年推进电子招标投标工作要点》的通知

（发改办法规〔2017〕858 号）

各省、自治区、直辖市、新疆生产建设兵团发展改革委、工信委（经委）、通信管理局、住房城乡建设厅（建委、局）、交通运输厅（局、委）、水利（务）厅（局）、商务厅（局）、公共资源交易平台管理机构、各地区铁路监管局，中国招标投标协会：

为做好《“互联网+”招标采购行动方案（2017—2019 年）》（发改法规〔2017〕357 号，以下简称《行动方案》）贯彻实施工作，国家发展改革委会同国务院有关部门制定了《国务院有关部门 2017 年推进电子招标投标工作要点》，现印发你们，并就有关事项通知如下。

一、目前还有部门省份未按《行动方案》要求报送本地区工作方案。请尚未报送工作方案的省（区、市）发展改革部门或本级人民政府指定的部门抓紧牵头建立本地区推动落实《行动方案》协调工作机制，制定本地区未来三年推进“互联网+”招标采购的行动目标和具体工作方案，并根据国务院有关部门 2017 年工作考虑，制定本地区 2017 年度工作要点，明确责任部门、考核指标和相关进度要求。各省（区、市）牵头落实部门应当于 2017 年 6 月底前，将本地区整体工作方案、2017 年工作要点，以及责任部门和联系人报国家发展改革委（法规司）。

二、各省（区、市）有关部门应重点围绕以下方面，安排本地区 2017 年推进电子招标投标工作要点：一是打破本地区限制电子招标投标交易平台市场化、专业化发展的市场壁垒和制度壁垒，积极引入社会资本建设的交易平台。二是加快建设本地区统一的电子招标投标公共服务平台，或由符合要求的公共资源交易电子服务系统承担电子招标投标公共服务平台功能，在 2017 年底，实现本行政区域内电子招标采购活动有可供使用的公共服务平台。三是结合“互联网+政务服务”建设，在 2017 年底前抓紧搭建电子招标投标行政监督平台，或在电子招标投标公共服务平台上开辟行政监督通道，满足本地区在线监管需要。四是加强本地区内电子招标投标平台互联互通和信息数据共享。

三、加大工作力度，切实抓好《行动方案》和本地区工作方案的落实。各省（区、市）牵头落实部门应当于 12 月底前，将 2017 年工作总结和 2018 年度重点工作计划报送国家发展改革委（法规司）。国家发展改革委将会同有关部门加强监督和指导，组织对行动方案实施情况进行检查和第三方评估，对推进工作不力的地方和单位予以通报督促。

附件：国务院有关部门 2017 年推进电子招标投标工作要点

国家发展改革委办公厅
工业和信息化部办公厅
住房和城乡建设部办公厅
交通运输部办公厅
水利部办公厅
商务部办公厅
国家铁路局综合司
2017 年 5 月 18 日

附件：

国务院有关部门 2017 年推进电子招标投标工作要点

2017 年，国务院有关部门将围绕贯彻实施《“互联网+”招标采购行动方案（2017—2019年）》（发改法规〔2017〕357 号），重点开展以下工作：

一、推进平台建设

（一）引导和支持电子招标投标交易平台市场化、专业化发展，推行依法必须招标项目全流程电子化招标投标采购。（责任单位：国家发展改革委、国务院有关招标投标行政监督部门）

（二）指导中国招标投标公共服务平台加快平台建设和系统互联共享，依法及时高效提供公共服务。（责任单位：国家发展改革委、国务院有关招标投标行政监督部门）

（三）指导推进全国公共资源交易平台和中国招标投标公共服务平台等电子招标投标有关信息平台互联互通和数据交互，实现资源共享。（责任单位：国家发展改革委）

（四）加快建设本行业统一的电子招标投标行政监督平台，与中国招标投标公共服务平台实现对接。（责任单位：工业和信息化部、商务部、国家铁路局）

（五）指导本行业本领域加快电子招标投标行政监督平台建设，推进“互联网+”监管，以行政监督的无纸化推动招标采购全流程电子化。（责任单位：国务院有关招标投标行政监督部门）

（六）指导推动各行业电子招标投标交易平台与公共服务平台及有关行政监督平台对接，实现信息交互和资源共享。（责任单位：国务院有关招标投标行政监督部门）

二、完善配套制度

（一）制定公共服务平台管理办法，明确公共服务内容、提供方式和信息集成共享要求，以及公共服务平台运营机构权利义务和法律责任。编制公共服务平台技术规范，明确基本功能、数据编码、系统接口、技术支撑和保障要求。（责任单位：国家发展改革委、国务院有关招标投标行政监督部门）

（二）制定行政监督平台管理办法，明确在线监督权限、方式、内容、程序等。（责任单位：国家发展改革委、国务院有关招标投标行政监督部门）

（三）制定《机电产品电子招标投标管理办法》，对机电产品国际招标的电子开标、投标、评标及法律责任和行政监督做出具体规定，为推动机电产品国际招标投标全过程电子化提供制度保障。（责任单位：商务部）

（四）进一步完善各行业电子招标投标配套制度、监管机制和政策措施。（责任单位：国务院有关招标投标行政监督部门）

三、做好试点总结交流和经验推广

（一）组织对国家电子招标投标试点进行总结交流，并提炼形成典型经验。（责任单位：国家发展改革委、国务院有关招标投标行政监督部门）

（二）部署 2017 年电子招标投标创新示范推广工作，将有关试点单位转为创新示范，并附试点典型经验，指导各地方、各行业深入推进电子招标投标（责任单位：国家发展改革委、国务院有关招标投标行政监督部门）

（三）组织召开全国互联网+招标采购交流推进电视电话会议，总结交流电子招标投标工作成效和经验，部署下一步工作，推动互联网+招标采购深度融合发展。（责任单位：国家发展改革委、国务院有关招标投标行政监督部门）

（四）继续推进江苏、江西、山东三省公路建设市场电子招标投标试点工作。在江苏、浙江、福建开展水运工程电子招标投标试点。（责任单位：交通运输部）

四、推进招标投标领域信用体系建设

（一）依托"通信工程建设项目招标投标管理信息平台"开展通信建设领域违法违规行为信息公示，为建立失信联合惩戒机制提供支撑，促进招标采购市场主体信用自律。（责任单位：工业和信息化部）

（二）进一步完善公路建设领域信息体系建设，制定实施《全国公路建设市场信用信息管理系统数据标准》。推动公路和水运建设市场信用信息省级平台和部级平台的互联互通，实现部省两级信用信息数据共享及协同应用。（责任单位：交通运输部）

（三）完善水利建设市场信用体系建设，加大水利建设项目信息、市场主体信息和市场主体不良行为公开力度，推进水利部信用平台和各流域机构、各省信用平台的互联互通和信息共享。（责任单位：水利部）

（四）建立全国机电产品国际招标信用档案，并在中国国际招标网设立发布栏，公布招标投标主体信用信息，推动机电产品国际招标投标主体依法诚信经营。（责任单位：商务部）

（五）推动电子招标投标系统与信用信息共享平台对接，实现招标投标信用信息与其他领域信用信息的交互共享、互认共用。建立完善跨部门信用信息共享、失信联合惩戒和守信联合激励机制。（责任单位：国家发展改革委、国务院有关招标投标行政监督部门）

关于印发《“互联网+”招标采购行动方案（2017—2019年）》的通知

（发改法规〔2017〕357号）

各省、自治区、直辖市、新疆生产建设兵团发展改革委、工信委（经委）、通信管理局、住房城乡建设厅（建委、局）、交通运输厅（局、委）、水利厅（局）、商务厅（局）、广播影视局、公共资源交易平台管理机构，各地区铁路监管局、民航各地区管理局，各计划单列企业集团，中国招标投标协会：

为贯彻落实《国务院关于积极推进“互联网+”行动的指导意见》（国发〔2015〕40号）、《国务院关于加快推进“互联网+政务服务”工作的指导意见》（国发〔2016〕55号）部署，大力发展电子化招标采购，促进招标采购与互联网深度融合，提高招标采购效率和透明度，降低交易成本，充分发挥信用信息和交易大数据在行政监督和行业发展中的作用，推动政府职能转变，助力供给侧结构性改革，国家发展改革委、工业和信息化部、住房城乡建设部、交通运输部、水利部、商务部共同制定了《“互联网+”招标采购行动方案（2017—2019年）》，现印发你们，请按照执行。

附件：“互联网+”招标采购行动方案（2017—2019年）

国家发展改革委
工业和信息化部
住房城乡建设部
交通运输部
水利部
商务部
2017年2月23日

附件：

“互联网+”招标采购行动方案(2017—2019 年)

为贯彻落实《国务院关于积极推进“互联网+”行动的指导意见》(国发〔2015〕40 号)和《国务院关于加快推进“互联网+”政务服务工作的指导意见》(国发〔2016〕55 号)部署,大力发展电子招标投标,促进招标采购与互联网深度融合,现制定本行动方案。

一、总体要求

(一)指导思想

全面贯彻党的十八大和十八届三中、四中、五中、六中全会精神,深入贯彻习近平总书记系列重要讲话精神,以创新、协调、绿色、开放、共享发展理念为指导,着力深化体制机制改革,创新招标采购交易机制、公共服务和监督方式,培育招标采购市场发展新动能,更好发挥招标投标制度在现代市场体系中的作用,降低制度性交易成本,提高资源配置质量效率,推动政府职能转变和党风廉政建设,助力供给侧结构性改革,促进经济社会平稳健康发展。

(二)基本原则

坚持政府引导、市场调节。按照“放管服”改革要求,破除影响“互联网+”招标采购发展的思想观念、体制机制障碍,从发展规划、技术标准、交易规则、安全保障、公共服务等方面,引导各类市场主体积极参与电子招标采购平台体系建设运营。充分发挥市场机制作用,培育“互联网+”招标采购内生动力,推动招标采购从线下交易到线上交易的转变,实现招标投标行业与互联网的深度融合。

坚持互连互通、资源共享。按照统一标准、互利互惠的要求,依托电子招标投标公共服务平台,加快各类交易平台、公共服务平台和行政监督平台协同运行、互联互通、信息共享,实现招标采购全流程透明高效运行。加快电子招标投标系统与公共资源交易平台、投资和信用等平台的对接融合,推动市场大数据充分聚合、深入挖掘和广泛运用。

坚持创新监管、提高效能。依托电子招标投标系统,充分发挥“互联网+”监管优势,实现平台技术创新与监管体制机制创新同步推进,推动动态监督和大数据监管,强化事中事后监管和信用管理,完善行政监督、行业自律和社会监督相结合的综合监督体系,进一步提高监管效能。

坚持统筹规划、协同推进。针对“互联网+”招标采购融合发展的长期性、复杂性,强化顶层设计,发挥政府、行业组织和市场主体作用,统筹安排各项政策措施,通过典型地区、行业和平台的创新示范,有计划分步骤实现全地域、全行业、全流程电子化招标采购。

(三)行动目标

2017 年,电子招标采购制度和技术标准体系建立健全,覆盖各地区、各行业的电子招标投标系统基本形成,依法必须招标项目基本实现全流程电子化招标采购,电子招标投标系统建设运营更加规范,招标采购市场竞争更加有序。

2018 年,市场化、专业化、集约化的电子招标采购广泛应用,依托电子招标投标公共服务平台全面实现交易平台、监督平台以及其他信息平台的互联互通、资源共享和协同运行。

2019 年,覆盖全国、分类清晰、透明规范、互联互通的电子招标采购系统有序运行,以协同共享、动态监督和大数据监管为基础的公共服务体系和综合监督体系全面发挥作用,实现招标投标行业向信息化、智能化转型。

二、主要任务

(一)加快交易平台市场化发展

1. 推进交易平台建设。积极引导社会资本按照市场化方向建设运营电子招标投标交易平台,满足不同行业电子招标采购需求,推行依法必须招标项目全流程电子化招标采购。交易平台建设应当符合电子招标投标有关规定,遵守统一技术标准和数据规范,接口应当保持技术中立。鼓励交易平台按照专业化方向,明确专业类别、主要服务领域和服务对象,提供特色服务,并促进交易平台在市场竞争中实现集约化发展。支持和鼓励交易平台通过优质高效服务,吸引非依法必须招标项目自愿运用电子化招标采购。

2. 发挥交易平台作用。交易平台应当以在线完成招标投标全部交易过程为目标,逐步消除电子采购与纸质采购并存的“双轨制”现象。围绕提高资源配置质量和效率、降低企业生产经营成本进行功能设置,充分发挥信息技术在提高招标采购效率和透明度,节约资源和交易成本,解决招标投标领域突出问题等方面的独特优势,切实为交易主体服务,为行政监督部门提供监管便利。交易平台运营机构应当通过规范经营、科学管理、技术创新、优质服务、合理收费,实现交易平台依法合规运营。鼓励交易平台之间、交易平台与公共服务平台之间相互合作,实现人才、信息、技术等资源的共享共用。

3. 促进交易平台公平竞争。各级招标投标行政监督部门和公共资源交易监管机构应当打破市场壁垒,简化和规范监管流程,开放接口规范和数据接口,为交易平台实现跨地区、跨行业公平竞争营造良好发展环境。任何单位和个人不得违反法律法规规定,对市场主体建设运营交易平台设置或者变相设置行政许可或备案;不得设置不合理、歧视性准入和退出条件,也不得附加不合理条件或实行差别待遇;不得排斥、限制市场主体建设运营的交易平台,限制对接交易平台数量,为招标人直接指定交易平台;不得排斥或限制外地经营者参加本地招标采购活动。

4. 有序开展检测认证。完善电子招标投标系统检测认证制度和技术标准,引导各类主体建设的交易平台根据实际分级有序开展检测认证。2017 年,交易平台全面开展检测认证,到年底检测认证通过比例达到 80%以上。鼓励有专业能力的检测、认证机构申请开展电子招标投标检测认证业务,并依法公平竞争,不得乱收费。任何组织和个人不得为交易平台运营机构指定检测、认证机构。充分发挥认证机构的监督和证明作用,提升社会对电子招标采购的认可度和公信度。加强对检测、认证机构的业务指导和行政监督，确保通过认证的交易平台合法规范、安全可靠，符合互联互通和数据交换要求。

（二）完善公共服务平台体系

5. 加快服务平台建设。设区的市以上人民政府发展改革部门或本级政府指定的部门，要根据政府主导、共建共享、公益服务原则，按照电子招标投标有关规定，通过政府投资或政府与社会资本合作方式，加快建设本地区统一的电子招标投标公共服务平台，也可由符合要求的公共资源交易电子服务系统承担电子招标投标公共服务平台功能。鼓励省级行政区域搭建全行政区域统一、终端覆盖各地市的公共服务平台。到 2017 年底，所有省（区、市）和地市应实现本行政区域内电子招标采购活动有一个可供使用的公共服务平台。国家电子招标投标公共服务平台应当为地方公共服务平台建设提供技术和信息资源支持。

6. 优化公共服务。公共服务平台应当立足"交易平台枢纽，公共信息载体，身份互认桥梁，行政监管依托"的基本功能定位，依据统一的技术标准和数据规范，免费开放对接交易平台和行政监督平台，提供依法必须公开的市场信息，研发提供 CA 证书互认、主体注册共享等公共技术保障服务，向行政监督部门动态推送监管数据或提供监督通道。鼓励公共服务平台根据市场主体、社会公众、行政监督部门需要，创新拓展公共服务领域和内容，不断提高公共服务供给质量和效率。

7. 推进可持续运营。各级人民政府有关主管部门应当研究建立公共服务平台可持续运营保障机制。公共服务平台不得具有交易功能。采用政府投资建设的，有关部门应当保障公共服务平台持续运营所需经费。采用政府与社会资本合作方式建设的，应当免费提供依法必需的公共服务，同时可以通过提供个性化增值服务等方式，建立平台可持续运营机制。

（三）创新电子化行政监管

8. 推进监督平台建设。各级招标投标行政监督部门应当结合"互联网+政务服务"建设，在 2017 年底前抓紧搭建电子招标投标行政监督平台，满足在线监管的需要。行政监督部门可以建立专门的行政监督平台，也可以在公共服务平台上开辟行政监督通道。支持地市以上地方人民政府建立本行政区域统一的行政监督平台。国务院有关招标投标监管部门可探索建立本行业统一规范的行政监督平台。

9. 规范监督功能。行政监督平台应当公布监督职责和依据、监督对象和事项清单、监督程序和时限，并具备对招标采购全过程进行实时在线监管等功能。行政监督平台不得与交易平台合并建设和运营，也不得具备任何交易功能。已经建成的行政监督平台兼具交易功能的，应当按照电子招标投标有关规定，在 2017 年底前全部完成改造，并将监督功能和交易功能分别交由不同的主体负责，保证在线监督的独立性和公正性。行政监督平台应当开放数据接口，不得限制或排斥交易平台、公共服务平台与其对接交互信息。各级招标投标行政监督部门应当落实"放管服"改革要求，依托行政监督平台，探索扩大招标人自主决策权并强化相应法律责任约束，加强对招标采购活动的监管和服务。

10. 转变监管方式。加快互联网与政府公共服务体系的深度融合，实现政府部门之间数据共享，以行政监督的无纸化推动招标采购全流程的电子化。凡是能实现网上办理的事项,不得要求现场办理;凡是能够在线获取的市场主体信息,原则上不再要求市场主体以纸质方式重复提供;凡是能够通过行政监督平台在线下达的行政监督指令,原则上不再出具纸质文件。充分运用电子招标投标系统三大平台整体功能,通过电子招标采购全流程信息的动态记录、留痕追溯、透明公开,推动招标投标行政监督从事前审批、分业监督,向事中事后、动态协同方式转变,进一步提高行政监督的针对性、有效性和规范性。

(四)实现互联互通和资源共享

11. 加强系统互联共享。推动各级各类电子招标投标交易平台和行政监督平台以公共服务平台为枢纽,按照《电子招标投标办法》及其技术规范要求,实现互联互通和资源共享。交易平台应当选择任一公共服务平台对接交互信息,并可依法直接与相应的行政监督平台对接交互信息。鼓励中央企业和省属国有企业的交易平台按照规定与国家或省级公共服务平台,以及相应的行政监督平台连接并交互招标信息。公共服务平台应当与相应的行政监督平台实现对接,并负责将交易平台依法交互的交易信息、信用信息推送至相应行政监督平台。

下级公共服务平台应当与上级公共服务平台对接交互信息,鼓励同级公共服务平台之间互联对接,逐步形成全国纵横联通的公共服务平台网络体系。

12. 实现与公共资源交易平台整合共享。电子招标采购是公共资源交易的重要组成部分。各地电子招标投标公共服务平台与本地区公共资源交易电子服务系统分开建设的,应当明确各自功能服务定位,协调统一技术标准和数据规范,并相互对接共享信息,充分发挥各自服务功能优势。合并建设的,应当符合规定的技术标准和数据规范,满足公共服务基本功能要求,并按规定与上级电子招标投标公共服务平台和公共资源交易电子服务系统交互信息。

13. 推进与投资和信用平台协同共享。鼓励电子招标投标交易平台、公共服务平台、行政监督平台与政府建立的投资项目在线审批监管平台对接,实现投资项目全过程在线运行、闭环监管,建立健全纵横联动协同投资监管体系。推进电子招标投标系统与信用信息共享平台对接共享。电子招标投标公共服务平台应当与信用信息共享平台对接,按要求与信用信息共享平台交互数据信息,并为市场主体查阅有关信用信息提供便利,实现招标采购信用信息与其他领域信用信息的互认共享。

(五)强化信息拓展应用

14. 加强信息记录和公开。电子招标投标系统应当如实记录招标采购过程信息、操作时间、网络地址和相关人员等信息。依托电子招标投标系统,对市场主体招标投标行为和信用状况依法实行动态公开。除按照电子招标投标有关规定依法及时公布交易和服务信息外,交易平台和公共服务平台的建设、运营、开发和维护单位名称及其主要负责人员,检测认证报告、认证标志,专业工具软件技术规范与接口标准,平台对接、运营和数据交互动态,以及免费服务项目、增值服务项目及其收费标准等主要信息,必须在平台实时公布。行政监督平台应当及时公布投诉举报受理情况、调查处理结果等监管信息。

15. 促进信息全网有序流动。研究建立电子招标投标数据信息分类、所有、使用、交互共享和保密机制,明确电子招标投标交易平台、公共服务平台、行政监督平台及相关主体的权利义务责任。在推动电子招标投标平台之间、电子招标投标系统与其他信息平台系统之间互联互通的同时，积极培育各类平台主动交互信息的内生动力。按照互利互惠原则，提供依法公开数据的交易平台和公共服务平台可以按照交互数据的结构类别和规模比例，分享集合数据使用权利和大数据分析成果运用的增值效益。对于关系国家安全的重要敏感数据，各类电子招标投标平台特别是公共服务平台应当加强安全保障，不得用于商业用途；国务院有关部门对此类数据的交互另有规定的，从其规定。

16. 强化信息大数据应用。适应“互联网+”趋势，运用大数据理念、技术和资源，依托电子招标投标系统特别是公共服务平台，依法高效采集、有效整合和充分运用招标采购信息数据，为行政监督部门和市场主体提供大数据服务。通过对招标采购信息大数据统计分析，为把握市场动态、预测行业趋势和研判经济形势提供研究支撑，为制定完善相关法规制度和政策措施提供决策支持，为甄别、预警违法违规行为，实行科学、精准、高效的智能化监督提供重要依据。

17. 发挥信用信息作用。鼓励各类电子招标投标平台建立招标投标信用数据库，按照客观记录、统一标准、公开共享、用户评价的原则，利用电子招标投标交易大数据动态生成招标人、投标人、招标代理机构等市场主体信用基本信息，并通过公共服务平台和信用信息共享平台进行共享，为开展失信联合惩戒和守信联合激励提供支撑，促进招标采购市场主体信用自律，引导诚信体系建设。

(六)完善制度和技术保障

18. 健全法规制度。推动修订招标投标法律法规，进一步明确电子招标投标数据电文法律效力，对实行全流程电子化招标采购并按照规定公开相关信息的，合理简化和缩短有关程序和时限要求，为推广应用电子招标采购提供制度支持。

制定公共服务平台管理办法，明确公共服务内容、提供方式和信息集成共享要求，以及公共服务平台运营机构权利义务和法律责任。制定行政监督平台管理办法，明确在线监督权限、方式、内容、程序等。编制公共服务平台和行政监督平台技术规范，明确基本功能、数据编码、系统接口、技术支撑和保障要求。

研究制定电子开标、投标、评标的具体规定，以及电子招标采购档案管理规范，为推行招标采购全过程电子化提供制度保障。各地区各部门应完善本地区、本行业适应电子招标采购发展的配套制度和政策措施。

19. 优化制度环境。各地区各部门要按照国务院批准的《关于建立清理和规范招标投标有关规定长效机制的意见》要求，结合本地区本行业实际建立有关长效机制，适时对不适应“互联网+”招标采购发展的规章制度和政策文件进行清理，重点针对违反《招标投标法》、《招标投标法实施条例》和《电子招标投标办法》，以及针对电子招标采购增设审批许可、指定交易平台和工具软件、排斥限制市场主体建设运营的交易平台、实行地区封锁和行业保护等内容，增强制度的统一性和适用性，为“互联网+”招标采购发展营造良好制度环境。

20. 加强安全保障。电子招标投标系统开发单位应根据电子招标采购业务特点，重点围绕招标投标文件的安全传输技术、防篡改技术、安全存储技术以及开标保障技术等，开发相应信息安全技术和产品。平台运营机构承担系统安全和数据安全主体责任，确保本机构运营电子招标投标平台所有服务器均设在中华人民共和国境内。使用云服务的，云服务提供商必须提供安全承诺。运营机构应当建立健全安全管理制度，以及身份识别和鉴定、访问控制、入侵防范、恶意代码防范、补丁升级、数据存储和传输加密、备份与恢复等工作程序，并通过有关管理措施和技术手段，加强风险管理和防范，及时识别和评估电子招标投标系统安全风险，确保平台运营安全和数据安全。

21. 培育和规范开发市场。按照规范架构、统一标准、分散开发、组件集成的原则，鼓励研发推广数据交互接口、分析处理、存储发布、安全控制等标准化基础应用软件和专业工具软件，以及技术组件库，满足电子招标投标系统开发、维护和对接交互需求。着力消除技术壁垒，鼓励各类研发机构公平竞争，促进技术创新，不断提升电子招标投标系统技术研究和开发水平。开发运维机构不得以低于成本的形式不正当竞争，不得通过滥用垄断地位、设置技术壁垒等方式等获取额外利益，不得开发违反招标投标法律法规的软件，不得在开发的电子招标投标系统或软件中违法设置后门程序，不得违法采集和利用相关数据。

三、组织实施

22. 加强组织领导。国家发展改革委将会同工业和信息化部、住房城乡建设部、交通运输部、水利部、商务部等加强对行动方案实施工作的指导协调，依托招标投标部际联席会议，完善“互联网+”招标采购协调推进工作机制，在规划指导、制度建设、技术标准、信息共享体系等方面加大力度，统筹协调解决互联网+招标采购发展中的重大问题，切实推动本行动方案的贯彻落实。各省(区、市)应当建立本地区部门协调工作机制，确定牵头落实部门和相关责任部门，制定本地区行动目标和具体工作方案，明确考核指标和相关进度要求，推进“互联网+”招标采购深入发展。各省(区、市)牵头落实部门应当于 2017 年 4 月前，将本地区工作方案、责任部门和联系人报国家发展改革委(法规司)。

23. 落实主体责任。招标投标行业组织应当发挥行业服务、智力支持和桥梁纽带作用，倡导诚信自律，促进公平竞争，组织做好政策宣传、业务培训、行业自律、合作交流、经验推广等工作，及时收集反映本行动方案实施情况、存在问题以及市场主体意见建议。大型国有企业特别是中央企业应当发挥好带头示范作用，抓紧制定发展电子化招标采购的目标、实施计划和保障措施，积极推行集团化电子招标采购，在实现全流程电子化招标采购、与公共服务平台和行政监督平台互联共享、有序通过检测认证、挖掘大数据应用等方面，为交易平台发展作出表率。招标代理机构应当积极适应“互联网+”趋势，依托建设运营第三方交易平台，为委托人提供更加优质高效的电子招标投标代理服务和综合咨询服务，不断提高行业竞争力。

24. 深化交流合作。发挥国家电子招标投标试点示范和引领带动作用，注重总结、转化、推广试点经验和成果，从试点地区和单位及其他先进地区和单位中选取若干在创新监管体制机制、促进交易平台市场化发展、深化大数据应用、加强平台互联共享等的典型，作为创新示范向全国推广。积极开展“互联网+”招标采购领域国际合作，深入学习借鉴国际经验，与有关国际组织和国家开展电子招标采购多领域、多层次交流与合作，积极参与国际标准和区域标准的制定，促进我国“互联网+”招标采购制度与国际接轨，为我国企业拓展海外市场提供平台、通道和服务。

25. 严格督促考核。在行动方案实施期限内，各省、自治区、直辖市负责行动方案落实的牵头部门应当于每年 12 月底前，将本年度阶段性工作总结和下一年度重点工作计划报送国家发展改革委和有关部门。国家发展改革委将会同有关部门加强监督和指导，组织对行动方案实施情况进行检查和第三方评估，对推进工作不力的地方和单位予以通报督促。

住房城乡建设部 财政部关于印发建设工程质量保证金管理办法的通知

（建质〔2017〕138号）

党中央有关部门，国务院各部委、各直属机构，高法院，高检院，有关人民团体，各中央管理企业，各省、自治区、直辖市、计划单列市住房城乡建设厅（建委、建设局）、财政厅（局），新疆生产建设兵团建设局、财务局：

为贯彻落实国务院关于进一步清理规范涉企收费、切实减轻建筑业企业负担的精神，规范建设工程质量保证金管理，住房城乡建设部、财政部对《建设工程质量保证金管理办法》（建质〔2016〕295号）进行了修订。现印发给你们，请结合本地区、本部门实际认真贯彻执行。

住房城乡建设部

财政部

2017年6月20日

建设工程质量保证金管理办法

第一条　为规范建设工程质量保证金管理，落实工程在缺陷责任期内的维修责任，根据《中华人民共和国建筑法》、《建设工程质量管理条例》、《国务院办公厅关于清理规范工程建设领域保证金的通知》和《基本建设财务管理规则》等相关规定，制定本办法。

第二条　本办法所称建设工程质量保证金（以下简称保证金）是指发包人与承包人在建设工程承包合同中约定，从应付的工程款中预留，用以保证承包人在缺陷责任期内对建设工程出现的缺陷进行维修的资金。

缺陷是指建设工程质量不符合工程建设强制性标准、设计文件，以及承包合同的约定。

缺陷责任期一般为1年，最长不超过2年，由发、承包双方在合同中约定。

第三条　发包人应当在招标文件中明确保证金预留、返还等内容，并与承包人在合同条款中对涉及保证金的下列事项进行约定：

（一）保证金预留、返还方式；

（二）保证金预留比例、期限；

（三）保证金是否计付利息，如计付利息，利息的计算方式；

（四）缺陷责任期的期限及计算方式；

（五）保证金预留、返还及工程维修质量、费用等争议的处理程序；

（六）缺陷责任期内出现缺陷的索赔方式；

（七）逾期返还保证金的违约金支付办法及违约责任。

第四条　缺陷责任期内，实行国库集中支付的政府投资项目，保证金的管理应按国库集中支付的有关规定执行。其他政府投资项目，保证金可以预留在财政部门或发包方。缺陷责任期内，如发包方被撤销，保证金随交付使用资产一并移交使用单位管理，由使用单位代行发包人职责。

社会投资项目采用预留保证金方式的，发、承包双方可以约定将保证金交由第三方金融机构托管。

第五条　推行银行保函制度，承包人可以银行保函替代预留保证金。

第六条　在工程项目竣工前，已经缴纳履约保证金的，发包人不得同时预留工程质量保证金。

采用工程质量保证担保、工程质量保险等其他保证方式的，发包人不得再预留保证金。

第七条　发包人应按照合同约定方式预留保证金，保证金总预留比例不得高于工程价款结算总额的3%。合同约定由承包人以银行保函替代预留保证金的，保函金额不得高于工程价款结算总额的3%。

第八条　缺陷责任期从工程通过竣工验收之日起计。由于承包人原因导致工程无法按规定期限进行竣工验收的，缺陷责任期从实际通过竣工验收之日起计。由于发包人原因导致工程无法按规定期限进行竣工验收的，在承包人提交竣工验收报告90天后，工程自动进入缺陷责任期。

第九条　缺陷责任期内，由承包人原因造成的缺陷，承包人应负责维修，并承担鉴定及维修费用。如承包人不维修也不承担费用，发包人可按合同约定从保证金或银行保函中扣除，费用超出保证金额的，发包人可按合同约定向承包人进行索赔。承包人维修并承担相应费用后，不免除对工程的损失赔偿责任。

由他人原因造成的缺陷，发包人负责组织维修，承包人不承担费用，且发包人不得从保证金中扣除费用。

第十条　缺陷责任期内，承包人认真履行合同约定的责任，到期后，承包人向发包人申请返还保证金。

第十一条　发包人在接到承包人返还保证金申请后，应于14天内会同承包人按照合同约定的内容进行核实。如无异议，发包人应当按照约定将保证金返还给承包人。对返还期限没有约定或者约定不明确的，发包人应当在核实后14天内将保证金返还承包人，逾期未返还的，依法承担违约责任。发包人在接到承包人返还保证金申请后14天内不予答复，经催告后14天内仍不予答复，视同认可承包人的返还保证金申请。

第十二条　发包人和承包人对保证金预留、返还以及工程维修质量、费用有争议的，按承包合同约定的争议和纠纷解决程序处理。

第十三条　建设工程实行工程总承包的，总承包单位与分包单位有关保证金的权利与义务的约定，参照本办法关于发包人与承包人相应权利与义务的约定执行。

第十四条　本办法由住房城乡建设部、财政部负责解释。

第十五条　本办法自2017年7月1日起施行，原《建设工程质量保证金管理办法》（建质〔2016〕295号）同时废止。

住房城乡建设部办公厅关于做好取消城市园林绿化企业资质核准行政许可事项相关工作的通知

（建办城〔2017〕27 号）

各省、自治区住房城乡建设厅，北京市园林绿化局，上海市绿化和市容管理局，天津市市容和园林管理委员会，重庆市园林事业管理局，新疆生产建设兵团建设局、军委后勤保障部军事设施建设局：

为贯彻落实《国务院关于修改和废止部分行政法规的决定》（国务院令第 676 号）关于删除《城市绿化条例》第十六条"城市绿化工程的施工，应当委托持有相应资格证书的单位承担"的决定，做好相关工作，现将有关事项通知如下：

一、各级住房城乡建设（园林绿化）主管部门不再受理城市园林绿化企业资质核准的相关申请。

二、各级住房城乡建设（园林绿化）主管部门不得以任何方式，强制要求将城市园林绿化企业资质或市政公用工程施工总承包等资质作为承包园林绿化工程施工业务的条件。

三、各地要按照国务院推进简政放权、放管结合、优化服务改革的要求，创新城市园林绿化市场管理方式，探索建立健全园林绿化企业信用评价、守信激励、失信惩戒等信用管理制度，加强事中事后监管，维护市场公平竞争秩序。

四、《关于城市园林绿化企业一级资质核准有关事宜的通知》（建办城函〔2015〕133 号）自本通知印发之日起废止。

此前有关园林绿化企业管理文件规定与本通知不一致的，均以本通知为准。

中华人民共和国住房和城乡建设部办公厅

2017 年 4 月 13 日

关于深入开展2016年国家电子招标投标试点工作的通知

（发改办法规〔2016〕1392号）

各试点单位：

根据国家发展改革委等六部委《关于扎实开展国家电子招标投标试点工作的通知》（发改法规〔2015〕1544号）要求，为落实深圳国家电子招标投标试点经验交流会关于深化试点工作的精神，以点带面，推进电子招标投标健康有序发展，现就深入开展2016年国家电子招标投标试点工作通知如下。

一、把握总体要求

各试点地区和单位要在已有工作基础上，继续将试点工作引向深入。一是深化平台建设。从推动本地区电子招标投标全面发展的角度出发，加强统一规划指导，引导市场主体积极有序建设运营电子招标投标交易平台，加快建设功能完备、接口开放的公共服务平台和行政监督平台，尽快实现与国家电子招标投标公共服务平台的互联互通和资源共享。二是深化推广应用。强化电子招标投标应用导向和用户体验导向，加快实现全领域、全行业、全过程招投标电子化，进一步挖掘和发挥电子化对规范招标投标行为、减少投诉、提高采购效率、加强大数据运用等方面的作用。三是深化机制创新。推进"互联网+监管"模式，探索监管清单制度，公开监管依据和程序，实行在线监督，确保监管依法、客观、精准，为电子招标采购市场化发展，实现信息公开共享、规范市场秩序创造良好环境。

二、明确试点任务

根据发改法规〔2015〕1544号文和上述总体要求，2016年各政府综合试点要围绕推进招标投标领域简政放权、放管结合、优化服务改革，构建本地区电子招标投标平台体系，推进招标投标电子化监管和营造促进电子招标投标健康发展的制度环境，重点完成以下任务，确保试点取得实效：（一）建成或者市场化配置完成区域内所需要的专业化电子招标投标交易平台，并通过检测认证；（二）建成本级电子招标投标公共服务平台，与区域内所需要使用的电子招标投标交易平台，以及国家电子招标投标公共服务平台对接，实现数据实时交互；（三）建成本级电子招标投标行政监督平台，实行招标投标电子化监督；（四）清理废止不利于电子招标投标发展的各项制度；（五）结合本地区实际完成附件中相应重点任务，突出试点的亮点和创新点。

电子招标投标交易平台试点要按照市场化发展路径，围绕创新交易服务技术、优化信息交互共享、消除技术壁垒和漏洞、实现全流程交易，提高项目交易与需求匹配度和效率，以及促进招标投标公平竞争、维护交易和信息安全等方面，明确各交易平台运营单位的2016年试点任务和工作要求，并抓好组织实施。

三、抓好组织实施

（一）深化跟踪对接。各试点单位应当根据试点要求和任务，逐项制定工作方案，切实抓好落实。各政府综合试点和交易平台试点应于 2016 年 11 月底前，提交试点年度总结报告。国家发展改革委将会同有关部门及时了解试点进展情况，引入第三方评估机制，对试点单位进行评价，并将结果以适当方式公布。

（二）深化政策支持。抓紧制定“互联网+”招标采购行动方案，颁布实施电子招标投标公共服务平台管理办法，编制公共服务平台和行政监督平台技术规范，健全制度保障。研究完善支持和推广电子招标投标发展的政策措施，破除影响电子招标投标发展的思想观念、体制机制障碍，培育内生动力，在推动实现电子招标投标系统整体互联共享的基础上，加强与公共资源交易服务平台、投资项目在线审批监管平台、社会信用共享平台等的对接共享。

（三）深化典型示范。国家发展改革委、工业和信息化部、住房城乡建设部、交通运输部、水利部、商务部等部门将根据职责分工，加强对试点工作的指导和监督。要认真总结试点经验，发挥试点示范和引领带动作用，从试点地区或单位中选取若干在创新监管体制机制、促进交易平台市场化发展、深化大数据应用、加强平台互联共享等的典型，作为创新示范，向全国推广。

附件：2016 年国家电子招标投标政府综合试点重点任务

国家发展改革委办公厅
工业和信息化部办公厅
住房城乡建设部办公厅
交通运输部办公厅
水利部办公厅
商务部办公厅
2016 年 6 月 2 日

住房城乡建设部办公厅关于规范使用建筑业企业资质证书的通知

（建办市函〔2016〕462号）

各省、自治区住房城乡建设厅，直辖市建委，新疆生产建设兵团建设局，国务院有关部门建设司（局）：

《住房城乡建设部关于印发〈建筑业企业资质管理规定和资质标准实施意见〉的通知》（建市〔2015〕20号）规定，每套新版建筑业企业资质证书包括1个正本和1个副本，每本证书上均印制二维码标识。为切实减轻企业负担，各有关部门和单位在对企业跨地区承揽业务监督管理、招标活动中，不得要求企业提供建筑业企业资质证书原件，企业资质情况可通过扫描建筑业企业资质证书复印件的二维码查询。

中华人民共和国住房和城乡建设部办公厅

2016年5月19日

工业和信息化部关于印发《通信工程建设项目施工招标文件范本》等8个招标文件范本的通知

（工信部通信〔2016〕450号）

各省、自治区、直辖市通信管理局，中国电信集团公司、中国移动通信集团公司、中国联合网络通信集团有限公司、中国铁塔股份有限公司，相关单位：

为规范通信工程建设项目招投标行为，提高通信工程建设项目招标文件的编制质量，根据《招标投标法实施条例》《通信工程建设项目招标投标管理办法》（工业和信息化部令第27号）、《标准施工招标资格预审文件》和《标准施工招标文件》（国家发展和改革委员会等9部委令第56号）、《简明标准施工招标文件》（发改法规〔2011〕3018号），我部对《通信建设项目施工招标文件范本（试行）》（2009年版）和《通信建设项目货物招标文件范本（试行）》（2009年版）进行了修订，形成了《通信工程建设项目施工招标文件范本》（2017年版）等8个招标文件范本，现予以发布，自2017年3月1日起施行。工业和信息化部《关于发布〈通信建设项目施工招标文件范本（试行）〉和〈通信建设项目货物招标文件范本（试行）〉的通知》（工信部通〔2009〕194号）同时废止。

工业和信息化部

2016年12月30日

关于在招标投标活动中对失信被执行人实施联合惩戒的通知

（法〔2016〕285 号）

为贯彻党的十八届三中、四中、五中全会精神，落实《中央政法委关于切实解决人民法院执行难问题的通知》（政法〔2005〕52 号）、《国务院关于促进市场公平竞争维护市场正常秩序的若干意见》（国发〔2014〕20 号）、《国务院关于印发社会信用体系建设规划纲要（2014—2020 年）的通知》（国发〔2014〕21 号）、《关于对失信被执行人实施联合惩戒的合作备忘录》（发改财金〔2016〕141 号）要求，加快推进社会信用体系建设，健全跨部门失信联合惩戒机制，促进招标投标市场健康有序发展，现就在招标投标活动中对失信被执行人实施联合惩戒的有关事项通知如下。

一、充分认识在招标投标活动中实施联合惩戒的重要性

诚实信用是招标投标活动的基本原则之一。在招标投标活动中对失信被执行人开展联合惩戒，有利于规范招标投标活动中当事人的行为，促进招标投标市场健康有序发展；有利于建立健全一处失信，处处受限的信用联合惩戒机制，推进社会信用体系建设；有利于维护司法权威，提升司法公信力，在全社会形成尊重司法，诚实守信的良好氛围。各有关单位要进一步提高认识，在招标投标活动中对失信被执行人实施联合惩戒，有效应用失信被执行人信息，推动招标投标活动规范、高效、透明。

二、联合惩戒对象

联合惩戒对象为被人民法院列为失信被执行人的下列人员：投标人、招标代理机构、评标专家以及其他招标从业人员。

三、失信被执行人信息查询内容及方式

（一）查询内容

失信被执行人（法人或者其他组织）的名称、统一社会信用代码（或组织机构代码）、法定代表人或者负责人姓名；失信被执行人（自然人）的姓名、性别、年龄、身份证号码；生效法律文书确定的义务和被执行人的履行情况；失信被执行人失信行为的具体情形；执行依据的制作单位和文号、执行案号、立案时间、执行法院；人民法院认为应当记载和公布的不涉及国家秘密、商业秘密、个人隐私的其他事项。

（二）推送及查询方式

最高人民法院将失信被执行人信息推送到全国信用信息共享平台和信用中国网站，并

负责及时更新。

招标人、招标代理机构、有关单位应当通过信用中国网站(www.creditchina.gov.cn)或各级信用信息共享平台查询相关主体是否为失信被执行人,并采取必要方式做好失信被执行人信息查询记录和证据留存。投标人可通过“信用中国”网站查询相关主体是否为失信被执行人。

国家公共资源交易平台、中国招标投标公共服务平台、各省级信用信息共享平台通过全国信用信息共享平台共享失信被执行人信息,各省级公共资源交易平台通过国家公共资源交易平台共享失信被执行人信息,逐步实现失信被执行人信息推送、接收、查询、应用的自动化。

四、联合惩戒措施

各相关部门应依据《中华人民共和国民事诉讼法》《中华人民共和国招标投标法》《中华人民共和国招标投标法实施条例》《最高人民法院关于公布失信被执行人名单信息的若干规定》等相关法律法规,依法对失信被执行人在招标投标活动中采取限制措施。

(一)限制失信被执行人的投标活动

依法必须进行招标的工程建设项目,招标人应当在资格预审公告、招标公告、投标邀请书及资格预审文件、招标文件中明确规定对失信被执行人的处理方法和评标标准,在评标阶段,招标人或者招标代理机构、评标专家委员会应当查询投标人是否为失信被执行人,对属于失信被执行人的投标活动依法予以限制。

两个以上的自然人、法人或者其他组织组成一个联合体,以一个投标人的身份共同参加投标活动的,应当对所有联合体成员进行失信被执行人信息查询。联合体中有一个或一个以上成员属于失信被执行人的,联合体视为失信被执行人。

(二)限制失信被执行人的招标代理活动

招标人委托招标代理机构开展招标事宜的,应当查询其失信被执行人信息,鼓励优先选择无失信记录的招标代理机构。

(三)限制失信被执行人的评标活动

依法建立的评标专家库管理单位在对评标专家聘用审核及日常管理时,应当查询有关失信被执行人信息,不得聘用失信被执行人为评标专家。对评标专家在聘用期间成为失信被执行人的,应及时清退。

(四)限制失信被执行人招标从业活动

招标人、招标代理机构在聘用招标从业人员前,应当明确规定对失信被执行人的处理办法,查询相关人员的失信被执行人信息,对属于失信被执行人的招标从业人员应按照规定进行处理。

以上限制自失信被执行人从最高人民法院失信被执行人信息库中删除之时起终止。

五、工作要求

(一)有关单位要根据本《通知》,共同推动在招标投标活动中对失信被执行人开展联合惩戒工作,指导、督促各地、各部门落实联合惩戒工作要求,确保联合惩戒工作规范有序进行。

(二)有关单位应在规范招标投标活动中,建立相关单位和个人违法失信行为信用记录,通过全国信用信息共享平台、国家公共资源交易平台和中国招标投标公共服务平台实现信用信息交换共享和动态更新,并按照有关规定及时在信用中国网站予以公开。

(三)有关单位应当妥善保管失信被执行人信息,不得用于招标投标以外的事项,不得泄露企业经营秘密和相关个人隐私。

住房城乡建设部关于进一步推进工程总承包发展的若干意见

（建市〔2016〕93号）

各省、自治区住房城乡建设厅，直辖市建委，北京市规委，新疆生产建设兵团建设局，国务院有关部门建设司（局）：

为落实《中共中央 国务院关于进一步加强城市规划建设管理工作的若干意见》，深化建设项目组织实施方式改革，推广工程总承包制，提升工程建设质量和效益，现提出以下意见。

一、大力推进工程总承包

（一）充分认识推进工程总承包的意义。工程总承包是国际通行的建设项目组织实施方式。大力推进工程总承包，有利于提升项目可行性研究和初步设计深度，实现设计、采购、施工等各阶段工作的深度融合，提高工程建设水平；有利于发挥工程总承包企业的技术和管理优势，促进企业做优做强，推动产业转型升级，服务于一带一路战略实施。

（二）工程总承包的主要模式。工程总承包是指从事工程总承包的企业按照与建设单位签订的合同，对工程项目的设计、采购、施工等实行全过程的承包，并对工程的质量、安全、工期和造价等全面负责的承包方式。工程总承包一般采用设计—采购—施工总承包或者设计—施工总承包模式。建设单位也可以根据项目特点和实际需要，按照风险合理分担原则和承包工作内容采用其他工程总承包模式。

（三）优先采用工程总承包模式。建设单位在选择建设项目组织实施方式时，应当本着质量可靠、效率优先的原则，优先采用工程总承包模式。政府投资项目和装配式建筑应当积极采用工程总承包模式。

二、完善工程总承包管理制度

（四）工程总承包项目的发包阶段。建设单位可以根据项目特点，在可行性研究、方案设计或者初步设计完成后，按照确定的建设规模、建设标准、投资限额、工程质量和进度要求等进行工程总承包项目发包。

（五）建设单位的项目管理。建设单位应当加强工程总承包项目全过程管理，督促工程总承包企业履行合同义务。建设单位根据自身资源和能力，可以自行对工程总承包项目进行管理，也可以委托项目管理单位，依照合同对工程总承包项目进行管理。项目管理单位可以是本项目的可行性研究、方案设计或者初步设计单位，也可以是其他工程设计、施工或者监理等单位，但项目管理单位不得与工程总承包企业具有利害关系。

（六）工程总承包企业的选择。建设单位可以依法采用招标或者直接发包的方式选择工程总承包企业。工程总承包评标可以采用综合评估法，评审的主要因素包括工程总承包报价、项目管理组织方案、设计方案、设备采购方案、施工计划、工程业绩等。工程总承包项目可以采用总价合同或者成本加酬金合同,合同价格应当在充分竞争的基础上合理确定,合同的制订可以参照住房城乡建设部、工商总局联合印发的建设项目工程总承包合同示范文本。

(七)工程总承包企业的基本条件。工程总承包企业应当具有与工程规模相适应的工程设计资质或者施工资质,相应的财务、风险承担能力,同时具有相应的组织机构、项目管理体系、项目管理专业人员和工程业绩。

(八)工程总承包项目经理的基本要求。工程总承包项目经理应当取得工程建设类注册执业资格或者高级专业技术职称,担任过工程总承包项目经理、设计项目负责人或者施工项目经理,熟悉工程建设相关法律法规和标准,同时具有相应工程业绩。

(九)工程总承包项目的分包。工程总承包企业可以在其资质证书许可的工程项目范围内自行实施设计和施工,也可以根据合同约定或者经建设单位同意,直接将工程项目的设计或者施工业务择优分包给具有相应资质的企业。仅具有设计资质的企业承接工程总承包项目时,应当将工程总承包项目中的施工业务依法分包给具有相应施工资质的企业。仅具有施工资质的企业承接工程总承包项目时,应当将工程总承包项目中的设计业务依法分包给具有相应设计资质的企业。

(十)工程总承包项目严禁转包和违法分包。工程总承包企业应当加强对分包的管理,不得将工程总承包项目转包,也不得将工程总承包项目中设计和施工业务一并或者分别分包给其他单位。工程总承包企业自行实施设计的,不得将工程总承包项目工程主体部分的设计业务分包给其他单位。工程总承包企业自行实施施工的,不得将工程总承包项目工程主体结构的施工业务分包给其他单位。

(十一)工程总承包企业的义务和责任。工程总承包企业应当加强对工程总承包项目的管理,根据合同约定和项目特点,制定项目管理计划和项目实施计划,建立工程管理与协调制度,加强设计、采购与施工的协调,完善和优化设计,改进施工方案,合理调配设计、采购和施工力量,实现对工程总承包项目的有效控制。工程总承包企业对工程总承包项目的质量和安全全面负责。工程总承包企业按照合同约定对建设单位负责,分包企业按照分包合同的约定对工程总承包企业负责。工程分包不能免除工程总承包企业的合同义务和法律责任,工程总承包企业和分包企业就分包工程对建设单位承担连带责任。

(十二)工程总承包项目的风险管理。工程总承包企业和建设单位应当加强风险管理,公平合理分担风险。工程总承包企业按照合同约定向建设单位出具履约担保,建设单位向工程总承包企业出具支付担保。

(十三)工程总承包项目的监管手续。按照法规规定进行施工图设计文件审查的工程总承包项目,可以根据实际情况按照单体工程进行施工图设计文件审查。住房城乡建设主管部门可以根据工程总承包合同及分包合同确定的设计、施工企业,依法办理建设工程质量、安全监督和施工许可等相关手续。相关许可和备案表格,以及需要工程总承包企业签署意见的相关工程管理技术文件,应当增加工程总承包企业、工程总承包项目经理等栏目。

(十四)安全生产许可证和质量保修。工程总承包企业自行实施工程总承包项目施工的,应当依法取得安全生产许可证;将工程总承包项目中的施工业务依法分包给具有相应资质的施工企业完成的,施工企业应当依法取得安全生产许可证。工程总承包企业应当组织分包企业配合建设单位完成工程竣工验收,签署工程质量保修书。

三、提升企业工程总承包能力和水平

(十五)完善工程总承包企业组织机构。工程总承包企业要根据开展工程总承包业务的实际需要,及时调整和完善企业组织机构、专业设置和人员结构,形成集设计、采购和施工各阶段项目管理于一体,技术与管理密切结合,具有工程总承包能力的组织体系。

(十六)加强工程总承包人才队伍建设。工程总承包企业要高度重视工程总承包的项目经理及从事项目控制、设计管理、采购管理、施工管理、合同管理、质量安全管理和风险管理等方面的人才培养。加强项目管理业务培训,并在工程总承包项目实践中锻炼人才、培育人才,培养一批符合工程总承包业务需求的专业人才,为开展工程总承包业务提供人才支撑。

(十七)加强工程总承包项目管理体系建设。工程总承包企业要不断建立完善包括技术标准、管理标准、质量管理体系、职业健康安全和环境管理体系在内的工程总承包项目管理标准体系。加强对分包企业的跟踪、评估和管理,充分利用市场优质资源,保证项目的有效实施。积极推广应用先进实用的项目管理软件,建立与工程总承包管理相适应的信息网络平台,完善相关数据库,提高数据统计、分析和管控水平。

四、加强推进工程总承包发展的组织和实施

(十八)加强组织领导。各级住房城乡建设主管部门要高度重视推进工程总承包发展工作,创新建设工程管理机制,完善相关配套政策;加强领导,推进各项制度措施落实,明确管理部门,依据职责加强对房屋建筑和市政工程的工程总承包活动的监督管理;加强与发展改革、财政、税务、审计等有关部门的沟通协调,积极解决制约工程总承包项目实施的有关问题。

(十九)加强示范引导。各级住房城乡建设主管部门要引导工程建设项目采用工程总承包模式进行建设,从重点企业入手,培育一批工程总承包骨干企业,发挥示范引领带动作用,提高工程总承包的供给质量和能力。加大宣传力度,加强人员培训,及时总结和推广经验,扩大工程总承包的影响力。

(二十)发挥行业组织作用。充分发挥行业组织桥梁和纽带作用,在推进工程总承包发展过程中,行业组织要积极反映企业诉求,协助政府开展相关政策研究,组织开展工程总承包项目管理人才培训,开展工程总承包企业经验交流,促进工程总承包发展。

住房城乡建设部

2016 年 5 月 20 日

关于在招标投标活动中全面开展行贿犯罪档案查询的通知

（高检会〔2015〕3 号）

各省、自治区、直辖市人民检察院、发展改革委，新疆生产建设兵团人民检察院、发展改革委：

为贯彻党的十八大和十八届三中、四中全会关于加强诚信建设的精神，落实《国务院关于印发社会用体系建设规划纲要（2014—2020 年）的通知》（国发〔2014〕21 号）要求，推动健全社会信用体系，营造诚实守信的市场环境，有效遏制贿赂犯罪，促进招标投标公平竞争，最高人民检察院、国家发展改革委决定在招标投标活动中全面开展行贿犯罪档案查询。

一、充分认识在招标投标活动中开展行贿犯罪档案查询的重要意义

《中华人民共和国招标投标法》明确规定，招标投标活动应当遵循诚实信用的原则。在招投标活动中开展行贿犯罪档案查询，对有行贿犯罪记录的单位和个人参与招标投标活动进行限制，是健全招标投标失信行为联合惩戒机制，推动社会信用体系建设的重要举措，有利于规范招标投标活动当事人行为，提高其违法失信成本，遏制贿赂犯罪；有利于形成一处行贿，处处受制的信用机制，促进招投标行业持续健康发展。各级人民检察院、发展改革部门和招标投标行政监督部门要进一步提高认识，加强协作配合，积极推动建立招标投标活动行贿犯罪档案查询工作机制，有效应用行贿犯罪档案查询结果，做好对经查询有行贿犯罪记录的单位或个人的处置工作，强化市场主体廉洁经营、诚信经营、守法经营的意识。

二、在招标投标工作中开展行贿犯罪档案查询的基本内容

（一）依法必须进行招标的工程建设项目应当在中标通知书发出前对投标人进行行贿犯罪档案查询。委托招标代理机构前，应当对招标代理机构进行行贿犯罪档案查询。

有关主管部门应当在招标代理机构资质确定和招标师注册前，对有关机构和人员进行行贿犯罪档案查询。

鼓励不属于依法必须招标的工程建设项目对投标人和招标代理机构进行行贿犯罪档案查询。

（二）招标投标中行贿犯罪档案查询期限根据《最高人民检察院关于行贿犯罪档案查询工作的规定》确定。

单位犯罪自人民法院判决、裁定生效之日起，个人犯罪自刑罚执行完毕之日起计算行贿犯罪档案查询期限。法律法规对查询期限另有规定的除外。

（三）招标人可以向本单位住所地人民检察院或者招标项目所在地人民检察院申请行贿犯罪档案查询。招标人委托招标代理机构办理招标事宜的，可以由招标代理机构申请查询。

投标人根据招标人的要求可以自行到人民检察院申请查询。

申请查询时,应当申明查询事由,列明被查询单位名称、组织机构代码,被查询单位法定代表人、项目经理的姓名和身份证号码。

(四)两个以上法人或者其他组织组成一个联合体、以一个投标人的名义共同投标的,应当对所有联合体成员进行查询。

(五)一次查询涉及被查询单位、个人数量较多的,可以由招标人、招标代理机构集中进行批量查询。

(六)有关行政主管部门或者招标人应当向同级人民检察院查询招标代理机构或者招标师行贿犯罪档案信息。相关工作委托行业自律组织承担的,可以由相关协会申请查询。

(七)人民检察院应当建立行贿犯罪档案网络查询系统,积极创造条件,推进与各级招标投标行政监督平台、公共服务平台和综合性社会信用信息平台互联互通、信息共享,依托电子化平台,实现有关行政主管部门和市场主体网上申请查询。

各级人民检察院应当向社会公开行贿犯罪档案查询办理程序、办理时限、联系方式等信息,并接受社会监督。

(八)检察机关提供的查询结果包括以下内容:被查询单位或个人有无行贿犯罪记录,作出判决、裁定的人民法院,判决时间和结果,行贿犯罪的实施时间和犯罪数额,及有关整改和预防的信息。

行贿犯罪档案查询结果告知函自出具之日起 2 个月内有效。

(九)行贿犯罪记录应当作为招标的资质审查、招标代理机构资质认定、评标专家入库审查、招标代理机构选定、中标人推荐和确定、招标师注册等活动的重要依据。有关行政主管部门、建设单位(业主单位)应当依据有关法律法规和各地有关规定,对有行贿犯罪记录的单位或个人作出一定时期内限制进入市场、取消投标资格、降低资质等级、不予聘用或者注册等处置,并将处置情况在 10 个工作日内反馈提供查询结果的人民检察院。

(十)开展非罪行贿行为查询和应用试点的地区,查询与应用办法参照上述规定执行。

三、工作要求

(一)各级检察机关、发展改革部门,要根据本地实际,依托社会信用体系建设联席会议等协作机制,共同推动在招标投标中开展行贿犯罪档案查询,指导、督促相关部门落实查询工作要求,保证查询结果应用到位。

(二)县级以上人民政府发展改革部门应当加强与工业和信息化、住房城乡建设、交通运输、水利、商务等部门的沟通联系,密切配合,及时发现、研究和解决行贿犯罪档案查询工作中的问题,确保查询工作规范有序进行。

(三)有关部门和单位应当妥善保管行贿犯罪档案信息,不得用于招标投标以外的事项,不得泄露企业经营秘密和相关个人隐私。

最高人民检察院
国家发展改革委
2015 年 5 月 8 日

关于扎实开展国家电子招标投标试点工作的通知

（发改法规〔2015〕1544 号）

各省、自治区、直辖市及计划单列市、副省级省会城市、新疆生产建设兵团发展改革委、工信委（经委）、通信管理局、住房城乡建设厅（建委、局）、交通厅（局）、水利厅（局）、商务厅（局），各地区铁路监管局，中国招标投标协会，各有关公共资源交易管理机构：

为落实党中央国务院关于加快完善现代市场体系的要求，在招投标领域探索实行"互联网+监管"模式，深入贯彻实施《电子招标投标办法》，不断提高电子招标投标的广度和深度，促进招标投标市场健康可持续发展，现就扎实开展国家电子招标投标试点工作通知如下：

一、试点总体目标

电子招标投标试点的总体目标是，贯彻落实党的十八大和十八届三中、四中全会精神，坚持招标投标与互联网相融合，坚持制度创新和技术创新相结合，通过试点推动建成一批符合《电子招标投标办法》要求的电子招标投标交易平台、公共服务平台和行政监督平台，鼓励、引导和带动交易平台市场化、专业化发展，架构形成全国互联互通的电子招标投标系统网络，建立健全招标投标市场信息公开共享服务体系，促进招标投标行政监督部门转变职能、创新监管方式，实现招标投标行业转型升级和市场规范化发展。

二、试点类型和期限

按照积极稳妥、分步推进、分类指导的原则，电子招标投标试点分为政府综合试点和交易平台试点。其中，政府综合试点根据各地区落实电子招标投标制度情况，电子招标投标系统建设运营基础，以及部门和地区推荐和申报，分批开展。本批试点在总结深圳市、昆明市先行先试经验基础上，将试点范围扩大到浙江省、福建省、湖北省、湖南省、甘肃省、广州市、宜宾市，各部门和各地区可以根据实际情况继续推荐和申报。交易平台试点由各地方、有关行业协会根据《电子招标投标办法》及其技术规范推荐，在国家发展改革委会同有关部门指导下组织实施，确保公开透明规范。

本批电子招标投标试点的期限为本通知发布之日起至 2016 年 12 月 30 日。

三、试点主要任务

政府综合试点侧重探索建立电子招标投标信息公开共享服务体系和创新招标投标监管体制机制，为电子招标投标交易平台市场化竞争、实现互联互通信息公开共享、规范市场秩序创造良好环境。试点的重点任务：一是构建规范的电子招标投标系统。引导各类主体按照市场化和专业化方向有序建设和运营交易平台，加快建立公共服务平台和行政监督平台，确保本地区各类电子招标投标平台符合《电子招标投标办法》规定的功能定位，依法合规运营，并推动平台之间功能分离、互联互通和信息共享。二是创新招标投标监管方式。推动本地区招标投标行政监督由现场监督转变为在线监督，更好发挥社会监督作用，运用大数据加强和改进监督方式，实现预警纠错、事中事后监督、在线投诉举报处理，建立招标采购全过程的动态监管机制。三是营造良好制度环境。加强电子招标投标制度宣传贯彻和能力建设，完善本地区电子招标投标配套制度和政策措施，组织对不适应电子招标投标发展的规章规范性文件进行全面清理，通过电子招标投标系统向社会公开，并在线接受咨询和意见建议。

交易平台试点侧重探索电子招标投标交易平台的技术创新、优化流程、规范程序、专业运营、统一标准，实现与内部信息管理系统和外部公共信息服务系统对接并交换信息，降低交易成本，提高交易效率，确保交易安全，促进公平有序竞争。

四、工作要求

（一）认真组织实施，确保取得实效。各试点单位要按照《电子招标投标办法》等有关规定和本通知要求，制定详细工作方案，明确工作机构、工作任务和时间进度要求，认真组织实施，并注重及时总结试点经验，争取形成一批电子招标投标创新成果。本批政府综合试点应每半年向国家发展改革委和有关部门报送工作进展情况，2016 年 12 月提交总结报告。

（二）强化协同联动，实现互联共享。各政府综合试点之间，以及政府综合试点与交易平台试点之间，要加强协同配合，形成工作合力。政府综合试点区域内的电子招标投标公共服务平台和行政监督平台应当按规定开放数据接口，允许依法建立的各类交易平台对接交换数据。试点交易平台应当在试点期间通过检测认证，并与国家电子招标投标公共服务平台对接，实现互联互通和数据共享。对于交易平台请求接入政府综合试点区域内有关公共服务平台和行政监督平台，符合有关法律、行政法规、部门规章规定的，有关部门应当依法予以支持并提供便利。有关招标投标协会应当按照有关规定，加强电子招标投标活动的自律管理和技术保障服务。

（三）加强督促指导，做好总结验收。国家发展改革委、工业和信息化部、住房城乡建设部、交通运输部、水利部、商务部等部门将根据职责分工，对试点单位和电子招标投标平台建设运营活动进行监督。国家发展改革委加强指导协调，会同有关部门协调解决试点工作中的重大问题，总结、转化、推广试点经验和成果，督促检查试点工作，对试点不力的单位，进行提醒通报，对通报后仍达不到试点工作要求的，取消试点称号。试点结束后组织验收，验收合格且取得典型创新成果和经验的，转为创新示范点，并向社会公布。

国家发展改革委
工业和信息化部
住房城乡建设部
交通运输部
水利部
商务部
2015 年 7 月 8 日

国家发展改革委关于进一步放开建设项目专业服务价格的通知

（发改价格〔2015〕299 号）

国务院有关部门、直属机构，各省、自治区、直辖市发展改革委、物价局：

为贯彻落实党的十八届三中全会精神，按照国务院部署，充分发挥市场在资源配置中的决定性作用，决定进一步放开建设项目专业服务价格。现将有关事项通知如下：

一、在已放开非政府投资及非政府委托的建设项目专业服务价格的基础上，全面放开以下实行政府指导价管理的建设项目专业服务价格，实行市场调节价。

（一）建设项目前期工作咨询费，指工程咨询机构接受委托，提供建设项目专题研究、编制和评估项目建议书或者可行性研究报告，以及其它与建设项目前期工作有关的咨询等服务收取的费用。

（二）工程勘察设计费，包括工程勘察收费和工程设计收费。工程勘察收费，指工程勘察机构接受委托，提供收集已有资料、现场踏勘、制定勘察纲要，进行测绘、勘探、取样、试验、测试、检测、监测等勘察作业，以及编制工程勘察文件和岩土工程设计文件等服务收取的费用；工程设计收费，指工程设计机构接受委托，提供编制建设项目初步设计文件、施工图设计文件、非标准设备设计文件、施工图预算文件、竣工图文件等服务收取的费用。

（三）招标代理费，指招标代理机构接受委托，提供代理工程、货物、服务招标，编制招标文件、审查投标人资格，组织投标人踏勘现场并答疑，组织开标、评标、定标，以及提供招标前期咨询、协调合同的签订等服务收取的费用。

（四）工程监理费，指工程监理机构接受委托，提供建设工程施工阶段的质量、进度、费用控制管理和安全生产监督管理、合同、信息等方面协调管理等服务收取的费用。

（五）环境影响咨询费，指环境影响咨询机构接受委托，提供编制环境影响报告书、环境影响报告表和对环境影响报告书、环境影响报告表进行技术评估等服务收取的费用。

二、上述 5 项服务价格实行市场调节价后，经营者应严格遵守《价格法》、《关于商品和服务实行明码标价的规定》等法律法规规定，告知委托人有关服务项目、服务内容、服务质量，以及服务价格等，并在相关服务合同中约定。经营者提供的服务，应当符合国家和行业有关标准规范，满足合同约定的服务内容和质量等要求。不得违反标准规范规定或合同约定，通过降低服务质量、减少服务内容等手段进行恶性竞争，扰乱正常市场秩序。

三、各有关行业主管部门要加强对本行业相关经营主体服务行为监管。要建立健全服务标准规范，进一步完善行业准入和退出机制，为市场主体创造公开、公平的市场竞争环境，引导行业健康发展；要制定市场主体和从业人员信用评价标准，推进工程建设服务市场信用体系建设，加大对有重大失信行为的企业及负有责任的从业人员的惩戒力度。充分发挥行业协会服务企业和行业自律作用，加强对本行业经营者的培训和指导。

四、政府有关部门对建设项目实施审批、核准或备案管理，需委托专业服务机构等中介提供评估评审等服务的,有关评估评审费用等由委托评估评审的项目审批、核准或备案机关承担,评估评审机构不得向项目单位收取费用。

五、各级价格主管部门要加强对建设项目服务市场价格行为监管,依法查处各种截留定价权,利用行政权力指定服务、转嫁成本,以及串通涨价、价格欺诈等行为,维护正常的市场秩序,保障市场主体合法权益。

六、本通知自 2015 年 3 月 1 日起执行。此前与本通知不符的有关规定,同时废止。

国家发展改革委

2015 年 2 月 11 日

国家认监委 发展改革委 工业和信息化部 住房城乡建设部 交通运输部 水利部 商务部关于发布《电子招标投标系统检测认证管理办法（试行）》的通知

（国认证联〔2015〕53 号）

国务院各部委、各直属机构，各直属检验检疫局，各省、自治区、直辖市及计划单列市、副省级城市、新疆生产建设兵团质量技术监督局（市场监督管理部门）、发展改革委、工信委（经委）、通信管理局、住房城乡建设厅（建委、局）、交通厅（局）、水利厅（局），商务厅（局）、国资委（局）、广播电视局，各铁路局、民航各地区管理局，各计划单列企业集团，各相关认证机构、实验室：

为了规范电子招标投标系统检测认证活动，根据《中华人民共和国产品质量法》、《中华人民共和国招标投标法》及其实施条例、《中华人民共和国认证认可条例》、《电子招标投标办法》等法律法规规章，国家认监委、发展改革委、工业和信息化部、住房城乡建设部、交通运输部、水利部、商务部联合制定了《电子招标投标系统检测认证管理办法（试行）》，现予以发布，自 2015 年 9 月 1 日起施行。

国家认监委
发展改革委
工业和信息化部
住房城乡建设部
交通运输部
水利部
商务部
2015 年 8 月 4 日

第一章　总　　则

第一条　为了规范电子招标投标系统检测认证活动，根据《中华人民共和国产品质量法》、《中华人民共和国招标投标法》及其实施条例、《中华人民共和国认证认可条例》、《电子招标投标办法》等法律法规规章的规定，制定本办法。

第二条　本办法所称电子招标投标系统是指按照《电子招标投标办法》及所附《电子招标投标系统技术规范》（以下简称《技术规范》）相关要求建设和运营，由软件、硬件及软、硬件的组合产品所组成的电子招标投标交易平台、公共服务平台和行政监督平台。

第三条　本办法所称检测认证，是指基于实验室依照相关要求对电子招标投标系统进行符合性检测结果，由第三方认证机构评价和证明电子招标投标系统能够持续符合相关要求的合格评定活动。

第四条　国家发展和改革委员会（以下简称国家发展改革委）负责指导协调全国电子招标投标活动，会同工业和信息化部、住房城乡建设部、交通运输部、水利部、商务部等有关部门编制电子招标投标系统检测技术规范，作为本办法附件一并印发。

国家认证认可监督管理委员会（以下简称国家认监委）、国家发展改革委会同工业和信息化部、住房城乡建设部、交通运输部、水利部、商务部等有关部门依法建立电子招标投标系统检测认证制度。

国家认监委负责电子招标投标系统检测认证工作的组织实施、监督管理和综合协调。

省级以上人民政府发展改革、工业和信息化、住房城乡建设、交通运输、水利、商务等部门负责对检测认证结果建立采信和运用的监督机制。

第五条　国家认监委牵头组建电子招标投标系统检测认证技术委员会，对涉及电子招标投标系统检测认证技术的重大问题进行研究和审议，为建立完善电子招标投标系统（以下简称招标投标系统）检测认证制度提供技术支撑。

第二章　检　　测

第六条　负责招标投标系统日常运营的机构（以下简称运营机构）向认证机构提出检测认证委托，并在认证机构签约的实验室名录中自主选择符合本办法规定的实验室进行检测。运营机构应当与其委托的实验室签订检测委托合同，合同应当包括检测范围、检测内容、检测费用、检测期限、出具检测报告的时间，以及技术保密事项等内容。

第七条　运营机构应当依据所签订的合同向委托的实验室提供以下资料：

（一）受检招标投标系统的检测需求、设计方案、使用维护等相关说明；

（二）受检招标投标系统能够实现的基本功能定位、网络结构拓扑图及运行环境软硬件配置说明；

（三）受检招标投标系统符合《电子招标投标办法》及《技术规范》规定的要求，并能在线完成招标投标交易或公共服务流程的证明材料以及平台标识代码；

（四）受检招标投标系统与电子招标投标公共服务平台和行政监督平台实现对接并具备数据交换功能的证明材料；

（五）受检招标投标系统符合国家有关招标投标法律法规并与实际运营的招标投标系统相一致的声明。

第八条　实验室应当依法经过资质认定，符合《检验检测机构资质认定评审准则》的要求，并具备从事招标投标系统检测工作的相关技术能力。

实验室检测人员应当通过专业能力培训，掌握招标投标系统相关的标准、技术要求和认证规则要求，具备招标投标系统检测能力。

认证机构应在其网站上公布与其签约且符合上述要求的招标投标系统检测实验室名录，并交互至国家电子招标投标公共服务平台。

第九条　实验室应当依照本办法及《电子招标投标系统检测技术规范》（以下简称《检

测规范》)等确定的检测内容、要求和程序进行检测。

招标投标系统检测应当包括数据项、业务规则、功能、接口、性能、安全性、可靠性、易用性、运行环境等内容,并对招标投标系统的需求、设计和使用等相关文档进行审核。

第十条　实验室发现受检招标投标系统不具备检测条件或者招标投标系统中有部分检测项不符合《检测规范》要求的,运营机构应当在修改或者重新设计后再次进行检测。运营机构可以根据招标投标系统建设情况和实际需要,请实验室提前进行部分检测,但实验室只对受检招标投标系统一次性出具最终检测报告。

第十一条　实验室应当确保检测结果的真实、准确,并对检测全过程做出完整记录,归档留存,保证检测过程和结果具有可追溯性,配合认证机构对获证招标投标系统进行跟踪检查。

第十二条　招标投标系统经检测合格后,实验室应当按照有关规定,向运营机构出具数据电文形式且经过电子签名的检测报告,并交互至省级以上电子招标投标公共服务平台公布。检测报告至少包括以下内容:

(一)受检招标投标系统名称、版本及运行环境;

(二)受检招标投标系统的建设、运营和开发机构身份、资格和相关负责人姓名;

(三)检测时限、范围;

(四)检测工具及环境说明;

(五)实验室名称、检测人员;

(六)检测内容、检测方法及检测依据;

(七)受检招标投标系统可以实现的全部功能以及与电子招标投标公共服务平台和行政监督平台实现对接并具备数据交换功能的验证证明及平台标识代码;

(八)运营机构提供的受检招标投标系统符合国家有关招标投标法律法规并与实际运营招标投标系统相一致的声明;

(九)检测结论。

实验室对其作出的检测报告以及结论负责。

第十三条　招标投标系统检测合格后,运营机构应当在获得认证证书前自行组织招标投标系统试运行。招标投标系统试运行期限从出具检测报告之日起计算,不少于两个月但不得超过半年,在试运行期限内应当达到至少 3 个成功运行的案例。

招标投标系统试运行期间,实验室应当依据合同对招标投标系统整改给予支持和配合,并提供相关证明材料。招标投标系统试运行结束后,运营机构应当编写招标投标系统试运行报告,报告主要包括以下内容:

(一)验证和记录招标投标系统实际试运行过程、与电子招标投标公共服务平台和行政监督平台的对接和数据交换情况,招标投标系统存在问题和整改情况等;

(二)根据《技术规范》的要求,为保证招标投标系统持续符合技术标准及招标投标法律法规规定所制订的技术、管理措施及风险防范措施的文件。

第三章　认　　证

第十四条　运营机构可以自主选择和委托符合本办法规定的认证机构对其招标投标系统进行认证,并与认证机构签订认证委托合同。合同应当包括认证内容、认证方法、认证费用、认证时限,以及技术保密事项等内容。

第十五条　运营机构应当向认证机构提交以下材料:

(一)认证委托书,包括运营机构及其相关专业负责人的身份、资格等证明材料;

(二)招标投标系统检测报告及相关附件;

(三)招标投标系统试运行报告;

(四)保证招标投标系统合法、安全、规范运营及数据真实性、可靠性的技术措施和管理制度,运营岗位人员和职责设置方案;

(五)用户投诉及监管部门处理情况;

(六)认证机构要求的其他材料。

第十六条　认证机构应当依法经国家认监委批准,符合国家标准中关于产品认证机构技术能力的通用要求,并具备从事招标投标系统认证活动的相关技术能力。

认证人员应当通过专业能力培训,掌握招标投标系统相关的标准、技术规范、检测规范和认证规则要求。

从事招标投标系统认证活动的认证机构名录由国家认监委公布,并交互至国家电子招标投标公共服务平台。

第十七条　认证机构依据招标投标系统检测认证技术委员会相关要求,制定认证规则,经检测认证技术委员会审议后发布实施,并于认证规则发布后 30 日内报国家认监委备案。

第十八条　认证机构受理运营机构的认证委托后,应当按照认证规则要求,对运营机构提交的招标投标系统检测报告、招标投标系统试运行报告、持续性符合措施进行文件审查,并可根据情况对招标投标系统的持续符合保证能力进行现场审查。

符合认证要求的,认证机构出具数据电文形式和纸质形式的认证证书,并将数据电文形式认证证书交互至省级以上电子招标投标公共服务平台公布。不符合认证要求的,认证机构应当以书面形式告知其原因。

第十九条　认证机构应当对认证全过程作出完整记录,并归档留存,保证认证过程和结果具有可追溯性。

认证机构对其作出的认证结论负责。

第二十条　认证机构应当在认证证书有效期内对获证招标投标系统及运营机构每年至少实施一次跟踪检查,以确保获证招标投标系统能够持续符合认证要求。

第二十一条　认证机构通过省级以上电子招标投标公共服务平台公开认证规则、收费标准、获证招标投标系统和运营机构等信息,接受社会的监督和查询。

第二十二条　认证机构应当定期向国家认监委报送招标投标系统检测认证的实施情况及认证证书暂停、撤销或者注销的信息。

第四章 认证证书和认证标志

第二十三条 认证证书至少包括以下内容：

(一)认证委托人名称,地址；

(二)招标投标系统名称、型号版本和网址；

(三)运营机构名称、注册地址、受审核地址；

(四)认证依据的标准、技术要求；

(五)认证模式；

(六)证书编号；

(七)发证日期、换证日期和有效期；

(八)发证机构的名称、印章及其标志；

(九)发证机构法定代表人或者其授权签字人的签字；

(十)其他需要标注的内容。

第二十四条 认证证书有效期为三年。有效期届满前6个月内,认证委托人应当办理重新认证。

第二十五条 在认证证书有效期内,招标投标系统功能、架构、运行环境等发生重大变更、出现重大事故,或者由于运营机构原因导致无法持续与电子招标投标公共服务平台和行政监督平台进行数据交换时,运营机构应当及时向认证机构报告,认证机构根据实际情况可以作出变更、注销、暂停、撤销或者重新认证的决定,并对外公布。

第二十六条 有下列情形之一的,运营机构应当向认证机构提出变更认证证书的申请,认证机构作出相应处理：

(一)获证招标投标系统名称或者网址发生变更的；

(二)运营机构名称、地址发生变更的；

(三)认证委托人名称、地址发生变更的；

(四)本办法及《检测规范》、认证规则等发生变化的；

(五)认证机构规定的其他应当变更的情形。

第二十七条 有下列情形之一的,认证机构应当注销认证证书：

(一)认证证书有效期届满,运营机构未申请延续使用的；

(二)获证招标投标系统不再运营的；

(三)运营机构申请注销的；

(四)其他依法应当注销的情形。

第二十八条 有下列情形之一的,认证机构应当按照认证规则规定的期限暂停认证证书：

(一)获证招标投标系统适用的认证依据或者认证规则发生变化,运营机构在规定期限内未达到变化后要求的；

(二)运营机构无正当理由拒绝接受跟踪检查,或者在跟踪检查中被发现违反有关规定的；

(三)跟踪检查中发现获证招标投标系统发生变更且不能持续符合认证要求的；

（四）运营机构申请暂停的；

（五）其他依法应当暂停的情形。

第二十九条　有下列情形之一的，认证机构应当撤销认证证书：

（一）跟踪检查中发现实际运营的招标投标系统与办理检测认证时运营机构提供的招标投标系统不一致的；

（二）认证证书暂停期间，运营机构未采取整改纠正措施或者整改后仍不合格的；

（三）运营机构以欺骗、贿赂等不正当手段获得检测报告和认证证书的；

（四）其他依法应当撤销的情形。

第三十条　招标投标系统认证标志的式样由基本图案和认证机构识别信息组成。认证标志的基本式样中 ABCDE 代表认证机构简称。

ABCDE

认证标志应当嵌入到获证招标投标系统中，并在获证招标投标系统及运营机构网站首页予以明示，同时在标志下方标明获证日期和有效期。

电子认证标志由认证机构发放和管理。

第三十一条　运营机构应当建立认证标志使用管理制度，对认证标志的使用情况如实记录并存档，按照认证规则的规定在其招标投标系统网站、广告、产品介绍等宣传材料中正确使用和标注认证标志。

第三十二条　任何单位和个人不得伪造、变造、冒用、买卖和转让认证证书和认证标志。

第三十三条　认证机构发布的认证规则、出具的认证证书、对外公布的认证处理决定及相关检测报告应同时交互至国家电子招标投标公共服务平台。

第五章　监 督 管 理

第三十四条　任何单位和个人不得强制要求招标投标系统增加违反法律法规的服务功能，并作为在一定地域、行业注册登记、运营、招标投标系统对接和数据交换的前置条件。

第三十五条　国家认监委组织开展招标投标系统检测认证专项监督检查，包括对认证机构、实验室的监督检查和获证招标投标系统的质量抽查等。发现违法违规行为的，依法查处，并通报有关部门。

第三十六条　社会公众和电子招标投标当事人对检测认证过程中的违法违规行为可以向国家认监委投诉、举报。国家认监委应当依法处理，并将处理决定交互至国家电子招标投标公共服务平台。

第三十七条　认证委托人对认证机构的认证活动和认证决定有异议的，可以向认证机构提出申诉。对认证机构处理结果仍有异议的,可以向国家认监委申诉或者投诉。

第六章　附　　则

第三十八条　本办法施行前已经投入运营的招标投标系统,按照本办法要求进行检测认证期间,运营机构应当采取必要措施保证招标投标系统安全运营。

第三十九条　招标投标行政监督部门应当按照《电子招标投标办法》及《技术规范》的要求建设行政监督平台。行政监督平台的检测认证参照本办法执行。

电子招标投标交易平台与有关行业行政监督平台对接时,应当符合有关法律、行政法规和部门规章以及行业行政监督部门的规定。

第四十条　本办法由国家认监委、国家发展改革委会同有关部门负责解释。

第四十一条　本办法自 2015 年 9 月 1 日起施行。

关于进一步规范电子招标投标系统建设运营的通知

（发改法规〔2014〕1925号）

国务院各部门、各直属机构，各省、自治区、直辖市及计划单列市、副省级省会城市、新疆生产建设兵团发展改革委、工信委（经委）、通信管理局、住房城乡建设厅（建委、局）、交通厅（局）、水利厅（局）、商务厅（局）、国资委（局）、广播影视局，各铁路局，民航各地区管理局，各计划单列企业集团：

《电子招标投标办法》（国家发展改革委等八部委第20号令，以下简称《办法》）以及《关于做好〈电子招标投标办法〉贯彻实施工作的指导意见》（发改法规〔2013〕1284号，以下简称《指导意见》）发布实施以来，电子招标投标取得积极进展，但实践中仍存在平台监督和交易功能不分、互联互通和信息共享不够、交易平台市场竞争不充分、监督手段滞后与监管越位并存等问题，市场主体反映强烈。为进一步规范电子招标投标系统建设运营，促进电子招标投标健康有序发展，现就有关事项通知如下：

一、交易平台要实现公平竞争、确保合规运营

（一）准确功能定位。交易平台由招标投标交易场所、招标人以及其他法人建设运营，支持招标代理机构、软件开发企业等第三方主体独立建设运营。政府部门投资并参与建设的交易平台仅用于政府自行投资项目，并且政府部门应委托第三方运营。招标投标交易场所建设兼具监督功能的平台，应当将监督功能交由行政监督部门和公共资源交易监管机构独立运营。

（二）鼓励平等竞争。交易平台要按照市场化、专业化、集约化方向建设运营。除按照《办法》进行检测认证和注册登记外，任何单位和个人不得对交易平台的建设运营设置或者变相设置行政许可或者备案。行政监督部门和公共资源交易监管机构不得为招标人统一规定或者强制使用指定的交易平台，也不得限制和排斥市场主体建设运营的交易平台与公共服务和行政监督平台对接以及交换信息。

（三）依法合规运营。交易平台在功能设置、技术标准、安全保障、运营管理等方面要严格执行《办法》有关规定。交易平台可自主确定经营模式，按照“谁使用、谁付费”的原则进行服务收费，但不得通过绑定工具软件收费。招标投标交易场所建设运营的交易平台不得利用其优势地位巧立名目乱收费。

二、公共服务平台要加强信息集成、实现资源共享

（一）落实责任主体。公共服务平台特指由设区的市级以上人民政府发展改革部门会同有关部门推动建立的信息集中共享平台。要按照2016年底前基本形成公共服务平台体系的目标，制定出台公共服务平台管理办法和技术规范，推动建立本地区跨部门、跨行业的统一的公共服务平台，并按规定与国家公共服务平台对接交互信息。鼓励和支持社会资本参与建设运营公共服务平台。

（二）确保公益属性。公共服务平台要立足公益性，满足电子招标投标系统之间信息交换、资源共享需求，为市场主体、行政监督部门和社会公众提供信息服务。公共服务平台应当设置行政监督通道，或者加载行政监督功能，但不得具备交易功能。已经建成或者准备建设的公共服务平台不符合《办法》、《指导意见》和本通知要求的，必须按照规定改造。

（三）实现互联互通。国家、省和市三级公共服务平台之间以及与其连接的交易平台、行政监督平台要按照规定实现互联互通、信息共享，并作为检测认证的重要条件，以此打破市场信息的分割封锁。鼓励具备条件的地方推动建立全省统一、终端覆盖市县的公共服务平台。

三、行政监督平台要体现简政放权、做到高效透明

（一）明确目标要求。各有关招标投标活动监督部门要结合电子政务建设，在 2016 年底前基本建成行政监督平台，实现在线监督。行政监督平台可以单独建设，也可以通过在公共服务平台中加载行政监督功能。支持设区的市级以上地方人民政府发展改革部门会同有关部门建设本地区统一的行政监督平台。国务院各部门可探索建立全国统一的本系统、本行业的行政监督平台，实现监管政策规定的一体化。

（二）独立规范运行。拟新建的行政监督平台可以具备一定公共服务功能，但不得与交易平台合并建设和运营，也不得具备任何交易功能。已经建成的行政监督平台兼具交易功能的，应按照《办法》、《指导意见》和本通知要求，将监督功能和交易功能分别交由不同的主体负责，保证在线监督的独立性和公正性。

（三）依法设置监督功能。有关招标投标活动监督部门应当按照《招标投标法》及其实施条例的规定设立行政监督环节，不得在行政监督平台和其他任何平台中擅自增设招标投标活动的审批、核准、备案功能以及其他监管方式的控制功能。不得以限定运营主体、接口或者技术标准等方式，限制或者排斥通过检测认证的其他交易平台和公共服务平台与其对接并交互信息。

四、建成运营的系统要抓紧改造并通过检测认证

（一）明确改造时限。电子招标投标系统三大平台的运营机构和相关监管部门应在 2015 年底之前，全面完成对已有平台的改造，确保平台定位准确、功能独立、运营规范、标准统一、接口开放、安全可靠、高效便捷。

（二）通过检测认证。待国家发展改革委会同有关部门起草的《电子招标投标系统检测认证管理办法》及检测认证规范发布后，即对电子招标投标系统进行检测、认证。

（三）规范与发展并举。各省级发展改革部门要会同有关部门，在规范电子招标投标系统建设运营的同时，结合本地实际研究制定促进电子招标投标发展的工作方案，明确总体目标和年度计划，并采取有效措施抓好落实。

国家发展改革委
工业和信息化部
住房城乡建设部
交通运输部
水利部
商务部
2014 年 8 月 25 日

国家发展改革委关于放开部分建设项目服务收费标准有关问题的通知

(发改价格〔2014〕1573 号)

国务院有关部门、直属机构,各省、自治区、直辖市发展改革委、物价局:

为贯彻落实党的十八届三中全会精神和国务院关于进一步简政放权、推进职能转变的要求,根据当前市场竞争情况,经商住房和城乡建设部同意,决定放开部分建设项目服务收费标准。现就有关事项通知如下:

放开除政府投资项目及政府委托服务以外的建设项目前期工作咨询、工程勘察设计、招标代理、工程监理等 4 项服务收费标准,实行市场调节价。采用直接投资和资本金注入的政府投资项目,以及政府委托的上述服务收费,继续实行政府指导价管理,执行规定的收费标准;实行市场调节价的专业服务收费,由委托双方依据服务成本、服务质量和市场供求状况等协商确定。

各级价格主管部门要强化市场价格监测,加强市场价格行为监管和反价格垄断执法,依法查处各类价格违法行为,维护正常的市场秩序,保障市场主体合法权益。

在放开收费标准过程中遇到的问题和建议,请及时报告我委(价格司)。

上述规定自 2014 年 8 月 1 日起执行。此前有关规定与本通知不符的,按本通知规定执行。

国家发展改革委

2014 年 7 月 10 日

关于印发《通信工程建设项目评标专家及评标专家库管理办法》的通知

（工信部通〔2014〕302号）

各省、自治区、直辖市通信管理局，中国电信集团公司、中国移动通信集团公司、中国联合网络通信集团有限公司，相关单位：

为了加强对通信工程建设项目评标专家及评标专家库的管理，提高评标质量，保证评标活动的公平、公正，根据《通信工程建设项目招标投标管理办法》（工业和信息化部令第27号），我部组织制订了《通信工程建设项目评标专家及评标专家库管理办法》，现印发你们，请遵照执行。原信息产业部《通信建设项目招标投标管理实施细则》（信部规〔2001〕632号）同时废止。

附件：通信建设项目评标专家和评标专家库管理办法

工业和信息化部

2014年7月14日

抄送：部通信工程定额质监中心，中国通信企业协会通信工程建设分会

通信工程建设项目评标专家及评标专家库管理办法

第一条　为了加强对通信工程建设项目评标专家及评标专家库的管理，提高评标质量，保证评标活动的公平、公正，根据《通信工程建设项目招标投标管理办法》（工业和信息化部令第27号），制定本办法。

第二条　本办法适用于通信工程建设项目评标专家（以下简称“评标专家”）的管理及通信工程建设项目评标专家库（以下简称“评标专家库”）的组建、使用、管理活动。

第三条　工业和信息化部负责评标专家及评标专家库的监督管理，其主要职责是：

（一）贯彻执行国家有关法律、法规，制定评标专家及评标专家库管理的规章制度；

（二）统一组建、维护、管理评标专家库；

（三）审核评标专家的入库申请；

（四）建立评标专家的个人档案，维护、管理评标专家信息；

（五）监督依法必须进行招标的通信工程建设项目的评标专家抽取过程，依法受理投诉，查处相关违法行为。

（六）法律、法规、规章规定的其他职责。

第四条　各省、自治区、直辖市通信管理局负责本行政区域内评标专家的监督管理，其主要职责是：

（一）贯彻执行国家有关法律、法规、规章；

（二）初审本行政区域内评标专家的入库申请；

（三）维护、管理本行政区域内的评标专家信息；

（四）监督本行政区域内依法必须进行招标的通信工程建设项目的评标专家抽取过程，依法受理投诉，查处本行政区域内相关违法行为。

（五）法律、法规、规章规定的其他职责。

第五条　工业和信息化部和各省、自治区、直辖市通信管理局统称为通信行政监督部门。

第六条　评标专家专业包括一级专业和二级专业（具体专业分类标准见附件1）。

第七条　评标专家应当具备下列条件：

（一）从事通信相关领域工作满8年并具有高级职称或者同等专业水平，掌握通信新技术的特殊人才经工作单位推荐，可以视为具备本项规定的条件；

（二）熟悉国家和通信行业有关招标投标以及通信建设管理的法律、法规和规章，并具有与招标项目有关的实践经验；

（三）能够认真、公正、诚实、廉洁地履行职责；

（四）未曾因违法、违纪被取消评标资格，未曾在招标、评标以及其他与招投标有关活动中从事违法、违纪行为而受到行政处罚或者刑事处罚；

（五）身体健康，能够承担评标工作。

前款第一项中"同等专业水平"是指本科毕业满12年、硕士毕业满6年、博士毕业满3年、副教授（副研究员）及以上职称；"掌握通信新技术的特殊人才经工作单位推荐"是指从事通信新技术相关工作满3年、具有硕士及以上学历、工作单位认可并推荐。

第八条　评标专家申请进入评标专家库的程序为：

（一）申请人通过"通信工程建设项目招标投标管理信息平台"（网址为 http://txzb.miit.gov.cn，以下简称"管理平台"）填写《通信工程建设项目评标专家库入库申请表》（见附件2）、选择申请专业（每个申请人最多可申请两个一级专业），并提供身份证原件扫描件、职称证书或学历证书原件扫描件、通信工程建设项目评标专家培训合格证书原件扫描件等材料，掌握通信新技术的特殊人才还需提供工作单位人事部门出具的证明文件扫描件。

（二）申请人工作单位或招标代理机构审核同意后，通过"管理平台"报通信行政监督部门初审或审核。

（三）申请人工作单位所在地通信管理局对申报材料进行初审，申请人工作单位为部直属事业单位或中央管理企业集团公司的，直接由工业和信息化部审核。

（四）工业和信息化部组织对申报材料进行审核，符合条件的申请人进入评标专家库。

（五）工业和信息化部定期向社会公布评标专家的名单及其专家编号。

第九条　从事通信工程建设项目招标代理业务的机构应当通过"管理平台"在评标专家库中选择并聘用足够数量的评标专家，组成本机构的评标专家子库。

招标代理机构选聘评标专家应当征得评标专家同意。

第十条　依法必须进行招标的通信工程建设项目，招标人或招标代理机构应当依据

《通信工程建设项目招标投标管理办法》第三十条的规定随机抽取或直接确定评标专家。

招标人或招标代理机构随机抽取评标专家的,其具体程序为:

(一)招标人自行招标的,应当从评标专家库中抽取评标专家;招标人委托招标代理机构招标的,可以选择从招标代理机构的评标专家子库中抽取评标专家。

(二)招标人或招标代理机构设置专家地域、专业、数量等抽取条件。设置抽取条件后,可供抽取的专家总数不得少于拟抽取专家数量的5倍。

(三)"管理平台"随机抽取专家,招标人或招标代理机构逐一联系、确认评标专家是否出席,系统存档备查。

(四)评标专家需要回避或因其他原因不能出席的,招标人或招标代理机构应当继续随机抽取评标专家,直至确认出席的专家人数达到要求。

招标人或招标代理机构直接确定评标专家的,应当从评标专家库相关专业的专家名单中直接确定。

第十一条　有下列情形之一的,不得担任资格审查委员会和评标委员会成员:

(一)投标人主要负责人的近亲属;

(二)项目主管部门或通信行政监督部门的人员;

(三)与投标人有经济利益关系,可能影响公正评审。

评标专家有前款规定情形之一的,应当主动提出回避;未提出回避的,招标人和通信行政监督部门发现后,应当立即停止其参加资格审查或评标。

第十二条　招标人或招标代理机构确认评标专家出席资格审查或评标活动后,发生评标专家临时不能到场或需要回避等特殊情形的,应当按照原抽取方式补抽确定。

第十三条　评标专家享有下列权利:

(一)接受招标人或其委托的招标代理机构聘请,担任资格审查委员会或评标委员会的成员,参加资格审查或评标活动;

(二)依法对资格申请文件或投标文件进行独立评审,提出评审意见,不受任何单位或个人的干预和影响;

(三)向通信行政监督部门举报资格审查或评标活动存在的违法、违规或不公正行为;

(四)依法获取劳动报酬;

(五)对招标人或招标代理机构作出的履职评议进行申辩;

(六)法律、法规、规章规定的其他权利。

第十四条　评标专家承担下列义务:

(一)严格遵守国家和通信行业有关招标投标的法律、法规和规章,接受通信行政监督部门的监督管理,协助配合有关检查及投诉处理;

(二)准时参加资格审查或评标活动,并客观、公正地进行评审,遵守职业道德,不徇私舞弊,对所提出的评审意见承担责任;

(三)遵守评标工作纪律和保密规定,不得泄露与资格审查或评标有关信息,不得私下接触投标人及其利害关系人,不得收受他人的财物或其他好处;

(四)具有法定回避情形的,应主动提出回避;

(五)参加评标专家培训和继续教育;

(六)及时登录"管理平台"维护个人信息;

（七）法律、行政法规规定的其他义务。

第十五条　招标人或招标代理机构应当负担评标专家在资格审查或评标工作期间的食宿、交通等费用，并按有关规定支付评标专家报酬。

第十六条　评标专家工作单位应当对评标专家参加资格审查或评标活动、培训和继续教育给予支持。

第十七条　招标人或招标代理机构在抽取评标专家时，不得利用各种借口拒绝评标专家参加资格审查或评标，禁止违规挑选评标专家。评标专家抽取过程及专家名单应当保密。

第十八条　招标人或招标代理机构应当在资格审查或评标工作结束后，重新登录“管理平台”对评标专家的综合表现进行履职评议。

履职评议是指招标人或招标代理机构对评标专家的能力、态度、成效等进行评分，并填写相关评语。评标专家对履职评议无申辩的，该履职评议记入评标专家档案；评标专家对履职评议有申辩的，由通信行政监督部门作出判定。

第十九条　工业和信息化部委托有关机构对进入评标专家库的评标专家进行继续教育培训。

第二十条　评标专家的联系电话、职称等个人信息变更的，由评标专家自行登录“管理平台”进行信息更新。

评标专家的工作单位、专业等变更的，由评标专家工作单位或招标代理机构通过“管理平台”提交申请，评标专家工作单位所在地通信管理局审核通过后，对专家信息进行更新。

第二十一条　评标专家有下列情形之一的，通信行政监督部门核实后将暂停其参加资格审查和评标活动的资格6个月：

（一）连续三次被抽取但拒绝参加评标活动；

（二）无正当理由，承诺参加但未参加评标活动；

（三）评标出现重大疏漏或者错误；

（四）通信行政监督部门依法对投诉进行调查时，不予配合。

第二十二条　评标专家有下列情形之一的，工业和信息化部核实后将取消其参加资格审查或评标活动的资格：

（一）以虚假材料骗取进入评标专家库；

（二）无正当理由，中途退出评标活动；

（三）评标期间私下接触投标人；

（四）收受投标人的财物或其他好处；

（五）违反保密规定，泄露资格审查或评标情况；

（六）接受任何单位或者个人明示或暗示提出的倾向或排斥特定资格审查申请人或投标人要求；

（七）暗示或者诱导投标人对投标文件作出澄清、说明，影响评审公正性；

（八）自进入评标专家库之日起3年内未参加评标专家继续教育；

（九）被暂停资格审查和评标资格期满后，再次出现本办法第二十一条规定情形之一；

（十）曾因在招标、评标以及其他与招标有关活动中从事违法行为而受到行政处罚或刑事处罚。

第二十三条　评标专家有下列情形,本人申请不再担任评标专家的,注销其相关信息:

(一) 因身体健康原因不能胜任评标工作的;

(二)工作调动不再适宜继续参与评标活动的;

(三)其他原因。

第二十四条　评标专家档案包括下列内容:

(一)评标专家个人情况,包括个人申请或推荐登记表以及有关证明材料,入选专家库的审查确认过程以及结果;

(二)评标专家评标情况及其履职评议;

(三)评标专家奖惩信息;

(四)参加继续教育情况。

第二十五条　通信行政监督部门可依据《招标投标违法行为记录公告暂行办法》,对评标专家的违法违纪行为予以公示。

第二十六条　通信行政监督部门及相关工作人员应当遵守有关信息保密的规定,并加强"管理平台"的安全防护,防止相关信息泄露。

第二十七条　本办法由工业和信息化部负责解释。

第二十八条　本办法自发布之日起施行,原信息产业部《通信建设项目招标投标管理实施细则》(信部规〔2001〕632 号)同时废止。

附件 1：

通信工程建设项目评标专家专业分类标准

一级专业	二级专业	备注
线路	光电缆	—
	水底光电缆	—
	用户接入	—
管道	—	—
传输设备	光电传输设备	WDM、OTN、SDH、PDH、PTN 等
	光电接入设备	xPON、xDSL、MSAP、光收发器、协议转换器等
	同步设备	—
	配线设备	ODF/DDF/MDF/光电交接箱/分线盒等
交换	固网交换	固网语音网，信令网，智能网等设备
	移动网电路域交换	移动核心语音网、信令网及智能网等设备
	移动网分组域交换	GPRS、3G 分组域、IMS 域中的核心网设备
数据	数据网	互联网络设备（骨干路由器等）、IP 承载网设备（骨干路由器等）、ATM 网设备（ATM 交换机等）
	业务平台	移动增值业务平台、固网增值业务平台
	IT 支撑系统	MSS 管理支撑系统、BSS 业务支撑系统、OSS 运维支撑系统
计算机网络	服务器及计算机终端	—
	存储设备	磁盘阵列、磁带库等系统设备
	路由器及交换机	广域网互联设备、防火墙设备、局域网交换机设备、局域网负载分担设备等
	网络安全设备及产品	—
	网络接入设备及配套	—
	计算机软件	数据库系统软件及相关平台工具软件、各类中间件平台系统软件
微波	—	微波专业设备及天馈线
卫星	—	卫星专业设备及天馈线
电源	—	—
移动	无线主设备	移动通信网的基站控制器、基站设备等

表(续)

一级专业	二级专业	备注
移动	室内分布系统	室内分布系统所用的功率放大器和合路器、功分器、滤波器、耦合器等无源器件
	无线局域网设备	无线局域网的接入点 AP、接入控制器 AC、宽带接入服务器、交换机等
	天馈系统	移动通信天线、馈线和相关器件等
	应急通信系统	应急通信系统设备
	铁塔	移动通信基站铁塔
概预算	—	—
财务	—	—
局房配套	楼宇智能化	—
	消防	—
	空调	—
	走线架、槽道	—
工程服务	线路施工	—
	设备施工	—
	有线设计	—
	无线设计	—
	电信监理	—
	铁塔监理	—
	系统集成	—

附件 2：

通信工程建设项目评标专家库入库申请表

<table>
<tr><td>姓名</td><td></td><td>性别</td><td></td><td>出生年月</td><td></td><td>身体状况</td><td></td><td rowspan="3">（照片）</td></tr>
<tr><td>学历</td><td></td><td>在校专业</td><td></td><td>职称</td><td></td><td>现任职务</td><td></td></tr>
<tr><td>专家所在地域</td><td></td><td>参加工作时间</td><td></td><td>从事申请专业工作年限</td><td></td><td>固定电话</td><td></td></tr>
<tr><td>手机号码</td><td colspan="3"></td><td>证件类型</td><td></td><td>证件号</td><td colspan="2"></td></tr>
<tr><td>电子邮件</td><td colspan="3"></td><td>评标专家培训证号</td><td colspan="4"></td></tr>
<tr><td>申请专业</td><td colspan="8"></td></tr>
<tr><td>工作单位名称</td><td colspan="8">（□电信系　□移动系　□联通系　□其他）</td></tr>
<tr><td>推荐单位名称</td><td colspan="8"></td></tr>
<tr><td>申请人从事申请专业的工作业绩</td><td colspan="8"></td></tr>
<tr><td>工作单位或者推荐单位意见</td><td colspan="8"></td></tr>
<tr><td>初审意见</td><td colspan="8"></td></tr>
<tr><td>审核意见</td><td colspan="8"></td></tr>
</table>

注：1. “申请专业”一栏须明确一级专业和二级专业，最多可填写两个一级专业，二级专业数量不限。

2. “工作单位名称”一栏须明确单位属性，如工作单位属于电信下属子公司，则在“电信系”前画勾。

关于印发简明标准施工招标文件和标准设计施工总承包招标文件的通知

（发改法规〔2011〕3018号）

国务院各部门、各直属机构，各省、自治区、直辖市及计划单列市、副省级省会城市、新疆生产建设兵团发展改革委、工业和信息化主管部门、通信管理局、财政厅（局）、住房城乡建设厅（建委、局）、交通厅（局）、水利厅（局）、广播影视局，各铁路局、各铁路公司（筹备组），民航各地区管理局：

为落实中央关于建立工程建设领域突出问题专项治理长效机制的要求，进一步完善招标文件编制规则，提高招标文件编制质量，促进招标投标活动的公开、公平和公正，国家发展改革委会同工业和信息化部、财政部、住房和城乡建设部、交通运输部、铁道部、水利部、广电总局、中国民用航空局，编制了《简明标准施工招标文件》和《标准设计施工总承包招标文件》（以下如无特别说明，统一简称为《标准文件》）。现将《标准文件》印发你们，并就有关事项通知如下：

一、适用范围

依法必须进行招标的工程建设项目，工期不超过12个月、技术相对简单、且设计和施工不是由同一承包人承担的小型项目，其施工招标文件应当根据《简明标准施工招标文件》编制；设计施工一体化的总承包项目，其招标文件应当根据《标准设计施工总承包招标文件》编制。

工程建设项目，是指工程以及与工程建设有关的货物和服务。工程，是指建设工程，包括建筑物和构筑物的新建、改建、扩建及其相关的装修、拆除、修缮等。与工程建设有关的货物，是指构成工程不可分割的组成部分，且为实现工程基本功能所必需的设备、材料等。与工程建设有关的服务，是指为完成工程所需的勘察、设计、监理等。

二、应当不加修改地引用《标准文件》的内容

《标准文件》中的“投标人须知”（投标人须知前附表和其他附表除外）、“评标办法”（评标办法前附表除外）、“通用合同条款”，应当不加修改地引用。

三、行业主管部门可以作出的补充规定

国务院有关行业主管部门可根据本行业招标特点和管理需要，对《简明标准施工招标文件》中的“专用合同条款”“工程量清单”“图纸”“技术标准和要求”，《标准设计施工总承包招标文件》中的“专用合同条款”“发包人要求”“发包人提供的资料和条件”作出具体规定。其中，“专用合同条款”可对“通用合同条款”进行补充、细化，但除“通用合同条款”明确规定可以作出不同约定外，“专用合同条款”补充和细化的内容不得与“通用合同条款”相

抵触,否则抵触内容无效。

四、招标人可以补充、细化和修改的内容

“投标人须知前附表”用于进一步明确“投标人须知”正文中的未尽事宜,招标人或者招标代理机构应结合招标项目具体特点和实际需要编制和填写,但不得与“投标人须知”正文内容相抵触,否则抵触内容无效。

“评标办法前附表”用于明确评标的方法、因素、标准和程序。招标人应根据招标项目具体特点和实际需要,详细列明全部审查或评审因素、标准,没有列明的因素和标准不得作为资格审查或者评标的依据。

招标人或者招标代理机构可根据招标项目的具体特点和实际需要,在“专用合同条款”中对《标准文件》中的“通用合同条款”进行补充、细化和修改,但不得违反法律、行政法规的强制性规定,以及平等、自愿、公平和诚实信用原则,否则相关内容无效。

五、实施时间、解释及修改

《标准文件》自 2012 年 5 月 1 日起实施。因出现新情况,需要对《标准文件》不加修改地引用的内容作出解释或修改的,由国家发展改革委会同国务院有关部门作出解释或修改。该解释和修改与《标准文件》具有同等效力。

请各级人民政府有关部门认真组织好《标准文件》的贯彻落实,及时总结经验和发现问题。各地在实施《标准文件》中的经验和问题,向上级主管部门报告;国务院各部门汇总本部门的经验和问题,报国家发展改革委。

特此通知。

附件:一、《中华人民共和国简明标准施工招标文件》(2012 年版)

二、《中华人民共和国标准设计施工总承包招标文件》(2012 年版)

国家发展改革委
工业和信息化部
财 政 部
住房和城乡建设部
交通运输部
铁 道 部
水 利 部
广电总局
中国民用航空局
二○一一年十二月二十日

关于印发《房屋建筑和市政工程标准施工招标资格预审文件》和《房屋建筑和市政工程标准施工招标文件》的通知

（建市〔2010〕88 号）

各省、自治区住房和城乡建设厅，直辖市建委（建设交通委），新疆生产建设兵团建设局：

为了规范房屋建筑和市政工程施工招标资格预审文件、招标文件编制活动，促进房屋建筑和市政工程招标投标公开、公平和公正，根据《〈标准施工招标资格预审文件〉和〈标准施工招标文件〉试行规定》（国家发展改革委、财政部、建设部等九部委令第 56 号），我部制定了《房屋建筑和市政工程标准施工招标资格预审文件》和《房屋建筑和市政工程标准施工招标文件》，现予发布，自即日起施行。

附件：

1. 房屋建筑和市政工程标准施工招标资格预审文件（略）
2. 房屋建筑和市政工程标准施工招标文件（略）

中华人民共和国住房和城乡建设部

二〇一〇年六月九日